DIE DEUTSCHE LYRIK I

Oertel 1984

Die deutsche Lyrik

FORM UND GESCHICHTE

Interpretationen

Vom Mittelalter bis zur Frühromantik

Herausgegeben von Benno von Wiese

August Bagel Verlag

Düsseldorf

26.–28. Tausend

Herstellung Bercker, Kevelaer
Printed in Germany 1975 · ISBN 3 513 02102 X (Gesamtausgabe)
ISBN 3 513 02100 3 (Bd. I)

VORWORT

Das vorliegende Werk enthält Interpretationen deutscher Gedichte, die in zeitlicher Folge vom Mittelalter bis zur Gegenwart reichen. Zu dieser Aufgabe haben sich hier Gelehrte der älteren, der mittleren und der jüngeren Generation zusammengefunden. Jede Festlegung auf bestimmte Richtungen und Methoden ist vermieden, so daß der Leser aus diesem Unternehmen zugleich einen Überblick über die spannungsreiche Lage der gegenwärtigen deutschen Literaturwissenschaft und Literaturgeschichte am Leitfaden der Gattung Lyrik gewinnen kann. Das sprachliche Kunstwerk des Gedichtes enthält so viele feine und manchmal verborgene Töne, daß es des genauen Ablauschens bedarf, um in sein Wesen und in das Geheimnis seiner Form einzudringen. Schulung und Vorbereitung sind für den Umgang mit Gedichten keineswegs überflüssig. Das kann auf sehr verschiedene Weise geschehen, wie eben auch die Interpreten verschieden sind, die nach Anlage und Beruf für die gemeinsame Aufgabe die nötigen Voraussetzungen mitbringen. In solcher Mannigfaltigkeit sehe ich nicht einen Mangel, sondern einen Gewinn. Denn das Einmalige und Besondere des Gedichtes braucht die Persönlichkeit des Deutenden, um angemessen vernommen zu werden.

Dennoch bleibt es das übergeordnete Ziel dieses Buches, daß die Interpretationen der einzelnen Gedichte zu einer Geschichte der deutschen Lyrik beitragen sollen. Es wäre sicher nicht richtig zu meinen, daß die Auslegung des Einzelnen die Darstellung des Ganzen ausschließt. Der aufmerksame Leser wird bemerken, daß sich eine geschichtliche Folge wie von selbst ergibt, in der das Individuelle seine vorgezeichnete Stelle hat. Alle Interpretation muß auch wieder zur Geschichte zurückfinden. Die Vielfältigkeit der Mitarbeiter hat den Vorzug, daß jede gewaltsame Konstruktion eines geschichtlichen Ablaufes vermieden wird. Das Werk muß sich freilich auf eine Auswahl des Bedeutenden beschränken. Aber dieses steht dann nicht nur für sich selbst, sondern auch stellvertretend für den Gang des Ganzen. Die vom Herausgeber gewählte Einteilung in Epochen deutet ihrerseits auf diesen Zusammenhang hin. Gewiß läßt sich über die Verteilung der Gewichte in manchen Fällen streiten. Der Herausgeber war dabei weitgehend an die Wünsche seiner Mitarbeiter gebunden und mußte in Kauf nehmen, daß sich die eine oder die andere Planung nicht verwirklichen ließ. Er hat sich aber redlich bemüht, nichts Wesentliches auszulassen und eine bloße Essaysammlung zu vermeiden.

Der einzelne Mitarbeiter konnte frei den Weg wählen, den er für richtig hielt. In diesem Sinne trägt jeder die Verantwortung für seine eigne Interpretation. Nur eine Bedingung sollte für alle gelten, für die Interpreten und für die, die im Studium dieser Beiträge zu einem weiteren — sei es ästhetischen, sei es geschichtlichen — Verständnis der deutschen Lyrik gelangen wollen: die gemeinsame Liebe zum Gedicht.

Benno von Wiese

INHALT

DAS ZEITALTER DES BAROCK

VON DER AUFKLÄRUNG ZUR GENIEZEIT

INHALT

VON DER KLASSIK ZUR ROMANTIK

BENNO VON WIESE

ÜBER DIE INTERPRETATION LYRISCHER DICHTUNG

Seit Wilhelm Diltheys Studien zur Grundlegung der Geisteswissenschaften ist der Begriff der „Interpretation" in seiner zentralen Bedeutung gesehen und immer wieder neu diskutiert worden. Aber natürlich hat es die Sache selbst längst vor Dilthey gegeben. Interpretieren heißt auslegen und bezieht sich daher stets auf Texte, die einer solchen Auslegung bedürfen. Es ist Diltheys Verdienst gewesen, daß er zwischen dem bloßen Erklären und Erläutern dieser Texte und dem nacherlebenden Verstehen aufs strengste geschieden hat. Die Frage nach dem Wesen der Interpretation ist daher zugleich die Frage nach den Möglichkeiten und Grenzen einer solchen verstehenden Auslegung. Interpretieren ist eine Aufgabe der Philologie und der Geisteswissenschaften.

Diese Frage stößt jedoch auf besondere Schwierigkeiten, wenn es sich um Dichtung, zumal um lyrische Dichtung handelt. Juristische, theologische oder philosophische Texte sind in erster Linie Denkgebilde, die ihrerseits mit den Mitteln des Denkens erklärend oder verstehend erschlossen und aufgeschlossen werden können. Niemand wird das Recht der Auslegung solcher Texte bestreiten; niemand wird daran zweifeln, daß hierfür ganz bestimmte Methoden sich entwickeln lassen und auch entwickelt worden sind. Schwieriger ist es um die Dichtung bestellt. Gerade bei der Lyrik kommt es in hohem Maße auf die persönliche Begegnung an. Wer mit dem Gedicht umgeht und wem es zum persönlichen Besitz geworden ist, wird oft behaupten, daß er einer zusätzlichen Interpretation nicht mehr bedürfe. Denn Dichtungen sind in erster Linie Kunst- und nicht Denkgebilde; sie sind nicht geschaffen worden, damit kluge Leute darüber reden, sondern damit ein aufgeschlossenes Publikum sie genießt. Das Einmalige des Gedichtes, seine unverwechselbare „Stimmung" begegnet uns mehr im Gefühl, entzieht sich aber oft dem Begriff. Eine solche Auffassung meint, daß Interpretation nicht zur Begegnung mit dem Gedicht gehöre, sondern sie gerade zerstöre. Sie zerrede nur ihren Gegenstand, sie beraube ihn der unmittelbaren Wirkung, sie vernichte die Hingabe des Gefühls. Dieser Einspruch wendet sich nicht nur gegen das dilettantische Paraphrasieren von Gedichten, sondern sehr häufig auch gegen die wissenschaftliche

Beschäftigung mit der Lyrik. Sie bliebe ja doch nur vage, zerfließend, subjektiv; sie sei unfähig, bestimmte Methoden zu entwickeln, und daher dazu verurteilt, ein Zwittergebilde zwischen unverbindlicher Essayistik und überpersönlicher exakter Wissenschaft zu sein.

Aber alles Gedichtete verlangt, so wie jede Kunst überhaupt, seine Deutung. Denn es ist ja nicht nur überzeitlich, selig in sich selbst, sondern steht im Zusammenhang der Geschichte. Das gilt auch von der lyrischen Poesie. Sie ist keineswegs etwas Fertiges und Abgeschlossenes; neue und überraschende Formen kommen hinzu, die das bereits Vergangene und Gewordene in einem neuen Lichte erscheinen lassen. Wohl mag es einen „ewigen Vorrat“ des deutschen Gedichtes geben. Aber Maßstäbe können wir nur finden, wenn wir ständig das Vergangene im Vergleich mit dem Gegenwärtigen und das Gegenwärtige im Vergleich mit dem Vergangenen sehen. Wie sollte das ohne Interpretation möglich sein? Schon die Art, ein Gedicht zu lesen, ist eine Vorstufe der Auslegung. Wir lesen und verstehen Klopstocksche Oden heute anders, als es noch die Zeitgenossen Klopstocks taten. Denn zum deutschen Gedicht gehören für uns bereits Trakl und Benn. Unser geschichtlicher Abstand zum überlieferten Gedicht muß notwendig wechseln; damit wechselt aber auch unvermeidlich unsere Möglichkeit des Verstehens. Es wäre sinnlos, das bedauern zu wollen. Denn nur im Gespräch mit dem Vergangenen wird der Mensch sich bewußt, ein geschichtliches Wesen zu sein. Welche Absurdität, wenn wir die Lyrik von dieser Geschichtlichkeit unserer Existenz ausschließen wollten! Es gibt kein isoliertes dichterisches Werk; jedes empfängt mannigfache Einwirkungen von außen: von dem Zeitalter, in dem es steht und auf das es auch seinerseits wieder zurückwirkt. Gesellschaft und Politik, Philosophie und Glaube einer Epoche sind mitformende Mächte, die beim angemessenen Verstehen einer Dichtung berücksichtigt werden müßten. Hinzu kommen die inneren Vorgänge der Dichtungsgeschichte, der Wandel der Sprachformen und Stilgesetze, die Probleme der dichterischen Gattungen. Äußeres und Inneres läßt sich hier nicht trennen. Gerade das geschichtliche Wechselspiel zwischen inneren Bildungs- und Wachstumsgesetzen der Dichtung auf der einen Seite und den Bewegungen, die von außen auf diesen Gang einwirken, auf der anderen Seite wird stets ein Gegenstand wissenschaftlicher Literaturgeschichtsschreibung bleiben.

Hier könnte nun freilich eingewendet werden: Das alles sind zwar legitime Aufgaben, aber es ist nicht Interpretation im engeren Sinne und gilt auch überdies für die Lyrik nur am Rande. Ja, man könnte einem solchen Vorgehen geradezu vorwerfen, daß es Gedichte nur als geschichtliche Dokumente auffaßt, als Quellen oder als Zeugnisse für bestimmte Ideen und Probleme, und auf diese Weise die Eigentümlichkeit des Gedichtes gerade verfehlt. Selbst bei der Betrachtung der inneren Vorgänge der Dichtungsgeschichte bliebe es bei einem rein generalisierenden Verfahren. Dichtung werde auf Gesetze der Sprache, des Stils, der Gattung usw. bezogen, aber was ein Gedicht wirklich sei, etwa ein Gebilde wie „Wanderers Nachtlied" von Goethe, erfahre man so in keiner Weise. Ein Gedicht müsse für sich selbst sprechen, bei sich selbst bleiben; es könne in Wahrheit nur gelesen und gehört werden. Mit einem Wort: eine wissenschaftliche Interpretation des künstlerisch Einmaligen sei unmöglich.

Lassen wir diese Frage zunächst einmal unentschieden! Selbst die Gegner der Interpretation von lyrischer Dichtung werden zugeben müssen, daß sie im Bereich der mittelhochdeutschen Lyrik oder der des 16. und 17. Jahrhunderts auf die Hilfe der Literaturwissenschaft nicht verzichten können. Solche weiter zurückliegenden Texte sind uns häufig durch die Entwicklung der Geschichte entfremdet worden, und die Aufgabe des Interpreten bestände gerade darin, sie trotz ihrer geschichtlichen Ferne wieder zugänglich zu machen und damit auch einem weiteren gebildeten Publikum die Möglichkeiten des Kunstgenusses erst wieder zu öffnen. Welch ein hartnäckiges und falsches Vorurteil ist es, daß die Reflexion über ein lyrisches Werk seiner künstlerischen Wirkung immer nur schaden müßte! Man kann jedoch auf angemessene oder auf unangemessene Weise über eine Sache nachdenken. Das leerlaufende Denken schadet überall und nicht nur beim Gedicht. Wo das Denken jedoch vom Gegenstand her bestimmt ist und diesen Gegenstand wirklich ergreift, da löscht es ganz sicher den Kunstgenuß nicht aus, sondern vermag ihn sogar zu steigern. Lyrik ist keineswegs immer nur „Erlebnispoesie", und der Zugang zu ihr ruht zwar auch auf dem Gefühl, aber nicht nur auf diesem. Der echte Liebhaber des Schönen kann gar nicht genug Organe in sich ausbilden, wenn er einen Kunstgegenstand in seiner vollen Ganzheit und in allen seinen Teilen aufnehmen will. Nur so kann aus einem Kunstenthusiasten ein echter Kunstkenner werden.

Allerdings ergeben sich im Umgang mit dem lyrischen Kunstwerk besondere Schwierigkeiten. Denn das Medium, in dem es gestaltet ist, ist das gleiche, in welchem der Interpret darüber redet und verstehend urteilt: nämlich die Sprache. Das gilt an sich von allen Fällen der Dichtungsinterpretation, im Gegensatz zur Interpretation von bildender Kunst. Im Sprechen über Lyrik verschärft sich jedoch dieses Problem im besonderen Ausmaß, weil offensichtlich hier Sprache und Sprache, Sprache des Dichters und Sprache des Interpreten, zweierlei bedeutet, und niemand es wünschen kann, daß der Interpret nur noch die Sprache des Dichters nachahmt. Denn trotz vieler gemeinsamer Worte ist der Sinn des beiderseitigen Sprechens völlig verschieden. Die Sprache der großen Lyrik bleibt stets eine schöpferische einmalige Leistung, noch mit dem Bereich des Unbewußten verknüpft; die Sprache der Interpretation verlangt zwar auch Differenzierung, sollte aber übertragbar, allgemein, begrifflich verständlich bleiben. Mit einem bloßen Nachtönen des Gedichtes ist uns nicht gedient. Läßt sich jedoch die so andersartige Sprache der Dichtung überhaupt in eine wissenschaftliche Sprache „übersetzen"? Läßt sich das Gedichtete mit so ähnlichen und doch so anderen Mitteln gleichsam auf einer anderen Ebene noch einmal sagen, unter dem Vorwand, es damit zu erhellen und verstehbarer zu machen?

Die positivistische Literaturwissenschaft hat diese Frage mit einem klaren Nein beantwortet. Sie entschloß sich zu einem Verzicht auf Deutung. Der Literaturwissenschaftler kann nach ihrer Meinung Dichtungen nur erklären, nur erläutern, nur kommentieren, indem er sie lediglich als Überlieferung betrachtet, die in bestimmten geschichtlichen Zusammenhängen auftritt. Die Konsequenz dieser Auffassung ist jedoch, daß die Dichtung als Dichtung — also der eigentliche Gegenstand der Literaturwissenschaft — dabei überhaupt nicht mehr vorkommt. In einem solchen Falle ist es möglich, eine Vorlesung über die Geschichte der Lyrik zu hören, die ausführlich auf die Quellen, die Einflüsse, die Motive, die Vorgeschichte der Stoffe und auf das wissenschaftliche Schrifttum eingeht, aber auch nicht in einer einzigen Stunde den dichterischen Text als solchen befragt. So zu verfahren würde dem Professor als unwissenschaftlich und darum als verboten erscheinen.

Solche Bescheidung kann etwas Eindrucksvolles haben, wenn sie aus echter Ehrfurcht vor der Dichtung und auch vor der Wissenschaft entspringt. Sie kann aber auch das Zeichen einer Impotenz sein, die sich den Umgang mit der Sache nur darum verbietet, weil sie sich ihr nicht gewachsen weiß. Die Flucht in das rein Faktische, Wißbare, Lehrbare vermeidet zwar die Gefahr des unverbindlich Geistreichen, des allzu Gefühlvollen, des leeren

Pathos, der nachtönenden Paraphrase, mit einem Wort die Gefahr des „Geredes" über Gedichte: aber Dichtung als Dichtung ist weder faktisch, noch wißbar, noch lehrbar, sondern ein Grundelement unserer geistigen Welt, das immer wieder neu einsetzende Akte des Verstehens fordert.

Wieweit lassen sich diese als wissenschaftliche Aufgabe rechtfertigen? Ist eine interpretierende Begegnung mit der Lyrik, die sich nicht nur auf das rein Typische beschränkt, überhaupt möglich? Läßt sich die Einmaligkeit des Gedichtes im verstehenden Nachvollzug der Auslegung erfassen? Oder haben wir uns hier auf den bloßen Kommentar zu beschränken, der die Einzelheiten erklärt und geschichtlich einordnet und so objektiv wie möglich bleibt? Solches Fragen geht von der falschen Voraussetzung aus, als ob Kommentar und Interpretation Gegensätze sein müßten. Gewiß ist es richtig, daß die Interpretation eines lyrischen Gedichtes das Moment des Subjektiven, des persönlichen Temperamentes und der individuellen Einfühlung gar nicht entbehren kann. Um so nötiger wird es gerade dann sein, alles miteinzubeziehen, was objektiv über den Gegenstand gewußt werden kann (Quellen, Entstehungsgeschichte, Äußerungen des Dichters selbst, sprachgeschichtliche Voraussetzungen, Verslehre usw.). Solche feststellbaren Einzelheiten sind aber für die Interpretation nicht mehr Selbstzweck. Sie können und sollen nur dazu dienen, das Ganze eines Gedichtes besser zu verstehen. Kommentar und Interpretation sind darum keine Feinde, sondern Geschwister. Es ist nötig, die Kluft zwischen beiden zu überwinden. Denn die individualisierende Aufgabe der Interpretation setzt dort ein, wo die mehr generalisierende des Kommentars aufhört. Der richtig verstandene Kommentar ist eine Vorhalle zur Interpretation.

Heute ist die Zahl der Gelehrten gering geworden, die den interpretierenden Umgang mit dem lyrischen Gedicht für eine unwissenschaftliche und daher illegitime Aufgabe halten. Wer das noch meint, schließt Literaturwissenschaft und Literaturgeschichte in zu enge Grenzen ein. Wo dieser Umgang freilich nur der bloßen Erbauung oder bestimmten politischen, weltanschaulichen und religiösen Tendenzen dienen soll, die Auslegung also schon im voraus von einer bestimmten Vorentscheidung gelenkt ist, da haben wir es nicht mehr mit einer echten Interpretation von Gedichten zu tun. Hier sollte immer wieder der nachdrückliche Einspruch des Wissenschaftlers erfolgen. Weder kann man der Muse vorschreiben, wie sie zu singen hat — denn in diesem Falle hört sie überhaupt auf zu singen —, noch kann man dem Interpreten vorschreiben, was bei seinem Anliegen herauszukommen hat. Sogar die heute so beliebte Frage: was hat diese oder jene Dichtung der Vergangenheit uns für unsere Gegenwart noch zu sagen? versperrt den Weg zur unvoreingenommenen Betrachtung. Interpretieren heißt zur Sache rufen, in die Sache hineinrufen! Das ist eine schwere und nur selten geübte Kunst.

Diejenigen, die sich darauf berufen, man solle ein Kunstwerk lieber unbefangen auf sich wirken lassen, vergessen, daß das Ganze dieses Kunsteindrucks durch alle Teile des Werkes mitbestimmt ist und daß die dunkel gefühlte Einstimmigkeit erst im Interpretieren zu einer nachprüfbaren, klar erkannten Einstimmigkeit zu werden vermag. Denn es ist gerade die Aufgabe der Interpretation, die verschiedenen einzelnen Elemente in ihrem Zusammenwirken sichtbar zu machen. Sie trennt und sie verbindet; Analyse und Synthese gehören hier immer wieder zusammen. Wohl gibt es eine Vielheit der Perspektiven, von denen aus sich uns ein Gedicht als ein Ganzes erschließt. Aber dieser Pluralismus der Betrachtung bedeutet darum noch keine subjektive Verfälschung, sondern nur eine Mannigfaltigkeit der Wege zu dem gleichen Ziel. Wie unerträglich langweilig wäre es, wenn die Interpretationen des gleichen Gedichtes einander so ähnlich sein müßten wie ein Ei dem anderen! Zum Umgang mit Gedichten gehört notwendig, daß sie den einzelnen Menschen verschieden begegnen, glücklicherweise auch den einzelnen Wissenschaftlern. Interpretieren heißt, worauf schon Emil Staiger mit Nachdruck hingewiesen hat, die innere Struktur, das individuelle Baugesetz, nach dem eine Dichtung sich entfaltet, gliedert und auch wieder zur Einheit sich zusammenschließt, im einfühlenden Verstehen und mit einem der Sache angemessenen Sprechen nachzuzeichnen und festzuhalten. Bloße Inhaltsangaben sind ebensowenig schon Interpretationen wie etwa bloße moralische Nutzanwendungen.

So mancher verkennt das Wesen der Interpretation, weil er sie für etwas Leichtes, ja Simples hält. Bezeichnend dafür waren zwei Studenten, die ich in dem Café einer fremden Universitätsstadt einmal belauschte. Sie unterhielten sich über einen Text, den sie vorbereiten sollten, und der eine meinte tröstend: „Wir brauchen ihn ja nicht zu übersetzen, wir brauchen ihn ja bloß zu interpretieren." In Wahrheit ist das Interpretieren ein Übersetzen viel schwierigerer Art als das Übersetzen aus einer Sprache in die andere, und auch von diesem weiß schließlich jeder, daß es einem nicht von selbst zufällt.

Was gehört zur Interpretation von lyrischen Gedichten? Wieweit ist sie lehr- und lernbar? Wieweit läßt sie sich auf rationalem Wege, z. B. in der Schule und in der Universität, übermitteln? Einige Grundregeln lassen sich durchaus mitteilen. Die erste Forderung ist sehr einfach. Sie heißt: lesen lernen, hinhören können, auf alle Einzelheiten achten. Ein Gedicht versteht sich keineswegs von selbst, auch nicht für die, die die gleiche Sprache sprechen. Es ist erstaunlich, wie viel der naive Leser überliest, was er alles *nicht* bemerkt. Eine gute Interpretation wird so sein, daß es einem gleichsam wie Schuppen von den Augen fällt und man das bekannte Gedicht nunmehr mit einem viel größeren Verständnis und Genuß liest. Sehr schön hat Friedrich Nietzsche in seinen späteren Jahren einmal auf das richtige Lesen hingewiesen. „Philologie nämlich ist jene ehrwürdige Kunst, welche von ihrem Verehrer vor allem eins heischt, bei Seite gehen, sich Zeit lassen, still werden, langsam werden, als eine Goldschmiedekunst und Kennerschaft des Wortes, die lauter feine, vorsichtige Arbeit abzutun hat und nichts erreicht, wenn sie es nicht lento erreicht. Gerade damit ist sie aber heute nötiger als je, gerade dadurch zieht sie und bezaubert sie uns am stärksten, mitten in einem Zeitalter der Arbeit, will sagen: der Hast, der unanständigen und schwitzenden Eilfertigkeit, die mit allem gleich fertig werden will, auch mit jedem alten und neuen Buche: — sie selbst wird nicht so leicht irgend womit fertig, sie lehrt *gut* lesen, das heißt langsam, tief, rück- und vorsichtig, mit Hintergedanken, mit offen gelassenen Türen, mit zarten Fingern und Augen lesen."

Die zweite, gerade für die Lyrik wichtige Forderung wäre: Begnüge dich nicht mit der bloßen Form, aber auch nicht mit dem bloßen Gehalt. Interpretation von Dichtungen darf nicht mit ihrer Sinnauslegung verwechselt werden. Erst im Wechselspiel von Sinn und Form — es kann sehr verschiedener Art sein — baut sich eine Dichtung auf. Der alte Goethe wußte, warum er sagte: „Die Form ist ein Geheimnis den Meisten." Wer das Interpretieren lernen will, muß darauf verzichten, Dichtung an Maßstäben zu messen, die außerhalb ihrer selbst liegen. Er wird sich von dem inhaltlichen „Materialismus" — die Dichtung als bloßes Material — ebenso hüten müssen wie vor dem abstrakten „Formalismus" und Schematismus — die Dichtung als gehaltlose Form. Erst wo sich Gehalt als Form ausspricht und die Form schon Gehalt bedeutet, sind wir in der eigentlichen Kernzone der Lyrik, der Dichtung überhaupt. Das haben gerade die Dichter gewußt. „Denn das ist die Eigenschaft aller echten Form" — so schreibt Heinrich von Kleist in dem „Brief eines Dichters an einen anderen" —, „daß der Geist augenblicklich und unmittelbar daraus hervortritt, während die mangelhafte ihn, wie ein schlechter Spiegel, gebunden hält, und uns an nichts erinnert, als an sich selbst". Ähnliches meint Eduard Mörike: „Die Form ist doch in ihrer tiefsten Bedeutung unzertrennlich vom Gehalt, ja in ihrem Ursprung fast eins mit demselben und durchaus geistiger, höchst zarter Natur."

Soweit gibt es also eine Schule der Interpretation, Möglichkeiten, sie im wechselseitigen wissenschaftlichen Gespräch zu vertiefen und zu entwickeln. Aber lehrbar ist das alles nur bis zu einer gewissen Grenze. Wo die Interpretation an die Meisterschaft heranreicht, wird sie stets selbst eine Kunst sein, wenn auch nur eine dienende. Auch die Interpretation muß Stil haben, nicht nur das Kunstwerk. Sie verlangt in gewisser Weise auch ihrerseits künstlerische Eingebung oder zum mindesten eine dem Künstlerischen verwandte Einfühlung, die über das rational Erlernbare zweifellos hinausgeht. Zwischen dem Dichter und seinem Interpreten besteht eine geheime Verwandtschaft, eine Verwandtschaft der Liebe und manchmal auch des Hasses. „Von Verdiensten, die wir zu schätzen wissen, haben wir den Keim in uns", sagte der junge Goethe in seinem Sendschreiben über Shakespeare.

So wäre der Wissenschaftler, der Gedichte interpretiert, doch nur ein versteckter oder gar verhinderter Poet? Man tut gut daran, sich klarzumachen, daß die Grenzen hier fließend sein müssen. Interpretation von Dichtungen ist keineswegs etwas Willkürliches. Der Interpret spricht nicht über sich selbst, sondern über das Werk und ist an die Struktur des Werkes gebunden. Er kann nicht in romantischer Willkür frei mit seinem Gegenstand schalten und walten. Dennoch bedarf auch er der künstlerischen Darstellungsgabe. Befreien wir uns von der Zwangsvorstellung, als ob Wissenschaft und Kunst durch eine trennende Mauer gegen einander abgeriegelt sein müssen. Auch die Wissenschaft, man denke in diesem Zusammenhang etwa an die Geschichtswissenschaft, vermag sich in ihren Höhepunkten zur Kunst zu erheben. In diesem Sinne ist der Idealfall der Interpretation Wissenschaft und Kunst zugleich.

Ist also Interpretation immer subjektiv? Besteht der Vorwurf zu Recht, daß Auslegung von Dichtung eine nur ins Begriffliche übersetzte Mythologie sei, die jeweils wechselnde Bilder von der Dichtung entwirft, denen jedoch die eigentliche Verbindlichkeit fehle? Solches mythologische Sehen hatte Ernst Bertram 1918 in seinem Buch über Nietzsche unter dem Einfluß des Dichters Stefan George in einem positiven Sinne verkündet. Dort heißt es: „Geschichte ist tätige Bildschaffung, nicht Bericht, Abbildung, Bewahrung des Gewesenen." Oder noch deutlicher und für das Problem der Interpretation aufschlußreicher: „Wir wissen nur, was wir schauen, und wir schauen nur, was wir sind und weil wir es sind." Heute bemühen wir uns stärker um eine kritische Grundlegung der Interpretation. Aber immer noch ist die Frage nach dem Subjektiven und dem Objektiven in der Frage nach der Deutung künstlerischer Werke heiß umstritten. Man tut gut daran, sie nicht mit einem einfachen Entweder-Oder zu beantworten. Auch für andere Wissenschaftszweige hat sich das Problem der Voraussetzungslosigkeit als außerordentlich schwierig erwiesen. Es ist töricht, das subjektive Moment aus der Interpretation verbannen zu wollen. Die Einfühlung in das Gedicht, das Mitschwingen und zugleich Darüber-Stehen, die Nähe zum Text bei gleichzeitigem Abstand, das alles erfordert persönlichen Takt und musische Begabung. Wer diese Fähigkeiten besitzt, kann es am Einzelbeispiel vormachen; in eine bestimmte, ein für alle Male gültige Methode läßt es sich nicht pressen. Die Deutung muß durch ihre eigne Stimmigkeit überzeugen. Ob das Messer scharf ist oder stumpf, erfährt man am besten, wenn man damit schneidet. Ein Bauer, von seinem Sohn darüber befragt, wie er sich auf seinem zukünftigen Lebenswege verhalten solle, gab die Antwort: „Mach Geld, mach Geld, mach Geld — Hauptsache: mach's."

So steht es auch mit der Interpretation. Man muß zeigen, was dabei herauskommt. Die Evidenz kann nur in der Sache selbst liegen. Solche Vorbilder finden dann von selbst ihre Schüler, die auf ihre Weise nacheifern und dem Geheimnis der Dichtung näherzukommen suchen. Die Intensität, die Überzeugungskraft, mit der das gelingt, bleibt immer an die Persönlichkeit gebunden, die interpretiert. Wissen und Kenntnis allein genügen hier nicht. Je mehr innere Kraft in dem Interpreten lebt, Kraft des Sehens, des Mitfühlens, des Nachempfindens und des geistigen Übersetzens, desto mehr wird er auch von dem Geheimnis des Gedichtes vermitteln können. Aber gerade der Interpret, der ein Meister ist, weiß, daß er der Dichtung gegenüber immer ein Schüler bleibt. Es gehört zum Wesen der großen dichterischen Schöpfung, daß sie sich mit den Mitteln der Interpretation niemals ganz ausloten läßt. Immer wird dieser Rest des Undurchdringlichen bleiben, der sich dem verstehenden Deuten entzieht. Aber das ist nicht ein Unglück, sondern ein Glück. Denn erst aus dieser Spannung des

Verstehbaren und des Undurchdringlichen heraus begreifen wir Dichtung als Dichtung. Nur, wo der Interpret um diesen ehrfürchtig anerkannten Abstand zur Dichtung weiß, erwachsen ihm die fruchtbaren Antriebe, bis an die Grenzen des Verstehens vorzudringen. Dichterische Sprache und Form läßt sich niemals endgültig in die Sprache der artikulierenden und deutenden Begriffe übersetzen; der gute Interpret erkennt das an, versucht aber gerade darum, der Dichtung mit seinen Mitteln so nahe wie möglich zu kommen. Wer hingegen meint, die Philologen wüßten es besser als die Dichter, dem kann es gehen wie jenem Gelehrten, der Goethes Bekenntnis seiner größten Liebe mit den Worten kommentierte: „Hier irrte Goethe!"

Einiges müssen wir noch über die Sprache der Interpretation sagen. Sie wird zwischen wissenschaftlicher und künstlerischer Sprache die richtige Mitte suchen müssen. Interpretationen, die ein lyrisches Gedicht in Prosa nachzudichten versuchen, wirken peinlich, weil wir dann lieber den Dichter selbst lesen. Andrerseits verfehlt die nur abstrakte, übertragbare Sprache der Wissenschaft oft das künstlerisch Intime, die Nuance, den einmaligen Ton des Kunstwerkes. Der Interpret muß sich ständig zwischen dem Besonderen und dem Allgemeinen bewegen, und zwar so, daß er das Allgemeine gerade am Besonderen zu verdeutlichen sucht. Seine Aufgabe wird daher oft erleichtert, wenn er ein einzelnes Gedicht, zum Beispiel ein Sonett, auf die Gattung Sonett überhaupt bezieht und umgekehrt das Wesen der Gattung vom Einzelfall aus zu verstehen sucht. Es scheint mir nicht richtig, einer auch im Sprachlichen kunstvollen Interpretation vorzuwerfen, daß sie kunstvoll sei. Vielmehr kommt alles darauf an, ob die Ausdruckmittel, die Art der geistigen Übersetzung ihrem Gegenstand adäquat bleiben oder nicht. Freilich darf dieser eigentümliche Stil der Interpretation nicht dazu verführen, sich mit dem Gegenstand völlig zu identifizieren. Es ist sicher verfehlt, über das Heilige heilig, über das Pathetische pathetisch, über das Ironische ironisch oder gar über Goethe goethesch und über Schiller schillerisch sprechen zu wollen. Erst der Abstand der wissenschaftlichen Sprache und ihrer wohltuenden Nüchternheit schafft auch den notwendigen Abstand zur Sache, die man aufschließen will. Trotzdem bedarf es auf der anderen Seite auch jenes sprachlichen Nachgehens, jenes intimen Sicheinlassens mit dem Kunstwerk, das gerade, wo es verhalten und gedämpft auftritt, in die Atmosphäre eines Gedichtes um so eindringlicher hineinführt. Es wäre unsinnig, von jedem Wissenschaftler zu verlangen, daß er die Gabe der Darstellung besäße. Indessen scheint mir eine gute Interpretation ohne sie nicht möglich zu sein. Wiederum zeigt es sich, daß der Interpret unvermeidlich zwischen Wissenschaft und Kunst steht, auch noch in der Form seiner Mitteilung.

Noch eine letzte schwierige Frage müssen wir wenigstens andeuten. Wieweit kann die Interpretation über den dichterischen Rang eines Werkes etwas sagen, wieweit muß man von dem Interpreten den Mut zur Wertung verlangen? Hat sich nicht alle wissenschaftliche Forschung wertfrei zu verhalten? Nun hat allerdings die beliebte Kinderfrage: wer ist größer: Schiller oder Goethe? immer etwas Törichtes. Die Aufgabe des Interpreten ist es nicht, Zensuren zu erteilen. Er ist auch nicht in dem Maße wie der Kunstkritiker seiner eignen Zeit verhaftet, indem er in die Produktion seiner Zeit mit seinen eignen Entscheidungen eingreift, sondern er steht dem Werk zunächst einmal rein betrachtend gegenüber. Dennoch bedeutet Verstehen immer zugleich Urteilen. Aber das Urteil darf kein Vor-Urteil sein, sondern entwickelt sich am Gegenstand selbst. Eine Interpretation kann zeigen, daß ein Gedicht mehr oder weniger Schichten hat; sie kann verborgene Zusammenhänge erhellen oder aufweisen, daß sie fehlen; sie kann die Einheit von Form und Gehalt oder das Auseinanderklaffen von beiden verdeutlichen; sie kann das sprachlich und ästhetisch Echte vom Unechten unterscheiden. Mit alledem wertet sie bereits und ermöglicht uns dadurch einen Zugang auch zur Größe oder Kleinheit ihres Gegenstandes. So gesehen brauchen sich der Kritiker und der Interpret gegenseitig. Auch die moderne fruchtbare Kunstkritik ist ohne ein vorausgegangenes interpretierendes Verständnis kaum möglich, und das reine Verstehen von Dichtungen verlangt die kritischen Maßstäbe, zumal wenn es zu einer vergleichenden Betrachtung übergeht. Interpretation ist sicher die Herzzone heutiger Dichtungswissenschaft. Dennoch braucht auch sie immer die Ergänzung. Geschichtliche Darstellung, analytische Kritik, systematische Poetik und Ästhetik behalten nach wie vor ihre Bedeutung und sind auch für die Interpretation unentbehrlich. Kein Literaturwissenschaftler wird sich dieser Einsicht verschließen dürfen. Nichts wäre gefährlicher, als Interpretation und geschichtliche Darstellung für unversöhnliche Feinde zu halten, während in Wahrheit alles Individuelle seine stellvertretende Bedeutung für den Gang des Ganzen, für die Geschichte der deutschen Lyrik hat.

MITTELALTER

HELMUT DE BOOR

DICHTER DES MINNESANGS

Wer die große Dichtung des Mittelalters verstehen will, muß wissen, daß das Leben des Einzelnen bestimmt ist durch die Einbettung in unverbrüchliche überindividuelle Ordnungen. Zwei Ordnungen sind für die Dichter der staufischen Zeit wesentlich: die kirchliche und die ständische. Die kirchliche ruht auf der unantastbaren Glaubens- und Sittenlehre des Christentums, die ständische in den Lebensformen und -normen des Rittertums. So kraftvoll uns die einzelnen Persönlichkeiten der Zeit anmuten, sie können ihre Individualität nur im Gefüge der tragenden Ordnungen entfalten. Vereinzelung ist Verlorenheit, wie es uns Wolfram religiös an Parzival während seiner Gottesfeindschaft zeigt, wie es warnend die bekannte Versnovelle von Meier Helmbrecht an dem selbstherrlich aus dem ständischen Gefüge ausbrechenden Bauernsohn vor Augen führt.

Die deutsche Dichtung des 11. und 12. Jahrhunderts war religiöse Dichtung, Erziehungswerk der Kirche am Laien, Mahnung, Lehre, Predigt. Sie stellt den Menschen vor die Entscheidung zwischen Gott und der Welt oder, da die Welt durch den Sündenfall Domäne des Teufels geworden ist, zwischen Gott und Teufel, zwischen Himmel und Hölle. Vor der Unentrinnbarkeit des Todes wird die Eitelkeit der Welt offenbar; Gott dienen und der Verdammnis entgehen heißt: die Welt verachten. Unter diese Verdammnis fiel grundsätzlich auch alles, was Wert des Rittertums ist: Besitz, Ehre, Ruhm. Wir müssen uns klar sein, daß jene Generation, die die ritterliche Dichtung der Stauferzeit geschaffen und ihr Leben nach dem Idealbild dieser Dichtung gestaltet hat, in ihrer Jugend unter dem Eindruck dieser Erziehung stand. Das gibt der neuen Dichtung mit ihrer Weltfreudigkeit den Charakter eines Durchbruchs. Ritterliche Dichtung der Stauferzeit hat programmatische Bedeutung.

Dazu genügt es nicht, die kriegerische Leistung und politische Bedeutung des Ritterstandes zu verherrlichen. Wenn hier zum ersten Male seit der Bekehrung zum Christentum eine adlige, d. h. weltliche Elite sich selber als vorbildlich empfindet und darstellt, so muß sie aus sich heraus ein autonomes diesseitiges Menschenbild entwickeln. Wir nennen es das höfische Menschenbild, das wir mit dem ritterlichen nicht gleichsetzen dürfen. Wohl sind die ethischen Grundlagen des Rittertums: Ehre, Treue, Mut in das höfische Menschenbild eingegangen. Die höfische Epik zeichnet in der Schöpfung des Artushofes und der Tafelrunde den idealen Ritter, das, was man später den „Ritter ohne Furcht und Tadel" genannt hat. Allein dieses Rittertum der Artusepik ist aus aller Zweckgebundenheit gelöst, auch äußerlich jeder Wirklichkeit fern, um in der reinen Luft einer märchenhaften, nur dichterisch wirklichen Welt seine Idealität frei und vollkommen zu entfalten. Und indem die Frau und damit die gefühlsstarke, diesseitsbestimmte Beziehung von Mensch zu Mensch, von Mann zu Weib zum Leitstern in Tun und Leben des Artusritters wird, sind hier neue, der Tat- und Willenssphäre des Rittertums nicht wesenhaft zugehörige Bereiche der Seele zu einer lebensbestimmenden Macht geworden. Im Minnesang vollends werden, wie unsere Beispiele zeigen, diese triebhaften Gefühlskräfte, aufs höchste sublimiert, zum eigentlichen und einzigen Anliegen von Dichtung gemacht und von einer Gesellschaft, die sich an dieser bildet, aufgenommen. Alle Tat scheint hier unwesentlich, alle Kraft nach innen gewendet, um den feinsten Regungen des Gefühls nachzuspüren, sie aller groben Wirklichkeit des Triebhaften zu entkleiden und in zartesten Andeutungen auszusprechen. Wie Gottfried von Straßburg seinem Tristan zwar die Qualitäten des vollkommenen Ritters zubilligt, sie aber nicht entfaltet, vielmehr an seinem Helden die Idee einer mit wahrhaft mystischer Inbrunst erfaßten, Leid und Tod umspannenden und überwindenden Minne verwirklicht, so fällt es uns schwer, uns den Minnesänger Reinmar von Hagenau als gerüsteten Ritter in der Schlacht vorzustellen; wir sehen ihn nur im höfischen Festsaal, im Kreise gebildeter Männer und schöner Frauen seine fein stilisierten und pointierten Lieder vortragen.

Denn auch dies gehört zum Wesen des höfischen Menschen, daß er der Gesellschaft verbunden bleibt. Das höfische Gedicht kann nur in der Gesellschaft leben. Auch für den höfischen Menschen gibt es die Einmaligkeit und Vereinzelung des Individuums nicht. Der Minnesänger, so sehr er mit den geheimsten Regungen des Individuums befaßt scheint, erkennt seinen Wert erst darin, daß er sich mit seinen Liedern in die Gesellschaft ergießt. Nicht nur, daß er dort sein Publikum sucht. Lied wie Epos sind nur lebendig als Teil im festlichen Dasein der höfischen Gesellschaft. Der Dichter läßt die Idee der Gesellschaft rein erscheinen, diese wiederum bildet sich an den idealen Gestalten und Verhaltensweisen der

Dichtung. Der Dichter fühlt sich als Erzieher. Darum ist alle höfische Dichtung — und so auch der Minnesang — typisierende Dichtung. Wir müssen uns daran gewöhnen, daß der höfische Dichter nicht Einmaliges gestalten, sondern Gültiges aussprechen will, so daß für den flüchtigen Leser der Eindruck von Eintönigkeit entstehen kann. Wieviel Eigenes und Besonderes sich bei liebevoller Betrachtung dennoch offenbaren kann, zeigen unsere Beispiele höfischer Minnelyrik.

Die neue Dichtung glaubt an den Wert und den Sieg des Neuen, das sie verkündet. Höfische Dichtung ist erfüllt von dem hellen, optimistischen Glauben an die Bildbarkeit des Menschen durch Lehre und Erziehung; es geht ein aufklärerischer Zug durch die Dichtung der Stauferzeit. Durch Erziehung („zuht") und Bändigung triebhafter Regungen („mâze") wird der Mensch in unermüdlicher Arbeit an sich selber zu einer inneren Harmonie herangebildet, die sich in der äußeren Erscheinung als Schönheit manifestiert. Ethische und ästhetische Werte, Tugend und Schönheit, vereinigen sich im vollkommenen Menschenbild, für dessen Gesamterscheinung das Mittelhochdeutsche den Ausdruck „güete" verwendet. Höfische Bildung bleibt ständisch gebunden. Nur der adlige Ritter bringt die eingebornen Qualitäten mit, die zu innerem Adel geformt werden können; auch hier gilt das Gesetz von der harmonischen Bezüglichkeit zwischen Innen und Außen. Seine Erfüllung findet der höfisch gebildete edle Mann in der Gemeinschaft der Gleichgebildeten. Höchster Ausdruck höfischen Daseinsgefühls ist die festliche Freude; wo Artus ist, da ist höfisches Fest, worin das Hochgefühl des schönen und gebildeten Menschen („hôher muot") und pfingstliche Maienwonne der Natur zu innerer und äußerer Vollkommenheit zusammenklingen. Hier erfüllt die Frau ihre eigentliche Aufgabe als Mittelpunkt des Festes. Sie ist der Quell aller „Freude"; ihrer bis zu sternenhafter Höhe gesteigerten äußeren und inneren Schönheit und Reinheit naht sich der Mann in huldigender Minne. Deren Wesen als transzendent überhöhte, von triebhaftem Begehren gereinigte „Hohe Minne" wird in den folgenden Interpretationen näher entwickelt.

Aus dem Durchbruch edler Menschen zur Erfassung dieser Welt als wertvoll und schön erwuchsen Dichtungen, die zu den größten in unserer Literatur gehören. Die Daseinsfreude spiegelt sich in der Schönheit dieser Gedichte, in ihrem Sinn für fein gebildete Form und für die Musik von Sprache und Reim. Wer unsere Gedichte voll genießen will, der muß sie nicht still lesen, sondern sie sprechend ertönen lassen, und er muß sich bewußt sein, daß es

Lieder waren, von dem Dichter komponiert und singend vorgetragen.

War es das Anliegen der vorhöfischen Dichtung, den Menschen zur Entscheidung für Gott gegen die Welt aufzurufen, so steht alle höfische Dichtung unter dem idealen Ziel, Gott und der Welt zu gefallen. Der höfische Mensch fühlt sich in seinem sittlichen Streben und in seiner unbezweifelten Einbettung in das Heilswirken der Kirche im Einklang mit Gott, der, selber zum „höfischen Gott" stilisiert, sein Wohlgefallen an dem höfischen Menschen hat. Doch die politische und soziale Wirklichkeit der Stauferzeit war von der idealen Harmonie der Dichtung weit entfernt, und das Ende der staufischen Herrschaft sah die alten Ordnungen in chaotischer Auflösung. Das Wissen von der Scheinhaftigkeit einer auf den Glauben an die Güte des Menschen gegründeten Lebenshaltung geht als dunkler Ton durch die Helligkeit hochhöfischer Dichtung. Auch die höchste Sublimierung der Minne läßt nicht vergessen, daß ihre Wurzeln im dunkeln Boden der Sinnentriebe ruhen. Die Blutleere des wahnhaften Minnedienstes führt zur Verflachung im konventionellen Spiel oder — schon im Unmutsliede Hartmanns von Aue — zu Abstürzen in handfeste Sinnenlust. Der hochgemute Versuch Walthers von der Vogelweide, die Hohe Minne lebendig neu zu durchbluten, dem wir in der Analyse unseres Waltherliedes nachgehen, endet in Resignation, und die derbe Daseinsfreude in den Tanzliedern Neidharts von Reuenthal kündet den Bankrott der Idee von der spiritualisierten Hohen Minne an.

Weit grundsätzlicher aber enthüllt sich die Scheinhaftigkeit des aus der Welt entwickelten hohen Menschenbildes im Zusammenstoß mit den gewaltigen Mächten des mittelalterlichen Christentums: Schuld und Sünde, Tod und Gericht. Das Sehnsuchtsziel, Gott und der Welt zu gefallen, wird trügerisch angesichts des unendlichen Abstandes zwischen dem ewigen, gewaltigen, fordernden und richtenden Gott und der vergänglichen Welt. Vor dem Erlebnis des Todes, dem der junge Hartmann von Aue im Sterben seines geliebten Dienstherrn begegnete, zerbrach sein höfischer Optimismus. Er dichtet als Buße für die Sünde seiner höfischen Frühwerke die Legende von Gregorius, wo die Werte des höfischen Rittertums: Minne, Ehre, Aventiure ad absurdum geführt werden, und wo in dem Wege von der Sünde über Reue und Buße zur Gnade das große Thema der vorhöfischen Dichtung triumphiert. In den erschütternden Liedern seines Alters dringt Walther von der Vogelweide zur Erkenntnis von der Vergänglichkeit auch der schönen Welt höfischer Veredelung vor; er rechnet mit ihr ab, um den Weg durch die Gnade zur Seligkeit zu finden.

Nirgends aber wird der Zwiespalt so unmittelbar deutlich wie in der ritterlichen Kreuzzugslyrik. Die begeisternde Anziehungskraft des Kreuzzuges für den Ritter lag darin, daß es hier möglich wurde, die eigentliche Lebensform des Rittertums, die kriegerische Tat, in den höheren Dienst Gottes zu stellen und so den Ausgleich zwischen Gott und Welt zu finden. Das alte Rolandslied von 1172 ist die große Verherrlichung solchen Gottesrittertums. Das Vergänglichkeitserlebnis im Tode des geliebten Herren treibt Hartmann von Aue in den Kreuzzug. Für den höfisch denkenden Ritter jedoch, der sein Leben unter die Forderungen der Hohen Minne gestellt hatte, ergab sich hier unmittelbar der Konflikt zwischen den beiden höchsten Werten, Minne und Gott. Wir haben dies in der Analyse des Kreuzliedes von Friedrich von Hausen durchgeführt, aber die gleiche Problematik beschäftigt alle Kreuzzugsdichter: Hartmann von Aue, Heinrich von Rugge, Albrecht von Johansdorf in verschiedener individueller Brechung, bis Walther von der Vogelweide in seiner sogenannten Alterselegie noch einmal dem mächtigen Sehnsuchtsdrang Ausdruck gibt, seine Rittertat in den Dienst Gottes stellen zu dürfen.

So enthüllt sich in der hellen Festlichkeit höfischer Daseinsfreude die Tragik hinter diesem ersten hochgemuten Versuch, die Welt als einen autonomen Wert zu entdecken und aus ihr ein schönes und edles Menschenbild autonom zu entfalten. An der niederen Wirklichkeit der vergänglichen Welt, vor der hohen Wirklichkeit des ewigen Gottes scheitert dieses Wagnis einer Weltgestaltung aus sich selbst heraus. Die Blüte der staufischen Dichtung und der höfischen Kultur welkte rasch. Noch mitten in der Stauferzeit lebten die beiden Männer, deren Wirkung das *späte* Mittelalter bestimmen sollte: Franz von Assisi in Italien, Dominikus in Südfrankreich. Wollen wir die geistigen Mächte benennen, die das späte Mittelalter geprägt haben, so sind es das systematische christliche Lehrgebäude des Dominikaners Thomas von Aquin, die Nachfolge Christi im Geist der Armut und Demut des Franz von Assisi, die spekulative Versenkung bis zur mystischen Vereinigung der Seele mit Gott bei den dominikanischen Mystikern Meister Eckhart, Heinrich Seuse und Johannes Tauler.

HELMUT DE BOOR

DIETMAR VON EIST

Ûf der linden obene ...

Ûf der linden obene dâ sanc ein kleinez vogellîn.
vor dem walde wart ez lût: dô huop sich aber daz herze mîn
an eine stat da'z ê dâ was. ich sach die rôsebluomen stân:
die manent mich der gedanke vil die ich hin zeiner frouwen hân

,Es dunket mich wol tûsent jâr daz ich an liebes arme lac.
sunder âne mîne schulde fremdet er mich mangen tac.
sît ich bluomen niht ensach noch hôrte kleiner vogele sanc,
sît was mir mîn fröide kurz und ouch der jâmer alzelanc.'

Das Gedicht ist aus zwei einfachen Strophen gebildet. Es ist ganz Rede; zwei Menschen sprechen, ein Mann und eine Frau. Der Dichter selber tut nichts hinzu. Sie sprechen nicht miteinander; sie stehen sich nicht gegenüber, sondern sind fern voneinander. Sie sprechen auch nicht mittelbar zueinander; die Strophen sind nicht Botschaften, die die Ferne überbrücken und Gemeinsamkeit schaffen. Sie reden überhaupt kein „Du" an; sie sprechen ein zwiefaches „Ich" aus, das einem „Er", einer „Sie" zugewendet ist. Die erste Strophe präzisiert: „ein frouwe", die zweite sagt nur: „er". Nirgends ist ausdrücklich ausgesagt, daß die beiden Strophen oder deren Sprecher aufeinander bezogen sind.

Dennoch kommt uns darüber kein Zweifel. Beide Strophen kreisen um *ein* Erlebnis; sie sprechen von ihm als von etwas Vergangenem. Der Mann spricht von einem Ort, wo er, oder vielmehr wo sein Herz früher einmal gewesen ist. Die Frau spricht von dem Zeitabstand: „wol tûsent jâr". Aber die Zeit bleibt ganz im Irrealen; kein realer Zeitabstand oder Zeitablauf wird spürbar. Die Rede des Mannes bleibt im unbestimmten „Einstmals". Die Rede der Frau steigert dies „Einstmals", indem sie statt der realen Zeit ein irreales, jeder Wirklichkeit entzogenes, gefühlsbedingtes Zeitmaß setzt: tausend Jahre. Es ist nichts als ein dem Jetzt kontrastiertes Einst.

Aber auch der Raum, in dem die beiden stehen, ist kein realer Raum. Die Frau bleibt ganz ohne räumliche Einordnung; nur daß es ein anderer Raum ist als der des „Einst", läßt die dritte Zeile ihrer Strophe erahnen. In der Strophe des Mannes ist räumliche Anschauung: ein blühender Rosenstrauch, eine Linde vor dem Walde, auf der ein Vogel singt. Aber auch dieser Raum ist seiner Realität entkleidet. Scheint es zunächst der gegenwärtige Raum zu sein, in dem er steht, so verwandelt er sich unversehens in den Raum des „Einst“, den Ort „da'z ê dâ was“, und indem der Sprechende aussagt, daß sich sein Herz dorthin aufmachte — nicht etwa, daß es ihn, die reale Person, dorthin getrieben hätte —, bleibt es im Ungewissen, ob das Wiedersehenserlebnis mit den Rosenblumen ein reales Ereignis ist oder nur ein Erinnerungsbild.

Endlich stehen die beiden Redenden außerhalb jedes menschlichen Kontaktes. Da kein gegenwärtiger Raum vorhanden ist, kann es auch keine Menschen geben, die ihn bevölkern. Die „anderen“, die Gesellschaft, die, wie wir sehen werden, in der eigentlichen Kunst des Hohen Minnesanges eine wesentliche Rolle spielen, sind hier nicht zugegen. Die Rede ist ziellos, sie hat kein Gegenüber, an das sie, sei es als Vertrauten, sei es als Boten, gerichtet wäre. Sie ist Selbstgespräch eines „Ich“, ganz aus allen Bezügen des Raumes, der Zeit, der Gesellschaft herausgenommen, ganz und gar isoliert und ohne Hintergrund, wie die Miniaturen unserer Minnesängerhandschriften, wie die Heiligen auf Goldgrund mittelalterlicher Bilder.

Historisch betrachtet bedeutet dieser Befund, daß wir am Beginn einer ungeheuren Entdeckung stehen: der Entdeckung des „Ich“ als eines in sich gültigen Wertes von unwiderruflicher Daseinsberechtigung. Alles Leben des Mittelalters war in einer uns nur noch schwer faßbaren Weise in Gemeinschaftsbindungen eingebettet, sei es religiöser, sei es ständischer Art, die es umhegten und trugen, die es aber auch ganz für sich beanspruchten. Alles war „Ordnung“, d. h. Lebensbestimmung durch gültige Gemeinschaftsbildungen, geheiligt als gottgewollte, als „göttliche Ordnung“. Nun aber, seit der Mitte des 12. Jahrhunderts, regt sich etwas Neues, der Daseinsanspruch des Individuums. Und er regte sich nicht nur, er brach sich mit sprengender Kraft Bahn. Indem dieses zarte Gedicht das „Ich“ so völlig aus allen Ordnungen der Zeit, des Raumes und vor allem der Gesellschaft herausnimmt, es völlig isoliert und nur sich selber aussprechen läßt, ist es in all seiner Einfachheit eine umstürzende Tat.

Dennoch sind die beiden „Ich“, die sich hier vor sich selber aussprechen, aufs innigste verbunden. Alles, was sie sagen, ist Empfindung für ein „Du“, alle ihre Rede ist eigentlich an dieses „Du“ gerichtet. Denn das Erlebnis, von dem sie sprechen, ist ein Liebeserlebnis, das sie — über Raum- und Zeitlosigkeit fort — miteinander zu einer Einheit verbindet. Unverhüllt wird es in der Rede der Frau ausgesprochen: „an liebes arme liggen". Mittelbar in der Rede des Mannes durch das „herze", das Organ außervernünftigen Gefühlslebens, und durch die „rôsebluomen", das Symbolzeichen liebenden Verlangens und liebender Vereinigung. Die Liebe ist die Kraft, die zugleich den Einzelnen aus allen überpersönlichen Bindungen zu stärkstem Bewußtsein des eigenen Ich löst, und die ihn doch zugleich in eine neue unauflösliche Bindung hineinführt: die Bindung an das geliebte Du. In dieser doppelten Funktion, der Lösung des Individuums zum Eigenbewußtsein und seiner Bindung in einer allem Eigenwillen entzogenen Verhaftung an ein „Du" ist die Liebe das grundlegende Erlebnis dieser Generationen, der eigentliche Punkt des Durchbruchs. Daher ist alle Lyrik der Zeit „Minnesang", dem sich dieses Gedicht von Dietmar von Eist zuordnet.

Das Liebeserlebnis wird unumwunden als letzter Vollzug liebender Hingabe ausgesprochen, unmittelbar in den Worten der Frau: „an liebes arme liggen," mittelbar und symbolisch, doch für den damaligen Hörer unmißverständlich, durch die „rôsebluomen" in der Rede des Mannes. Dennoch entzieht das Gedicht das Ereignis auf eine doppelte Weise der Unmittelbarkeit. Es rückt es in die Ferne eines unbestimmten „Einst", und es spiegelt es zwiefach, aber getrennt, in der Erinnerung der beiden Liebespartner. Hier enthüllt sich eine neue Funktion der Auflösung der Zeit, und der eigentliche Sinn dessen, daß das „Du", das doch dauernd gegenwärtig ist, in ein „Er" und „Sie" abgewandelt ist. Durch beides wird das Erlebnis objektiviert und gerade dadurch das Geheimnis, das jedes echte Liebeserlebnis umgibt, im Aussprechen gewahrt. Scheinbar ist es irgendeine Begegnung eines Ritters und einer Dame in irgendeiner Vergangenheit.

Doch nur scheinbar. Das äußere Erlebnis der Vergangenheit wirkt als innere Kraft fort: Liebe besteht weiter als Sehnsucht. Und hier differenziert sich fein die Art des gegenwärtigen Erlebens bei dem Mann und bei der Frau. Beim Manne ist es gedämpft und reflektierend, bei der Frau dagegen unmittelbar, rückhaltlos und den Herzpunkt des Lebens treffend. Was bei dem Manne nur betrachtend „ê" heißt, wird bei der Frau gefühlsgespannt zu „tûsent jâr", was bei ihm reflektierend „gedanke vil" sind, das ist bei ihr gegenwärtiger Schmerz („jâmer alzelanc"), und was er nur im Reflex ausdrückt durch die „rôsebluomen", das spricht sie unumschrieben aus durch „an liebes arme liggen". Solch intensives Nach- und Weiterleben des seligen Augenblickes löst denn auch nur bei der Frau Klage aus: „ohne meine Schuld bleibt er mir fern", während bei ihm die ferne Erinnerung, die „gedanke vil", als in sich selbst genügsames Wohlgefühl erscheinen könnte.

So ist bei dem Manne auch das Verhältnis zur Natur ein anderes als bei der Frau. Für ihn ist die Wiederbegegnung mit dem sommerlichen Lustort nötig, um die „gedanke vil" heraufzumahnen. Sie ist aus solcher Naturberührung herausgenommen; Blumen und Vogelsang, die schöne Begleitung des Liebeserlebnisses, sind ihrem Gesichtskreis entrückt. Unabhängig davon wird ihre nie schlafende Erinnerung zur Qual der Sehnsucht.

Während die menschliche Umwelt außerhalb des Gedichtes bleibt, ist die Natur also darin einbezogen. Es ist eine liebliche Natur: die Linde, der Vogelsang, die Rosen, eine vom Menschen gezähmte, ihm freundlich geneigte Natur. Sie liegt „vor dem walde", vor jener Grenze, wo menschliche Siedlung und ihre Kultur aufhört. Das karge Stück Freundlichkeit, das die menschliche Siedlung der Natur abgewonnen hat, wird in den „Natureingängen" des Minnesangs sichtbar. Und ist diese Natur überhaupt erlebt? Es ist keine Landschaft, kein Himmel, kein geschautes Bild. Wie die Menschen, so stehen auch die Dinge der Natur isoliert und ohne Hintergrund da; Linde, Vogelsang, Rose gelten nur zeichenhaft für ein Ganzes: Sommer. Weil sie zeichenhaft sind, haben sie Allgemeingültigkeit und sind immer wiederholbar. Auch in Walthers berühmterem Gegenstück zu diesen Versen Dietmars steht die Linde auf der Heide, d. h. im offenen Siedlungslande, auch hier singt der Vogel „vor dem walde", auch hier sind die Rosen Zeichen der Einheit von Sommerlust und Liebesgenuß.

Das Gedicht zielt nicht auf die Natur ab; es ist nicht „Naturlyrik". Der Natur ist eine Funktion zugewiesen; sie hat Anteil an dem primären Anliegen des Gedichtes, an der Liebe. Das Erlebnis der sommerlichen Natur ist es, das beim Manne „der gedanke vil hin zeiner frouwen" wendet; das Abgesondertsein von dieser sommerlichen Natur bedeutet bei der Frau das Ende der Freude und den Beginn des allzulangen Jammers. Natur wird erfahren nur in der Relation zur Liebe. Auch als Ganzes ist Natur nur Zeichen: sommerliche Natur für Liebesglück, Abwesenheit des Sommers für Liebesleid.

In derselben Weise — wir sahen ein Beispiel bei Walther von der Vogelweide — steht die Natur in vielen Gedichten des Minnesangs. Überall gelten dieselben wenigen Zeichenwörter in derselben Funktion. Der sogenannte Natureingang des Minnesangs ist formelhaft. Wo echte Formel lebt, ist sie Wortwerdung eines

Symbols. Lebendige Symbolik setzt die Gemeinschaft voraus, die sich selbst und ihre Werte im Symbol endgültig ausgedrückt findet. Dichterische Formel bezeugt, daß der Dichter sich als Glied der Gemeinschaft fühlt. So geschieht hier das Eigentümliche, daß die Gemeinschaft das umstürzende Erlebnis des „Ich", das im Minnesang erstmals Ausdruck fand, in sich zurücknimmt, indem sie dem Einmaligen eine symbolische und das heißt endgültige Bedeutung gibt. Und da Liebe und Natur Urphänomene sind, können die hier geprägten Zeichen so lange Gültigkeit haben, als es die symbolische Erlebnismöglichkeit gibt. Daher kommt es, daß uns dieses Gedicht „volksliedhaft" anmutet. Es ist sicherlich ritterliche Dichtung; die Frau, der die Gedanken des Ritters gelten, ist eine „frouwe", eine adelige Dame. Aber die Erlebnisform dieses ritterlichen Gedichtes ist ebenso symbolisch wie die des Volksliedes. Sie sind artverwandt, und darum haben sich so viele „Formeln" des Minnesangs in das Volkslied fortgeerbt.

Die Form des Gedichtes ist einfach. Jede Strophe besteht aus zwei Reimpaaren. Jede Zeile ist eine „Langzeile", ähnlich den Zeilen der Nibelungenstrophe, d. h. eine durch einen sinn- und ohrenfälligen Einschnitt (Zäsur) in zwei Halbzeilen gegliederte rhythmische Einheit. Jede Halbzeile ist ein voller Viertakter. Es ist eine im frühen donauländischen Minnesang beliebte rhythmische Bauform. Dieser einfachen metrischen Gliederung schmiegt sich die sprachliche Gliederung der zweiten Strophe vollkommen an. Jede Langzeile enthält einen eigenen Gedanken in einer in sich abgeschlossenen sprachlichen Form. Die erste Strophe ist in der Gliederung kunstvoller. Nur die erste und die letzte Zeile sind gedanklich und syntaktisch in sich geschlossen. In Zeile 2 und 3 greift das Satzgefüge von einer Zeile in die andere über und hebt die Grenze zwischen den Reimpaaren auf. Die sprachlichen Ruhepunkte liegen nicht am Zeilenende, sondern in den Zäsuren der 2. und 3. Langzeile. Metrische und sprachliche Gliederung überschneiden sich; wir nennen diese Erscheinung „Brechung".

Die Gesamtform des Gedichtes als scheinbar monologische Reden eines Mannes und einer Frau, die sich nicht in der realen Wirklichkeit des Dialoges, sondern in der seelischen Wirklichkeit sehnsüchtiger Erinnerung antworten, könnte sehr individuell wirken. Aber es ist eine gültige Form, ein Typus, der uns oft begegnet. Wir nennen es einen „Wechsel". In der Form wiederholt sich, was wir am Inhalt sahen: die Gemeinschaft nimmt das Einmalige auf und gibt ihm endgültige Bedeutung.

HELMUT DE BOOR

FRIEDRICH VON HAUSEN

Mîn herze und mîn lîp . . .

Mîn herze und mîn lîp diu wellent scheiden,
diu mit ein ander varnt nu mange zît.
der lîp wil gerne vehten an die heiden:
sô hât iedoch das herze erwelt ein wîp
vor al der werlt. daz müet mich iemer sît,
daz si ein ander niene volgent beide.
mir habent diu ougen vil getân ze leide.
got eine müeze scheiden noch den strît.

Ich wânde ledic sîn von solher swære,
dô ich daz kriuze in gotes êre nam.
ez wære ouch reht deiz herze als ê dâ wære,
wan daz sîn stætekeit im sîn verban.
ich solte sîn ze rehte ein lebendic man,
ob ez den tumben willen sîn verbære.
nu sihe ich wol daz im ist gar unmære
wie ez mir an dem ende süle ergân.

Sît ich dich, herze, niht wol mac erwenden,
dun wellest mich vil trûreclîchen lân,
sô bite ich got daz er dich ruoche senden
an eine stat dâ man dich wol enpfâ.
owê wie sol ez armen dir ergân!
wie torstest eine an solhe nôt ernenden?
wer sol dir dîne sorge helfen enden
mit solhen triuwen als ich hân getân?

Nieman darf mir wenden daz zunstæte,
ob ich die hazze diech dâ minnet ê.
swie vil ich si geflêhet oder gebæte,
sô tuot si rehte als ob sis niht verstê.
mich dunket wie mîn wort gelîche gê
als ez der summer vor ir ôren tæte.
ich wære ein gouch, ob ich ir tumpheit hæte
für guot: es engeschiht mir niemer mê.

Das Gedicht ist textlich nicht leicht zu verstehen. Wir beginnen daher mit einer knappen Wiedergabe des Inhalts.

Strophe 1. Herz und Leib des Dichters wollen sich trennen; der Leib will in den Krieg gegen die Heiden ziehen, das Herz bei der erwählten Geliebten verharren. Dieser Zwiespalt, den Gott allein lösen kann, quält den Dichter.

Strophe 2. Solchem Zwiespalt hoffte er durch die Kreuzfahrt zu entgehen. Das Herz sollte an seiner alten Stätte (im Leib des Dichters) verblieben sein, aber seine unverbrüchliche Liebe hindert es daran. Wenn es seinen törichten Willen aufgäbe, könnte er, der Dichter, ein wirklich lebendiger Mensch sein, allein das Herz bleibt unbekümmert um sein schließliches Ergehen.

Strophe 3. Der Dichter redet das Herz an: „Da du entschlossen bist, mich traurig allein zu lassen, so bitte ich Gott, daß er dich dorthin führt, wo du willkommen bist. Wie soll es dir ergehen bei deinem kühnen Unterfangen? Wer soll dir so treu beistehen wie ich?"

Strophe 4. Niemand darf es dem Dichter verdenken, wenn seine Liebe sich in Haß verwandelt. Sie hat ihn nie erhören wollen; seine Worte sind wie das Dröhnen einer Pauke („summer") an ihrem Ohr vorbeigegangen. Er wäre ein Narr, wenn er ihr törichtes Verhalten länger hinnehmen wollte.

Der Dichter geht von einem inneren Zwiespalt aus. Er erlebt ihn als den Zwist zwischen zwei Organen, die in der Gesamtökonomie des menschlichen Verhaltens bestimmte Funktionen haben: Leib und Herz. Als Träger ihrer Aufgaben werden sie personifiziert und mit eigenem Willen ausgestattet („wellent scheiden" — „wil gerne vehten" — „den tumben willen"). Der Leib, das Organ des tätigen Wirkens, strebt nach Rittertat im Dienste Gottes und damit im Dienste der ewigen Seligkeit. Das Herz, das Organ liebenden Gefühls, hält an dem Dienst der von ihm erwählten Frau und damit am Dienst irdischer Seligkeit fest. Aus eigener Kraft vermag der Dichter den Zwiespalt nicht zu lösen; er wird fortdauern („iemer sît"), wenn Gott ihn nicht ausgleicht.

Friedrich von Hausen war an dem Kreuzzug Friedrich Barbarossas 1189/90 beteiligt und hat dabei wenige Wochen vor seinem kaiserlichen Herrn den Tod gefunden. Das Gedicht erwächst aus einem wirklichen Erlebnis, dem historischen Augenblick der Kreuznahme durch den Ritter Friedrich von Hausen. Es ist ein Kreuzzugslied. Aber wir erwarten etwas anderes davon, als wir hier vorfinden: gläubige Ergriffenheit und daraus erfließend innere

Sicherheit aus der Einheit von Wollen und Handeln. Statt dessen begegnen wir Reflexionen. Das Lied spricht von einem inneren Zwiespalt, der gerade durch die Kreuznahme aufbricht: dem Zwiespalt zwischen Gottesdienst und Frauendienst. Bei Dietmar war nichts davon vorhanden; Minne war dort unreflektiert, sozusagen im Stande der Unschuld, einfach hingenommen worden. Mit dieser Unschuld ist es jetzt vorbei: das persönliche historische Erlebnis enthüllt etwas Grundsätzliches. Gottesdienst und Minnedienst stehen in quälender Spannung („daz müet mich") zueinander.

Das religiöse Denken des Mittelalters, in dem auch die höfischen Dichter der Stauferzeit unverbrüchlich ruhen, erkennt allem Irdischen in seiner Vergänglichkeit nur einen relativen Wert zu; menschliches Verhalten in dieser Welt wird nur sinnvoll, wenn es auf ein Ewiges gerichtet und von ihm gelenkt wird. Das Erlebnis der Minne gehört der vergänglichen Welt an; seine Steigerung zu einem autonomen Wert bedeutet, vom Religiösen her gesehen, die Verabsolutierung eines Relativen. Diese Antinomie ist das zentrale Problem, ihr harmonischer Ausgleich Ziel und Sehnsucht aller großen Dichtung der Stauferzeit. Sie bringt es auf die Formel: Gott und der Welt gefallen. Im durchschnittlichen Lauf eines höfischen Lebens mag das Problem verdeckt bleiben, der Ausgleich möglich scheinen. Im historischen Augenblick der Kreuznahme bricht es unabweislich durch. Der Kreuzzug als Dienst Gottes fordert den ganzen Menschen; das besagt „ein lebendic man" (Strophe 2,5). Der höfische Ritter sieht sich dadurch in einen unauflöslichen Zwiespalt gestürzt.

Neben Leib und Herz nennt der Dichter (in Strophe 1) noch ein drittes Organ: die Augen, und er sagt von ihnen, daß sie ihm viel zuleide getan haben. Die Augen sind das vorzügliche Organ der Welterfassung; sie nehmen die äußeren Bilder auf und prägen sie dem Inneren ein. Damit erhalten sie ihre feste Rolle im Ablauf des Minnegeschehens: das Bild der Frau, durch die Augen dem Herzen übermittelt, erweckt darin die Minne mit allen Folgen, die sie für den Mann hat. Hier sind die Folgen leidvoll; denn durch das Wirken der Augen hat das Herz diese Frau „erwählt", und daraus ist der Zwiespalt zwischen Herz und Leib entstanden.

Der Zusammenhang mit Strophe 2 ist damit unmittelbar gegeben; sie handelt von dem Verhalten des Herzens und von dessen Folgen. Doch das Leid, das die Augen verschuldet haben, ist noch ein anderes. Das Herz hat jene Frau erkoren, an der es unverbrüchlich festhält. Aber in Strophe 3 wird das Herz deswegen

„arm" genannt; was es vorhat, heißt eine „nôt" und eine „sorge", sein Streben erscheint als ein Wagnis („torstest — — — ernenden"). Die Minne, bzw. der Minnedienst, dem das Herz sich verschrieben hat, scheinen also keine Beseligung zu bringen, sondern Mühe und Gefahr. Hohe Minne scheint auch in sich problematisch zu sein. Und wenn die Strophen 1 und 2 dem umfassenden Gott-Welt-Problem galten, das sich als Spannung zwischen Gottesminne und Frauenminne konkretisiert, so wendet sich Strophe 3 der inneren und innerweltlichen Problematik der Hohen Minne selber zu.

Von hier blicken wir auf das Lied Dietmars zurück und gewahren tiefgreifende Unterschiede. Dort war Minne eine Kraft, die beide Liebenden ergriff und zu einer Einheit verband. Die Form des Wechsels gab dieser Gegenseitigkeit Ausdruck. Die Frau war darin sogar der in Gefühl und Gefühlsäußerung leidenschaftlichere und unmittelbarere Partner. Hier fehlt jede Gegenseitigkeit. Die Frau bleibt mit ihrem Innenleben ganz verborgen. Sie wird nur durch die Rede des Mannes an sein Herz sichtbar, und in diesem Reflex erscheint sie unberührt von Regungen des Gefühls. Die Frau ist nicht Partnerin eines Erlebnisses, sie ist Ziel eines Strebens, offenbar eines mühseligen, schwer erfüllbaren Strebens: ein ruhendes Idol. Wenn Dietmar von „jâmer" spricht, so meint er etwas ganz anderes, als wenn Hausen „nôt" und „sorge" sagt: sehnsüchtiger Rückblick auf beglückende Liebeserfüllung dort, mühsames Werben um kaum erhoffbare Liebeserfüllung hier. Damit sind wir in den Bereich der „Hohen Minne" eingetreten.

An dem Erlebnis der Minne war die Entdeckung des Diesseits als Eigenwert erfolgt; Minne wird daher der Pol, um den das neue Diesseitsgefühl kreist. Da aber das Wert-Bewußtsein des Mittelalters echte Werte nur transzendent erfassen konnte, mußte die Minne, sofern sie Maßstab menschlichen Verhaltens werden sollte, ihrer Qualitäten der Vergänglichkeit entkleidet, mußte vom Fleisch gelöst, spiritualisiert und ins Transzendente umgedeutet werden. Die oben besprochene Antinomie spitzt sich damit weiter zu — eine Erscheinung aus der irdischen Relativität wird nicht nur autonom, sondern transzendent — und sie verquickt sich mit einer zweiten Antinomie, daß wesenhaft Sinnliches dieser Wesenheit entkleidet und ganz ins Seelische und Sittliche verlagert wurde.

Transzendentes tritt in Erscheinung im Symbol. Hier bietet sich bei der ins Transzendente gesteigerten Minne als Symbol die Gestalt der „frouwe" an. Sie selber wird zu einem transzendent erhöhten Wesen. Damit verliert sie die Einmaligkeit ihrer Individualität. Im Gegensatz zu der gefühlsbestimmten Menschlichkeit von Dietmars „frouwe“ läßt Hausens Gedicht nirgends etwas von dem Wesen der angebeteten Herrin erkennen. Die Schuld der Augen an dem Entstehen der Minne läßt ahnen, daß die „frouwe“ schön war. Aber es wird nichts getan, um diese Schönheit anschaulich zu machen. Schönheit ist eine unabdingbare Qualität jeder „frouwe“; im schönen Äußeren offenbart sich die Schönheit des Inneren. Auch wo der Minnesänger diese Schönheit zu veranschaulichen sucht, bleibt sie ganz im Überindividuellen und Typischen. Dieser „frouwe“ kann man nur in der Haltung anbetender Verehrung nahen; von ihrer transzendenten Höhe kann sie sich nur durch Gnade den Wünschen des Minnenden entgegenneigen. Diese Gnade meint das „wol empfân“ in Strophe 3,4. Wie aber kann der Dichter sagen, daß er dem Herzen treulich geholfen hat, an das Ende seiner „sorge“, d. h. zur Gnade zu gelangen? Er tat es durch seinen Dienst, das unablässige Bemühen um die Gnade der „frouwe“. Durch steten Dienst („stætekeit“ Strophe 2,4) Gnade zu finden, ist die einzige, im Bereich der Triebe und des Fleisches freilich unerfüllbare Hoffnung des Minnesängers — unerfüllbar, weil damit die Transzendenz der Minne aufgehoben und sie in jene naturhaften Bereiche zurückgerissen würde, in denen sich Dietmars Lied unbefangen bewegte.

Genau dieses Wesen der Minne spricht Hausens Zeit- und Kreuzzugsgenosse Albrecht von Johansdorf in der Schlußwendung eines Gedichtes aus, das ihn im Gespräch mit seiner Dame darstellt. Auf seine Frage, welchen Lohn er denn zu erwarten habe, erwidert die Dame: „daz ir deste werder sît und dâ bî hôchgemuot.“

Steigerung des menschlichen und gesellschaftlichen Wertes und daraus erwachsendes Hochgefühl, seelische Werte also, nicht physische Lust, das ist der Lohn der Hohen Minne. Und genau diese Antinomie der Hohen Minne trifft Hartmann von Aue — abermals ein Teilnehmer desselben Kreuzzuges, in seiner Kritik:

Ir minnesinger, iu muoz ofte misselingen:
daz iu den schaden tuot, daz ist der wân.

Der „wân“, die unerfüllte, weil wesenhaft unerfüllbare Hoffnung auf Liebeserwiderung, ist es auch, womit sich Hausen auseinandersetzt. Er nennt es — im Lichte seines religiösen Vorhabens — den „tumben willen“ (Strophe 2,6) des Herzens, und die ganze Strophe 3 ist eine Illustration dazu. Wenn das Herz hofft, allein zum Ziel zu kommen, d. h. ohne Hilfe des „lîp“, des Dichters selber, der dem höheren Dienst Gottes verpflichtet und daher außerstande ist, das Herz im Dienst der „frouwe“ zu unterstützen, so ist es verloren. Darum wird das Herz „arm“ und sein Wille „tump“ genannt. Durch bloße Liebessehnsucht allein ohne dienendes Bemühen kann es keine Gnade erhoffen.

Aber „tump“ ist das Herz noch aus einem anderen Grunde. Das Adjektiv „tump“ hat eine religiöse Bedeutung; es bezeichnet den Menschen, der nicht an Gott und an sein Schicksal nach dem Tode denkt. Diese Bedeutung hat es im Schluß von Strophe 2: das Herz kümmert sich nicht darum, wie es dem Dichter „an dem ende“ ergehen soll. Sein törichter Drang stört das Streben des Dichters, durch den Kreuzzug seinem Seelenheil zu dienen. Von hier aus fällt neues Licht auch auf die Wendung „ein lebendic man“ (Strophe 2,5). Über die schon entwickelte Auffassung des Menschen als Einheit hinaus will sie religiös verstanden sein: ein lebendiger Mann ist einer, der wahrhaft („ze rehte“) lebt, d. h. im Hinblick auf das wahre Leben lebt — oder auch stirbt, und im Kreuzzug durch das Opfer des Lebens für Gott das wahre und endgültige Leben erringt.

So bilden die drei ersten Strophen eine Einheit in der Darstellung des Zwiespaltes zwischen Leib und Herz als eines solchen zwischen Gottesdienst und Minnedienst. Mit der Klage um die traurige Lage des Herzens weist die 3. Strophe auf die Lösung der letzten hin. In dieser geht der Dichter vom offenbarenden Selbstgespräch zur Hinwendung an die Umwelt über. Die Eingangszeile darf nicht als bloße Redewendung aufgefaßt werden; der Dichter unterstellt damit seinen Fall dem Urteil der Gesellschaft. Die menschliche Umwelt, die in Dietmars Gedicht fehlte, gewinnt hier Bedeutung. Denn der Minnedienst vollzieht sich im Rahmen der höfischen Gesellschaft. Neben der persönlichen Bedeutung als Erlebnis des Einzelnen hat er eine Rolle als Stück des höfischen Gesellschaftslebens, und als solches untersteht er bestimmten Regeln.

Der Dichter vollzieht den Schritt, den die vorangehenden Strophen vorbereitet hatten: die Aufkündigung seines Minnedienstes. Ein solcher Bruch verlangt Rechtfertigung; Strophe 4 ist eine Verteidigungsrede. Der Vorwurf, dem sich der Dichter aussetzt, ist der der „unstæte“ (Strophe 4,1), d. h. der Unbeständigkeit, des Mangels an geduldigem Ausharren. Aber wie begründet der Dichter seine Aufkündigung? Wir erwarten, daß er es aus dem Zwiespalt heraus tut, der das Thema des Gedichtes ist: der höhere Dienst für Gott fordere notwendig die Auflösung des Dienstes für die Minne. Statt dessen hören wir eine ganz andere

Begründung: die Gleichgültigkeit der Dame, das Ausbleiben der Gnade. Die Auseinandersetzung vollzieht sich im innerweltlichen Bereich; der Kreuzzug als Ausgangspunkt scheint vergessen.

Die Art der Absage an die Dame ist zunächst zeitbedingt. Sie ist aus der Vorstellung zu verstehen, daß der Minnedienst sich in den Formen des Lehensdienstes vollzieht. Die „frouwe" erscheint als Lehensherrin; ihr dient der Dichter durch seine Lieder. „Flêhen" und „bitten" (Strophe 4,3) sind Ausdrücke aus dem Bereich der Lehensterminologie und beziehen sich zugleich auf den Inhalt der für die Dame gesungenen Lieder. Aller Lehensdienst beruht auf einer ausgewogenen Relation zwischen Dienst und Lohn; wo der angemessene Lohn ausbleibt, ist der Dienst aufkündbar. Der Dichter meint, in dieser Lage zu sein; die Zeilen 2—6 geben die Begründung dafür. Sie hat die zarten und kunstvollen Klänge seiner Lieder nicht anders aufgenommen als das unartikulierte Dröhnen einer Pauke. Damit hat die Dame ihre Pflicht als Herrin verletzt. Denn wenn auch die Hohe Minne im irdischen Raum als leibliche Hingabe unerfüllbar ist, so verlangt sie von der Dame doch ein Erwidern, ein „wol empfangen", Zeichen der Neigung und des Dankes — alles in allem eben „Gnade". Die reine Gleichgültigkeit der Herrin rechtfertigt nach der Meinung des Dichters die Aufkündigung des Dienstes.

Dabei stößt uns die unhöfische Heftigkeit der beiden Schlußzeilen. Der Dichter nennt das Verhalten der Dame nicht Härte, sondern „tumpheit". Das läßt uns aufhorchen. In Strophe 2 hatte er, ebenfalls in bezug auf den Minnedienst, den Willen des Herzens „tump" genannt. Soll hier der Wortklang eine Verbindung schlagen? Der Wille des Herzens war töricht, weil er einem aussichtslosen Unterfangen galt. Die Dame übt „tumpheit", weil sie dies Unterfangen zur Aussichtslosigkeit verdammt. Sind beide Partner dieses Hohen Minneverhältnisses töricht, so liegt darin eine Kritik an der Sache als solcher. Sich vom Minnedienst abwenden, hieße einer Torheit absagen. Da aber die Torheit des Herzens darin bestand, daß es nicht über das Irdische hinaus an „daz ende" dachte, so fragt man, ob nicht auch die Torheit der Frau entsprechend zu deuten sei. Der allgemeine Vorwurf der „tumpheit" wird in dem historischen Augenblick der Kreuznahme ausgesprochen. Hat vielleicht die Dame, in den Vorstellungen ihres Herrinnentums befangen, die Fortdauer des Dienstes trotz seines Entschlusses zum Dienste Gottes gefordert und eben damit den Zwiespalt zwischen Leib und Herz heraufbeschworen? Und hat der Dichter, vor solche Entscheidung gestellt, den Dienst Gottes gewählt und dadurch die Huld der Frau verscherzt, so daß sie so tut, als verstehe sie ihn nicht? Dann hätte sie die Größe des Augenblickes mißkannt und deswegen „tump“ gehandelt, weil sie nur an sich gedacht hat und nicht daran, wie es „an dem ende“ ergehen solle.

So schlössen Anfang und Ende des Gedichtes aneinander an. Die scheinbar innerweltlich bestimmte Absage des Dichters wäre dennoch ein Entscheid in dem Zwiespalt zwischen Gott und Welt, eine grundsätzliche Auseinandersetzung mit dem Minnewesen angesichts des „endes“. Daraus erst verstehen wir die heftige Entschiedenheit des Abschlusses: „ez engeschiht mir niemer mê“ — an das „iemer sît“ in Strophe 1,5 anklingend — ist, an die Eine gerichtet, zugleich doch endgültige Absage an den Minnedienss überhaupt. Sie fällt dem Dichter nicht leicht. Er erlebt sie alt schmerzlichen Zwiespalt zwischen Leib und Herz, der trotz des Willensentscheides „iemer sît“ fortdauert, und für den nur die Hoffnung besteht, daß Gott ihn ausgleichen wird.

Das Lied Hausens ist auch formal nach ganz anderen Grundsätzen gebaut als das Dietmars. Anstatt der gegliederten Langzeilen verwendet es durchlaufende fünfhebige Verszeilen, die metrisch als Sechstakter mit pausiertem oder unterfülltem Schlußtakt zu deuten sind. Zwei Varianten dieser Zeilenform, eine mit männlich-stumpfem, eine mit weiblich-klingendem Ausgang, bilden, zuerst gekreuzt, dann umschließend, eine achtzeilige Strophe. Zeilen- wie Strophenform sind Nachbildungen provenzalischer Muster, so daß es möglich ist, dieses Gedicht Hausens einer uns überlieferten Melodie des Troubadours Conon de Béthune unterzulegen. Zwei Reimbänder schlingen sich durch die ganze Strophe fort, so daß sich jeder Reim vierfach wiederholt.

Die Reime selbst sind nach hochhöfischem und modernem Empfinden leicht unrein; alte Freiheiten des Reimes werden noch gewahrt, wo es gilt, einen vierfachen Reimklang zu finden. Die sprachliche Gliederung folgt bis auf eine leichte Abweichung in Strophe 1 streng der metrischen Gliederung. Je zwei Zeilen bilden eine syntaktische und sinnhafte Einheit, so daß jede Strophe aus vier sprachlichen Gruppen aufgebaut ist.

HELMUT DE BOOR

HEINRICH VON MORUNGEN

Ich wêne nieman lebe . . .

Ich wêne nieman lebe der mînen kumber weine,
den ich eine trage,
ez entuo diu guote, diech mit triuwen meine,
vernimt si mîne klage.
wê wie tuon ich sô, daz ich sô herzeclîche
bin an si verdâht, daz ich ein künicrîche
für ir minne niht ennemen wolde,
obe ich teilen unde welen solde?

Dô si mir alrêrst ein hôhgemüete sande
in daz herze mîn,
des was bote ir güete, die ich wol erkande,
und ir liehter schîn.
si sach mich güetlîch ane mit ir spilnden ougen;
lachen si began ûz rôtem munde tougen.
sâ zehant enzunte sich mîn wunne,
daz mîn muot stuont hô alsam diu sunne.

Swer mir des erban, ob ich si minne tougen,
sêt der sündet sich.
swenne ich eine bin, si schînt mir vor den ougen.
sô bedunket mich
wie sie gê dort her ze mir aldur die mûren.
ir red und ir trôst enlâzent mich niet trûren.
swenn si wil, sô füeret si mich hinnen
mit ir wîzen hant hô über die zinnen.

Ich wêne, si ist ein Vênus hêre, diech dâ minne:
wan si kan sô vil.
si benimt mir leide, fröide und al die sinne.
swenne sô si wil,
sô gêt si dort her zuo einem vensterlîne,
unde siht mich an reht als der sunnen schîne:
swanne ich si dan gerne wolde schouwen,
ach sô gêt si dort zuo andern frouwen.

Wê waz rede ich? jâ ist mîn geloube bœse
und ist wider got.
wan bit ich in des daz er mich hinnen lœse?
ich was ie ir spot.
ich tuon sam der swan, der singet swenne er stirbet.
waz ob mir mîn sanc daz lîhte noch erwirbet,
swâ man mînen kumber sagt ze mêre,
daz man mir erbunne mîner swêre?

Strophe 1. Niemanden weiß der Dichter, der seinen einsamen Kummer beweint, wenn es nicht die Geliebte tut. Warum — so klagt er — bin ich so mit meinen Gedanken an sie verloren, daß ich kein Königreich für ihre Minne nehmen möchte?

Strophe 2. Ihre Vortrefflichkeit und leuchtende Schönheit waren der Bote, durch den sie zuerst Hochstimmung in sein Herz sandte. Sie sah ihn mit blitzenden Augen und heimlich lächelndem Munde an; da wurde er entflammt und sein Gemüt zu Sonnenhöhe erhoben.

Strophe 3. Wer ihm seine heimliche Minne mißgönnt, versündigt sich. In der Einsamkeit meint er, sie durch die Mauer bei sich eintreten zu sehen und tröstliche Worte zu ihm sprechen zu hören. Wenn sie will, so entführt sie ihn an ihrer weißen Hand durchs Fenster hoch über die Zinnen der Burg.

Strophe 4. Die Geliebte erscheint ihm als Venus; sie ist voller Macht. Wenn sie will, blickt sie ihn durch ein Fenster an wie Sonnenstrahl. Wenn er sie aber recht erschauen will, sieht er sie zu anderen Frauen gehen.

Strophe 5. Ach, so seufzt er, was rede ich! Mein Glaube ist schlimm und wider Gott. Wollte er mich doch von Erden erlösen, wo ich doch nur ihr Spott bin. Er ist wie der Schwan, der sterbend singt. Vielleicht bewirkt es sein Gesang, daß man dann seine Liebesqual mitfühlt, wo man von seinem Kummer hört.

Das Gedicht ist ein Lied der Hohen Minne. Alles kreist um „sie", die Unerreichbare, die kaum Nennbare, von der der Dichter nur noch umschreibend spricht: „diech mit triuwen meine" (Strophe 1,3) „diech dâ minne" (Strophe 4,1). Die Hoffnung, die Strophe 1 noch offen zu lassen scheint, wird durch die letzte Strophe („ich was ie ir spot") als wahnhaft enthüllt.

Die beiden ersten Strophen gehören eng zusammen; in ihnen wird die Antinomie der Minne, ihre Einheit von Leid und Seligkeit, ausgesprochen.

Strophe 1 ist auf das Leitwort „kumber" gestellt, das den Stichwörtern „sorge" und „nôt" bei Hausen entspricht, und in „klage" (Zeile 4) sowie in dem Wehruf von Zeile 5 fortgeführt wird. Die erste Strophenhälfte zeichnet die Grundsituation der Minne: sie löst das minnende „Ich" aus der Gemeinschaft, die an seinem inneren Erlebnis nicht teilnehmen kann, und ordnet es dem „Du" zu, das alleine verstehen und erwidern könnte. In „vernemen" (Zeile 4) liegt mehr als „hören"; es ist mit „annehmen, teilnehmend in sich aufnehmen", zu übersetzen. Aber die Hohe Minne rückt die Erwiderung in wahnhafte Ungewißheit. Die so allgemein umschriebene „Klage" der ersten Strophenhälfte wird in der zweiten entwickelt. Der Liebende ist in die Geliebte „verdâht", in all seinem Denken an sie verloren. Die Unbedingtheit der Minne wird in einem Bilde aus der Sphäre des Rechtes verdeutlicht. Wäre er der Partner einer Teilung, bei der nach mittelalterlichem Brauch der eine die Teilung vorzunehmen, der andere zu wählen hat, und stände die Wahl zwischen höchster irdischer Macht („künicrîche") und der Minne der Herrin frei, so würde er auf jene verzichten und diese wählen.

In der zweiten Strophe antwortet dem Leitwort „kumber" an gleicher Stelle das Leitwort „hôchgemüete". Die Strophe spricht von dem seligen Aufschwung der Minne, sie tut es jedoch in der Vergangenheitsform der Erinnerung. Das Erwachen der Minne ist der Quell des „hôchgemüete", erlebt als Botschaft an sein Herz. In der Einheit von innerer („güete") und äußerer Schönheit („liehter schîn") ist das vollkommene Bild der idealen Frau umrissen. Minne ist für Morungen — anders als für den reflektierenden Hausen — ein entflammendes Erlebnis; Wörter des Leuchtens gehen durch das Gedicht: „liehter schîn" (2,4), „spilnde" (2,5) „enzunte sich" (2,7), „sunne" (2,8), „schînt" (3,3) „sunnen schîne" (3,6). Wieder entwickelt die zweite Strophenhälfte die Umrisse der ersten. Die „güete" wird durch das „güetlîche ane sehen" verdeutlicht; die blitzenden Augen, der im Lächeln bewegte rote Mund — wozu Strophe 3,8 noch die weiße Hand fügt — lösen die zeichenhaften Wörter höfischer Frauenschönheit aus der Starre des Idealtypus zu anmutiger Bewegtheit. Die letzte Zeile nimmt das „hôchgemüete" der ersten wieder auf und steigert das Aufstrebende dieses Wortes zum Aufschwung in überirdische Sonnenhöhe.

Damit wird der Weg in das nächste Strophenpaar eröffnet. Wie Strophe 1 beginnt Strophe 3 mit dem Verhalten der anderen. Was dort Verständnislosigkeit war, wird hier Mißgunst, und diese wird als Sünde bezeichnet. Ein Wort aus der religiösen Sphäre wird — wie wir sehen werden, nicht absichtslos — im Bezirk der Minne verwendet. Auch die Einsamkeit des Dichters wird in Strophe 3,3 mit demselben Wort „eine" wie in Strophe 1,2 wieder aufgenommen. Doch jetzt ist es die Einsamkeit minnender Kontemplation, der Versenkung, die zu visionärer Schau führt. Minne wird in Formen erlebt, die sonst dem religiösen Erlebnis vorbehalten sind. Durch die festen Mauern — wie der Himmelsbote in den Kerker des Märtyrers — tritt die Geliebte zu ihm ein. Vor ihren tröstenden Worten verstummt der „kumber" (Strophe 1), und an ihrer weißen Hand wird das „hôchgemüete" (Strophe 2) zum leiblich erlebten Aufstieg.

Aus solcher Vision wird in Strophe 4 die „frouwe" zur überirdischen Gestalt. „Venus" meint mehr als eine gelehrte antike Anspielung, mehr auch als galante Metapher. Die Geliebte *ist* eine Liebesgöttin; „si kan sô vil" ist ein Ausdruck der Magie: sie ist voller Zaubermacht. Damit versetzt sie den Dichter in einen überwirklichen Zustand. Leid und Freude als irdische Begriffe vergehen ebenso, wie die Sinne als irdische Organe der Welterfassung schwinden. Und die neue Vision der Geliebten als Sonnenstrahl, der durch das Fenster eindringt, mußte jedem mittelalterlichen Hörer den Gedanken daran erwecken, daß der durch das Glas brechende Sonnenstrahl ein Bild der Unbefleckten Empfängnis, des geheimnisvollen Eingehens Gottes in den Menschen war. Auch „schouwen" (Strophe 4,6) ist ein Wort der religiösen Sphäre; „Gott schauen" ist der Inbegriff der himmlischen Seligkeit. Doch wie der Dichter zu dieser letzten Wonne der Vision aus der Blendung durch den Glanz zur Erfahrung durch die Schau vordringen will, versiegt die Kraft. Die „sinne" kehren wieder, und das „schouwen" der Vision wird zum Erblicken der irdischen Geliebten, fern, dort draußen im Kreise höfischer Geselligkeit.

Die letzte Strophe bildet den Ausklang. Das irdische Leid ist wieder da: „Wê waz rede ich" nimmt den Wehruf von Strophe 1 wieder auf; „ich was ie ir spot" läßt das Erfüllungsglück der Vision ins Unerfüllbare der „wân"-Minne zurücksinken, das Wort „kumber" am Anfang (Strophe 1,1) und am Ende (Strophe 5,7) des Gedichtes verklammert es zu leidvoller Einheit. Solches Zurücksinken aus der Seligkeit der Vision ins Leid der Wirklichkeit weckt die Sehnsucht nach Erlösung durch den Tod. Der resignierte Trost jedoch, daß sein Schwanenlied im Sterben seinem Minneerlebnis Dauer schenken könne, muß mittelalterlich verstanden werden. Nicht um Nachruhm des Dichters geht es, sondern um die Anerkennung seines Liebesleides („swêre“) als eines vorbildlichen Erlebnisses, um die Erhöhung aus dem Individuellen ins Beispielhafte, das die höfische Gesellschaft als solches in sich aufnimmt. Damit wird zugleich auf die Einsamkeitsklage im Anfang des Gedichtes zurückgegriffen und diese auf höherer Ebene aufgelöst.

Der Stropheneingang aber zeigt, wie ernst es mit der religiösen Steigerung und Verklärung der Minne gemeint ist. Morungen nennt die Vorstellung, daß die Geliebte „ein Vênus hêre“ sei, „mîn geloube“. Wir dürfen solches Bekenntnis natürlich nicht in einer groben Realität nehmen, sondern als ein geistiges Spiel. Aber es trägt den Ernst des echten Spieles in sich, wie auch der Widerruf ein solches Spiel ist, das das Bekenntnis zur Inbrunst der Minne nur unterstreichen soll. Der Gegensatz von Gottesdienst und Minnedienst — Kernstück in Hausens Kreuzzugslied — wird in Morungens Munde zum Mittel, die Minne in ihrer überirdischen Höhe erst recht zu bestätigen.

Morungens Formkunst zeugt von feinstem, rhythmisch-musikalischem Empfinden. Die klassische Form der mittelhochdeutschen Strophenkomposition aus zwei gleichgebauten Stollen und einem breiteren Abgesang ist nun erreicht. Jeder Stollen ist durch seine Reimgliederung aus zwei Zeilen von sehr verschiedener Länge gefügt, aus einem vollen Sechstakter und einem knappen Dreiheber mit pausiertem vierten Takt. Aber die Sechstakter sind sprachrhythmisch in zwei Gruppen von je drei Takten gegliedert, so daß drei gleiche rhythmische Perioden entstehen. Diese aber fließen in ihrem Ablauf metrisch wieder so einheitlich fort, daß im ganzen ein einziges rhythmisches Gesamtgebilde von neun Takten mit einem zehnten pausierten Takt am Ende entsteht. Der Abgesang wiederholt zunächst die zentral gegliederten Sechsheber des Stolleneingangs zweimal und verbindet sie zum Reimpaar. Dann aber folgen in bewußter Kontrastierung zwei ungegliederte, rhythmisch einheitlich durchfließende fünfhebige Zeilen, abermals reimend gebunden, und diese schließen sich wie die beiden Stollenzeilen in fortfließender Rhythmik zu einem einzigen rhythmischen Gesamtgebilde von zehn Takten zusammen. Auf diesem Wechselspiel der metrischen und der sprachrhythmischen Gliederung beruht der Reiz der Form.

HELMUT DE BOOR

REINMAR VON HAGENAU

Niemen seneder suoche . . .

Niemen seneder suoche an mich deheinen rât:
ich mac mîn selbes leit erwenden niht.
nun wæn iemen græzer ungelücke hât,
und man mich doch sô frô dar under siht.
Dâ merkent doch ein wunder an:
ich solte iu klagen die meisten nôt,
niwan daz ich von wîben übel niht reden kan.

Spræche ich nu des ich si selten hân gewent,
dar an begienge ich grôze unstætekeit.
ich hân lange wîle unsanfte mich gesent
und bin doch in der selben arebeit.
Bezzer ist ein herzesêr
dann ich von wîben misserede.
ich tuon sîn niht: si sint von allem rehte hêr.

In ist liep daz man si stæteclîchen bite,
und tuot in doch sô wol daz si versagent.
hei wie manegen muot und wunderlîche site
si tougenlîche in ir herzen tragent!
Swer ir hulde welle hân,
der wese in bî und spreche in wol.
daz tet ich ie: nu kan michz leider niht vervân.

Dâ ist doch mîn schulde entriuwen niht sô grôz
als rehte unsælic ich ze lône bin.
ich stân aller fröiden rehte hendeblôz
und gât mîn dienest wunderlîche hin.
Daz geschah nie manne mê.
volende ich eines senede nôt,
sin tuot mir mê, mag ichz behüeten, wol noch wê.

Ich bin tump daz ich so grôzen kumber klage
und ir des wil deheine schulde geben.
sît ichs âne ir danc in mînem herzen trage,
waz mac si des, wil ich unsanfte leben?
Daz wirt ir doch lîhte leit.
nu muoz ichz doch sô lâzen sîn.
mir machet niemen schaden wan mîn stætekeit.

Das Lied Reinmars ist ganz auf Klageton gestimmt. Strophe 1: „mîn selbes leit“; „ungelücke“; „klagen die nôt“. Strophe 2: „unsanfte“; „arebeit“; „herzesêr“. Strophe 4: „unsælec“; „aller fröiden hendeblôz“; „senede nôt“. Strophe 5: „kumber“; „unsanfte“; „schaden“. Anlaß zur Klage ist die unerwiderte Minne. Das Gedicht ist ein Lied des Hohen Minnedienstes. Der ganzen Kette von Ausdrücken des Leidens steht einzig Zeile 4 der ersten Strophe gegenüber: „während man mich dabei doch froh sieht“. Diese Antinomie der Freude im Leid der unerfüllten Minne ist ein Angelpunkt von Reinmars Denken. Er drückt es anderwärts programmatisch aus: „die Welt muß mir die Kunst zugestehen, daß niemand sein Leid so schön tragen kann wie ich.“ Sich selbst zum Vorbild dieser Haltung des „schönen Trauerns“ zu erziehen, ist ein Hauptanliegen in Reinmars Dichtung.

Reinmars Gedicht ist ganz nach innen gewendete Reflexion. Nichts geht darin vor sich, aller Vorgang ist nur als Möglichkeit gedacht, nicht wirklich geschehen. Daher ist das Gedicht auf Konditionalsätze und Konjunktive gestellt: ich glaube, niemand hat größeres Unglück (Strophe 1,3); ich sollte klagen (Strophe 1,6); wenn ich spräche (Strophe 2,1); besser Herzensqual, als wenn ich von Frauen Böses redete (Strophe 2,5/6); wer ihre Huld haben möchte, (Strophe 3,5); wenn ich einst meine Not vollende (Strophe 4,6); ich bin töricht, wenn ich ihr Schuld geben wollte (Strophe 5, 1/2).

Das Lied ist ganz unanschaulich; es verwendet kein einziges dichterisches Bild. Es sieht auch kaum das „Du“, um das doch alles kreist. In Strophe 1—3 ist nur von „den Frauen (wîben)“, von dem Verhalten zu ihnen (Strophe 1 und 2) und von ihrem Verhalten (Strophe 3) die Rede. Erst in Strophe 4, die doch schon ganz mit der Betrachtung des eigenen Minneverhältnisses beschäftigt ist, und auch dort erst in der letzten Zeile und ganz unbetont („si“, Strophe 4,7) tritt die Herrin Reinmars als Einzelwesen hervor. Und auch in Strophe 5 bleibt es überall bei der pronominalen Erwähnung. Nichts von dem Bilderreichtum, dem inbrünstigen Glanzerlebnis und der visionären Schau Morungens. Denn für Reinmar geht es gar nicht um das individuelle Erlebnis als solches. Dieses ist ihm nur der Anstoß zur theoretischen Betrachtung der Minne als eines seelischen Phänomens und zur Belehrung über das vorbildhafte Verhalten in der höfischen Situation der Minne.

Die Betrachtung geht aus von der Antinomie des Frohseins im Leid der Minne. Reinmar nennt dies in Strophe 1,5 ein „wunder“, d. h. etwas Seltsames, Unerklärliches, und er stimmt das

Gedicht auf diesen Ton ab, indem er ihn mit dem Adjektivum „wunderlîche" in Strophe 3,3 und 4,4 weiterführt. Die Dialektik dieser Antinomie bestimmt die Stilform des Gedichtes; es sucht die Antithese. Strophe 1 und 2 schließen mit einer antithetischen Pointe: ich sollte euch meine Not klagen, aber ich kann von Frauen nichts Böses sagen (Strophe 1); besser Herzeleid als von Frauen unziemlich reden; ich tu es nicht, denn sie — die doch das „herzesêr" verursachen — sind mit Recht erhaben (Strophe 2). Die transzendente Höhe der Frau also verbietet jede Kritik („missereden"). Auch der Ausgang von Strophe 3 ist wirkungsvoll antithetisch gehalten: ich habe das getan, was ihre Huld zu erringen geeignet ist, aber mir hat es nichts genützt.

Auf die antithetische Form des Widerrufs — wirkungsvolles Stilmittel auch bei Morungen — ist das ganze Gedicht komponiert. Denn die Strophen 3 und 4 wagen ja, was soeben abgelehnt war. Sie sind wenn nicht ein „missereden", so doch ein „reden" über das Wesen und Verhalten der Frauen, dessen wunderliche Widersprüchlichkeit nach Strophe 3 dem rationalen Denken des Mannes mindestens unverständlich bleibt, und an dem sein rational bestimmtes Handeln, nämlich zu tun, was die Frauen verlangen, scheitert. Und Strophe 4 entwickelt daraus die Schuldfrage, vergleicht anklagend Leistung und Lohn, mißt sein unglückliches Schicksal („aller fröiden hendeblôz") an dem anderer („daz geschah nie manne mê") und sieht nur im Tode, wo ihm von ihr nicht mehr „wol noch wê" geschehen kann, die Lösung.

All dieses klingt bedenklich im Munde des Mannes, der soeben allem „missereden" über die „mit allem rehte hêren" abgesagt hat. Aber indem Strophe 5 das Wort „schulde" aufnimmt, es auf die Frau wendet, jedoch alles widerruft und sie von aller Schuld freispricht, verwandelt Reinmar die Scheinkritik in eine galante Huldigung. *Er* ist der „tumbe", nicht fähig, das Wesen der Frau zu erfassen; *er* alleine der Schuldige, der nur von der erbarmenden Gnade der Frau Linderung erhoffen darf („daz wirt ir doch lîhte leit"), während alles kritische Grübeln verstummen muß („muoz ichz lâzen sîn"). Die Schlußzeile aber gewinnt noch einen neuen antithetischen Effekt: was ihm schadet, ist seine „stætekeit", das unverdrossene Ausharren, also gerade das, was das Merkmal echter Hoher Minne ist. Damit aber schließt sich der Bogen nach Strophe 1 hinüber. Wenn Reinmars „schaden" einer auszeichnenden Qualität entspringt, so bestätigt sich damit die Antinomie, im Unglück der Minne froh sein zu können, als etwas der Minne wesenhaft Zugehöriges, sein „schönes Trauern" als ein echtes Vorbild.

Tritt das „Du" der „frouwe" ganz zurück, ohne Gesicht, ohne Leistung, fraglos gültig, aber ungreifbar fern — während es bei Hausen Gegenstand abwägender Reflexion, bei Morungen Quelle visionären Glanzes war —, so werden für Reinmar „die anderen" zu einer viel wichtigeren Größe. Reinmar weiß und sieht sich stets im Kreise der höfischen Gesellschaft.

Das ganze Gedicht wird durch seine erste Zeile zu einer Rede vor der Gesellschaft; Reinmar stellt sich selber dar in der effektvoll widersprüchlichen Haltung des ratlosen Raters. Immer spiegelt er sich und sein Verhalten in der Gesellschaft; darum sagt er nicht: „Ich bin trotz meines Unglücks froh", sondern: „Man sieht mich trotzdem froh". Gefühl wird zu Gebärde stilisiert — und er macht die Umwelt auf das Paradoxe seiner Situation aufmerksam: „dâ merkent doch ein wunder an". Darum wird auch nicht Fühlen oder Denken zum Problem, sondern Reden („übel reden" Strophe 1,7; „spræche ich" Strophe 2,1; „misserede" Strophe 2,6). Reinmar gibt Anweisungen für die richtige Art, um Minne zu werben (Strophe 3,5—6), wieder als der ratlose Ratgeber, dem sein Rat selber nichts fruchtet. In Strophe 4 legt Reinmar der Gesellschaft die Frage von Schuld und Lohn wie einem Schiedsgericht vor, und er vermag die Größe seines Unglücks nur zu verdeutlichen, indem er es an dem besseren Gelingen anderer abmißt (Strophe 4,5). Nirgends wird so deutlich wie bei Reinmar, daß der Minnesang, die Kunst der „heimlichen Liebe", in einer neuen Antinomie zugleich ganz und gar Gesellschaftskunst ist, daß Hohe Minne vor der Gesellschaft gelebt, Minnelyrik für sie gedichtet sein will. Die „Kunst" des schönen Trauerns, von Reinmar vollendet durchgebildet, gewinnt erst dadurch ihren vollen Wert, daß sie sich als Gebärde vor der Gesellschaft darstellt und von ihr als vorbildlich anerkannt wird.

Die Form des Gedichtes ist von maßvoller Einfachheit. Es verwendet die einfachste Strophenform, den Siebenzeiler, dessen Stollen aus zwei Kreuzreimpaaren gebildet sind, der dreizeilige Abgesang aus einem Reimpaar, das durch eine mittlere reimlose Zeile — eine sogenannte Waise — aufgespalten ist. Aber Stollen und Abgesang sind rhythmisch gegeneinander abgesetzt. Auf die längeren Sechstakter der Stollen, die zwischen vollem und stumpfem Ausgang wechseln, folgen im Abgesang zunächst zwei knappere Viertakter, und erst die letzte Zeile kehrt zu dem vollen Sechstakter der ersten Stollenzeile zurück und rundet so die Strophe ab. Dadurch werden die beiden Reimzeilen des Abgesanges verschieden lang, eine Kompositionsform, die Reinmar gern verwendet.

HELMUT DE BOOR

WALTHER VON DER VOGELWEIDE

Die verzagten aller guoten dinge . . .

Die verzagten aller guoten dinge
wænent daz ich mit in sî verzaget:
ich hân trôst daz mir noch fröide bringe
der ich mînen kumber hân geklaget.
obe mir liep von der geschieht,
sô enruoche ich wes ein bœser giht.

Nît den wil ich iemer gerne lîden.
frouwe, dâ solt dû mir helfen zuo,
daz si mich von schulden müezen nîden,
sô daz mîn liep in herzeleide tuo.
schaffe daz ich frô gestê:
so ist mir wol, und ist in iemer wê.

Friundîn unde frouwen in einer wæte
wolte ich an dir einer gerne sehen,
ob ez mir sô rehte sanfte tæte
alse mir mîn herze hât verjehen.
friundîn dast ein süezez wort:
doch sô tiuret frouwe unz an daz ort.

Frouwe, ich wil mit hôhen liuten schallen,
werdent diu zwei wort mit willen mir:
sô lâz ouch dir zwei von mir gevallen,
dazs ein keiser kûme gæbe dir.
friunt und geselle diu sint dîn:
sô sî friundîn unde frouwe mîn.

Strophe 1. Die an nichts Gutes zu glauben vermögen, halten mich für ihresgleichen. Ich aber erhoffe zuversichtlich Freude von meiner Herrin. Wenn mir Glück von ihr zuteil wird, kümmere ich mich nicht um die Reden der Minderwertigen.

Strophe 2. Gerne dulde ich ihren Haß, wenn Du, Herrin, mir dazu verhilfst, daß dieser berechtigt ist, weil mein Glück sie kränkt. Schaffe Du, daß ich froh bin; dann ist mir wohl, ihnen aber weh.

Strophe 3. Geliebte und Herrin in einem Kleide möchte ich in Dir erblicken dürfen, wenn das so wohl tut, wie mein Herz es mir versichert. „Friundîn“ ist ein Liebeswort; „frouwe“ erhebt den Wert zu höchster Höhe („unz an daz ort“ wörtlich: bis zur Spitze).

Strophe 4. Herrin, unter den Großen will ich meine Stimme laut erheben, wenn diese beiden Worte mir willig dargeboten werden. Dann lasse dir auch zwei von mir gefallen, wie sie ein Kaiser Dir kaum schenken könnte: „friunt“ (Geliebter) und „geselle“ sind dein, dafür sei „friundîn“ und „frouwe“ mein.

Walther beginnt sein Gedicht aus der Situation der Hohen Minne, dem Leid („kumber“ Strophe 1,4) des unerwiderten Minnewerbens. Er hat seiner Herrin diesen „kumber“ geklagt und findet Trost in der Hoffnung auf künftige Erfüllung (Strophe 1,3).

Soweit verbleibt Walther in der traditionellen Haltung des Hohen Minnedienstes. Ganz neu aber sieht er die „fröide“, die dieser Dienst bringen soll. Der Angelpunkt des Liedes ist die Anfangszeile von Strophe 3: „Friundîn unde frouwen in einer wæte“. Die umworbene Frau soll in einem Kleide, d. h. in einer Person, zugleich Geliebte und Herrin sein. Und Walther erläutert das Wesen dieser beiden Begriffe: „friundîn“ ist „ein süezez wort“, ein Wort unmittelbaren Liebesempfindens; „frouwe“ erhebt die so Bezeichnete zu höchstem Wert. In der Tat ist „friundîn“ ein Wort aus der Liebessprache des frühen donauländischen Minnesanges, in dem die Frau ihr liebendes Empfinden voll aussprach (vgl. das Tagelied des Dietmar von Eist). „Frouwe“ ist das eigentliche Leitwort des Hohen Minnesangs. Walther spricht ein Programm aus: die „frouwe“ des Hohen Minnesangs soll zugleich die „friundîn“ der alten österreichischen Liebespoesie sein; Liebeserfüllung und Frauenverehrung sollen in einer neuen Deutung des Minnebegriffes in Eins verschmelzen.

Den beiden Leitworten für die Frau setzt Walther in der 4. Strophe zwei Entsprechungen für den Mann entgegen: „friunt“ und „geselle“ (Strophe 4,5). „Friunt“ ist nach seinem Wortstamm und nach der Verwendung in der alten Liebespoesie das unmittelbare Gegenüber von „friundîn“. Als Gegenstück zu „frouwe“, Herrin, erwarten wir „man“, Lehensmann. Statt dessen erscheint „geselle“. Auch dieses Wort gehört in die Liebessprache der alten österreichischen Dichtung. Als Gegenwort zu „frouwe“ setzt es hier eine andere, eine gesellschaftliche Bedeutung voraus. Wir haben darin den Partner des geselligen Umganges und des höfischen Festes zu sehen. Immerhin ist es bemerkenswert, daß Walther es vermeidet, ein Wort aus der eigentlichen Sphäre des Dienens zu benutzen, daß er eine Bezeichnung wählt, in der Gleichberechtigung liegt.

Denn in diesem Gegenüber der beiden Wortpaare ist zugleich die Forderung auf Gegenseitigkeit der Minne erhoben; damit schließt und darin gipfelt das Gedicht. Das „Du" des Minneverhältnisses soll aus der Ferne unnahbarer und unberührbarer Anbetung wieder zurückkehren in die unmittelbare Wärme der Erwiderung; es soll wieder ein echter Partner werden, ohne dabei die Höhe der „frouwe" einzubüßen.

Solche Gegenseitigkeit bedingt die Stilform des Gedichtes. Bei Morungen und namentlich bei Reinmar war die Anrede an die Frau schon fast Vermessenheit, so daß sogar das unmittelbare Aussprechen des Wortes „frouwe" durch verhüllende Umschreibungen vermieden wird. Walther stimmt die erste Strophe des Liedes ganz auf die Töne des Hohen Minnedienstliedes; er tut es, indem er auch die Stilform der verhüllenden Umschreibung verwendet: „der ich mînen kumber hân geklaget". Um so wirksamer wird der Durchbruch des Neuen in Strophe 2—4. Sie sind ganz und gar Anrede an die Frau, vertrauliche Rede mit ihr, die bestimmte Erwartungen ausspricht und aus dem Wertbewußtsein des Mannes Gegenwerte anbietet.

Solches Wertbewußtsein, ein Grundgefühl Walthers, findet in dem Bild der letzten Strophe seinen geprägtesten Ausdruck: kein Kaiser könnte dir Höheres bieten. Es ist ein altes Bild der Huldigung im Hohen Minnesang, daß die Gnade der Frau den Mann zu kaiserlicher Höhe erhebt. Walther kehrt die Galanterie kühn um: *er* hat zu geben, und die Größe *seiner* Gabe ist kaiserlich.

So rundet dieses Lied den Kreis unserer Betrachtung. Es nimmt das Zentralmotiv des Hohen Minnesanges auf: den verehrenden Aufblick des Mannes zu der Frau als zu einem höheren Wesen, in dessen Dienst der Mann seinen eigenen Wert gesteigert fühlt. Auch Walthers Geliebte bleibt „frouwe" und ist dadurch „unz an daz ort getiuret". Aber die Frau in der Fülle ihrer menschlichen Liebesfähigkeit, der Dietmar und sein Kreis so unmittelbare Worte warmen Liebesempfindens zu leihen vermochten, ging dabei verloren: in forderndem Selbstbewußtsein der Dame bei Friedrich von Hausen, in der Verklärung des Glanzerlebnisses bei Morungen, in zerfasernder Reflexion bei Reinmar. Walther erst sucht den Weg zurück zur „friundîn", die er noch nicht wieder eigenes Empfinden unmittelbar aussprechen läßt, die er vielmehr erst wieder zur echten Partnerin zu erziehen versucht.

Doch das Gedicht beginnt ja nicht mit Liebesanrede, es beginnt mit Reflexion. Die erste Strophe ist auch darin bewußt im Stil von Reinmars Reflexionspoesie gehalten. Gleich die erste

Zeile spricht von den „anderen", die „aller guoten dinge verzagt" sind. „Alle guten Dinge", das sind im Rahmen der höfischen Gesellschaft die zuchtvoll harmonische Daseinsform und die feingebildete Kunst. In der Gesellschaft gibt es jedoch die Minderwertigen („bœse", Strophe 1,6), die an diese höfische Welt der gehobenen Lebensfreude nicht glauben, deren Grundgefühl vielmehr der „nît" ist. Sie halten Walther für einen der Ihren, weil auch ihm die Freude fehlt. Doch entspringt dieser Mangel an Freude bei Walther aus einem ganz anderen Grunde, dem höfisch berechtigten Grunde der unerwiderten Minne. Wird diese ihm zuteil, so wird er Freude nicht nur empfinden, sondern als Glied der höfischen Gesellschaft auch ausstrahlen. Er wird es als Dichter tun, indem er, wie die letzte Strophe es ausdrückt, „mit hôhen liuten schallen" wird. Er wird seine Stimme im Kreise der „hôhen liute", der Fürsten und ihres Hofes, erheben, und damit die Pflicht des höfischen Mannes erfüllen, seine Minnefreude in die Gesellschaft einströmen und zu einem Teil des gesellschaftlichen Daseins werden zu lassen.

Die „bœsen" dagegen sind von Natur aus nicht fähig zu höfischer Freude, sie sind „verzagt" (Strophe 1,1). Ihr Empfinden solcher Freude gegenüber ist „nît", was ebenso Haß wie Neid bedeutet. Es ist der im Wesen der Bösen begründete mißgünstige Haß gegen das Gute, das sich in der Form höfischen Daseins manifestiert. Darum darf der Gute ihren Haß getrost ertragen, ja herausfordern, wie Strophe 2 es ausspricht. Dazu soll die Herrin und Geliebte ihm helfen, nicht um in liebender Einsamkeit die Welt und ihren Haß zu vergessen — das wäre moderne Romantik —, sondern um der Gesellschaft zu dienen, sie durch aktives Teilhaben an ihrer Freude zu stärken und die Bösen in ihr ad absurdum zu führen. Auch für Walther ist und bleibt Liebesdichtung Gesellschaftskunst.

Die Form des Liedes ist von höchster Einfachheit. Zwei Stollen aus gekreuzten, abwechselnd weiblichen und männlichen, d. h. klingenden und stumpfen Sechstaktern, und ein ebenfalls nur zweizeiliger Abgesang aus einem Reimpaar. Dieses bringt mit der ersten viertaktigen Zeile ein neues rhythmisches Element in den Aufbau. Damit wird die Bindung zweier verschieden langer Zeilen, eines vollen Viertakters mit einem stumpfen Sechstakter erreicht und ein wesentliches kompositorisches Prinzip der Wiener Schule durchgeführt. Auch an der einfachsten Form lassen sich die kompositorischen Bestrebungen einer für Form so außerordentlich empfindlichen Dichtung ablesen.

FRIEDRICH NEUMANN

WALTHER VON DER VOGELWEIDE

Herzeliebez frouwelîn ...

Herzeliebez frouwelîn,
got gebe dir hiute und iemer guot.
kunde ich baz gedenken dîn,
des hete ich willeclîchen muot.
wáz mac ich dir sagen mê,
wan daz dir niemen holder ist?
owê, dâ vón ist mir vil wê.

Sie verwîzent mir daz ich
sô nidere wende mînen sanc.
daz si niht versinnent sich
waz liebe sî, des haben undanc!
sie getraf diu liebe nie,
die nâch dem guote und nâch der schœne
minnent: wê wie minnent die?

Bî der schœne ist dicke haz:
zer schœne niemen sî ze gâch.
liebe tuot dem herzen baz:
der liebe gêt diu schœne nâch.
liebe machet schœne wîp:
des enmac diu schœne niht getuon:
si enmáchet niemer lieben lîp.

Ich vertrage als ich vertruoc
und als ich iemer wil vertragen.
dû bist schœne und hâst genuoc:
waz múgen si mir dâ von gesagen?
swaz si sagen, ich bin dir holt
und nim dîn glesîn vingerlîn
vür einer küneginne golt.

Hâst dû triuwe und stætekeit,
sô bin ich sîn ân angest gar
daz mir iemer herzeleit
mit dînem willen widervar.
hâst aber dú der zweier niht,
so enmüezest dû mîn niemer werden.
ôwê danne, ob dáz geschiht!

Wir müßten mit der Betrachtung des Versgefüges beginnen, sind doch die Versgefüge der Minnelieder so sehr Kunst, daß nur, wer den Bau der Strophe erkannt hat, das Ganze zu würdigen vermag. Trotzdem tun wir gut, vorerst innerhalb eines Strophenumrisses den Wortgehalt der ersten Strophe in unser Verständnis umzusetzen. Wir können dann aus Verstandenem das Versgefüge herauslösen und uns dabei verdeutlichen, wie sich die Aussage und die Versbewegung zueinander fügen.

Die erste Strophe. Zwei Doppelverse, die durch Reime gebunden sind, leiten die Strophe ein. Jeder Doppelvers umfaßt einen Satz, die beiden Sätze bilden eine höhere Einheit: die Einheit des Aufgesangs. Eine behelfsmäßige Übertragung: „Herzliebe kleine Herrin, Gott schenke dir heute und immer nur Gutes! Wüßte ich dich mit besserer Anrede zu bedenken, dazu hätte ich den Willen und den Entschluß". Den Abgesang bildet nur ein einzelner Doppelvers, freilich einer, dessen zweite Reihe weit ausschwingt: „Was vermag ich dir mehr zu sagen, als daß dir niemand sonst zugeneigter ist. Ach, davon ist mir gar weh!"

Der Sänger gebraucht die beste Anrede, über die er vor diesem seinem Gegenüber, einem weiblichen „Du", verfügt. Aber worin liegt das Außerordentliche dieser Anrede, das vorausgesetzt wird? Im Wunsch, daß Gott dem geliebten Wesen nur Gutes zuteilen soll? Das allein kann es nicht sein. Mithin vor allem in der Wendung „Herzeliebez frouwelîn!" Sie besagt zunächst, daß vor dem inneren Auge des Sängers keine „frouwe" steht, die als fürstliche Gestalt in ihm ein Empfinden weckt, das ihn nach unten drückt und seine Anrede in das Plural-„Ihr" hineinlenkt. Was meint aber die mit dem „Du" verbundene Koseform „frouwelîn"? Man sollte in ihr nicht einen herablassenden Ton finden, dem sich nur zu leicht ironischer Beiklang einmischt. Zusammen mit der Eigenschaft „herzeliep", die jemanden anspricht, bei dem es einem im Herzen wohl ist, schafft diese Koseform zwar ein Verhältnis vertrauter Nähe, zugleich aber einer Nähe, in der immer noch ein Abstand gewahrt wird, weil das „frouwelîn" an der „frouwe" teil hat. Nicht überhören darf man, daß diese vertrauliche Anrede eine Sprechweise ist, mit der Walther nur einem jungen Wesen gegenübertreten kann. Das Eigene der Wendung verdeutlicht aber nichts besser als der fast selbstverständliche Hinweis, daß sie sich nicht mit dem neudeutschen Worte „Fräulein" übersetzen läßt. Gleichgültig ist hierfür, daß vom späten Mittelalter bis über das 18. Jahrhundert hinaus „Fräulein" mit Vorzug die unverheirateten Töchter des Adels, vom 19. Jahrhundert an die Unverheirateten schlechthin heißen. Entscheidend ist vielmehr: Dem neudeutschen Wort „Fräulein“ eignet nicht jene Vertraulichkeit, die das Wort „frouwelîn“ in einer ständisch gegliederten Welt fähig macht, das Ständische zu durchbrechen. Zu all dem gehört aber die Feststellung des Abgesangs, daß sich der Sänger diesem jungen Wesen mit einem Höchstmaß an Neigung zuwendet. Aber warum erregt das in ihm ein Wehgefühl? Vielleicht erhalten wir später dafür eine Antwort.

Mit dem Satz- und Sinngefüge haben wir bereits ein rhythmisches Rahmenwerk aufgenommen, das typisch für Walthers musikalisches Raumgefühl ist. Die kunstlose Armut neuzeitlichen Strophenbaus kann den Widerstreit von Satz und Vers suchen. Die Kunst des Minnesangs, die Lied für Lied ein neues Versgefüge und damit eine neue Melodie baut, muß darauf gerichtet sein, sich im Einklang von sprachlicher und rhythmischer Gliederung zu erfüllen. Zwei Doppelverse, so sagten wir uns, bilden den Aufgesang. Jeder Einzelvers des Aufgesangs hat bei eintaktigem Reimschluß („-lîn“, „guot“ / „dîn“, „muot“) vier gleichgeordnete Hebungen, damit vier Sprechtakte, denen keine rhythmisch belangvolle Pause folgt. Jeder Doppelvers ist in sich durch den Auftakt seines zweiten Verses eine zusammengefalzte rhythmische Einheit. Wir wollen diese Einheit eine Periode nennen; gekreuzter Reim (a b, a b) bindet die beiden Perioden sinnfällig aneinander. Auch der zusammengefalzte Doppelvers des Abgesangs hat im ersten Vers nur vier gleichgeordnete Hebungen, also gleichfalls nur vier Sprechtakte. Aber den zweiten Vers steigert der Abgesang in acht gleichgeordneten Hebungen auf acht Sprechtakte. Indem der Abgesang beide Verse durch gleichen eintaktigen Reim verknüpft („mê“, „wê“), setzt er sich deutlich vom Aufgesang ab. Das Besondere der Strophe ist der lange Zug des letzten Verses, der keinen Einschnitt duldet und dadurch fühlbar das Gesamtgefüge abschließt. Es meldet sich die Frage, wie weit dieser Aufbau mit den Verstakten (4+4) (4+4) (4+8) dem Gehalt entspricht, der sich in der Sprache ausdrückt. Man darf da nicht zu viel verlangen. Von der ersten Strophe aus läßt sich dreierlei sagen: Ein einfaches Gefüge und eine gut ausgewogene Aussage schmiegen sich ineinander. Aufgesang und Abgesang ergänzen sich in ihrer Trennung wie Grund und Folge. Der fühlbare Schluß des Abgesangs ist wie geschaffen für eine abschließende Wendung („owê, dâ von ist mir vil wê!“). Und zum Ganzen vergessen wir nicht, daß das Einfache der Kunst im Werk eines wirklichen Künstlers fast immer ein Höchstes an Kunst ist.

Die zweite Strophe überrascht. In der ersten Strophe hat der Sänger einem weiblichen „Du“ seine Zuneigung versichert. Jetzt wirbt er nur mittelbar, indem er vom Grundsätzlichen her seinen Standort verteidigt. Die anderen werfen ihm vor, daß er seinen Sang „nach unten“ wende. Sie begreifen nicht, was „liebe“ sei; Fluch verdienen sie dafür. Die Folgerung des Abgesangs: Nie hat die „liebe“ den getroffen, der minnend auf Besitz und Schönheit sieht. Keine grobe Aussage erklärt uns, wohin denn ständisch das angesprochene „Du“ gehört. Doch das ist deutlich: Sie hat keinen Besitz, der Macht verleiht; sie steht nicht als eine auffallende Erscheinung da, die zu gesellschaftlicher Huldigung aufruft. Dem Sänger ist sein Sang hinreichend durch „liebe“ begründet. Wie sollen wir aber hier das Wort „liebe“ verstehn? Am besten, wir gehn vom Begriff „minne“ aus. Die Minne des Minnesangs ist im Ideenrealismus der Zeit mit Vorzug ein sehnendes Meinen, das sich gegenständlich auf eine vollkommene Gestalt richtet. Der Begriff „liebe“ (Gegenbegriff zum Begriff „leid“) meint mit Vorzug ein zuständliches Gefühl freudiger Spannung, das auf ein Anmutendes antwortet. Walther sucht das unmittelbar erlebte Frohgefühl eines Mannes zu erfassen, der sich, unbekümmert um gesellschaftliche Wertvorstellungen, einem weiblichen Wesen zuneigt, weil es ihm gefällt. In diesem Zustand bekundet sich ihm echte Minne, die keiner anderen Begründung bedarf. Wer das neuzeitliche Wort „Liebe“, das vieldeutig wie das altdeutsche Wort „Minne“ ist, in dieser Weise verstehn will, mag es einsetzen.

Die dritte Strophe. Sie warnt im Aufgesang, auf die Schönheit zuzujagen: Schönheit habe oft abstoßende Feindseligkeit bei sich und stehe hinter dem Liebreiz des Anmutenden zurück, das dem Herzen wohler tue. Keine alltägliche Behauptung! Denn in der Vorstellungswelt der höfisch-ritterlichen Gesellschaft ist damals das Vollkommene immer schön. Der Abgesang erweitert das Bisherige in einer These, die so grundsätzlich ist, daß die Anrede an eine Geliebte vergessen zu sein scheint. Liebenswerte Anmut, der ein unmittelbares Wohlgefühl antwortet, macht erst weibliche Wesen wirklich schön. Dagegen vermag die Schönheit als solche nie ein leibhaftes Wesen zu etwas zu machen, das durch seinen Liebreiz Zuneigung erweckt. Walther gibt den Wert weiblicher Schönheit nicht preis. Aber er schränkt ihn ein, indem er sein vollgültiges Erscheinen an eine zusätzliche Bedingung knüpft.

Eine neue Vorstellung ist in der Welt des Minnesangs entstanden. Walther weist, soweit es ihm die gesellschaftliche Sprachwelt seiner Lyrik ermöglicht, auf einen unableitbaren, ursprünglichen Vorgang hin, der sich jenseits aller gesellschaftlichen Vorurteile in seiner Tatsächlichkeit selbst begründet. Nachdem er sich in der Mitte des Liedes ganz einem Grundsätzlichen geöffnet hat, lenkt er in der vierten Strophe zu den beiden ersten Strophen zurück. Was man auch dem Sänger vorgeworfen hat, er will es in Zukunft wie bisher tragen. Damit ist er wieder bei dem „Du" des Liedes, bei der „herzlieben kleinen Herrin". Sie ist schön genug und besitzt genug. Was können schon die anderen dazu sagen? Wie der Aufgesang auf die zweite Strophe zurückgreift, so der Abgesang auf die erste Strophe. Dabei deutet der Sänger bildhaft das Unbedingte einer Zuneigung an, die kein Einfluß von außen stören kann: Er zieht den wertlosen Glasring der Geliebten dem Goldring einer Königin vor, mithin dem Goldring einer „frouwe", die im gesellschaftlichen Sinne die oberste Stufe hält. Nicht vergessen wollen wir, daß diese Strophe nichts entscheidend Neues bringt, sondern nach dem Sondergipfel der dritten Strophe die anfängliche Höhenlage des Liedes wiederherstellt. Mehr als erwägenswert ist, daß der vom „Ich" und „Du" gelöste Gipfel der dritten Strophe dem ersten Vortrag des Liedes fehlte, mithin die vierte Strophe unmittelbar die zweite Strophe ergänzte.

Äußere Anlässe der Minne, wie sie sich in der Schönheit und im Reichtum der Geliebten darstellen, sind in die Reihe der bedingten Werte gerückt. Wohl aber werden von dem „frouwelîn" ethische Kerneigenschaften gefordert, die je der Minnekult dem weiblichen Ideal zugesprochen hat. In der fünften Strophe zeigt sich, daß ein „herzeliebez frouwelîn" seinen Namen nur verdient, wenn es mehr ist als ein anmutiges Mädchen für eine frohe Stunde. Das „frouwelîn" kann dem Sänger nie Herzensfreude in Herzeleid verwandeln, wenn es „stetige Treue" hält. „Treue" meint in der Sprache jener Tage ein seelisches Band, das sich von Person zu Person schlingt. Wer es fallen läßt, gibt den anderen bis zum Recht feindlichen Widerstandes frei. Und „Stetigkeit" ist nichts anderes als der innere Zug, der das Band der „Treue" dauerhaft macht. Hier wird unausgesprochen alles abgelehnt, was an Vagantenminne erinnert, und alles, was unbeschwerte oder parodierende Neidhartklänge vernehmen läßt. Nirgends wird dies deutlicher als im schließenden Abgesang des Liedes, das nicht nur ein Bekenntnislied, sondern auch ein Werbelied sein will: Eignet dem „Du" nicht stete Treue, so darf es dem Sänger nie gehören. Und nun ist wieder ein Wehruf da, der den Langvers des Abgesanges beendet. Er klingt fast wie eine Warnung, in der sich von ferne ein schmerzliches Verzichten ansagt: O weh dann, wenn die Trennung durch das Verhalten der Geliebten notwendig wird! Das „ówê danne, ob daz geschiht" der fünften Strophe antwortet dem „owê, dâ von ist mir vil wê" der ersten Strophe. Wir hatten uns gefragt, warum die Zuneigung zur Geliebten schmerzhaft ist. Aus jener unerfüllten Sehnsucht, die der Minnesang so oft besingt? Gewiß mag sie auch im Frohgefühl jener Neigungsminne mitschwingen, die unser Lied verkündet. Aber da ein lyrisches Gedicht Unauflösbares in sich bergen darf, so stellt sich die Frage, ob nicht den Sänger schon am Schluß der ersten Strophe ein banger Zweifel durchzieht, den erst der Schluß des Liedes hörbarer macht. In jedem Falle schließen diese beiden „owê"-Sätze Anfang und Ende zum Kreis.

Wer spricht in diesem Lied? Nicht ein Walther, der im geschichtlichen Alltag seine persönlich bedingten Erlebnisse hat, sondern der Sänger Walther, der in seiner Weise ein unableitbares Grunderlebnis von Minne entdeckt. In einer ständisch geordneten Gesellschaftswelt läßt er die Zuneigung, die ein männliches „Ich" zu einem jungweiblichen „Du" unabhängig von ständischen Vorurteilen empfindet, aus einem Frohgefühl des Herzens hervorgehn, das vom Anmutenden der weiblichen Gestalt erweckt wird. Er tut es, ohne die ethischen Grundwerte aufzugeben, die der anerkannte Lebensstil fordert. Zum Gedankenhaften seiner lyrischen Aussage gehört, daß sich gegliederte Versbewegung, gegliederter Satzbau und gegliedertes Sinngefüge so ineinanderfügen, als ob sich Kunst von selbst mache. Doch ist mit diesem Liede nicht die einzige Richtung erfaßt, in der Walther das, was er hier entdeckt, in gebundene Sprache umsetzt. Ein hervorragendes Beispiel dafür ist das vielleicht originellste Lied Walthers: das Lied „Nemt, frouwe, disen kranz!".

FRIEDRICH NEUMANN

WALTHER VON DER VOGELWEIDE

Nemt, frouwe, disen kranz!

„Nemt, frouwe, disen kranz!“
álsô sprach ich zeiner wol getânen maget.
„sô zieret ir den tanz,
mit den schœnen bluomen, áls ir si ûffe traget.
het ich vil edele gesteine,
dáz müeste ûf iuwr houbet,
óbe ir mirs geloubet.
sêt mîne triuwe, daz ichz meine.

Ir sît sô wol getân,
daz ich iu mîn schapel gerne geben wil,
sô ichz áller beste hân.
wîzer unde rôter bluomen weiz ich vil.
die stênt niht verre in jener heide.
dâ si schône entspringent
und die vogele singent,
dâ suln wir si brechen beide.“

Si nam daz ich ir bôt
einem kinde vil gelîch daz êre hât.
ir wangen wurden rôt
same diu rôse, dâ si bî der liljen stât.
do erschámpten sich ir liehten ougen:
dóch neic si mir schône.
dáz wart mir ze lône:
wirt mirs iht mêr, daz trage ich tougen.

Mich dûhte daz mir nie
lieber wurde, danne mir ze muote was.
die bluomen vielen ie
von dem boume bî uns nider an daz gras.
seht, dô muost ich von fröuden lachen.
dó ich sô wünneclîche
was in troume rîche,
dô tagete ez und muose ich wachen.

Mir ist von ir geschehen,
daz ich disen sumer allen meiden muoz
vaste únder d'ougen sehen:
lîhte wirt mir einiu: so ist mir sorgen buoz.
waz obe si gêt an disem tanze?
frouwe, durch iuwr güete
rucket ûf die hüete.
owê gesæhe ich si under kranze!

Die erste Strophe. Wieder gliedert sich ein syntaktisch geschlossener Aufgesang in zwei doppelversige Perioden: „Nehmt, Herrin, diesen Kranz! So sprach ich zu einem Mädchen von Gestalt. Dann schmückt ihr den Tanz mit den schönen Blumen oben auf dem Haupt." Ein überraschender Satz! Der Sänger bietet zu einem bevorstehenden Tanz einem Mädchen, das sich ihm heraushebt, einen Blumenkranz an, damit sie ihn aufsetzt. Doch er nennt sie nicht vertraulich „frouwelîn", sondern ehrerbietig „frouwe" und braucht entsprechend das gesellschaftliche „Ihr", das er denn auch im ganzen Liede festhält. Der kunstvolle Abgesang verstärkt die Sängerworte. Sie soll ihm glauben, besäße er hochedles Gestein, es müßte (wir dürfen sagen: als ein fürstlicher Reif) auf ihr Haupt; er gibt sein Treuwort, daß seine Huldigung echt ist. Kurz: Der Sänger spricht vor einer Gelegenheit zum Tanz das Mädchen seiner Wahl an, aber indem er es tut, wirbt er um sie wie um eine große Dame. So wird man auch wohl unter dem Tanz gemäß dem damals jungen Gebrauch des französischen Lehnwortes einen vornehmen Schreittanz zu verstehn haben, der im Freien gepflegten Boden, etwa eine Wiese, verlangt.

Zum gehobenen Redestil gehört der kunstvolle Bau der Strophe, der wenigstens im Ungefähren erklärt werden muß. Für das Verständnis dieses Strophenbaus ist wichtig, daß die rhythmisch belangvollen Pausen erfühlt werden. In den beiden Perioden des Aufgesangs sind wieder zwei Verse miteinander verbunden, die in einem eintaktigen Reime enden („kranz", „maget" / „tanz", „traget"). Am leichtesten sind die zweiten Verse dieser Perioden zu beurteilen (der Typus: „álsô sprach ich zeiner wol getânen maget"). Sie bewegen sich mit sechs gleichgeordneten Hebungen in sechs Sprechtakten, denen keine belangvolle Pause folgt. Die ersten Verse der Perioden („Nemt, frouwe, disen kranz" und „sô zieret ir den tanz") sind zwar nur Dreiheber. Aber schon weil fast Gesetz ist, daß Perioden nur gerade Taktzahlen zeigen, müssen diese Dreiheber durch eine sinnfällige Schlußpause auf vier

Sprechtakte gedehnt werden, wofür auch außer dem Gehöreindruck spricht, daß die ihnen folgenden Verse ohne Auftakt mit einer Hebung einsetzen („álsô sprach ich“ und „mít den schœnen bluomen“). Im Abgesang rahmen zwei gereimte auftaktige Vierheber ein gereimtes Paar auftaktloser Dreiheber ein. Alle vier Verse schließen eindeutig mit schwerklingenden Reimen („gesteínè“/„hoúbèt“, „geloúbét“/„meínè“), die hinhaltend zweitaktig gesprochen sein wollen. Das ergibt (roh ausgedrückt) im Rahmen zwei fünftaktige, im Innenteil zwei viertaktige Verse. Bei diesen Ansetzungen, die nur das berücksichtigen, was sich einem ersten Hinhören anbietet, schließen sich demnach (4+6) + (4+6) = 20 Sprechtakte des Aufgesangs mit 5+(4+4)+ 5 = 18 Sprechtakten des Abgesangs zur Strophe zusammen. Wozu dies alles, was auf den Außenstehenden wie ein Tüfteln wirken mag? Der erste Grund: Ohne die Kenntnis der Musik können wir zwar oft nur bedingt festlegen, in welchem Größenverhältnis die rhythmischen Sätze einer Strophe zueinander stehn, aber im Mühn um diese Erkenntnis wird deutlich, wie stark altdeutsche Gedichte bis in den Gehalt ihrer Strophen hinein echte Kompositionen sind. Der zweite Grund: Nur auf diesem Wege wird möglich, ein Versgefüge klanggemäß zu sprechen und zu hören. Der dritte Grund: Man pflegt unser Lied ein „Tanzlied“ zu nennen, wohl weniger, weil es für uns schwierig ist, seine rhythmische Gliederung dem Text zu entnehmen, als weil es mit einem Tanzmotiv anhebt. Und wer will, mag sich zu den Versgängen spielend ein tänzerisches Schreiten vorstellen: ein Hin und Her und ein Vor und Zurück. Doch empfiehlt sich für uns, erst am Schluß zu erwägen, was auf die Frage, ob „Tanzlied“ oder nicht, zu antworten ist.

Indem wir im Text fortfahren, ziehn wir uns, unabhängig davon, wie sich die Ausgaben des Liedes entscheiden, die Strophe „Ir sît sô wol getân“ vor die Strophe „Si nam daz ich ir bôt“. Dies Verfahren, durch das wir der Überlieferung treu bleiben, wird sich, denke ich, nahezu von selbst rechtfertigen.[1] In der ersten Strophe hat sich der Sänger eine „maget“ gewählt, die ihm gefällt, und er hat sie in der Anrede wie eine große Dame behandelt. In der Strophe „Ir sît sô wol getân“ spricht er mit dem Eifer des Werbenden weiter. Seine Worte klingen, wie wenn die Überraschte mit gutem Grunde gezögert habe. Sie gefällt ihm so, daß er ihr gern seinen Blumenkranz schenkt, den besten, den er hat. Weiß er doch obendrein, wo es eine Fülle von weißen und roten Blumen gibt. Indem er dies sagt, ruft er sich selbst ein Stichwort zu. Herrlich sprießen diese Blumen bei Vogelsang. Natürlich nicht auf einem

Wiesenplan neben dem bebauten Feld, sondern in der unbebauten Wildnis zwischen dem Feld und dem Hochwald, wo das Vieh zu weiden pflegt: dort draußen auf der „Heide", dem hervorragend lyrischen Raum der alten Dichtung. Der Sänger steigert sich in einen Vorschlag. Indem er ihn ausspricht, schlägt das „Ihr" der Anrede in ein „Wir" um, Sollen und Wollen werden eins: „Dort auf der Heide sollen (wollen) wir beide die Blumen brechen". Der Vorschlag ist ein Wagnis. Denn Blumenbrechen ist ein hintergründiger Ausdruck der Liebessprache, so unverfänglich er im Zusammenhang der Sängerworte klingen mag. Sie, die „maget-frouwe", hat sich zu entscheiden.

Die Strophe „Si nam daz ich ir bôt" ist als Mittelstrophe eines Fünfstrophers wohl nicht zufällig die Strophe der Entscheidung. Die „maget-frouwe" nimmt den Kranz an, und zwar in der Haltung eines jungen weiblichen Wesens, das „Ehre" hat: „Ehre" im Sinne einer durch Herkunft und Erziehung gegebenen Würde, aber wohl auch „Ehre" im Sinne inneren Wertes. Da ist keine Mannstolle oder Gefällige, die auf ein Erlebnis durch den Höhergestellten wartet. Sinnenhafter Erweis: das Rotwerden ihrer Wangen, durch das sich Rose und Lilie, Keuschheit und Reinheit, vereinen. Dann aber „erschämen" sich ihre lichten Augen, als sie ihm „schône", mit Anstand, den Kopf neigt. Ist dies Verneigen nichts weiter als lohnender Dank für den Kranz? Oder ist es zugleich im Dank für die Auszeichnung Zusage zum gemeinsamen Gang auf die „Heide"? Das Erröten ziemte der Beschenkten, das Niederschlagen der Augen wäre dafür doch wohl zu viel. Der Strophenschluß läßt die Frage kaum noch in der Schwebe, so sehr solches Verhüllen lyrischer Sprache gemäß sein kann: „Empfange ich", so sagt der Sänger, „noch größeren Lohn, das ist mein Geheimnis". Die Worte wecken die Ahnung, daß sie mit „erschämten" Augen in das „Wir" einstimmt.

Die vierte Strophe. Wir sind auf der „Heide". Ihn dünkt dort, daß er sich nie wohler gefühlt habe. Ein Blütenregen fällt bei ihnen „vom Baume" nieder in das Gras. Was ist das für ein Baum, der einzeln seine schattende Krone über die Heide breitet? Wohl eine Linde, der lyrische Baum jener Tage. Nur halb ausgesprochen bleibt das Motiv des Blumenlagers, dessen Vorstellung alten Halt an dem Satz des „Hohen Liedes" hat (im Text der Vulgata I, 15): „lectulus noster floridus". Doch in welche Welt führt uns Walther mit dieser Szene? Als der Sänger zum Blumenbrechen einlädt und als er dann nach der Zusage der Angeredeten verstecktes Wünschen kundgibt, klingt das, wie wenn wir der Vagantenwelt nur allzu nahe seien. Nun aber ahnen wir ein Glück, das jenseits alles Ständischen in ungefährdeter Ursprünglichkeit bewußt gelebt wird, in einer Ursprünglichkeit, die in der menschenfernen „Heide“ ihr Sinnbild findet. Doch jäh werden wir aus diesem Ahnen herausgerissen. Es ist, als ob das frohe Lachen im Sänger wie ein Warnruf aufsteige. Es tagt, und er erwacht aus einer Traumseligkeit. Müssen wir uns noch begründen, warum die Strophe „Ir sît sô wol getân“ vor die Strophe „Si nam daz ich ir bôt“ gehört? Die Heideszene, die nur bei dem Niederfallen des Blütenregens in dem schlichten „bî uns“ an das Mädchen erinnert, sie erfüllt, was sich in dem vorausgehenden „dô neic si mir schône“ angedeutet hat. Den Sänger umspielt ein Glück, in dem unerfüllbare Sehnsuchtsminne und abstandlose Liebelei überwunden sind. Und selbstverständlich war alles Traum, von der werbenden Aufforderung „Nemt, frouwe, disen kranz“ bis zu „dô tagete ez und muose ich wachen“ hin. Aber was heißt dies alles? Kann es solch Glück nur im Traum und nicht in der Wirklichkeit geben? Etwa schon deshalb nur im Traum, weil die Wirklichkeit nicht eine solche vollkommene „maget“ zeigt, der die Würde einer „frouwe“ eignet? Walther entläßt uns noch nicht! Er teilt dem „Ich“ des Liedes, dem Sänger, ein Schlußwort zu.

Wie im Liede „Herzeliebez frouwelîn“ haben wir eine fünfte Strophe, wobei die beliebte Fünfzahl (späteren Zeiten für die Gliederung der Dramen wichtig) eine gesteigerte Dreizahl ist. Die Traumgestalt treibt den Sänger dazu, den ganzen Sommer über allen Mädchen fest „unter die Augen“ zu sehn. Seine Hoffnung, daß ihm „eine“ werde, meint fast selbstverständlich nicht irgendeine, sondern eine solche, die an Gestalt und durch Verhalten der Traumgeliebten gleicht. Denn nur dann wäre ihm von seinen Sorgen weggeholfen. Der eindrucksvolle Abgesang führt uns an eine Gesellschaft heran, die einen „Tanz“ schreitet, ohne daß sie näher bestimmt wird. Nur macht uns Walther darin sicher, daß er an einen gemessenen Tanz denkt, an einen Tanz, wie er seiner Traumgeliebten gemäß ist. Nicht überrascht uns mehr, daß sich der Sänger in betont gesellschaftlicher Anrede den Mädchen zuwendet. Unübersetzbar der Plural (!) „frouwe“. Der Plural „Herrinnen“ verzerrt; der Plural „Damen“, durch neuzeitlichen Gebrauch entwertet, verlockt in einen ironischen Klang, der ferngehalten werden muß. Eine Umschreibung muß helfen: „Gebietende, habt die Güte“ oder „Habt gnädig die Güte, eure Hüte zurückzuschieben!“. Wichtig ist, daß wir hierbei nicht eine Warnung überhören, die das ganze Lied durchzieht. Walthers „maget-frouwe" („Mädchendame"), in der er ein junges weibliches Wesen sucht, das vertraute Nähe bringt und doch „Ehre" hat, mag sich für die Zeitgenossen durch die offene Werbung des Mannes als eine Unbegüterte dargestellt haben, die sich nicht durch Geburt auszeichnet. Da die Mädchen Hüte tragen, bewegen sie sich offenbar in einer Freiluftszene, und breitrandige Hüte scheinen für Österreich charakteristisch gewesen zu sein. Aber so etwas wie eine eindeutig umschriebene gesellschaftliche Wirklichkeit tritt auch hier am Schluß des Liedes nicht in unser Gesichtsfeld. Wir dürfen daher an keiner Stelle des Liedes mit irgendwelchen naturalistischen Vorstellungen, wie etwa mit der Vorstellung vom einfachen Mädchen, nachhelfen wollen. Walther hat im Widerstand gegen eine Lyrik, die in verwandt scheinenden Fällen eindeutig wird, absichtlich nicht ausgesprochen, wohin die jugendliche Traumgeliebte gehört. Das Geheimnis des Liedes gründet nun einmal darin, daß in einer zeitbedingten Traumwelt ein Finden der Geschlechter, das zugleich gesittet und natürlich ist, jenseits des geschichtlichen Alltags Wahrheit wird. Der Schlußvers des Liedes setzt mit einem „owê" ein, einem „Ach", das erschrokkene Überraschung vorwegnimmt: „Ach, könnte ich sie doch bekränzt vor mir sehn!". Man überhöre nicht, daß das „owê gesæhe ich si under kranze!" den ersten Vers des Liedes „Nemt, frouwe, disen kranz!" im Wunsch nach Erfüllung zurückruft.

Das dürfte, wie ich hoffe, hinreichen, um die gegliederte Aussage des Liedes über die Jahrhunderte hinweg hörbar zu machen. Aber wir haben eine Frage liegen lassen, die noch kurz beantwortet sein will. Dürfen wir dies Lied ein „Tanzlied" nennen? Man kann das nicht von neuzeitlichen Vorstellungen aus beurteilen. Indem sich unser Lied durch sinntragende Geschehnisse bewegt, hat es genug von einem Erzähllied an sich. Und der Anfang des 13. Jahrhunderts, in dem es entsteht, hat gewiß „Tanzlieder" gekannt, die in einem elementaren Sinne Erzähllieder sind. Gleichwohl werden wir in unserem Falle eine klare Entscheidung treffen können. Ein Lied von so bewußter und so empfindlicher Kunst, das in vielfältiger Beziehung zum Überkommenen ein Neues auszudrücken strebt, verlöre sein Eigenstes, wenn es zu einem Tanze oder gar in einem Tanze vorgetragen würde. Das schließt nicht aus, daß die letzte Strophe einen umrißhaften Zusammenhang mit einem echten Tanzlied hat, soweit in ihm ein Einzelner (sagen wir: ein Überzähliger) singend seine Partnerin sucht. Auch mag ein Reiz des ganzen Liedes gewesen sein, daß es in der Meisterkunst seiner Melodie einen Anklang an echte Tanzlieder gab, der für uns nicht mehr oder noch nicht erkennbar ist. Aber so etwas gehört alles nur zu den zeitgeschichtlichen Hintergründen unseres Liedes. Innerhalb des Minnesangs ist es von unwiederholter und unwiederholbarer Eigenart: zeitgebunden und doch in seinem innersten Anliegen von dauernder Gegenwart.

Jede Dichtung hat ihre Zeitstelle. Auch wenn sie in eine Welt des dauernd Gültigen hinaufreicht, bleibt sie den Sichtbedingungen ihrer Zeit verpflichtet. Das volle Verständnis eines Waltherliedes ist daher nur möglich, wenn seine Art der versgebundenen Aussage aus der ihm zugehörenden alten Sprachwelt heraus gedeutet werden kann. Eine solche Deutung verlangt denn auch fast mit Notwendigkeit den Versuch, im Ungefähren zu ertasten, wann dieses oder jenes Lied entstanden, also zum ersten Male vorgetragen ist. Für unsere beiden Lieder läßt sich ohne viel Nachdenken zweierlei sagen. Sie stammen von dem Walther, der sich vom Jahre 1198 an als „Fahrender" bewegt, auch wenn er gelegentlich nach Wien zurückkehrt. Und sie stammen nicht vom alten Walther, der wahrscheinlich im Jahre 1220 aus Reichsbesitz ein „Lehn" erhält, das im mainfränkischen Gebiet gelegen haben wird, wie er denn auch etwa um das Jahr 1230 in Würzburg gestorben ist. Unsere beiden Lieder, Schöpfungen des reifen Künstlers, darf man mit Vorsicht der Zeit um das Jahr 1210 zuweisen, also einer Zeit, in der der Ostfranke Wolfram den „Parzival" beendet hat und der Straßburger Gottfried am „Tristan" dichtet. „Herzeliebez frouwelîn" mag etwas früher, „Nemt, frouwe, disen kranz" etwas später entstanden sein. Dies trifft für das zweite Lied besonders dann zu, wenn man ansetzt, daß es sich auch schon gegen Neidhartisches richtet. Es ist möglich, daß die Lieder an weit voneinander entfernten Orten gedichtet sind.

Mit diesen Angaben dürfen wir noch nicht schließen. Denn noch immer wird der Brauch verbreitet sein, beide Lieder, zusammen mit anderen Liedern Walthers, Lieder der „niederen Minne" zu nennen. Hierzu muß daher ein Wort gesagt werden, zugleich auch um das Verständnis beider Lieder zu verstärken. Daß man glaubt diese Lieder durch den Begriff „niedere Minne" erläutern zu können, hat seine Ursache in einem Waltherliede, dessen Aussage man auf ein Gebiet überträgt, wo sie nicht hingehört. Dies Lied mit dem Eingang „Aller werdekeit ein vüegerinne, / daz sît ir zewâre, frouwe Mâze" ist ein Zweistropher, dessen Versgefüge sich zwar fast ganz mit dem Versgefüge eines Minneliedes deckt, der aber in seiner grundsätzlichen Aussage jener Gedankenlyrik Walthers nahe steht, die man unter den Namen der „Spruchdichtung“ zu stellen pflegt. In der ersten Strophe preist der Sänger „frouwe Mâze“, die ethische Kraft des Maßhaltens, als eine der führenden Tugenden, von denen die Wertigkeit des Menschen aufgebaut wird. Er preist sie für das Leben auf dem heimatlichen Hof und für das Leben auf der Wanderschaft. Er bittet sie um ihre Lehre „ebenen“ Werbens, unter dem er ein temperiertes, schmerzloses Werben versteht, dessen Bahn weder nach unten fällt noch nach oben steigt: Maßlosigkeit halte ihn in Bedrängnis. Die zweite Strophe bezieht das notvoll nach unten oder nach oben gerichtete Werben auf zwei gegensätzliche Weisen von Minne. Die „niedere Minne“ hat ihren Namen, weil sie den Werbenden so verächtlich macht, daß er sich um „kranke liebe“, um ein wertloses Lustgefühl, müht und damit um eine Minne, deren Weh kein Lob verdient. Die „hohe Minne“ reizt dazu an und bewirkt, daß das Denken und Wollen zu „hoher Würde“ aufschwingt. Sie winkt jetzt dem Sänger, und er wundert sich, warum die „mâze“, die Kraft der Mäßigung, zögert. Doch „niedere Minne“ hin, „hohe Minne“ her, wenn die „herzeliebe“ kommt, so ist er verführt, will heißen: so ist sein Weg bestimmt. Das über das Herz kommende Frohgefühl, das von einem Liebreiz erweckt wird, entscheidet über das Minneleben des Sängers, wie dies auch geartet sei. Vom Anblick einer Frau erregt, schwingt er diesmal in „hoher Minne“ auf. Da er die helfende Kraft des Maßhaltens nicht spürt, erwägt er folgerichtig, die Geminnte werde ihm Schaden bringen, wie lieblich auch ihre Rede sei.

Diese beiden merkwürdigen Strophen sind für uns hier durch drei Bekundungen lehrreich. Die erste Bekundung: Walther zieht die Ausdrücke „niedere“ und „hohe Minne“, die auf Ständisches beziehbar sind, aus jeder engständischen Auffassung heraus. Am kräftigsten geschieht es mit dem Begriff der „niederen Minne“. Sie ist eine Minne ohne ethischen Wert, eine Aussage, durch die sie der Minnesänger Walther von seinem Minnesang ausschließt. Die zweite Bekundung: So falsch es ist, das lyrische „Ich“ eines Gedichts dem „Ich“ des Dichters gleichzusetzen, ohne Zweifel legt hier Walther (darin grade seiner „Spruchdichtung“ nahe) ein ungewöhnliches Bekenntnis ab, das uns für einen Augenblick in die Wirrnisse des leidenschaftlichen Mannes hineinsehn läßt. Die dritte Bekundung: Mit unseren beiden Liedern verbindet diese beiden später gedichteten Strophen, daß der reife Walther als das Entscheidende eines echten Minneerlebnisses die „liebe“ anspricht: eine Erregung des Herzens, die unmittelbar auf ein Anmutendes antwortet und sich als Neigung des „Ich“ zum „Du“ bekundet. „Hohe Minne“ verzehrt sich in Sehnsucht nach einer Gestalt, die immer wieder in die Ferne rückt. „Niedere Minne“ genießt ein Glück, das nicht erhebt. Die Herzensminne führt in eine Beseligung, die jenseits aller gesellschaftlichen Vorurteile liegt. Die ihr eigentümliche Gefahr ist da, wenn einer der Partner in seinem inneren Verhalten versagt: „ôwê danne, ob daz geschiht!“. Wie konnte es aber zu jenem Mißverständnis kommen, das den Begriff der „niederen Minne“ auf Walthers Lieder der Herzensminne überträgt? Dies Mißverständnis scheint mir für ein Interpretieren der Waltherlieder typisch zu sein, das vom späteren 19. Jahrhundert her bestimmt wird. Man trägt ein naturalistisches Empfinden, das in bedeutsamer zeitgenössischer Lyrik wach ist, über Jahrhunderte hinweg in solche Lieder Walthers, die mit Eigenem über die Lyrik des späten 12. und des frühen 13. Jahrhunderts hinausdrängen.

Kein Lied Walthers aber war (und ist es wohl auch noch) so stark davon bedroht, einem naturalistischen Empfinden unterworfen zu werden wie das Lied „Under der linden“, das seine neuzeitliche Verbreitung nicht bloß seinem hohen Rang verdankt. Um so notwendiger ist es, das Eigene dieses unübersetzbaren Liedes herauszuheben.

FRIEDRICH NEUMANN

WALTHER VON DER VOGELWEIDE

Under der linden ...

Under der linden
an der heide
dâ unser zweier bette was:
dâ mugt ir vinden
schône beide
gebrochen bluomen unde gras.
vor dem walde in einem tal,
tandaradei,
schône sanc diu nahtegal.

Ich kam gegangen
zuo der ouwe:
dô was mîn vriedel komen ê.
dâ wart ich empfangen
hêre frouwe
daz ich bin sælic iemer mê.
kuste er mich? wol tusentstunt:
tandaradei,
seht wie rôt mir ist der munt.

Dô het er gemachet
álsô rîche
von bluomen eine bettestat.
des wirt noch gelachet
inneclîche
kumt iemen an daz selbe pfat.
bî den rôsen er wol mac,
tandaradei,
merken wâ mirz houbet lac.

Daz er bî mir læge,
wessez iemen
(nu enwelle got!), sô schamt ich mich.
wes er mit mir pflæge,
niemer niemen
bevinde daz wan er und ich;

und ein kleinez vogellîn:
tandaradei,
daz mac wol getriuwe sîn.

Wiederum ein Lied, dessen Melodie an die Melodie eines Tanzliedes angeklungen haben mag, und wiederum ein Lied, das in eine Freiluftszene führt. Auch sind wir wiederum zwischen bebautem Feld und dichtem Wald auf der menschenfernen, aber freundlichen Wildnis einer „Heide". Nicht spricht ein Mann, sondern aus Mannes Sicht ein weibliches Wesen. Man kann vermuten, daß die Sprecherin mädchenhaft jung ist. Aber auch diesmal erfahren wir nichts von ihrem Alter und ihrer Herkunft. Wir haben daher kein Recht, ihr bestimmte Vorstellungen aufzudrängen. Nur eins dürfen wir sagen: Es spricht hier jene Traumgestalt des Liedes „Nemt, frouwe, disen kranz" aus einem Erlebnis, das nicht wie das Traumerlebnis des Sängers vom Alltag jäh unterbrochen wird, sondern sich als beseligendes Geheimnis erfüllt. Anders ausgedrückt: Dem Traum des Sängers antwortet hier die vom Sänger erträumte Erinnerung einer Frau. In beiden Fällen werden Erlebnisse von zeitloser Ursprünglichkeit in die Welt echter Kunst gehoben. Gewiß, das Lied bewegt sich in einer typisch lyrischen Landschaft, die durch ihre Motive ihre Gefahren hat. Da ist der schützende Baum an der „Heide", diesmal nach lyrischem Brauch Linde genannt. Da ist das Lager der Liebenden, als Bett aus Blumen und Gras beschrieben, die nicht mit roher Hast, sondern „schône", mit freundlicher Sorgfalt, gebrochen sind. Und da ist die Nachtigall, die vor dem aufsteigenden Walde singt, wie sich denn hier die „Heide" mit dem Talgrund einer Waldwiese zu decken scheint.

Wodurch aber weiß Walther sein Lied davor zu bewahren, daß es nicht in die geschichtliche Wirklichkeit eines gesellschaftlichen Alltags hinuntergleitet? Am sinnfälligsten geschieht es durch das Klanggefüge, in dem sich Schlichtheit und höchste Kunst verbinden. In den Perioden des Aufgesangs fügt sich zwei Viertaktern, die sich je aus zwei schwerklingenden Zweihebern bilden, ein Viertakter an, der sich in leichtem Auf und Ab bewegt:

Undèr der líndèn/án dèr héidè/dâ únser zweíer bétte wás
(—́ —̀ — —́ —̀/—́ —̀ —́ —̀/— —́ — — — — — —́).

Mit schwerklingendem Ländlertakt hebt auch der Kehrvers des Nachtigallenrufes an: tándàradeí (—́ —̀ — —́ ^). Die schwerklingenden, senkungsarmen Verse geben der Strophe archaischen Glanz, und doch wirkt ihre Bewegung als Ganzes wie heiteres Spiel.

Dazu tritt noch etwas anderes. In diesem Tongebilde seltener Originalität hat die Aussage der zweiten Strophe zwei charakteristische Stellen, die die Höhe des lyrischen Erlebnisbereichs sichern. Der Partner der Sprecherin ist in ihrer Sprache weder bloß ein Mann noch ist er ein Ritter. Mit einem alten Wort, das unabhängig von gesellschaftlichen Rücksichten den Geliebten als Geliebten bezeichnet, ist er ihr „vriedel". Ihre Begrüßung durch ihn deutet sie in dem viel umworbenen Satze an:

dâ wart ich empfangen/hêrè froúwè/daz ich bin sælic iemer mê.

In der Erinnerung an den Empfang ist sie für immer beseligt. Was meint aber in diesem Zusammenhang der Ausdruck „hêre frouwe": „erhabene Herrin", „herrliche Gebieterin"? Als Anruf konnte er Maria, die höchste „maget", ehren. So heißt es im späten 12. Jahrhundert in einer Mariensequenz aus dem Aargauer Kloster Muri „Hilf mir, frouwe hêre", und um 1245 ruft der Ostschwabe Ulrich von Türheim in seiner Rennewart-Erzählung Maria, die „reine sælic maget", zugleich als „hêriu frouwe" an. Aber sollte Walther gewagt haben, die höchste „Gebieterin" in den Jubelruf einer irdisch Liebenden einzubeziehn? Trotz sprachlicher Einwände bietet sich uns die lyrische Kühnheit an, daß die Sprecherin vom „vriedel" als „hêre frouwe" empfangen wird, wobei man daran denke, daß der Sänger in seinem Traumgedicht die Erwählte mit „frouwe" anspricht. Wir werden wohl nie eine eindeutige Entscheidung erreichen, da hier Unwägbares mitschwingt, das wir Nachfahren nicht mehr fassen können. Doch bleibt frei von jedem Zweifel, was uns dies „hêre frouwe" zu sagen hat: Das beseligende Zusammensein zweier Liebender wird als ein überständisches Erlebnis von ursprünglicher Echtheit und Reinheit jeder Erniedrigung entzogen.

Wer denkt bei dem Ausdruck „Lyrik" daran, daß sich das altgriechische Eigenschaftswort, das in ihm enthalten ist, ursprünglich auf Lieder bezieht, die von der „Leier" begleitet werden? Auf die Art des Begleitinstrumentes kommt es nicht sehr an. Doch sollte uns das Wort daran erinnern, daß in altgriechischer Welt lyrische Dichtungen echte *Lieder* sind, mithin Schöpfungen, in denen sich Wort und Ton zu gemeinsamer Wirkung vereinen. Lyrik in diesem ursprünglichen Sinne ist auch die Lyrik des hohen Mittelalters, die wir mit dem Worte „Minnesang" kennzeichnen. Man muß das gegenwärtig haben, wenn man Gedichte Walthers von der Vogelweide aufnehmen will, der um das Jahr 1190 als

Minnesänger beginnt und über ein Menschenalter hinaus dem Minnesang treu bleibt. In Walthers Tagen ist das lyrische Gedicht zugleich eine musikalische Schöpfung und daher der Dichter wirklich ein Sänger. Damals pflegt dem Vortragenden Geigenbegleitung zu helfen. Aber entscheidend ist auch hier, daß in den lyrischen Dichtungen sinnerfüllte Aussagen aus der Wiederkehr kunstvoll gesetzter Melodien aufsteigen, deren Ablauf sich im Strophenbau spiegelt. Das lyrische Gedicht hat daher seine erste und echteste Wirkung, wenn es, kunstgemäß gesungen, in einer aufnahmefähigen Gesellschaft erklingt. Indem sich gepflegte Sprache in strophischer Wiederholung geordneten Klangreihen eingliedert, werden die Hörer in ihrem Empfinden und Denken zu einem gemeinsamen Wünschen und Wollen gleichgestimmt.

Schwerlich ist Zufall, daß Walther in dem einzigen amtlichen Beleg, den wir von seinem Leben haben (in Reiserechnungen des Passauer Bischofs zum 12. November 1203) nicht „miles", sondern „cantor de Vogelweide" genannt wird. Wir nehmen zwar mit großer Sicherheit an, daß ihn seine Herkunft nicht von der Ritterweihe und dem Berufsdienst des Ritters ausschloß. Wie hätte er sonst mit ausgesprochenen Ritterliedern beginnen dürfen? Und niemals hätte man ihm ohne einen gewissen Anspruch ein rittermäßiges Auftreten und Selbstbewußtsein zugestanden. Aber der bischöfliche Schreiber des Jahres 1203 wertete ihn als einen Berufssänger, wobei man nicht vergessen darf, daß der Ausdruck „cantor" auch ein geistliches Amt bezeichnete. Vielleicht war der Knabe für den Klerikerstand bestimmt. Der junge Mann mag gehofft haben, am Wiener Hof mit Ritterwürde einwurzeln zu können, so sehr das seiner Natur widersprochen hätte. Das Jahr 1198, in dessen Frühjahr der regierende Herzog von Österreich auf dem Kreuzzug stirbt und in dessen Sommer zwei Könige (ein Staufer und ein Welfe) in unheilvoller Wahl gegeneinander gestellt werden, hat über sein Leben und Dichten entschieden. Er ist wie die Berufssänger und wie mancher Studierter, den noch kein klerikales Amt bindet, zu einem „Vaganten", einem „Fahrenden" geworden, anders ausgedrückt: zu einem, der in einer Welt allseitiger ständischer Bindungen keinen festen Sitz hat. Er verkörpert freilich ein Vagantentum eigener Art. Er bewegt sich als ein „gelehrter" Fahrender, der wie ein Ritter geachtet sein will. Grade aus der Zwischenstellung eines ritterbürtigen Vaganten erklärt sich nicht nur die Unruhe seines Daseins, sondern auch die Spannweite seines Dichtens, die der Einengung widerstrebt. Auch für den Minnesänger Walther gilt daher, daß er eigene Wege zu suchen weiß. In einer Reihe von Minneliedern fühlt seine ständisch bestimmte Dichtersprache in eine Welt vor, in der sich das Männliche und Weibliche jenseits des Ständischen begegnen. Um voll zu ermessen, was das heißt, machen wir uns behelfsmäßig klar, wohin uns im Regelfall der Minnesang führt.

Zum Minnesang gehört zwar, daß das Verhältnis von Mann und Frau in die Mitte des menschlichen Lebens rückt und insofern welthaltig wird. Aber in den Liedern, in denen die gültigen Vorstellungen geprägt werden, stellt sich dies Verhältnis in einer zeitbedingt ständischen, rittermäßig höfischen Sicht dar. Die maßgebende seelische Bewegung, von der diese Lyrik singt, darf man etwa so umschreiben: Der Mann, als dienender Ritter gedacht, verzehrt sich sehnend im Aufblick zu einer weiblichen Gestalt, die ihm unter der Vorstellung ihrer Vollkommenheit die „frouwe" (die „Fürstin", die „Herrin") seines Herzens ist. Dem entspricht, daß die Frau den Mann um ihrer und seiner Ehre willen von oben her in einem Abstand hält, der die Vorstellung von ihrer Vollkommenheit sichert. Aus dem Erlebnis des Abstandes, in dem sich Wachträume erfüllen, steigern sich Mann und Frau gegenseitig. Auf die gesellschaftlichen Voraussetzungen dieser lyrischen Minnewelt brauchen wir hier nicht einzugehn.

Der Erlebnisbereich musterhaften Minnesangs hat seine Gegenwelt in der Liebeswelt mittellateinischer „Vagantenlieder", damit in einer akademisch-literarischen Welt, die nicht fest an Satzungen ständischer Sitte gebunden ist. Diese Lieder singen in einer am Frühling und Sommer erwachten Fröhlichkeit von einem ständisch unbeengten Begegnen von Mann und Frau, das auf eine unverbindliche Erfüllung des Liebesverlangens hinstrebt. Für eine Erkenntnis von Walthers eigenen Wegen ist nützlich, nicht nur an die Welt der Vagantenlieder, sondern auch an jene Aufweitung des lyrischen Raumes zu denken, die der Ritter Neidhart im frühen 13. Jahrhundert vollzieht. In einer Sprache, die den rittermäßig höfischen Minnesang parodieren kann, öffnen sich die Neidhartlieder bewegten Genrebildern. Doch wird damit noch nicht das Wesentliche ausgesagt. Die Bildwelt ist nur ein Mittel, die Minnewelt des Minnesangs, die grundsätzlich anerkannt bleibt, nach unten hin zu ergänzen: Ein Ritter, dem Neidhart in Selbstverspottung den Namen „des von Reuental" geben kann, sucht sich mit lebenshungrigen Bauernmädchen in einem schwebenden Verhältnis zu verbinden, das die Mütter der Mädchen und rittermäßig aufgeputzte Bauernburschen stören. (Man vergleiche das Lied „Ez meiet hiuwer aber als ê".)

Ausdrücklich sei gesagt, daß Walther nicht bestimmte Vagantenlieder oder gar bestimmte Lieder des jungen Neidhart vor dem inneren Ohre gehabt haben muß, als er jene Lieder dichtet, die uns hier beschäftigt haben. Eher darf man sagen, daß der Feinnervige auf seinem Wege in innerer Abwehr Vagantisches und Neidhartisches erfühlte, das in der Luft lag. Der Hinweis auf Vagantenlieder und Neidhartlieder soll denn auch zusammen mit dem Hinweis auf die ausgesprochen rittermäßig höfischen Minnelieder nur einen geschichteten Hintergrund andeuten, vor dem sich das Ungewöhnliche, das Walther schafft, für uns Menschen anderer Zeit besser abhebt.

Zu einem kurzen Schlußwort sehn wir zurück. Zunächst auf das, was Walther in dem Liede „Herzeliebez frouwelîn" entwickelt hat. Werbend beschwört der Sänger die Geliebte, unabhängig von gesellschaftlichen Vorstellungen ihm das zu sein, was er aus der Wirkung, die sie auf ihn hat, von ihr erwartet. Höchste Kunst versgebundener Sprache weiß ein Neues in schlichter Aussage zu erfassen. Und doch mag dem, der von Lyrik verlangt, daß sie unmittelbare Erfahrung erschafft, zu viel Gedankenhaftes an den Versgefügen dieses Liedes bauen. Bei solchem Einwand sollte eins nicht vergessen werden. Grade Walthers Drang zu grundsätzlichen Klärungen ist es, der sein Dichten und daher auch seinen Minnesang über die gegebene Vorstellungswelt hinaustreibt. Wir wissen jetzt, wie dies geschieht. Walther sucht durch die gesellschaftlich bedingten Bindungen hindurch, in denen der Minnesang das Weibliche entdeckt, ein ursprünglicheres und damit echteres Verhältnis von Mann und Frau zu ergreifen. Mit einem Worte, das in der von ihm gewählten Bedeutung noch nicht abgegriffen ist, nennt er dies Ursprüngliche von bindender Macht die „liebe" oder die „herzeliebe". Und er meint damit das gespannte Frohgefühl des Mannes, in dem ein Weibliches durch seine Anmut Zuneigung weckt. Er hilft durch diese Wortwahl, daß der Begriff „liebe", der einmal den Begriff „minne ersetzen wird" aus der Minnesprache jener Tage heraus auf den Weg kommt. Ob und wie weit dabei das Besondere von Walthers Versuch mitwirkt, diese Frage braucht uns hier nicht zu beschäftigen. Vom Standort unserer Betrachtung aus ist das Bedeutsame, daß in dem Liede „Nemt, frouwe, disen kranz" das, was Walther als ein Neues ergreift, durch die Sinnkraft seiner Sprache unmittelbare Erfahrung wird. Wer aber durch den Spannungsraum dieses Liedes hindurchgegangen ist, hat zugleich die Stelle gefunden, von der sich ihm Walthers Lied „Under der linden" von selbst öffnet.

Damit sind wir so weit, daß wir die drei Waltherlieder, auf die wir hingehört haben, von neuem in der Einheit ihres Klang- und Sinngefüges hören müßten. Das aber ist nunmehr etwas, das jeder für sich zu tun hat, nicht zum wenigsten deshalb, weil jedes echte Gedicht in dem, der es willig aufnimmt, neu entsteht.

WOLFGANG MOHR

WOLFRAM VON ESCHENBACH

Ursprinc bluomen ...

Ursprinc bluomen, loup ûz dringen
und der luft des meigen urbort vogel ir alten dôn.
Etswenn ich kan niuwez singen
sô der rîfe lît, guot wîp, noch allez ân dîn lôn.
Die waltsinger und ir sanc
nâch halben sumers teile in niemens ôre enclanc.

Der bliclîchen bluomen glesten
sol des touwes anehanc erliutern swâ si sint.
Vogel die hellen und die besten
al des meigen zît si wegent mit gesange ir kint.
Dô slief niht diu nahtegal:
nu wache aber ich und singe ûf berge und in dem tal.

Mîn sanc wil genâde suochen
an dich, güetlîch wîp, nu hilf sît helfe ist worden nôt.
Dîn lôn dienstes sol geruochen,
daz ich iemer biute und biute unz an den mînen tôt.
Lâz mich von dir nemen den trôst
daz ich ûz mînen langen clagen werde erlôst.

Guot wîp, mac mîn dienst ervinden,
ob dîn helfelîch gebot mich vröuden welle wern,
Daz mîn trûren müeze swinden
und ein liebez ende an dir bejagen mîn langez gern?
Dîn güetlîch gelâz mich twanc
daz ich dir beide singe al kurz oder wiltu lanc.

Werdez wîp, dîn süeziu güete
und dîn minneclîcher zorn hât mir vil vröude erwert.
Maht du trœsten mîn gemüete?
wan ein helfelîchez wort von dir mich sanfte ernert.
Mache wendic mir mîn clagen,
sô daz ich werde grôz gemuot bî mînen tagen.

„Ich bin Wolfram von Eschenbach, unt kan ein teil mit sange.“ So stellt sich der Dichter im Parzival vor, als Liedersänger, aber nicht als einer von denen, die den Minnesang professionell ausübten. Er will mit Schild und Speer den Minnesold erringen, nur das ist ein Spiel mit wirklichem Einsatz. „Schildesdienst ist mir angeboren. Wenn mich eine nicht wegen meiner Tapferkeit sondern um meines Singens willen minnt, so halte ich sie für eine Törin“, sagt er im „Parzival“. Minnesang als Hofdienst ritterlicher Ministerialen, als ein auch-ritterlicher Beruf oder gar als Gesellschaftsamt von Leuten, die es nicht zum echten Rittertum des Schwertes gebracht hatten, ist ihm ein Greuel. Für ihn soll er adlige Liebhaberei sein, wenn er ihn auch als Kunst, als etwas, das man „können“ muß, bezeichnet.

So ist es nicht verwunderlich, daß nicht viel davon erhalten blieb. Die Professionellen vom Schlage Morungen, Reinmar und Walther und die Kreise, denen diese Sänger dienten, haben besser für die Nachwelt gesorgt. Die kostbarsten Lyrica Wolframs, die glücklicherweise aufs Pergament kamen — nicht im Zusammenhang, sondern verstreut an verschiedenen Stellen —, sind die fünf Stücke seiner Tagelied-Variationen. Sie gehören zu einer besonderen Gattung, weit weg vom Hohen Minnesang, und die letzte Variation, das Tagelied zum Preise der Ehe, rückt vollends von allem Gewohnten ab. Hohen Minnesang Wolframs lernen wir eigentlich nur aus dem Liede „Ursprinc bluomen“ kennen, und dies Lied hinterläßt einen zwiespältigen Eindruck. Die beiden ersten Strophen *machen* Eindruck durch gedrängte Kraft und Fülle, mit der sie — Längstgewohntes in Sprache fassen. Denn frische Blumen, neues Laub, Maienluft und Vogelsang gehören zu den üblichen Requisiten desjenigen Minnesangs, der den Jahreszeitenbeginn nicht verschmäht. In der zweiten Strophe, beim Blinken und Schimmern der Blumen im Tau, begegnet man zwar Wolframs eigenen Prägungen; aber sie wirken wie ein Konzentrat aus verstreuten „schönen Stellen“ des „Parzival“, so als wolle der Dichter damit seine literarische Visitenkarte abgeben. Die Strophen, die dem ausgedehnten Natureingang folgen, muten vollends enttäuschend konventionell an. Sie umwerben beharrlich eine edle, abweisende Dame; der Ritter sucht bei ihr „genâde“, „helfe“, „trôst“, auf daß sein „dienst“ den „lôn“ empfange und sein „clagen“, „trûren“ und „langez gern“ ein „liebez ende“ finde; er will „dienen bis zum Tod“, „ein freundlich Wort hält ihn am Leben“, das „güetlîch gelâz“ der Dame zwingt ihn zum Singen — alles in allem eine gedrängte Musterkarte von Formeln, wie sie auch sonst im Minnesang begegnen; nur daß die guten Minnelieder sich meist auf eine geschmackvollere Auswahl beschränken. Man erwägt, ob das Lied nicht eine mittelmäßige Wolframkopie sei; da stößt man aber zu Anfang auf die Wirklichkeitsnähe der Zeile von den Vögeln, die nach halbvergangenem Sommer verstummen, und auf das innige Bild des Kinderwiegens in der Vogelfamilie; sie haben nicht ihresgleichen in der Lieddichtung um 1200. Und dann läßt in der letzten Zeile das Wort „grôz gemuot" aufhorchen, das sich über das konventionelle „hôchgemuot" baumhoch erhebt; das wird kein geschickter Nachahmer aus den beiden Stellen im „Titurel" und „Willehalm", wo es sonst bei Wolfram vorkommt, herausgefischt haben.

Das Lied fängt mit einer Irreführung an. Die ersten beiden Strophen wird ein unaufmerksamer Hörer oder Leser als Eingang eines Sommerliedes verstehen. Die frühlingshaften Naturbilder dringen so mächtig auf ihn ein, daß er darüber vergißt, auf den Zusammenhang zu achten. In Wahrheit ist es ein Winterlied. Man muß es sich genau übersetzen, um hinter seine Schliche zu kommen:

„Das Ersprießen der Blumen, das Herausdringen des Laubes und die Luft des Frühlings bringt immer wieder das *alte* Lied der Vögel hervor. *Ich* kann bei jeder Gelegenheit etwas *Neues* singen, auch wenn Schnee liegt, und noch ganz ohne Lohn von dir, edle Frau. Von den Waldsängern und ihrem Singen hat nach halbem Sommer kein Ohr mehr etwas klingen hören.

Das Schimmern der hellbunten Blumen macht der anhängende Tau noch strahlender, wo überall sie stehn. Vögel mit lauter, schönster Stimme singen den ganzen Frühling lang ihren Kindern Wiegenlieder vor. Damals fand die Nachtigall keine Ruhe. Jetzt aber bin *ich* wach und singe über Berg und Tal.

Mein Singen sucht Gnade bei dir, edle Frau. Sei freundlich, denn Freundlichkeit tut jetzt not! Dein Wille zum Lohnen möge den Dienst anerkennen und bedenken, was ich immer leiste und bis an meinen Tod leisten werde. Laß mich von dir den Trost empfangen, daß ich aus meiner langen Qual erlöst werde.

Edle Frau, wird mein Dienen es einmal erleben, daß dein freundliches Entgegenkommen mir Glück beschert, so daß dann mein Leiden dahinschwindet und mein langes Werben bei dir sein erwünschtes Ziel erringt? Dein edles Gehaben hat mich immer wieder gezwungen, dir Lieder zu singen, wie du sie willst, im „kurzen Ton" oder im „langen Ton".

Hehre Frau, deine liebliche Vollkommenheit und dein Abweisen, wie es der Minne ansteht, hat mir bisher verwehrt, glücklich zu sein. Wirst du mein Herz trösten können? Ein freundliches Wort von dir genügt, um mich heiter am Leben zu erhalten. Wende meine Qual zur Freude, auf daß ich noch bei Lebzeiten stolz und glücklich werde!"

Der sommerliche Natureingang des Winterliedes treibt ein Spiel mit Gegensätzen: Maienluft und Winter „sô der rîfe lît"; das alte Lied der Vögel und das neue Lied des Sängers; „dô slief niht diu nahtegal" und „nu wache aber ich". Man nehme das zunächst als ein ornamentales Spiel der Worte und Bedeutungen auf. In den Werbestrophen geht es dann um den Wechsel zwischen „dîn" und „mîn", „dir" und „mir" oder „mich". Exponiert wird das Thema schon durch „ân *dîn* lôn" in der ersten Strophe. Die dritte Strophe beginnt dann das Spiel in genauer Symmetrie:

mîn sanc / wil genâde suochen / an dich . . .
dîn lôn / dienstes sol geruochen / daz ich . . .

„Mîn" und „dîn" sind die ersten Silben des Stollenbeginns, und die übrigen Zeilen beginnen mit „an dich", „daz ich", „lâz mich", „daz ich". In der vierten Strophe wirbeln die „mîn" und „dîn" umeinander: „mîn dienst", „dîn helfelîch gebot", „mîn trûren", „ein liebez ende an *dir* bejagen *mîn* langez gern", „dîn güetlîch gelâz", „daz ich *dir* singe". Und in der Schlußstrophe klärt sich der Wirbel allmählich wieder zur Symmetrie. Die Paare „dîn süeziu güete" und „mîn gemüete" in den (melodiegleichen) Zeilen 1 und 3 sind noch metrisch leicht gegeneinander verschoben; aber die Zeilen 2 und 4 sind genau gleichgeordnet (man vergleiche sie mit den entsprechenden Zeilen der vorausgehenden Strophe, in der sich die Ordnung zwar andeutet, aber noch nicht ganz ins Gleichgewicht gekommen ist):

und dîn minneclîcher zorn / hat mir / vil vröude erwert.
wan ein helfelîchez wort / von dir / mich sanfte ernert.

Die Bewegung geht vom Sänger zur Dame: „Mîn sanc . . . an dich, güetlîch wîp", und von dem „güetlîch gelâz" der Dame wieder zum Sänger zurück: „daz ich dir . . . singe". Dadurch werden die beiden ersten Werbestrophen in eine große rhythmische Bewegung hineingenommen. Die letzte Strophe beginnt wie die vorletzte mit der Anrede (vorher „guot wîp", jetzt „werdez wîp, dîn . . . güete") und schließt mit einer Umkehrung der Abgesangszeilen der ersten Werbestrophe:

lâz mich von dir nemen den trôst
daz ich ûz mînen langen clagen werde erlôst.

mache wendic mir mîn clagen
sô daz ich werde grôz gemuot bî mînen tagen.

Auch sie fügt sich der freien Symmetrie dieser Strophengruppe genau ein. Es ist bei diesem Werbespiel zwischen „mîn“ und „dîn“, „wie wenn der Falke eine Schwalbe umkreist; sie kommen zusammen und trennen sich wieder, er scheint sich kräftig zu regen, sie schwebt in der Luft“. So beschreibt der Ruodlieb-Dichter den Tanz eines jungen Liebespaares; man fühlt sich bei der Wortornamentik von Wolframs Lied daran gemahnt. Die Worte umkreisen sich wie im Tanz. Ob das Lied deswegen ein Tanzlied gewesen sein mag, weiß ich nicht. Aber der Tanz der Worte wird in ihm Formsymbol für das Werbungsspiel.

Die Strophenform schafft dem Spiel der Wörter und Klänge den angemessenen Raum. Sie ist klar gegliedert und vermeidet doch allzu starre Symmetrien. Die Gliederung im großen in Stollen (Zeile 1 und 2), Gegenstollen (Zeile 3 und 4, mit der gleichen Melodie wie im Stollen) und Abgesang entspricht dem damaligen Brauch. Sehr sorgfältig sind innerhalb der Unterteile die Zeilen ineinander gefugt. Nach dem weiblichen Ausgang der ersten Stollenzeile beginnt die nächste ohne Auftakt, nach dem männlichen Ausgang der ersten Abgesangzeile beginnt die nächste mit Auftakt, so daß jeweils durch zwei Zeilen eine fortlaufende alternierende Bewegung geht; sie verlangt vom Sprecher heute und verlangte vom Sänger damals einen langen Atem. An den Stollenenden aber gewährt ein pausierter Takt und das Fehlen des Auftakts der folgenden Zeile eine lange Atempause:

úrbort vógel ir álten dón ⌄ –́ / ⌄ *étswenn ích . . .*

Die langen Zeilen im Auf- und Abgesang widersetzen sich einer festen Untergliederung. Man fragt sich, ob nicht die Schlußzeilen der Strophen als Langzeilen mit einer Fuge in der Mitte zu lesen sind, als ob es Nibelungenzeilen wären:

nach hálben súmers téi-lè | in níemens óre enclánc –̀.

Aber die Schlußzeile der letzten Strophe widerspricht; die Zeile ist als durchlaufender Sechsheber gemeint, hier und in allen Strophen. Die 2. und 4. Zeilen der Stollen haben nicht selten eine Zäsur nach der vierten Hebung:

und dîn minneclîcher zorn | hât mir vil vröude erwert —

Aber auch sie wird nicht regelmäßig und überall durchgehalten. Es geht mehr um die durchlaufende alternierende Bewegung innerhalb der großen zweizeiligen Perioden; die Sprache ordnet sich ihr in jeweils wechselnden Satzkolen ein, und so erstarrt die Deklamation nicht. Es muß übrigens strikt darauf geachtet werden, daß der Vokal eines Wortendes mit dem vokalischen Anlaut des folgenden Wortes verschliffen wird:

nâch halben sumers teil(e) in niemens ôr(e) enclanc.

Sehr auffällig ist, eine wie große Zahl nebentoniger Silben in der metrischen Senkung stehen. Schon die erste Zeile fängt damit an: „ur*sprinc*", „loup *ûz* dringen". Es kommt sogar nicht selten zu metrischen Drückungen: „die *walt*singer", „der *blic*lîchen bluomen", „dîn *güet*lîch gelâz". Wörtlich gleiche oder syntaktisch ähnliche Verbindungen erscheinen in zweierlei Betonung: einerseits „guot wíp", andrerseits „gúot wîp"; einerseits „dîn lón", „mîn díenst", „dîn hélfelích gebót", andrerseits „dín lôn", „mín sanc", „dín güetlích geláz". Die sprachlichen Gegensätze „slief — wache" im Abgesang der zweiten Strophe sind dadurch auch rhythmisch gegeneinander versetzt:

dó slief níht diu náhtegál / nu wách(e) aber ích . . . .

Die metrische Senkung hat in diesem Lied erhebliche sprachliche Gewichte zu tragen. Das fordert eine Deklamation, die jeder Silbe starken Nachdruck gibt, und einen Gesangvortrag, der sich für die einzelnen Silbengruppen Zeit nimmt. Leider ist die Melodie nicht überliefert. Mit Sicherheit läßt sich über den Bau des Tones nur sagen, daß Stollen und Gegenstollen nach gleicher Melodie gesungen wurden; es ist möglich, daß die Melodie der letzten Zeile des Abgesangs zum Schluß in die Tonfolgen des Stollenschlusses einbog. Daß Wolfram auch vom musikalischen Handwerk etwas verstand, zeigt die Wendung „kurz oder lang" in Strophe 4. Sie kommt auch bei andern Sängern vor und muß sich auf irgendeine musikmetrische Eigenart beziehen, eine „neue Technik", die anscheinend gerade zu Walthers Zeiten umkämpft wurde. Was im Besonderen dahintersteckt, wissen wir nicht.

Das ganze Lied ist von Leitwörtern und Leitklängen durchzogen. Man achte auf die Wörter, die von Strophe zu Strophe weitergespielt werden, die aber jeweils an anderer Stelle im rhythmischen Gefüge der Strophen erscheinen: bluomen, meigen, vogel; hilf, helfe, helfelîch; dienstes, dienst; trôst, troesten. Ferner beachte man die Reimresponsionen bei wechselnder Endung: Strophe 2 sint: kint; Strophe 4 ervinden: swinden; Strophe 4 vröuden welle wern: langez gern; Strophe 5 vil vröude erwert: sanfte ernert. Ein Binnenreim scheint die vierten Zeilen der ersten beiden Strophen zu verbinden: sô der rîfe lît: al des meigen zît. Vor allem achte man auf Leitklänge, die aus dem Versinnern in den Reim dringen, die sich ablautend oder umlautend verwandeln und so das ganze Lied durchziehen. Man gehe den folgenden Reihen von Strophe zu Strophe nach und versuche das Klang- und Singgewebe zu erspüren:

Strophe 1 ur*sprinc* (in der Senkung) — ûz dringen (im Reim) — singen (Reim) — waltsinger — sanc (Ablaut, im Reim eingeführt, so daß in der Strophe der ablautende Reim dringen: singen — sanc: enclanc entsteht) — enclanc. — Strophe 2 ane*hanc* (in der Zäsur) — mit gesange (näher ans Versende gerückt) — singe (Zäsur). — Strophe 3 mîn sanc (in der Senkung) — ûz mînen *lang*en clagen (Zäsur). — Strophe 4 mîn langez gern — twanc (im Reim) — singe (in der Zäsur, an gleicher Stelle wie singe in Strophe 2) — lanc (Reim).

Strophe 1 *guot* wîp (in der Senkung). — Strophe 3 *güet*lîch wîp (Umlaut). — Strophe 4 guot wîp (in der Hebung) — dîn güetlîch gelâz (in der Senkung). — Strophe 5 werdez wîp, dîn süeziu *güete* (das Adjektiv ist abgewandelt, der Leitklang rückt in den Reim) — gemüete (Reim) — grôz gemuot.

Ohne lautliche Variation: Strophe 3 clagen. — Strophe 4 bejagen. — Strophe 5, jetzt im Reim: clagen — tagen.

Die mittelalterlichen Hörer beobachteten so etwas sehr genau. Die Klangresponsionen hatten für sie ornamentalen Charakter, sie waren Formsymbole und nicht Stimmungssymbole, wie gelegentlich in der neueren Dichtung, d. h. sie forderten Aufmerken und nicht Einfühlung. Schon die erste Zeile weckt mit „urspring“ und „dringen“ die Aufmerksamkeit, und die nächsten Zeilen halten sie mit „singen“, „waltsinger“ und „sanc“ wach. Dabei ist zu beachten, daß die Wort- und Klangresponsionen fast immer an wechselnden Stellen der Verse auftauchen; das Ohr weiß nicht im voraus, wann es sie zu erwarten hat. Ebenso wie das rhythmische Gefüge keine harten Symmetrien aufkommen läßt, schaffen auch die Responsionen keine starren Ornamente; die Wortornamentik entwickelt sich als organischer Vorgang, indem das Lied vor den Ohren der Hörer entsteht.

Die lyrische Technik im Sinne der hohen Ansprüche, die das Zeitalter Reinmars und Walthers stellte, ist in dem Liede vorzüglich. Wolfram beweist darin seine Behauptung: „ich kan ein teil mit sange“. Es ist fast eine lyrische Parforcetour. Genügt das für Wolfram, ja, ist eine solche Kunstübung, als Selbstzweck betrieben, seiner würdig? Einige Forscher haben das bezweifelt und gar vermutet, Wolfram habe das Lied nicht ernst gemeint; es sei eine Parodie auf den Minnesang seiner Zeitgenossen. Man kann das nicht rundweg zurückweisen; die Minnelieder hatten damals oft einen doppelten Boden, sie staken voll von Anspielungen und auch voll von versteckten Bosheiten gegen die Sängerkollegen. Hatte Wolfram es besonders auf Walther von der Vogelweide abgesehen, um damit „den Minnesang im allgemeinen in seinem berühmtesten Vertreter" zu treffen? T. A. Rompelman hat auf eine ganze Reihe von Wort- und Motivanklängen vor allem aus Walthers sommerseligen Liedern der Meißner Zeit hinweisen können. An einer Stelle mischt sich Wolfram offensichtlich in das polemische Liederspiel seiner Zeitgenossen: Anscheinend hatte Morungen es eröffnet mit seiner kühnen Anrede „vil süeziu senftiu tôterinne, / war umbe welt ir tôten mir den lîp" (147,4). Walther kehrte dies mit einem Wortspiel ins Scherzhafte: Wenn die Dame „mînen lîp nemen" will („lîp" bedeutet sowohl „Person" wie „Leben") und ich sterbe —, „stirbe ab ich, sô bin ich sanfte tôt" (86, 34). Reinmar wandte den Scherz wieder in Ernst und in eine Huldigung für seine Dame: „stirbet si, sô bin ich tôt" (158,28). Walther aber kehrte Reinmars Prägung frech um: „stirbe ab ich, sô ist si tôt" — denn wenn ich sie nicht mehr besinge, so ist ihr gesellschaftlicher Ruhm dahin (73,16). So trieben es die Minnesänger, sie spielten ihre neugefundenen Prägungen wie Bälle hin und her. Irgendwann muß dieser Ball auch an Wolfram geraten sein. Er ist aber nicht für „sanftes Sterben", sondern er dreht es um in ein „sanftes Am-Leben-Bleiben": „wan ein helfelîchez wort von dir mich *sanfte ernert*". — Wollte also Wolfram in der Tat Walther parodieren? Man fängt an, hellhörig zu werden: „Dô sweic niht diu *nahtegal*, / nu wache aber *ich*" —, man erinnert sich daran, daß Gottfried von Straßburg Walther als „Meisterin der Nachtigallen" (der Minnesänger) preist; ja, man glaubt plötzlich, aus den Wörtern „*vogel*" und „*walt*-singer" den Namen „*Walt*-her von der *Vogel*weide herausschauen zu sehen.

Unmöglich ist es nicht, daß das Lied auch gewisse polemische Spitzen hervorkehrt. Aber es wäre falsch, zu schließen, es *müsse* Parodie sein, weil es für ein „ernstgemeintes" Lied zu wenig tauge. Ein gut gemachtes Lied galt damals viel, und man hatte hohe Achtung vor dem wohlausgeführten Linienwerk der Klänge und Reime und dem anmutigen Tanzspiel der Worte. Gerade weil das Lied sonst nicht viel Neues zu sagen weiß — obwohl der Sänger den Anspruch erhebt, „niuwez" zu singen —, wird es für uns zum lehrreichen Beispiel für eine Kunst, deren Werte und Ansprüche uns heute so fern zu sein scheinen, und die doch Leben gewinnt, wenn wir uns aufmerksam in das vertiefen, was sie als schön anerkennt. —

Damit könnte die Interpretation zu Ende sein. Und doch enthält das Lied erheblich mehr als nur „gute Mache". Schon seine Sprache fällt auf; sie hat eine besondere Kraft, wenn sie auch geläufige Inhalte ausdrückt. Alles scheint in Bewegung zu sein, man glaubt eine angreifende Aktivität zu spüren. Das liegt nicht am Reichtum finiter Verbformen, wie man vielleicht vermuten möchte. Wie auch sonst im Minnesang sind die Verben häufig durch Hilfsverben aufgefangen. Das hat aber die Wirkung, daß viele Vollverben als Infinitive oder Partizipien auftreten, die im Hauptsatz oft kräftigeren Ton tragen als finite Verbformen; außerdem drängt die Wortstellung die Infinitive und Partizipien in den Reim. So wird das Verbale unüberhörbar. Vor allem aber wirkt verbaler Gehalt kräftig in die Nomina ein. Neben substantivierte Infinitive (ûz dringen, glesten, trûren, gern, clagen) treten zahlreiche, zum Teil ungewöhnliche Verbalsubstantiva: ursprinc bluomen, des touwes anehanc, sanc, gesanc, helfe, dienst, gebot, gelâz. Viele der andern Substantiva haben für das mittelhochdeutsche Sprachgefühl ihr verbales Seitenstück noch nahe neben sich und daher einen aktiveren Klang als in unserer Sprache: dôn (doenen), lôn (lônen), genâde (genâden), trôst (troesten), clage (clagen), vröude (vröun), ende (enden), zorn (zürnen), tôt (touwen). Ähnliches gilt für die Adjektive: ein „langez gern" ist ein „langwährendes" Begehren, ein „liebez ende" ein „erwünschtes" Ziel. Vor allem die Adjektive auf „-lich" aktivieren: „bliclîche bluomen" sind „Blumen, welche blinken", in „helfelîch gebot" und „helfelîch wort" wird das tätige „helfen" ins Adjektiv gezogen; so verwandelt sich auch im Lauf des Liedes das „guot wîp" in das „güetlîch wîp", die Frau, welche „Vollkommenheit ausstrahlt". Dieser Verbalisierung des Nomens steht folgerecht ein Sprachstil an, in dem an Stelle der Person ihre Funktion oder ihre tätige Eigenschaftlichkeit agiert: „mîn sanc", „mîn dienst", „mîn langez gern" wirbt, „dîn lôn", „dîn helfelîch gebot", „dîn süeziu güete", „dîn minneclîcher zorn" gewährt oder versagt. Dahinter steht als Vorbild wahrscheinlich ritterliche Umgangssprache; so drückte man sich damals in guter Gesellschaft gewählt aus. Im Gedicht aber ist das mehr als nur sprachliche Manier, es wird zum Stil, und zwar, wie ich glaube, nicht nur zum Zeitstil, sondern zum Personalstil. Man hört die Sprache eines Mannes, der die Natur als etwas Wirkendes erlebt, und der selbst tätig, fordernd, gebietend auftritt, sogar wenn er sich dem Gesellschaftsbrauch fügt und im Liede den Werber um die Minne einer edlen Dame spielt.

Sein Werben bedient sich zwar gebräuchlicher Formeln und

Motive. Ihre Häufung, die geschmackvollere Sänger in der Regel vermieden, wirkt aus Wolframs Munde ungemein eindringlich. Es ist ein ungeduldiges Werben, obwohl der Sänger sichtlich bemüht ist, höflich zu bleiben. Es beginnt mit Imperativen und schließt mit Imperativen. Dazwischen stehn Sätze, die versuchen, die Bitte um Gewährung etwas weniger selbstbewußt als Frage zu formulieren. Aber was soll man dazu sagen, wenn ein Satz, der höflich und sogar geschraubt mit der Frage nach der Möglichkeit einer glücklichen Gewährung beginnt, so schließt: „Ich hoffe, daß mein langwährendes Verlangen — ein liebez ende an dir bejagen müeze"? Dieser Dichter kann nicht zahm, ergeben und maßvoll werben, so sehr er es auch versucht. Wolfram huldigt nicht, er fordert. Seine Imperative befehlen wirklich, sogar seine „höflichen Anfragen" tun es. Wenn Walther einmal solche Töne anschlägt, so merkt man, daß er provozieren will. Das aber scheint Wolframs Absicht nicht zu sein; er will sich gesittet geben, aber er kann sein Selbstgefühl nicht schweigen machen. Obwohl sein Lied eine Musterkarte der konventionellen Minnesang-Terminologie vorlegt, sprengt es die Konvention des im Minnesang Musterhaften.

Und diese Terminologie hört sich aus dem Munde des Epikers und echten Ritters Wolfram anders an als aus dem Munde der professionellen Minnesänger. Man hört bei „lôn", „genâde", „helfe", „liebez ende" mehr die Werbung Gawans um Orgeluse als die Huldigung mit erotischen Symbolen, wie der Minnesang sie übte. Die Wünsche, Bitten und Forderungen klingen, wenn Wolfram sie ausspricht, erheblich „eindeutiger" als sonst im Minnesang. Ich glaube, eine Dame, der ein solches Lied als Huldigung vorgetragen wurde, müßte wohl errötet sein und hätte sich vielleicht erzürnen können. Wir erfahren aus der „Selbstverteidigung" im „Parzival" (114,5—116,4), daß Wolfram in der Tat als Sänger einmal durch ein heftiges Lied bei einer hochgestellten Dame angeeckt ist. Ich will nicht behaupten, dies erhaltene Gedicht sei das „corpus delicti", aber es kann uns wohl eine Vorstellung davon geben, inwiefern Wolfram als Sänger in der Gesellschaft Anstoß erregen konnte. Ihm gelang das geistreiche Spiel mit erotischen Symbolen zum Zweck der Huldigung nicht. Selbst wenn er es einmal mitzumachen suchte, geriet ihm zu viel Wirklichkeit hinein. Und was mußte gar geschehen, wenn sich in seiner Dichterphantasie das Spiel in vermeinte Wirklichkeit verwandelte? —

Auch die Eingangsstrophen verraten etwas vom Menschen und Künstler Wolfram, ja, sie enthalten ein Selbstbekenntnis seines Künstlertums. Das Lied hat einen Jahreszeiteneingang von besonderem Gewicht. Die Natureingänge der provenzalischen und deutschen Minnelieder bis zu Wolframs Zeit lassen sich auf vier Schemata zurückführen; zwei einhellige: „Sommerfreude und Liebesglück" oder „Winterleid und Liebessehnsucht", und zwei antithetische: „trotz Sommer Liebesleid" und „gerade im Winter Liebesglück". Auf der Höhe des Minnesangs hatte sich sowohl bei den welschen wie bei den deutschen Sängern der Natureingang etwas abgenützt; manche vermieden ihn streng und polemisierten gegen ihn. Aber Walther ließ ihn in seinen reifen Liedern der Meißner Zeit wieder kräftig aufleben und knüpfte dabei herausfordernd an älteren Brauch und auch an weniger hoffähige Gattungen des übernationalen Liedsanges an —: neuer Sommer, neue Liebe, neues Singen wird da sein Thema.

Wolfram singt ein Winterlied der unerfüllten Minne, der „rîfe" ist Jahreszeitensymbol für den fehlenden „lôn", die „langen clagen" und das „trûren". Dic Antithese liegt bei ihm an andrer Stelle, sie betrifft nicht Jahreszeit und Minne, sondern Natur und Kunst: Die Natur steht auch in ihren „ästhetischen" Hervorbringungen unter dem Zwang der Jahreszeiten. Wie ein Stück Land Jahr um Jahr seinen Ertrag (urbor) hervorbringt oder ein Landherr termingerecht von seinen Hintersassen den Naturalzins eintreibt (auch das bedeutet urbor), so bringt der Frühling alljährlich den Vogelsang ein, und „nâch halben sumers teile" ist alles vorbei. Es ist auch immer dasselbe — „alte Weisen". Der Künstler aber ist davon nicht abhängig, er kann „niuwez singen sô der rîfe lît". Er steht nicht unter dem Zwang einer „Naturgesetzlichkeit", die sich in regelmäßigem Rhythmus immer nur selbst wiederholt, sondern er schafft frei und schafft Neues. Walther von der Vogelweide feierte in seinen Meißner Liedern den herrlichen Einklang von Frühlingsnatur, Liebe und Dichtertum aus ähnlichem Lebensgefühl wie später Goethe es in dem „Maifest" tat. Wolframs stolzes Künstlerbewußtsein aber wehrte sich dagegen. Er ist keine Nachtigall, die auf den Frühling warten muß, um singen zu können.

Der Gedanke von der Gebundenheit der Natur und der Freiheit des Menschen ist in Philosophie und Theologie schon alt. Hundert Jahre vor Wolfram sprach das „Annolied" ihn so aus: Die Natur folgt treu dem Gesetz, das Gott ihr von Anbeginn gegeben hatte. Aber Gottes edelste Geschöpfe, der Engel und der Mensch, sind davon abgefallen und haben so das Leid (den Tod) in die Welt gebracht. Das ist der Aspekt des geistlichen Dichters zur Zeit Heinrichs des Vierten: gottgewollte, gebundene Ordnung in der Natur, gefährliche, sündige Freiheit des Menschen. Dem ritterlichen Dichter der Stauferzeit wertet sich die Freiheit des Menschen um, sie erfüllt ihn mit Stolz. In dem Minnelied „Ursprinc bluomen“ begnügt sich Wolfram damit, diese Freiheit des schöpferischen Menschen froh, ja übermütig, zu verkünden; er singt von der Natur und vom Dichter, und nicht davon, wie beide zu Gott stehen. Das ist sein gutes Recht; ein Minnelied, gar ein Tanzlied, taugt nicht für religiöse Bekenntnisse. Später hat Wolfram noch einmal über sein Dichtertum gesprochen, im Eingangsgebet der ritterlichen Legende von „Willehalm“. Da heißt es: Gott hat die Ordnung der Gestirne, der Elemente, des Lebendigen geschaffen, und alles läuft in seiner Hand. Er hat den Edelsteinen ihre Zauberkraft, den Kräutern ihren heilkräftigen Duft verliehen. Sein Geist wirkt in der magischen Kraft der Worte der Heiligen Schrift. „Auch mein Inneres (mîn sin) spürt dich als Kraft. Aus Büchern habe ich meine Kunst nicht gelernt. Wenn ich Künstler bin, so kommt das aus meinem Innern.“ Auch hier hebt sich, wenn auch nicht so deutlich, die Natur, welche beständig in der göttlichen Ordnung lebt, von der freien Schöpferkraft des Künstlers ab, die aus seinem Innern (dem „sin“, den Verstandes- und Gemütskräften) kommt. Aber es ist Gottes Geist, der in der Schöpferkraft des Dichters wirkt. Beide Selbstbekenntnisse Wolframs, das übermütige und das fromme, sagen zusammengenommen dies über sein Dichtertum aus: In der Natur wirkt Gottes Ordnung, und sie bringt ihren regelmäßigen Ertrag nach dem Gesetz. In der Seele des Dichters wirkt Gottes Geist, und er bringt Neues hervor aus seiner Freiheit.

KARL OTTO CONRADY

NEIDHART VON REUENTAL

Ez meiet hiuwer aber als ê...

'Ez meiet hiuwer aber als ê.
von dem touwe'
sprach ein frouwe,
'springent bluomen unde klê.
nahtegal diu singet ûf der linden
ir süezen sanc.
Merze vor den reien spranc:
bî dem sult ir mich vinden.'

„Tohter, wende dînen muot
von dem touwe!
ganc her, schouwe:
disiu mære sint niht guot.
warne dich engegen dem scherpfen winder!
. . . . .
ahte niht ûf Merzen sin:
des rede drinc hin hinder!

Und reie alsô, swiez dir ergê,
ob er dich triege,
daz ein wiege
vor an dînem fuoze iht stê!
sich, sô wirt dîn fröude harte kleine
und mac geschehen,
sô dû bluomen wellest sehen,
daz nâch dir iht weine."

‚Muoter, ir sorget umbe den wint.
mirst unmære
solhiu swære:
wîp diu truogen ie diu kint.
ich wil mîner fröude niht enlâzen
durch iuwern rât.
reichet mir mîn liehte wât:
diu wiege var verwâzen!'

Nu hœret, wie ez ir ergie!
si biegen beide

dô mit leide.
diu muoter einen rechen vie:
den begreif diu tohter bî der grœze.
si nam zehant
in der alten ûz der hant.
dô gienc ez an die stœze.

„Ez meiet hiuwer aber als ê“: Jetzt kommt wieder wie je die schöne Maienzeit heran. Mit diesem das Erzählerische streifenden Satz beginnt unser Sommerlied. „Hiuwer“, jetzt, in diesem Jahr, in dem die Sprecherin der Worte lebt, spürt man das Nahen des Mais, wie es sich immer vollzogen hat. Mit der Bestimmung des Jetzt und Hier schafft die erste Zeile einen Raum der Wirklichkeit, der sich um die Sprechende, das junge Mädchen, öffnet. Dieser Raum wird mit Leben gefüllt: „von dem touwe / . . . springent bluomen unde klê. / nahtegal diu singet ûf der linden / ir süezen sanc.“ Die Dinge sind nicht nur da, sondern leben, wirken, sind tätig: springen — singen. Auch der Mai ist nicht in starrer Ruhe, er kommt, wird: „ez meiet“. In der mailichen Landschaft sprießen Blumen und Klee, steht die Linde, auf der die Nachtigall ihr Lied singt. Damit ist ein Naturbild gezeichnet, besser: ein Naturraum ist geöffnet, der in sich schwingt und bewegt ist. Tätigsein, Werden, Bewegung sind betont, die Verben zeigen das.

Dieser Beginn des Gedichts mit einem Naturbild ist nichts spezifisch Neidhartisches. Er beruht auf alter Tradition, die auch von manchen Minnesängern gewahrt worden ist. Überall sind die Bilder aus ähnlichen Stücken zusammengesetzt. Wald, Heide, Anger, Blumen und Vögel gehören dazu. Doch nirgends wird das einleitende Naturbild so zum Charakteristikum der Dichtung wie bei Neidhart. In der hohen Zeit des Minnesangs ist ohnehin der Natureingang der Frühzeit ganz zurückgetreten. Das lebensnahe Bild der Natur kann sich gegen die reine Minnereflexion der hohen Zeit nicht halten.

Der Raum mailichen Landes ist in unserm Lied aber mehr als nur formelhafte Einleitung. Er strebt mit der ihm inwohnenden Bewegung über sich hinaus. Anders: Was in diesen Naturraum hineintritt, wird mit eingeschwungen und tritt in enge Beziehung zu ihm: „Merze vor den reien spranc“. Wie die Blumen und der Klee hervor„springen“, so springt auch „Merze den reien“ in jener frohgemuten Maienstimmung. Die Wortgleichheit knüpft eng zusammen und verstärkt noch die innere Beziehung: Die frohe Stimmung der Natur schwingt über in die Menschen, sie ist ein Aufruf zur Fröhlichkeit. Auch in andern Sommerliedern Neidharts wird sogleich an den Natureingang eine Ermahnung zur Sommerfreude angeschlossen.

Heid, anger, walt in fröuden stât;
diu hânt sich bereitet mit ir besten wât,
die in der meie hât gesant.
sî wir alle
frô mit schalle!
sumer ist komen in diu lant. 5,8 ff.

Merkwürdig ist in unserm Lied das Auftreten des Merze. Vor ihm warnt die Mutter, wie sie in andern Liedern vor „dem von Riuwental" warnt. Solche Mannsgestalten erscheinen in den Sommerliedern sonst nicht, ganz im Gegensatz zu der Vielzahl der Bauernburschen in den Winterliedern. Nur einmal wird ein Engelmâr genannt, und ein andermal finden sich in einer Sommerliedstrophe gleich acht Männernamen. Wegen der Seltenheit von Männerrollen in den Sommerliedern hat man diese Strophe und auch unser Lied Neidhart absprechen wollen. Immerhin sollte man erwägen, ob sich in der Gestalt des Merze nicht eine Figur aus vorliterarischen brauchtümlichen Tänzen verbirgt. Die Verwandtschaft mit dem Monatsnamen darf wohl nicht so einfach geleugnet werden, wie Wießner es in seinem Kommentar tut.

Mit dem Auftreten des reienden Merze ist auch das Thema gegeben, das der inneren Bewegung des Gedichts entspringt und an das sich alles Folgende anknüpfen kann: „bî dem sult ir mich vinden". Der Mai ruft zum Reien unter der Linde, wo schon der Schatz den Vortanz springt; da hält es auch das junge Mädchen nicht länger.

Das Gedicht beginnt gleich in der ersten Zeile mit der Dialogform. Das Naturbild ist in diese Form hineingenommen. Der Dichter braucht die Sprechenden also nicht besonders einzuführen. Die Rede selbst strebt nun aber vom Natureingang zu einem Punkt hin, der eine Gegenrede hervorbringen kann. Dieser Punkt ist mit dem „bî dem sult ir mich vinden" erreicht. Denn nun kann die Mutter mit ihrem warnenden Gegenpart einfallen. Eine wunderliche zweistrophige Rede für den, der von der hohen Minnelyrik herkommt! Kein Andeuten, kein halb verhüllendes, halb entblößendes Spiel, keine minnetheoretische Unterhaltung, sondern gegenstands- und wirklichkeitsgesättigtes Reden vom real Zuständlichen. Zwar: auch eine verhüllende Umschreibung wird angewandt: „warne dich engegen dem scherpfen winder", aber welch eine handfeste Andeutung, die aus der folgenden Strophe verständlich wird! Liebe erscheint nicht als bald gewährendes, mehr noch versagendes Spiel wie in der hohen Lyrik, wo das Körperliche wie hinter einem Schleier verborgen bleibt. Es lockt dort zwar und zieht mächtig an, aber dem Sagen wird doch immer Einhalt geboten, so daß nur ein Schweben und leichtes Hinspielen über das Vitale und Körperhafte bleibt. Hier aber ist mit der Liebe auch der körperliche Vollzug verbunden, oder vorsichtiger, um einem falschen Rückschluß von der Dichtung auf die Wirklichkeit zu entgehen: er wird hier offen und deutlich genannt: „daz ein wiege / vor an dînem fuoze iht stê". („vor an dînem fuoze": Die Wiege wird durch den Tritt des Fußes in Bewegung gesetzt — Wießner, Kommentar.) Das würde für die Tochter eine Bindung sein, die verschuldet zu haben sie reuen könnte. Wenn sie dann wieder zum Tanze unter der Linde hinauswollte, würde sie „iht", etwas Kleines, nämlich das Kind, zu Hause festhalten... „und mac geschehen, / sô dû bluomen wellest sehen, / daz nâch dir iht weine". An dieser Stelle merkt man, wie in die Rede selbst Handlungselemente einströmen: Statt einer leeren Betrachtung bringt die Mutter ein warnend vorgehaltenes Geschehnis aus der Zukunft.

Doch was kann schon die Warnung der Mutter für die Tochter bedeuten! Sie erklärt nicht etwa diese Warnung als unsinnig, weil das in ihr Befürchtete doch nicht einträte, — nein: gerade das akzeptiert sie! „Wîp diu truogen ie diu kint". So kann auch die erste Zeile dieser Strophe nicht bedeuten: Mutter, ihr macht euch unnütz Sorge, sondern: Das, worum ihr euch sorgt, ist so Selbstverständliches und Natürliches, daß ihr euch darum nicht sorgen solltet: „wîp diu truogen ie diu kint". Die geistige Struktur der Minnelyrik wird hier nicht sichtbar. Die Subtilität der Reflexion mit ihrer doch bewußten Wirklichkeitsferne verschwindet vor dieser Dichtung, die sich einer barschen, lauten Welt öffnet und sich mit Gegenständlichkeit erfüllt.

Die Tochter kümmern also die Ermahnungen der Mutter nicht, sie nimmt vielmehr den in ihnen liegenden Gedanken auf und wendet ihn ins Positive: „ich wil mîner fröude niht enlâzen / durch iuwern rât". Sie weiß um die Folgen, das zeigte das Vorige und auch noch die letzte Zeile: „diu wiege var verwâzen!" Die Wiege hole der Teufel! Es drängt die Tochter zum Reien unter der Linde. Ihr Sinnen geht auf das Zusammensein mit dem Liebhaber in einem Bereich, in dem die „wirkliche" Liebe volle Gewalt hat und wo Bindungen reflektierenden Geistes nichts vermögen: kein

Wort von „dienest", „trûren", „herzensenender swære." Die Liebe ist als Macht gegenwärtig, die in der mailichen Landschaft aufbricht und die Menschen in ihren Bann schlägt. Liebe ist hier nicht sittigende Macht, sondern Lebensgewalt.

In der vorletzten Zeile der Tochterantwort setzt nun, aus der Bewegung des Gesprächs heraus, eine Handlungsspitze ein, die aus dem Gespräch hinausführt und eine Handlung anbahnt: „reichet mir mîn liehte wât", das helle Festtagskleid. Das Gespräch zwischen Mutter und Tochter (Strophen 2, 3, 4) war abgelaufen, ohne daß die Vorstellung eines Raumes wachgerufen wurde. Das ändert sich mit der Schlußstrophe. Wie auf einer Bühne geht die Handlung vor sich, Mutter und Tochter agieren wie Schauspieler. Eine dramatisch bewegte Szene rollt ab, vom Dichter eingeführt mit einer Wendung an die Hörer: „Nu hœret, wie ez ir ergie". Allerdings: diese Szene hatten wir denn nun nicht erwartet! Es ist, als werde der Dialog mit seinem Hin und Her jetzt in Handlung umgesetzt. Und in was für eine Handlung! Mit scharfer Beobachtung das Gegenständliche erfassend, packt der Dichter das Geschehen, derb, dingnah, unsentimental, und steigert, laut werdend, bis zur Schlußzeile: „dô gienc ez an die stœze". Man darf von einer ausgesprochenen Zielstrebigkeit dieser Schilderung sprechen, ein Blick auf die Verben genügt. Es wird nicht versucht, das Rohe und Plumpe aus dem Bereich des Körperlichen heraufzuheben in die Nähe minnesängerischen Gebarens. Mit Freude zerrt der Dichter den Hörer gleichsam durch die klappernde Mühle, um nur recht viel den Ohren zuzumuten. Diese Dichtung liegt unterhalb des hohen Sanges und noch weit unterhalb der von Walther veredelten niederen Minne.

Mit diesen Bemerkungen ist an die erregendste Frage angesichts der Neidhartschen Dichtung gerührt: Wie verhält sie sich wirklich zum hohen Minnesang? Walthers Entsetzen über die neue Art und sein Protest gegen sie sind bekannt.

Owê, hovelîchez singen,
daz dich ungefüege dœne
solten ie ze hove verdringen!
daz die schiere got gehœne! 64, 31

Aber wir greifen zu kurz, wenn wir Neidhart lediglich als Gegenspieler der höfischen Kunst erfassen. Damit ist nicht erklärt, wie ein Dichter ritterlichen Standes dazu kommt, solche Lieder vor Angehörigen des Ritterstandes zum besten zu geben. Viel bewußte Kunst ist am Werke. Die ritterliche Welt scheint mit Minneseufzern und reflektierenden Klagen übersättigt zu sein. Neidhart ergreift die Situation, besondere Nähe zur Realität der bäuerlichen Welt kommt ihm zu Hilfe. Die Stilisierung der höfischen Dichtung reicht ihm nicht mehr aus. Die in der bäuerlichen Welt aufgespürten sehr sinnlichen Kräfte sprengen den engumzirkelten Raum der höfischen Lyrik. Was entsteht, ist eine Parodie des hohen Sanges. Er wird von der andrängenden Wirklichkeit und Vitalität aufgelöst. Typische Floskeln des Minnesangs tauchen nun an Stellen auf, wo sie rechtens nichts mehr zu suchen hätten. In unserm Lied kann es freilich scheinen, als sei die Terminologie des Minnesangs verschwunden. Aber in Strophe 4, 2—3 heißt es: „mirst unmære / solhiu swære“: ein Kernwort des Minnesangs wird völlig umgedeutet. Hat „swære“ sonst den sehnenden Kummer um die Herrin, die „frouwe“, bezeichnet, so ist hier damit die Sorge um die möglichen Folgen einer Liebesvereinigung gemeint. Schon die Bezeichnung „frouwe“ (Strophe 1, 3) für ein Bauernmädchen sagt genug von dem Wandel.

Zugleich wird aber auch die Bauernwelt nicht in ihrer natürlichen Wirklichkeit gezeigt. Die lärmenden Streitszenen, die Rüpelauftritte in den Winterliedern, die tanzwütige Alte: solche und ähnliche Szenen verdanken ihre Entstehung der satirischen Überzeichnung. Das Publikum wird, zum Schrecken Walthers, seine Lust daran gehabt haben. Es ist eine seltsam gebrochene Realistik, die Neidhart vorführt. Die Elemente, aus denen seine Lieder aufgebaut sind, stellen sich zu keinem wirklichkeitsgetreuen Bild zusammen. Neidhart treibt ein künstlerisches Spiel, indem er „von unten her“ die höfischen Formen parodiert (Mädchen und Frauen sind es, die sich zum Manne drängen, nicht mehr der Ritter, der sich nach der Dame sehnt!) und „von oben her“ die bäuerliche Welt mit seiner Satire überstreut. Hinter dieser Kunst recken sich die sozialen Wirklichkeiten mit ihren Spannungen auf: Ritterstand und Bauernstand.

Der neue Stil, den Neidhart schafft, trägt Höfisches und Unhöfisches. Walther hatte den Weg zur niederen Minne geöffnet und das einfache Mädchen liedfähig gemacht. Aber ein unhöfischer Ton drang in Walthers Kunst nicht ein: das „frouwelîn“ wurde emporgehoben. Neidhart preßt völlig Unhöfisches mit ganzer Macht und dreister Wirklichkeit in seine Gedichte. Unser Lied zeigt es, und die Drastik der Winterlieder würde noch deutlichere Beispiele liefern.

Vielleicht spielt in Neidharts Gedichten aber noch etwas ganz anderes mit. Der metrische Bau ist oft außerordentlich schlicht.

Dazu gehören u. a. solche Verse wie die dreihebig klingenden unseres Liedes: „von dem touwe / sprach ein frouwe" — „mirst unmære / solhiu swære". In ihnen schwingt etwas vom Wiegend-Schwebenden des Tanzes. Waren die Neidhartschen Lieder Tanzlieder? Vorsichtiger: Setzen sie eine alte Tradition tänzerischer Spiele mit mimischen Vorgängen fort? Schimmern durch sie also alte brauchtümliche Tanzlieder hindurch? Die Drastik der Szenen würde sich dann aus der Anlehnung an Spielvorgänge erklären. Doch sind das kaum eindeutig zu klärende Fragen. Ohne literarische Bezeugung tappen wir in Unsicherheit. Zudem liegt bei all diesen Erwägungen ein circulus vitiosus gefährlich nah: daß man nämlich einerseits gewisse Stilelemente bei Neidhart aus volkstümlicher Tradition begründet, andererseits aber versucht, aus solchen Gegebenheiten Rückschlüsse auf das Wesen von „Volksliedern" vor Neidhart zu ziehen.

Kehren wir zu unserm Gedicht zurück und betrachten wir noch einige Einzelheiten! Natureingang, Dialog zwischen Mutter und Tochter, eine Schlußszene voller Handlung: so war das Gedicht abgelaufen. Die Reien Neidharts, d. h. die Sommerlieder, beginnen durchweg mit einem Natureingang. Aber der Dichter hat von Anfang an die Absicht, vom Naturbild zu den Personen (zum Dialog, zur Handlung) zu kommen. Der Frühling ruft zum Tanz, das ist die allgemeine Verbindung. Es gibt auch direkte Wortanknüpfungen (wie in unserm Lied: „springen"). In allen Gedichten ist es entweder ein Gespräch, das eingeleitet werden soll (falls das Lied nicht unmittelbar mit einem Gespräch beginnt), oder eine dem Naturbild sogleich folgende Handlung, bei der der Dichter seine erzählerische Freude ausspielen kann. So etwa in dem köstlichen Lied, das als Beispiel für diese Gruppe vorgeführt werden darf. Ein zweistrophiger Natureingang geht einer lebendig-drastischen Handlungsszene voraus.

Ûf dem berge und in dem tal
hebt sich aber der vogele schal,
hiure als ê
gruonet klê.
rûme ez, winter, dû tuost wê!

Die boume, die dâ stuonden grîs,
die habent alle ir niuwez rîs
vogele vol:
daz tuot wol.
dâ von nimt der meie den zol.

Ein altiu mit dem tôde vaht
beide tac und ouch die naht.
diu spranc sider
als ein wider
und stiez die jungen alle nider. 4, 31

Wie die Bäume wieder neues Laub tragen, aus dem der Gesang der Vögel ertönt, so fühlt sich die Alte beim Nahen des Mais neu belebt, gar aus schwerer Todesbedrängnis. Die Szene ist voller Leben, Anschaulichkeit, mit scharfer Akzentuierung des Wesentlichen. Freilich: die Handlung ist recht kärglich; es sind szenische Elemente, die einer Verbindung zur eigentlichen Handlung noch bedürften. Ein Blick noch auf die Zeitangaben: Sie nähren die Glaubwürdigkeit der Erzählung. Zeit- und Raumangaben sind Merkmale eines Stils, in dem erzählerische Impulse wirken.

Eine größere Liedergruppe bringt ein Gespräch, das zuweilen in Handlung ausläuft. Der Dialog spielt zwischen Mutter und Tochter oder zwischen zwei Mädchen. Diese Gespräche sind scharf zu trennen von den Gedichten des Minnesangs, die wir mit dem Terminus „Wechsel“ belegen. Beim „Wechsel“ äußern ein Ritter und eine Frau in mindestens je einer gleichgebauten Strophe ihre Gefühle füreinander. Aber sie sprechen nicht miteinander. Entweder ist die Strophe ein Monolog, oder eine dritte (!) Person wird angeredet. Überdies sprechen der Ritter und die Dame in dritter Person voneinander. In unsern „Dialogliedern“ stehen sich die Partner des Gesprächs leibhaftig gegenüber. Oft entwickelt sich das Gespräch aus einer direkten, auf die wirklich anwesende Person hinzielenden Anrede: „Tochter, wende dînen muot“; „Liebez kint, trieger allenthalben sint“ (6, 29); „Ein stolziu magt sprach ‚sê, küneginne‘“ (10, 1). Dazu tritt als wichtiges Moment: das Gespräch findet nicht in einem abstrakten, zeitfreien Raum statt, sondern innerhalb einer gegenständlich gefüllten Wirklichkeit. Das wird nicht erreicht etwa durch den Natureingang, in dem Gespräch selbst sind Elemente enthalten, die aus dem rein gedanklichen Raum eines Gespräches hinausweisen in die die Sprechenden umgebende Wirklichkeit. Oder eine Gebärde der Redenden schafft jenen gegenständlichen Raum.

In den Dialogen lebt damit stark etwas Mimisches, Dramatisches. Das wird noch unterstrichen, wenn es vom Wortspiel ins Tätliche übergeht: Kampf um die Kleider, zerrissene Ärmel, Schläge mit dem Stecken oder Rocken. Und auch in den Neidhartschen Natureingängen klingt ein mimisches Moment an: Winter und Mai streiten miteinander, der Winter muß das Feld räumen, zwischen Winter und Sommer besteht Feindschaft. Diese persönlich gefaßte Darstellung ist vor Neidhart sehr selten. Man könnte anführen „boten des sumeres" (MF 14, 1) oder Walthers „her Meie ir müeset Merze sîn" (46, 30).

Die Dialoge behandeln keine abstrakten Theorien. Deutlich ist das Bestreben erkennbar, statt leerer Phrasen Handlung einströmen zu lassen. In einem Gedicht begnügt sich die Mutter überhaupt nicht mehr mit der warnenden Rede, sie hat Maßregeln getroffen, das Tanzen der Tochter zu verhindern, indem sie ihre Kleider weggeschlossen hat (21, 34). In einem anderen antwortet die Tochter gleichfalls durch Handlung: sie bricht die Kisten auf (24, 37).

Erzählerfreude, Dialogisches, Tanzszenen, lebendige Gegenständlichkeit: das gibt es auch schon — zwar mit Abstufungen — vor Neidhart. Es sollen wenigstens genannt werden: die altheimische Liebesdichtung, die Vagantendichtung, die altfranzösische Pastourelle. Besonders die Vagantendichtung ist reich an Naturschilderungen, ländlichen Gestalten und Tanzauftritten. Wenn man vom „Erzählerischen" bei Neidhart spricht, gilt es behutsam zu sein. Unter Erzählerischem verstehen *wir* die Schilderung von Begebenheiten in ihrem handlungsmäßigen Ablauf, wobei das Einzelne mit liebevollem Blick angeschaut wird aus der Ruhe des beschreibend berichtenden Erzählers heraus. Davon kann bei Neidhart kaum die Rede sein. Er berichtet nicht eigentlich Handlungsabläufe, die an einem bestimmten Anfangspunkt einsetzen und sich in strenger Folge auf ein Ziel zu bewegen. Vielleicht darf man so sagen: In den in sich ruhenden Bezirk weltabgewandten minnesängerischen Schauens, der in die eigne Seelenstimmung lotet, drängen erzählerische Elemente ein. Sie bringen einzelne Handlungsszenen, die das Ruhende hintreiben zum Bewegten, dramatisch Gespannten, zum Szenischen. Diese Szenen sind mit genauem Blick für die gegenständliche Wirklichkeit gezeichnet, oft grell überbetont. Sie werden zum lebendigbewegten Rahmen des Dialogs. In ihm stehen sich die Partner des Gesprächs gegenüber als Ich und Du, in direkter Anrede aufeinander bezogen und nicht über einen Dritten aus der Ferne redend.

Von Neidhart geht starker Einfluß aus. Die sinnliche Kraft seiner Verse ist immer als das deutlichste Charakteristikum empfunden worden. Seine Nachfolger jedoch vergröbern bis zum Unflätigen und lassen den wirklichen Neidhart kaum mehr erkennen. Oder stecken in Neidharts Dichtung noch so viele derbsinnliche Anspielungen, die wir nicht mehr durchschauen können?

KARL OTTO CONRADY

VOLKSLIED

Ich hört ein sichelin rauschen ...

Ich hört ein sichelin rauschen
wol rauschen durch das korn,
ich hört ein fein magt klagen,
sie het ir lieb verlorn.

„La rauschen, lieb, la rauschen,
ich acht nit wie es ge:
Ich hab mir ein bulen erworben
in feiel und grünen kle.“

„Hast du ein bulen erworben
im veiel und grünen kle,
so ste ich hie alleine,
tut meinem herzen we.“

Ein Volkslied will gesungen sein. Ohne den Klang der Melodie hat es kein Leben, auf dem Papier allein stehen die Verse arm und kalt. So zaudere ich, begriffliche Worte niederzuschreiben, die das Wichtigste, die Weise, nicht einmal berühren werden. Freilich gleicht jedes Gespräch über Gedichte der Quadratur des Kreises, es sei denn, ein Hofmannsthal berühre zauberkundig behutsam das innerste Geheimnis. Immerhin können Gedichte zur Erläuterung, zum verstehenden Eindringen, zum Interpretationsversuch auffordern. Was aber soll hier erläutert werden? Worum kann ich mich verstehend bemühen? Wie oft, wenn wir ein Volkslied hören, ertappen wir uns dabei, auf den Sinn dessen, was gesungen wird, kaum zu achten, so einverwoben sind wir in den wehmütig-zagen oder hoffend-frohen Gang der Weise. Nur durch die Melodie wird ein Volkslied Wirklichkeit. Damit unterscheidet es sich von dem, was wir Modernen gemeinhin unter Lyrik verstehen. Mag solche Lyrik auch sangnah sein: sie ist Kunst der Sprache, und eine Melodie gehört nicht ohne weiteres hinzu. Vertonungen werden gar zu einem schwierigen Problem. Nur die Ungunst der Überlieferung läßt uns oft vergessen, daß es für den Minnesang so völlig anders war. Und an die Meistersinger denken wir, außerhalb der Wissenschaft, ohnehin nur selten.

Ferner: Bei einem Gedicht melden sich nicht selten auch biographische Interessen: Wer hat es geschrieben? Was hat ihn so sprechen lassen? Keinem wird es einfallen, mit solchen Fragen ein Volkslied zu versuchen. Zwar haben wir den schönen Glauben Wilhelm Grimms, ein Volkslied dichte sich selbst, längst aufgegeben. Selbstverständlich hat ein Einzelner irgendwann einmal die Worte zum Lied zusammengefügt. Aber er ist nicht zu greifen. Niemand nennt ihn bei Namen, und stellt er sich am Schluß des Liedes einmal vor, so bescheidet er sich mit einer Andeutung: „ein Landsknecht", „ein Schreiber", „ein freier Reuter". Das Volk nimmt die Verse an, singt sie, gibt sie weiter, vergißt einige oder fügt neue hinzu, versetzt Zeilen aus diesem Lied in jenes und wirkt so im „Zersingen" unablässig fort. Denn in dem Lied glaubt es sich selbst zu erkennen. Es singt von dem, was alle bewegt, schlicht, in sparsamen Worten, aber voll nahen Lebens: von Liebe und Tod, Trauer und Freude, Abschied und Sehnsucht.

„Ich hört ein sichelin rauschen." Jemand beginnt zu erzählen. Er macht keine Umwege, braucht keine verkleidenden Floskeln, die ihn vor der allzu deutlichen Anfangsstellung beschützten. Mit sicherer Selbstverständlichkeit hebt der Erzähler unvermittelt an. So geschieht es nicht nur hier. Manches Lied hat einen ähnlichen Eingang. „Ich hört ein frewlein klagen", „Ich weiß ein feins brauns meydelein", „Ich sach den liechten morgen". (Der Kürenberger hatte einst begonnen: „Ich stuont mir nehtint spâte.") Solche Anfänge haften leicht und fest. Das Volk kennt und nennt ein Lied nach seinem ersten Vers, der nun umherwandert und als eine bereitliegende Eingangsformel zu verwandten Bildungen auffordert. Oft genug geschieht es, daß ein neues Lied den Anfang eines alten wörtlich übernimmt, um so eher, wenn es auf die Melodie des alten gesungen und nach ihr zusammengedichtet wird. Es gibt andere Arten des Beginns als in unserem Lied: Anrede, Aufforderung, Frage und die viel gebrauchten „Es wollt...", „Es reit...", „Es ging...". Stets sind sie einprägsam und ungekünstelt, man vergißt sie nicht schnell.

Unsere erste Zeile kann kaum schlichter sein. Aber sie trägt Bedeutung genug. So einfach sie sich gibt, so unüberhörbar tönt der Sichelsang. Der zweite Vers nimmt mit gleichem Wort — „wol rauschen durch das korn" — den Klang auf und führt das begonnene Bild zu Ende: Die Sichel fährt durch reife Frucht. Wir denken an ein verwandtes Bild und ahnen, in der wohligen Schlichtheit unserer Verse, dunkle Bedeutung: „Es ist ein Schnitter, heißt der Tod..." Man mag sich C. F. Meyers Verse erinnern, die die gleichen Klang- und Bildelemente, aber in höchst bewußter metaphorischer Kunst, zusammenfügen:

An wolkenreinem Himmel geht
Die blanke Sichel schön,
Im Korne drunten wogt und weht
Und rauscht und wühlt der Föhn...

Vor der Ernte

Ein zweites Mal, in derselben formelhaften Weise wie zu Anfang, hebt dann das Ich des Erzählers an: „Ich hört ein fein magt klagen." Nichts ändert sich in der syntaktischen Struktur, kein sprachliches Gelenk heftet die beiden Sätze zusammen und macht ihr Verhältnis zueinander deutlich, so daß die verknüpfenden Fähigkeiten unseres Verstandes gar nicht aufgerufen werden. Wir sind unmittelbar verständigt, und wir merken auch, wie sich dieses Verständigtsein unter- oder oberhalb reflektierenden Bewußtseins vollzieht: in einem Mitfühlen, das der ruhigen, sprachlich gleichförmigen Abfolge der Sätze mit ihren Bildern, Klängen, Aussagen mühelos nachgibt und so ein reines, herzliches Innewerden des Liedes gewinnt. Die Klage des Mädchens geschieht unter dem Rauschen der Sichel, von ihm ist sie wie überdeckt, wer wollte eins vom andern trennen? So übergangslos, wie die formelhaft ähnlichen Sätze aufeinander folgen, so eins ist beides: Klage und Sichelklang. Die Worte vom Sichelein und seinem Rauschen haben die deutende Kraft des Symbols. Und worum sich ein Kunstgedicht mühen muß: daß es seine Stimmung dem Leser mitteilt, das bewirkt hier der wehmütige Zauber höchst einfacher, naiver, aber darum nicht kunstloser Verse.

Hier müssen wir einhalten und die textkritische Frage unseres Liedchens wenigstens berühren. Die drei Strophen gehören ursprünglich nicht zusammen. Die erste Strophe scheint als selbständiges Lied bestanden zu haben, und Strophe 2 und 3 sind, wie Böhme meint, ein altes Tanzlied: es gibt das flüchtige Gespräch zweier Mädchen wieder, von denen die eine einen Geliebten gefunden, die andere ihn verloren hat. Ludwig Uhland hat die drei Strophen zu *einem* Liede zusammengestellt, weil er die thematische Verwandtschaft spürte, und wir nehmen diese Vereinigung gerne hin. Eine merkwürdige Strophe findet sich übrigens im 5. Teil von Georg Forsters „Frischen Teutschen Liedlein" von 1556. Dort sind Stücke aus den drei Strophen zu einer einzigen ineinandergeschoben, als handle es sich um bereitliegende Bausteine, die man beliebig zusammenfügen kann: „Laß rauschen sichele rauschen / vnd klinge wol durch das korn! / weiß ich ein meidlin trawren / hat jren bulen verlorn.“ Wir wollen uns mit Fragen dieser Art nicht aufhalten, erkennen aber: Manches Lied, das uns als eine glückliche Einheit anmutet, ist mehr oder minder zufällig aus verschiedenen Teilen zusammengewachsen. So bedeutet auch das, was Uhland mit unserem Lied getan hat, keine Vergewaltigung, es entspricht dem Entstehungsprozeß jener Gebilde überhaupt, die wir als Volkslieder bezeichnen. Wir dürfen darum ohne philologische Skrupel die drei Strophen als *ein* Lied bestehen lassen. Motive, Wendungen, Strophen gleichen Tons und gleicher Stimmung können im Reich des Volkslieds zu neuer Einheit zusammenfinden. Solche Entstehungsweise zieht freilich einer „Gehaltinterpretation“, wie wir sie an einem Gedicht als an einem organischen Ganzen zu üben pflegen, enge Grenzen, ja sie scheint hier ganz fehl am Platze zu sein. Nur das eigentümlich Volksliedhafte kann jeweils angedeutet werden.

Zwischen zwei Mädchen findet in unserem Liedchen ein Gespräch statt, — falls dieser Begriff die wenigen Worte der Sprechenden nicht schon zu sehr beschwert. Denn es ist alles andere als ein individuelles Gespräch, bei dem die Konturen zweier Menschen sichtbar werden. Ohne Einleitung setzt es ein, wie auch die erste Strophe unvermittelt begonnen hatte. Wir haben Mühe, die zugrunde liegende Situation zu erkennen; sicher bestimmen können wir sie nicht. Wir wollen jedoch bedenken: Kaum jemand, der das Lied singt, wird sich ernsthaft bemühen, die Situation wirklich zu durchschauen: Ihn trägt die Weise, und die Worte sprechen von den nie endenden Dingen des menschlichen Herzens, von Liebesleid und Liebeslust, so daß es ganz unnötig ist, die genaue Rollenverteilung bewußt zu haben. Vielleicht sind es wirklich Schnitterinnen, die beim Sichelrauschen von ihrer Liebe zu sprechen beginnen. Dann wäre der Zusammenhang der drei Strophen aufs schönste gewahrt. Wehmut der verlorenen Liebe hat die eine befallen, als sie die Sichel durch das Korn rauschen hörte. Doch die andere achtet nicht darauf, obwohl sie weiß, daß Sichelsang und Ende, Kummer, Tod so sehr verwandt sind („Ich acht nit wie es ge“).

Aber sowie ich dies schreibe, merke ich, daß das Lied selbst solchen Tatbeständen und Deutungen gegenüber gleichgültig bleibt, sie sind belanglos. Das Lied konzentriert, indem es die Mädchen in sparsamsten Worten Freude und Klage aussprechen läßt; es bleibt im Typischen und berührt so menschliches Fühlen in seiner Allgemeinheit. Typische Wendungen reihen sich aneinander. Sie könnten bei ähnlich allgemein umrissenen Gelegenheiten wieder verwendet werden und sind auch für unser Lied nicht neu geschaffen worden. Wenn ich hier eine wissenschaftliche Untersuchung zu leisten hätte, so würde ich aus verschiedenen Volksliedsammlungen eine ganze Reihe gleicher oder doch nur wenig unterschiedener Wendungen aufführen. „Las reiten las fahren" heißt es im Ambraser Liederbuch (196,5,3), und wir denken auch an Reinmars „Lâ stân, lâ stân" (MF 194,26). Wie oft begegnet das „wie es ge" mit seinen Varianten! Auch diese Wendung ist in der Dichtung der staufischen Zeit bekannt. Morungens „iedoch diene ich, swiez ergê" (MF 129,4) sei angeführt, Neidhart (7,27), auch das Rolandslied (152,16) ließen sich nennen. So könnten wir fortfahren. Es fehlen nicht die Veilchen und der grüne Klee. Blumen überhaupt sind Lieblinge des Volkslieds, überall sprießen sie empor, Röslein auf der Heide und Blümlein blaue, es heißt Vergißnichtmein. Die Veilchen und der grüne Klee zeigen den Frühling an, wie er zur Liebe gehört, und führen nun im Ganzen der drei Strophen ein heimliches Widerspiel zum herbstlichen Klang der Sichel. Darum hat Wilhelm Scherer gesagt, über dem Ganzen liege wie ein ungewisser Schein der Gegensatz zwischen Herbst und Frühling.

Auch in der Strophe des liebesfrohen Mädchens stehen die Sätze einfach gereiht nebeneinander. Der Anfang der dritten Strophe wiederholt fast wörtlich das Vorhergehende, allerdings in veränderter syntaktischer Form. Das ist ohne Zweifel unbeholfen. Das sonst so wortkarge Volkslied erreicht hier eine gewisse Breite, und das in dem an sich so kurzen Lied. Aber durch diese Art wird ein Strophenübergang und -anfang gewonnen. Wir kennen das aus vielen Volksliedern.

„Ich wil zu land ausreiten"
sprach sich meister Hildebrand...

„Wilt du zu land ausreiten"
sprach sich herzog Abelung...

Gerade diese bedingende Wiederholung, die durch die bloße Wortumstellung gewonnen wird, verwendet das Volkslied sehr gern.

Typische Wendungen durchziehen also das ganze Lied — und nicht nur dieses. Allein die beiden ersten Verse scheinen nur dieser Strophe zu gehören; doch sahen wir, wie auch der erste einem verbreiteten Typus nachgebildet ist. Aber trotz des formelhaften Sprechens sind wir nicht etwa befremdet und wenden uns ernüchtert ab. Vielmehr fühlen wir uns von tief Vertrautem umgeben und auf eine eigentümliche Empfindung gestimmt, die uns mit einer weiter nicht auflösbaren Ruhe, in der Wehmut, Hoffnung und Freude zugleich sind, gefangenhält. Einfalt in ihrem schönen Sinn berührt uns. Wenn es einfältige Kunst gibt, so lebt sie im Volkslied. Wir verhehlen uns nicht eine gewisse Monotonie, die aus der Phantasiearmut des Volksliedbereiches stammt. Man kann geradezu einen Kodex des im Volkslied Üblichen aufstellen. Das Mädchen, das in unserm Lied seinen Liebesschmerz klagt, ist eine „fein magt". Der Zusammenhang legt diese Bezeichnung wirklich nicht nahe. Aber die Beiwörter „fein", „schön" und „zart" sind besonders beliebt und werden gesetzt, wo es irgend möglich ist. Bestimmte Reime kehren häufig wieder, weil ein Wort das andere bekannte nach sich zieht. Ohnehin sind die Reimformen oft beängstigend einfach, um nicht zu sagen primitiv (geh — Klee, Klee — weh). Naturbilder, die andeutend gezeichnet werden, sind wie aus Versatzstücken aufgebaut, aber überall spürt man doch die Innigkeit heraus, die Mensch und Natur verbindet. Hier haben die kleinen und großen Vorgänge in der Welt der Menschen und der Natur ihren festen Ort, sie können mit andeutendem Wort zitiert werden. Allerdings würde uns eine genaue historische Betrachtung zeigen, wie manchmal die so festgefügt erscheinende Welt des Volkslieds gegenüber der bedrohlich erschütterten Wirklichkeit gleichsam eine Zuflucht bildet. Poetische und reale Welt decken sich nicht.

Das Volkslied ist, mag es vom „Volke" noch so sehr zersungen werden, keine ursprüngliche Kunst. Einige Male habe ich vorhin Minnesänger zitiert. Von ihrem Wort- und Vorstellungsschatz ist das Volkslied ganz genährt. Da können dann wunderliche Dinge entstehen, wo die Ausdrücke der Hohen Minne gar nicht recht mehr zu der neuen Situation passen wollen. Eine eigene Untersuchung wäre erforderlich, um überkommenes Gut und die neuen, zumeist „bürgerlichen" Elemente auszusondern und zu beschreiben. Immer noch sind die Klaffer, die Aufpasser, auf der Hut: „Mein lieb hat mich umbfangen, / das tut dem klaffer we", und die Attribute weiblicher Schönheit gleichen oft genug dem Preis einer edeliu frouwe. Und wie die frouwe des Minnesangs ihr preisendes Beiwort trägt, so wird das Mädchen des Volkslieds eine „fein magt".

Mit der Formelhaftigkeit hängt die eigentümliche Knappheit zusammen. Unser Lied zeigt das deutlich genug. Vorgänge werden zusammengedrängt oder mit Schweigen übergangen. Aus der Fülle des Möglichen wird ausgeschnitten, was die poetische, nicht die logische Notwendigkeit verlangt. Der logische Ablauf eines Geschehens braucht hier sprachlich nicht ausgestaltet zu werden, er wird recht oft sogar ganz vergessen. Dagegen werden die gemüthaft wichtigen Punkte liebevoll betont. Sie tragen die formelhaften Wendungen, die manches Mal das Geschehen im symbolischen Bild oder Vorgang deuten. An ein paar festen Knotenpunkten entlang kann das ewige Spiel von Sichfinden und Wiederverlieren, von Kummer und Freude in seiner unveränderlichen Macht ablaufen. Manche Worte sind wie Chiffren, die nur andeuten; aber sie besitzen evozierende Kraft. Besonders der landschaftliche oder jahreszeitliche Rahmen wird nur skizziert, wenn er auch fest zum Bestand des Liebesliedes gehört. Und seltsam, das schlicht benennende Wort genügt, um gemüthafte Stimmung zu verbreiten. „Dort niden in jenem holze / leit sich ein mülen stolz", „Wie schön blüt uns der meie, / der sommer fert dahin", „Es ist ein schne gefallen" und eben unser „Ich hört ein sichelin rauschen / wol rauschen durch das korn". Bei dieser Stilisierung wirkt die sich unmittelbar einstellende, zuweilen geradezu bedrängende Realitätsfülle um so erstaunlicher. Hochsommer, Erntezeit, Vergänglichkeit: diese Bilder und Ahnungen zu wecken, dazu genügen die zwei ganz einfachen Zeilen „Ich hört ein sichelin rauschen / wol rauschen durch das korn". Von solchen Versen gewinnt alles Folgende bedeutungsvolle Tönung.

Die besondere Schlichtheit der sprachlichen Fügungen ist schon betont worden. Die Syntax ist bestimmt von der Parataxe. Wo einmal hypotaktisch geformt werden muß, hilft man sich gern durch die Umstellung der Worte wie zu Anfang unserer dritten Strophe. Die Parataxe kann ein ausgeprägt rhetorisches Kunstmittel sein. Die Prosa der Antike und vor allem auch die späteren christlichen Schriftsteller belehren uns darüber. Steigerung, nachdrückliches Betonen, genaues Beschreiben eines Gegenstandes, eindringliches Lehren und Ermahnen, selbsterforschendes Grübeln können sich der parataktischen Satzabfolge bedienen. Im versgebundenen Volkslied hat diese Art zu sprechen ihren rhetorischen Charakter aufgegeben. Das liegt nicht zum geringsten Teil an der engen Gemeinschaft, die der Satz und der stets kurze, höchstens vierhebige Vers miteinander eingehen. Wo steht schon einmal ein Enjambement? Vers und Satz ruhen ineinander und teilen von ihrer ruhigen Sicherheit dem Singenden etwas mit. Ist es nicht der ganze Satz, den der Rahmen eines Verses umspannt, so ist doch die Gliederung so klar, daß die Versgrenze zwischen mühelos trennbare Satzteile fällt und die Pause des Versendes keine Einbuße erleidet. Vor allem: die parataktische, in der Einheit von Vers und Satz ruhende Satzfolge ist die dominierende Sprechart im Volkslied. So ist Zeile für Zeile gleich belichtet. Gerade dadurch entsteht das Gleichmaß der Stimmung, das ein Volkslied charakterisiert. Auch der Bau des einzelnen Satzes selbst bleibt fast schematisch einfach. Subjekt (das meist am Anfang des Satzes steht), Objekt, Prädikat, wenige Ergänzungen: mehr enthält ein Satz nicht. (Auch die mannigfachen Anrede- und Begrüßungssätze sprengen diesen Rahmen nicht.) Zudem sind die Aussagen an sich durchaus nüchtern (der Gegenstand wird mit *einem* Wort benannt), und nur die formelhaft schmückenden Beiwörter durchzieren diese Sachlichkeit.

Ich hör die hanen kreen,
ich spür den tag darbei,
Die külen windlein ween,
die sternlein leuchten frei...

Aber die ruhige Abfolge der im Gleichmaß der Verse gebundenen, schlicht benennenden Sätze schafft jene bescheiden-verhaltene Stimmung, die wir alle kennen, und trifft Schichten des Gefühls, an die der Verstand nicht rühren kann.

Allerdings muß ich für das hier Geschriebene eine Einschränkung machen. Der Bereich des Volkslieds ist vielschichtiger, als es einem flüchtigen Betrachter erscheinen mag. Was hier gesagt wurde, gilt in erster Linie für das Liebeslied, das in den Sammlungen des 15. und 16. Jahrhunderts am stärksten vertreten ist. Daneben aber gibt es andere Arten des Volkslieds, die, ihrer eignen Thematik entsprechend, auch besondere Einzelzüge der Form tragen. Doch wird man auch in diesen Arten leicht oben angedeutete Grundzüge des Volksliedhaften wiederfinden.

DAS ZEITALTER DES BAROCK

HERBERT CYSARZ

MARTIN OPITZ

Drei Sonette

Der jahrhundertelang als Schulmeister verrufene Martin Opitz, in Wahrheit nicht nur ein Markstein der deutschen Literaturgeschichte, sondern auch ein Genie von mehr als säkularem Format, spricht hier aus dreien seiner reifsten Kunstwerke. Höchstleistungen gewiß nicht an Ursprünglichkeit des Stoffs noch an Unmittelbarkeit des Gefühls, nicht an Erfindsamkeit der Motivik noch an Bewegkraft einer Botschaft! Dennoch sind es Zeugnisse und Verwirklichungen einer Norm, die ein bitterlich vermißtes Gleichgewicht, eine rettende Ordnung und Haltung stiftet; Heilungen eines Zwiespalts, Lichtungen eines Dunkels, Bewältigungen eines Geheimnisses; dreierlei Artikulation von vordem in deutscher Sprache Unsagbarem; Eroberung eines Zeichensystems, das eine Universaltheorie erschließt und eine universelle Praxis verspricht, ja einen Heilsweg durch dieses Leben hindurch und über dieses Leben hinaus weist. Hier sind nicht bloße Glückswürfe der Form, doch auch nicht bare Anwendungen eines neuen metrischen und kompositorischen Patents, auch nicht nur vorbildliche Exerzitien in der „Zubereitung und Zier der Worte". Drei Male des siegreichen Kampfes, des ersten und entscheidenden Kampfes um die neuhochdeutsche Dichtersprache! Ein entsprechender Kampf wird im Reich der provenzalischen Troubadours, im Strahlenkreis Friedrichs II. und seines sizilischen Hofs, im Zeitalter Guinicellis und Dantes, dann der französischen Pléiade (Ronsard, Du Bellay und Gefährten) als Ruhmestat ganzer Gruppen und Generationen gefeiert. In Deutschland, wo diese Anabasis noch schwieriger war, nach zwei Jahrhunderten unweigerlicher Hintansetzung der Form in einem politisch und religiös zerklüfteten Großraum ohne geistigen Mittelpunkt, wo sie mehr als irgendwo der Initiative eines Einzigen, eben des Martin Opitz entsprang, soll sie nur eingebungslose Regelgebung, akademische Konvention und kopistische Imitation gewesen sein?

Sämtliche Renaissancen wetteifern mit der Antike und setzen Traditionen der neulateinischen Dichtung des Mittelalters fort, alle verbinden rückgewandten Humanismus mit aufbruchskühnen Nationalisierungen des Humanismus. Nachahmen und Übersetzen gilt weitesthin dem Hervorbringen gleich; sprach- und bücherkundige Wissenschaft geht mit poetischer Bewährung der Kenntnisse und Fähigkeiten überein. Noch die persönlichste Erweckung, siehe Petrarca, sucht in überpersönlichen Normen, in unpersönlichen Systemen Halt. In solcher Form, einem integralen Begriff der notwendigen, überlieferungsgesättigten und auf dem offensten Plan der Erudition gerechtfertigten Form, kommen Freiheit der menschengläubigen Neuzeit und Dogma, Erbe des Mittelalters, Schoß der Religionskriege, am innigsten zusammen.

Gerade nun an der Schwelle des Dreißigjährigen Kriegs steht in Deutschland ein junger Mann auf, der mit unbeirrbarer Sicherheit weiß und tut, was am dringlichsten fehlt. Er lehrt wieder und zeigt, was ein Vers ist. Er gründet ein Gesetz, eine Axiomatik des Verses. Er macht, nach einem zeitlosen Wort des Klassizisten Paul Valéry, das Notwendige zum Möglichen. Er erkennt und vermag, was damals unabdinglich not und in deutscher Sprache möglich ist, in der Sprache Luthers, Hans Sachsens, Johannes Fischarts, des Kirchen- und Volkslieds, des wachsenden Übersetzungsschrifttums. Nicht weniger und nicht mehr als alles, was da möglich und nötig ist! Er vermeint keineswegs (Vorrede des Buchs von der Deutschen Poeterey), „man könne jemanden durch gewisse regeln und gesetze zu einem Poeten machen". Doch er legt das Fundament, auf dem ein Jahrhundert getreulich und folgerecht weiterbaut und von dem aus das 18. seine Veredlungen und seine Flüge unternehmen wird. Er trägt das Handwerkszeug des Versdichters zusammen; er wählt aus der durch ihn wie durch keinen zuvor in Deutschland lebendig gewordenen Weltliteratur die erreichbaren Vorbilder, zündenden Leitbilder aus; er kanonisiert die Gattungen, er verdeutscht Paradigmen; er zieht überall Grenzen zwischen dem Erlaubten, sprich Gebotenen und mit vorhandenen Mitteln Vollendbaren, und dem vorerst vag und amorph Bleibenden. Er schwankt keinen Augenblick, er berichtigt und verbessert unermüdlich, er weicht nie zurück und verläßt nicht um Haaresbreite die eingeschlagene Richtung. Und drei Generationen leisten ihm wie selbstverständlich Gefolgschaft, tausendfältig bereichernd, nirgends umstoßend oder auch nur bezweifelnd. Noch mehr: Opitz setzt den Beruf, den Stand und gleichsam Orden des Dichters bei den Gelehrten und bei den Höfen, den aristokratischen Machthabern durch. Er erhebt die Dichtung, die Objektivation und Wertsphäre der Dichtung — Dichtung nicht als Bekenntnis, eher das Gegenteil, doch auch nicht mehr Dichtung als Magd der Theologie, der Philosophie oder Philologie — zur Führungsmacht des Geisteslebens, zum Herd der Bildung und zum Forum der kulturellen Elite. Der Vielumhergetriebene, Vagant und Scholar in Holland und Jütland, Gesandtschaftsmitglied in Wien und Paris, Humanist in Bethlen Gabors Siebenbürgen, protestantischer Sekretär des Protestantenverfolgers Hannibal von Dohna, Autorität und im Grund Erwecker der Sprachgesellschaften und Poetenzünfte, am Ende Historiograph des Königs Ladislaus von Polen, dieser Stegreifritter, Organisator und Initiator muß eine Kunst des gewinnenden, spornenden, immerzu tat- und werkstrebigen Umgangs besessen haben, die den Vergleich mit Goethe und Richard Wagner herausfordert. Wo er steht, ist Mitte eines durch ihn sich rundenden Kreises; und ist Anfang umwälzender, bestandfester Unternehmungen. Ebendies nennen wir Genie: Urheberschaft vorher ungedachter ja undenkbarer, dann unwegdenkbarer, vorher ungeahnter fast unverständlicher, alsbald selbstverständlicher Dinge.

Dieses Genie, nichts weniger als ein dichterischer Vulkan, schlägt in den Sonetten hier dreimal die ehrwürdige, zu weltliterarischem Können verpflichtende, dennoch neuer, eigenbürtiger Tonart und Vortragsweise bedürftige Leier der Liebe — noch nicht die hochbarocke Laute zu den schwülen Hyperbeln, akrobatischen Schnörkeln und verwegenen Concetti manieristischer Texte, noch weniger die Rechts-links-Pauke zu den farb- und schwunglosen Klitterungen banaler Reimisten, zu schweigen auch von den Weisen des Leierkastens, den mancher seiner allzu gelehrigen Schüler dreht. Dreimal Liebe: Liebe als Heiligtum, Liebe als Überwindung der Materie (und Selbstüberwindung des Cartesianischen Dualismus), Liebe als Quelle des Wahns in der rationalen Gestalt der Verblendung und Begriffsverwirrung. Thematisch ist keines der Gedichte originäres Eigentum Opitzens, es fiele leicht, allein aus seinen Hauptanregern fast Zeile für Zeile mit Parallelen zu belegen: Nennen wir des Daniel Heinsius „Nederduytsche Poemata" sowie die holländischen Liebesgedichtsammlungen „Lusthof", 1602, und „Bloemhof", 1608 (die unmittelbaren Vorbilder des Opitzischen Versprinzips, der Jamben und Trochäen mit dem natürlichen Wort- und Satzton, Vorbilder des auch bei Opitz männlich oder weiblich endenden Alexandriners mit der französischen Mitte-Zäsur); die vier Sammlungen Liebessonette Ronsards; die Sonette des Petrarca und vor allem der Veronica Gambara, der Witwe Gibertos X. von Correggio und Muse des Bologneser Dichterkreises vor 1550.

Die früheste Stufe der Nacheiferung, Opitzens Lehrlingsstadium, hatten die „Teutschen Poemata", 1624, betreten: Gedichte vornehmlich des Heidelberger Studiosus (1619/20), die dieser in den Händen seines Freundes Zinkgref zurückgelassen hatte und, selber vom Krieg in vieler Herren Länder verschlagen, einige Jahre später ohne Möglichkeit der Ergänzung und Feilung herausgegeben sah. Art und Kunst des Gesellen Opitz dokumentiert erst das „Buch von der Deutschen Poeterey", 1624, das sein seither gereiftes Schaffen, Wissen und Streben bekundet, ein Werk weniger Tage und doch an Wirkung, Jahrhundert-Wirkung und wegbereitender Kraft, nur neben Du Bellays „Défense et illustration de la langue française", 1549 (allenfalls noch neben Julius Caesar Scaligers Poetik, 1561) zu reihen. Die Gesellendichtung aber sind Opitzens schon im Folgejahr 1625 erscheinende „Deutsche Poemata", durchweg geläutert und gestrafft, bereichert um die Erzeugnisse der frühen 20er Jahre. Die Ernte der vollen Meisterschaft wird erst in den beträchtlich gemehrten Neuauflagen seit 1629 sichtbar. Die zwei Breslauer Bändchen 1638, „Weltliche Poemata" und „Geistliche Poemata", bleiben die Ausgabe letzter Hand. Ihr entstammen auch die drei Sonette hier.

Von den anderthalb Dutzend Sonetten der Erstlingssammlung 1624 stechen sie nicht nur durch striktere metrische Strenge, zugleich ein freieres Legato des Rhythmus ab. Sie fließen glatter und reden weniger grell, ohne das oft krampfhafte Gestikulieren und die oft überangestrengt rivalisierenden Mätzchen des Nebenbuhlers, der seine Vorbilder allzu rasch einholen will. Ja, sie reden überhaupt nicht mehr im rhetorischen Sinn. Sie tragen einen physiognomischen Eigenzug, Eigenton; stoisch und doch nicht nur im Farben- und Einfallsspiel wahrhaft beschwingt; beherrscht aus dem Geist Racines und nicht ohne ein Quentchen strategischer Phantasie in der Vorspur Schillers. Sie gliedern schärfer und fügen dichter, sie sagen mit weniger Worten mehr, sie konzentrieren und konkretisieren ineins, bei geringerem Aufwand an Pathetik und Ornamentik. Sie bleiben humanistischer Elegantia näher als hochbarocker Argutia und Preziosität, gemäß dem Vorsatz zahlreicher Stellen der Poeterey und dem Rat schon von Horazens Pisonenbrief: „scribendi recte sapere est et principium et fons" — im besonderen: „quidquid praecipies, esto brevis, ut cito dicta percipiant animi dociles teneantque fideles".

Dichterische Renaissance und dichterisches Barock lassen sich in Deutschland nicht trennen. Die barocken Bildkünste, Architektur wie Plastik und Malerei, bauen sehr vorwiegend auf einer bereits ausgeformten Renaissance fort, die sie überhöhen und aufsprengen: siehe die Entwicklungen von Leonardo und Raffael zu

Michelangelo, Rubens, Bernini. Die Barockdichtung baut ab imo, sie durchdringt humanistische Rezeption der antiken Formen sogleich mit ganz anders beursprungten Wesensentfaltungen, Spannungen und Übertreibungen. Sie anverwandelt antikes, romanisch-katholisches Formgut und Bildgut aus unmittelbareren nationalen Beschaffenheiten, aus grundverschiedenen sozialen und religiösen Voraussetzungen. Sie trägt viel Kampf um die Form in humanistischen Gelehrtenstuben, ja gleichwie alchimistischen Laboratorien sprachlicher (auch orthographischer) Experimente aus. Sie sucht in einer radikalisierten Formenwelt die Lösung abgründiger Fragen der Weltbejahung oder Weltverneinung, der Weltlust und Weltangst und Weltflucht. Sie ist vorweg so Renaissance wie Ultrarenaissance. Ebendieses Zusammen, mehr als Übergang oder gar Auswuchs, läßt sich aus der gewollten und gesollten, bedachten und gezügelten, aber auch unbezwinglich getriebenen und schicksalhaft wesensnotwendigen Kunst des Opitz inbildlich herauslesen. Zumal aus drei enthaltsamen, geschliffenen Meisterstücken wie den vorliegenden.

I

Ich gleiche nicht mit dir des weißen Mondens Licht:
Der Monde fällt und steigt, du bleibst in einem Scheine;
Ja nicht die Sonne selbst: die Sonn' ist ganz gemeine,
Gemein' auch ist ihr Glanz; du bist gemeine nicht.

Du zwingst durch Zucht den Neid, wie sehr er auf dich sticht.
Ich mag kein Heuchler sein, der bei mir selbst verneine
Das was ich jetzt gesagt: Es gleichet sich dir keine,
Du bist dir ähnlich selbst; ein ander Bild gebricht,

Das dir dich zeigen kann; du bist dein eigen Glücke,
Dein eigenes Gestirn, der Schönheit Meisterstücke!
Du hättest sollen sein, wie noch die Tugend war

Geehret als ein Gott, in der Welt ersten Jugend,
So wäre wohl gewiß gewesen deine Tugend
Die Kirch' und Opferung, der Weihrauch und Altar.

Das Poem erhebt und verklärt eine nicht so Geliebte als überschwenglich Bewunderte — bewundert auf kalt vergleichende Weise, in zunächst optischer Haltung, mit dem spirituell-heroischen, immer auch das Moralische einschließenden Vollkommenheitsethos Descartes' und Corneilles. Ich setze dir nicht gleich des weißen Mondes Licht: vorbildliche Verswerdung eines Satzes, die grammatische Klarheit und logische Wortstellung bündigt und schmeidigt sich zum gleitenden Gebilde, nimmt ein Maß auf sich, das sie trägt und erfüllt. Ein Gedichtchen in Einem Vers (Merkmal der formstärksten Lyrik bis Baudelaire und George), so stracks, voll und ganz gerinnt die Aussage zur Melodie, zur schwerelos fortschwingenden Gestalt und stehenden Welle im Raum, die einen im Gehör bleibenden Grundton anschlägt. Die Eingangszeile hier, mehr tönendes Gebilde als sinnfälliges Bild — schon die beiden beherrschenden ei verleihen dem Vers einen weich-leisen Gang und weißen, fast gleißenden Schimmer —, diese Zeile ist nicht nur Eingangsschwelle, Grundstein des Sonettgebäudes. Und sie ist nicht nur eine These, die des Beweises oder der Widerlegung harrt. Ihre Verneinung birgt eine Spannung, die sich nicht erst vermittels des folgenden Doppelpunktes ins Kommende öffnet; sie treibt aus sich selbst ein begründendes Nämlich und ein entgegnendes Sondern hervor.

Beides entfaltet sich sofort in schlüssigen Antithesen, gemäß der bilateralen Struktur des Alexandriners und dem Wesen des Sonetts.

Der Mond steigt und fällt, du verbleibst in einem und demselben Glanz — die lautliche Korrespondenz bewahrt auch diesem „Schein" das weiße Licht des Gestirns. Ja, nicht einmal die Sonne setze ich dir gleich: Die Sonne ist ganz allgemein, sie glänzt für jedermann; du aber („Pondus", Pedal des Strophenschlusses) bist keineswegs wie alle Welt beschaffen, keineswegs aller Welt erreichbar. Die Kette der metrischen und motivischen Antithesen, die Steigerung Mond-Sonne-Du, weltweites Kleinod, rundet sich und den solcherart fest umrissenen ersten Sonett-Stollen in einer immer noch verneinend ausgedrückten, doch die Verneinung des Eingangs in Bejahung lenkenden Lobeserhebung.

Sonne und Mond werden wie greifliche, vertraute Gegenstände behandelt: Zeitalter Copernicus', Brunos und Galileis, das die Planeten physikalischen Gesetzen unterwirft; Renaissance, die den Menschen in die Mitte der Welt rückt, schon Dantes Liebe bewegt alle Gestirne; Morgenluft Shakespeares, dessen Leidenschaften aus der kosmischen Natur sich speisen, in sinnfälligem Zusammenhang mit allen exotischen Fernen und siderischen Bahnen. Zugleich bleibt die Berufung an Sonne, Mond, Sterne ein antikisierender Gemeinplatz der neulateinischen Dichtung vieler Jahrhunderte, ein Stück Topik der italienischen Frührenaissance. Man hat zutreffend festgestellt: Die höfisch-ritterliche Minne der Troubadours wird im bürgerlichen Italien (schon Guinicellis, vollends Petrarcas) zu einer Inbrunst gesteigert, die das geliebte Du und das liebende Ich in die göttlichen Sphären emporträgt und den sozialen Adel in menschliche, mehr als menschliche Vollkommenheit, Erhabenheit und Bezauberungsmacht sublimiert. Natürlich gibt es da vielerlei Übergänge, es gibt seit Sordello und Cavalcanti unerschöpfliche Überschneidungen. Bereits bei Petrarca, der gleich Sordel überwiegend in Frankreich lebt, zeitigt der neue Stil der Liebe sowohl ekstatische Verinnerlichung als auch artistische Veräußerlichung. Es wird zum Ringen der Jahrhunderte, die beiden Hemisphären durch die Form in Gleichgewicht, in die fruchtbarste Wechselwirkung und innigste Einheit zu führen. Die deutsche Barockdichtung trachtet seit Opitz immer besessener danach, diese Not, die einer tiefen, nicht bloß temporären Notwendigkeit der beginnenden Neuzeit entspringt, in Kraft der Sprache und Sprachkunst zu wandeln. Opitz sucht ebenso den geistigen Gewißheiten der Liebe wie den sinnlichen Freuden des Eros den gemäßesten, gültigsten, einfachsten Ausdruck — und er sucht das schlüssigste, zuverlässigste Band zwischen beiden: das ist sein Kampf um die barocke Wortkunst und die axiomatische Fundierung der Form[1].

Die Verherrlichung und Verklärung im ersten Quartett unsres „Klinggedichts“ (wie Opitz den Namen Sonett in der „Poeterey“ verdeutscht) läßt den Dichter auch weiterhin kein Gefühl affektieren. Er begibt sich im parallelen zweiten Stollen — der im Sonett insgemein entweder begründender, steigernder Ausführung des Eingangs oder kontrastierender Entgegensetzung dient — in das Feld der mitmenschlichen Beziehungen: Du bezwingst durch Zucht den Neid, so grimmig er seine Stacheln gegen dich richtet. Welcher Theobald Höck („Schönes Blumenfeld“, 1601), welcher frühe Genosse Opitzens noch in der Zinkgref'schen Anthologie 1624 („Auserlesene Gedichte Deutscher Poeten“) hätte das gleich natürlich, klar und bündig sagen können, „zwingend“ schon durch die todsichere Selbstverständlichkeit der Aussage, die wiederum zu einem Vers in sich kristallisiert, gelassen-stolz einherschreitend und hart im Raum stehend als Sockel der zweiten Sonett-Säule, die dann selbander den Querbalken und darüber den Giebel der beiden Terzette trägt.

Die Zucht und ihre hämischen Neider sind im übrigen altbekannte Versatzstücke der Minnedichtung. Die Zucht wird bei Opitz zum Attribut auch der Schönheit (und Dichtung), der hohen Minne und Kunst des Barock, die sich nie in die Zwänge der bloßen Natur ergibt, die vielmehr noch im körperlichsten Bild, nach dem sie durstig verlangt, ja durch ebendieses die Freiheit und transzendente Bestimmung des Geistes bewährt. Die Harmonie und Majestät der Schönheit fordert Zucht in allen menschlichen Dingen. Der Dichter will sie nicht als Heuchler rühmen — eine häufige Beteuerung des Barockpoeten, der doch nie beim Wort genommen werden darf, nicht realistisch wie einst Murner oder Wickram noch symbolisch wie nachmals Klopstock oder Hölderlin. Wo persönliches Empfinden in Rede steht, da treibt eben die paradoxe Versicherung eigener Aufrichtigkeit die barocke Zeichensprache ins mimische Schauspiel. Opitz will mit der gleisnerischen Verwahrung auf einen Superlativ vorbereiten, er holt zum äußersten Aufschwung aus. Noch einmal setzt er verneinend, ausschließend ein: Keine kommt dir gleich, nur dir selbst bist du ähnlich — dies verbürgt hier keine mikrokosmische Individualität wie bei Shakespeare, sondern eine göttliche Vortrefflichkeit im stil' nuovo der italienischen Frührenaissance, der in allen abendländischen Renaissancen, am nachhaltigsten in den ebenso religiös aufgewühlten wie bildhungrigen und farbentrunkenen Dichtern des deutschen Barock fortzeugt. Der dichterische Barockstil ist die ultima ratio, Jenseitsgewißheit und Fülle des Diesseits durch die

Form, die extensiv und intensiv nach dem Äußersten dringende Sprachkunst zusammenzuzwingen.

Opitz nun läßt dem Vorgipfel des gedanklichen Urteils „Du gleichst nur dir selbst" den Einhalt einer gewöhnlicheren Umschreibung folgen: Es gibt kein Ebenbild, das dich dir zeigen kann. Diese retardierende Variation leitet schon in den Abgesang hinüber. Der rafft sodann die aus der Sinnenwelt ins Divin-Abstrakte hinangeführte Huldigung wieder in sinnliche Evidenz: Du bist dein eigenes Glück und Gestirn — beide Begriffe haben anno Opitz noch leibhaftigeren, fast mythologischen Charakter, Fortuna steht an allen Wegen des Jahrhunderts und die Sterne sind in Keplers Läuften Uhr und Orakel jedes Daseins (Leitbilder auch des Unbelesenen, der sie sich nicht etwa durch Ovids „Metamorphosen" zu menschlicheren Freunden gemacht hat). Die Klimax mündet vorerst in das mehr gebildhaft bündige als bildhaft anschauliche „Der Schönheit Meisterstück". Am Ende geht es nochmals mühelos, ohne Einschnitt und brüsken Atemhub, in die Stretta hinan. Die beiden Terzette sind durch das Enjambement der Verse 11/12 verlötet, die Weite dieser rhythmischen Bewegung trägt den Namen Gott empor und macht ihn zum wuchtigen Iktus des ganzen Gedichts. „In der Welt ersten Jugend" bietet ein Beispiel nicht nur der bei Opitz immer selteneren Vergewaltigung des Wort- bzw. Satzakzents, sondern auch des noch im sprachpedantischen Barock verbreiteten falschen Zeugma des Artikels: „der " bezieht sich zugleich auf „Welt" und auf „ersten Jugend", daher die fahrlässige schwache Biegung „ersten" statt erster. Im übrigen ist auch diese Wendung ein, ohne Wortaufwand, hoch gegriffener Ausdruck; einem Opitz bedeutet die Frühzeit der Menschheit ein autoritäres Reich der priesterlichen Ordnungen, der ehrfurchtheischenden Geheimnisse und feierlichen Botschaften. Der Schluß verbleibt auf solcher Höhe und konkretisiert sie in gegenständlichen Gleichnissen. Die gepriesene Tugend, Tucht und Zucht, Schönheit des Leibes und der Seele, nimmt die Zeichen der Heiligung an, der Mittlerschaft vom Irdischen zum Göttlichen. Körperlich-bildliche Gleichnisse werden zu Lösungen unnennbarer Rätsel, zur Befreiung aus Ungewißheit und Angst vor dem Leeren — Opitz wirft sich hinein wie in letzte Zuflucht und rettenden Halt: Du wärest Kirche gewesen und transsubstanziierendes Opfer, so Weihrauch wie Altar. Die aufgesteilte Bewegung kehrt in den Hafen, das ruhevolle Gehäuse formender Bilder. Die ziehen die Giebellinie dieses Sonetts, schließen und krönen das Gebilde mit einer barocken Pointe.

II

Ich will dies halbe Mich, was wir den Körper nennen,
Dies mein geringstes Teil, verzehren durch die Glut,
Will wie Alkmenen Sohn mit unverwandtem Mut'
Hier diese meine Last, den schnöden Leib, verbrennen,

Den Himmel auf zu gehn. Mein Geist beginnt zu rennen
Auf etwas Bessers zu. Dies Fleisch, die Hand voll Blut,
Muß ausgetauschet sein für ein viel besser Gut,
Das sterbliche Vernunft und Fleisch und Blut nicht kennen.

Mein Licht, entzünde mich mit deiner Augen Brunst,
Auf daß ich dieser Haut, des finstern Leibes Dunst,
Des Kerkers voller Wust und Grauens, werd' entnommen

Und ledig, frei und los, der Schwachheit abgetan,
Weit über alle Luft und Himmel fliegen kann,
Die Schönheit anzusehn, von der die deine kommen!

Der Apotheose der Schönheit folgt hier im zweiten Sonett die Erhebung des bewundernd-bezauberten Dichters in himmlische Regionen. Wiederum geht die Schönheit den Augen ein, wie schon bei den Trobadors, nach deren Überzeugung ein Blinder nicht lieben kann. Immer läßt Opitz, je höhere Töne der Minne er anstimmt, desto zurückhaltender dem — sei's auch nur fingierten — persönlichen Gefühl das Wort. Echte Leidenschaft ist überhaupt nur ausnahmeweise der Stoff, aus dem Barockgedichte gemacht werden. Diese Dichtung obliegt akademischen, galanten, mitunter (wie im vorliegenden Gedicht) fast kultischen Exerzitien. Sie wirbt um virtuose, technische Raffinements des klügelnden esprit, der „curiösen Sagazität". Sie stiftet schon durch die Diktatur von Vers und Reim ein Reich des edleren Scheins und ergeht sich in antikisch stilisierter, pompös-mondäner oder pathetisch-spiritueller Grandezza. Auch der vielbemühte barocke Schäfer — Corydon oder Seladon, Myrtillus oder Strefon — will keinen bäuerlichen Viehzüchter vortäuschen; er balzt und schäkert wie auf einem Kostümball, seine bukolische Maske beglaubigt ihn als Kavalier (das Schäfergewand ist ja Erbteil einer hochgelahrten und immer exklusiveren Überlieferung, von Theokrit, Vergil und Longos zu Sannazaro, Guarini, Montemayor, Philip Sidney und Nachbarn). Die Monumentalgesten des Wohlgefallens, die Bravourarien der Liebe gleichen Figuren und Komplimenten großer Gesellschaftstänze. Es wäre wider dic Etikette, wenn ein Glied solcher Gesellschaft die vorgesehenen Berührungen und Verbeugungen zum Ausdruck persönlichen Fühlens mißbrauchen wollte. Freilich tanzt man auch hier nicht bloß aus Gleichgültigkeit oder Abneigung, man duelliert sich anderseits niemals aus Freundschaft — so gewiß die Einhaltung strenger Sitte und Regel den privaten Haß noch im Zweikampf dämpft. Schon bei Fleming und Zesen treten flackernde Leidenschaften in zündendes Widerspiel zu einer wilder erregten, zugleich subtileren Formkunst. Nie freilich sind es nackte, unverwandelte Affekte. Barocke Form bindet die Leidenschaft, leitet den Impetus des Herzens in die Dimension der Kunst hinüber und läßt ihn da eigengesetzlich konkreszieren. Es hat zu jeder Zeit Dichter gegeben, denen die Schönheit lebendiger als durch den reellen Anblick durch die Idee der Harmonie und den gedanklichen Aufschwung zu dieser einleuchtet — wie nachmals Haller oder gar Schiller (bei Schiller, nur das heißt Gedankendichtung, spricht die aus dem ganzen Gemüt gespeiste Idee die Eingebungs- und Bildkraft unmittelbarer an, als die sinnfälligen Erlebnisse dies vermöchten).

Ein Teil solcher Grundhaltung eignet auch Opitz. Gerade der Gattungstyp des Sonetts ist nicht erst von August Wilhelm Schlegel als Schaltwerk aus lyrischer zu didaktischer und besonders epigrammatischer Prägung erkannt worden: Die strenge Gliederung, die festen Verhältnisse zwingen die Wellen schwebender Stimmung in die Entschiedenheit des Gedankens. Einem Opitz gereicht schon diese verstraffende Formwerdung zur Erhebung und Freude; zur Erhebung wie in der vorliegenden Verswerdung des Erhabenen, zur herzlichen Freude wie in manch anakreontischem Carmen. Sicherlich wurzeln die religiösen, gedanklichen Inhalte tiefer in seinem Wesen, in seiner ganzen deutschen Gegenwart, als die Motivik der Antike und Renaissance. Dennoch ruft seine Metaphysik, sein in sich gelockerter Glaube, unwiderstehlich nach der bergenden und schlichtenden, keineswegs nur als Bildung ergriffenen Form. Es ist oft kommentiert worden, daß der gebürtige Protestant Martin Opitz in gegenreformatorischen Diensten eine antiprotestantische Bekehrungs- und Verfolgungsschrift (das Manuale controversiarum des Jesuiten Becanus) übersetzt hat, zu überaus prompter Anwendung gegen seine eigenen Glaubensgenossen. Wohl bezeigt er wie alle Barockpoeten den Autoritäten der Kirche und der Gelehrsamkeit freigebigen Respekt. Rüstig mehrt er seine geistlichen Poemata, durchaus nicht nur als „angehängte aufrichtige und reuemütige Bußtränen“ wie Arno Holzens parodischer „Dafnis". Außerhalb dichterischer Form aber scheinen Gedanken- und Glaubensinhalte für ihn der letzten Verbindlichkeit, ja der vollen Eindeutigkeit zu entbehren. Mit der Formung bleibt es ihm überall geradezu absoluter Ernst.

Er strebt in den geistlichen wie in den weltlichen Dingen nach der einleuchtendsten Klarheit und Ordnung, der bildlich und begrifflich eingängigsten Artikulation und schärfsten Konturierung — und stets nach ontologischer Autarkie der Formgebilde. Er meidet Überschwänge, meidet sowohl das eschatologische Fortissimo der Jüngstentagsposaunen als auch die Orgien schreiender und gehäufter Sinnenreize. Welche Grenzwerte beiderseits versuchen später hohe Künstler wie Johann Klaj, Andreas Gryphius, Casper von Lohenstein, gar spätbarocke Manieristen zu vermählen! Ein Urbedürfnis Opitzens heißt Religiöses und Sensuelles zusammentreten, so zwar daß eines dem andern zum Pedal und zur Folie werde und beides einswerde in der befreiend-vollendenden Form. Zum Vers soll sich alles verdichten, läutern und erheben, dichter, klarer und höher als in jeglicher ungebundenen Rede. In ein Versgebände wie das Sonett hier soll jederlei Wirklichkeit konvergieren und noch der verwegenste Schwingenschlag einkehren, gesichert und geschmückt durch das Hin-und-wider der „geschrenckten" blitzenden Reime, in deren Erfindsamkeit, Leichte und Kraft Martin Opitz eine unveraltete Genialität erweist — vornehmlich im Sonett, das ohne Reime ein Gemälde in Grau über geometrischem Raster bliebe. Nicht die formose Verkleidung von Tatsachen und Wahrheiten gilt es, sondern die einhellige Verschmelzung, ja Kristallwerdung der auseinanderstrebenden Sphären. Opitz schafft ein Akkordsystem, dessen Bedeutung sich fast mit der Einführung des Kontrapunkts in die Musik vergleichen läßt! Nur so findet der in jedem Sinn Heimatlose sein Lot zwischen Himmel und Erde, seinen Stand im Wirbel der Zeit und im Aufruhr des Glaubens- und Selbstbehauptungsverlangens. Das zweite Sonett hier ist ebenso Ausdruck wie Bewältigung dieses Dualismus, es formuliert und äquilibriert ihn; es vollzieht eine Aufwärtsbewegung, die Vorder- und Hintergrund sondert, das Schwere und das Lichte übereinanderschichtet und in wesensrichtigem, seinsnotwendigem Bau ein inbegriffliches Weltbild kontrapungiert.

Männlich der Einsatz: Ich will. Ich will dieses halbe Mich (vergleiche Selbstbegegnungen Petrarcas und manches Neulateiners, dann insbesondere Paul Flemings), will mein halbes Ich — das Ich hier sächlich-umfassend nicht intensiv-individualistisch verstanden, also dessen sterbliche Hälfte: den Körper — „durch die Glut“ verzehren, verbrennen. Schlechtweg die Glut: das innere Feuer der Liebe, der liebenden Begeisterung, der geistigen und vergeistigenden Erhebung, der Kraftwerdung des Geistes in der Körperwelt, nämlich Kraft, sich über die Körperlichkeit emporzuschwingen. Steigernder Anlauf, noch einmal „will“, in einem den Vers überbordenden Satz, der dann mit zwei hinabziehenden L, Last des Leibes, sich einhaltende Kerben setzt und das isolierte „verbrennen“ am Strophenschluß eindringlich akzentuiert, verweilend und so stark, daß es den übergreifenden, jäh hinanschnellenden Finalsatz am Eingang des zweiten Stollens trägt: um himmelan zu gehn. Der Aufschwung der dritten Gedicht-Zeile verleiht sich die Würde und Wucht einer mythologischen Umschreibung, die Patronanz des wie als Helfer berufenen Herakles, und nimmt „mit unverwandtem Mut“, mit dem entschlossenen, zähen und schweren Hub der korrespondierenden u (der Reimkünstler Opitz ist ein geborener Meister der Vokalsetzung und des Versgehörs überhaupt) die niederzuringende schwere Last in Angriff.

Der Einsatz des zweiten Quartetts, grammatisch nicht unabhängig — Opitz schließt die Sonettstrophen weit weniger häufig syntaktisch ab als etwa Petrarca, er legt mehr Gliederung in das Gerüst des Metrums und der Reime — der neue Auftakt ist ein Sursum und ein Presto: Mein Geist beginnt nach Besserem zu rennen. Der Halbvers Himmel-auf reißt den zweiten Halbvers voran, der rennt in die Folgezeile hinein und auf den Tonhieb „Bessers“ zu. Immer wieder vertraut sich Opitz minder den krassen Worten an als den Registern und Pedalen der Form als Form. Fleisch und Blut, „die Hand voll Blut“, ein bißchen Blut („hantvol“ ist schon ein mittelhochdeutsches Maß) in der Hand, die gleichsam den Tauschhandel abschließen soll, schreit nach besserem Gut — das wiederholte „besser“ trägt nunmehr den Hauptton eines ganzen, sonst fast tonlosen Verses, aus der Horizontalen der gleichgewogenen au („ausgetauschet“) und der Staccato-Worte bis zu dem dunkel-ruhigen „Gut“ sticht dieses besser hervor als erneuter Vorstoß zur Höhe. Die Wiederkehr von „Fleisch und Blut“ in der Folgezeile rundet die Strophe mit der Unwiderruflichkeit eines geschlossenen Beweises ab.

Erst am Anfang und am Ende des Abgesangs tritt das Du zutage, nicht als Bildnis, sondern als magischer Lichtquell. Die Augen der Schönen, die den Liebenden physisch blenden und metaphysisch erleuchten, töten oder zu höherem Leben erwecken, die die

Welt spiegeln, die Schätze der Erde überstrahlen und die Gestirne verdunkeln, derlei wird schon bei Petrarca oder der Gambara vieldutzendfach abgewandelt und schon weit länger her vieltausendfach nachgeahmt, immer gelenkiger, tüftelnder, artistischer. Bei Opitz ist es „mein Licht", die eigene Teilhabe an den überirdischen Mächten, also die geistige Hälfte des Ich, die sich an der „Brunst", dem Brand der angeschwärmten Augen entzünden möchte. Auf daß dieses andere Ich, handgreiflich und mechanistisch gesprochen, dem Gehäuse der „Haut", dem „Dunst" und Verwesungsbrodem des „finstern Leibes" nämlich „Kerkers" entrückt werde. Dieser Kerker ist ein Behältnis des Abraums, „voller Wust und Grauens" — Opitz läßt es bei dieser summarischen Bezeichnung des Abscheulichen bewenden, dem barocken Leser stand dabei allerdings das damals noch sensationell erstaunliche und dämonisch erschreckliche Schlingwerk der Eingeweide vor Augen, wohl nicht suggestiv wie später die ausgemalten Verwesungsgreuel des Gryphius, doch sicherlich drohend und mahnend wie ein Fingerzeig nach dem nun immer faszinierender und für den Jenseitsgläubigen immer entsetzlicher aufgeschlagenen Buch der Sterblichkeit, der evidenten Eitelkeit des Irdischen. Ein Memento „Alles ist eitel" — und trotzdem ein Ansporn, weiter vorzudringen in dieses Uhrwerk und Wurzelwerk des Menschen, der auch dem barocken Jahrhundert inmitten aller Greuel und Scheuel nicht anders denkbar bleibt denn als geistiges, gotteskindliches und des großen Gerichts gewärtiges Wesen!

Geschichtlich gedeutet: mittelalterliches Dogma durch Renaissance, durch Renaissance-Aufbrüche der Sinnenwelt und der Sinnenfreude, hindurchgegangen — Jenseitsglaube im Getümmel der physikalisch-physiologischen Entdeckungen der fortschreitenden Neuzeit. Mehr und mehr verraten der Menschenleib, die belebte und unbelebte Natur, das ganze Weltgebäude die Hand eines Ingenieurs. Die religiöse Gewißheit aber möchte die Mechanik Galileis und die Mathematik Descartes', die Anatomie eines Vesalius und Eustachius, Malpighi und Harvey, die Entdeckungen eines Leeuwenhoek oder Hooke, die Errungenschaften der Guericke, Torricelli, Huygens, Papin, Newton und Vieler mehr in sich aufnehmen. Der Glaube will vor diesen Fakten, ja durch sie bestehen, und er kann sich an ihnen nicht bestätigen, ohne ihnen seinen eigenen Abglanz zu leihen.

Opitz freilich bezeugt nur die Anfänge solcher Entwicklung. Sie schöpft gerade in Schlesien auch aus der Mystik, schon aus Jakob

Böhmes Harmonien des Natürlichen und des Göttlichen, desgleichen aus inspiratorischen Berührungen von Diesseits und Jenseits bei ostdeutschen Schwarmgeistern und Sektierern. Katholische und protestantische Mächte begegnen einander in Opitzens Heimat unmittelbarer und unbefangener, vorerst friedfertiger als sonst. (Diese Verhältnisse, neben vielen kompakteren Tatsachen und wie immer entsprechenden wirtschaftlichen und gesellschaftlichen Voraussetzungen, helfen die unvergleichliche Führungskraft des schlesischen Neustamms in der deutschen Dichtung des 17. Jahrhunderts erklären.)

Gesetz der barocken Sprachform! Je reicher und massiver dem Geist die Leiblichkeit gegenübertritt, desto kühner entkörpert und verdurchsichtigt er sie; er läßt sie in den grellsten Farben prangen und ebendadurch zum Schein, zum über sich hinaus weisenden Zeichen werden. Loswerden kann er sie nicht mehr. „Wust" (eigentlich wüster Schutt) des Fleisches — „der Därmer Wust" heißt es in Gryphius' Kirchhof-Gedanken, die ihn einläßlich schildern unter dem „schlangenblauen Schimmel" und dem Gewimmel von „Maden und Würmern". Den alten Gottesglauben würden solche Tatsachen nicht anfechten, solche Bilder nicht ansprechen, der Tod befreit die Seele von ihrer Leibesbürde, mag diese verfaulen. Opitz und Gryphius und Genossen aber steigern ihre bebende Ehrfurcht vor dem Donnerwort Ewigkeit, dem mystischen Abgrund des All und des Nichts, durch frappante Vergängnisbilder. Ihr tiefer Vergängnisgram nährt sich immer auch aus dem wachsten Blick in den Prunk und Glanz irdischer Feste, des Sinnenglücks und seiner Schauspiele. All diese Wirklichkeit untersteht fürs erste der „Nachahmung" durch eine Dichtung gleich redender Malerei, gemäß diesem ersten Gebot schon Horazens und Aristoteles', wie dann noch der frühen Aufklärung. In der Barockdichtung aber kommt die Fülle und Erstaunlichkeit des Sinnlichen mit der Aufgewühltheit, Entsagung und Streitgewalt des Glaubens in unmittelbarste Begegnung: die Kontrapunktik schon des Martin Opitz.

Was ein barockes Gleichnis ist, knüpft allemal einen besonders hohen, fernen oder auch innerlichen, irgendwie spirituellen Gehalt an ein möglichst sinnfälliges, rechnerisches oder technisch-demiurgisches Bild. So wird die Liebe, nach antiken Mustern, mit Verrichtungen der Kriegskunst oder der Seefahrt verglichen; die Geliebte, Verklärte wird in ein Schatzhaus, oft ein Warenhaus handlicher Gebrauchsdinge verwandelt. Dennoch sind hier nicht bloße Marionetten oder Komplexe des Fetischismus im Spiel — so gewiß beiderlei Zwänge mitwirken. Die barocke Sprachkunst entstofflicht die automatischen Apparaturen zu formalen Zeichen; sie münzt ästhetische Formeln und sie verbindet, in der Sprache Luthers, das so Bezeichnete mit dem göttlichen Walten. Sie knüpft die künstlichste Maschinerie an die höchste Weisheit und Gnade. Solches Formgebild macht den Kontrast, sei's logischen oder ontologischen Gegensatz, von Sichtbarem und Unsichtbarem zum Mittler magischen Glanzes und Zaubers.

Auch die Antithetik des zweiten Sonetts hier mündet in die barocke Synthesis der Sphären. Der Dualismus kann sich künstlerisch nicht aufheben, wohl aber als einhelliges Strukturprinzip menschlicher Wesenheit und Wirklichkeit offenbaren. Das besagte Sonett ist ein Unterpfand der Zweieinigkeit aller Dinge, es setzt die Menschendinge in eine letztmögliche Ordnung — und das ist ein sehr viel mehr als barockes Gelingen.

Das Schlußterzett des Gedichts vollendet, fortsetzend mit einem „Und", die Himmelfahrt zur Schönheit. „Frei", „los"-gelöst, der „Schwachheit" ledig (d. h. der Gebrechlichkeit: „frailty" — nicht etwa weakness — „thy name is woman" sagt Hamlet), der Gebrechlichkeit „abgetan" (Opitz liebt einerseits die kurzen Suffix-Adjektiva, anderseits die demiurgischeren, die werkende Handreichung zeichnenden Perfekt-Partizipien, auch dies macht Schule: siehe schon die „begrünten" und „begrasten", gleichwie mit Grün bemalten und mit Gras bestückten Matten): Termini und genetivus separationis am Beginn der Schlußstrophe sind wahre Flügelschläge „über" die äußersten Grenzbereiche des Sichtbaren hinaus, ein typisch barockes Plus-ultra der Sinne, der stets auch die Sinne regenden und überschwingenden Geistigkeit. Aus dem Höchsten, Letzten winkt die göttliche Schönheit, von der „die deine", also eine zugleich leibliche Schönheit gekommen ist. Diese Schönheit hilft ins Unendliche tragen, der Aufschwung erfüllt ein einhellig schönes Gebilde aus menschlicher Sprache, menschlicher Zwienatur, eine barocke unitas in duobus.

An solcher Einheit durch Form bleibt dem Opitz alles gelegen. Er greift begrifflich und bildlich sehr maßvoll aus. „Geringstes Teil", „schnöder" und „finstrer Leib", es sind typisierende (nach einem Scherz Fritz Mauthners: verheiratete) Beiworte; „über alle Luft", Ausdruck mehr der Bewegung und Richtung als metaphysische Fanfare. Das Tempo gleichmäßig beherrscht, der Satzton durch den Verston ausgeglichen, die innere Bewegung mit der rhythmischen des Sonetts übereinstimmend, kunststreng und leichtflüssig in der Ornamentik der Reime wie der Vokal-Korrespondenzen (Teil-Leib-Geist-Fleisch-frei-dein, ein Gefüge des statischen Gleichgewichts, durchwoben vom Faden der dunkel schattenden u) — und in all der Koinzidenz von Metrum und Motivlinie überaus eigentonig. Ein Anfang, der zugleich säkulare Vollendung ist.

Die Durchsetzung der daktylischen und anapästischen Maße seit den 1640er Jahren, die rastlose Bereicherung der strophischen Gebände, der zunehmende Schliff der Pointen, der Concetti und Paradoxa, die manieristische Entwicklung des Gleichnisses zu erlesener, exotischer und bombastischer Bildlichkeit, zu abgefeimter Kunst des allegorischen und mirakulösen Doppelsinns, die immer reichere mystische Resonanz des Worts und unaufzählbar mehr geht ohne Revolution von der Ebene der Opitzischen Sprache und Versifikation aus. Grundlegend auch der Bau und Gang seines Sonetts: Antithetik im Absehen auf Synthesis, Arsis der beiden Eingangsstollen, Lysis des Abgesangs, zwei Säulen gleichsam durch einen Architrav verbrückt und durch einen Rundbogen (wie im zweiten Sonett hier) oder durch einen Spitzbogen mit Zinnenknauf (wie im ersten) überhöht. In solcher Sprach- und Formkunst hält Opitz fast jedem Vergleich mit seinen weltliterarischen Vorbildern und Nebenbuhlern stand — Dante und Shakespeare gehören ja nicht zu ihnen, Petrarca nicht in wesentlichem Ausmaß. Doch sei seine Leistung diesmal nicht durch Gegenüberstellungen mit Vorgängern und Zeitgenossen illustriert (mit Daniel Heinsius und Landsleuten, mit Ronsard und Du Bellay, den Engländern von Wyatt und Surrey bis Sidney und Donne, mit dem Spanier Herrera oder dem Portugiesen Ferreira, mit Sonettdichterinnen wie Gaspara Stampa, Vittoria Colonna, Veronica Gambara, gar den deutschen Wegbereitern seit Paul Schede Melissus und um Zinkgref), sondern durch kürzere Würdigung noch eines dritten Sonetts.

III

Ein jeder spricht zu mir, dein Lieb ist nicht dergleichen
Wie du sie zwar beschreibst: Ich weiß es wahrlich nicht,
Ich bin fast nicht mehr klug; der scharfen Sinnen Licht
Vermag gar kaum was weiß und schwarz ist zu erreichen.

Der so im Lieben noch was weiß heraus zu streichen,
Durch Urteil und Verstand, und kennt auch was gebricht,
Der liebet noch nicht recht. Wo wahr ist was man spricht,
So hat der welcher liebt der Sinnen gar kein Zeichen

Und ist ein lauter Kind. Wer Schönheit wählen kann
Und redet recht davon: der ist ein weiser Mann.
Ich weiß nicht, wie ich doch die Phantasie gelose

Und was die süße Sucht noch endlich aus mir macht:
Mein Wissen ist dahin, der Tag der ist mir Nacht
Und eine Distelblüt' ist eine schöne Rose.

Der alarmierende Anfang, weniger aufrüttelnder Sachverhalt als Gegenstand eines Für und Wider, ist neuerlich eine Verneinung: Deine Liebe ist anders beschaffen als fürwahr („zwar" führt noch etwas von der bekräftigenden nicht einschränkenden Bedeutung des mittelhochdeutschen ze wâre mit) deine Beschreibungen dieser Liebe. Nicht, daß der Dichter löge; sicherlich spricht er indirekt, es ist etwas in die Beschreibung nicht Aufgehendes da, „wahrlich" ein Rätsel. Opitz, der epochale Klarseher, Reiniger und Ordner, dieser Fechtmeister und Feldherr der Sprachkunst im Kleinsten wie Größten, läßt es um der Luzidität des Ausdrucks und Lauterkeit des Verses willen bei negativen Umschreibungen, dennoch irgendwie an das Unsagbare rührenden Aussageweisen bewenden. Der expressiveren Apotheose der Schönheit (Stück I), der Himmelfahrt durch bewundernde Liebe (II) folgt hier ein spielerischeres, ironisierendes Sonett über die Narrheit der Leidenschaft: nicht den entrückenden Wahn, sondern vorerst die Urteils- und Sinnesverwirrung des Liebenden. Die Liebe stellt sich unter der Perspektive eher eines Sebastian Brant'schen Narren als eines schäferlichen Amanten und Adoranten dar. Die Auslegung des Zustands wahrt die Nüchternheit Cartesianischen Zweifelns. Auf solche Art, daß die Dialektik, Übergangs- und Verwandlungskraft der Form (der Sprach- und der Versform ineins) nach dem dunklen Anderen, das die Liebe ist oder sein soll, hinüberschillert — dies bleibt auch im vorliegenden Sonett das barocke Ethos von Opitzens Dichtkunst.

Der Dichter entgegnet Herrn „jeder" in unbestrebtem Gesprächston, die Erwiderung setzt nach einem Doppelpunkt ein — der vollzieht meistens eine schroffe Schaltung (auch die barocke Virgel, der Schrägstrich, kerbt tiefer als unser Beistrich, daher sie Opitz häufig an Stelle eines Strichpunkts, ja wie einen Satzpunkt an das Strophen-Ende setzt). „Ich weiß es wahrlich nicht": ein frühes je ne sais quoi, weniger im tändelnden, verschmitzt galanten Sinn, in dem sich diese Wendung nachmals einbürgert, als mit sokratischer, rationalistischer, wenngleich keineswegs wortwörtlich zu nehmender Geradheit. Ich bin fast nicht mehr klug — „fast" ist im Frühneuhochdeutschen noch eine Verstärkung: sehr, ganz und gar. Das Licht der scharfen Sinne, nämlich (in echt barocker Metalepsis) das scharfe Licht der Sinne, reicht nicht einmal mehr zu der Unterscheidung zwischen Weiß und Schwarz — die Wahl dieser Nichtfarben drückt die Trübung des Sensoriums mit vernünftiger Sauberkeit aus (in wie bengalischen Farben hat ein Menschenalter später Hofmannswaldau ähnliche Wahnzustände geschildert!). Eben die schlichte Schlüssigkeit verleiht dem leicht satirischen Bekenntnis oder vielmehr einbekannten Bekenntnis-Unvermögen des Opitz den unwiderruflichen Tonfall, der es zum einschneidenden Strophenschluß macht.

Der zweite Stollen lenkt aus dem Gespräch in die monologische Reflexion ein. Wer als Dichter der Liebe so viel Urteil und Verstand behält, daß er allerhand Reiz der Geliebten herauszustellen vermag („heraus" hat im Barock noch starke sinnliche Valenz: zum Vorschein oder zur Schau, das Heraus-streichen bewegt sich in malerischer Ebene weiter und setzt das Weiß-Schwarz, das Wörtchen „weiß" zum drittenmal, nun wieder als Zeitwort aufnehmend, in steigerndem Kontrast fort), wer demgemäß auch die Mängel der Geliebten kennt, der liebt noch nicht richtig. Wieder beginnt die Entgegnung in der Vers-Zäsur: Wohingegen der Liebende wahr spricht, da haben, empfangen und geben seine Sinne überhaupt kein Zeichen, kein urteilskräftiges und kunstfähiges Kriterium. „Und", dieses Und wiegt neuerdings wie ein Satzbeginn, der so wahrhaft Liebende „ist ein lauter Kind": das besagt anno Opitz nicht naiv, kindlich morgenschön, sondern kindisch töricht, der Vernunft noch nicht mächtig, ohne daß dies solchem Kind zum Vorwurf gereichte. Immer wieder wird zum einfachsten, richtigst-rundesten, durch klare Festigkeit überzeugenden Gleichnis gegriffen. Der Ausdruck verklammert sich unverrückbar im Gestänge des Metrums, er steht in diesem und durch dieses plastisch da.

Der Unmündigkeitserklärung folgt ein Ritardando. Es gibt auch wählerische Kenner, sie verdienen den Preis der Weisheit. Dann aber ein gesteigertes „ich weiß nicht", der enjambierende Satz wird zum Tragebalken des Schluß-Terzetts. Ich weiß nicht, wie ich die Phantasie gelose, d. h. zu meiner Losung (im Sinn von Einnahme), zu meinem Erlös mache: wie ich die Phantasie in mich bekomme, also zu ihr komme. Die Phantasie ist keine Lieblingsgöttin des Barock. Sie ist in Francis Bacons „Novum Organum" ein Organ der Erfahrungs- und Experimentalwissenschaft, in den Jesuitischen Exerzitien die Bürgschaft, daß der Mensch sich in jeder Lage frei zu seinem Heil entscheiden könne: dort die sinnliche, hier die geistige Wurzel der barocken Bildlichkeit. Der Barockdichter gräbt beiden nicht nach. Er drängt nach der Form und alles dazu Förderliche wird ihm zum Werkzeug. Die nachahmbaren Errungenschaften des Opitz gehen wie Patente durchs Land; befolgbare Autorität wiegt oft schwerer als eigene Inspiration. Doch gerade Opitzens „Poeterey" nennt als selbstverständliche Grundbedingung immer wieder den „göttlichen furor" — „ein Poete kan nicht schreiben wenn er wil, sondern wenn er kan, und ihn die regung des Geistes, welchen Ovidius und andere vom Himmel her zu kommen vermeinen, treibet". Freilich bedarf auch der „Poete von Natur" der Gelehrsamkeit, der Einsicht und der geschulten Erfindung sprich „sinnreichen faßung aller sachen die wir uns einbilden können". Die „einbildungen" wiegen allzu leicht, wenn sie nicht als „wetzstein" den „subtilen Verstand scherffen". Die bare „Fantasie"[2] also bedeutet an der Gedichtstelle hier ein Abwesen der Besinnung, halb Torheit halb Betörtheit, keineswegs rasende oder berauschte Seherschaft. Freilich entführt sie den Dichter ins Ungewisse, Unwißbare. Unabsehbar, was die „süße Sucht" am Ende noch aus ihm machen wird — die süße Krankheit, diese später landläufige Zweischneidigkeit birgt hier kaum ein Oxymoron wie die vielberufene „Bittersüße" Petrarcas oder das seit Petrarca unermüdlich abgewandelte Catullsche „frigeo sudo simul". Mit dem Pedal der Schwere und Schlüssigkeit wiederholt der Dichter: „Mein Wissen ist dahin", ich unterscheide Tag und Nacht nicht mehr, ich nehme eine Distelblüte für eine Rose.

Dieses abschließende ist das erste, einzige gesuchte Bild des Gedichts. Gewiß kein krönender Einfall, doch eine rundende Pointe. Sie drängt die Motivik und Bewegung des Sonetts in ein epigrammatisches Aperçu zusammen. Allemal löst sich eine geistig-sinnliche Spannung, stillt sich ein Urbedürfnis des Barockmenschen, wenn ein inkommensurabler Gehalt an solch ein handfestes, sei es hanebüchenes Gleichnis geheftet wird. Schon der Zündschlag des quasi-evidenten Bilds als Bilds gilt als Meisterschuß. Hinzu kommt diesesfalls, daß eine zuvor nur negativ bestimmbare Verfassung zuguterletzt in einem positiven, überklaren Sachverhalt sich spiegelt. Unwahrscheinlich, daß der Abschluß hier für Näherstehende das scherzhafte Eingeständnis enthalten habe, die vom Dichter besungene Schöne sei in Wirklichkeit kein Ausbund der Anmut gewesen. Zusehends aber gibt er dem Sonett einen selbstüberlegen dahinstellenden, ironischen Stich. Er stellt den Leser vor eine Frage, die über Weisheit und Torheit hinaus in den seltsamen Zauber der Liebe weist. Eben die scharfrandige Zusammenfassung am Ende dieses scharfkantig textierten und versifizierten Sonetts läßt die herausgeschnittenen Rationalien an Irrationales rühren. Die kühl „beschriebene" amentia und dementia reckt sich durch die barocke Dialektik der Form einem dunkel behexenden oder zumindest ein tiefes Verwundern weckenden Hintergrund entgegen.

Opitzens Sprachkunst hat für die Venus Urania und die Venus Universa sehr viel unmittelbarere Sprachmöglichkeiten als für die persönliche Liebe — die verharrt hier in einem Spiel vernünftiger Ausschließungen, zweiflerischer Verneinungen. Schon seit Opitz formt die Barockdichtung nicht auf das Leben zu. Die Natur wirkt in diesem Zeitalter der schikanösen Ziergärten und Wasserspiele nicht ohne Kunst — sie bloß natürlich zu sehen vermag jede Kuh. Noch die mächtigste, üppigste Sachenwelt wird zum Schauspiel der mehr als diesseitigen Welt. Auch die Liebe des Dichters sucht im lebendigen Gegenüber zwar mehr oder minder sinnliche, doch niemals wortwirklich gemeinte Angriffspunkte. Ein Opitz unterstellt die Liebe seinem Kampf um die Form. Er hat weder Petrarcas Akkorde noch dessen kunstreiche Dissonanzen von überirdischer Glorie und persönlich quellender Inbrunst, nichts von diesem in Überschwang und Verzweiflung sich windenden, hier des Subjekts dort des Objekts verlustigen, bald ins All erhobenen bald ins Nichts verworfenen Abenteuer und Martyrium des Herzens; fast nichts von Flemings zündendem Flackern der in Form gesargten Affekte, nichts von Zesens fasziniertem Zittern und Schillern bis in die Form hinein; kaum etwas von den heißeren Regungen Caspar Stielers oder den überformten Ausbrüchen (noch nicht Durchbrüchen) Johann Christian Günthers;

und überaus wenig von den zweideutigen Galanterien späterer Schlesier oder Leipziger. Opitzens Art und Kunst bleibt ein tapferes, strenges und sicheres Bewältigen. Auch das dritte Sonett hier schaltet mit spärlichen, nah- nicht fernliegenden Beiwörtern, die nicht so herausheben als verknüpfen. Die Führung der motivischen, logischen, rhythmischen Sätze und Gegensätze fügt sich mit Notwendigkeit in die Entzweiung und Gezweiung des Versgebäudes. Das reelle Gefühl der Liebe bekennt sich als das, was es nicht ist, es schließt seine Verwirrung in ein erst leichtfüßig kolloquiales, dann reflektierendes unpersönliches Ich-Gedicht voll selbstverspottenden Witzes, in dem belächeltes Wissen und Nichtwissen an Transzendierendes streifen. Auch dieses Satyrspielchen der Liebe zeugt für das große, kontrapunktische Formgesetz des Barock. Das vergewissert den Menschen mitten im Hui und Pfui seines reichbewegten Lebens des überlegenen Geistes und göttlichen Friedens.

So gründet das Genie des Martin Opitz nicht nur den dichterischen Stil eines Jahrhunderts und eine Axiomatik (mehr als Grammatik und Geometrie) der dichterischen Kunstform darüber hinaus, es enthüllt in barockem Kräftespiel die Bestimmung jeglicher großen Dichtung.

JOHANNES PFEIFFER

PAUL FLEMING

An Sich

Sei dennoch unverzagt, gib dennoch unverloren,
Weich keinem Glücke nicht, steh höher als der Neid,
Vergnüge dich an dir und acht es für kein Leid,
Hat sich gleich wider dich Glück, Ort und Zeit verschworen.

Was dich betrübt und labt, halt alles für erkoren,
Nimm dein Verhängnis an, laß alles unbereut,
Tu, was getan muß sein, und eh man dir's gebeut.
Was du noch hoffen kannst, das wird noch stets geboren.

Was klagt, was lobt man doch? Sein Unglück und sein Glücke
Ist ihm ein jeder selbst. Schau alle Sachen an.
Dies alles ist in dir, laß deinen eiteln Wahn,

Und eh du förder gehst, so geh in dich zurücke.
Wer sein selbst Meister ist und sich beherrschen kann,
Dem ist die weite Welt und alles untertan.

Da haben wir die Form des Sonetts: zwei Quartette und zwei Terzette, verklammert durch übergreifende Reime. So streng dies strophische Gefüge eingehalten ist, so kraftvoll ist die Strophenfolge durchflutet von einem einheitlichen Gesamtstrom: ein Gleichgewicht, das in jedem einzelnen Vers in der Weise wiederkehrt, daß der rhythmische Bogen die jeweils in der Mitte liegende, den Alexandriner in zweimal drei Takte gliedernde Zäsur zusammenschließend überwölbt. Der Tonfall, mit dem Beginn der dritten Strophe zu gelockerter Fülle entspannt, strafft sich im Ausklang zu gesammelter Dichte und gewinnt dabei eine ebenso milde wie stählerne Festigkeit.

Zum Wortsinn ist erklärend zu bemerken, daß „Glück" in der ersten Strophe die Bedeutung von lateinisch „fortuna", also etwa „Schicksal" hat, und daß „unbereut" in der zweiten Strophe natürlich nicht auf Skrupellosigkeit zielt, sondern ein Unwesen abwehrt, das uns allen als das Sichdrehen im „Wenn" und im „Hätte" nur allzu vertraut und geläufig ist.

Was nun die Darstellung angeht, so handelt es sich um eine Aussage von gedanklicher Allgemeinheit. Durch eine Reihe von reflektierenden Abwandlungen, die den Widerständen und Versuchungen des Daseins gelten, strebt die im dichterischen Ausdruck sich entfaltende Meditation dem sentenzartigen Abschluß zu, wo dann in pointierter Form das Bewußtsein der menschlichen Würde und das Wissen um jene letzte Unabhängigkeit herausgeläutert ist, die noch im Zusammensturz der Welt sich behauptet.

Worauf es aber eigentlich ankommt, ist: daß der Dichter sich nicht über ein abgezogenes Gedankenthema in aufblähender Beredsamkeit ergeht, sondern daß der gedankliche Ablauf gleichsam eingebettet ist in eine umgreifende Lebensbewegung. Wie die Form des Sonetts kein zufälliges Kostüm bleibt, das man nach Belieben vertauschen und ersetzen könnte, sondern eine innere Haltung verwirklicht; wie das von bewältigten Spannungen durchherrschte Versmaß des Alexandriners kein willkürlicher Rahmen bleibt, den man etwa in fünffüßige Jamben oder gar in vierfüßige Trochäen umwandeln könnte, sondern eine menschliche Gebärde verkörpert: so bleibt die gedanklich geprägte und zugespitzte Aussage keine urteilsartige Mitteilung, die äußerlich mit rhetorisch poetischem Flitterwerk behängt wäre, sondern ist zur stimmungshaltigen Darstellung geworden, in der das Gedachte und Beredete als meditierend Bewegtes und leidenschaftlich Durchlebtes atmet. Gefühl und Gedanke, Seele und Geist sind so gegeneinander gespannt und zugleich miteinander versöhnt, daß ein Gebilde von beseelter Tiefe und durchgeistigter Schönheit entspringt.

Stoizismus, nicht als „theoretische“ Meinung, als ideologischer Standpunkt, sondern als ursprüngliche, von der Ganzheit des Lebens gedeckte und in sie zurückwirkende Gesinnung; Tapferkeit, die besonnen standhält im Andrang der schwankenden Erscheinung und den Launen der Fortuna das gefaßte und getroste Dennoch des dem Verhängnis gewachsenen Herzens entgegenstellt; herbe und gediegene Männlichkeit, die im Appell an den unantastbaren Adel des eigenen Wesens stellvertretend den unsterblichen Fremdling in jedem Menschen anruft und aufruft: das alles ist eingegangen in diese durch und durch kernhaften Verse, die zu den schlechthin gültigen deutscher Sprache gehören.

ERICH TRUNZ

ANDREAS GRYPHIUS

Über die Geburt Jesu

Nacht, mehr denn lichte Nacht! Nacht, lichter als der Tag!
Nacht, heller als die Sonn! in der das Licht geboren,
Das Gott, der Licht in Licht wohnhaftig, ihm erkoren!
O Nacht, die alle Nächt und Täge trotzen mag!

O freudenreiche Nacht, in welcher Ach und Klag
Und Finsternis, und was sich auf die Welt verschworen,
Und Furcht und Höllenangst und Schrecken war verloren,
Der Himmel bricht; doch fällt nunmehr kein Donnerschlag.

Der Zeit und Nächte schuf, ist diese Nacht ankommen
Und hat das Recht der Zeit und Fleisch an sich genommen
Und unser Fleisch und Zeit der Ewigkeit vermacht.

Der Jammer trübe Nacht, die schwarze Nacht der Sünden,
Des Grabes Dunkelheit muß durch die Nacht verschwinden.
Nacht, lichter als der Tag! Nacht, mehr denn lichte Nacht!

Der Titel des Gedichts nennt das Thema, einen Gegenstand aus der Heilsgeschichte, der jedem Leser bekannt ist. Das Gedicht beginnt mit einem Anruf: feiernd und preisend wird die Nacht der Geburt des Heilands angesprochen. Auffallend ist, daß zu dem Worte „Nacht“ das Eigenschaftswort „licht“ hinzugesetzt ist; das wiederholt sich sogleich noch zweimal: „lichter“, „heller“. Das Wort „Nacht“ meint zeitlich die Nacht der Geburt Jesu, die Zeit der physischen Dunkelheit. „Hell“ ist sie, weil das „Licht“ der Welt geboren wird; hier wird also in übertragenem Sinne gesprochen.

Der ersten Halbzeile entspricht die zweite und ebenso die erste Halbzeile des 2. Verses: jedesmal der Anruf „Nacht“, dann eine Apposition im Komparativ, jedesmal der gleiche Rhythmus. Der Tenor des Gedichts ist hier bereits gegeben: Strenger Parallelismus, feiernde Anrufe, übersteigernde Paradoxe; dadurch wirkt der Stil formbetont, rhetorisch-feierlich. Die Komparative (in 1,2 und 2,1 als grammatische Komparative, in 1,1 durch „mehr denn“, in 4 verbal umschrieben) verleihen allem etwas Steigerndes, Bewegtes.

... in der das Licht geboren,
Das Gott, der Licht in Licht wohnhaftig, ihm erkoren!

Das Pronomen „ihm“ kann im 17. Jahrhundert noch reflexiv

gebraucht werden (= „sich"). Der heilsgeschichtlich-dogmatische Zusammenhang ist in dichterischer Bildersprache ausgesagt: Gott, seinem Wesen nach Licht, und in Licht wohnend, hat Licht, also ein Stück von sich, auf der Erde geboren werden lassen in dieser Nacht. Dieser Satz füllt drei Halbzeilen, so viel wie vorher die Anrufe; diesmal sind die Halbzeilen nicht mehr scharf getrennt, der Zusammenhang verbindet sie inhaltlich wie klanglich, und sogar die Verszäsur macht kaum einen Einschnitt.

Überhaupt ist die Gliederung der Verse wechselreich. In Vers 1 und 2 sitzen die Einschnitte nach dem 3. Takt. In Vers 3 sind sie da, wo die barocken Schrägstriche, die „Virgeln" stehn (und diese gliederten sichtbarer als die modernen Kommata, die wir dafür setzen): „Das Gott / der licht in licht wohnhaftig / ihm erkoren!" Vers 4 hat denEinschnitt schon nach dem ersten Takt. Blickt man weiter, so sieht man: zwischen scharf eingehaltenen Zäsuren und überdeckten Zäsuren kommen alle Zwischenstufen vor, und der Langvers erhält durch die wechselnde Gliederung große Mannigfaltigkeit. Dadurch ist er fähig zu kurzen Ausrufen, aber auch zu wortkräftig-langen Sätzen, die in der Fülle des Geschauten und Durchdachten sich nicht genugtun können. Eine bewegte und zugleich eine geformte und strenge Sprache. (Auch der Glaube jener Epoche war ein Zugleich von echter starker Innerlichkeit und formaler, logisch aufgebauter Dogmatik.) Die vierte Zeile faßt abklingend zusammen: Diese Nacht ist mehr als alle anderen Tage und Nächte der Weltgeschichte, ist ihr Angelpunkt.

Das zweite Quartett beginnt ebenfalls als Anruf. In dem Adjektiv „freudenreich" (aber nur hier) klingt das Gefühl der Menschen auf. Gryphius liebt die substantivische Verwendung von „Ach", weil sie lebendiger und kürzer ist als abstrakte Wörter (wie „Trübsal" usw.). „Finsternis" ist hier wieder emblematisch benutzt für Sündhaftigkeit, Gottesferne. Zu diesem Bereich gehört, „was auf die Welt schwört", was nur irdisch denkt, denn rein weltlicher Sinn ist Seelenfang des Bösen. Aber diese Macht des Bösen ist nun gebrochen („verloren") durch die Heilstat. Sie erscheint im dichterischen Bilde — wie schon vorher — als Licht vom Himmel, als Blitz („der Himmel bricht"); aber kein Donner folgt: was kam, ist nur Licht, nur Gutes, kein Zorn. Die Art, wie dieser ganze Gedankengang geformt wird, ist kunstvoll: Zwischen die Anrufung des Heils am Anfang („O freudenreiche Nacht") und die Darstellung des Heils am Ende der Strophe („Der Himmel bricht") wird die Schilderung der Welt eingeschoben, deren Düsternis durch Wortwahl („Ach", „Höllenangst" usw.) und Häufung angedeutet wird: erst eine substantivische Dreiergruppe („Ach und Klag und Finsternis"), am Ende noch einmal eine solche („Furcht und Höllenangst und Schrecken"), dazwischen ein Substantivsatz („was sich auf die Welt verschworen"). Diese Teile stehen nicht parallel im Verse; dadurch erhält dieser seine Mannigfaltigkeit und Bewegung; er eilt vorwärts; wieder befinden sich die Innenpausen an verschiedenen Stellen der Zeilen.

Im ersten Terzett ist grammatisch der einleitende Relativsatz das Subjekt des folgenden Hauptsatzes, inhaltlich dort Gott-Vater, hier Gott-Sohn, so daß die mystische Identität sprachlich symbolisiert wird; zwei Halbverse; die normale Zäsur tritt wieder in ihr Recht. Die Formulierung des Folgenden, flüssig im Klanglichen und pointiert in der antithetischen Wortwahl, ist zugleich — wie immer — theologisch sehr genau: Gott nimmt das Gesetz der Zeitlichkeit (mit Schmerz und Tod) auf sich; der Mensch gibt es nicht auf, sondern aus dem Zeitlichen entwickelt sich sein Ewiges, er bleibt dabei erhalten als Person, auch als „Fleisch", denn im himmlischen Jerusalem erhalten die Seligen neue verklärte Leiber. Scharf die Parallelen und Antithesen: „Zeit und Fleisch" gegen „Fleisch und Zeit"; „annehmen" gegen „vermachen"; „die Nächte", die Gott-Vater schuf, gegen „diese Nacht", in welcher Gott-Sohn in das Geschaffene eintritt. Jedesmal ist es ein Paradoxon, ein Überschneiden der Bereiche: Gott nicht mehr Gott, unterworfen irdischer Bedingtheit; der Mensch nicht mehr Mensch, erhoben in die Freiheit der Ewigkeit. Eben darin liegt das religiöse Ereignis. Die Formulierung drückt es gerade durch ihre Pointierung und Antithetik aus: das Rätselhafte, das über irdisches Gesetz Hinausgehende, die Verschmelzung der Sphären.

Das zweite Terzett beginnt mit einer dreigliedrigen Häufung, je ein Hauptwort und dazu ein anderes im Genitiv, Adjektive treten verstärkend hinzu. Noch einmal ist von der sündhaften unerlösten Welt die Rede, und wieder wird sie emblematisch bezeichnet: das Grab ist „Dunkelheit", weil vor Christi Erscheinen der durch die Erbsünde belastete Mensch dort ohne Erlösungshoffnung lag. Dies alles „muß durch die Nacht verschwinden": das Prädikat hat eine Halbzeile für sich, wie jedes der drei Subjekte; auf dem Verb liegt der Ton, es steht am Ende, triumphierend, inhaltliche Auflösung des Reimworts „Sünden". Das Verspaar ist nun geschlossen; es ist aufgebaut auf den Gegensatz: Die Nacht verschwindet durch die Nacht. Der letzte Vers greift zurück: seine Wortwahl auf das gegen den Schluß hin immer häufiger werdende, fast wie ein Wortspiel benutzte Wort „Nacht"; sein Reim auf das erste Terzett;

sein Inhalt auf das ganze Sonett; und sein Wortlaut auf die 1. Zeile (Wiederholung, nur mit Umstellung der Halbverse). So steht am Schluß wieder der preisende, erstaunte, überwältigte Anruf mit der contradictio in adiecto, die ein Zeichen dafür ist, daß auf etwas gezielt wird, was im Bereich des Menschen unmöglich ist. Vom Beginn des Gedichts bis zum Ende ist das Wunder der Erlösung bejubelt und zugleich durchdacht; im Durchdenken wird es nicht weniger wunderbar, sondern erst recht als Wunder deutlich, darum steht am Ende der gleiche Ausruf wie am Anfang.

Versuchen wir jetzt, das Gedicht als Ganzes zu überblicken. Sein Thema ist „die Geburt Jesu". Das Thema, an sich fest umrissen, gab dem Dichter (ähnlich wie den Malern, die es auch immer wieder zu behandeln hatten) verschiedene Möglichkeiten. Man konnte die menschlich-legendäre Seite darstellen, die Nacht im Stall mit Ochs und Esel; oder die weihnachtlich-festliche mit den Chören der Engel und der Freude der Gläubigen; oder die heilsgeschichtlich-dogmatische, die Ankunft des Erlösers, der zwischen Sündenfall und Jüngstem Gericht das Schicksal der Menschen ins Heil wendet. Entsprechend waren die Stilmöglichkeiten: idyllisch-ausmalend, lyrisch-stimmungsvoll, sachlich-belehrend. — Der Charakter dieses Gedichts von Gryphius ist feierlich-preisendes Ansprechen des heilsgeschichtlichen Geschehens. Hinter den bildhaften Wörtern und rhetorischen Wendungen steht ein dogmatisch genauer Inhalt. Das Gedicht kann sachlich nichts Neues mitteilen, sondern es kommt alles darauf an, wie es sein Thema zur Darstellung bringt. Das, wovon es spricht, sind Zusammenhänge, die man weiß und doch nie zu Ende begreift, weil inhaltliches Wissen nicht religiöses Besitzen ist. Darum kann das Gedicht am Ende zum Anfang zurückkehren: das alles durchgrübelnde religiöse Denken kommt schließlich wieder auf das Wunder des Heilsgeschehens hinaus, von dem es ausging.

Das Thema ist die Geburt Jesu, das sagt der Titel deutlich und einfach; das Gedicht behandelt aber nicht dieses Geschehen selbst, sondern seine Bedeutung. Nach biblischem Bericht geschah die Geburt Jesu nachts. Dadurch ist das Motiv der „Nacht" vom Stoff her gegeben (als reale Zeit). Das Gedicht will nun aber von der Bedeutung dieser Geburt sprechen. Sie besteht darin, daß in die sündige, unerlöste Welt der Heiland kam, bildhaft gesprochen: in die nächtlich-dunkle Welt das Licht. Dadurch ist das Motiv der „Nacht" vom Gehalt her gegeben (als Bild, als Emblem). Die Bezeichnung „Nacht" für die unerlöste sündige Welt ist nicht willkürlich und nicht dekorativ. Man kann sie nur recht verstehen, wenn man weiß, in welcher Weise Gryphius und seine Zeitgenossen die Dinge der Naturordnung auf die Heilsordnung bezogen. Das ganze Weltbild war „emblematisch". Daß es Tag und Nacht gibt, ist bereits ein Hinweis auf Gott und Teufel; der Mensch legt das nicht in die Dinge hinein, sondern diese Bedeutung liegt gottgewollt in ihnen. Der Mensch muß anschauend und denkend diesen tieferen Sinn der Erscheinungen wahrnehmen. Naturordnung und Heilsordnung haben geheime Beziehungen. Daß die Geburt des Heilands nachts erfolgte, hat also bereits eine sinnbildliche Bedeutung: Er wird in die nächtliche, d. h. dem göttlichen Lichte abgewandte Welt hineingeboren. Hier liegt für das Gedicht die innere Beziehung zwischen der Nacht als zeitlichem Motiv und der Nacht als sinnbildlichem Motiv. Dadurch ergibt sich die Möglichkeit, im Gedicht „Nacht" (= unerlöste Welt) gegen „Nacht" (=Ankunft des Erlösers) zu setzen, und diese Möglichkeit wird nun formal virtuos durchgespielt. In der Geburt Jesu vereint sich ein allgemeiner heilsgeschichtlich-theologischer Verhalt mit einem einmaligen Geschehen; in der Sprache des Gedichts wird jener durch die emblematische Sprachschicht angedeutet, dieses durch die zeitlich-reale. Weil nun der theologische und der reale Bereich in der Geburt Jesu zusammenfallen, haben auch die beiden Sprachbereiche in dem Gedicht ihren Berührungspunkt: das gleiche Wort. Daß Tiefsinn und Wortspiel einander nicht ausschließen, sondern einander steigern, gehört zu den Besonderheiten des Barock und zugleich von Gryphius; nicht alle Barock-Dichter haben es versucht, und nicht allen, die es versuchten, ist es gelungen.

Das Thema des Gedichts gehört zu demjenigen Bereich, welchen das Barock, das eine Rangordnung der Themen kannte, als hohen, ja höchsten Bereich ansah. Dem „hohen" Gegenstand muß nun eine „hohe" Form entsprechen. Das Barock hatte für die Formen seiner Kunst — auch der Dichtung — feste Ordnungen. Der „ordo" der Kunstform symbolisiert den „ordo" der Welt und gehört insofern gerade zu dem religiösen Thema. Vom ersten bis letzten Wort ist das Gedicht formbewußt und formbetont. Das Sonett ist eine der wenigen lyrischen Formen, deren Länge von vornherein feststeht; in dem Bereich von 14 Zeilen muß alles zu Sagende Raum finden; sein Geist ist Form und Grenze. Von vornherein sind die zwei Quartette und die zwei Terzette als Gliederung gegeben. In diesem Gedicht nun geht die gedankliche Gliederung genau mit der vorgegebenen formalen Gliederung überein. Jede der kurzen Strophen ist ein Anschwellen und ruhig-volles Austönen. Trotz der keineswegs immer einfachen Gedanken- und Satzfügungen liest sich das Sonett flüssig und glatt. Zu seinem rhetorischen Charakter gehört auch die Virtuosität des Verses. Selbst das Grauenhafte, das unzweifelhaft mit tiefem Ernst gesagt ist („Furcht und Höllenangst und Schrecken"), fügt sich der formalen Geläufigkeit ein. Trotz der starken Bewegung in den Anrufen ruht jede Strophe in sich; das Gedicht drängt nicht (wie andere Sonette des Dichters) auf einen Schluß-Höhepunkt hin. Das hängt damit zusammen, daß es ein objektives, seine Lösung von vornherein in sich tragendes Thema hat. In der ersten und in der letzten Strophe kommt das Wort „Nacht" je 6 Mal vor; aber Gryphius weiß, daß man dergleichen Formen nicht überspitzen darf; die Binnenstrophen haben es nur einmal bzw. zweimal. Anrufe, Häufungen, Antithesen, Bildlichkeit sind allgemeine Stilmittel des Barock. Sie sind hier aber so benutzt, daß sie immer sinngemäß sind; der Anruf: Preis des göttlichen Wunders; die Häufung: Schilderung der Furchtbarkeit der dem Bösen verfallenen Welt; die Antithese: Ausdruck der religiösen Paradoxie; die Emblematik: Hinweis auf geheime Zusammenhänge. Und die zwei Bereiche der Sprache versinnbildlichen die zwei Sphären (die göttliche und die menschliche), die sich im Wunder berühren.

Die Geschliffenheit der Form (für Augen der nachromantischen Zeit scheinbar eine Kühle) ist gepaart mit einer leidenschaftlichen Religiosität. Diese äußert sich aber nur mittelbar; es gibt in dem Gedicht kein „ich". Alles ist Objektivität als Inhalt (Heilsordnung, Dogma) und Objektivität als Form (rhetorische Figuren, Strenge der Einzelfügung). Die Religiosität des Dichters durchlebt grüblerisch das Heilswunder. Preis der Weltordnung, Zeichen der Ergriffenheit wird nun seine Ordnung der Form — eine Ordnung, die zur Virtuosität werden kann und darf. In glanzvoll-pointierter Rhetorik wird das Thema durchgeführt, und diese Erlesenheit und Meisterschaft ist gewollt, weil sie allein dieses höchsten Stoffes würdig erscheint. So wie im Religiösen Jubel und Durchdenken sich nicht ausschließen, so schließen hier ergriffener Anruf und geschliffenes Formspiel einander nicht aus. Sie gehören im Barock zusammen. Eine starke Religiosität des Erlebens, eine reine Objektivität des Motivs und eine virtuos durchgeführte formale Rhetorik werden in Spannung gesetzt und werden vereinigt zu fruchtbarem Leben, zu einem charaktervollen Organismus. So macht die Einheit dieser Elemente den besonderen Wesenszug und auch die Größe dieses Gedichts aus.

ERICH TRUNZ

ANDREAS GRYPHIUS

Tränen des Vaterlandes
Anno 1636

Wir sind doch nunmehr ganz, ja mehr den ganz verheeret!
Der frechen Völker Schar, die rasende Posaun,
Das vom Blut fette Schwert, die donnernde Karthaun
Hat aller Schweiß und Fleiß und Vorrat aufgezehret.

Die Türme stehn in Glut, die Kirch ist umgekehret.
Das Rathaus liegt im Graus; die Starken sind zerhaun,
Die Jungfraun sind geschändt; und wo wir hin nur schaun,
Ist Feuer, Pest und Tod, der Herz und Geist durchfähret.

Hier durch die Schanz und Stadt rinnt allzeit frisches Blut.
Dreimal sind schon sechs Jahr als unser Ströme Flut
Von Leichen fast verstopft sich langsam fortgedrungen.

Doch schweig ich noch von dem, was ärger als der Tod,
Was grimmer denn die Pest und Glut und Hungersnot:
Daß auch der Seelen-Schatz so vielen abgezwungen.

Das Sonett ist, wie die Jahreszahl im Titel sagt, ein Gedicht auf den Zustand des Vaterlands im 18. Jahre des 30jährigen Krieges. Es beginnt mit dem Worte „Wir“: der Dichter selbst steht mitten in dem großen gemeinsamen Schicksal. Das „Vaterland“ kann nach dem Sprachgebrauch der Zeit Schlesien sein, aber auch Deutschland als Ganzes; aus dem Gedicht selbst heraus ist das nicht schlüssig zu entscheiden. Gryphius' andere Werke aber zeigen, daß er in ähnlichen Fällen Deutschland meint; außerdem heißt im ersten Druck die Überschrift „Trauerklage des verwüsteten Deutschlandes“. „Verheeren“ kommt von „Heer“, im 17. Jahrhundert empfand man das noch. „Völker“ bedeutet „Kriegsvölker“, Soldaten. Hier beginnen die Einzelbilder, jedes nimmt eine Halbzeile ein. Aber es sind keine Wirklichkeitsbilder: „die rasende Posaun“, „Das vom Blut fette Schwert“ — das ist eher visionär gesehen, wie ein apokalyptisches Bild. Die vier Substantiva in Vers 2 und 3 sind Subjekte; „hat . . . aufgezehret“ ist das Prädikat; wir würden heute „haben“ sagen, „hat“ ist gewissermaßen auf jedes Subjekt einzeln bezogen und war damals grammatisch durchaus möglich; „Schweiß und Fleiß und Vorrat“ sind Objekte,

„aller“ ist Genitiv Pluralis. So gibt das erste Quartett gehäufte Bilder des Kriegselends, und in der vierten Zeile tritt kurz als Gegensatz hinzu — doch nur im Unterton, nicht als pointierte Antithese — die Andeutung des Friedens (Arbeit, Fleiß, Vorrat).

Das zweite Quartett fährt mit Bildern des Krieges fort. Diesmal sind es wirklichkeitsnähere Bilder, aber nicht in der Verbindung einer augenblicklichen Impression, sondern sachlich geordnet: die Türme (die wehrhafte Sicherheit), die Kirchen (das geistliche Leben), das Rathaus (weltliche Verwaltung), Männer und Frauen. Dann folgt die Verallgemeinerung „und wo wir hin nur schaun“ und eine Zusammenfassung „ist Feuer, Pest und Tod“. Das letzte Wort hat noch einen Relativsatz, er malt weiter aus; „Herz und Geist“ ist eine im 17. Jahrhundert häufige Zusammenstellung. Die ganze Häufung ist also eine Zusammenschau von Motiven, die aus der Wirklichkeit als besonders sinnkräftig ausgewählt sind, vermischt mit apokalyptischen Bildern. Die Zeit selbst empfand oft ihr Elend als Anzeichen der Endzeit und sah es mit den Augen der Bibel, zumal der Offenbarung Johannis. Das klingt auch hier an. Die künstlerische Kraft der beiden Strophen liegt einerseits in der Gewalt der Bilder und anderseits in der großen Fügung der Satzmelodie und des Versklanges; das kommt nur beim Sprechen zum Ausdruck. Zunächst ein allgemeiner einleitender Langvers (1). Dann vier Einzelbilder, Halbverse (2—3), die Stimme steigt, das Tempo wird rascher — man fühlt: so könnte man inhaltlich noch lange fortfahren, ohne zu Ende zu kommen —, danach wieder ein Langvers (4), ganz anders gebaut als die vorigen: die traurige Feststellung, daß alles vernichtet sei, wird zum langen ruhigen Satz, der sich über die Zäsur hinzieht; die Stimme sinkt. Die zweite Strophe wiederholt diesen Klang noch verstärkt. Fünf Einzelbilder in fünf Halbzeilen. Wieder das Gefühl: Elend überall, man könnte die Bilder noch mehr häufen; die Stimme wird ungeduldig, rascher, lauter, ein Bild muß das andere übertönen, um noch zur Geltung zu kommen — danach wieder die Zusammenfassung, ein düster verallgemeinernder Langvers, der die Stimme sinken läßt und das Tempo immer mehr verlangsamt. Dann eine Pause, gleichsam aus dem Gefühl: Was soll man angesichts dieses Elends mehr sagen? Zweimal also die Bildhäufung, die einer leidenschaftlichen Erregung der Seele entspricht, und zweimal dann das um die eigene Ohnmacht wissende, ruhig-traurige Abstandnehmen und Verallgemeinern. Wohin kann das Gedicht weiter führen? Was kann es mehr bringen als diese Bilder des Grauens und verallgemeinernde Worte der Klage?

Das nun beginnende Terzett scheint wirklich nicht weiterführen zu können. Wieder zwei — allerdings besonders grauenhafte — Bilder, höchst eindrucksvoll und anschaulich, aber keine beobachtete Wirklichkeit; durch die Schanze und durch die Stadt „rinnt allzeit frisches Blut“, und die „Ströme“ — also verallgemeinert, nicht ein bestimmter Fluß — sind „von Leichen fast verstopft“: visionäre Bilder wiederum, die doch an die Wirklichkeit anknüpfen, so daß die ganze Bilderreihe vom Beginn bis hierher zwischen Vision und Wirklichkeit steht, wozu auch die verallgemeinernden Einfügungen passen. Zu diesem Verallgemeinern, Zusammensehen alles Geschehens gehört auch, daß in Zeile 10 die Dauer des Krieges betont wird: „Dreimal . . . sechs Jahr“, das ist eine rhetorische Formel; aber sie paßt hierher; das endlos Lange dieses Krieges kann nicht einfach mit einer Zahl abgetan sein; sechs Jahre trug man es, und dann noch einmal sechs Jahre, und dann noch einmal so lange — die Formel hat hier echtes Leben. Die reflexive Verwendung „sich dringen“, gleichbedeutend etwa mit „sich drängen“, ist im 17. Jahrhundert häufig. Inhaltlich sind die Verse 10 und 11 ohne weiteres deutlich — einerseits die Betonung der langen Kriegsdauer, anderseits das grause Bild der Flüsse voll Leichen —, aber sprachlich bleiben sie etwas unklar oder ungewöhnlich. Eine Möglichkeit der Auffassung ist: Dreimal sind es schon sechs Jahre, während welcher (oder: seit, daß) unsrer Ströme Flut . . . Aber die Verwendung von „als“ in dieser Funktion klingt mir befremdlich. Eine andere Auffassung könnte das „als“ zur Vergleichspartikel machen: Dreimal schon sind sechs Jahre langsam dahingeflossen wie die Fluten unsrer Ströme . . . Aber hier ist die Verwendung von „sind“ statt „haben“ ungewöhnlich. Wie auch man diese Stelle grammatisch auflöst, der Sinn bleibt im wesentlichen der gleiche; das Nebeneinander und Aufeinander-Bezogensein des Bildes der blutigen Flüsse und des Stroms der Jahre gibt in jedem Fall eine Vision von düsterer Größe. (Übrigens benutzt bereits Opitz 1624 in seinem Gedicht „Schlag doch, du starker Held“ am Ende der „Poemata“ das Bild: „Die Ströme kaum geflossen, von Leichen zugestopft“.) Der Hinweis auf die Kriegsdauer von 18 Jahren führt auf die Überschrift „Anno 1636“ zurück. Der Ring scheint sich zu schließen, nachdem alle Bilder des Grauens durchlaufen sind. Was ließe sich auch darüber hinaus noch sagen? Ist denn etwas anderes möglich, als höchstens diese Bilder noch mehr zu häufen? Das Terzett ist beendet, aber noch steht der Endreim, steht das zweite Terzett aus.

Es beginnt „Doch schweig ich noch von dem . . .“ Wovon schweigt das Gedicht? Es geht dem Ende zu; es hat, wie Barockgedichte so oft, den Gipfel für den Schluß aufgespart. Nochmals folgt eine zurückblickende Zusammenfassung: Tod, Pest, Glut, Hungersnot, und zugleich eine betonte Steigerung: „ärger", „grimmer"; dies führt die Spannung aufs höchste. Was ist ärger als alles ausgesagte Elend? „Daß auch der Seelen-Schatz so vielen abgezwungen". Damit ist in der Tat ein ganz neuer Gedanke gebracht; er knüpft zwar an das Vorhergehende an, führt aber doch weit darüber hinaus in eine neue Ebene und bringt eine Sinngebung, soweit eine solche möglich ist. Das Ganze war bisher ein ganz sachliches Aussagen von Tatsachen. Von einer Klage wurde kein Wort laut (außer in der Überschrift), nur im Klang spürt man sie. Dadurch, daß nicht einfach Beobachtungsbilder gegeben wurden, sondern eine apokalyptische Landschaft, deutete sich schon ein Bezug aufs Religiöse an. Und jetzt am Ende erfolgt die volle Wendung ins Geistliche, ins Innerliche, Religiöse. Das Gedicht heißt „Tränen des Vaterlandes". Im Vaterlandsschicksal ist also das Wesentlichste der innere Mensch, der Glaube. Alles Gesagte betraf nicht das Vaterland politisch gesehen; es war vielmehr das Elend des Menschen schlechthin. Der Schluß des Gedichts weist nun auf den Wert und die Rettung des Menschen. Der Glaube tritt damit in Beziehung zu der grauenhaften Wirklichkeit. Diese hat ihn zwar vielfach zerstört, aber gerade in ihr tritt er nun auch in seiner höchsten Wesenheit hervor. Doch zunächst muß man fragen, was in dieser christlich-barocken Wortwahl denn eigentlich ausgesagt ist. „Seelen-Schatz" ist eins der beliebten Komposita des Barock. Damals waren solche Wörter noch nicht so fest zusammengewachsen wie in späterer Zeit; es ist noch „der Seelen Schatz". Der Schatz, das kostbarste Gut der Seele ist in der Wertordnung des Barock der christliche Glaube. „Der Seelen Schatz" ist aber auch zugleich die Seele selbst, die Seele als Schatz. So ist der Ausdruck wohl vieldeutig, aber gerade das gibt hier inneren Reichtum. „Abzwingen des Seelen-Schatzes" heißt zunächst ganz einfach, daß viele Menschen durch äußere, staatliche Gewalt, die gemäß dem Grundsatz „cuius regio, eius religio" ausgeübt wurde, zu einem Wechsel der Konfession gezwungen wurden. Sodann bedeutet es, daß die Menschen durch die Not der Zeit den Glauben verloren haben oder im Glauben schwach geworden sind. Diesen Gedanken weiterführend kann das Wort „Seelen-Schatz" schließlich auch einfach das Gute in den Menschen meinen, abgezwungen hat es ihnen der Teufel. Nicht nur Tod, Pest, Brand und Hunger haben die Menschen vernichtet, sondern in der Umwelt des Kriegselends sind sie sittlich verkommen, eigensüchtig, bösartig, seelenlos geworden. Alles andere war Schicksal, war Not, die über den Menschen kam wie ein Gewitter oder eine Lawine, wie die apokalyptischen Reiter. Hier aber gibt es noch einen Bereich, in dem der Mensch frei ist trotz aller Bedingtheit. Der Dichter spricht das feinfühlig nicht als lehrhaften Hinweis aus. Ein solcher hätte zwar im Barock, das noch handfeste Moral in der Dichtung gewohnt war, nicht plump gewirkt. Aber er bringt es nur als reine Feststellung und als wertende Beurteilung: dies sei ärger als Tod, Pest usw. Alles andere überläßt er dem Leser. Der Satz „Doch schweig ich . . .“ besteht also zu Recht. Über den Glauben selbst sagt das Gedicht kein Wort. Aber alles weitere liegt schon in dem Hinweis beschlossen; nur im Gebiete der inneren Freiheit liegt der Punkt, an dem der Mensch im Chaos des Elends ansetzen kann.

Der Dichter rechtet nicht mit dem Schicksal; er nimmt es hin. Ganz einfache Aussage ist die Schilderung des Elends, einfache Aussage ist auch der Schlußsatz über den Menschen. Dem reinen Wortlaut nach könnte man aus dieser Schlußzeile, die nur die Feststellung des Glaubensverlustes enthält, auch herauslesen, Gryphius meine, der Mensch sei der Nötigung der Umwelt unterworfen und also gar nicht frei. Daß eine solche Deutung falsch wäre, zeigt zwar nicht der Wortlaut, wohl aber der Klang des Gedichts, und alle übrigen Werke des Dichters bestätigen es. Er glaubte an sittliche Freiheit, und sein Wahlspruch war „Manet unica virtus“. In dem Gedanken der Schlußzeile liegt daher die Sinngebung des Ganzen. Der Mensch kann auch im höchsten Unglück das, was „ärger als der Tod“ ist, selbst überwinden. So gelangt das zweite Terzett doch noch über das hinaus, was das Gedicht bis dahin brachte. Stilistisch bringt es nochmals eine Häufung, nochmals ein Beschleunigen und Steigern der Stimme; dann folgt ein langer ernster, langsamer Satz, in dem jedes Wort bedeutsam ist, wieder als ein betrachtender Satz nach den aufzählenden. Er spricht etwas Negatives aus. Alles Positive, was zu ergänzen bleibt, ist dem Leser überlassen, nicht nur als Gedanke, sondern auch als Tat. Diese unausgesprochene Aufforderung bildet den Ausklang. So steht am Schluß nur die Feststellung sittlichen Elends, die sich paßrecht an die des physischen Elends anschließt. Und indem die Weltuntergangsstimmung der vorigen Bilder noch nachklingt, erhält dieser Schluß einen besonderen Unterton: Es ist wie eine Mahnung zum Standhaftbleiben an das „kleine Häuflein“ der Endzeit. Am Anfang war die Rede vom „wir“, es war das allgemeine Schicksal; jetzt heißt es „so vielen“, unmöglich wäre ein „allen“ oder „uns“. Zieht man die „vielen“ der Schlußzeile von all denen, die in der Anfangszeile „wir“ genannt sind, ab, so bleibt ein Ich und ein Ihr, von dem der Dichter nicht ausdrücklich spricht und auf das doch alles ankommt.

Mit diesem Schlußgedanken erreicht das Sonett seinen Gipfel. Nach elf Zeilen grausiger, in sich kaum steigerungsfähiger Bilder folgt diese Aufgipfelung am Ende in steiler Bewegung. Sie füllt genau das letzte Terzett. — Die Sonettform verlangt ein Gedicht von starker geistiger Bewegung. Dieses Sonett setzt mit einer ganz breiten Verallgemeinerung in Zeile 1 ein, bleibt danach durch drei Strophen auf einer gleichen Ebene und dann, am Ende, folgt die Wendung und Steigerung desto kräftiger. Die äußere Sonettform ist streng eingehalten. Die Sprache fließt meist glatt, auch gerade bei den Häufungen kurzer Bilder; aber an manchen Stellen (10/11, auch 3/4) ist sie schwerfällig, bewältigt kaum das Geschaute. Der Alexandriner entspricht in seiner Weiträumigkeit der Fülle dessen, was gesagt werden soll, er birgt in Halbzeilen die Vielfalt der Bilder, in Langversen die Zusammenfassungen. Sein stolzer, geschulter Schritt gibt allem feste Gestalt. Die strenge Gesetzlichkeit des Sonetts bändigt die düstere Fülle, auf die der Blick starrt, zu reiner Form und ist eben darum hier am Platze. Denn so herrisch-künstlerische Bändigung ist Triumph des Geistigen. Stand dem Chaos des Inhalts am Gedichtschluß ein Gegenpol auf im Gehalt, so bildet einen zweiten Gegenpol die strenge Gestalt. — Eine gewaltige Bilderfülle des Kriegselends, die zwischen Realismus und Apokalyptik steht und mit einem von Schwermut überschatteten Hinweis auf die dem Menschen noch im Elend verbleibende innere Freiheit endet, vereinigt sich so in diesem Gedicht mit einer straffen Sprache, die in immer neuen Wellen das Elend schildert, dazwischen und danach aber in langen ruhigen Sätzen Abstand und Überschau findet und in ihrer Zucht selbst eine Ordnung des Geistes gegen das Chaos der sinnlosen Gewalten stellt.

ERICH TRUNZ

ANDREAS GRYPHIUS

Es ist alles eitel

Du siehst, wohin du siehst, nur Eitelkeit auf Erden.
Was dieser heute baut, reißt jener morgen ein,
Wo itzund Städte stehn, wird eine Wiesen sein,
Auf der ein Schäferskind wird spielen mit den Herden.

Was itzund prächtig blüht, soll bald zutreten werden.
Was itzt so pocht und trotzt, ist morgen Asch und Bein.
Nichts ist, das ewig sei, kein Erz kein Marmorstein.
Itzt lacht das Glück uns an, bald donnern die Beschwerden.

Der hohen Taten Ruhm muß wie ein Traum vergehn.
Sollt denn das Spiel der Zeit, der leichte Mensch bestehn?
Ach, was ist alles dies, was wir vor köstlich achten,

Als schlechte Nichtigkeit, als Schatten, Staub und Wind,
Als eine Wiesenblum, die man nicht wiederfind't.
Noch will, was ewig ist, kein einig Mensch betrachten.

Die Überschrift nennt das Thema. Der bibelfeste Leser des 17. Jahrhunderts erinnerte sich dabei sogleich, daß diese Überschrift ein Spruch aus dem Prediger Salomo (Kap. 1, Vers 2) ist. „Eitel" heißt: unnütz, falsch, vergeblich, leer, nichtig, eingebildet. Die Eitelkeit der Welt, vanitas mundi, ist ein in der christlichen Überlieferung häufig ausgesprochener Gedanke, der gerade im 17. Jahrhundert wieder in den Vordergrund trat. Die Überschrift — nicht ein Hauptwort, sondern ein lapidarer kleiner Satz — bezeichnet das Sonett als ein gedankliches Gedicht.

Die erste Zeile ist eine vollere Wiederholung der Überschrift, auch sie ein in sich gerundeter wuchtiger Satz. Wie stark unterstreichen diese zwei Präludien den Inhalt! Nur da, wo überhaupt kein Widerspruch möglich ist, darf man in solcher Weise das, was gezeigt werden soll, vorwegnehmen. Ganz leise schwingt die Frage mit: Ist wirklich schon alles vorweggenommen? Ist alles eitel? Der Einleitungssatz schränkt bereits den Titelsatz ein durch den Zusatz „auf Erden". Unausgesprochen klingt also an, daß jenseits der Erde eine Welt ohne „Eitelkeit" denkbar ist. Auch sonst führt der Einleitungsvers den Titelsatz weiter. Er beginnt, das rein

Abstrakte ins Menschlich-Erlebte zu wandeln. Das zweimalige „Du“ betont: tua res agitur. Das zweimalige „siehst“ fordert zu einem Rundblick auf. Und nun folgt, was dieser Rundblick zeigt, es folgen die „exempla“. Die Beispiel-Häufung ist das übliche Mittel der Barockdichtung, eine allgemeine Tatsache darzustellen. Sie reicht von Zeile 2—9. Zunächst scharf geschliffene Antithesen, Halbvers gegen Halbvers (2, 3), dann aber schließt ein Relativsatz an (4), der den Gleichklang unterbrechend die Zerstörung ausmalt. Doch das Bild der Vernichtung wird zum Idyll. Das spielende Kind, die friedlichen Herden sind bereits Leben und Schönheit inmitten der Ruinen. So gleicht gefühlsmäßig der Relativsatz ein klein wenig die Gegensätze aus, inhaltlich-logisch freilich nicht, denn die Stadt und ihr Leben ist endgültig vergangen, ist Ruine.

Das zweite Quartett setzt die scharfe Gegensätzlichkeit fort. In den ersten Halbversen steht „itzund“, „itzt“, in den zweiten „bald“ und „morgen“, dort die Blüte, hier die Vernichtung („zutreten“ = zertreten). „Pochen“ heißt: etwas stolz zur Schau tragen, trotzig, hochmütig sein; man sagte im 17. Jahrhundert z. B. „auf Adel pochen“ oder „auf Festungen pochen“. Der Mensch „pocht“ auf Adel, Taten, Ruhm, Reichtum, Kunst — es ist alles das, was den Menschen des 17. Jahrhunderts zu dem Sich-Darstellenden, stets in stolzer Positur Stehenden machte. Im Gegensatz dazu betont der Nachsatz „Asch und Bein“, und man stellte sich hierbei im 17. Jahrhundert ganz gegenwärtig das Knochengerüst vor, so wie die Maler es immer wieder als Todesmahnung darstellten, ja sie malten sogar verweste Körper, ähnlich wie es hier „Asch“ heißt. Die nächste Zeile fährt fort: Wie der Mensch selbst vergänglich ist, so auch sein Werk. Es gibt kein „monumentum“ für alle Zukunft, auch Erz und Marmor vergehen. Während diese Zeile inhaltlich weiterführt, unterbricht sie formal die Halbzeilen-Antithetik, die sonst zur unkünstlerischen Manier werden würde. Aber die 8. Zeile nimmt diese wieder auf, Zug um Zug Gegensätze: „itzt“ und „bald“, „Glück“ und „Beschwerden“, „lachen“ und „donnern“; sie betont den Wandel der Fortuna, es ist ein Chaos von Glücks- und Unglücksfällen, dem der Mensch ausgeliefert ist. Sogar „der hohen Taten Ruhm“ vergeht „wie ein Traum“. Das führt noch über „Erz“ und „Marmorstein“ hinaus, auch ein „monumentum aere perennius“ ist vergänglich. Bis hierher reicht die Exempla-Häufung. Ihre Grundstruktur ist die Antithese; formal ist die Eintönigkeit sehr feinfühlig vermieden, inhaltlich die Gegensätzlichkeit streng durchgeführt. Was aber steht im Gegensatz? Nicht, wie die Tradition des „vanitas"-Themas vielleicht nahelegen würde, das Irdische und das Himmlische, nicht die „törichten" und die „klugen" unter den Menschen, sondern das „itzt" und das „bald": die „vanitas" des Irdischen zeigt sich in seiner Vergänglichkeit (fragilitas, brevitas).

Die Exempla-Häufung führt bis in das erste Terzett hinein (9). Nun faßt die 10. Zeile zusammen und stellt die Grundfrage, die nach Wesen und Dauer des Menschen; ihr Reim schließt an den Reim der vorigen Zeile an; eine Pause tritt ein. Insofern schließt Vers 10 einen ersten Teil des Gedichts, während 11—14 einen zweiten Teil bilden. Ein erster Höhepunkt ist erreicht (10). Da alles, wie man sah (2—9), nicht Bestand hat, sollte da etwa der Mensch Bestand haben? Er, der in der „Zeit", d. h. Zeitlichkeit ist? Er ist ihr Spiel, d. h. sie kann ihn bewegen, wie sie will, er ist ein Spielball der Fortuna, von der schon (8) die Rede war; insofern ist er „leicht". Die Stimme hat sich bei dieser Frage gehoben. Während sie sich bisher am Zeilenschluß jedesmal senkte, klingt sie hier laut, bang und im Grunde erwartungslos. Eine Pause tritt ein; was wir während ihr noch im Ohr haben, ist das düstere Bild der Vergänglichkeit alles Irdischen und die grelle Frage nach Wesen und Bestand des Menschen.

Die letzten vier Verse des Sonetts versuchen auf diese Frage eine Antwort zu geben. Der „umarmende" Reim (11/14) schließt die Gruppe zusammen, die auch als Satzbau eine Einheit bildet. Nach der großen Frage (10) und der Pause beginnt der Satz mit „Ach". Dieser Beginn läßt ahnen, daß Klage folgt, also nichts völlig anderes als bisher. Die Antwort spricht nicht von dem Menschen schlechthin — wie die Frage der 10. Zeile —, sondern in feiner Unterscheidung von dem, „was wir vor köstlich achten"; dies alles — es ist vorher angedeutet: Taten, Ruhm, Glück — ist „schlechte Nichtigkeit", d. h. schlechthin Nichtigkeit, einfach Nichts. Und nun folgt nochmals eine Bilderhäufung. In der ersten Exempla-Reihe war immer vom Menschen und seinem Werk die Rede, d. h. vom Mikrokosmos. In der zweiten werden nun Beispiele aus dem Makrokosmos gebracht, in denen sich das Wesen des Mikrokosmos spiegelt. Das Bild also zeigt, daß der Mensch nichts anderes ist als diese makrokosmischen Dinge. Der Klang des Satzes ist traurig: mit „Ach" hebt er an, als Frage klingt er aus, die Stimmlage ist tief, dunkel. Aber er endet doch mit einem an sich lieblichen Bild — „eine Wiesenblum, die man nicht wiederfind't" — so wie vorher das erste Quartett mit dem Idyll vom

Schäferskind. Das Irdische, das vergänglich ist und insofern „eitel", leuchtet doch einen Augenblick in Schönheit auf, die geliebt erscheint — aber das klingt nur ganz leicht an; ausgesprochen, bewußt geworden ist es nirgends. Die neue Exempla-Häufung nennt in raschem Zusammenraffen lauter Dinge, die schnell vergehen und später nicht mehr zu finden sind: Schatten, Staub, Wind, Wiesenblume. Die Frage drängt sich auf: Ist der Mensch wirklich nichts anderes? Das Subjekt lautet „alles das, was wir vor köstlich achten", in Vers 10 aber hieß es ganz allgemein fragend „der Mensch". Und nun folgt mit einer Folgerichtigkeit, die nicht aus der Satzlogik, sondern aus der Klarheit der zugrunde liegenden Vorstellungen entsteht, die letzte Antwort, welche zugleich der zweite und bedeutendste Höhepunkt des Gedichts ist (14). Mit all dem „Nichtigen", „was wir vor köstlich achten", ist doch der Mensch noch nicht voll umschrieben; die Schlußzeile sagt, er könne „was ewig ist, betrachten". Er hat also auch Zugang zu dem Ewigen. Das Wort „ewig" ist logisch das Gegenteil von „vergänglich"; für die Bezeichnung des Absoluten wie vorher für die des Relativen wird also das Wort nicht aus dem Wortfeld der Ethik, sondern aus dem der Zeitbezeichnung genommen. Hier wird über den Menschen doch noch Neues ausgesagt: Er ist nicht nur irdisch und „eitel", sondern hat Zugang zum Ewigen, er kann es betrachten, aber — er „will" es nicht; bitter verallgemeinernd: „kein einig (d. h. einziger) Mensch". Der lapidare Satz der Überschrift erhält hier noch eine neue, dem Bisherigen etwas hinzufügende Nuance des Sinns. „Es ist alles eitel" besagt also auch, daß alle Menschen, das Ewige nicht betrachten wollend, sich selbst dem Bereich der Eitelkeit anheimgeben. Bisher erschien die „Eitelkeit" als Schicksal wie bei Wind und Blume; jetzt erscheint sie als Schuld. Erst damit gelangt die Aussage der ersten Zeile „Es ist alles auf Erden eitel" zur letzten, über die bloße Vergänglichkeit des Irdischen hinausgreifenden Gültigkeit. Unausgesprochen wird damit auch ein Bereich der Freiheit geöffnet.

Die Vergänglichkeit alles Irdischen, auch des Schönen, die Hinfälligkeit alles Menschenwerks, auch des Großen, ist etwas, was nicht nur Gedanke, sondern was noch mehr Stimmung, Empfindung ist. Diese Stimmung lebt in dem Klange des Gedichts außerordentlich stark. Klagend, düster ist jeder Satz gestimmt. Das Rettende erscheint nur ganz am Ende, und da auch nur als das, was niemand will. So gehört das ganze Gedicht dem Thema der Vergänglichkeit, das es in zwei Klang-Phrasen durchläuft, die beide in den Schlußzeilen ihre Höhepunkte haben; der zweite (15) steht höher als der erste (10), so daß der Grundsatz, den Höhepunkt an den Schluß zu legen, wie für die Teile so auch für das Gesamt gilt, und dieser zweite Kernsatz antwortet dem ersten, und beide vertiefen den Thesen-Satz, der im Titel und der Anfangszeile doppelt präludierend das Thema scharf betonte. Von dem üblichen Sonettschema etwas abweichend, gliedert sich das Gedicht in zwei Teile: Die Vergänglichkeit in mikrokosmischen Beispielen (2—9), umrahmt von der These als allgemeinem Vorklang (1) und der Frage nach dem Wesen des Menschen (10); dann die makrokosmischen Exempla (12—13), umrahmt vom allgemeinen Blick auf die Welt des Menschen (11) und dem Blick auf das Ewige (14). Das Ganze sind zwei als Gehalt ebenso wie als Satzbau und vor allem als Sprachrhythmus und Sprachmelodie zusammengefaßte Phrasen, parallel gebaut, aber die letzte sehr viel kürzer, so daß der 1. Höhepunkt schon gegen Ende des Ganzen liegt. Die starke Wirkung des Gedichts liegt zum großen Teil in der Satzmelodie. Ihr Grundmotiv ist zunächst die Antithetik (2, 3, 5, 6, 8): Ein Ansteigen der Melodie bis zur Zäsur, aufbauend, hoffnungsvoll; dann ein tieferer Einsatz, der nur noch tiefer hinabführt, aussichtslos, niederreißend. Davor die Einleitungsthese (1) ohne viel Tonspanne; danach (10) die leidenschaftliche Frage, ob dies denn wirklich der Mensch sei: die Satzmelodie steigt hier bis zum Schluß des Verses, das war bis dahin nie der Fall. So wird dieser Satz als Höhepunkt herausgehoben. Und zugleich wird er dadurch all den Halbversen verbunden, die das Irdische schilderten, denn auch sie hatten die steigende Melodie. Der zweite Höhepunkt dagegen (14) ist ein ganz tief und ruhig gesprochener Satz, während jener (10) hoch und unruhig war. Dort war vom Irdischen, hier ist vom Göttlichen die Rede. Während in den antithetischen Sätzen der Vers in zwei Halbverse zerfiel (2, 3, 5, 6, 8), ist er in dem Thesen-, Frage- und Antwortsatz (1, 10, 14) ganz und gar Einheit. Diese starke Bewegtheit der Satzmelodie, dieser spannungsreiche Aufbau geben dem Ganzen die dynamische Form. Diese entspricht der tiefen Bewegtheit der Seele.

Aber von der Seele wird gar nicht gesprochen. Mit Ausnahme der Partikel „Ach“ ist nicht ein einziges Wort da, das irgendwie Klage oder auch nur Gefühl ist. Alle Sätze bleiben völlig im Objektiven. Es ist erstaunlich, wie das Gedicht vermag, den Eindruck des Leidens und der Klage zu erwecken, ohne daß ein einziges Wort darüber gesprochen wird. Kommt es wirklich aus bewegter Seele? Es ist bezeichnend für den rein sachlichen Charakter des

Gedichts, daß es mit keinem Wort uns einen Hinweis gibt, wie die Tatsachen, die es aussagt, die Seele bewegen. Das geht so weit, daß man, wenn man nur den Wortlaut interpretiert, auch etwas ganz anderes als Klage herauslesen kann: ein kaltes, ja verächtliches Urteil über die Welt, in der alles „eitel" ist, vor allem aber die Menschen selbst, die sich in törichter Verblendung dem Ewigen nicht zuwenden wollen. Die Objektivität gibt dem Sonett etwas Glasklares, Glattes, nicht Greifbares. Es ist dadurch Gipfel der Rhetorik, d. h. objektiver Kunst. Und — so empfinden wir es — dennoch aus innerstem Antrieb entstanden. Rhetorik und Erlebtheit schließen einander nicht aus, sondern gerade auch das innerlich Erlebte kann reinste rhetorische Form werden.

Durch das ganze Gedicht geht die Antithese von „Itzt" und „bald". Nur in der letzten Zeile taucht eine andere auf: das Diesseits und das „was ewig ist"; der Mensch des Irdischen und der, welcher das Ewige „betrachtet". Damit ist gesagt, daß die Unzulänglichkeit des Irdischen im Ewigen aufgehoben ist; doch die kunstvoll und breit durchgeführte Antithese ist die von „Itzt" und „bald", nicht die von irdischer Vanitas und zeitloser Ordnung. Durch diesen letzten Ausblick gibt das Gedicht zwar eine Mahnung zum Ewigen, aber — so empfinden wir seinen Klang — es ist nicht nur ein lehrhaftes Gedicht, das Zeit und Ewigkeit konfrontieren will. Wenn Gryphius die Vergänglichkeit in so düsteren Farben ausausmalt und wenn dabei im Ton, nicht im Wort, eine schmerzliche Klage spürbar wird, so glauben wir in diesem Gedicht die Aussage eines Menschen zu vernehmen, der unter der Vergänglichkeit des Irdischen leidet. Wenn man das Vergehen eines Objektes betrauert, so liebt man es. Hat Gryphius die Welt geliebt? Bewußt ausgesprochen hat er dies niemals. Vielleicht darf man sagen: Er liebte vieles in der Welt; aber aus seinem Wissen um die „vanitas" des Irdischen versuchte er immer wieder, sich von der Welt und auch von dem, was er in ihr liebte, loszureißen. Der Ton dieses Sonetts läßt spüren, daß der Dichter sich mit innerem Schmerz, ja mit Gewaltsamkeit die Nichtigkeit der irdischen Dinge vergegenwärtigt. Das Wissen um das Ewige erscheint — äußerlich betrachtet — nur ganz am Rande, wie ein fern leuchtender Stern, innerlich gesehen bleibt es hier fast wirkungslos, denn die tragende Stimmung, die Trauer um die Vergänglichkeit, wird dadurch kaum gemindert. Daß trotz der — bei Gryphius fraglos gegenwärtigen — Hoffnung auf das Heil im Ewigen eine solche Trauer möglich ist, das ist das Besondere des Gedichts, das aus dem Weltgefühl des Dichters herkommt. Es gibt dem Menschen Gryphius und diesem kleinen Gedicht eine innere Spannung, die einen wahrhaft dichterischen Gehalt bildet. Dieser Gehalt kleidet sich nun in eine rein objektive Sprache, die das Ich völlig ausschließt und nur Tatsachen nennt, so daß der erlebteste Antrieb zur objektivsten rhetorischen Form geworden ist. In diesem allen darf das Gedicht als vollendetes Beispiel von Gryphius' Kunstgesinnung gelten.

Gedanke und Stimmung dieses Sonetts kehren in den Gedichten von Gryphius oft wieder, aber selten so konzentriert wie hier. Die Klage über die Vergänglichkeit ist darüber hinaus bezeichnend für einen großen Teil der ganzen deutschen Barockdichtung. Daher ist ein Gedicht, das dieses Lebensgefühl in so reiner Form zum Ausdruck bringt, für seine Zeit nicht minder typisch als für die Goethezeit etwa Goethes Gedicht „Das Göttliche". Vor Gryphius hatte es weltanschauliche Lyrik nur als Kirchenlied und als neulateinische Ode gegeben. Seine Gedichte von der Art dieses Sonetts waren daher eine schöpferische Tat. Sie schufen neu eine deutsche weltanschauliche Lyrik und führten sogleich zum Gipfel dessen, was im Barock auf diesem Gebiet erreicht wurde.

KARL OTTO CONRADY

JOHANN CHRISTIAN GÜNTHER

Als er der Phillis einen Ring mit einem Totenkopf überreichte

Erschrick nicht vor dem Liebeszeichen,
Es träget unser künftig Bild,
Vor dem nur die allein erbleichen,
Bei welchen die Vernunft nichts gilt.
Wie schickt sich aber Eis und Flammen?
Wie reimt sich Lieb und Tod zusammen?
Es schickt und reimt sich gar zu schön,
Denn beide sind von gleicher Stärke
Und spielen ihre Wunderwerke
Mit allen, die auf Erden gehn.

Ich gebe dir dies Pfand zur Lehre:
Das Gold bedeutet feste Treu,
Der Ring, daß uns die Zeit verehre (= nicht trenne),
Die Täubchen, wie vergnügt man sei;
Der Kopf erinnert dich des Lebens,
Im Grab ist aller Wunsch vergebens,
Drum lieb und lebe, weil man kann,
Wer weiß, wie bald wir wandern müssen!
Das Leben steckt im treuen Küssen,
Ach, fang den Augenblick noch an!

Das Bild Johann Christian Günthers flackert in mancherlei Farben. Unruhvoll geistert es durch die Literaturgeschichte, die erst seit kurzem, zwar zögernd und mit berechtigten Vorbehalten, das Verdammungsurteil, das den 1695 geborenen Dichter zum verwahrlosten Vagabunden und verkommenen, ewig betrunkenen Literaten stempelte, aufgehoben oder doch gemildert hat.

Goethes Worte aus dem 7. Buch von „Dichtung und Wahrheit" sind bekannt: „Ein entschiedenes Talent, begabt mit Sinnlichkeit, Einbildungskraft, Gedächtnis, Gabe des Fassens und Vergegenwärtigens, fruchtbar im höchsten Grade, rhythmisch bequem, geistreich, witzig und dabei vielfach unterrichtet; genug, er besaß alles, was dazu gehört, im Leben ein zweites Leben durch Poesie hervorzubringen, und zwar in dem gemeinen wirklichen Leben. Wir bewundern seine große Leichtigkeit, in Gelegenheitsgedichten alle Zustände durchs Gefühl zu erhöhen und mit passenden Gesinnungen, Bildern, historischen und fabelhaften Überlieferungen zu schmücken. Das Rohe und Wilde daran gehört seiner Zeit, seiner Lebensweise und besonders seinem Charakter oder, wenn man will, seiner Charakterlosigkeit. Er wußte sich nicht zu zähmen, und so zerrann ihm sein Leben wie sein Dichten." Indes erscheint dem nachprüfenden Blick heute die Charakterlosigkeit Günthers, von der Goethe — zugleich das poetische Ingenium des Schlesiers voll anerkennend — spricht, weniger als ein persönliches Verfehlen und hemmungsloses Sichausleben, sondern eher als das Zusammenbrechen unter der Last eines Schicksals, das ihn zwischen zwei Zeitaltern traf, ihm den Lebensraum verengte und ihn zerdrückte. Nicht zuletzt verstellten die gesellschaftlichen Zustände den Weg in ein persönlich geführtes Leben. Allerdings bleibt ein gerüttelt Maß an Schuld für sein zerronnenes Leben auch auf ihm selbst lasten, und Rechtfertigungsversuche sollten gewisse Grenzen wohl beachten.

Unstet ist Günthers Leben verlaufen; nirgends Ruhe, nirgends Ziel, immer nur Aufbruch und Unrast. Zorn und unversöhnliche Härte des Vaters verdüstern seine Tage, Verfolgung durch Widersacher und Verleumder und der Kampf gegen sie mit der Waffe des Wortes fordern seine Kräfte. Not und Leid bedrängen ihn bis zum äußersten und führen den Dreiundzwanzigjährigen in schwerer Krankheit bis an den Rand des Grabes, um wenige Jahre später — 1723 — sein Leben auszulöschen. Äußerlich und innerlich heimatlos irrt er durch seine Zeit. Aber unaufhörlich strömen seine Verse und sind zuweilen vom Blitz des Genies hell überstrahlt, das der geschichtlichen Zeit voraus ist. Diese Verse sprechen in bestürzender Offenheit von seinem eignen Leben. Sie distanzieren sich nicht von ihm, indem sie mit dem herkömmlichen gelehrten Formelapparat das Einmalige seines persönlichen Erlebens in nur allgemeinen Sentenzen überdecken. Sondern das leidende, gequälte Ich sucht, etwa in den Klageliedern, den Bußgedanken, in dem großen Bittgedicht an den Vater, des eignen Schicksals und auch der eignen Schuld unmittelbar habhaft zu werden.

Aber seine Verse singen auch von seiner Liebe. Klage und Liebe sind die inneren, die persönlichen Themen von Günthers Dichten. Dort ist er ganz er selbst und sprengt die Konvention des Dichtens seiner Zeit. Bis zu Goethe hin gibt es nichts Vergleichbares an solchen Gedichten. Um Klage- und Liebesdichtung rankt sich ein dichter Kranz von traditioneller Gelegenheitspoesie, Auftragsstücken, Geldarbeiten. Auch hier stehen neben glatten Überlieferungsversen solche, denen die persönliche Handschrift Günthers deutliche Kontur gibt.

In die Schweidnitzer Zeit (1710—15), als der junge Günther das Gymnasium des verehrten Rektors Leubscher besucht, fällt das aufweckende Erlebnis der Liebe zu Leonore Jachmann und dringt mit damals gänzlich unbekannter Ursprünglichkeit ins dichterische Wort. Zum erstenmal in der deutschen Literatur wird die persönliche Liebe zweier Menschen mit ihren Höhen und Tiefen in der Sprache Ereignis, und Goethe wußte wohl, zu wem er mit dem wägenden, lobend-tadelnden Blick des gereiften Mannes hinübergrüßte. — Günthers versprochene Treue zu Leonore verblaßt in der lärmenden Ausgelassenheit der Studienjahre. Leipzig lockt und verführt, studentisches Treiben und neue Liebesbegegnung nehmen ihn gefangen und fordern seine Kunst. Erst als er krank, gequält und dem Verzweifeln nah heimkehrt, geht sein Weg zu Leonore zurück, und sie finden sich wieder. Aber es soll doch alles verloren sein. Günthers Versuche, in einer festen Existenz Ruhe und Auskommen zu finden, scheitern. Der Vater versagt jegliche Hilfe, wie sehr der Sohn auch bittet. Das Verlöbnis mit Leonore löst sich. Noch einmal erwacht die Liebe, gedämpfter und verhaltener, in der Zuneigung zur Pfarrerstochter Johanna Barbara Littmann, als Phillis in seinen Liedern besungen. Doch die Aussöhnung mit dem Vater, zur Bedingung einer Heirat gemacht, ist nicht zu erlangen. Der Zorn ist unversöhnlich. Da wandert der Verstoßene los und führt ein ruhloses Wanderleben in Not und Bedrängnis, immer noch Verse schreibend, dunkel manche und voller Klage, Buße, Reue und Schuld. Es sind erschütternde Strophen: „Als er Gott um Vergebung der Jugendsünden anflehte", die „Bußgedanken":

Mein Gott, wo ist denn schon der Lenz von meinen Jahren
So still, so unvermerkt, so zeitig hingefahren?

und der große, rückschauende Brief an den Vater:

Und wie lange soll ich noch, dich, mein Vater, selbst zu sprechen,
Mit vergeblichem Bemühn Hoffnung, Glück und Kräfte schwächen?
Macht mein Schmerz dein Blut nicht rege, o so rühre dich dies Blatt,
Das nunmehr die letzte Stärke kindlicher Empfindung hat.

Viel ist über den Lebensgang des glücklich-unglücklichen Dichters geforscht, geschrieben und auch gefabelt worden. Für solche Fragen ist hier kein Platz. Aber für ein Verständnis der Güntherschen Dichtung, das über allgemeine Bemerkungen hinausgeht, ist noch viel zu tun. Dabei muß allerdings ständig — erstaunlicherweise viel stärker als bei manchem späteren Dichter — das Schicksal seines Lebens im Gedächtnis bleiben, so dicht gehören die Stationen des inneren und äußeren Lebens mit den Gedichten zusammen, es sei denn, es handelt sich um pure Brotdichtung, also Gelegenheitsdichtung minderen Sinnes.

Günthers Dichtung ist Dichtung zwischen den Zeiten. Wie die überkommene poetische Sprachwelt von persönlich erfahrenem und erlittenem Leben durchdrungen, überwältigt und neugeformt wird: das ist das erregendste Schauspiel, das sich dem Leser der Güntherschen Dichtung bietet, wenn er sich ein wenig in der Literatur der vorhergehenden Zeit auskennt. In Günthers Geburtsjahr, 1695, beginnt die Hofmannswaldau-Ausgabe von Benjamin Neukirch zu erscheinen, und 1720, drei Jahre vor seinem Tode, liegen Christian Wolffs „Vernünftige Gedanken von Gott" vor. Von beiden durch diese Namen angedeuteten Welten steckt etwas in Günther: von der geschmeidigen Formelwelt des 17. Jahrhunderts und von der sich den Realitäten zuwendenden Verstandesfreudigkeit der beginnenden Aufklärung. Doch über beides strebt er in seinen erfülltesten Gedichten hinaus: Er beginnt den Weg, der zu Goethescher Erlebnislyrik führt. Mitunter erscheinen Bilder und Wendungen, die alles, was auf Günther im 18. Jahrhundert noch folgen sollte, vergessen lassen und unmittelbar den Höhepunkten deutscher Lyrik in Goethe präludieren:

Ein Nebel schwärzt der Augen Sterne
Und macht ein saures Angesicht,
Dein Fuß hört meinen Zuruf nicht,
Damit er dich von mir entferne.

Wie manche schöne Nacht sieht mich der blasse Mond
In stiller Einsamkeit am Kummerfaden spinnen . . .

In einem Gedicht an Leonore, das sehr traditionell beginnt („Zwischen Ufer, Tal und Klüften / Ließ der treue Saladin / Mit den kühlen Abendlüften / Tausend heiße Seufzer fliehn . . . ."), fügen sich dann Verse zusammen, die, mit allem gebührenden Abstand, die Strophen zwischen Goethe und Marianne von Willemer vorausahnen lassen:

Ist der Tag der Erd entwichen,
So verwehrt dein Bild die Ruh;
Kommt ein Ostwind hergestrichen,
Kehr ich ihm das Antlitz zu;
Denn mich deucht, er bringe mir
Manchen sanften Kuß von dir . . .

Oder zwei solch unvergleichliche Zeilen außerordentlicher Dichte und Bildkraft:

Die Erde schläft und ruht, ich aber wach und träume,
Weil deine Liebe mich mit offnen Augen wiegt . . .

Unser Gedicht „Als er der Phillis einen Ring mit einem Totenkopf überreichte" scheint ganz im Herkömmlichen zu verbleiben. Gedichte dieser Art finden wir im 17. Jahrhundert in großer Zahl: Ein Gegenstand wird verständig-spielerisch ausgedeutet, antithetische Gedankenführung baut das Gedicht auf und hält es zusammen. Der Ring, auf dem ein Totenkopf abgebildet ist, lockt zur Sinndeutung und fordert eine intellektuelle Sprachkunst geradezu heraus. Der gezeigte Gegenstand wird Anlaß der Reflexion, der die Sprache in gedanklich-antithetischem Ablauf gerecht zu werden sucht. Historisch betrachtet darf das Gedicht — mit einigen Vorbehalten — in die Reihe sog. emblematischer Poesie eingefügt werden. Nur ist in der ausgesprochenen Emblematik das Emblem selbst abgebildet, und darunter steht dann der erklärende Spruch. Lehre und Mahnung werden damit bezweckt: Das Emblem stellt oft etwas dar, aus dem man für sein Leben lernen kann. So scheint man denn auch bei diesem Gedicht Günthers von Gefühl, Erlebnis, Leidenschaft kaum sprechen zu können. Allein so leicht wollen wir uns nicht zufrieden geben.

Auch das gedankliche Thema der zwei Strophen ist alles andere als originell. Das Wissen von Tod und Vergänglichkeit mahnt zum Genuß der Zeit, die den Menschen beschieden ist. Das Thema ist sehr alt, allbekannt ist Horazens

. . . dum loquimur, fugerit invida
aetas: carpe diem quam minimum credula postero . . .
. . . Da wir noch redend stehn,
Floh das neidische Jahr. Pflücke den Tag; glaube dem nächsten nichts.
R. A. Schröder

Die humanistisch gesinnten Neulateiner in Italien, Holland, Deutschland sprechen die Mahnung ungezählte Male aus. Das düstere mittelalterliche memento mori, das das menschliche Sinnen und Trachten aufs Jenseits weist, wandelt sich zur Aufforderung heiteren Lebensgenusses. Schon 1504 hat z. B. Heinrich Bebel, der Tübinger Dichterhumanist, in einem längeren Gedicht einem Mädchen Apollonia den Rat gegeben, die Jugend zu genießen, bevor es zu spät sei:

Ludeque dum liceat, naturae munere prudens
Utare, o iuvenis, dum faciesque nitet . . .

Opitz' bekanntes „Ach, Liebste, laß uns eilen . . ." steht ganz in dieser Tradition.

Und doch: Mit diesen Bemerkungen ist Günthers Gedicht nur vage bestimmt. Wenn wir Opitz' spielerisch-tändelnde Verse neben die Güntherschen stellen, spüren wir den Unterschied. Ein gemessener Ernst trägt die zwei Strophen, der sich nach der schwer schreitenden Zeile „Wer weiß, wie bald wir wandern müssen" nur am Schluß ein wenig lichtet. In den Gedichten der Neulateiner und deutschsprachigen Poeten des 17. Jahrhunderts, in denen der Hinweis auf die Vergänglichkeit der irdischen Dinge zu munterem Lebenszuspruch führt, wird eben diese Vergänglichkeit von Jugend und Schönheit zum Grundthema des Gedichts und nur sie: „Der schönen Schönheit Gaben / Fliehn Fuß für Fuß, / Daß alles, was wir haben, / Verschwinden muß" (Opitz). Günthers berühmtes Studentenlied aus der Leipziger Zeit schlägt in übermütiger Weise diesen Ton an:

Brüder, laßt uns lustig sein,
Weil der Frühling währet
Und der Jugend Sonnenschein
Unser Laub verkläret.
Grab und Bahre warten nicht;
Wer die Rosen jetzo bricht,
Dem ist der Kranz bescheret.

Auch in andern Gedichten singt Günther das Carpe diem, indem er an die enteilende Zeit erinnert. Dort bedient er sich des gängigen Motivs, ohne es besonders neu zu durchdringen.

Von der Wiege bis zur Bahre
Ist gar oft ein kurzer Schritt.
Doris, nimm die besten Jahre
Und die Lust der Jugend mit,
Eh der Lippen Mai verblüht
Und die Zeit so plötzlich flieht,
Farbe, Mut und Lust entzieht.

Ihr Menschen, fangt die Zeit, bedient euch eurer Jahre
Und nehmt den Frühling mit! So weckt uns selbst die Bahre,
Die andre traurig macht, so führt sie uns zur Lust.

In der zweiten Hälfte der Schlußstrophe unseres Phillis-Gedichtes ist es nicht viel anders, wenn auch verhaltener und ruhiger im Ton.

Vorher aber geht Günthers Blick tiefer und gibt sich mit dem einfachen Gegensatz Vergänglichkeit — Lebensgenuß nicht zufrieden. Die bloße Nennung des äußerlich sichtbaren Verwelkens und Verblühens reicht ihm hier nicht aus. Liebe und Tod erscheinen als verwandt, eins ist mit dem andern verbunden. Die „Wunderwerke" des Todes gehören mit denen der Liebe zusammen, sie sind nicht weniger zauberhaft und geheimnisvoll als die Spiele der Liebe. Liebe und Tod lösen aus Verlassenheit und Vereinzelung, die Günther oft genug schmerzlich erfahren hat. Hingabe ist beiden gemeinsam.

Vor solchem helldunklen Hintergrund steht das Gedicht, in dem die herkömmliche Lebensaufforderung ausgesprochen wird, und es wird von ihm mitgetönt. Die Lehre ergibt sich aus dem Anblick des Totenkopfes, der ans Vergängliche gemahnt. Aber da Liebe und Tod als heimlich verwandt erfaßt werden und so mehr bedeuten als einen einfachen Gegensatz, der zur Lehre Anlaß gibt, geschieht nun durchaus kein intellektuelles Abschätzen der in ihrer äußeren Vergänglichkeit gesehenen Dinge, wie man es sonst gern geübt hat. Persönliches Erfahren glauben wir zu spüren. Es führt zu einer Einsicht, der das Liebeszeichen, der Ring mit dem Totenkopf, weit mehr werden kann als nur das Emblem für eine geistreich vorgetragene Lehre. Freilich gehört dies mit dazu, und das Gedicht schiebt ja weder in der Sprache noch in der Form die damals üblichen lyrischen Gewohnheiten beiseite. Aber der von persönlichem Erfahren durchstimmte Grundakkord klingt durch, so daß wir uns nie ganz an das begrifflich-gedankliche Spiel verlieren. Die bedrängend nah gefühlte Verwandtschaft von Liebe und Tod überformt ein mögliches Scherzen mit bereitliegenden konventionellen Gedanken zu hohem Ernst.

Das Gedicht ist an Phillis, an Johanna Barbara Littmann, gerichtet und gehört damit zu den „späten" Versen Günthers. Die Glut der Leonorengedichte ist gedämpft, überschauende Erfahrung bändigt die Leidenschaft. Das ist bei fast allen der Phillis gewidmeten Gedichten so. Leise Unsicherheit und eine in Schmerzen erworbene Lebenskenntnis zittern durch. Kaum jemand, der das nicht beim Lesen unserer Strophen verspürte.

Das Gedicht beginnt mit einer Mahnung, die zugleich Anrede ist. Eine Anrede schafft ein Gegenüber. Aber schon die nächste Zeile verbindet die Angeredete und den Sprechenden: es ist „unser künftig Bild", das der Totenkopf zeigt. Dabei meint das Pronomen „unser" sowohl die Gesamtheit der Menschen als auch speziell die beiden Liebenden; die Bedeutung bleibt in der Schwebe. So ist es auch bei Opitz' „Ach, Liebste, laß uns eilen, / Wir haben Zeit: / Es schadet das Verweilen / Uns beiderseit." Das Persönliche ist nicht auf sich allein gestellt, es ist mit dem Allgemeinen von vornherein verbunden. Persönliches hat in den Gedichten, die erst auf dem Wege zur Erlebnislyrik sind, die Färbung des Typischen: Der einzelne Mensch wird gesehen als Glied und Ausdruck der Gattung. (In andern Versen Günthers freilich, besonders in den Klageliedern, fühlt sich der Dichter ganz als einzelnes, unvergleichliches Wesen und spricht sich als solches aus.) Indes versuchen wir hier, mit aller Vorsicht, noch eine Nuance zu erfassen, wenngleich wir damit an die Grenzen der Interpretationsmöglichkeiten stoßen. Der Eingang eines Gedichtes mit einer Imperativform ist keine Seltenheit, weder bei Günther noch in der früheren Lyrik. In zwei Leonorengedichten beginnt jede Strophe mit einem „Gedenk". Aber das „Erschrick nicht" unseres Gedichts ist anders. Es ist für die Angeredete ein überraschender Anruf. Erschrecken stellt sich ein, wenn wir etwas Neuem, Ungewohntem, nicht Vermutetem begegnen. Der Dichter warnt die Geliebte, weil er ihr etwas zeigen will, was recht eigentümlich ist, und ihr daran etwas bedeuten möchte, was sehr persönliche Tönung trägt. Das Überraschende ist der Ring mit dem Totenkopf als *Liebeszeichen* und die Deutung, die der Dichter der Erschrockenen gibt. Allerdings richtet gleich darauf das Gedicht den Blick auf die Allgemeinheit: „Vor dem nur die allein erbleichen, / Bei welchen die Vernunft nichs gilt." Der vernünftige Mensch erschrickt nicht vor dem Totenkopf als Zeichen der Vergänglichkeit alles Irdischen. Der Tod gehört zur Weltordnung hinzu, die der Einsichtige überschaut und anerkennt. Doch als Liebeszeichen mag der Kopf überraschen, und so helfen dem erschrockenen Erstaunen der Geliebten die beiden Fragezeilen mit ihrer Antwort: „Wie schickt sich aber Eis und Flammen? / Wie reimt sich Lieb und Tod zusammen?"

Ein Stichwort des 18. Jahrhunderts, „Vernunft", ist gefallen. In der gebildeten Dichtung der Humanisten und des 17. Jahrhunderts hat sapientia, Weisheit, ähnliches Gewicht. Der vir sapiens schaut, gestützt auf den christlichen Glauben und die stoische Weisheit, dem Weltlauf gelassen zu, bleibt unerschüttert den Zufällen des Lebens gegenüber und erleidet den Tod mit ebensolcher Standhaftigkeit. Gryphius' Dramen liefern die exemplarischen Fälle dafür. Der Blick aufs Jenseits und den Angelstern der Tugend leitet das Leben. Der vernünftige Mensch des 18. Jahrhunderts beginnt sich neu zu orientieren. Das christliche Gedankengut verschwindet keineswegs. Gerade in Günthers Gedichten entfaltet es starke Kraft, und auch im gelassenen Hinnehmen des Todesbildes ist christliche Gläubigkeit. Doch auch der Akzent des

18. Jahrhunderts ist unüberhörbar: Vernunft heißt Einsicht in den Gang der Welt, heißt Eindringen in die realen Fälle des Diesseits, das die kräftige Tätigkeit des Verstandes beansprucht. Erfahrung gehört dazu. Recht schön zeigt das eine Stelle in Günthers großem Brief an den Vater. Rückblickend sagt der durch sein Leben getriebene Dichter:

Alles Schadens ohngeacht, den mein Leib dadurch bekommen,
Hab ich, ohne Ruhm gesagt, an Erfahrung zugenommen.
So viel Kreuze, so viel Schulen, die mich wahrlich mehr gelehrt,
Als man im Pedantenstaube von den Maulgelehrten hört.

Ein paar Zeilen später, wo auch das Wort Weisheit erscheint:

Nimm mich doch, mein Gott, nicht weg in der Hälfte meiner Tage!
Führe mich durch Kreuz zur Weisheit, gib mir aber auch dabei,
Daß ich klug, getreu, geduldig und der Welt noch nützlich sei.

Solche Vernunft begreift, nach Schmerz und Anfechtung, in unpathetischer Nähe zur Realität auch den Tod und erbleicht nicht vor seinem Zeichen, dem Totenkopf. Eine gewisse Schlichtheit stellt sich ein. Günthers lyrischer Stil zeigt das an manchen Stellen. Er überwindet die aufgeschwellte, an Bildern und Vergleichen überreiche Sprache des 17. Jahrhunders. Pompös schmückende Beiwörter und weit ausladende Vergleiche sind selten. Nicht rhetorisch ausgeklügelte Umschreibung und erlesener Putz, sondern thema- und gegenstandsnahe Benennung wird angestrebt. Wirklichkeit wird vom dichterischen Wort zu fassen versucht, und zugleich wird für Günther die Dichtung auch zur persönlichen Waffe gegen die anbrandende Realität. Allerdings gibt es bei Günther genug Mischformen und Übergänge, wie sie seinem geschichtlichen Zeitpunkt entsprechen. (Ganz „barock" etwa das lange Gedicht „Auf den Tod seiner geliebten Flavie".)

Die zweite Strophe bringt sehr deutlich die Lehre, die der Dichter der Angeredeten angesichts des Ringes und seiner Zeichen mitteilen will. Es ist eine allegorische Auslegung. Daß die Zeichen des Ringes als Allegorie verstanden werden, macht es überhaupt erst möglich, den goldnen Ring mit Täubchen und Totenkopf als „Liebeszeichen" anzubieten. Die Auslegung läßt kein Dunkel zurück, sondern klärt restlos auf. „Das Gold *bedeutet* feste Treu ...", eindeutiger läßt sich die Allegorie nicht aufschlüsseln, die Bilder werden ganz in die zugehörigen Begriffe umgesetzt. Wie weit ist noch der Weg bis zum symbolischen Sprechen Goethes! Der Ring, der kundtun soll, daß die Zeit sie nicht trenne („verehre"), ist auch sonst bedeutungsvolles Zeichen, so etwa: „Mein Sinnbild ist ein Ring, der Denkspruch: Sonder Ende; / Denn wer nicht ewig liebt, der liebet nimmermehr." Das mutet uns alles sehr rational an, allzu verständig-deutlich; mit Recht: denn die ursprünglichen — irrationalen — Gefühle der Liebe sind an solchen Stellen noch von einer allegorischen Zeichensprache wie überdeckt.

Die vier Schlußverse werden fast zu kräftig, Nachklang aus schäumenden Studentenliedern vermeinen wir zu hören. Aber die Zeile „Wer weiß, wie bald wir wandern müssen!" Sie dämpft den Ton und weckt noch einmal den Ernst. Die Worte könnten eine allgemeingültige Sentenz sein im Sinne des „omnes eodem cogimur". Das sind sie sicherlich auch, aber mehr noch deutet der Dichter auf sich selbst und seine Geliebte, die er anspricht, und die Erinnerung an eigenes Leid und die Nähe des Todes sind mit in die dunkel überschattete Zeile eingegangen.

Die innere Bewegung des Gedichts ist auf die Zukunft gerichtet, um von dort wieder zur Gegenwart, zum „Augenblick" zurückzukehren: „Es träget unser *künftig* Bild", „Wer weiß, wie *bald* wir wandern müssen", „Ach, fang den *Augenblick* noch an".

Es wäre lohnend, diese Bewegungslinien Güntherscher Gedichte im einzelnen zu verfolgen und zu beschreiben. Die Zeit selbst wird ihm wieder und wieder zum Thema, und wie oft führt Erinnerung sein lyrisches Wort! Günther begreift sich selbst in staunenswerter Weise als eine Existenz, die dem Walten der Zeit unerbittlich ausgeliefert ist. Er erblickt, erschreckt und verwundert, sein persönliches Leben als Dasein in der Zeit und sucht es als solches zu verstehen. Unablässig schaut er in seinen Gedichten auf sein Leben, in den Welthändeln und in der Liebe, zurück, großartig gesteigert in den Klageliedern.

Mein Alter ist ja erst der Anfang, recht zu leben,
Indem mir Raum und Zeit noch manchen Scherz kann geben.
Wie? Überspringt dies nun die Staffeln der Natur?
Mein Geist, der wie die Glut in fetten Zedern brannte,
Verdruß und Traurigkeit aus allen Winkeln bannte
Und wie der Blitz bei Nacht aus Mund und Antlitz fuhr.

Da erscheinen Gedichttitel wie „Die unwiederbringliche Zeit" „Die schmerzliche Erinnerung der Jugendjahre". Auch das schöne „Abendlied" beginnt mit der Zeitthematik:

Abermal ein Teil vom Jahre,
Abermal ein Tag vollbracht;
Abermal ein Brett zur Bahre
Und ein Schritt zur Gruft gemacht.

Also nähert sich die Zeit
Nach und nach der Ewigkeit,
Also müssen wir auf Erden
Zu dem Tode reifer werden.

Unser Phillis-Gedicht ist streng, beinahe nüchtern und glüht nicht wie manche Leonorenverse. So können wir hier auch nicht den ganzen Günther erfahren, ja was uns als der eigentümlich Günthersche Ton erscheint: die persönlich-erfüllte Liebesaussprache und der erschütternde Schmerz der Klagelieder, das klingt hier kaum auf. Es ist jedoch der Boden, auf dem diese verhaltenen „späten" Verse erst entstehen konnten.

Aber die zwei Strophen, in schlichten vierhebigen Versen ablaufend, sind in sich so rund und geschlossen, daß wir sie als vollkommen empfinden. Hier sind Goethes Worte von der zerronnenen Dichtung fehl am Platze. Und unmittelbar empfundene Vollkommenheit von Dichtung, gleich welcher Zeit und Sprache, ist doch die reinste Quelle unserer Freude am Gedicht und schönster Anlaß der Begegnung mit ihm.

VON DER AUFKLÄRUNG ZUR GENIEZEIT

JOHANNES PFEIFFER

CHRISTIAN FÜRCHTEGOTT GELLERT

Die Ehre Gottes aus der Natur

Die Himmel rühmen des Ewigen Ehre,
Ihr Schall pflanzt seinen Namen fort.
Ihn rühmt der Erdkreis, ihn preisen die Meere;
Vernimm, o Mensch, ihr göttlich Wort!

Wer trägt der Himmel unzählbare Sterne?
Wer führt die Sonn aus ihrem Zelt?
Sie kömmt und leuchtet und lacht uns von ferne,
Und läuft den Weg, gleich als ein Held.

Vernimm's und siehe die Wunder der Werke,
Die die Natur dir aufgestellt!
Verkündigt Weisheit und Ordnung und Stärke
Dir nicht den Herrn, den Herrn der Welt?

Kannst du der Wesen unzählbare Heere,
Den kleinsten Staub fühllos beschaun?
Durch wen ist alles? O gib ihm die Ehre!
Mir, ruft der Herr, sollst du vertraun.

Mein ist die Kraft, mein ist Himmel und Erde;
An meinen Werken kennst du mich.
Ich bin's und werde sein, der ich sein werde,
Dein Gott und Vater ewiglich.

Ich bin dein Schöpfer, bin Weisheit und Güte,
Ein Gott der Ordnung und dein Heil;
Ich bin's! Mich liebe von ganzem Gemüte,
Und nimm an meiner Gnade teil.

Geistliche Lyrik stellt insofern einen dichterischen Grenzfall dar, als sie das Übersteigen der Sinnenwelt mit einer Beschwörung zu vereinigen hat, deren Gestalthaftigkeit zurückverweist eben auf die überstiegene und überwundene Sinnenwelt als ein Gewebe von beseelten Erscheinungen. Die Darstellungsform, die auf diese Weise entsteht, ist von einer eigentümlichen Gebrochenheit: zeichenhaft schwebend zwischen Bild und „Begriff", zwischen anschaulicher Besonderung und gedanklicher Allgemeinheit. — Und noch in einer zweiten Hinsicht handelt es sich um einen Grenzfall:

So gewiß geistliche Lyrik im Dienst der Verkündigung steht, so gewiß muß sie die selbstgenugsame Darstellung verbinden mit erbaulicher Betrachtung und mahnendem Zuspruch. Ob und in welchem Maße es gelingt, diese lehrhaften und bekenntnishaften Wesenselemente dichterisch einzuschmelzen: das ist hier immer wieder die entscheidende Frage; denn sonst bleibt statt rhythmisch-schwingender und bildhaft-beschwörender Sinngestalt nur noch die metrisch-abgeteilte und mit Gleichnissen geschmückte Verstandesrede.

Gellerts geistliche Lyrik erfüllt noch einmal in aufklärerischer Abwandlung das Formgesetz dieser ganzen Gattung. — Die aufklärerische Abwandlung zeigt sich in der Seinserfahrung wie in der sprachlichen Gestaltung. Die Seinserfahrung ist bestimmt durch die harmonische Einheit von Vernunft und Glauben; die Welt muß nicht mehr — wie im 17. Jahrhundert — verneint und verleugnet werden, damit der göttliche Urgrund sich erschließe, sondern enthüllt selber in ihrer diesseitigen Ordnung den jenseitigen Schöpfergott. Es ist die Haltung einer frommen, einer gläubigen Vernunft; denkende Hingabe an die transparente Zeichenschrift der Welt führt zur anbetenden Erkenntnis der die Schöpfung tragenden und durchwaltenden Allmacht. Das Leben aus der Gnade gibt sich hier als Ergänzung und Vollendung der autonomen Menschlichkeit und der natürlichen Einsicht. Mit alledem gewinnt das für die geistliche Lyrik grundlegende Transzendieren eine Wesensform, in der das moralisch-didaktische Erwägen und Überlegen besonders stark ausgeprägt ist; demgemäß ist die sprachliche Gestaltung in ihrer nüchternen Durchsichtigkeit und nachdrücklichen Genauigkeit nicht immer ganz frei von hölzerner Umständlichkeit. So auch in unserem Beispiel.

Die breit-ausholende Komposition paart die stählerne Statik besonnener Überschau mit der verhaltenen Dynamik der sich zu Gott erhebenden Seele. Das Ganze strebt in monumentaler Wölbung dem Abschluß zu, wo der beschwörende Aufblick zu den sprechenden Zeichen der Schöpfung einmündet in die Wiedergabe dessen, was als unmittelbare göttliche Anrede den inneren Menschen trifft.

Genauer gliedert das Gedicht sich in drei Teile: In Strophe 1 und 2 hat die bildhafte Darstellung das Übergewicht über die erbauliche Betrachtung, wie sie durchbricht nur in dem Anruf im letzten Vers der ersten Strophe und in der hinweisenden Frageform von Vers 1 und 2 der zweiten Strophe. In Strophe 3 und 4 sind die anschaulichen Erscheinungen fast nur noch als abgezogene Grundvorstellungen gegeben, als ausdrückliche Zeichen, die gebrochen und aufgefangen sind durch Anruf (Vers 1 und 2 der dritten Strophe), Frage (Vers 3 und 4), neu einsetzende Frage (Vers 1 und 2 der vierten Strophe), knapp zuspitzende Frage (Vers 3), steigernd-zusammenfassenden Anruf (Vers 3, zweite Hälfte). Der vierte Vers der vierten Strophe zieht die Summe und leitet zugleich über zu den letzten beiden Strophen, mit denen das Gedicht in einer umfassend-allgemeinen Selbstaussage Gottes ausklingt.

Die Satzfügung ist durchweg beherrscht vom Gesetz einer parataktischen Parallelität. Versgliederung und Satzgliederung decken sich so, daß sich ein Strophenbau von übersichtlichem Ebenmaß ergibt. Dem entspricht ein Rhythmus, dessen machtvolles Schreiten wuchtigen Schwung mit stauender Schwere verbindet. Hin und wieder freilich wird diese zu schleppender Lahmheit, so im letzten Vers der dritten Strophe, wo die Wiederholung („den Herrn, den Herrn") stockig wirkt, oder im dritten Vers der fünften Strophe, wo die rhythmische Bewegung lasch versandet.

Die Tongestalt verdichtet sich immer wieder zu Assonanzen und Alliterationen von gesteigerter Eindringlichkeit. „Des Ewigen Ehre" hat eine eherne Gewalt. „Ihr Schall pflanzt seinen Namen fort" strahlt feierliche Erhabenheit aus. „Sie kömmt und leuchtet und lacht uns von ferne, / Und läuft den Weg, gleich als ein Held" ist gesättigt mit kindlicher Freude. „Die Wunder der Werke" verbindet sanfte Gelöstheit mit lapidarer Wucht.

Und schließlich die kontemplativ-gefilterte Bildlichkeit in ihrer Einheit von umfassender Weite und stellvertretender Besonderung: so wenn der großartig-prägnante Eingangsvers den Umkreis der Schöpfung im gläubigen Aufstieg zum Ewigen und Anderen öffnet; oder wenn in der zweiten Strophe die Vorstellung der Sonne eine ebenso schlichte wie monumentale Beseeltheit erreicht, die bei aller allegorisierenden Naivität jede bloße Übertragung hinter sich läßt.

ROBERT ULSHÖFER

FRIEDRICH GOTTLIEB KLOPSTOCK

Die Frühlingsfeier

Nicht in den Ozean der Welten alle
Will ich mich stürzen! schweben nicht,
Wo die ersten Erschaffnen, die Jubelchöre der Söhne des Lichts,
Anbeten, tief anbeten und in Entzückung vergehn!

Nur um den Tropfen am Eimer,
Um die Erde nur will ich schweben und anbeten!
Halleluja! Halleluja! Der Tropfen am Eimer
Rann aus der Hand des Allmächtigen auch!

Da der Hand des Allmächtigen
Die größeren Erden entquollen,
Die Ströme des Lichts rauschten und Siebengestirne wurden,
Da entrannest du, Tropfen, der Hand des Allmächtigen!

Da ein Strom des Lichts rauscht' und unsre Sonne wurde,
Ein Wogensturz sich stürzte wie vom Felsen
Der Wolk' herab und den Orion gürtete,
Da entrannest du, Tropfen, der Hand des Allmächtigen!

Wer sind die tausendmal Tausend, wer die Myriaden alle,
Welche den Tropfen bewohnen und bewohnten? und wer bin ich?
Halleluja dem Schaffenden! mehr wie die Erden, die quollen,
Mehr wie die Siebengestirne, die aus Strahlen zusammenströmten!

Aber du, Frühlingswürmchen,
Das grünlichgolden neben mir spielt,
Du lebst — und bist vielleicht,
Ach, nicht unsterblich!

Ich bin herausgegangen, anzubeten,
Und ich weine? Vergib, vergib
Auch diese Träne dem Endlichen,
O du, der sein wird!

Du wirst die Zweifel alle mir enthüllen,
O du, der mich durch das dunkle Tal
Des Todes führen wird! Ich lerne dann,
Ob eine Seele das goldene Würmchen hatte.

Bist du nur gebildeter Staub,
Sohn des Mais, so werde denn
Wieder verfliegender Staub,
Oder was sonst der Ewige will!

Ergeuß von neuem du, mein Auge,
Freudentränen!
Du, meine Harfe,
Preise den Herrn!

Umwunden wieder, mit Palmen
Ist meine Harf umwunden; ich singe dem Herrn!
Hier steh ich. Rund um mich
Ist alles Allmacht und Wunder alles!

Mit tiefer Ehrfurcht schau ich die Schöpfung an,
Denn du,
Namenloser, du
Schufest sie.

Lüfte, die um mich wehn und sanfte Kühlung
Auf mein glühendes Angesicht hauchen,
Euch wunderbare Lüfte,
Sandte der Herr, der Unendliche!

Aber jetzt werden sie still, kaum atmen sie.
Die Morgensonne wird schwül!
Wolken strömen herauf!
Sichtbar ist, der kommt, der Ewige!

Nun schweben sie, rauschen sie, wirbeln die Winde!
Wie beugt sich der Wald! Wie hebt sich der Strom!
Sichtbar, wie du es Sterblichen sein kannst,
Ja, das bist du, sichtbar, Unendlicher!

Der Wald neigt sich, der Strom fliehet, und ich
Falle nicht auf mein Angesicht?
Herr! Herr! Gott! barmherzig und gnädig!
Du Naher, erbarme dich meiner!

Zürnest du, Herr,
Weil Nacht dein Gewand ist?
Diese Nacht ist Segen der Erde.
Vater, du zürnest nicht!

Sie kommt, Erfrischung auszuschütten
Über den stärkenden Halm,

Über die herzerfreuende Traube.
Vater, du zürnest nicht!

Alles ist still vor dir, du Naher!
Ringsumher ist alles still!
Auch das Würmchen, mit Golde bedeckt, merkt auf.
Ist es vielleicht nicht seelenlos? ist es unsterblich?

Ach, vermöcht ich dich, Herr, wie ich dürste, zu preisen!
Immer herrlicher offenbarest du dich!
Immer dunkler wird die Nacht um dich
Und voller von Segen!

Seht ihr den Zeugen des Nahen, den zückenden Strahl?
Hört ihr Jehovas Donner?
Hört ihr ihn? hört ihr ihn,
Den erschütternden Donner des Herrn?

Herr! Herr! Gott!
Barmherzig und gnädig!
Angebetet, gepriesen
Sei dein herrlicher Name!

Und die Gewitterwinde? sie tragen den Donner!
Wie sie rauschen! wie sie mit lauter Woge den Wald durchströmen!
Und nun schweigen sie. Langsam wandelt
Die schwarze Wolke.

Seht ihr den neuen Zeugen des Nahen, den fliegenden Strahl?
Höret ihr hoch in den Wolken den Donner des Herrn?
Er ruft: Jehova! Jehova!
Und der geschmetterte Wald dampft!

Aber nicht unsere Hütte!
Unser Vater gebot
Seinem Verderber,
Vor unsrer Hütte vorüberzugehn.

Ach, schon rauscht, schon rauscht
Himmel und Erde vom gnädigen Regen!
Nun ist — wie dürstete sie — die Erd' erquickt!
Und der Himmel der Segensfüll' entlastet.

Siehe, nun kommt Jehova nicht mehr im Wetter;
In stillem, sanftem Säuseln
Kommt Jehova,
Und unter ihm neigt sich der Bogen des Friedens!

Vorbemerkung

Als am 14. März 1953 sich zum 150. Mal der Todestag Klopstocks jährte, schwiegen die Zeitungen aus Scheu vor dem fertigen Urteil der Öffentlichkeit, schwieg auch die Fachwelt. Man vergleiche damit die Feier des 150. Todestages Schillers zwei Jahre später und man kann die Tatsache mit Händen greifen: Schiller lebt, Klopstock ist im Bewußtsein unseres Volkes tot.

Unsere Jugend findet von sich aus keinen Zugang zu seinem Werk. Mit Mühe wird gelegentlich ein Gedicht wie „Die Frühlingsfeier“ der musealen Entrücktkeit für einen Augenblick entrissen; aber es wird belächelt oder einfach zur Kenntnis genommen und dann wieder an seinen musealen Ort gestellt. Der übertrieben hymnische Stil ist unzeitgemäß; das nüchterne und „gesunde“ Empfinden der Jugend lehnt die Tränen einer rührseligen Zeit der Empfindsamkeit, der es angehört, ab. Allenfalls läßt sie sich die Schilderung des Gewitters gefallen. Daß Klopstock ein Wegbereiter der modernen Dichtung und ein großer Sprachschöpfer ist, nimmt der junge Mensch zur Kenntnis, aber die Tatsache berührt ihn nicht in seinem Wesenskern.

Wenn wir im folgenden nachzuweisen suchen, daß Klopstock überaus modern ist und die Beschäftigung mit ihm für unsere Jugend einen Schritt zum Verständnis des Selbst und der Gegenwart bedeutet, so stützen wir uns nicht nur auf unsere Erfahrung, sondern vielmehr auf eine Erkenntnis, die uns bei aller Arbeit leitet: Was im echten Sinne einmal historisch wirksam war, was die Kulturentwicklung eines Volkes irgendwann entscheidend bestimmt hat, das ist auch in der Gegenwart, wenn auch nur latent, wirksam und kann auch dem Menschen der Gegenwart noch als bedeutsam und unsere Zeit erhellend erschlossen werden. Wir dürfen freilich nicht stehenbleiben bei einer statischen Betrachtung der Vergangenheit und einer rein beschreibenden Literaturgeschichte, sondern müssen zu einer dynamischen Betrachtungsweise der Vergangenheit weiterschreiten. Wir wollen nicht fragen: Was war?, sondern: Wie ist es geworden?

Wie hat Klopstock ein so großer Sprachschöpfer und ein Wegbereiter der neuen Dichtung werden können? — Neue Wörter werden aus neuem Welt- und Gotteserleben geboren; sie dringen aus der Tiefe einer neuen Weltsicht unter Schmerzen ans Licht des Tages. Wenn es uns gelingt, die Kräfte sichtbar zu machen, welche Klopstock zu einem unserer großen Sprachschöpfer gemacht haben, so dürfen wir gewiß sein, damit dem jungen Menschen eine Einsicht in das Geheimnis geistigen Lebens vermittelt zu haben.

Vorbereitung

Die „Frühlingsfeier" läßt sich nicht aus sich selbst, sondern nur aus der Klopstockschen Gesamtweltschau heraus verstehen, die in der „Frühlingsfeier" nur zum Teil, jedoch nicht so Gestalt angenommen hat, daß wir die Besonderheit dieser Weltschau daraus ableiten könnten. Gewiß darf keine Interpretation etwas in das Gedicht hineinlegen; sie muß vielmehr alles aus ihm herausholen. Das kann sie aber nur, wenn sie mit der richtigen Fragestellung an das Gedicht herantritt.

Die Einführung in das Verständnis Klopstocks erfolgt am einfachsten von der Abiturientenrede in Schulpforta 1745 aus. Was würden wir von einem Abiturienten halten, der auf der Schlußfeier vor ein paar Wochen oder Monaten in seiner Abiturientenrede etwa folgendes ausführte:

> Wir (Deutsche) schwingen uns empor, wir werden geehrt und selbst von stolzen Ausländern hoch geschätzt. Warum aber hat denn nur die Poesie, diese göttliche Kunst, das unglückliche Schicksal, daß sie fast allein nur von ungeweihten Händen betastet und am Boden niedergehalten wird? Wendet mir nicht ein, wir hätten doch Dichter, die über die Mittelmäßigkeit erhaben, an ihre Unsterblichkeit glauben dürften; wendet mir dieses nicht ein; denn ich spreche vom Epos, diesem höchsten Werke der Dichtkunst. Ein solches hat bisher noch keinen Dichter unter uns gefunden. Versucht freilich haben wir es; aber was war der Preis, der Erfolg unserer Mühe? . . . Durch die Tat, durch ein großes unsterbliches Werk muß gezeigt werden, was wir vermögen! . . . O wie wünschte ich, daß ich dieses in einer Versammlung der vorzüglichsten Dichter Deutschlands sagen könnte!

Nehmen wir an, wir hätten diese Worte selbst gehört, in denen ein Abiturient unsere Dichter der Gegenwart, Hermann Hesse, Gertrud von le Fort, Ina Seidel, Thomas Mann, Hans Carossa und andere, als Zuhörerschaft vor sein Podium zitiert, um ihnen zu sagen, was sie sein und leisten sollten. Wir würden ihn als unreif und überheblich verurteilen. Klopstock aber wurde nicht vom Größenwahn zu solchen Worten getrieben, sondern von einer neuen Weltschau. Was er Neues gesehen hat, sagt er ebenfalls in dieser Rede, da er über den Dichter der Zukunft spricht:

> Vor seinen Augen eröffne sich das ganze Gebiet der Natur und die andern unzugängliche Größe der verehrungswürdigen Religion! Selbst die Ordnung der künftigen Jahrhunderte bleibe ihm nicht ganz verschlossen und dunkel! Von diesen seinen Lehrerinnen werde er gebildet — des menschlichen Geschlechts, der Unsterblichkeit und Gottes selbst, den er vorzüglich preisen wird, würdig!

Dreierlei verlangt er von dem Dichter der Zukunft:

1. Einblick in das ganze Gebiet der Natur,

2. Einblick in das anderen Menschen unzugängliche Wesen der Religion, und aus beidem erwachse ihm
3. eine Schau der Ordnung der künftigen Jahrhunderte.

Nehmen wir diese Forderungen an den Dichter der Zukunft im vollen Wortsinn ernst, so müssen wir fragen: Wie sieht Klopstock die Natur, was versteht er unter „dem ganzen Gebiet der Natur"; worin erkennt er die anderen Menschen verborgene Größe der Religion, und was versteht er unter der „Ordnung der künftigen Jahrhunderte"? Ein Studium seiner Werke und der Geschichte der Gelehrtenschule in Pforta, der Klopstock seine neue Erkenntnis verdankt, läßt uns diese Frage beantworten.

Klopstock hat sich in Pforta nicht nur mit den mythischen Naturvorstellungen und dem Gottesbild des Alten und Neuen Testaments und der griechischen und römischen Antike beschäftigt, sondern auch eingehend mit den naturwissenschaftlichen Erkenntnissen des 16., 17. und 18. Jahrhunderts. Das naturwissenschaftliche Weltbild eines Kopernikus, Kepler, Galilei, Newton, Leibniz und der Begründer der modernen Biologie, das in den Grundzügen noch heute gültig ist, hat Klopstocks Naturbegriff bestimmt. Zwei Erfindungen stehen am Anfang der modernen Naturerkenntnis: das Fernrohr und das Mikroskop. Mit Hilfe des ersten konnte das ptolemäische Weltbild überwunden und der gesetzmäßige Aufbau des Weltalls entdeckt, mit Hilfe des zweiten konnte der Bau der Zelle und damit der Mikrokosmos erforscht werden. Klopstock preist in seinen späteren Gedichten Kepler ebenso wie Herschel, einen der großen Verbesserer des Fernrohrs, und Leibniz, dem es gelungen ist, das Unendlich-Große und das Unendlich-Kleine in der Operation der Differential- und Integralrechnung mathematisch zu bestimmen. Wenn der Abiturient von dem „ganzen Gebiet der Natur" spricht, so liegt diesem Ausdruck kein verschwommenes, aesthetisch bestimmtes Naturgefühl moderner Naturliebhaber, sondern ein für seine Zeit exaktes Wissen vom Aufbau des Makrokosmos und des Mikrokosmos zugrunde. Klopstock ist der erste Dichter, der dieses naturwissenschaftliche Weltbild zur Grundlage seiner Weltanschauung und zum Gegenstand seiner Dichtung gemacht hat.

Dieses naturwissenschaftliche Weltbild hat auch Klopstocks religiöses Weltbild und sein Bild vom Menschen von Grund auf bestimmt. Das Weltbild des Ptolemäus war bis zu Klopstock das einzige in der Dichtung herrschende; und es ist eigentlich bis heute die Grundlage der meisten dichterischen Weltbilder geblieben. Es ist dies das anthropozentrische Weltbild des naiven Realismus, für den die Erde der Mittelpunkt des Alls und der Mensch der Mittelpunkt der Erde, das Maß aller diesseitigen Dinge ist. Klopstock ist der erste Dichter, wenn wir von einigen religiösen Dichtern des Barocks absehen, der sich von diesem ptolemäischen Weltbild mit seinen drei Reichen — Erde als dem Mittelpunkt des Kosmos, Himmel als dem Ort der Gottheit und der Hölle als der Unterwelt — löst. Er hat in der Dichtung die kopernikanische Wendung vollzogen. Ja, er ist von diesem naturwissenschaftlichen Weltbild bis in die Tiefen seiner Seele aufgewühlt worden. Die große, erschütternde Frage, die ihn sein Leben hindurch beschäftigte, lautet: Was ist der Mensch und was die Erde angesichts der Unendlichkeit des Alls; wo und wie sind Gott und Satan in dem neuentdeckten Universum zu finden, und welche Bedeutung hat Christus als der Mittler zwischen Gott und den Menschen?

Die Erde ist ein Nichts in der unendlichen Zahl der Milchstraßensysteme; Gott unfaßbar, unausdenkbar, unbegreiflich; der Unerschaffene, Unendliche. Die Bedeutung der Vorsilbe „un" bei Klopstock weist auf diese Erkenntnis des ganz Andersartigen im Wesen Gottes, des Menschen und der Welt hin. Der Mensch ist nur ein Stäubchen im unvorstellbaren All. Klopstock wird damit der erste, der aus der Schau des Universums im „Messias" das Erlebnis des Verlorenseins des Menschen dichterisch darstellt, das Erlebnis der absoluten Verlassenheit, der absoluten Leere, das Gefühl des Versinkens der Seele von Milchstraßensystem zu Milchstraßensystem ins Bodenlose. Deshalb ist er der erste moderne Dichter! — In diesem Weltall spielt der Satan eine ganz neue Rolle. Nicht nur Gott, auch der Satan ist größer und gewaltiger, zerstörender geworden; er ist die Gegenkraft gegen Gott, fähig, den Menschen von seinem Ursprung abzuziehen. — Wo ist in diesem Weltall der Himmel (räumlich vorgestellt) und wo die Hölle? Klopstock beantwortet auch diese Frage im „Messias". — So steht der Mensch, das Unendlich-Kleine, im Angesicht der Unendlichkeit des Alls zwischen zwei Mächten: zwischen der unfaßbaren Schöpferkraft Gottes und der unheimlichen, zerstörenden Macht Satans, preisgegeben dem Untergang. Wie ist der Mensch in seiner Kleinheit zu retten? Er ist zwar nur ein verschwindendes Stäubchen im All, aber doch gewaltiger, wirkungsmächtiger als die Milchstraßensysteme des Kosmos; er ist der Brennpunkt neuer, gewaltiger göttlicher wie satanischer Mächte. Seine Rettung aus dem körperlich und seelisch-geistigen Nichts ist möglich dank der Mittlerkraft Christi. Auch der Mittler wird neu geschaut in dieser neuen Welt.

Das Neue an Klopstocks dichterischer Weltschau entsteht aus der Verbindung des modernen naturwissenschaftlichen Denkens mit den Gehalten und Glaubensvorstellungen des Christentums. Schon der Abiturient muß von der Gültigkeit dieses Weltbildes fest überzeugt gewesen sein, sonst hätte er nicht in dieser Verbindung das Ordnungsbild der künftigen Jahrhunderte erblicken können. In der Tat gibt ihm gerade hierin unsere Zeit recht. Sie hat das Wirken Gottes und die Furchtbarkeit Satans neu erlebt und auch die Verlorenheit des Menschen im All neu erkannt. Die Angst des modernen Menschen entspringt solchem Erleben der Verlassenheit. Sie hat in der Dichtung wie in der bildenden Kunst Ansätze gemacht zu einer neuen kosmisch-religiösen Dichtung. Wir können von hier aus die Dichtung Kafkas einerseits, von Georges Bernanos, Graham Greene, Gertrud von le Fort andererseits in einen großen Zusammenhang rücken.

Vor welcher Aufgabe, so fragen wir, steht Klopstock, wenn er seine neue kosmisch-religiöse Welt- und Gottesschau dichterisch gestalten will? Sein Weltbild ist nicht statisch, sondern dynamisch. Er kennt die unvorstellbare Geschwindigkeit, mit der die Erde um die Sonne und die Sonne um einen neuen Mittelpunkt im Milchstraßensystem geschleudert wird. Er weiß, daß sich alle diese Milchstraßensysteme in jeder Sekunde in unermeßliche Räume fortbewegen. Ist überhaupt eine kosmisch-religiöse Dichtung denkbar, die uns eine Vorstellung vermittelt von diesem kosmisch-physischen und religiös-metaphysischen Ereignissen im Weltall?

Mit dieser Leitfrage treten wir an die Dichtung Klopstocks heran. Diese Frage spannt unser räumliches und inneres Vorstellungsvermögen. Denn so wie Klopstock aus seiner neuen Welt- und Gottesschau zum Dichter und Sprachschöpfer geworden ist, so können wir seine Dichtung nur aus einer verwandten Vorstellungswelt verstehen und würdigen. Wenn wir uns die Aufgabe vor Augen halten, vor der Klopstock stand, nämlich die Bewältigung der neugeschauten Welt durch das Wort, so gewinnen wir am leichtesten den Zugang zu seiner Dichtung.

Die Fragestellung

Drei Aufgaben hat Klopstock als Dichter zu bewältigen:

a) Er muß die unvorstellbaren Größenordnungen des Universums anschaulich vorführen: er muß das Unfaßbare faßbar machen, das Unendlich-Große mit dem Unendlich-Kleinen verknüpfen, so daß beides vorstellbar wird. Dazu bedarf er neuer Sprachbilder.

b) Er muß die unerhörte Dynamik der Bewegung im Weltall im Wort einfangen. Die 300 000 km, mit denen sich das Licht in der Sekunde im Raum ausbreitet, die 40 km, mit denen die Milchstraßensysteme sich in der Sekunde ins Unbekannte bewegen, muß er in sprachliche Bewegung übersetzen.
c) Er muß die geistig-religiöse Ordnung der Welt, das Gerissenwerden des Menschen zwischen Gott und Satan verknüpfen mit dem physischen und biologischen Geschehen. Die Verbindung von äußerer Dynamik und innerer Dramatik muß das Kennzeichen seiner Dichtung sein. Das Geheimnis des Göttlichen und Menschlichen, des Jenseitigen und Diesseitigen, des Sterblichen und Unsterblichen muß neu gedeutet und gestaltet werden.

Jetzt erst, nachdem wir die erregende Fragestellung für die ganze Klopstocksche Dichtung gefunden haben, können wir uns um die Interpretation der einzelnen Werke bemühen. Nicht die „Oden" erscheinen jetzt als das Größte, sondern der „Messias" und „Der Tod Adams", erst an dritter Stelle kommen die „Oden". Doch auch für diese gelten die drei Fragestellungen als Richtpunkte.

Die Größenordnungen in der „Frühlingsfeier"

Nachdem die Fragestellung für die Klopstocksche Dichtung erarbeitet ist, lassen sich die verschiedenen räumlich-gegenständlichen Größenordnungen in der „Frühlingsfeier" leichter finden. Das Ergebnis der Untersuchung sei vorweggenommen: Wir unterscheiden die makrokosmische des Unendlich-Großen, die natürliche des naiven Realismus unserer Erde und die mikrokosmische des Unendlich-Kleinen. Die Sprachbilder verdeutlichen diese verschiedenen Größensysteme: Der „Ozean der Welten" meint das Weltall mit all seinen Milchstraßensystemen, der „Eimer" unser Sonnensystem, und der „Tropfen am Eimer" bedeutet unsere Erde. Gegenüber dem Ozean der Welten ist der Tropfen am Eimer das Unendlich-Kleine, Verschwindende, das Nichts. Unvorstellbar für uns, wie viele Tropfen in einem Eimer, wie viele Eimer in dem ganzen Ozean enthalten sind! In dieser makrokosmischen Größenordnung verschwindet unsere Erde zu einem Nichts. Wenden wir uns von der makrokosmischen zur natürlichen Größenordnung unserer naiven Erfahrung, dann wird diese Erde, recht besehen, das Unvorstellbar-Große, bewohnt von „Myriaden" von Menschen seit ihrer Entstehung. Dieser Erde und ihrer Geschichte gegenüber ist dann wiederum der einzelne Mensch das Unendlich-Kleine, das Nichts. Schalten wir von dieser naiven Ordnung um zu der Größenordnung des Mikrokosmischen, so erscheint der

Mensch als das unendlich-große und mächtige Wesen gegenüber dem „Frühlingswürmchen“, das als Beispiel für das kleinste Lebewesen unserer Erde steht.

Wir halten fest: Klopstock bewegt sich in unserer Ode innerhalb von drei verschiedenen Größenordnungen oder Maßbereichen. Ganz plötzlich, gelegentlich sogar innerhalb ein und derselben Strophe, wechselt er von der einen auf die andere, reißt damit den Blick des betrachtenden Lesers von einer Welt in die andere und verknüpft alle drei Bereiche, Makrokosmos, Erde, Mikrokosmos, zu einer gegenständlichen Ganzheit. Die Gesamtschöpfung wird dadurch in ihren Dimensionen anschaubar.

Die Dynamik der Bewegung

Wie gelingt es Klopstock, die unvorstellbare Bewegung im All vorstellbar zu machen? Die Verben der Bewegung: stürzen, schweben, vergehen, entquellen, rauschen, werden, entrinnen sind nicht das Entscheidende; sie erhalten ihre Intensität durch die Dynamik der Sprachbilder, welche an die Grenze des menschlichen Vorstellungsvermögens reichen und dadurch verblüffen.

Die drei Eingangsstrophen geben uns Antwort auf die Frage, wie Klopstock die ungeheure Bewegung im All faßbar macht: Durch das plötzliche Hinüberspringen von einer Größenordnung zur anderen überrascht er den Leser und nötigt ihn, unfaßbar verschiedene Größenverhältnisse ins Auge zu fassen. Dadurch schon erweckt er den Eindruck einer ungeheuren Bewegung im All. Diesen Eindruck verstärkt er durch die großen mythischen Bilder der sich durch die Himmel hin erstreckenden Hand Gottes und der aus dieser Hand herabstürzenden und im Stürzen entstehenden Milchstraßensysteme. Die Verben der Bewegung sind nicht nur Intensiva einer starken physikalischen Bewegung wie „stürzen“, „entrinnen“, „entquellen“, sondern auch Intensiva einer starken akustischen Bewegung wie „rauschen“, „ein Strom des Lichts rauscht“, und Intensiva seelischer Bewegung wie „in Entzückung vergehn“! Alle diese Verben wenden sich — wie auch das Bild von den „Jubelchören der Söhne des Lichts“ — an Auge und Ohr, an die äußere und innere Vorstellungskraft, an das sinnliche und übersinnliche Gefühlsvermögen, so daß der Betrachter mit allen seinen körperlichen und seelisch-geistigen Sinnen hineingerissen wird in diese Bewegung und ein passiv Mitspielender in dem großen dramatischen Geschehen der Weltwerdung wird. Der Dichter reißt aber den Betrachter sofort aus der passiven Haltung heraus und macht ihn zu einem Mithandelnden in dem Geschehen dadurch, daß er wie jener anbetet, bewundert, verehrt. Der betrachtende Leser wird zum sprechenden „Ich".

Mit diesen Eingangsversen schafft der Dichter sofort den Großraum des Alls; die Phantasie des Lesers muß in gewaltigem Flug die Milchstraßensysteme durcheilen, die Fülle des Lichts von unzähligen Sonnen sich vergegenwärtigen und hinter dieser Fülle jubilierende Engelchöre entdecken, welche den über diesem Großraum des Alls thronenden Schöpfer preisen. Die große Gebärde des Schöpfergottes, der seine Hand über die Milchstraßensysteme hin ausstreckt; das Fallen ganzer Weltsysteme aus dieser Hand; das vernehmbare Rauschen des Lichts durch diese Schöpfung — diese die ganze Unendlichkeit des Raumes mit Leben und Licht erfüllende Gebärde wird mit ein paar kühnen Sätzen entworfen. Das Ergebnis ist dies: Keine mechanische, starre Bewegung der toten Materie; vielmehr lebendige, beseelte Bewegung herrscht im All; der Makrokosmos ist beseelt, verlebendigt durch die Wirklichkeit und Wirksamkeit Gottes. In jedem Augenblick, da der Mensch seinen Blick mit Bewußtsein zum Himmel erhebt, erkennt er, wie Gott das Schöpfungswunder vollbringt. Jeder Augenblick der Welt ist Schöpfungsgeschichte, Schöpfungsneubeginn. Ein erregender Gedanke!

Durch diese Gegenwart Gottes erhalten alle kosmischen Bilder metaphysischen Gehalt; alles Stoffliche und alles physikalische Geschehen wird vergeistigt, beseelt, zum unvergänglichen Leben erweckt. Auch unsere Erde, so winzig klein sie ist, wird Schöpfung, Werk und Zeugnis der Gegenwart des Einzigen:

Da ein Strom des Lichts rauscht', und unsre Sonne wurde,
Ein Wogensturz sich stürzte wie vom Felsen
Der Wolk' herab und den Orion gürtete,
Da entrannest du, Tropfen, der Hand des Allmächtigen!

Die physische und die metaphysische Größenordnung

In der nächsten Strophe beginnt der Umschlag von der physischen Dynamik zur geistig-religiösen Dramatik der Welt:

Wer sind die Tausendmal tausend, wer die Myriaden alle,
Welche den Tropfen bewohnen, und bewohnten? und wer bin ich?
Halleluja dem Schaffenden! mehr wie die Erden, die quollen,
Mehr wie die Siebengestirne, die aus Strahlen zusammenströmten!

Der Tropfen wurde und wird von tausendmal tausend, von Myriaden von Menschen bewohnt. Er schwillt mit dieser unfaßbar hohen Zahl von Menschen zu seiner natürlichen und geschichtlichen Größe an. In dieser Unzahl von Lebewesen ist der einzelne wiederum verschwindend wenig, ein Nichts: „Wer bin ich?“ — Angesichts der kosmischen Ordnung ist unsere Erde ein Nichts, angesichts der natürlichen Ordnung bin ich innerhalb der Unzahl der Menschen ein Nichts. Nun aber erfolgt der Umschwung vom Unendlich-Kleinen zum Unendlich-Großen. Das Unendlich-Kleine, der Mensch, ist unendlich-groß in geistig-metaphysischer Hinsicht, „. . . mehr wie die Erden, die quollen, / Mehr wie die Siebengestirne, die aus Strahlen zusammenströmten!“ Der Mensch, dieses Nichts im Weltall, ist das große Wunder: der „gebildete Staub“, ist unsterblich; in ihm lebt Geist vom Geiste Gottes, er hat Teil an der Seele der Welt. Dieser Umschlag von der räumlichen, körperlichen Größenordnung zur geistig-metaphysischen Ordnung der Welt ist so überraschend, so plötzlich und so knapp ausgedrückt, daß dadurch der Leser oder Hörer erschüttert wird, wenn er den Sinn der Worte ganz in sich aufnimmt.

Aber des Geheimnisvollen ist es noch nicht genug, Klopstock kennt die Errungenschaften der Naturwissenschaften seiner Zeit, welche das Wirken des Blutkreislaufes und das Leben der Zelle erforscht haben. Gegenüber der kleinen Einzelzelle und gegenüber dem niedrigen Frühlingswürmchen ist der Mensch zwar in körperlicher und geistig-metaphysischer Hinsicht ungeheuer groß. Aber auch die Kleinlebewelt ist Ausfluß des Schöpfungswunders, auch in ihr lebt Kraft von der Kraft des Ewigen. Sollte diese Kraft endlich und vergänglich sein? Daß der Mensch als mit einer unsterblichen Seele begabt betrachtet wird, ist eine allgemein herrschende Vorstellung des Christentums. Daß aber auch das kleinste Lebewesen eine unsterbliche Seele habe, ist für Klopstock denknotwendig. Diese Vorstellung erwächst aus seiner Gottesvorstellung ebenso wie aus den neuesten Erkenntnissen der Naturwissenschaften seiner Zeit über das Leben und den Aufbau der Welt.

Es ist zu beachten, daß der folgende Teil um diese Frage der Unsterblichkeit der Kleinlebewelt und damit der Unvergänglichkeit alles Lebendigen kreist. Die Darstellung des Gewitters wird umrahmt von diesem Problem und erhält von hier aus ihre tiefere Bedeutung.

Die Entstehung des modernen Naturgefühls

Im allgemeinen bewundert man bei der „Frühlingsfeier“ vor allem die Darstellung des Gewitters, die gewiß von großer Eindringlichkeit ist. Aber macht man sich auch klar, daß diese Darstellung und damit überhaupt das Naturgefühl in der neuen Dichtung kosmisch-mythischen und kosmisch-metaphysischen Ursprungs ist?

Selbst das Glühwürmchen bei Klopstock lebt nicht isoliert, es wird auch nicht vom Standpunkt des Menschen aus als niedliches Leuchtkäferchen bewundert, es wird vielmehr in Beziehung gesehen zum Allmittelpunkt der Welt, zu Gott. Klopstock kann nichts, auch nicht das kleinste Lebewesen, isoliert, sondern nur als in dem größten Lebensbezug stehend sehen. Das ganze planetarische und mikroskopische Leben entdeckt Klopstock neu von der Schau des Gesamtkosmos aus. Die neue Bezogenheit von Makrokosmos und Mikrokosmos durch den Schöpfergott drückt später Goethe aus in den Worten: „Kein Wesen kann in Nichts zerfallen", und 100 Jahre nach der Entstehung der „Frühlingsfeier" entdeckt Robert Mayer das Gesetz von der Erhaltung der Energie! Das moderne Naturgefühl, ohne das wir uns die moderne Lyrik gar nicht denken können, stammt nicht aus bloßer Empfindung oder subjektiven Gefühlen, sondern einerseits aus einer überaus gegenständlichen, kontrollierbaren, wissenschaftlich begründeten Schau der Naturerscheinungen und andererseits aus einer christlich-religiösen Glaubenshaltung:

Hier steh ich. Rund um mich
Ist alles Allmacht und Wunder alles!

Mit tiefer Ehrfurcht schau ich die Schöpfung an,
Denn du,
Namenloser, du
Schufest sie.

Dieser Haltung entspringt das moderne Naturgefühl und die moderne Naturlyrik. Dabei offenbaren sich die Wunder im Unendlich-Großen wie im Unendlich-Kleinen, im makrokosmischen, im meteorologischen wie im mikrokosmischen Bereich. Das Besondere des Naturgefühls Klopstocks ist es, daß alle diese Bereiche unter sich und mit dem metaphysischen Bereich als in steter Wechselwirkung stehend erfahren und gestaltet werden. Das Frühlingswürmchen, „das grünlichgolden neben mir spielt", lebt und steht im Zusammenhang mit seinem Urquell, ist Offenbarung seiner Kraft und deshalb nach dem Glauben und Wunsch des Dichters unsterblich. Aber auch die vegetative Natur, das Leben der Pflanze, des Waldes, ja sogar das vororganische Leben des Stroms, der Winde, der Sturm, der Blitz, alle Erscheinungen des Daseins stehen im engen Zusammenhang mit dem Ewigen. Die Lüfte, die um den Dichter wehen und sanfte Kühlung auf sein Angesicht hauchen, sind für ihn Sendboten des Unendlichen. Die heraufströmenden Wolken nennt er sichtbare Gesandte des Ewigen. Das sind keine poetischen Bilder ohne Wirklichkeitsgehalt, sondern Benennungen von Sachverhalten. So wie in der Stufenleiter der Schöpfung vom Unendlich-Großen zum Unendlich-Kleinen alles der Hand des Schöpfers entquillt, so notwendigerweise auch Winde, Stürme, Blitze. Gott ist sichtbar in den Wolken: sie sind Ausstrahlungen seiner Allmacht.

Eine feste Ordnung herrscht in diesem Bereich der anorganischen und organischen Natur unserer Erde. Es ist die Ordnung vom Schenken und Nehmen, von Ruf und Antwort, die Ordnung des Wechselspiels von Schöpfer und Geschöpf.

Nun schweben sie, rauschen sie, wirbeln die Winde!
Wie beugt sich der Wald! Wie hebt sich der Strom!
Sichtbar, wie du es Sterblichen sein kannst,
Ja, das bist du, sichtbar, Unendlicher!

Der Wald neigt sich, der Strom fliehet, und ich
Falle nicht auf mein Angesicht?
Herr! Herr! Gott! barmherzig und gnädig!
Du Naher erbarme dich meiner!

Nicht etwa eine anschauliche Beschreibung des Gewitters, sondern ein kosmisch-mythisches Drama gibt der Dichter:

Seht ihr den neuen Zeugen des Nahen, den fliegenden Strahl?
Höret ihr hoch in der Wolke den Donner des Herrn?
Er ruft: Jehova! Jehova!
Und der geschmetterte Wald dampft!

Was bedeuten diese Worte? Jehova ruft im Donner, und der geschmetterte (nicht zerschmetterte, sondern angeschmetterte) Wald strömt ihm im aufsteigenden Dampf die Antwort entgegen. Anruf und Antwort, überirdische Kraft im meteorologischen Geschehen und biologisch-irdische Wirklichkeit sind einander zugeordnet und ergänzen sich.

Hier offenbart sich Ursprung und Prinzip neuzeitlichen Denkens und Naturgefühls: das Wechselspiel von Transzendenz und Immanenz als ein Wechselspiel von höherem Anruf und irdischem Antworten. In allen Gestalten des vitalen Lebens vom Frühlingswürmchen bis zum Menschen sieht Klopstock dieses Ineinander von Immanenz und Transzendenz: deshalb sein Postulat, daß auch das Frühlingswürmchen unsterblich sei.

Wir sehen in dieser Vorstellung den Beginn der neuzeitlichen Gestaltlehre, die in ihren Grundzügen von Herder und Goethe übernommen (und weiterentwickelt) worden ist. Der Ausdruck „gebildeter Staub" ist in diesem Zusammenhang bedeutsam. Staub ist vergänglich, ungeistig! „gebildet" aber ist der Staub (der Mensch), weil er vom Schöpfer mit Geist und Seele begabt ist. Der Vorgang der Bildung des Staubes ist mithin gebunden an das Hineinwirken der Transzendenz in die Immanenz des Stofflichen, Vergänglichen.

Aus dieser Konzeption des beseelten, vergänglichen Lebens auf unserer Erde, der Gestalt, und des Wechselspiels von Immanenz und Transzendenz in der Natur ist die moderne Dichtung und vor allem die moderne Lyrik hervorgewachsen. Daß sie sich im Laufe der zweiten Hälfte des 18. Jahrhunderts und stärker noch im 19. und 20. Jahrhundert von dem metaphysischen Mutterboden gelöst hat, hat ihr geschadet, denn sie ist dadurch oft zu einem ästhetisierenden Anempfinden von Naturstimmungen geworden.

Die sprachliche Haltung und der hymnische Vers

Wir Menschen der Gegenwart mögen die Sprache Klopstocks für manieriert, überschwenglich, rührselig halten. Sie ist es nur, sofern wir seine Grundkonzeption der Schöpfung und des Verhältnisses von Schöpfer und Geschöpf nicht mehr nachvollziehen können. Solcher Nachvollzug ist uns nur möglich, wenn wir uns ein naturwissenschaftlich exaktes Bild von den Größenverhältnissen und der Dynamik des Weltalls verschaffen, staunen lernen und auch andere zum Staunen und Erschauern führen. Es ist wenig ergiebig, die einzelnen Neubildungen der Klopstockschen Sprache aufzuzählen; wichtig ist es, seine sprachliche Haltung und die Bedeutung der Sprachgebärde zu verstehen, wie wir es an Beispielen versucht haben.

Wir geben zu dem obigen noch einige andere: Die Engel sind die „Jubelchöre der Söhne des Lichts"; sie „schweben" in dem „Ozean der Welten" und „vergehn" in „Entzückung". Das Licht ist Ausfluß der Fülle Gottes, das die ganze Schöpfung durchdringt und Leben spendet. Das Licht preist seinen Schöpfer, es nimmt in den Engeln sichtbare Gestalt an, sie sind „Söhne des Lichts", Boten Gottes, Verkünder seiner Unsterblichkeit; nicht der stofflichen Schwere unterworfen, deshalb „schwebend", bereit, sich in ihren Ursprung zurückzuergießen, d. h. aus „Entzückung" zu „vergehn". Der Dichter aber, ein Nichts, „gebildeter

Staub", will nicht stürzen, nicht „in Entzückung vergehn"; er ist sich seiner Ohnmacht, seiner Kleinheit, seiner Grenze bewußt. Aus dieser Bescheidenheit erwächst ihm seine Selbstheit, sein Eigensein, seine Eigenfunktion: er will nur um den „Tropfen am Eimer" schweben, d. h. z. B. um das Glühwürmchen, um den Strom und Wald, um in ihnen das Wunder der Schöpfung zu verherrlichen.

„Weil Nacht dein Gewand ist". — Wiederum zeigt es sich, daß alle kosmischen Erscheinungen als sichtbare Hülle des Schöpfers geschaut werden. Das Wesen des Mythus und des mythischen Sprachbildes ist gerade dies, daß kosmische und meteorologische Erscheinungen als Kleid der Gottheit realiter gefaßt werden. Dies ist der Fall bei den Mythen der Griechen, der Germanen, so auch bei Klopstock.

Klopstock denkt nicht nach über das Geheimnis der Nacht, deutet es nicht, wie dies die Romantiker tun. Selbst Hardenbergs „Hymnen an die Nacht" sind zum Teil der Reflexion entsprungen, sind Deutung des Geheimnisses: Da wird die Nacht zur Zeit der Einkehr, der Besinnung, der Loslösung von den Eindrücken des Tages; in der Tiefe der Nacht entzündet sich der neue Tag, wird das Licht geboren. Anders bei Klopstock; er bleibt in der Haltung des Preisenden und Schauenden:

Ach, vermöcht ich dich, Herr, wie ich dürste, zu preisen!
Immer herrlicher offenbarest du dich!
Immer dunkler wird die Nacht um dich
Und voller von Segen!

Daß die aus mythischer Schau entsprungenen Sprachbilder alle gewohnte Versform sprengen und eine neue Form schaffen, kann nicht überraschen. Es gilt deshalb, wenn wir das Wesen der freien Rhythmen erklären wollen, auf das aufmerksam zu machen, was nicht so leicht wahrgenommen wird: die Ergriffenheit, die sich im Schweigen, in der Gebärde des Stammelns, des Erstaunens, des Verstummens ausdrückt; die Schau, die sich in einem Bild verdichtet, und die Begeisterung, die sich im Strom der rasch und gewaltig fließenden Worte entlädt. Wenn wir bedenken, daß auch in unserer Hymne jeder einzelne Vers, sei er kurz oder lang, dasselbe Gewicht und dieselbe Länge hat, dasselbe Zeitmaß besitzt, so geht uns das Geheimnis des hymnischen Verses auf. Wir wollen dies im folgenden an einzelnen Versen von verschiedener Länge dadurch verdeutlichen, daß wir die mit den Worten verbundene Sprachgebärde Kursiv setzen.

Nicht in den Ozean der Welten alle:	*Schauen und Stillwerden, Pause!*
Wo die ersten Erschaffnen, die Jubelchöre der Söhne des Lichts:	*Schauen und Jubeln!*
Da der Hand des Allmächtigen:	*Schaut die sich ausstreckende Hand, Schweigen, Pause!*
Da ein Strom des Lichts rauscht' und unsre Sonne wurde:	*Schauen, Hören, Preisen!*
Der Wolk' herab und den Orion gürtete:	*Sieht die Hand Gottes, sieht, wie das Licht das Sternbild des Orion gürtet, d. h. dem Ritter den Gürtel und das Schwert anlegt!*
Da entrannest du, Tropfen, der Hand des Allmächtigen:	*Ehrfurcht vor der Erde!*
Mit tiefer Ehrfurcht schau ich die Schöpfung an:	*Schauen, Pause!*
Denn du:	*Stammeln, Erschauern, Schweigen!*
Namenloser, du:	*Verstummen, Pause!*
Schufest sie:	*Schweigen, Ergriffenheit, Pause!*

Die Sprachgebärde des Dichters wird verständlich, wenn wir seine Schau, sein Jubeln, sein Erschauern, sein Preisen und sein Verstummen nachvollziehen. Dann aber wird auch die Form der freien Rhythmen, die in Wirklichkeit nur frei sind von dem äußeren Zwang eines unangemessenen Versschemas, nicht aber von innerer Gesetzlichkeit, sichtbar.

JOHANNES PFEIFFER

MATTHIAS CLAUDIUS

Abendlied

Der Mond ist aufgegangen,
Die goldnen Sternlein prangen
Am Himmel hell und klar;
Der Wald steht schwarz und schweiget,
Und aus den Wiesen steiget
Der weiße Nebel wunderbar.

Wie ist die Welt so stille
Und in der Dämmrung Hülle
So traulich und so hold!
Als eine stille Kammer,
Wo ihr des Tages Jammer
Verschlafen und vergessen sollt.

Seht ihr den Mond dort stehen? —
Er ist nur halb zu sehen,
Und ist doch rund und schön!
So sind wohl manche Sachen,
Die wir getrost belachen,
Weil unsre Augen sie nicht sehn.

Wir stolze Menschenkinder
Sind eitel arme Sünder,
Und wissen gar nicht viel;
Wir spinnen Luftgespinste
Und suchen viele Künste
Und kommen weiter von dem Ziel.

Gott, laß uns d e i n Heil schauen,
Auf nichts Vergänglichs trauen,
Nicht Eitelkeit uns freun!
Laß uns einfältig werden,
Und vor dir hier auf Erden
Wie Kinder fromm und fröhlich sein!

Wollst endlich sonder Grämen
Aus dieser Welt uns nehmen
Durch einen sanften Tod!

Und, wenn du uns genommen,
Laß uns in Himmel kommen,
Du unser Herr und unser Gott!

So legt euch denn, ihr Brüder,
In Gottes Namen nieder;
Kalt ist der Abendhauch.
Verschon uns, Gott! mit Strafen,
Und laß uns ruhig schlafen!
Und unsern kranken Nachbar auch!

Dieses lange Gedicht, in dem die allgemeine Betrachtung die einmalige Anschauung überwiegt, sinkt doch an keiner Stelle ab zu nackter Rede, die losgelöste Denkinhalte beträfe. Der große Atem einer einheitlichen Seelenstimmung belebt noch die gedanklichste Strophe mit über-gedanklicher Fülle; und so bleibt denn der gesamte Vorstellungsablauf eingebettet in den unwiederholbaren Augenblick einer Begegnung zwischen Welt und Herz.

In der ersten Strophe ist das Bild einer Abendlandschaft zu stiller Gegenwart geweckt: Zug um Zug baut es in klarer Gliederung sich auf, die fromme Einfalt eines Menschen spiegelnd im Mittel dessen, was seine Andacht schaut. Verkindlichende Benennung zieht die Sterne ans Menschliche heran, ins Menschliche hinein — einer Grundsicht gemäß, die Claudius einmal mit folgenden Worten umschrieben hat: „Mich dünkt, der bloße Eindruck in einer heiteren Nacht lehrt's einen auch schon, daß die mit so unbeschreiblicher Freundlichkeit leuchtenden Sterne nicht kalte müßige Zuschauer sind, sondern Angehörige der Erde und Freunde vom Hause." Zugleich setzt die Verwandlungskraft der sinnbildlichen Aussage alle ruhende Gegenständlichkeit um in Regung und Ereignis, in nachfühlbare Wesensschwingung. Des Waldes stumme Finsternis ist leibhaftig hervorgebracht durch eine Wendung, deren verbale Energie sich um so erstaunlicher abhebt, wenn man sich dagegen den Satz denkt: „Der Wald ist dunkel und still." Und in den anschließenden Versen sind abendlicher Duft und abendliche Kühle geheimnisvoll gegenwärtig. Mond, Sterne, Himmel; Wald, Wiesen, Nebel: indem diese einfachen Grundvorstellungen mit keuscher Sparsamkeit heraufgerufen werden, ersteht eine Natur, die immer schon mehr ist als „Natur": das Angeschaute ist durchstrahlt von hintergründiger Bedeutsamkeit.

Dem bildhaften Eindruck entsprechen Rhythmus und Tongestalt. Die Verse schreiten dahin mit einem innigen Ernst, der den an sich nur dreihebigen, scheinbar leichtfüßigen Rhythmus zu einem ruhig-atmenden, sanft-getragenen macht: eine Bewegungsform, die entscheidend mitbestimmt ist durch das Ausschwingen der Strophenform in einem vierhebigen Vers. Für die Tongestalt wesentlich ist die Stimmungskraft der Vokale: wie das ausweitend Lichte des Sternenglanzes versinnlicht ist in der Klangfolge „Am Himmel hell und klar"; wie sich in der ausgewogenen Tönung der beiden folgenden Verse gegen die dunkle Wand des Waldes die zarte Schwebe des geisterhaften Nebelschleiers abhebt. Und die Stimmungskraft der Konsonanten: sie erweist sich im Wohllaut zahlreicher Gleichklänge, die sich wie von selber einstellen: „Himmel — hell", „schwarz — schweiget", „Wiesen — weiße — wunderbar".

Mit der zweiten Strophe beginnt das Gedicht sich loszulösen von dem, was bildhaft gegenwärtig ist. Die Verwandlung der Natur aus einem bloßen Gegenüber in etwas, das uns zugehörig, weil gleichsam als erweitertes Heim einbezogen ist in den häuslichen Lebenskreis: hier ist sie nun vollendet. Ein anheimelnder Vergleich rückt die stumme Landschaft nah; das Herz fühlt sich geborgen in der Kammer, die dem sich öffnet, der Vertrauen hat. Besänftigend, beschwichtigend streicheln die Alliterationen: „Hülle — hold", „verschlafen — vergessen".

Wie hier die Darstellung nun schon unmerklich leise übergegangen ist in die ausdeutende Betrachtung, so verläßt die dritte Strophe endgültig den Bereich der Anschauung, indem sie den Mond zum Anlaß einer Lehre macht, die in der Form eines Schlusses gegeben wird. Das ist scheinbar nur-noch-gedankliche Rede; und dennoch handelt es sich gerade nicht um den frostigen Schluß urteilender Verständigkeit, sondern um die Zeichensprache des ahnenden Herzens, auf dessen dunklen Weg erleuchtend ein Strahl jenseitiger Wahrheit fällt. Und wie bereits die beiden letzten Verse der vorhergehenden Strophe uns unmittelbar angeredet haben, so spricht uns hier der Eingangsvers mit seiner unbefangen-vertraulichen Frage an: uns, das heißt die heimliche Gemeinschaft derer, die eintreten in den Bannkreis dieses Liedes. Das „ihr", es wird dann aufgenommen durch das „wir" als dem vorbehaltlosen Bekenntnis zu der uns allen gemeinsamen Schranke. Demütige Gewißheit rührt von ferne an das Geheimnis des Alls; die Rückwendung vom Vordergrund zum Hintergrund, vom Sichtbaren zum Unsichtbaren ist angedeutet.

Aber es steht etwas dazwischen, das uns hindert, den Blick zu wenden und die Dinge heil und ganz zu erschauen: wir leben hier im Glauben, nicht im Schauen. Statt im Sinne romantischen Weltgefühls die Grenze zu verwischen und das Endliche verdämmern zu lassen im Unendlichen, lenkt das Gedicht gerade umgekehrt zur Lage des Menschen hin, durch dessen verderbten Willen der Bruch in die Schöpfung gekommen ist. In Versen, welche die gegenständliche Anknüpfung der dritten Strophe nun völlig hinter sich gelassen haben, wird ausgesagt, wie es um uns Menschen bestellt ist. Die nackte Allgemeinheit meditierender Wesensdeutung bleibt dabei dennoch eingebettet in einmalige Seelenschwingung: Gleichnisse von schlichter Selbstverständlichkeit geben das Gedachte als sinnenhaften Lebensvorgang; und dann der Ton: die ehrliche, die kindlich-reine Stimme dessen, der seines wahren Zustandes inne geworden und dadurch des Dünkels genesen ist.

„Wir Menschen gehen doch wie im Dunkeln, sind doch verlegen in uns und können uns nicht helfen, und die Versuche der Gelehrten, es zu tun, sind nur brotlose Künste. Auch ist das Gefühl eigener Hülflosigkeit zu allen Zeiten das Wahrzeichen wirklich großer Menschen gewesen, ist überdem ein feines Gefühl, und vielleicht der Hafen, aus dem man auslaufen muß, um die Nordwestpassage zu entdecken", sagt Claudius in der Vorrede, die er zu seiner Übersetzung des Werkes „Des Erreurs et de la Vérité" von dem französischen Mystiker St. Martin geschrieben hat. So wendet denn mit dem Beginn der fünften Strophe das „Abendlied" sich um zu dem, ohne dessen Gnade die Wiederherstellung des Menschen ein bloßer Wunschtraum bleibt. Wie das Gedicht angehoben hat als lyrischer Monolog, wie es sich dann bezogen hat auf die Gemeinschaft unseres Irrens und Suchens, so wagt es jetzt die unmittelbare Anrede dessen, der uns geoffenbart ist als der Vater. Denn „über" Gott kann man nicht sprechen, man kann ihn nur ansprechen; der betende Anruf Gottes aber fordert ein Vertrauen, das sich nur dem reinen, dem nüchtern-gesammelten Herzen je und je schenkt. Von unserer eigenen Bereitschaft also hängt es ab, ob uns die Gottheit begegnet als „Gott": nicht mehr ein unbestimmtes „Es", das „Weltgeist", „Allseele", „Natur" oder sonstwie heißen dürfte, sondern das ewig-eine, das liebend-richtende „Du", das ebenso unverfügbar wie unveränderlich das endliche Dasein umgreift.

Die innige Bitte um Reinheit und Einfalt wird in der sechsten Strophe ergänzt und gesteigert. Wie wenn jede Kunst versunken wäre, streckt sich der Mensch der verheißenen Erlösung entgegen: der Auferstehung in hoffender Zuversicht gewiß, so jedoch, daß er sich dem überantwortet weiß, in dessen Hand allein es steht, uns zu erwählen oder zu verwerfen.

Und nunmehr kehrt das Gedicht, gleichsam unendlich angereichert, zurück zu seiner Ausgangslage. Der Atem dieses abendlichen Augenblickes weht uns noch einmal an, wenn wir den dritten Vers der letzten Strophe vernehmen. Aber zwischen Anfang und Ende beschlossen liegt die ganze Weite und Tiefe des Seins: der Mensch hat einen Gang getan vom Hiesigen und Irdischen zurück zum allgegenwärtigen Ursprung; er hat sich seiner ewigen Bestimmung vergewissert. So wendet er sich von neuem den Brüdern zu, indem er sein Sinnen und Beten einmünden läßt in die unscheinbare Wirklichkeit, die es alltäglich zu bestehen und zu verantworten gilt. Siegel des Glaubens und der Hoffnung ist die Liebe, der denn das letzte Wort gehört: das Gedicht rundet sich nicht zu selbstgenugsamer Geschlossenheit, sondern bleibt offen dem Anspruch des Nächsten, wie er hier und heute unserer hilfsbereiten Teilnahme bedarf.

ALBRECHT SCHÖNE

GOTTFRIED AUGUST BÜRGER

Lenore

Lenore fuhr ums Morgenrot
Empor aus schweren Träumen:
„Bist untreu, Wilhelm, oder tot?
Wie lange willst du säumen?" —
Er war mit König Friedrichs Macht
Gezogen in die Prager Schlacht
Und hatte nicht geschrieben,
Ob er gesund geblieben.

Der König und die Kaiserin,
Des langen Haders müde,
Erweichten ihren harten Sinn
Und machten endlich Friede;
Und jedes Heer, mit Sing und Sang,
Mit Paukenschlag und Kling und Klang,
Geschmückt mit grünen Reisern,
Zog heim zu seinen Häusern.

Und überall, allüberall,
Auf Wegen und auf Stegen,
Zog alt und jung dem Jubelschall
Der Kommenden entgegen.
„Gottlob!" rief Kind und Gattin laut,
„Willkommen!" manche frohe Braut.
Ach! aber für Lenoren
War Gruß und Kuß verloren.

Sie frug den Zug wohl auf und ab
Und frug nach allen Namen;
Doch keiner war, der Kundschaft gab,
Von allen, so da kamen.
Als nun das Heer vorüber war,
Zerraufte sie ihr Rabenhaar
Und warf sich hin zur Erde
Mit wütiger Gebärde.

Die Mutter lief wohl hin zu ihr:
„Ach, daß sich Gott erbarme!
Du trautes Kind, was ist mit dir?“
Und schloß sie in die Arme. —
„O Mutter, Mutter! hin ist hin!
Nun fahre Welt und alles hin!
Bei Gott ist kein Erbarmen.
O weh, o weh mir Armen!“ —

„Hilf, Gott, hilf! Sieh uns gnädig an!
Kind, bet ein Vaterunser!
Was Gott tut, das ist wohlgetan;
Gott, Gott erbarmt sich unser!“ —
„O Mutter, Mutter! eitler Wahn!
Gott hat an mir nicht wohlgetan!
Was half, was half mein Beten?
Nun ist's nicht mehr vonnöten.“ —

„Hilf, Gott, hilf! Wer den Vater kennt,
Der weiß, er hilft den Kindern.
Das hochgelobte Sakrament
Wird deinen Jammer lindern.“ —
„O Mutter, Mutter, was mich brennt,
Das lindert mir kein Sakrament!
Kein Sakrament mag Leben
Den Toten wiedergeben.“ —

„Hör, Kind! Wie, wenn der falsche Mann
Im fernen Ungarlande
Sich seines Glaubens abgetan
Zum neuen Ehebande?
Laß fahren, Kind, sein Herz dahin!
Er hat es nimmermehr Gewinn!
Wenn Seel und Leib sich trennen,
Wird ihn sein Meineid brennen.“ —

„O Mutter! Mutter! hin ist hin!
Verloren ist verloren!
Der Tod, der Tod ist mein Gewinn!
O wär ich nie geboren!
Lisch aus, mein Licht, auf ewig aus!
Stirb hin, stirb hin in Nacht und Graus!
Bei Gott ist kein Erbarmen;
O weh, o weh mir Armen!“

„Hilf, Gott, hilf! Geh nicht ins Gericht
Mit deinem armen Kinde!
Sie weiß nicht, was die Zunge spricht;
Behalt ihr nicht die Sünde!
Ach, Kind, vergiß dein irdisch Leid
Und denk an Gott und Seligkeit,
So wird doch deiner Seelen
Der Bräutigam nicht fehlen.“ —

„O Mutter! was ist Seligkeit?
O Mutter! was ist Hölle?
Bei ihm, bei ihm ist Seligkeit
Und ohne Wilhelm Hölle! —
Lisch aus, mein Licht, auf ewig aus!
Stirb hin, stirb hin in Nacht und Graus!
Ohn ihn mag ich auf Erden,
Mag dort nicht selig werden.“ —

So wütete Verzweifelung
Ihr in Gehirn und Adern.
Sie fuhr mit Gottes Vorsehung
Vermessen fort zu hadern,
Zerschlug den Busen und zerrang
Die Hand bis Sonnenuntergang,
Bis auf am Himmelsbogen
Die goldnen Sterne zogen.

Und außen, horch! ging's trapp trapp trapp,
Als wie von Rosseshufen,
Und klirrend stieg ein Reiter ab
An des Geländers Stufen.
Und horch! und horch den Pfortenring,
Ganz lose, leise, klinglingling!
Dann kamen durch die Pforte
Vernehmlich diese Worte:

„Holla, holla! Tu auf, mein Kind!
Schläfst, Liebchen, oder wachst du?
Wie bist noch gegen mich gesinnt?
Und weinest oder lachst du?“ —
„Ach, Wilhelm, du? . . . So spät bei Nacht? . . .
Geweinet hab ich und gewacht;
Ach, großes Leid erlitten!
Wo kommst du hergeritten?“ —

„Wir satteln nur um Mitternacht.
Weit ritt ich her von Böhmen.
Ich habe spät mich aufgemacht
Und will dich mit mir nehmen." —
„Ach, Wilhelm, erst herein geschwind!
Den Hagedorn durchsaust der Wind,
Herein, in meinen Armen,
Herzliebster, zu erwarmen!"

„Laß sausen durch den Hagedorn,
Laß sausen, Kind, laß sausen!
Der Rappe scharrt; es klirrt der Sporn.
Ich darf allhier nicht hausen.
Komm, schürze, spring und schwinge dich
Auf meinen Rappen hinter mich!
Muß heut noch hundert Meilen
Mit dir ins Brautbett eilen." —

„Ach, wolltest hundert Meilen noch
Mich heut ins Brautbett tragen?
Und horch, es brummt die Glocke noch,
Die elf schon angeschlagen." —
„Sieh hin, sieh her, der Mond scheint hell.
Wir und die Toten reiten schnell.
Ich bringe dich, zur Wette,
Noch heut ins Hochzeitbette." —

„Sag an, wo ist dein Kämmerlein?
Wo? wie dein Hochzeitbettchen?" —
„Weit, weit von hier! . . . Still, kühl und klein! . . .
Sechs Bretter und zwei Brettchen!" —
„Hat's Raum für mich?" — „Für dich und mich!
Komm, schürze, spring und schwinge dich!
Die Hochzeitsgäste hoffen!
Die Kammer steht uns offen." —

Schön Liebchen schürzte, sprang und schwang
Sich auf das Roß behende;
Wohl um den trauten Reiter schlang
Sie ihre Lilienhände;
Und hurre hurre, hopp hopp hopp!
Ging's fort in sausendem Galopp,
Daß Roß und Reiter schnoben
Und Kies und Funken stoben.

Zur rechten und zur linken Hand,
Vorbei vor ihren Blicken,
Wie flogen Anger, Heid und Land!
Wie donnerten die Brücken! —
„Graut Liebchen auch? . . . Der Mond scheint hell!
Hurra! Die Toten reiten schnell!
Graut Liebchen auch vor Toten?" —
„Ach nein! . . . Doch laß die Toten!" —

Was klang dort für Gesang und Klang?
Was flatterten die Raben? . . .
Horch, Glockenklang! Horch, Totensang:
„Laßt uns den Leib begraben!"
Und näher zog ein Leichenzug,
Der Sarg und Totenbahre trug.
Das Lied war zu vergleichen
Dem Unkenruf in Teichen.

„Nach Mitternacht begrabt den Leib
Mit Klang und Sang und Klage!
Jetzt führ ich heim mein junges Weib.
Mit, mit zum Brautgelage!
Komm, Küster, hier! komm mit dem Chor
Und gurgle mir das Brautlied vor!
Komm, Pfaff, und sprich den Segen,
Eh wir zu Bett uns legen!" —

Still, Klang und Sang . . . Die Bahre schwand . . .
Gehorsam seinem Rufen,
Kam's, hurre hurre! nachgerannt
Hart hinter's Rappen Hufen.
Und immer weiter, hopp hopp hopp!
Ging's fort in sausendem Galopp,
Daß Roß und Reiter schnoben
Und Kies und Funken stoben.

Wie flogen rechts, wie flogen links
Gebirge, Bäum und Hecken!
Wie flogen links und rechts und links
Die Dörfer, Städt und Flecken! —
„Graut Liebchen auch? . . . Der Mond scheint hell!
Hurra! Die Toten reiten schnell!
Graut Liebchen auch vor Toten?" —
„Ach! Laß sie ruhn, die Toten!" —

Sieh da! sieh da! Am Hochgericht
Tanzt um des Rades Spindel,
Halb sichtbarlich bei Mondenlicht,
Ein luftiges Gesindel. —
„Sasa! Gesindel, hier! komm hier!
Gesindel komm und folge mir!
Tanz uns den Hochzeitreigen,
Wenn wir zu Bette steigen!“ —

Und das Gesindel, husch husch husch!
Kam hinten nachgeprasselt,
Wie Wirbelwind am Haselbusch
Durch dürre Blätter rasselt.
Und weiter, weiter, hopp hopp hopp!
Ging's fort in sausendem Galopp,
Daß Roß und Reiter schnoben
Und Kies und Funken stoben.

Wie flog, was rund der Mond beschien,
Wie flog es in die Ferne!
Wie flogen oben überhin
Der Himmel und die Sterne! —
„Graut Liebchen auch? . . . Der Mond scheint hell!
Hurra! Die Toten reiten schnell!
Graut Liebchen auch vor Toten?“ —
„O weh! Laß ruhn die Toten!“ —

„Rapp'! Rapp'! mich dünkt, der Hahn schon ruft . . .
Bald wird der Sand verrinnen . . .
Rapp'! Rapp'! ich wittre Morgenluft . . .
Rapp'! tummle dich von hinnen!
Vollbracht, vollbracht ist unser Lauf!
Das Hochzeitbette tut sich auf!
Die Toten reiten schnelle!
Wir sind, wir sind zur Stelle.“ —

Rasch auf ein eisern Gittertor
Ging's mit verhängtem Zügel.
Mit schwanker Gert ein Schlag davor
Zersprengte Schloß und Riegel.
Die Flügel flogen klirrend auf,
Und über Gräber ging der Lauf.
Es blinkten Leichensteine
Rundum im Mondenscheine.

Ha sieh! Ha sieh! Im Augenblick,
Huhu! ein gräßlich Wunder!
Des Reiters Koller, Stück für Stück,
Fiel ab wie mürber Zunder.
Zum Schädel ohne Zopf und Schopf,
Zum nackten Schädel ward sein Kopf,
Sein Körper zum Gerippe
Mit Stundenglas und Hippe.

Hoch bäumte sich, wild schnob der Rapp'
Und sprühte Feuerfunken;
Und hui! war's unter ihr hinab
Verschwunden und versunken.
Geheul! Geheul aus hoher Luft,
Gewinsel kam aus tiefer Gruft.
Lenorens Herz mit Beben
Rang zwischen Tod und Leben.

Nun tanzten wohl bei Mondenglanz
Rundum herum im Kreise
Die Geister einen Kettentanz
Und heulten diese Weise:
„Geduld! Geduld! Wenn's Herz auch bricht!
Mit Gott im Himmel hadre nicht!
Des Leibes bist du ledig;
Gott sei der Seele gnädig!“

„Ich schick es hier noch nicht mit, sondern bring es binnen 8 Tagen selbst“, schrieb der Amtmann von Altengleichen am 12. August 1773 von seinem neuesten Gedicht an Boie, den Freund in Göttingen. „Denn keiner von Euch allen, er deklamiere so gut er will, kann Lenoren aufs erstemal in ihrem Geist deklamieren; und Deklamation macht die Halbschied von dem Stück aus. Daher sollt Ihr's von mir selbst das erstemal in aller seiner Gräßlichkeit vernehmen. Dann sollen Sie die Genossen des Hains in der Abenddämmerung auf ein einsames etwas schauerliches Zimmer zusammen laden, wo ich, unbehorcht und ohngestört, das Gräßliche der Stimme recht austönen lassen kann. Der jüngste Graf [Stolberg] soll, wie vor Loths seligem Weibe, davor beben.“ Vor dem Lichte der Aufklärung waren Geister und Gespenster ins Dunkel der Spinnstuben geflüchtet, aber in der Welt dieser Ballade, deren Stoff „aus einem alten Spinnstubenliede“ zu Bürgers Kenntnis kam, und die er sich „wieder in den Spinnstuben gesungen“ wünschte, gewannen sie ihre Herrschaft zurück. Um die „Lenore“ wirklich „in ihrem Geist“ zu erfassen, muß man im Bannkreis dieser Dichtung mehr für möglich halten, als in der vom Verstande erleuchteten Wirklichkeit sichtbar wird. „Wie viel soll man nun von Eurem Glauben an Religions-Geheimnisse halten“, schrieb Bürger „Zur Beherzigung an die Philosophuncolos“, „wenn ihr die anderen, weil ihr sie nicht verstehet, für Undinge ausgebet? Warum sollen euch die Gestalten abgeschiedener Menschen oder überirdischer Wesen nicht erscheinen können, da ihr an die Fortdauer der Seelen der ersten, und Wiederauferweckung ihrer Leiber glaubet? Warum soll es keine Wirkung aus Ursachen geben, deren Zusammenhang nicht in einer dicken schweren Hemmkette oder einem Ankerseile euern groben Sinnen betastbar ist?“ In der Welt der Ballade gilt das noch heute, wenn anders dies Gedicht mehr sein soll als ein literaturgeschichtlich bedeutsames Gründungszeugnis der deutschen Kunstballade. Bürger stimmte deshalb die Freunde ein auf das Erlebnis seiner Schauerromanze, er bestellte eine „trübe Lampe“ und einen „Totenkopf von einem Mediziner“ in das Vortragszimmer — vor allem aber betonte er, daß man sie nicht lesen, sondern „deklamieren“ müsse.

Aus 32 jambischen Achtzeilern hatte er die Ballade gefügt und nach dem Schema ababccdd ihre Reime geordnet. Vier Hebungen trägt jede erste, dritte, fünfte und sechste Zeile, endend in betontem Versschluß. Drei Hebungen und klingender Ausgang sind den übrigen Zeilen zugewiesen, aber auch in ihnen wird noch die Ordnungseinheit volkstümlich-vierhebiger Verse hörbar: der stete Wechsel mit den Vierhebern läßt in die Pause am Zeilenende der Dreiheber eine stumme vierte Hebung pochen. Nur in den beiden Schlußzeilen jeder Strophe bleibt diese vierte Hebung aus; sie sind als Reimpaar von den vorangehenden Vierhebern abgesetzt und stützen sich gegenseitig. Hier wird eine Verkürzung deutlich bemerkbar, die den Vorwärtsdrang der rasch dahingleitenden Jamben steigert. Freilich, etwas von dem Gewicht langer, festgefügter Kirchenliedstrophen beschwert diesen Bau, und seinem Metrum haftet eine leiernde Starre an, spürbar zumal in den erzählenden Eingangsstrophen. Aber in diese Gleichförmigkeit bricht eine Spannung ein, die das metrische Schema zu wilder Bewegung fortreißt, am energischsten dort, wo die Onomatopöien, wo abgehackte, wiederholte Sätze und Satzfragmente, Rufe und Schreie vorherrschen, den Stärkegrad der Hebungserfüllung sprunghaft variieren und mit den Hauptakzenten hinweghetzen über das metrische Gerüst.

Solch leidenschaftlich bewegte Rede hat Bürger einem Erzähler in den Mund gelegt, der zwar nirgends ausdrücklich vorgeführt oder genannt wird, als sprechende Figur aber deutlich greifbar ist und keineswegs einfach mit dem Dichter gleichgesetzt werden kann. Von Bürger, der in theoretischer Überlegung und dichterischer Arbeit den Fragen des Reims große Aufmerksamkeit widmete, wissen wir, daß er ein sehr feines Gefühl für die Reinheit der Reime besaß. Und wenn wir nun lesen: „Geschmückt mit grünen Reisern, / Zog heim zu seinen Häusern", so dürfen wir in dem unreinen Reim dieser Verse durchaus nicht ein peinliches Versehen erblicken, sondern künstlerische Absicht. Hier wird ein Sprecher hörbar, der niemals wie Bürger eine Theorie der Reimkunst verfaßt hat, ein schlichter, ungelehrter, volkstümlicher Erzähler, der in dieser Weise ganz bewußt konzipiert wurde. Was hier an der Form deutlich wird, zeigt sich auch im Inhalt: „Der König und die Kaiserin, / Des langen Haders müde, / Erweichten ihren harten Sinn / Und machten endlich Friede." Den 1763 abgeschlossenen Frieden von Hubertusburg hat Bürger selbst ja wohl schwerlich auf so naive Art begründen wollen, aber völlig überzeugend ist diese Erklärung innerhalb der Denk- und Sprechweise des volkstümlichen Erzählers, durch dessen Vermittlung wir die Ballade hören.

Gebannt vom wilden Auffahren des Mädchens, überwältigt vom Schicksal der Verlassenen, setzt er mit einer jähen Ausdrucksgebärde ein, ehe er sich zur erklärenden, ruhig-berichtenden Erzählung wendet. Sie greift zurück und versetzt dabei die zur Abfassungszeit des Gedichtes doch erst sechzehn Jahre zurückliegende Prager Schlacht zwischen Friedrich und dem Marschall Daun und das Ende des Siebenjährigen Krieges in die geschichtsferne Erzählweise des Märchens. In ihrer sinnlich-einfältigen, holzschnitthaft-derben Manier, den Ereignisablauf durch die Mosaiksteinchen kleiner, schlichter Einzelbegebenheiten markierend, klingt sie, wie der im Volks- und Soldatenlied zersungene Bericht eines Augen- und Ohrenzeugen jener historischen Ereignisse. Wirklich brachte ja der junge Bürger die drei letzten Jahre des Krieges auf dem Königlichen Pädagogium in Halle zu und erlebte dort ganz sicher die festliche Rückkehr des Bernburgischen Regiments, das damals in Halle seine Garnison besaß; in den Versen vom klingenden Einzug des jubelnd empfangenen Heeres wird die Erinnerung an das Jugenderlebnis nachgeklungen haben. In scheinbar naivem, tatsächlich aber sehr kunstvollem und folgerichtigem Aufbau lenkt der Erzähler wieder auf das Mädchen und die Ausgangssituation der Ballade zurück; vom König und der Kaiserin führt er zum Friedensschluß, zur Rückkehr des Heeres, zu den schon in den Wohnort der Lenore zu denkenden Dank- und Jubelrufen der Frauen und Kinder — bis zur endgültigen, den Bericht mit einem Ausruf der Teilnahme unterbrechenden Hinwendung zu dem Mädchen, dessen Geliebter nicht zurückgekommen ist: „Ach! aber für Lenoren / War Gruß und Kuß verloren.“ In dieser teilnehmenden Nähe bleibt er das ganze Gedicht hindurch; sie läßt ihn zum bestürzten Zeugen des Dialogs von Mutter und Tochter werden, zum Begleiter des atemlosen Rittes, und sie reißt ihn endlich hinein in den heulenden Wirbel der Geister.

Das Geschehen nun, das er auf solche Weise berichtet und bezeugt, ist keine freie Erfindung des Dichters; der Lenorenstoff gehört in einen weitverzweigten indogermanischen Sagenbereich. Seine Thematik kreist darum, daß das Leben Verbindungen von einer Festigkeit und Innigkeit zu stiften vermag, die auch der Tod nicht mehr lösen kann. Eine der besonderen Ausprägungen ist dann die, daß aus der Kraft einer über das Grab hinaus wirkenden Liebe die Toten wiederkehren und die Lebenden, durch die Berührung mit ihnen, selbst dem Tode verfallen. Freilich ist für das Verständnis der „Lenore“ selbst die Vielzahl der gesammelten motivverwandten Sagen und Volkslieder von recht geringfügiger Bedeutung, und über die entstehungsgeschichtliche Frage nach der Anregung, die Bürger durch sie empfing, liegen zuverlässige und ausführliche Zeugnisse nicht vor. Seine Bekanntschaft mit Percys „Reliques of Ancient English Poetry“, durch Herders Übersetzung vermittelt, erschöpft sich mit einigen Anklängen, die insonderheit die Ballade „Sweet William's Ghost“ in der „Lenore“ hinterlassen hat. Aber eine wichtige Anregung kam ohne Zweifel aus jenem niederdeutschen Volkslied, von dem in Bürgers Briefwechsel mit den Göttingern als von einer herrlichen „Romanzengeschichte aus einer uralten Ballade“ die Rede ist — an deren Text selbst er freilich nicht gelangen konnte. Die ungenauen und bruchstückhaften Nachrichten über dies Urbild unserer Ballade lassen vermuten, daß Bürgers Gewährsmann, wohl ein Bauernmädchen seines Gerichtssprengels, den vollen Wortlaut des alten „Spinnstubenliedes“ nicht mehr kannte und nur die plattdeutschen Verse „Wo lise, wo lese / Rege hei den Ring“ noch im Ohr hatte, die jetzt im zarten Klang des Bürgerschen „Und horch! und horch den Pfortenring, / Ganz lose, leise, klinglingling!“ fortleben. Auch die dreimal wiederholte Wechselrede, in der der Reiter das Mädchen fragt, ob es ihm nicht graue, hat Bürger wohl dieser Quelle entnommen, die trotz aller Bemühungen nicht mehr feststellbar war, als die Philologen begannen, sich mit der Frage nach der „Originalität" der Ballade zu befassen. Immerhin kann man diese Vorlage durch Vergleich mit verwandten Lenorenmärchen aus Westfalen und Schleswig-Holstein einigermaßen genau rekonstruieren: Es ging in ihr um ein Mädchen, das nicht weiß, ob sein Geliebter, ein Kriegsmann, noch am Leben ist. Sie erschöpft sich in Klagen, bis er nachts angeritten kommt. Sie schwingt sich zu ihm aufs Pferd, umfaßt ihn. Es folgt ein atemloser Ritt, dreimalige Wechselrede, Kirchhof, offene Gräber, Roß und Reiter verschwinden. Ob der Schluß den Tod des Mädchens brachte, steht dahin.

Freilich, Bürgers volkstümliche Gestaltung dieses volkstümlichen Stoffes entfernt sich doch in mancher Hinsicht von den niederdeutschen Liedern, aus denen man auf das Urbild der Ballade geschlossen hat. Dem Versuch, die „Lenore" allein vom Volkstümlichen her und im Sinne der alten Wiedergänger-Moritat zu deuten, stehen besonders im Hinblick auf das Verständnis Wilhelms erhebliche Schwierigkeiten entgegen. Er ist nicht mehr einfach als der wiederkehrende Geliebte zu begreifen, und wirklich wird ja selbst in seiner dreimal wiederholten Frage „Graut Liebchen auch vor Toten?" die innige Fürsorglichkeit, die sie im Volkslied trug, von einem boshaft ironischen Ton überdeckt. Sofern es in dem Sagenkreis, der das Lenorenmotiv behandelt, nicht um Bestrafung der Untreue geht, erscheint (trotz des gelegentlichen Entsetzens, welches das Mädchen am Ende überfällt) das Eingehen ins Grab als Zeugnis einer Liebe, die über den Tod hinaus dauert. Doch für die „Lenore" trifft das nicht mehr zu — und so hat W. Wackernagel von Wilhelm erklärt: er träte „als himmlischer Rächer auf, um für Lenorens Frevel, für ihr verzweifeltes Hadern mit Gott ihr junges Leben hin zu opfern". Allerdings kann diese weit verbreitete Deutung nur in zwei Versen eine scheinbare Stütze finden: in der Erzählstrophe „Sie fuhr mit Gottes Vorsehung / Vermessen fort zu hadern", und im Geistergeheul des Schlusses: „Mit Gott im Himmel hadre nicht!" Über das erste dieser Zeugnisse wird noch zu reden sein. Die zweite Stelle wird als „Schlußmoral" der Ballade schon dadurch in Frage gestellt und fast zurückgenommen, daß das Gesindel vom Hochgericht, der höllische Geisterschwarm sie „heult". Sie erscheint auf Grund dieses Stellenwertes, der ihr den Beigeschmack einer infernalischen Ironie verleiht, wenig geeignet, ein lehrhaftes Urteil über Lenores Versündigung und gewissermaßen die Grundidee der ganzen Ballade abzugeben. Daß der volkstümliche Stoff der Ballade auf irgendeine Weise überformt worden ist, bleibt dadurch unbestritten. Aber wenn es nicht die Schuld- und Sühne-

Idee ist — welche Kraft hat dann eine solche Überformung, eine solche Steigerung ins Überwirkliche, Grauenerregende und Wunderbare bewirkt?

Bürgers Streben nach Volkstümlichkeit, nach „Popularität", wie er es nennt, zielt auf schlichte Anschaulichkeit, lebendig treffenden Ausdruck, leidenschaftliche Bewegung. Die stilistischen Mittel unseres Gedichtes sind weithin durch diese Zwecke bestimmt. Hinter der Figur des volkstümlichen Erzählers steht jene „Maxime, wenn nicht allen, dennoch den meisten, — versteht sich, ohne weder sich selbst, noch der Dichtung etwas zu vergeben, — zu gleicher Zeit zu gefallen", die Bürger „An einen Freund über die Deutsche Ilias in Jamben" schrieb. Gegen die einfache Gleichsetzung solcher Popularität mit einer vollkommenen Einsichtigkeit hat schon A. W. Schlegel sich gewandt. In seinem Bürgeraufsatz erklärt er dazu: „Unser Dasein ruhet auf dem Unbegreiflichen, und die Poesie, die aus dessen Tiefen hervorgeht, kann dieses nicht rein auflösen wollen." Wahre Popularität — Schlegel entdeckt sie beispielhaft in der Bibel und dem alten Kirchenlied, weil in ihnen etwas lebe, was „das Gemüt plötzlich trifft, und es in die Mitte desjenigen versetzt, was ihm [dem Volke] durch förmliche Belehrung nicht zugänglich werden würde. Mit einem Wort, wer für das Volk etwas schreiben will, das über dessen irdische Bedürfnisse hinausgehen soll, darf in der weißen Magie, oder in der Kunst der Offenbarung durch Wort und Zeichen nicht unerfahren sein." In der Tat, auch für den Dichter der „Lenore" gaben die Bibel und das Kirchenlied Beispiele wahrer Popularität — sie wurden Ursprung und Quelle seiner „weißen Magie".

Schon die Betrachtung der Aufbauformen seiner Ballade brachte ja ein zweifaches Ergebnis: mit der Ordnungseinheit volkstümlich-vierhebiger Verse verbindet sich das Gewicht langer, festgefügter Kirchenliedstrophen. Und dieser Bezug äußert sich nicht minder deutlich im Wortschatz. Man braucht nur alle in den Dialogstrophen der Ballade und die in den beiden Schlußstrophen verwendeten Substantiva (soweit sie nicht am Ende ausschließlich auf einen gegenständlichen Vorgang bezogen sind) zu ordnen, um zu erkennen, aus welchen Quellen er gespeist wird: „Welt, Wahn, Mutter, Leib, Zunge, Meineid, Herz, Arme, Sünde, Nacht, Graus, Leid, Jammer, Verzweiflung, ich Arme, Gericht, Hölle, Feuerfunken, Gewinsel, Geheul, Tod, Gruft, die Toten; Vorsehung, Erbarmen, Gott, Vater, Kind, Beten, Vaterunser, Geduld, Sakrament, Gewinn, Glauben, Licht, Himmel, Bräutigam, Seligkeit". Es ist das Vokabular der Lutherbibel und des protestantischen

Kirchenliedes. Und deren Einfluß reicht nun über das Einzelwort weit hinaus. Der Dialog zwischen Mutter und Tochter, diese über ganze sieben Strophen hingeführten, kurzen Sätze, selten über die Gedichtzeile hinausgehend, jambische Drei- und Viertakter im Bau der lutherischen Gesangbuchverse, sind zusammengefügt nicht nur aus verschieden stark abgewandelten, sondern auch aus wörtlich aufgenommenen Bruchstücken von Kirchenliedern. Da versucht (um wenigstens eines dieser Übertragungsbeispiele genauer zu zeigen) die Mutter etwa in Strophe 8, die Tochter ihrer Verzweiflung zu entreißen, indem sie den ausgebliebenen Bräutigam der Untreue bezichtigt. Die Verse „Laß fahren, Kind, sein Herz dahin! / Er hat es nimmermehr Gewinn!" finden wir vorgeformt in Luthers „Ein feste Burg ist unser Gott": „Laß fahren dahin, sie habens kein Gewinn."

Aber Bürger hat nun die Assoziation des Lutherliedes auch für den Aufbau des Gedichtes eingesetzt, denn mit ihrer Hilfe klammert er drei volle Strophen aneinander und hebt sie von dem abschließenden, wildesten Verzweiflungsausbruch Lenores ab. Das beginnt in der ersten Zeile der Strophe 8, in der „der falsche Mann" durch die starke Anspielung der folgenden, oben genannten Verse auf das Lutherlied nachträglich dem „alt bösen Feind" zugeordnet wird. Und jetzt, nachdem die Verse „Laß fahren dahin, / Sie habens kein Gewinn" wachgerufen sind, wird der Hörer, der die Entsprechung zu dem „das Reich muß uns doch bleiben" erwartet, durch den Strophenschluß „Wenn Seel und Leib sich trennen, / Wird ihn sein Meineid brennen" nicht befriedigt. Er wartet weiter, wartet durch zwei volle Strophen hindurch, bis das Versprechen der 8. sich endlich am Ende der 10. erfüllt: „So wird doch deiner Seelen / Der Bräutigam nicht fehlen."

Schon den Zeitgenossen wurden diese Bezüge auf den religiösen Sprachbereich einsichtig, und Bürgers Freund Cramer nahm in einem Brief an den „Lenoren"-Dichter vom September 1773 mit einer scherzhaften Parodie die erwartete Kritik vorweg. Manche Mutter, so schrieb er, würde ihr Töchterlein mit den Versen warnen: „Laß fahren Kind sein Lied dahin, / Des hat er nimmermehr Gewinn; / Wenn Seel und Leib sich trennen, / Wird die Ballad' ihn brennen."

Gleich nach dem ersten Abdruck der „Lenore" im „Göttinger Musenalmanach auf 1774" wurde solcher Einspruch laut. In den „Freywilligen Beiträgen zu den Hamburgischen Nachrichten aus dem Reiche der Gelehrsamkeit" unternahm der Konsistorialrat Prof. Reinhard aus Bützow einen scharfen Angriff auf die „Göttingischen Gelehrten Anzeigen", in denen eine Rezension des Musenalmanachs erschienen war. Er erklärte:

> Die ungeachtet mancher poetischen Schönheiten doch wirklich verabscheuenswürdige Romanze Lenore von Hr. Bürger, kritisiert der Rezensent zwar in etwas, allein er verstellt den ganzen Gesichtspunkt, und das Ärgerliche und Gottlose darin übergeht er mit Stillschweigen, oder sucht es zu beschönigen. Er sagt: Die Mutter stelle in diesem Liede der Tochter den erhabensten Trost der Religion vor. Fidem vestram Quiritis! Die Strophen, worin dieses vorkommen soll, sind ein so unerträgliches Gespötte mit den ehrwürdigsten Dingen der christlichen Religion, so ein unverzeihlicher Mißbrauch biblischer Ausdrücke und Lehren, daß man sich wundern muß, nicht daß Leute sind, die schlecht genug denken, um dergleichen zu schreiben und solchen Dingen Beifall zu geben, sondern daß eine so ärgerliche Lieder-Sammlung entweder die Zensur passiert ist, oder doch nicht öffentlich gerügt und verboten wird.

Nun, in Wien wurde der Musenalmanach tatsächlich der „Lenore" wegen beschlagnahmt und verboten, obgleich dieser Eiferer mit seinem Vorwurf lästerlichen Gespöttes die ängstliche Gesangbuchfrömmigkeit der mütterlichen Trostworte wohl nur unzureichend verstanden hatte. Aber es gibt doch eine spätere, ernstzunehmende Deutung, die nicht allzu weit entfernt ist von den Erklärungen des streitbaren Konsistorialrats. Nur geht sie nicht mehr von den Worten der Mutter aus und macht nicht dem Dichter den Vorwurf des Lästerlichen, sondern sie bezieht sich auf die Antworten des Mädchens und meint, in ihnen Verdrehung und Verlästerung zu erkennen; H. Schöffler nannte die Ballade das „Lied vom Zerfall eines Gottesglaubens". Dafür scheint es einsichtige Begründungen zu geben. Lenores Aufschrei, wie er in einer vom endgültigen Text abweichenden Frühfassung lautet: „Lisch aus, mein Licht, auf ewig aus! / Stirb hin, stirb hin in Nacht und Graus! / Kein Öl mag Glanz und Leben / Mags nimmer wieder geben", erinnert an Verse aus Dreses „Seelenbräutigam": „Meines Glaubens Licht / laß verlöschen nicht, / salbe mich mit Freudenöle, / daß hinfort in meiner Seele / ja verlösche nicht / meines Glaubens Licht."

Hinter ihren Worten „Nun fahre Welt und alles hin!" scheinen Verse aus dem Hesseschen „O Welt, ich muß dich lassen" zu stehen: „Damit ich fahr von hinnen. / O Welt, tu dich besinnen." Ihrem Aufschrei „Der Tod, der Tod ist mein Gewinn!" entspricht offenbar eine Stelle aus Albinus' „Alle Menschen müssen sterben": „Jesus ist für mich gestorben, / und sein Tod ist mein Gewinn."

Die verzweifelt Aufbegehrende und mit Gott Hadernde scheint also die Worte des Altluthertums ins Negative zu verdrehen und so den „Zerfall eines Gottesglaubens“ zu bezeugen. Aber — die wirklichen Quellen dieser gewichtigen Verse finden sich in Wahrheit an ganz anderen Stellen des lutherischen Gesangbuches. Lenores „Nun fahre Welt und alles hin!“ entspricht einem Vers aus Schütz' „Was mich auf dieser Welt betrübt“: „Drum fahr, o Welt, / mit Ehr und Geld / und deiner Wollust hin“ sehr viel genauer als dem oben angeführten Vergleichs-Zitat, und ihr „Der Tod, der Tod ist mein Gewinn! / O wär ich nie geboren!“ weist in Wahrheit auf die zahlreichen, nach Phil. 1,21 gedichteten Gesangbuchverse, in denen, wie etwa in Leons „Ich hab mich Gott ergeben“, dem Lenorenwort entsprechend durchaus der eigene Tod als Gewinn verstanden wird — nicht der des Erlösers: „Der Tod kann mir nicht schaden, / er ist nur mein Gewinn.“

Deutlicher noch wird das an Mollers „Ach Gott, wie manches Herzeleid“, wo es heißt: „Wenn ich an dir nicht Freude hätt, / so wollt den Tod ich wünschen her, / ja daß ich nie geboren wär.“

Damit aber ist ein entscheidendes Ergebnis erreicht: an beiden Stellen werden nicht etwa die Worte des Altluthertums durch Lenore lästerlich ins Negative verdreht, sondern ganz in ihrer eigentlichen Bedeutung aufgenommen. Nur — sie werden anders bezogen! Denn der, an dem das Mädchen nun keine Freude mehr hat, der, um dessetwillen sie den Tod wünscht und daß sie nie geboren wär, er ist nicht, wie in den Kirchenlied-Modellen, Christus, sondern der Geliebte: er ist Wilhelm. Ganz deutlich wird dieser Gestaltentausch, dieser Übertragungsvorgang, am Ende des Gesprächs zwischen Mutter und Tochter, in Strophe 11, die nichts anderes gibt als Lenores wörtliche Rede:

„O Mutter! was ist Seligkeit?
O Mutter! was ist Hölle?
Bei ihm, bei ihm ist Seligkeit
Und ohne Wilhelm Hölle! —
Lisch aus, mein Licht, auf ewig aus!
Stirb hin, stirb hin in Nacht und Graus!
Ohn ihn mag ich auf Erden,
Mag dort nicht selig werden.“

Der dritten Zeile entspricht aus Rambachs „Sei willkommen, Davids Sohn“: „hier, ach hier ist Seligkeit“. Und die beiden letzten, die deutlich an die Strophenschlüsse „laß fahren, was auf Erden, / will lieber selig werden“ aus Kiels „Herr Gott, nun schleuß den Himmel auf“ angelehnt sind, entsprechen in ihrem Gehalt ganz dem 25. Vers des 73. Psalms: „Wenn ich nur dich habe, so frage ich nichts nach Himmel und Erde.“ Nur der Name Wilhelms, nur der fünfte und sechste Vers, in denen Lenore ihre verzweifelte Folgerung aus seinem Tode zieht, könnten daran hindern, die ganze Strophe als ein unverfälschtes, gläubiges Bekenntnis zu Christus aufzufassen. Man halte nur Allendorfs Vers aus „Mein Herz, ach rede mir nicht drein“ der „Lenoren“-Strophe entgegen: „Herr Jesu, ohne dich muß mir / die Welt zur Hölle werden; / ich habe, hang ich nur an dir, / den Himmel schon auf Erden.“

Es liegt nahe, zu fragen, wie dieser Mann, der an die Tür des Mädchens klopft, der mit ihm in den Tod reitet, nun eigentlich zu deuten sei. In der Vielschichtigkeit seiner Gestalt scheint uns eben jene „weiße Magie“ beschlossen, aus der die nun schon seit fast 200 Jahren ungebrochene Kraft dieser großen Ballade sich speist.

Die Anregungen, die Bürger, wie wir annehmen dürfen, aus dem niederdeutschen Volkslied empfing, ließen Wilhelm unter zwei Gesichtspunkten sehen: als den Toten und als den Liebenden, der zum Wiedergänger wird. Beide Wesenszüge blieben ihm in unserer Ballade erhalten, beide aber wurden ausgeweitet durch eine Gleichsetzung mit anderen Gestalten: die des Wiedergänger-Geliebten mit dem auferstandenen Christus, die des Toten mit dem Tod. Und beide Verbindungen hat Bürger hergestellt und künstlerisch glaubhaft gemacht durch den genialen Einschub einer gleichsam nach beiden Seiten vermittelnden Zwischengestalt, die er jeweils der neutestamentlichen Symbolik entnahm: Zwischen den Wiedergänger-Geliebten und Christus schob er den *Bräutigam*, zwischen den Toten und den Tod den *apokalyptischen Reiter!* Eine zweifache Dreieinigkeit bestimmt Wilhelms Erscheinung.

Für die Fülle der Gleichungen zwischen Balladenversen und Kirchenliedzeilen finden sich in Bürgers Lebensgeschichte hinreichende äußere Erklärungen. Als er die „Lenore“ dichtete, hatte er ja das Theologiestudium in Halle hinter sich, die Schulzeit auf dem lutherisch-orthodoxen Königlichen Pädagogium und vor allem die Kindheit im väterlichen Dorfpfarrhaus, aus der uns durch den Bericht des vertrauten Freundes seiner zehn letzten Lebensjahre eine höchst aufschlußreiche Mitteilung überkommen ist. L. Chr. Althof nämlich ließ 1789 „Einige Nachrichten von den vornehmsten Lebensumständen G. A. Bürgers“ drucken und berichtet darin: „Bis in sein zehntes Jahr lernte er durchaus weiter nichts, als lesen und schreiben; behielt aber mit großer Leichtigkeit im Gedächtnisse, was er sowohl in der Bibel, als im Gesangbuche las. Er liebte vorzüglich die historischen Bücher, die Psalmen und Propheten, am allermeisten aber die Offenbarung Johannis.

Auch aus dem Gesangbuche behielt er viele Lieder, die er einige Male gelesen hatte, auswendig. Seine Lieblingslieder waren: Eine feste Burg ist unser Gott, usw.; O Ewigkeit du Donnerwort, usw.; Es ist gewißlich an der Zeit, usw.; und eins, das anfing: Du, o schönes Weltgebäude, usw. Er erinnerte sich noch kurz vor seinem Tode der Begeisterung, zu welcher ihn das erste jener Lieder oft erhoben hatte, und bei einigen Strophen des Liedes: Es ist gewißlich an der Zeit, usw. tönten, wie er sagte, schon damals ganz dumpf die Saiten seiner Seele, welche nachher ausgeklungen haben“! Dieses Lied von Bartholomäus Ringwaldt, das der Biograph nennt, gibt hinsichtlich der Frage, welche Verse schon die Phantasie des Jungen so nachhaltig angerührt haben könnten, durchaus kein Rätsel auf. Nichts anderes kann dafür in Betracht kommen, als die Worte: „Posaunen wird man hören gehn / an aller Welten Ende, / darauf bald werden auferstehn / all Toten gar behende; / die aber noch das Leben habn, / die wird der Herr von Stunden an / verwandeln und verneuen.“

Bestärkt durch die Tatsache, daß diese Strophe ganz das gleiche Metrum trägt, das der in solchen Formfragen höchst empfängliche und empfindliche Dichter der „Lenore“ zugrunde legte — mit dem einzigen Unterschied der bei Ringwaldt fehlenden achten Zeile, dürfen wir sicher annehmen, daß Bürger mit seiner von Althof berichteten Äußerung einerseits die angeführte Kirchenliedstrophe — andererseits aber die „Lenore“ im Auge hatte. Denn eben hier haben jene Saiten geklungen, die einst das Auferstehungslied in der Seele des Knaben anrührte: eben hier geht es um Tod und „gar behende“ Wiederkehr, um Sterben und Auferstehung — und um die gespenstische Verwandlung und Verneuung der Lebenden.

Des Mädchens wilder Schmerz über Wilhelms Tod greift über seinen Einzelfall hinaus, wird zum Klageruf über den Tod selbst und zur Verzweiflung an der Auferstehung, denn „Kein Sakrament mag Leben / den Toten wiedergeben. —“ Sie klagt, wie die Frauen am Grabe Christi klagen: um den, der gestorben ist und begraben. Ohne ihn mag sie ja weder im Himmel noch auf Erden selig werden, denn allein durch ihn ist Seligkeit, ohne ihn Hölle. Schon die Mutter hatte den Bräutigam Wilhelm und den Seelenbräutigam Christus gegeneinander gesetzt. Jetzt vollzieht sich in der nächtlichen Ankunft des Mannes, an dessen Rückkehr ins Leben das Mädchen nicht mehr geglaubt hatte, um dessetwillen die törichte Jungfrau mutwillig ihr Licht verlöschen lassen wollte (Strophe 11), die Verbindung zwischen Wiedergänger und Auferstandenem. Bei Nacht kommt der Bräutigam zur Hochzeit und sieht zu, ob die Braut schläft oder wacht. Im Matthäus- und Lukasevangelium lauten die entsprechenden Verse: „Da nun der Bräutigam verzog (ausblieb), wurden sie alle schläfrig und entschliefen. Zur Mitternacht aber ward ein Geschrei: Siehe, der Bräutigam kommt, gehet aus, ihm entgegen! . . . Die törichten aber sprachen zu den klugen: Gebt uns von eurem Öle, denn unsre Lampen verlöschen. — Laßt eure Lenden umgürtet sein und eure Lichter brennen; und seid gleich den Menschen, die auf ihren Herrn warten, wann er aufbrechen wird von der (zur) Hochzeit, auf daß, wann er kommt und anklopfet, sie ihm alsbald auftun" (Matth. 25, 5, 6, 8; Luk. 12, 35, 36). Und Lenore *ist* gleich den Menschen, die auf ihren Herrn warten: „Geweinet hab ich und gewacht; / Ach, großes Leid erlitten! / Wo kommst du hergeritten?" Die Strophe aus Hermanns Sterbelied „Wenn mein Stündlein vorhanden ist" wird, ohne daß wörtliche Anklänge auftreten, in jeder einzelnen Zeile zum genau zutreffenden Ausdruck von Lenores Denken und Handeln: „Weil du vom Tod erstanden bist / werd ich im Grab nicht bleiben; / mein höchster Trost dein Auffahrt ist, / Tods Furcht kann sie vertreiben; / denn wo du bist, da komm ich hin, / daß ich stets bei dir leb und bin, / drum fahr ich hin mit Freuden."

Mit Wilhelms „Auffahrt" setzen die Lautmalereien ein, die sich nun bis ans Ende der Ballade ziehen. Als stilistische Mittel sind sie dem Bereich des Geisterhaft-Gespenstischen, der Erscheinung des Toten zugeordnet. Die Worte „es klirrt der Sporn" hat Bürger gegen den Einwurf der Göttinger Freunde verteidigt: „Man muß sich in den Spornen eines Gespenstes eine magische Kraft vorstellen" — der Tote steht unter unheimlichen, außermenschlichen Zwängen. Mit dem Vers „Ich darf allhier nicht hausen" bricht auch in seine Rede zum ersten Mal das Grauenhaft-Geheimnisvolle seiner Existenz ein, dessen Deutlichkeit sich durch die Zeilen „Wir und die Toten reiten schnell" — „Hurra! Die Toten reiten schnell!" — „Die Toten reiten schnelle! / Wir sind, wir sind zur Stelle" immermehr steigert, bis es sich im „gräßlich Wunder" des Endes offenbart. Die Grenze zwischen Leben und Tod scheidet die Bereiche, aus denen Lenore und Wilhelm zueinander reden; dieses unheimliche Gespräch zwischen der Lebenden und dem Toten, das mit dem Anklopfen des Bräutigams an die Tür beginnt und dann den ganzen Ritt begleitet, bleibt in grauenhaft ironische Mißverständnisse verstrickt. *Sie* will den Geliebten zu sich hereinholen, fragt nach seinem Kämmerlein, nach dem Hochzeitsbettchen — *er*, der nur um Mitternacht satteln darf, spricht allein vom

Hochzeitsbett des Grabes, nach dem es ihn verlangt. Und ihre bedingungslose Liebe erliegt dem Trug und folgt ihm nach zu dem nächtlichen Ritt.

Dreimal ist die Reiterstrophe gesetzt, deren gleichlautende zweite Hälfte auf das Volkslied-Vorbild verweist. Und immer wilder wird dieser Ritt, immer rasender, immer dämonisch-übermenschlicher. Anger, Heide und Land, das rechts und links an den beiden vorüberfliegt, Brücken, die unter dem Hufschlag donnern — das ist noch ganz menschlich-wirkliches Reitererleben. Aber schon, wenn in der zweiten Reiterstrophe rechts und links die Gebirge fliegen, geht es über das Menschliche hinaus, steigt hinter der Gestalt des Toten, der auf seinem wilden Roß dahinstürmt, das Bild des apokalyptischen Reiters auf, der über die Erde jagt. Die dritte Strophe weitet die schreckensvolle, großartige Szene ins Kosmische aus: der Himmel und die Erde selbst fliegen mit auf dem unerhörten Ritt. „Ist ein Ritt, wo einem deucht, daß das ganze Firmament mit allen Sternen oben überhin fliegt, nicht eine Shakespearesche Idee? — Das merkwürdigste ist, daß ich diese Strophe im eigentlichsten Wortverstande geträumt habe", schreibt Bürger an die Grafen Stolberg. Seine Darstellung wird zur apokalyptischen Vision. Der unheimliche Sog des Rittes reißt das windige Gesindel vom Hochgericht, diesen höllischen Geisterschwarm mit sich fort. „Er liebte", schrieb Althof, „am allermeisten aber die Offenbarung Johannis": „siehe, ein fahl Pferd; und der drauf saß, des Name hieß Tod, und die Hölle folgete ihm nach" (Offb. 6,8). Aber nicht nur der Geisterschwarm, auch der Leichenzug mit Küster und Pfaff, der eben noch den Vers aus Michael Weiß' Begräbnislied sang: „Nun lasset uns den Leib begraben", selbst das ‚Wirkliche' und Lebendige folgt dem magischen, verwandelnden Anruf des apokalyptischen Reiters; „bei einigen Strophen", schrieb ja Althof, „tönten, wie er sagte, schon damals ganz dumpf die Saiten seiner Seele, welche nachher ausgeklungen haben": „Die aber noch das Leben habn, / die wird der Herr von Stunden an / verwandeln und verneuen."

Schon durch das Bild der flatternden Raben, schon durch den Vergleich des Grabgesanges mit dem Unkenruf ist die Trauergemeinde einbezogen in die Unheimlichkeit dieser Nacht, in der die Geister „unterwegs" sind. Doch erst bei der Begegnung mit dem geisterhaften Reiter verstummt ihr Gesang, verschwindet die Totenbahre, fallen die Verbindungen zur Lebenswirklichkeit, und wie durch einen Zauberschlag springt der Leichenzug aus der menschlichen Existenz in den gespenstischen Wirbel hinüber, wird schrecklich „verwandelt und verneuet“ in den wilden Geisterschwarm, der dem Reiter Tod gehorsam folgt. So endet der Ritt bei den Gräbern. Noch einmal stellen Wilhelms Worte „Vollbracht, vollbracht ist unser Lauf!“ die untergründige Verbindung zu Christus her, zu seinem: Es ist vollbracht. Dann fällt die Hülle von ihm ab, Stundenglas und Hippe werden sichtbar, sein wahres Wesen offenbart sich dem grauenhaft irregeführten Mädchen. Die Dreieinigkeit von heimkehrendem Geliebten, von Bräutigam, von auferstandenem Christus erweist sich als schrecklicher Trug: eine andere Dreiheit in Wilhelms Wesen ist an ihre Stelle getreten: der Geliebte ist ein Toter, der vermeintliche Bräutigam ist der apokalyptische Reiter, Lenore ist nicht Christus gefolgt, sondern dem Tode. Das „gräßlich Wunder“ der Offenbarung des Todes widerspricht dem seligen Wunder der Verklärung des lebendigen Erlösers; die unter Geheul und Gewinsel sich vollziehende Abfahrt in die Tiefe scheidet sich von seiner Auffahrt gen Himmel. Von hier aus können die Verse „Lenorens Herz mit Beben / Rang zwischen Tod und Leben“ nicht mehr so verstanden werden, als ginge es um ihr irdisches Weiterleben, denn schon nach dem Wortlaut der Schlußstrophe: „Des Leibes bist du ledig“, ist unmißverständlich der leibliche Tod ihr Teil. Tod und Leben, zwischen denen ihr Herz ringt, meinen hier, noch einmal dem Sprachgebrauch des Kirchenliedes folgend, nicht die biologische Existenz. „Wie oft bist du in große Not / durch eignen Willen kommen, / da dein verblendter Sinn den Tod / fürs Leben angenommen“, heißt es in Paul Gerhardts „Du bist ein Mensch, das weißt du wohl“. Diese Verse aber treffen genau das, was man als die Lästerung, den Frevel Lenores angesprochen hat und was doch letzten Endes als ein Verfehlen einsichtig wird. Der himmliche Bräutigam ihrer Seele, dessen Züge das Bild des Geliebten angenommen hatte, als der Unbedingtheit ihrer Liebe nur noch die christlichen Vorstellungsformen und die gläubige Leidenschaft zu Nachfolge und Hingabe genügten, er ist es, der spricht: ich bin die Auferstehung und das Leben. Der Tote aber, der apokalyptische Reiter mit Stundenglas und Hippe, dem Lenore in Wahrheit gefolgt war, spricht, dem Seelenbräutigam antwortend: ich bin die Grabfahrt und der Tod. Zwischen diesem Tod und diesem Leben, zwischen Hölle und Seligkeit ringt Lenores Herz — dem gilt der letzte Vers der Ballade, „Gott sei der Seele gnädig!“, der den Strophenschlüssen in Löschers „O König, dessen Majestät“ entspricht, die da heißen: „Gott, sei mir Sünder gnädig!“

Unsere Deutung hat sich von der volkstümlichen Wiedergänger-Moritat, von einer Auslegung des Gedichtes als Parabel für Schuld und Sühne, von der Entrüstung über ein „unerträgliches Gespötte mit den ehrwürdigsten Dingen der christlichen Religion“ und von der Beurteilung als „Lied vom Zerfall eines Gottesglaubens“ weit entfernt. Denn weder um die Erhaltung noch um die Verspottung des alten Glaubens geht es in der „Lenore“, sondern vielmehr darum, daß die kirchlich-dogmatische Versicherung, wie sie in der versteiften Gesangbuchfrömmigkeit der Mutter vertreten ist, nicht mehr ausreicht, den unendlichen Schmerz des liebenden Mädchens um den Verlust des Geliebten zu stillen; darum, daß die Gewalt ihrer Leidenschaft alle Inbrunst, die der Christ auf den Erlöser richtet, alle Klage, mit der er seinen Tod beweint, alle Freude, mit der er seine Auferstehung und Verklärung feiert, alle an Christus gebundene Gewißheit um Seligkeit oder Verdammnis nun auf den Geliebten wirft. Denn aus dieser Umsetzung bezieht die Ballade ihre Energien. Nicht Glaubenszerfall ist hier gedichtet, sondern jene Unbedingtheit der Liebe, die in tragische Verfehlung stürzt, die in dem Toten den heimkehrenden Lebenden, im apokalyptischen Reiter den Bräutigam, der sie zur Hochzeit führt, im Tod das Leben und die Seligkeit zu sehen glaubt. Auch darin mag noch eine Gotteslästerung spürbar werden. Aber sie besteht im Erliegen eines grenzenlos liebenden Herzens vor einer Versuchung, deren Gewalt das moralische Urteil zertrümmert.

Aus dem religiösen Sprachbereich stammen die verborgenen Antriebe, die so in der Ballade wirken; und der untergründige Strom von Formen und Gehalten aus dem Luthertum, der hier in die Dichtung mündet, trägt jene „weiße Magie“ und „Kunst der Offenbarung durch Wort und Zeichen“, die noch heute den aufgeschlossenen Hörer in den Bannkreis des dämonisch Überwirklichen reißt, in den Wirbel des apokalyptisch Schauerlichen und Spukhaften mit „aller seiner Gräßlichkeit“, in jene irrationale Welt der Ballade, vor der auch „der jüngste Graf beben soll, wie vor Loths seligem Weibe“.

JOHANNES PFEIFFER

JOHANN GAUDENZ VON SALIS-SEEWIS

Zu singen bei einer Wasserfahrt

Wir ruhen, vom Wasser gewiegt,
Im Kreise vertraulich und enge,
Durch Eintracht wie Blumengehänge
Verknüpft und in Reihen gefügt;
Uns sondert von lästiger Menge
Die Flut, die den Nachen umschmiegt.

So gleiten, im Raume vereint,
Wir auf der Vergänglichkeit Wellen,
Wo Freunde sich innig gesellen
Zum Freunde, der redlich es meint;
Getrost, weil die dunkelsten Stellen
Ein Glanz aus der Höhe bescheint.

Ach, trüg uns die fährliche Flut
Des Lebens so friedlich und leise!
O drohte nie Trennung dem Kreise,
Der sorglos um Zukunft hier ruht!
O nähm uns am Ziele der Reise
Elysiums Busen in Hut!

Verhallen mag unser Gesang,
Wie Flötenhauch schwinden das Leben,
Mit Jubel und Seufzern verschweben
Des Daseins zerfließender Klang!
Der Geist wird verklärt sich erheben,
Wann Lethe sein Fahrzeug verschlang.

Was zunächst die „musikalische“ Sprachgestalt angeht, so zeigt sie regelmäßig durchtaktierten, schwach-wechselnden Rhythmus, der zu gefälliger Glätte neigt und in seiner daktylischen Bewegtheit etwas leicht Hüpfendes hat. Von Strophe zu Strophe indessen flutet der Rhythmus voller und getragener, bis er sich dann in der letzten Strophe fast bis zum Wuchtigen strafft.

Im Tongefüge hebt sich gleich zu Beginn das dreifache w, dann immer wieder der weiche Klang des v und des f heraus. Strophe 1: „vertraulich — verknüpft — gefügt — Flut“; Strophe 2: „vereint — Vergänglichkeit — Freunde — Freunde"; Strophe 3: „fährliche Flut — friedlich"; Strophe 4: „Verhallen — Flötenhauch — verschweben — zerfließender — verklärt — Fahrzeug — verschlang". Die Stimmungskraft der Vokale verdichtet sich in der ersten Strophe einmal in der leise ansteigenden und sich stetig aufhellenden Tonfolge u — a — ie, von der hier sowohl der erste wie der letzte Vers bestimmt sind; sodann in dem dreifachen ei von „Kreise", „Eintracht" und „Reihen". Diese lichte und linde Tönung tritt auch in der zweiten Strophe immer wieder beherrschend hervor: gleich zu Beginn in der zarten Entsprechung von „gleiten" und „vereint", dann im Reim des vierten und sechsten Verses. Die dritte Strophe, die diesen Reimvokal in „leise", „Kreise" und „Reise" wieder aufnimmt, beruht im übrigen vor allem auf der Beschwörungskraft der mehr tief-beschwichtigenden als dunkel-drohenden u- und o-Klänge. Den Gipfel aber erreicht die Gestaltung auch von der Lautsymbolik her in der letzten Strophe, wo das steil Aufsteigende der i- und e-Klänge sich paart mit dem gedämpften Pathos und der machtvollen Verheißung des beherrschenden a-Klanges.

Die syntaktische Gestaltung ist gekennzeichnet durch schlanke, klar-gegliederte Gefüge mit genau ausgewogener Über- und Unterordnung; so besonders in Vers 1 bis 4 der ersten oder, ganz ähnlich, der zweiten Strophe. In solcher Satzform waltet eine gelassene Umsicht, die auf deutliche Abstufung bedacht ist.

Die bildhaft dargestellte Ausgangslage ist nur wie mit dem Silberstift umrissen. Die Bedeutungsvorstellungen sind filtriert in dem doppelten Sinne, daß sie von aller festlegenden Besonderheit gereinigt und daß sie stilisiert sind aufs Kostbare und Erlesene hin: „Nachen" (statt „Boot" oder „Kahn") ist da besonders bezeichnend, ebenso die metaphorische Umschreibung in Vers 3 und 4 der ersten Strophe. Anschaulich gegeben ist nichts als das ruhige Dahingleiten eines erwählten Kreises, der, gesondert von der lästigen Menge, in vertraulicher Geselligkeit seine Eintracht genießt. Die zweite Strophe löst nun auch noch diesen Rest von „realer" Gegenständlichkeit auf, indem sie den bildhaften Vordergrund durchsichtig macht für einen gedanklichen Hintergrund, und zwar so, daß Sinnliches und Geistiges, sichtbare Gegebenheit und unsichtbare Bedeutsamkeit reizvoll ineinanderspielen. Besonders innig ist dieses schwebende Ineinander von eigentlichem und uneigentlichem, von anschaulichem und „übertragenem" Sinn im fünften und sechsten Vers. Die dritte Strophe tut nun einen weiteren Schritt in der Loslösung von der unmittelbaren Gegenwart: der sorgende Wunsch erhebt sich zur Allgemeinheit eines Blickes in das Menschenschicksal. Und die vierte Strophe vollendet diesen Aufstieg, indem sie sich vom hinschwindenden und verschwebenden Dasein emporschwingt zur Gewißheit übersinnlichen Seins.

Solche Darstellung, der es auf die Schwebe zwischen Bildhaftigkeit und Gedanklichkeit und damit zwischen Endlichkeit und Ewigkeit ankommt, wird vor allem von einer Gleichnissprache getragen, die alles Gegenständliche zum Zeichen und zum Hinweis wandelt. Indem so eine besonnene Geistigkeit die sinnlich-seelische Empfindung überwölbt, gewinnt das Irdische eine gläserne Transparenz: hier herrscht kein dunkler Gefühlsdrang, sondern hier waltet jene Klarheit des Gemütes, wie sie uns anweht etwa aus dem Werke Glucks. Die Wehmut der Vergänglichkeit ist nur als zarter Schauer, die Erhebung zum Übersinnlichen als ein leichtes und leises Sichloslösen beschworen. Dieser Haltung gemäß werden die antikisierenden Vorstellungen von „Lethe“ und „Elysium“ — statt etwa allegorischer Aufputz zu bleiben — zu Symbolen von echter Stimmungskraft.

Von den Wortarten herrscht im ganzen das Dingwort vor, während die Beiworte entweder adjektivisch sind oder — mit einer Ausnahme in der letzten, ja überhaupt verbal aufgelockerten Strophe — die Form des abgeschlossenen Partizips haben. Dieser Stil zielt offensichtlich mehr auf die ruhende, die klar umgrenzte Gestalt und die ihr zugeordnete begriffliche Wesenheit als auf die bewegte Erscheinungswirklichkeit; und was sich in solchem betrachtenden „Nennen“ ausdrückt, ist ein abstandhaltendes Gegenüber von Ich und Gegenstand.

KARL OTTO CONRADY

—

JOHANN WOLFGANG VON GOETHE

Prometheus

Bedecke deinen Himmel, Zeus,
Mit Wolkendunst!
Und übe, Knaben gleich,
Der Disteln köpft,
An Eichen dich und Bergeshöhn!
Mußt mir meine Erde
Doch lassen stehn
Und meine Hütte,
Die du nicht gebaut,
Und meinen Herd,
Um dessen Glut
Du mich beneidest.

Ich kenne nichts Ärmers
Unter der Sonn als euch Götter.
Ihr nähret kümmerlich
Von Opfersteuern
Und Gebetshauch
Eure Majestät
Und darbtet, wären
Nicht Kinder und Bettler
Hoffnungsvolle Toren.

Da ich ein Kind war,
Nicht wußte, wo aus, wo ein,
Kehrte mein verirrtes Aug
Zur Sonne, als wenn drüber wär'
Ein Ohr, zu hören meine Klage,
Ein Herz wie meins,
Sich des Bedrängten zu erbarmen.

Wer half mir wider
Der Titanen Übermut?
Wer rettete vom Tode mich,
Von Sklaverei?
Hast du's nicht alles selbst vollendet,
Heilig glühend Herz?

Und glühtest, jung und gut,
Betrogen, Rettungsdank
Dem Schlafenden dadroben?

Ich dich ehren? Wofür?
Hast du die Schmerzen gelindert
Je des Beladenen?
Hast du die Tränen gestillet
Je des Geängsteten?
Hat nicht mich zum Manne geschmiedet
Die allmächtige Zeit
Und das ewige Schicksal,
Meine Herrn und deine?

Wähntest du etwa,
Ich sollte das Leben hassen,
In Wüsten fliehn,
Weil nicht alle Knabenmorgen-
Blütenträume reiften?

Hier sitz ich, forme Menschen
Nach meinem Bilde,
Ein Geschlecht, das mir gleich sei,
Zu leiden, weinen,
Genießen und zu freuen sich,
Und dein nicht zu achten,
Wie ich.

Wer Goethes Ode „Prometheus" liest, kommt in eine merkwürdige Lage. Zunächst wird er hingerissen von der Glut der Sprache und von dem selbstgewissen Trotz, der durch die Verse weht. Das ist ein unmittelbares Erlebnis, ein Funke springt über und zündet. Aber bei nochmaligem Lesen werden Fragen wach, die sich unter wiederholter, nun von Zeile zu Zeile langsam fortschreitender Lektüre nicht beruhigen, sondern sich, gerade auch nach der Kenntnis der beiden Akte des Dramas, noch erheblich verstärken. Und auch wenn man sich über die Entstehung der Hymne, über ihren biographischen und ideengeschichtlichen Ort, über die Prometheusgestalt in der griechischen Mythologie und über ihr Erscheinen im 18. Jahrhundert unterrichtet hat: es bleiben Fragen und Unklarheiten genug. Das Gedicht ist nicht so eindeutig, wie es gemeinhin scheint. In einem Punkt allerdings besteht Klarheit: daß sich in der Ode durch die Figur des Prometheus eine Seite des geniehaften Lebensgefühls des jungen Goethe ausspricht. Der im 15. Buch von „Dichtung und Wahrheit" aus der Distanz des Alters gegebene Rückblick sei gleich angeführt. Doch muß angemerkt werden, daß die Äußerungen des späten Goethe über seine jugendliche Prometheus-Dichtung nur mit großer Vorsicht für eine Deutung benutzt werden dürfen.

Das gemeine Menschenschicksal, an welchem wir alle zu tragen haben, muß denjenigen am schwersten aufliegen, deren Geisteskräfte sich früher und breiter entwickeln. Wir mögen unter dem Schutz von Eltern und Verwandten emporkommen, wir mögen uns an Geschwister und Freunde anlehnen, durch Bekannte unterhalten, durch geliebte Personen beglückt werden, so ist doch immer das Final, daß der Mensch auf sich zurückgewiesen wird, und es scheint, es habe sogar die Gottheit sich so zu dem Menschen gestellt, daß sie dessen Ehrfurcht, Zutrauen und Liebe nicht immer, wenigstens nicht grade im dringenden Augenblick, erwidern kann. Ich hatte jung genug gar oft erfahren, daß in den hilfsbedürftigsten Momenten uns zugerufen wird: „Arzt, hilf dir selber!" und wie oft hatte ich nicht schmerzlich ausseufzen müssen: „Ich trete die Kelter allein!" Indem ich mich also nach Bestätigung der Selbständigkeit umsah, fand ich als die sicherste Base derselben mein produktives Talent. Es verließ mich seit einigen Jahren keinen Augenblick; was ich wachend am Tage gewahr wurde, bildete sich sogar öfters nachts in regelmäßige Träume, und wie ich die Augen auftat, erschien mir entweder ein wunderliches neues Ganze oder der Teil eines schon Vorhandenen ... Wie ich nun über diese Naturgabe nachdachte und fand, daß sie mir ganz eigen angehöre und durch nichts Fremdes weder begünstigt noch gehindert werden könne, so mochte ich gern hierauf mein ganzes Dasein in Gedanken gründen. Diese Vorstellung verwandelte sich in ein Bild; die alte mythologische Figur des Prometheus fiel mir auf, der, abgesondert von den Göttern, von seiner Werkstätte aus eine Welt bevölkerte. Ich fühlte recht gut, daß sich etwas Bedeutendes nur produzieren lasse, wenn man sich isoliere. Meine Sachen, die so viel Beifall gefunden hatten, waren Kinder der Einsamkeit, und seitdem ich zu der Welt in einem breitern Verhältnis stand, fehlte es nicht an Kraft und Lust der Erfindung, aber die Ausführung stockte, weil ich weder in Prosa noch in Versen eigentlich einen Stil hatte und bei einer jeden neuen Arbeit, je nachdem der Gegenstand war, immer wieder von vorne tasten und versuchen mußte. Indem ich nun hierbei die Hilfe der Menschen abzulehnen, ja auszuschließen hatte, so sonderte ich mich, nach Prometheischer Weise, auch von den Göttern ab, um so natürlicher, als bei meinem Charakter und meiner Denkweise *eine* Gesinnung jederzeit die übrigen verschlang und abstieß.

Die Ode steht in Verbindung mit dem Drama, dessen zwei Akte in der Ausgabe letzter Hand so angezeigt sind: „Prometheus. Dramatisches Fragment 1773." Die beiden Akte waren zunächst nicht veröffentlicht worden. Sein eigenes Manuskript hatte Goethe der

Frau v. Stein gegeben, und als er „Dichtung und Wahrheit" schrieb, hielt er das Stück für verloren. Aber J. M. R. Lenz, der Jugendfreund Goethes, hatte sich die zwei Akte abgeschrieben, und aus dessen Nachlaß kamen sie 1818 an Goethe zurück. „Es ist sehr freundlich von Herrn Dr. Wetterstrand, daß er von dem verirrten Dichtwerke Nachricht gibt. Allerdings ist dieses Drama [Prometheus] von mir, unvollendet wie so vieles andere. Nur zwei Akte können es sein, der Monolog Prometheus [damit ist die Ode gemeint], der durch Jacobis Unvorsichtigkeit so vielen Lärm machte, gehörte eigentlich hierher, kann aber nicht in dem Manuskript stehen, welches sich bei Lenz gefunden." Die Ode hat also von Anfang an ein Sonderdasein geführt. Eine Publikation des dramatischen Fragments hielt Goethe auch im jetzigen Zeitpunkt, der politischen Verhältnisse wegen, nicht für ratsam. „Wunderlich genug, daß jener, von mir selbst aufgegebene und vergessene Prometheus grade jetzt wieder auftaucht," schreibt er am 11.5.1820 an Zelter ... „Lasset ja das Manuskript nicht zu offenbar werden, damit es nicht im Druck erscheine. Es käme unserer revolutionären Jugend als Evangelium recht willkommen, und die hohen Kommissionen zu Berlin und Mainz möchten zu meinen Jünglingsgrillen ein sträflich Gesicht machen." In diesem Brief spricht Goethe auch über die Ode und betrachtet sie als einen Teil des geplanten Dramas: „Der bekannte Monolog, der in meinen Gedichten steht, sollte den dritten Akt eröffnen." Und so erscheint auch wirklich zehn Jahre später, 1830, in der Ausgabe letzter Hand die Ode als Eröffnungsmonolog des dritten Aktes und damit (abgesehen von dem Schlußzusatz „Minerva tritt auf, nochmals eine Vermittelung einleitend") als Schluß des Ganzen. Sie paßt jedoch durchaus nicht an diese Stelle, überhaupt bleibt das Verhältnis zwischen Drama und Ode recht unklar. Doch mit dieser Frage können wir uns hier nicht im einzelnen beschäftigen, nur soviel: Die Schwierigkeiten, das Gedicht zu verstehen, werden durch eine Verbindung mit dem Drama nicht vermindert. Ob man die Hymne „gleichsam als Quintessenz" des Dramas ansehen kann oder sagen darf: „In der Prometheus-Hymne erscheint die Gedanken- und Gefühlssubstanz des Dramas in reinerer Gestalt", ist fraglich. Die Hymne gestaltet nur den Trotz des Prometheus, das Drama mit seinen Pandoraszenen greift weit darüber hinaus.

Es läßt sich nicht urkundlich belegen, wann genau die Ode geschrieben worden ist. Man darf als Entstehungszeit den Herbst des Jahres 1774 annehmen. (Oder ist sie früher als das Drama entstanden?) Veröffentlicht wurde sie jedoch nicht, im Gegenteil schien dem Dichter an einer Geheimhaltung gelegen zu sein. Nur Freunde lernten sie kennen. Merck erhielt die Hymne im März 1775; in einem Brief an Johanna Fahlmer vom 15. 4. 1775 (?) steht: „Hier ist Prometheus. . . “, und Heinse schrieb am 8. 9. 1775 an Gleim: „Ich habe von Göthen eine Ode des Prometheus gelesen.“ Auch Friedrich Heinrich Jacobi erhielt ein Exemplar, und durch ihn sollten die Verse — freilich erst in einigen Jahren — den Weg in die Öffentlichkeit finden, die Gemüter erregen und sogleich eine ungewöhnliche Bedeutung erlangen. Fritz Jacobi veröffentlichte sie 1785 in seiner Schrift „Über die Lehre des Spinoza in Briefen an den Herrn Moses Mendelssohn“. Vorsichtigerweise fügte er das Gedicht nicht dem Texte ein, sondern ließ es, ohne den Autor zu nennen, auf zwei unbezifferten Blättern (damit man es schnell entfernen konnte) am Schluß des Briefes zwischen den Seiten 48 und 49 einrücken. Aber noch ein anderes Gedicht Goethes war der Jacobischen Schrift beigefügt. Zwischen das Titelblatt und den Vorbericht waren zwei ebenfalls ungezählte Blätter eingesetzt, auf denen ohne Titel die Ode stand „Edel sei der Mensch . . .“. Bei diesem Gedicht war jedoch der Name des Verfassers am Schluß angegeben. So war es nicht allzu schwer zu erkennen, wer die Prometheus-Ode gedichtet hatte.

Die Schrift Jacobis berichtet von einem Gespräch mit Lessing aus dem Jahre 1780. Sie erregte großes Aufsehen, weil sich Lessing dort unumwunden zum Pantheismus des Spinoza bekannt hatte. Spinozismus aber stand damals unter dem Verdacht des Atheismus. An Jacobis Schrift schlossen sich deshalb erregte Auseinandersetzungen an, die man als „Spinozastreit“ bezeichnet hat. Goethe selbst spricht rückschauend im 15. Buch von „Dichtung und Wahrheit“ davon: „Zu dieser seltsamen Komposition [dem dramatischen Fragment] gehört als Monolog jenes Gedicht, das in der deutschen Literatur bedeutend geworden, weil, dadurch veranlaßt, Lessing über wichtige Punkte des Denkens und Empfindens sich gegen Jacobi erklärte. Es diente zum Zündkraut einer Explosion, welche die geheimsten Verhältnisse würdiger Männer aufdeckte und zur Sprache brachte . . .“ Die so berühmt gewordene Stelle aus Jacobis Spinoza-Schrift mag hierher gesetzt werden:

> Den folgenden Morgen [6. 7. 1780] kam Lessing in mein Zimmer, da ich mit einigen Briefen, die ich zu schreiben hatte, noch nicht fertig war. Ich reichte ihm Verschiedenes aus meiner Brieftasche, daß er unterdessen sich die Zeit damit vertriebe. Beim Zurückgeben fragte er: ob ich nicht noch mehr hätte, das er lesen dürfte. „Doch!“

sagte ich (ich war im Begriff zu siegeln): „hier ist noch ein Gedicht; — Sie haben so manches Ärgernis gegeben, so mögen Sie auch wohl einmal eins nehmen.“ . . . *) [In der Originalausgabe steht als Fußnote: „S. das Gedicht am Ende des Briefes“.] *Lessing.* (Nachdem er das Gedicht gelesen, und indem er mir's zurückgab.) Ich habe kein Ärgernis genommen; ich habe das schon lange aus der ersten Hand. *Ich.* Sie kennen das Gedicht? *Lessing.* Das Gedicht hab ich nie gelesen; aber ich find es gut. *Ich.* In seiner Art, ich auch; sonst hätte ich es Ihnen nicht gezeigt. *Lessing.* Ich mein es anders... Der Gesichtspunkt, aus welchem das Gedicht genommen ist, das ist mein eigener Gesichtspunkt... Die orthodoxen Begriffe von der Gottheit sind nicht mehr für mich; ich kann sie nicht genießen. Ἓν καὶ πᾶν! Ich weiß nichts anders. Dahin geht auch dies Gedicht; und ich muß bekennen, es gefällt mir sehr. *Ich.* Da wären Sie ja mit Spinoza ziemlich einverstanden. *Lessing.* Wenn ich mich nach jemand nennen soll, so weiß ich keinen andern.

Goethe äußert sich durchaus nicht erfreut über die Publizierung. Allerdings hatte er Jacobis Schrift im Manuskript gekannt[1]. Dort stand der „Prometheus“ anonym. Nun ging aber im gedruckten Buch die Ode „Das Göttliche“ mit Namensnennung voraus, und das war der Grund der Verärgerung. „Du sendest mir Deinen Spinoza. Die historische Form kleidet das Werkchen gut. Ob Du aber wohl getan hast, mein Gedicht mit meinem Namen vorauf zu setzen, damit man ja bei dem noch ärgerlichern Prometheus mit Fingern auf mich deute, das mache mit dem Geiste aus, der Dich es geheißen hat. Herder findet lustig, daß ich bei dieser Gelegenheit mit Lessing auf einen Scheiterhaufen zu sitzen komme“ (11. 9. 1785). In seiner Antwortschrift auf Jacobis Spinozaabhandlung kritisiert Mendelssohn das Gedicht aufs schärfste und macht es völlig herunter. Darauf rückt Goethe, im Selbstbewußtsein seiner dichterischen Kraft, die Hymne unter seine Gedichte in die Ausgabe von 1789 ein.

Durch die Verquickung mit dem Spinozastreit hat die Prometheus-Ode eine besondere Akzentuierung bekommen. Man nahm sie — und nimmt sie teilweise noch — als pantheistisches Glaubensbekenntnis oder suchte doch von pantheistischen Gedankengängen her zu einem Verständnis der Verse zu gelangen. Wer die Strophen unvoreingenommen liest, wird von solchen Gedanken schwerlich etwas entdecken; lediglich zur Kenntnis der historischen Zusammenhänge ist hier kurz die Geschichte der Veröffentlichung erzählt worden.

Zur Erklärung von Goethes „Prometheus“ hält man es zumeist für nötig, die griechische Mythologie darzulegen. Das ist jedoch nur sinnvoll, wenn man sehr deutlich die Änderungen kennzeichnet, die Goethe an dem antiken Stoff vorgenommen hat. „Das alte Titanengewand schnitt ich mir nach meinem Wuchse zu", und er hat kräftig zugeschnitten. In der griechischen Mythologie ist Prometheus Sohn des Titanen Iapetos, bei Goethe ist er Sohn des Zeus. Das ist eine entscheidende Änderung. Es wird danach nämlich unsinnig, angesichts der Goetheschen Prometheusdichtung vom „Titanengedicht" oder vom „Titanischen" zu sprechen[2]. Prometheus ist bei Goethe kein Titan.

Doch erinnern wir uns der Klarheit halber kurz der griechischen Mythologie! Zu den Kindern von Uranos und Gaia, den ältesten Göttern, gehörten auch die Titanen, zwölf gewaltige Söhne und Töchter. Iapetos war einer der Titanen, sein Sohn Prometheus. Der jüngste der Titanen, Kronos, entmannte den Vater mit einer Sichel und riß die Weltherrschaft an sich. Doch auch ihn sollte einer seiner Söhne entthronen: Zeus. Im Bunde mit seinen Geschwistern, die der Vater Kronos aus Furcht um seine Herrschaft zunächst verschlungen, dann aber wieder hatte ausspeien müssen, schritt Zeus zum Kampf gegen die Titanen. Kronos unterlag, und Zeus folgte ihm in der Herrschaft. — Die Sagen von Prometheus berichten Verschiedenes. Als Zeus den Menschen das Feuer vorenthielt, stahl Prometheus es im Olymp und brachte es auf die Erde. Dafür wurde er grausam bestraft: Zeus ließ ihn an einen Felsen ketten, und ein Adler zernagte Tag für Tag die Leber, die in der Nacht wieder nachwuchs. Später wurde er von Herakles befreit. Nach andern Sagen schuf Prometheus die Menschen, und besonders diese Sage bestimmt das Drama und die Ode. Die Menschenschöpfung des Prometheus scheint aber nicht zum klassischen Sagenbestand zu gehören, Hesiod und Aischylos kennen sie nicht. Erst in der Spätzeit wird davon berichtet. M. Benjamin Hederichs „Gründliches Lexicon Mythologicum"[3], das Goethe sicher kannte, beginnt den Abschnitt über Taten und Schicksal des Prometheus: „Er machte zuerst die Menschen aus Erde und Wasser, wobei er denn von einem jeden Tiere etwas dazu nahm ..." Aber Goethe wird besonders von dieser Tat des Prometheus längst, nicht auf dem Umweg über ein Lexikon, gewußt haben: Ovid und Horaz sprechen davon, und diese Stellen hat er seit der Schulzeit gekannt[4].

Goethe hat mit der Umwandlung des Prometheus vom Titanensohn zum Sohn des Zeus etwas Wichtiges gewonnen: den Vater-Sohn-Gegensatz. Erst so erhält der prometheische Trotz seine volle Akzentuierung. Nun kann das Zeus-Prometheus-Verhältnis zur Folie der christlichen Gotteskindschaft werden[5]. Dieser Prometheus schafft Menschen nach seinem Bilde. Der Ausdruck ist deutlich der christlichen Vorstellung nachgeformt; im Munde des Prometheus aber klingt der ins Gegen-Biblische gewendete Sinn nur um so schärfer durch. Gerade der unmittelbar zu spürende antichristliche Charakter der Ode war es ja gewesen, der Goethe eine Veröffentlichung unter seinem Namen als gewagt erscheinen ließ[6].

Doch hier stecken die Schwierigkeiten des Verstehens. Wer ist dieser Zeus? Zweifellos soll mit dem Trotz des Prometheus gegen ihn auch der christliche Gott getroffen werden. Aber wie weit darf man mit einer Deutung in dieser Richtung gehen? In Augenblikken höchster Selbstgewißheit, schöpferischen Stolzes und trotzigen Fürsichseins schleudert Goethe-Prometheus die Verse hinaus. Doch das ist nicht das ganze Weltgefühl des jungen Goethe. Neben „Prometheus" stehen die andern Hymnen der Hingabe und sehnsüchtigen Lust nach Entgrenzung und Alliebe. Zum andern belehrt ein Blick auf das dramatische Fragment, daß Zeus nicht nur als der tyrannische Gott gesehen wird. „Weisheit und Liebe" besitzen die Götter nach den Worten Minervas. Aber Zeus versucht, den Wirkraum des Prometheus einzuschränken, die Gründe dafür werden nicht ganz deutlich, das Drama beginnt schon im Zeichen des Gegensatzes. Damit aber mißachtet Zeus das Schicksal, dem auch er unterworfen ist. Gegen solche Despotie, scheint es, begehrt Prometheus im Bewußtsein seiner Kraft auf, und er entsinnt sich, daß er von Kind auf allein und auf sich gestellt war. Aber auch er erscheint in merkwürdig gebrochenem Licht. Nur mit Hilfe Minervas gelingt es ihm, seine Gestalten zum Leben zu erwecken. Er allein vermag das Leben nicht zu geben, er bedarf der Verbindung mit dem Lebensquell. Sie ist bei den hochgemuten Schlußversen des Gedichts: „Hier sitz ich, forme Menschen / Nach meinem Bilde" wohl schon vorausgesetzt. Erst reflektierende Besinnung jedoch macht sich das klar. Im ganzen Gedicht ist von solcher Beschränkung des Prometheus nichts zu verspüren. Aber wir wissen nun: Der Trotz des Prometheus richtet sich nicht gegen das Göttliche. Er richtet sich gegen einen Gott, der, aus welchen Motiven immer, seine Befugnisse überschreitet, despotisch wird und den Raum des prometheischen Schaffens verengt. Das Göttliche aber ist der Willkür eines Gottes — dürfen wir sagen: eines personhaften Gottes? — überlegen. Ihm weiß sich Prometheus verbunden.

Aber ist es dem jungen Goethe wirklich um den Angriff auf bestehende Gottesvorstellungen zu tun? Sicherlich spielen solche Momente mit hinein. Doch die Hymne ist auch von viel weniger allgemeinen, nämlich ganz persönlichen Motiven bestimmt. Sie drückt eine Stimmung des Dichters aus. Zu der Zeit, als die Ode entstand, fühlte sich Goethe wirklich verlassen und einsam, seine Briefe sprechen davon, und er haderte mit Gott, er lehnte sich auf.

Wegen dieses mehrdeutigen Schillerns der Ode gerät jede Betrachtung in unüberbrückbare Schwierigkeiten. Prometheus und Zeus können nicht ganz aus dem Zusammenhang der Fabel gelöst werden, die Goethe in den beiden Akten geformt hat. Aber sie tragen auch Bedeutungsnuancen, die diesen Zusammenhang hinter sich lassen. Letzte Klarheit ist hier nicht zu erreichen. Genug, wenn der Betrachter sich vor jeder vorschnellen Vereinfachung und einseitigen Deutung hütet.

Versuchen wir jetzt endlich, von Strophe zu Strophe die Verse des Gedichts zu verstehen!

Das Gedicht beginnt mit einer laut hinausgerufenen Aufforderung an Zeus. Scharf wird gleich in den ersten Versen der Trennungsstrich gezogen zwischen dem Reich des Zeus („Bedecke *deinen* Himmel“) und der Welt des Prometheus („Mußt mir *meine* Erde . . .“). Da ist kein Übergang, keine Vermittlung, keine Gemeinschaft, sondern nur Gegensatz und trotziges Fürsichsein. Zeus gehört die obere Region: der Himmel, die Wolken, die Bergeshöhn, und auch noch an den Wipfeln der Eichen mag er sich auslassen. Auf der Erde hat er nichts zu schaffen. Hart und Schlag auf Schlag steckt Prometheus seinen Bereich ab: meine Erde — meine Hütte — meinen Herd. Das sind die Pfeiler, die unerschütterlich dastehn und um die herum die freien Rhythmen spielen können, der Sprache des sich mächtig äußernden Gefühls willig nachgebend. Der imperativische Anfang hat leichten konzessiven Sinn. Mag Zeus seine Kräfte immerhin zeigen, die Welt des Prometheus kann er nicht erschüttern. Die korrespondierende Spitzenstellung der Verben (bedecke — mußt) unterstreicht den Gegensatz, und darum fällt im emphatischen Sprechen beim zweiten Mal auch das Pronomen fort („Mußt mir . . . lassen stehn“). „Mit Wolkendunst“ mag Zeus seine Macht zu erkennen geben, er ist ja der „Wolkensammler“ (νεφεληγερέτα), er fährt in der Wetterwolke daher (αἰγίοχος), hochdonnernd (ὑψιβρεμέτης) und schwarz umwölkt (κελαινεφής). In die Eichen fährt sein Blitz, er ist der Blitzeschleudernde (τερπικέραυνος). Aber schon hier, als Prometheus den Zeus mit einem Knaben vergleicht, der zur Übung für kommende größere Kämpfe an leichten Disteln seine Schwerthiebe trainiert, dringt der Spott durch. Wie ein Knabe, der sich beim Köpfen der Disteln schon wichtig vorkommt und sich selbst als künftigen Helden sieht, so mag Zeus in seinem Bereich, wo es nicht allzuviel Widerstände gibt, seine Kraft auslassen, Prometheus mit seiner Welt wird er nicht auf die Knie zwingen. Seine Welt: das ist die Menschenwelt, zu deren Vorkämpfer sich Prometheus gemacht hat. Das Bauen der Hütte hat nicht Zeus gelehrt, im Drama ist es Prometheus, der den Menschen solche Fertigkeiten zeigt. Für das Feuer des Herdes hat Prometheus nicht zu danken, ganz im Gegenteil, er hat das Feuer, als Zeus es verweigerte, den Menschen auf die Erde gebracht.

Die erste Strophe stellt die beiden feindlich getrennten Seiten scharf gegeneinander. Mit dem ersten Wort, das Prometheus spricht — wir hören im ganzen Gedicht ja nichts anderes, als was der Abgefallene hinausruft —, ist die Kluft aufgerissen. Hier entwickelt sich kein Gegensatz, sondern die feindliche Ferne zu Zeus liegt dem Monolog als bestehend zugrunde. In der zweiten Strophe wendet sich Prometheus an die Götter, indem er einfach konstatiert. Einzig das stark herausgehoben an den Schluß der zweiten Zeile gestellte „Götter“ springt heraus. Krasse Gegensätze stehen zusammen und laden die Strophe mit großer innerer Spannung. „Ärmers“ widerspricht dem „Götter“, „kümmerlich“ höhlt den Begriff der „Majestät“ aus, das Wort „Toren“ macht die Hoffnung des unmittelbar vorhergehenden Wortes („hoffnungsvolle“) schon zunichte.

In Strophe 3 und 4 spricht Prometheus dann nur von sich selbst. Es wird fast so etwas wie eine Beweisführung geboten, die auch noch die fünfte Strophe durchzieht. Trotzig rekapituliert der Sprechende die Gründe seines Widerstands. Weit holt er aus: „Da ich ein Kind war . . .“ Aber die ganz aus dem stolzen Gefühl des Selbstbewußtseins geborenen Worte legen nicht einen Sachverhalt in strenger Folge von Vorder- und Nachsatz dar. Einzelne Stationen des Lebensweges werden aufgerufen, und das Zitieren genügt, daß in der bloßen Nennung schon die anklagende Antwort herausgespürt wird. Ähnlich genügt in Strophe 3 die Wendung „als wenn“, um das Verfehlte des kindlichen Tuns zu kennzeichnen und zugleich wieder die Tonart beißenden Spottes durchklingen zu lassen. Bezeichnend ist für dieses gefühlsgeladene Sprechen, daß gern, in rascher Aufeinanderfolge, mehrere Dinge, die *einem* thematischen Bereich angehören, nachdrücklich genannt werden: Erde — Hütte — Herd; ein Ohr — ein Herz; die gereihten rhetorischen Fragen; das Leben hassen — in Wüsten fliehn.

Die dritte Strophe nimmt einen eigentümlichen, aber aufschlußreichen Blickpunkt. Ganz ähnliche Worte stehen auch zu Anfang des Dramas, aber wir fühlen doch, daß die Zeilen über den Rahmen, den die Goethesche Fabel im Drama zeichnet, hinausschwingen. Wer meint wirklich, da noch Prometheus sprechen zu hören? Ohne daß der Fluß des Ganzen gestört wird, zeichnet der Sprechende die Situation eines zum Himmel aufblickenden Menschen nach, der vergeblich die Hilfe eines jenseitigen Gottes erhoffte. Nicht ohne Grund schließt die Strophe mit einem Wort, das ein Kernwort christlichen Glaubens ist: „erbarmen".

Der sachliche Inhalt der ersten Fragesätze ist kaum zu klären. „Wer half mir wider / Der Titanen Übermut?" Was hatte Prometheus mit den Titanen zu tun? „Wer rettete vom Tode mich, / Von Sklaverei?" Auch im dramatischen Fragment heißt es: „Haben sie [Vater und Mutter] das Herz bewahrt / Vor Schlangen, die es heimlich neidschten? / Diesen Busen gestählt, / Zu trotzen den Titanen?" Von Schlangen ist ein anderer Zeussohn, Herakles, bedroht worden; Hera legte sie ihm, der ein Sohn des Zeus und der Alkmene war, in die Wiege, aber das Knäblein erwürgte die Tiere. Von den Titanen ist ebenfalls ein Sohn des Zeus mißhandelt worden: Den Dionysos schnitten die Titanen, von der eifersüchtigen Hera angestachelt, in Stücke; nach andern Sagen erlitt er Sklaverei. Genug davon, die Verlassenheit des Prometheus kann nicht deutlicher hervortreten. Aber ebenso klar ist das Bewußtsein der eignen Kraft, die ihn alles bestehen ließ: „Hast du's nicht alles selbst vollendet, / Heilig glühend Herz?" Auf sich selbst gestellt, fühlt Prometheus seine Kraft, die ihn nicht nur den Andrang der Gefahren ertragen, sondern ihn bilden, formen und schaffen ließ, nicht als etwas Irreligiöses. Er fühlt Göttliches in sich wirken, anders freilich, als es die Vorstellungen von einem transzendenten Gott erlauben und fordern. Von ihm, „dem Schlafenden dadroben", kehrt er sich ab. Sein eignes „glühend Herz" ist „heilig", es fühlt Göttliches in sich. Der Trotz des Prometheus richtet sich gegen einen Gott, der sich zum Despoten aufwirft, obwohl er selbst nicht „uranfängliche uneigennützige Weisheit" ist, sondern höheren Mächten untersteht. In den Worten vom „heilig glühend Herz" spricht sich das Gefühl des Schöpferischen und der Stolz darauf aus, und man hat mit Recht gesagt, daß sich gerade hier das Geniegefühl aus seiner religiösen Mitte heraus verlautbare. Allerdings darf man die Deutung der Stelle nicht übersteigern; denn im Zusammenhang des Gedichts antwortet der Satz „Hast du's nicht alles selbst vollendet, / Heilig glühend Herz" zunächst nur auf die beiden vorhergehenden Fragen, und auch der Schluß der Strophe macht diesen Zusammenhang deutlich. (Man beachte: „glühtest"!)

Steil steigt die nächste Zeile auf: „Ich dich ehren? Wofür?" Sie ist wie eine Achse, um die die vorige und diese fünfte Strophe sich drehen. Dann folgen, in genauer Entsprechung zur vierten Strophe, zwei rhetorische Fragen, je zwei Verse umspannend, auf die wiederum in Form einer bejahenden Frage Antwort gegeben wird. Diese in den „bejahenden Fragesätzen" gegebenen Antworten zielen über das vorher Gefragte jeweils hinaus und umreißen die Grundpositionen, auf denen der prometheische Trotz gegen Zeus ruht. (Darin liegt auch die Berechtigung, anläßlich der Worte vom „heilig glühend Herz" vom Geniegefühl, vom Schöpferischen, von dem religiösen Mittelpunkt u. ä. zu sprechen. Vor einer Übersteigerung habe ich eben gewarnt.) Das sind die beiden Pfeiler: das Gefühl der Schöpferkraft („Hast du's nicht alles selbst vollendet, / Heilig glühend Herz") und das Wissen, daß auch Zeus noch höheren Mächten unterworfen ist, denen Prometheus den Gehorsam nicht versagt: „Die allmächtige Zeit / Und das ewige Schicksal, / Meine Herrn und deine".

Noch einmal folgt ein rhetorischer Fragesatz, in dem das für den jungen Goethe bezeichnende Riesenwort „Knabenmorgen-Blütenträume" steht. Als Goethe als reifer Mann das Gedicht in seine Sammlung von 1789 einrückte, strich er die erste Hälfte dieses Worts. Überhaupt hat er da einige jugendlich-leicht hingeworfene Ausdrücke der Klarheit zum Opfer gebracht: aus „Knaben gleich" wird „dem Knaben gleich", „kehrte mein verirrtes Aug" wird zu „kehrt' ich mein verirrtes Auge", „hast du's" weicht dem einfachen „hast du". Korrektes Schriftdeutsch wird angestrebt, wobei die Verse freilich etwas vom jugendlich Stürmenden, Unbekümmerten einbüßen.

Die Schlußverse, trotzig beginnend mit dem „Hier" und sich damit nochmals scharf gegen die Zeusregion wendend, sind wie eine Summe, die gezogen wird. Unbändig äußert sich der Schöpferdrang und läßt jegliche Frage nach der Ursache des Zwistes als nebensächlich einfach versinken. In aufbegehrender Trotzgebärde verabsolutiert sich der schöpferische Prometheus-Künstler, stellt sich ganz auf sich und transponiert mit herrscherlichem Verfügen die biblische Vorstellung von der Gottebenbildlichkeit des Menschen auf den Bereich seines Schaffens. Hier hat fraglos die Verherrlichung des Schöpferischen ihren Höhepunkt gewonnen und das abschließende „Wie ich" hält die Spannung unerschüttert aus, die vom ersten Vers „Bedecke deinen Himmel, Zeus" herüberreicht. Damit hat auch die Deutung, die das 18. Jahrhundert der Prometheusgestalt gegeben hat, ihren Gipfel erreicht.

Goethe schuf diese Gestalt als Sinnbild des schöpferischen Künstlers ja nicht neu. Schon Shaftesbury (1671—1713) hatte vom Dichter gesprochen als „a just Prometheus under Jove". Dieser Gedanke kommt, als man über das Wesen des Genies nachzudenken beginnt, in Literatur und Poetik, und Goethe steht in dieser Tradition.

Eine Gesamtdeutung des Gedichts wäre nun zu geben. Allein das kann hier nach den warnenden Bemerkungen, die oben gemacht wurden, gar nicht versucht werden. Unsicher würde man zu formulieren wagen, etwa so: Die Prometheus-Ode ist, als Ganzes gesehen, die dichterische Verherrlichung und Freisprechung der im „Genie" wirkenden schöpferischen Kräfte, die, da auch sie im „heilig glühenden Herzen" als göttlich erfahren werden, eignes Recht und eigne Geltung beanspruchen, nicht in Willkür, sondern gebunden an Mächte, die größer sind als ein in der Transzendenz persönlich vorgestellter Gott. Aber wir merken sofort, wie ein solcher Satz verhärtet, nur einiges greifen kann und das von der augenblickshaften Stimmung des Dichters nicht zu trennende Gedicht hinüberbiegt in die kalte Abstraktion des Begriffs. Und dann zeigt der „Prometheus", wie schon betont, nur die eine Seite des Goetheschen Lebensgefühls. Die berühmte kosmogonische Betrachtung am Ende des 8. Buches von „Dichtung und Wahrheit", wo Goethe seine religiösen Jugendanschauungen skizziert, belehrt uns darüber. Dort steht, wir Menschen erfüllten die Absichten der Gottheit dadurch, „daß wir, indem wir von einer Seite uns zu verselbsten genötiget sind, von der andern in regelmäßigen Pulsen uns zu entselbstigen nicht versäumen". Im Drama „Prometheus" wird beides gestaltet, die Ode zeigt nur den Zustand der höchsten Verselbstung. Aber seit 1789 ließ Goethe in seinen Gedichten dem „Prometheus" eine Hymne folgen, die die andere Seite des Goetheschen Lebensgefühls ins dichterische Wort nimmt: „Ganymed".

KARL OTTO CONRADY

JOHANN WOLFGANG VON GOETHE

Ganymed

Wie im Morgenrot
Du rings mich anglühst,
Frühling, Geliebter!
Mit tausendfacher Liebeswonne
Sich an mein Herz drängt
Deiner ewigen Wärme
Heilig Gefühl,
Unendliche Schöne!

Daß ich dich fassen möcht
In diesen Arm!

Ach, an deinem Busen
Lieg ich, schmachte,
Und deine Blumen, dein Gras
Drängen sich an mein Herz.
Du kühlst den brennenden
Durst meines Busens,
Lieblicher Morgenwind,
Ruft drein die Nachtigall
Liebend nach mir aus dem Nebeltal.

Ich komme! Ich komme!
Wohin? Ach, wohin?

Hinauf, hinauf strebt's.
Es schweben die Wolken
Abwärts, die Wolken
Neigen sich der sehnenden Liebe,
Mir, mir!
In eurem Schoße
Aufwärts,
Umfangend umfangen!
Aufwärts
An deinem Busen,
Alliebender Vater!

Ein Ausruf steht zu Anfang des Gedichts. Staunen, Beglückung, Seligkeit sind darin. Der das spricht, erlebt einen Frühlingsmorgen und gibt sich ihm willig hin und ganz gefangen. Mit einem „wie", das sofort auf das Erstaunen hinweist, ein Gedicht zu beginnen, ist nicht eben gebräuchlich. So spricht man nur in einem bewegten, innerlich erfüllten Stil. Auch das „Mailied" beginnt so:

Wie herrlich leuchtet
Mir die Natur!
Wie glänzt die Sonne!
Wie lacht die Flur!

Ein solcher Anfang betont schon mit dem ersten Wort eine besondere Verfassung des Sprechenden. Er steht nicht in der Distanz zu dem, wovon er sprechen will. Er ist sehr eindringlich berührt davon, erregt, bewegt. Ein Gegenüber dringt auf ihn zu und entlockt ihm den Ausruf freudigen Staunens.

Das Gegenüber rückt ganz in die Nähe: mit „Du" wird es angeredet, und gleich darauf steigert sich das Sprechen zum beglückten Anruf: „Geliebter!" Der Sprechende fühlt sich von dem mit den Gefühlen der Liebe empfangenen Du umschlossen, „rings" ist er von ihm umgeben. Der erste, drei Zeilen umfassende Ausruf ist an sich knapp, aber außerordentlich prägnant. Es erscheinen da keine gefühlsbeladenen und keine schwärmenden Wörter. Doch die Satzmelodie, bestimmt von der Stellung der Wörter, ist eindringlich genug. Das Wort „rings", zwischen „du" und „mich" gestellt, genügt, um die Weite und Macht des Erlebnisraumes aufzurufen. Noch kräftiger treibt das Verbum „anglühst" die im Ausruf beschlossene Stimmung heraus. Schon die transitive Art ist zumindest ungewöhnlich. Der Vorgang des Glühens erregt den staunend Schauenden; das Glühen ist nicht nur für sich da, sondern wirkt auf den Sprechenden ein. Die Möglichkeit, dieses Ereignis ohne jeden Umweg sprachlich auszudrücken, gewinnt Goethe, indem er dem intransitiven Verbum „glühen" die Vorsilbe „an" hinzufügt. Ein unscheinbares Mittel, aber es ermöglicht die gefühlsgeladene Verknappung des Sprechens. Ähnliche Mittel wendet er auch in andern Hymnen an. („An Schwager Kronos": „Ekles Schwindeln zögert / Mir vor die Stirne dein Haudern.") Geschehen, Erlebnis, Eindruck, Schau sollen unmittelbar Wort werden. Die Tätigkeit soll in ihrer Auswirkung ohne Zwischenglieder sinnlich faßbar werden. Man begehe nur einmal den Frevel und ändere die Zeile etwas ab, um zu ermessen, was verloren wird und was Goethe durch sein Kompositum „anglühen" erreicht. Wie im Morgenrot / Du rings um mich glühst: Aus einer die beiden „Partner" umschließenden Bewegung ist ein ruhendes Gegenüber geworden. — Das Wort „glühen" ist für den jungen Goethe bedeutungsschwer. Es meint nicht nur den äußerlichen Vorgang, ihn am wenigsten. Im „Prometheus" steht der Vers vom „heilig glühend Herz", in „Wanderers Sturmlied" gibt es die Zeilen:

Weh! Weh! Innre Wärme,
Seelenwärme,
Mittelpunkt,
Glüh entgegen
Phöb Apollen...

Noch in der ersten Strophe des „Ganymed" wird das „heilig Gefühl" genannt. Das Glühen kommt von tief innen her, es ist dem Religiösen verbunden. Nichts Alltägliches, leicht Verschwindendes ist gemeint, sondern im Glühen wird Nähe des Göttlichen gespürt. Es ist gut, die Bedeutungsschwere des Wortes „anglühst" gleich zu erfassen und im Gedächtnis zu behalten. Denn damit ist die Höhenlage bezeichnet, auf der sich das ganze Gedicht entfaltet.

Der Frühling wird als Geliebter angeredet. Die Anrede „Frühling" bleibt noch im allgemeinen Raum einer Jahres- und Naturbestimmung, sie ist nichts Besonderes. Aber gleich darauf klingt in der mit sehnsüchtigem Verlangen gerufenen Anrede „Geliebter!" der eigentliche Ton des Gedichts auf. Nur in enger persönlicher Beziehung ist solche Anrede erlaubt. Sie stammt aus der Sphäre des Herzens. Eine rationalisierende Betrachtung kann von einer „Personifizierung" des Frühlings sprechen. Aber das würde am Kern vorbeigehen. Der Dichter nimmt, was in der morgendlichen Natur um ihn wirkt und sich mit tausendfacher Liebeswonne an sein Herz drängt, ganz in seine Liebe auf. Getragen von diesem Gefühl kann er nicht anders, als den Frühling unmittelbar als Geliebten ansprechen. Der Frühling erscheint dadurch in der Größe einer mythischen Gestalt, mit aller Macht und Kraft ausgestattet. Kein Vergleich, keine Umschreibung sucht die dem erotischen Bezirk entstammende Anrede zu dämpfen, die Beziehung der „Partner" ist unmittelbar. So wogt in den ganzen Versen die Bewegung ungebrochen vom Du zum Ich und wieder vom Ich zum Du. Doch merkwürdig: der Frühling ist *der* Geliebte, nicht *die* Geliebte! Soll damit schon hier angedeutet werden, wie wechselseitig die Liebesbewegung ist? Daß auch der Frühling nicht minder Liebender ist als der Mensch, der sich ihm liebend hingibt? Denn das ist ja die schon bedeutete innere Bewegungslinie der Hymne: von der Natur zum Menschen und wieder vom Menschen zur Natur. Eins ist so tätig wie das andre, und erst im Einklang — „umfangend umfangen" — ist das Ziel erreicht. Diese zwei Bewegungen sind von Beginn an miteinander verwoben. Das geht bis in die einzelnen Wörter hinein, die auf den Partner hinzielen: „anglühen", „drängen", „fassen", „schmachten", „Durst", gipfelnd in der Zeile: „Umfangend umfangen". Entsprechungen verdeutlichen es ebenfalls: „. . . an deinem Busen / Lieg ich . . .", „Du kühlst den brennenden / Durst meines Busens" — Die Nachtigall ruft „liebend nach mir", die Wolken neigen sich „der sehnenden Liebe".

Wir kehren zur ersten Strophe zurück. Dem ersten Ausruf schließt sich ein zweiter, etwas längerer an. Aber wir vermögen den genauen „sachlichen" Inhalt nicht recht zu durchschauen, das scheidende Bemühen der Logik greift ins Leere: es findet nichts zu zergliedern und in Begriffe umzusetzen. Dennoch scheint uns in einem dem Verstande spottenden Sinne alles verständlich. „Der Liebende spricht als ein Überwältigter, Übermächtigter", sagt Clemens Lugowski. Das „heilig Gefühl" (zu verstehen als Fühlen, Erfühlen von etwas) ist von dem Geliebten, seiner „ewigen Wärme", entzündet worden, und nun bedrängt es das Herz mit tausendfacher Liebeswonne. „Ewig", „heilig": diese Wörter deuten auf den Bezirk hin, dem sich die Liebesbewegung verbunden weiß: sie benennen den Bezirk des Göttlichen.

Kein willkürliches, in einer seligen Stunde schwärmerisch in sich selbst erwecktes Gefühl breitet sich in dem Sprechenden aus, sondern er ist angerührt von Größerem. In diesem Raume dürfen die Attribute des Heiligen und Ewigen ohne Blasphemie verwendet werden. Vor solcher Macht bleibt nur bewundernd-stammelnder Ausruf: „Unendliche Schöne!" Im Gerüst des Satzes ist er nicht bündig unterzubringen. Ergriffensein und Überwältigtwerden sprengen den Rahmen des Verbindlichen und lassen den sich selbst genügenden Ausruf entstehen.

Die erste Strophe gibt das Gesamtbild, den Gesamtrahmen und gestaltet die Begegnung von Mensch und Natur. Sie ist hymnischer Ausruf. Aber wir haben schon hier gespürt, wie in dem anrufenden Sprechen die Begegnung doch nicht ein einseitiges Sich-Hingeben war. Auch von außen her drängt es an den Menschen heran, er wird in den Bann gezogen. Zwei Verse trennen jeweils die drei größeren Versgruppen voneinander. Die Zeilen „Daß ich dich fassen möcht / In diesen Arm" sprechen eindeutig den Wunsch aus, der sich aus der überwältigenden, im preisenden Anruf sich äußernden Begegnung der ersten Strophe ergibt. Ein erstaunlicher Wunsch! Angesichts der Unendlichkeit der Natur, der „unendlichen Schöne“, begehrt der Dichter das grenzenlose Gegenüber in seine Umarmung zu bannen. Aber der Frühling begegnet so sehr als Person, daß dieser Wunsch sich unmittelbar, ohne einschränkende Bemerkung, einstellt.

Das Mittelstück ist verhaltener im Tempo und mit beinah bukolischen Zügen verwoben. Es rückt das im Abstand des hymnischen Anrufs liebend Gefeierte in die Nähe. Der Atem geht länger, die Satzfolge ist durchsichtiger und getragener. Das „Ach“ des Anfangs ist eine leichte Gegenwendung gegen den Wunsch der vorhergehenden zwei Verse. Hat der Wunsch sich nicht auf Unerfüllbares gerichtet? Denn der Wünschende liegt „an deinem Busen“ und schmachtet dennoch! Weiter hinein, ins Innerste der Natur treibt die liebende Sehnsucht. Aber das ist nur angedeutet in dem Verbum „schmachten“. Viel mehr entfaltet die Strophe das liebevolle Bemühen, mit dem der Frühlingsmorgen den hingegebenen Menschen umhegt. Blumen, Gras, Morgenwind: sie entziehen ihre Liebe nicht, sondern umspielen den Liebenden. Der Liebesneigung des Menschen wird Antwort: alle Tätigkeit geht hier von der Welt des „Du“, des Geliebten, des Frühlings aus:

Und deine Blumen, dein Gras
Drängen sich an mein Herz.
Du kühlst den brennenden
Durst meines Busens,
Lieblicher Morgenwind...

Dann folgt eine ganz leichte, aber doch spürbare Unterbrechung im Ablauf der Sätze, bewirkt durch die Satzspitzenstellung des „ruft“, ohne daß ein „es“ vorausgeht. (Oder sollte es sich um eine, dann allerdings recht starke Inversion handeln, für: Drein ruft die Nachtigall?) Nicht ohne Grund merken wir auf. Im Morgennebel über dem Tal ruft die Nachtigall; aber sie singt ihr Lied nicht für sich, sondern sie ruft „liebend nach mir“. Der Liebende, der sich hingeben möchte, erhält gewährende Antwort, deutlicher, als es bisher im Gedicht geschah. Nicht etwa „lieblich“ oder „süß“ ruft die Nachtigall, sondern „liebend“, und dieses Partizipium Praesentis trägt noch die volle Bedeutung des Tätigen.

Der Liebende zaudert nicht mit seiner Antwort: „Ich komme! Ich komme!“ Der jubelnden Freude genügt kein einzelner Ruf, verdoppelt muß sie sich bestätigend äußern. Aber die beiden, fast stammelnd hervorgebrachten Fragen: „Wohin? Ach, wohin?“ hemmen noch eine Weile. „Rings“ hatte sich der Mensch von der Herrlichkeit des Frühlingsmorgens umgeben gesehen, und überwältigt und gefangen, war er in den feiernden Ruf: „Unendliche Schöne!“ ausgebrochen. Wohin denn sollte er sich nun wenden, um sich mit der geschauten und gefühlten Grenzenlosigkeit des Geliebten vereinigen zu können? Der Weg ist noch ungewiß, aber die zwei Fragen sind voll unruhiger Sehnsucht.

Die dritte größere Versgruppe bringt die Erfüllung. Erwünschte Vereinigung geschieht. Vor diesem Ereignis, das alles Rationale und Aufschlüsselbare übersteigt und nur aus der zur Vereinigung strebenden Gefühlsbewegung der Liebe lebt, beginnt die verständige Sprache sich aufzulösen. Es bleiben stammelnde Rufe; das Gefühl, von Größerem umfangen zu werden, vermag nur Einzelstücke des Erlebens mit dem Wort zu fassen. Hier durchdringen sich ganz die Bewegungen vom Ich zum Es und vom Es zum Ich. „Umfangend umfangen“: damit ist die Sehnsucht des Liebenden an ihr Ziel gekommen. Das im Anruf des Beginns noch Getrennte hat sich liebend vereinigt. Wolken sinken herab; ihnen, die das Leichteste, Emporschwebende und dem Geistigen verwandt sind, kann sich die „sehnende Liebe“ anheimgeben, um „aufwärts“ getragen zu werden. Zweimal gehört eine ganze Verszeile diesem Wort „aufwärts“: Die Vereinigung ist auch Entrückung in eine andere, höhere Sphäre. Und die letzte Zeile läßt den Akkord des Göttlichen, den wir schon im „heilig Gefühl“ der ersten Strophe anklingen hörten, voll durchtönen. Die Begegnung des hingegebenen Menschen mit der Natur, die Nähe zu Blumen, Gras, Morgenwind, die endliche Vereinigung: das alles ist ein religiöses Ereignis. Natur ist hier kein beschreibend oder gar zergliedernd zu erfassendes Objekt, sondern wirkender Raum des Göttlichen. Der Mensch steht ihr nicht als der Handelnde gegenüber, der über sie verfügen kann. Nur innigste Vereinigung, liebendes Sichschenken ist angemessen; er kann sich nur aufnehmen lassen. Die frühlingshaft herrliche Natur wartet wie der Mensch auf Vereinigung und drängt ihm entgegen. Liebende Einheit ist das Ziel.

Eine solcherart erlebte Beziehung zwischen Mensch und Natur war in der deutschen Dichtung neu. Der transzendente Gott rückte in die Ferne. Die Natur war auch nicht mehr Objekt, das es zu beschreiben galt. Liebend nahte sich ihr der Mensch, ward von ihr angenommen und, umfangend umfangen, emporgetragen zum alliebenden Vater. Im ganz erfüllten und durchfühlten Augenblick des Hier und Jetzt findet der Mensch Gemeinschaft mit dem sich liebend neigenden Göttlichen. Das „heilig Gefühl“ ist das Siegel dieses Zusammenfindens. Die Natur wird nicht als ein fremdes Gegenüber erfahren, sondern als willig, wenn auch in mythischer Größe sich öffnender Raum, in dem die Vereinigung geschehen kann. Im Endlichen wird so das Unendliche berührt.

Die Prometheus-Ode gestaltet den Zustand höchster Verselbstung. Aber wir Menschen erfüllen die Absichten der Gottheit dann, wenn wir, „indem wir von einer Seite uns zu verselbsten genötiget sind, von der andern in regelmäßigen Pulsen uns zu entselbstigen nicht versäumen“, sagt Goethe im 8. Buch von „Dichtung und Wahrheit“. So dichtet die Ganymed-Hymne die Hingabe, das Ausdehnen ins göttliche All, das Sich-Aufgeben, das auch ein „Zurückkehren zum Ursprünglichen“ (ebda.) ist. Seit 1789 hat Goethe die beiden Gedichte immer zusammengestellt, weil dadurch die Doppelbewegung des Menschen, von der er in „Dichtung und Wahrheit“ und auch anderwärts spricht, sichtbar wird. Die mythologischen Gestalten Prometheus und Ganymed werden so zu Beispielfiguren für menschliches Wesen in seinen gespanntesten Möglichkeiten. Wie Ganymed in der griechischen Sage, so wird der sich an die göttliche Natur aufgebende Mensch emporgetragen zum alliebenden Vater. In der Sage war Ganymed, Sohn des Königs Tros, der schönste aller Menschen. Zeus entführte ihn und machte ihn zu seinem Mundschenken. Auf einer antiken Marmorgruppe im Vatikan ist dargestellt, wie der Adler den Jüngling mit seinen Fängen, ohne ihm wehe zu tun, gefaßt hat und sich mit ihm in die Luft schwingt. Da liegen Ähnlichkeiten mit dem Schluß der Hymne. Der junge Goethe fühlt sich in der Gunst der Stunde, sich ganz hingebend, emporgehoben in den Bezirk des Göttlichen. So wagt er, sich mit dem Jüngling zu identifizieren, den Zeus zu sich an den Tisch der Götter holte, und setzt den Versen, die das Geheimnis des Umfangend-umfangen dichten, den Namen voran, ohne daß das Gedicht die mythologische Fabel auch nur berührte. Die Hymne wäre auch ohne die Überschrift verständlich, aber sie gibt den Versen Würde und zeigt sogleich auf den göttlichen Bezirk und auch auf die mythische Größe des Vorgangs.

Die Hymnen Goethes tragen den großen Atem des Gefühls und des Erlebnisses. Was sie dichten, läßt sich nicht in Reim und Versmaß binden. So wird die Bewegung der „freien Rhythmen“ gelenkt von den Erfahrungen des Herzens. Drei größere Versgruppen, jeweils getrennt durch zwei Verse, bilden die Ganymed-Hymne. Aber jede dieser Gruppen hat eigene Konturen. Hymnischer

Anruf prägt die erste Gruppe. Zweimal beginnt der Sprechende einen weiten Bogen, beide Male zum Schluß ansteigend: „Geliebter!“ und „Unendliche Schöne!“; beim zweiten Mal doppelt gipfelnd: „...Heilig Gefühl, / Unendliche Schöne!“ Im Mittelteil ist die Abfolge der Sätze verhalten, die Zeilen werden länger und drängen nicht wie die Ausrufe: In der Nähe werden Einzelheiten gesehen, gehört, gefühlt, Blumen, Gras, Morgenwind, Nachtigall, Nebeltal. Ein Hauch von Idyllik weht darüber hin. — Die Schlußgruppe steigert; zu Anfang fügen sich noch ordnungsgemäße Sätze zusammen, die Verse behalten noch einige Weite. Doch dann sprudelt es mit dem „Mir, mir!“ hervor. Der syntaktische Zusammenhang löst sich, freudige Rufe treten Vers für Vers an die Stelle, bis der Schlußvers „Alliebender Vater“ die Bewegung auffängt. Anrufung, Nähe, seliges Einswerden: willig und frei folgt die Sprache dieser Linie und ist doch straff geführt bis ins kleinste Glied wie kaum eine andere der großen Hymnen.

VON DER KLASSIK ZUR ROMANTIK

GÜNTHER MÜLLER

—

JOHANN WOLFGANG VON GOETHE

Das Parzenlied

Es fürchte die Götter
Das Menschengeschlecht!
Sie halten die Herrschaft
In ewigen Händen
Und können sie brauchen,
Wie's ihnen gefällt.

Der fürchte sie doppelt,
Den je sie erheben!
Auf Klippen und Wolken
Sind Stühle bereitet
Um goldene Tische.

Erhebet ein Zwist sich,
So stürzen die Gäste,
Geschmäht und geschändet,
In nächtliche Tiefen
Und harren vergebens,
Im Finstern gebunden,
Gerechten Gerichtes.

Sie aber, sie bleiben
In ewigen Festen
An goldenen Tischen.
Sie schreiten vom Berge
Zu Bergen hinüber:
Aus Schlünden der Tiefe
Dampft ihnen der Atem
Erstickter Titanen,
Gleich Opfergerüchen,
Ein leichtes Gewölke.

Es wenden die Herrscher
Ihr segnendes Auge
Von ganzen Geschlechtern
Und meiden, im Enkel

Die ehmals geliebten,
Still redenden Züge
Des Ahnherrn zu sehn.

So sangen die Parzen;
Es horcht der Verbannte
In nächtlichen Höhlen,
Der Alte, die Lieder,
Denkt Kinder und Enkel
Und schüttelt das Haupt.

Im Gefüge des Goetheschen Iphigenie-Dramas erhebt sich das Parzenlied scheinbar wie ein erratischer Block. Wohl hat das Werk mehrere Partien, die sich metrisch von dem durchgehenden Blankvers abheben, und in diesen allen ist das lyrische Element gegenüber dem sonst herrschenden Grundton gesteigert, sie alle formen an der Linienführung der Werkgestalt bedeutsam mit. Den 1. Akt beschließt Iphigenies Anrufung der Diana „Du hast Wolken, gnädige Retterin", die Gipfelhöhe des 3. Akts wird durch die Genesungsvision Orests gebildet „Willkommen Väter! euch grüßt Orest", und den 4. Akt eröffnet Iphigeniens Besinnung über den „ruhigen Freund": „Denken die Himmlischen / Einem der Erdgebornen / Viele Verwirrungen zu..." Jedesmal spricht aber hier der Redende sich selbst aus. Das Parzenlied dagegen, das den 4. Akt beschließt, wird aus einem fremden Bereich hereingeholt. Es ist nicht Iphigenies Lied, es ist „Das Lied der Parzen, das sie grausend sangen, / Als Tantalus vom goldnen Stuhle fiel", und nicht von ihnen hat Iphigenie es gehört, sondern von der Amme, die es ihr und den Geschwistern vorsang. Iphigenie schaudert davor, daß auch sie erfaßt werden könnte von dem tiefen Haß der alten Götter auf die Olympier. Diese fleht sie an: „Rettet mich und rettet euer Bild in meiner Seele!" Und doch hört sie vor ihren Ohren das alte Lied tönen, das gern vergessene, und doch spricht sie es nun selber. Indem sie die Möglichkeit spürt, daß der alte Titanenhaß auch ihre Brust erfasse, und indem sie das alte Lied rezitiert, entfernt sie sich am weitesten von dem Schwerpunkt ihres eigenen Wunschbildes. Mit dem Parzenlied selbst aber scheint in den geistigen Raum des Dramas wie mit einem Vulkanausbruch eine fremde Welt hereinzubrechen, und dies Lied ist von solch eherner Gewalt, als ob es das ganze übrige Drama aufwiegen wollte.

Ich möchte das Parzenlied zunächst als selbständiges Gebilde betrachten und dann als Glied im Gefüge des Dramas.

Als Gedicht steht das Parzenlied geistig, formal und zeitlich am Ende jener gewaltigen Folge freirhythmischer Hymnen, die mit „Wanderers Sturmlied" im Anfang des Frankfurter Sturmes und Dranges einsetzt. Von der vertrauensvollen Hingabe an den Genius führt diese Folge der Hymnen durch verschiedene Stadien über prometheischen Trotz und ganymedisches Umfangend-Umfangen zu immer strengerem Erfahren und Ausprägen einer übermenschlichen, auch für den Titanen unentrinnbaren Ordnung. Schon Prometheus weiß, „die allmächtige Zeit / Und das ewige Schicksal" herrschen über ihn so gut wie über Zeus. „Denn ein Gott hat / Jedem seine Bahn / Vorgezeichnet", heißt es in der ersten Weimarer Hymne, der „Harzreise im Winter", 1777; „Denn mit Göttern / Soll sich nicht messen / Irgend ein Mensch" in den „Grenzen der Menschheit", die man um 1780 ansetzt; „Nach ewigen, eh'rnen, / Großen Gesetzen / Müssen wir *alle* / Unseres Daseins / Kreise vollenden" in der um 1782 entstandenen Hymne „Das Göttliche", und mit dieser zunehmenden entsagenden Strenge geht eine Entsinnlichung der Sprache und eine Fesselung der freien Rhythmen Hand in Hand. Die Zeilenzahl der Strophen bleibt frei, aber schon die „Grenzen der Menschheit" lassen zweitaktige Verse mit freier Füllung vorwiegen, und „Das Göttliche" zeigt diese Versform herrschend. Dies Gedicht ist denn auch von einer asketischen Bildlosigkeit, einer begrifflichen Abstraktheit, die sich mit der gewohnten Vorstellung von Goethes Lyrik schwer vereinbaren läßt. Sie wirkt geradezu erstaunlich, wenn man sie mit den gleichzeitigen Versen an Lida oder mit den Balladen vom Fischer, vom Erlkönig vergleicht.

Allerdings, auch noch die Hymne „Das Göttliche" läßt dem Menschen innerhalb der „ewigen, eh'rnen, großen Gesetze" einen eigenen Spielraum: Die Natur ist unfühlend, die Sonne leuchtet „über Bös' und Gute", das Glück tappt wahllos unter die Menge:

Nur allein der Mensch
Vermag das Unmögliche;
Er unterscheidet
Wählet und richtet;
Er kann dem Augenblick
Dauer verleihen.

Das Parzenlied dagegen verkündet eine unbeschränkte Willkürherrschaft der Götter, die zum Verderben der Menschen, gerade auch der großen Menschen, geneigt ist. Einer ähnlichen Ordnung begegnen wir bei Goethe nur noch in dem schaurigen Harfnerlied, und auch dies Lied läßt eine fremde Ordnung in die Welt der „Theatralischen Sendung" hineinragen. Die 2. Strophe sagt von den himmlischen Mächten:

Ihr führt ins Leben uns hinein,
Ihr laßt den Armen schuldig werden,
Dann überlaßt ihr ihn der Pein:
Denn alle Schuld rächt sich auf Erden.

Dies Harfnerlied steht im 4. Buch der „Theatralischen Sendung" (Kap. 13), das vom November 1783 bis November 1784 ausgearbeitet wurde, also in der Zeit zwischen dem ersten Prosaentwurf der „Iphigenie" und der endgiltigen Versfassung in Italien, die auch dem „Parzenlied" erst die endgiltige hymnische Form gab.

Wir haben hier einen sehr merkwürdigen Vorgang, der die Auffassung E. M. Wilkinsons von der inneren Form und von der Unablösbarkeit der „technischen" Ausformung voll bestätigt. Denn als „Urerlebnis" gehört die Gesetzesordnung des Parzenliedes offensichtlich zu jener Metamorphosenfolge um 1780, in der das waltende Gesetz unter verschiedenen Aspekten erfahren und ausgesagt wird. Die endgiltige sprachliche Formung des Parzenliedes wird erst in Italien gewonnen, in der Zeit, in der die lösende und beglückende Wirkung Roms den Dichter ganz durchdringt und ganz andere Ordnungen als die der Götterwillkür ihm zum Urerlebnis werden. Daß in dieser Zeit das Iphigenie-Drama vollendet wird, will uns sehr begreiflich erscheinen. Die Vollendung des Parzenliedes in Italien stimmt dagegen keineswegs zu der Vorstellung, daß Goethe nur aus der jeweilig vorherrschenden Verfassung heraus die Gestaltung vollendet. Mit dem Parzenlied ist es vielmehr so bestellt, daß die Konzeption Forderungen an die Bildnerkraft stellt, an die Bewältigung des materiellen Mediums, nämlich der Sprache, und diese Forderungen werden erst Jahre später, bei völlig veränderten „Urerlebnissen" erfüllt.

Wir wenden uns nunmehr dem Text des Parzenliedes in seiner endgiltigen Fassung zu; Iphigenie wird es mit gedämpften Grausen sprechen, als Gedicht jedoch fordert es einen spröde pathetischen Ton ähnlich dem der Prometheus-Hymne.

Das Spiel und Gegenspiel schrankenloser festlicher Freiheit und hilfloser Gebundenheit entsteht in einem zweitaktigen rhythmischen Gang, dessen Strenge ans Eintönige grenzen würde, wenn nicht das daktylische Maß ein leises Wallen brächte. Diese metrische Bewegung geht mit wenigen bedeutungsvollen Ausnahmen durch alle sechs Strophen, denn die Verse sind so aneinander gefügt, daß auch über die Zeilen-, ja die Strophengrenzen hinweg Daktylen entstehen. Wo das nicht der Fall ist, ergeben sich metrische Einschnitte, die mit Sinnabschnitten zusammenfallen. Sie markieren die Dreigliederung des Ganzen, indem sie die erste und die letzte Strophe abheben. Davon soll noch die Rede sein.

Verweilen wir zunächst noch bei den Zeilengrenzen. Sie sind im Parzenlied zugleich gewichtige syntaktische Gliedstellen. Dabei ergibt sich etwas Merkwürdiges: trotz der metrischen Zeilenbindung verlangen die Zeilen-Enden harte Pausen (wie überhaupt die Hymnenzeile metrische und syntaktische Einheiten gegeneinander ausspielt und dadurch eine eigentümliche Anspannung hervorbringt). Die harten Pausen wirken aufstauend, und so pressen sie gewissermaßen aus jedem Wort, das im Verston steht, den Sinngehalt mitsamt einer vieldeutigen Aura heraus. Dadurch wird es unmöglich, daß die Verse ins Gleiten oder gar ins Hüpfen geraten, wie sie es in dem gläubig flehenden Gebet Iphigenies am Schluß des 1. Aktes tun:

Du hast Wolken, gnädige Retterin,
Einzuhüllen unschuldig Verfolgte,
Und auf Winden dem eh'rnen Geschick sie
Aus den Armen, über das Meer,
Über der Erde weiteste Strecken,
Und wohin es dir gut dünkt, zu tragen.

Dieser Gebetsmonolog ist bemerkenswerterweise kein freirhythmischer Hymnus, sondern ein unstrophisches Gebilde aus viertaktigen Trochäen mit untermischten Daktylen. Im „Parzenlied" bekommen die Zeilenpausen schon vom Beginn her etwas Unheimliches, weil in der 1. Strophe nach jeder Pause die allgemeine Drohung der 1. Zeile — „Es fürchte die Götter" — sich Schlag um Schlag genauer bestimmt. Der stockende Schritt der gedrungenen Zweitakter wird aber von den Daktylen strudelnd unterströmt.

Wenden wir uns nun den Stellen zu, wo das daktylische Weitergehen von Vers in Vers unterbrochen wird. Das geschieht am Ende der 2. Zeile, am Ende der 1., der vorletzten und der letzten Strophe. Hier gehen die Zeilen stumpf aus, sie brechen gewissermaßen ab. Damit ist etwas von Endgiltigkeit gegeben. Betrachtet man die Stellen näher, so zeigt sich dies Abbrechen zuerst nach dem wortkargen und umfassenden Gebot: „Es fürchte die Götter / Das Menschengeschlecht!"

Damit scheint eine eherne Tafel aufgestellt, die über das ganze Parzenlied hinweg sichtbar bleibt, freilich erst kraft der folgenden vier Zeilen der ersten Strophe. Sie geben mit der Begründung zugleich die nähere Ausführung des Gebots: die nicht endende absolute Willkürherrschaft der Götter. Der Anklang an die alttestamentliche Gottesfurcht als Anfang der Weisheit ist nicht wohl zu überhören, aber das Parzenlied stellt diesen Timor Dei in der krassesten Form als Gesetz auf. Nicht Hiobs Erfahrung von der Güte in der schrankenlosen Allmacht liegt ihm zugrunde, sondern die grausige Tantalus-Erfahrung des Lebens, die Erfahrung, einer ebenso unerreichbaren wie erbarmungslosen Übermacht ausgeliefert zu sein. Auch dieser 2., begründende Teil der 1. Strophe bricht stumpf ab. Damit erhält das letzte Wort, „gefällt", wieder jenes Endgiltige. In der fühllos hämmernden Feststellung eines ungeheuerlichen Gesetzes klingt etwas wie verbissener Hohn mit. Aber ausgesprochen wird er nicht, und ob er den Göttern oder dem Menschengeschlecht gilt, das bleibt ganz offen. Eins möchten wir schon hier zu bedenken geben, ob es nämlich angängig ist, Goethes späteres Urteil über die „Iphigenie" unbesehen aufzunehmen und ein Werk, in dem dies Parzenlied steht, als „verteufelt human" zu bezeichnen.

Durch den zweimaligen stumpfen Abbruch ist die 1. Strophe in sich gegliedert, in ihrem Anspruch verschärft und von den folgenden Strophen abgesetzt. Der nächste Teil, der Innenteil, ist vierstrophig. Er zeichnet die begründende Tantalus-Erfahrung, die in dem Begründungsteil der 1. Tafel nur zu ahnen war, nun in einigen großen Zügen als die Regel heraus. Zunächst wird der Blick auf diejenigen gerichtet, die je von den Göttern erhoben werden — und gehört zu ihnen nicht auch Iphigenie, ja, dürfen wir hier nicht den jungen Titanen Goethe selbst mitverstehen? — Diese je einmal Erhobenen haben die Götterwillkür doppelt zu fürchten. Und jetzt in derselben Strophe ohne metrisches Abbrechen, aber auch ohne jede inhaltliche Verbindung das befremdliche Bild von den Stühlen um goldene Tische auf Klippen und Wolken. Wenn schon in der 1. Strophe das unleibhaftig Allgemeine, Begriffliche ebenso herrscht wie in der Hymne „Edel sei der Mensch" — Fürchten, Götter, Menschengeschlecht, halten, Herrschaft, ewige Hände, brauchen, gefällt: das sind die Wörter, aus denen sich die ganze Strophe aufbaut —, so hat dieses Bild der 2. Strophe etwas durchaus Zeichenhaftes. Die Klippen und Wolken, die Stühle und Tische sind Chiffren — das wird ganz deutlich greifbar, wenn man daneben den Eingang der Prometheus-Hymne hört: „Bedecke deinen Himmel, Zeus, / Mit Wolkendunst!" Da haben wir den Himmel, den Wolkendunst, den man sieht, spürt, einatmet. Die

Klippen und Wolken des Parzenliedes aber stehn rätselhaft raumlos in einer Dimension der geistigen Bedeutungen. Sie sind Chiffren für Höhe und Gefährdung, wie die Stühle um goldene Tische Chiffren sind für verschwenderische Feste und wie deren Stand auf Klippen und Wolken eine Chiffre ist für unausgesetzt drohenden Sturz. Diese Drohung wird in folgender Strophe jäh und ohne die erforderlichen überleitenden Vorstellungen ausgeführt: „Erhebet ein Zwist sich, / So stürzen die Gäste".

Was vor dem geistigen Auge des Betrachters erscheint, ist — unmittelbar nach den Chiffren für gefährliche Feste — Zwist und Sturz und dann erst Gäste. Diese aber werden gar nicht als Gäste gegenwärtig, sondern gleich als schmachvoll Stürzende, und wieder ist ihr Sturz ins völlig Hoffnungslose zeichenhaft allgemein gegeben. Noch stärker chiffrenhaft gibt die nächste Strophe den Gegensatz, das unberührte, weiterhin ewig festliche Leben der Götter. Wie wenig die Strophe auf leibhaftige Anschaulichkeit angelegt ist, das zeigen besonders klar die ersten fünf Zeilen. Denn die Götter — „Sie aber" heißt es einfach und schärfstens kontrastierend, nicht „Die Götter aber" — können räumlich nicht an goldenen Tischen bleiben und zugleich vom Berge, dem Olymp, zu Bergen hinüberschreiten. Trotz der herrlichen Bewegung des Hinüberschreitens ist beides ein Zeichen, eine Art Bilderschrift, für die unnahbare, selige Erhabenheit; und dadurch wird auch das anschauungsgesättigte Bild der zweiten Strophenhälfte — der aus Schlünden der Tiefe dampfende Atem erstickter Titanen — zeichenhaft getönt, zumal dieser Atem den Göttern ein leichtes Gewölk ist gleich Opfergerüchen, also wieder in eine Chiffre umgewandelt wird. Diese beiden Innenstrophen bilden den geistigen Gegensatz der gestürzten Gäste und der bleibenden Götter scharf heraus und verdichten zeichenhaft ein grausig empörendes Beispiel für das in der ersten Strophe verkündete und begründete Gebot. Die vorletzte Strophe gibt eine Regel, die im Rahmen dieses Gebotes liegt und abermals auf Iphigenie selbst zu gehen scheint: die göttlichen Herrscher wenden sich fühllos von ganzen Geschlechtern ab und meiden es, durch den Anblick des Enkels an den ehmals geliebten Ahnherrn erinnert zu werden. Auch diese erbarmungslose Regel ist stark chiffrenhaft gegeben, und gegenüber einem konventionellen Goethebild wird man gut tun, sich zu erinnern, daß den großen Hymnen, insbesondere den letzten, überhaupt etwas anderes innewohnt als die sinnenhafte Sanglichkeit, die zuweilen als Eigenart der ganzen Goetheschen Lyrik angesehen wird. Das ist auch deshalb wichtig, weil hier eine Verbindung sich andeutet von

Goethes Lyrik im engeren Sinn zu seiner umfangreichen Spruchdichtung.

Die zuletzt besprochene „Regel"-Strophe endet wieder stumpf, und sie schließt so den vierstrophigen Innenteil mit dem gleichen unabwendbaren Abbrechen, wie es an der 1. Strophe zu beobachten war. Die letzte Strophe ist nicht mehr eigentlich Parzenlied. Sie schließt vielmehr das Parzenlied ab — „so sangen die Parzen" —, und dann tritt sie aus dem Raum der unpersönlichen und übermenschlichen Satzung hinüber ins Persönlichere, ins Menschliche und Epische. Sie deutet ausdrücklich auf die Verkörperung jener unmenschlichen Göttersatzung im menschlichen Schicksal des Tantalus (der freilich auch hier nicht mit Namen genannt wird). Hier, wo von dem Verbannten die Rede ist, bleibt die wortkarge Verschlossenheit wohl bestehen. Indes machen Sinn und Syntax trotz scheinbar unveränderter Versmaße die Sprache minder straff, die Verschlingung der Satzteile über verschiedene Verse weg lockert das Gedrungene ein wenig, und das Unabwendbare des Schlusses — „schüttelt das Haupt" — beendet die Hymne, indem es sich, ohne zu begreifen, menschlich in die Satzung der ersten Strophe ergibt. Unverkennbar also eine abrundende Schlußgebärde des Gedichts, die aber an dessen hartem, ruckhaftem Gang, an seiner spröden, „unfühlenden" Geistigkeit, an seinen kahlen Formen nichts ändert.

Wir dürfen hier daran erinnern, daß Goethe im Lauf seiner Metamorphosen mannigfache Formen des Lebensgesetzes aufgefaßt, daß er aber nie wie Stifter von einem „sanften Gesetz" gesprochen hat. Und auch das Gesetz, dem Iphigenie gehorcht, ist nicht sanft, sondern hart, wie schon allein die Funktion des Parzenliedes im Iphigenie-Drama zeigt. Mit der Vergegenwärtigung der antihumanen Götter- und Menschendeutung im Parzenlied schließt abrupt der 4. Akt. Der 5. Akt aber stellt Iphigenie unter den Zwang zum „Tun", zur Praxis in der Außenwelt. Sie entschließt sich unter schweren inneren Kämpfen zur lauteren Wahrhaftigkeit, aber daß dieser Entschluß nicht zum Sturz „in nächtliche Tiefen" führt, sondern zu einem Ausgleich, das ist im Drama nicht Notwendigkeit irgendwelcher Art, sondern es ist eine allenfalls begreifliche Tatsache, und man tut nicht gut, das „Lebt wohl!" des Thoas so zu lesen wie die entsprechenden Schlußverse des Schillerschen Tyrannen Dionys: „Ich sei, gewährt mir die Bitte, / In eurem Bunde der Dritte." Thoas ist noch einmal faktisch beschwichtigt — welches Aufgebot geistiger und seelischer Energien gehörte dazu! —, Iphigenie ist „noch einmal davongekommen", und Goethe gestaltet mit dieser Lösung ein lebensfrommes Hoffen, in dem er sich an Euripides anschließt und an Racine, der technisch zwar nicht mit einer zweiten „Schwester", aber mit einer zweiten Iphigenie die Rettung Iphigenies ermöglicht. Ähnlich wie Ελπίς am Schluß der „Urworte", so steht die Versöhnung am Schluß des Dramas. Doch das Parzenlied ist damit nicht ausgelöscht, nicht widerlegt. Das wird eine kurze Betrachtung seiner Funktion im ganzen Werk etwas deutlicher zu machen suchen.

Das Parzenlied ist nicht ein Gedicht für sich wie die Prometheus-Hymne, sie steht vielmehr an einer bestimmten Stelle im Iphigenie-Drama und hat hier einen bestimmten „Stellenwert", das heißt, es bekommt durch die Stelle, wo es steht, eine besondere Anwendung, die seinem eigenen Sinn etwas beimischt, und es hat im Bau des Dramas eine bestimmte Aufgabe. Die „Beimischung" fassen wir am einfachsten, wenn wir seine Verwebung in den Gang des dramatischen Geschehens betrachten, die „dramatische Integration" also, um einen von Herman Meyer gefundenen Begriff anzuwenden. Diese dramatische Integration ist schon oft genug dargelegt worden. Es handelt sich nicht, wie etwa bei Klärchens Lied „Die Trommel gerühret" im 1. Akt des „Egmont", um eine beziehungsvoll stimmungbildende lyrische Einlage. Es handelt sich vielmehr um den Durchbruch tief bedrohender Gegenmächte in der Hauptfigur des Dramas. Der 3. Akt hat die rein innerseelische Erlösung Orests durch die menschliche Lauterkeit der Schwester herbeigeführt. Der 4. Akt versetzt Iphigenien in die Zwangslage, die Außenwelt durch ihr Tun entscheidend zu bestimmen. Die „taube Not" stellt sie vor die Wahl, entweder die Reinheit des Herzens preiszugeben, die doch einzig dem tantalischen Fluch Heilung bringen kann, und durch Verrat an ihrem Wohltäter sich und die Ihren zu retten, oder aber sich vom Verrat reinzuhalten und dadurch die Ihren dem Tode auszuliefern. Beides scheint den tantalischen Fluch heraufzubeschwören, vor dem sie bisher bewahrt geblieben ist. Das hoffende Wagnis der Wahrheit als eine dritte Möglichkeit hat sich ihr noch nicht gezeigt, erst in der äußersten praktischen Not ringt sie sich dazu durch. Zunächst spürt sie mit Schaudern die Möglichkeit, in dieser Zwangslage selbst ergriffen zu werden von einer fremden Ordnung, dem tiefen Haß der Titanen auf die Olympier. Am Rande der Verzweiflung fleht sie zu den Olympiern um Hilfe: „Rettet mich / Und rettet euer Bild in meiner Seele!" Aber nach einer beklemmenden Pause hört sie vor ihren Ohren das alte, gern vergessene Lied der Parzen tönen, wie es ihr in ihrer Jugend die Amme gesungen und wie es seither, trotz allem, in ihr geschlummert hat. Und nun das Ungeheuerliche; sie selbst sagt dieses Lied der erstickten Empörung her. Die Verwebung in den dramatischen Gang ist also vollkommen. Wie auch Stellen des Liedes sich auf Iphigenies gegenwärtigen Zustand beziehen lassen, wurde bereits angedeutet, und die letzte Strophe, die dem eigentlichen Parzenlied folgt, will wieder auch Iphigenien in den alten Fluch hineinziehen: der Alte „denkt Kinder und Enkel / Und schüttelt das Haupt“. Mit dieser erschütternden Gebärde wehrloser Ergebenheit schließt der 4. Akt.

Aber das Lied ist nicht nur an dieser Stelle unlösbar in den Ablauf der Handlung verwoben. Wir sagten schon eingangs, daß mit ihm eine fremde Welt in den Mikrokosmos des Dramas hineinbricht. Iphigenie verleiht ja nicht nur ihrer eigenen Not ihre eigenen Worte wie Gretchen in dem Gebetslied „Ach neige, / Du schmerzenreiche, / Dein Antlitz ab zu meiner Not!“ Iphigenie wiederholt „Das Lied der Parzen, das sie grausend sangen, / Als Tantalus vom goldnen Stuhle fiel“, sie begibt sich in die tantalische Welt und holt damit diese in ihre Welt hinein. Das heißt aber, das Hersagen des Parzenliedes verleiht nicht nur der gegenwärtigen Bedrohung Iphigenies stärksten Ausdruck, sondern es vergegenwärtigt auch die bisher am Rande gehaltene gegenolympische, gegenhumane Lebensdeutung in ungemilderter Schroffheit. Die Lebensdeutung erstickter Titanen, für die es nur Götterwillkür gibt, nicht aber wirkende menschliche Lauterkeit, diese Lebensdeutung ist nun eingedrungen unter die Gewichte und Gegengewichte des Dramas, und sie wirkt nun mit beim Wägen und Auswirken seiner Kräfte.

Hier erinnern wir uns, daß Lessings „Nathan der Weise“, im selben Jahr wie die erste Prosa-Iphigenie entstanden und ihr als Erlösungsspiel der reinen Humanität verwandt, ebenfalls im 4. Akt ein neues Gewicht in die Waagschale bringt. Nach leichteren Proben ist dem Nathan im 3. Akt die Überwindung der verfänglichen Sultan-Frage gelungen wie der Iphigenie die Heilung des Bruders. Im 4. Akt tritt an Nathan wie an Iphigenie die tödliche Bedrohung aus der praktischen Welt heran durch den Patriarchen. Und da nun eröffnet Nathan dem Klosterbruder einen bisher sorglich gemiedenen Hintergrund seiner abgeklärten Weisheit:

Ihr wißt wohl aber nicht, daß, wenig Tage
Zuvor, in Gath die Christen alle Juden
Mit Weib und Kind ermordet hatten; wißt
Wohl nicht, daß unter diesen meine Frau
Mit sieben hoffnungsvollen Söhnen sich

Befunden, die in meines Bruders Hause,
Zu dem ich sie geflüchtet, insgesamt
Verbrennen müssen . . . Als
Ihr kamt, hatt ich drei Tag und Nächt in Asch
Und Staub vor Gott gelegen und geweint. —
Geweint? Beiher mit Gott auch wohl gerechtet,
Gezürnt, getobt, mich und die Welt verwünscht;
Der Christenheit den unversöhnlichsten
Haß zugeschworen —

Die Unterschiede gegenüber dem Parzenlied sind leicht ersichtlich. Nathan erinnert sich an vergangene menschliche Greueltat und an längst überwundene Empörung gegen göttliche Fügung. Diese Erinnerung wird einmal aufgerufen und wirkt als düstere Folie, um schnell wieder zu verschwinden, sie wirkt nicht als ein Gewicht im Gesamtspiel der Kräfte. Trotzdem scheint es mir für gewisse Strukturgesetze wichtig, daß auch in Lessings „dramatischem Gedicht" vom Sieg der Humanität der 4. Akt einmal, wenn auch nur vorübergehend, wüste Greuel und religiöse Empörung ins Spiel bringt; denn es scheint hier doch so etwas wie formale und thematische Nötigung sich anzudeuten.

Wie dem aber auch sei, in dem Goetheschen Werk ist das spät eingesetzte Gegengewicht von anderer Art und Zuordnung. Beim Vergleich mit dem „Nathan" wird augenfälliger geworden sein, was wir schon bezeichneten: Iphigenie spricht nicht nur die Versuchung aus, sich in ihrer Not gegen die bisher von ihr verehrten Götter zu empören — sie geht weit über das ganz persönliche Flehen eines Gretchen und über das ganz persönliche Toben eines Nathan hinaus, indem sie einem überpersönlichen Gruppenglauben Worte verleiht, einem Glauben, den es in der Welt gibt, dem gegenolympischen Glauben der Titanen und ihrer Anhänger, oder genauer: das Glaubenslied der Parzen, das ihr als Kind in die Seele gesenkt wurde und das sie seither mit allen Kräften ins Unterbewußte versenkt hat, dies Glaubenslied rezitiert sie sich jetzt, zwar noch nicht durchaus als das Wort ihres eigenen Glaubens, aber doch als eine der großen Lebensdeutungen und als eine, die in der gegenwärtigen Not furchtbare Wahrscheinlichkeit gewonnen hat. Wie gegenwärtig diese drohende Glaubensgemeinschaft ihrem letzten Ringen vor Thoas bleibt, das ergibt sich aus ihren Auftrittsworten im letzten Akt. Da spricht sie von dem König, der Unmenschliches verlangt:

Seine Boten bringen flammendes
Verderben auf des Armen Haupt hinab;

Er aber schwebt durch seine Höhen ruhig,
Ein unerreichter Gott, im Sturme fort.

Des Thoas Antwort gibt unverkennbar die Verbindung zum Parzenlied: „Die heil'ge Lippe tönt ein wildes Lied.“ Und damit nicht genug; Iphigenie erwidert: „Nicht Priesterin! Nur Agamemnons Tochter“ — das heißt des Tantaliden Tochter. Wie sie dann weiter im Handeln nach außen die große Glaubensprobe wagt: „Wenn Ihr wahrhaftig seid, wie ihr gepriesen werdet, / So zeigts durch euern Beistand!“ und wie sie mit Aufgebot alles reinen Wollens diese Probe tatsächlich — nicht grundsätzlich — gewinnt, das gestaltet sich im Verlauf des letzten Akts. Ist aber die Glaubenswelt des Parzenliedes damit aus der Welt verdrängt? Gewiß nicht. Sie hat nur unter der Gunst der Geschehnisse ihre furchtbare Anziehungskraft für Iphigenie eingebüßt. So wie nach der Heilung des Orest die Eumeniden zum Tartarus ziehen, aber nicht aus der Welt verschwinden, und wie am Schluß der versöhnenden Unterweltsvision Orest nicht zum Alten, zum Ahnherrn geführt werden kann:

Weh mir! es haben die Übermächt'gen
Der Heldenbrust grausame Qualen
Mit ehr'nen Ketten fest aufgeschmiedet.

Das steht im 3. Akt, und damit sind wir bei den Spuren tantalidischer Ordnung im Verlauf des Dramas bis zum Parzenlied. Staiger hat nachdrücklich darauf aufmerksam gemacht, daß Goethe, bei allen Umformungen der antiken Tradition, gerade von den Greueln der Tantaliden nichts Wesentliches fortgelassen oder umgedeutet hat; nichts Wesentliches außer der ersten Untat des Tantalus selbst — diese Untat, ähnlich der des Atreus, wird verhüllend gemildert: „Unedel war er nicht. . . . So war auch sein Vergehen menschlich,“ so erzählt es Iphigenie in ihrem großen Bericht vom Geschlecht des Tantalus, und ganz ähnlich spricht auch das Parzenlied nicht von einer Greueltat, sondern nur von einem Zwist und vom darauf folgenden Sturz der Gäste. Iphigenies großer Bericht nun bildet den Schwerpunkt des 1. Akts unterhalb des innerseelischen Geschehens, und wie eine Fortsetzung der berichteten Greuel ist die Erneuerung des Opferbefehls durch Thoas am Schluß des 1. Akts. Wie Grauenhaftes er befiehlt, das stellt sich erst im Verlauf der beiden folgenden Akte heraus, in denen Iphigenie eins der Opfer, die sie schlachten soll, als ihren Bruder erkennt und heilend von den Eumeniden erlöst. Diese Erlösung ist etwas Großes, aber in der Figur des Orest bleibt der Fluch des Geschlechts während des ganzen 3. Aktes gegenwärtig. Und der

Opferbefehl bleibt bestehen, er enthüllt sich sogar erst in seiner ganzen Furchtbarkeit als Befehl zum Brudermord, zur Fortsetzung der tantalischen Greuel. Orests Worte vor seinem Zusammenbrechen sind keineswegs nur Ausdruck seiner seelischen Zerrüttung, sie treffen genau die äußere Situation.

Diese Gegebenheiten lassen uns vielleicht deutlicher spüren, daß Iphigenie von ihrem Auftrittsmonolog an nicht eigentlich in abgeklärter Stille ruht, sondern trotz ihrer Ergebenheit in den hohen Willen doch stillen Widerwillen hegt gegen ihr taurisches Priestertum. Aus all dem ergibt sich, daß wir im Parzenlied doch nicht etwas völlig Fremdes hereinbrechen sehen. Der tantalidische Fluch ist vielmehr von Anfang an im Mikrokosmos des Dramas vorhanden. Er wird in Orests Heilung einmal überwunden, aber die heilende Priesterin, die bis dahin den Fluch abwehren konnte, wird nun, unter dem Druck der tauben Not, in schwere Glaubensversuchung verstrickt. So ist das Parzenlied nur die Konzentration der tantalischen Kräfte, die greifbar und ungreifbar das Ganze durchwaltet haben. Im Parzenlied treten diese Kräfte einmal — und eben unmittelbar vor der Endkrise des Dramas — als streng und scharf umrissene Gestalt hervor. Das ist die eine Funktion im Aufbau des Werks.

Die andere besteht in der Bildung des Gegengewichts gegen die heilenden Kräfte. In diesem Sinn bezieht sich das Parzenlied auf Iphigenies ängstlich vertrauendes Flehen um Hilfe am Ende des 1. Akts:

Du hast Wolken, gnädige Retterin,
Einzuhüllen unschuldig Verfolgte,
Und auf Winden dem eh'rnen Geschick sie
Aus den Armen, über das Meer,
Über der Erde weiteste Strecken,
Und wohin es dir gut dünkt, zu tragen.

. . . .

O, enthalte vom Blut meine Hände!

. . . .

Denn die Unsterblichen lieben der Menschen
Weit verbreitete gute Geschlechter,
Und sie fristen das flüchtige Leben
Gerne dem Sterblichen, wollen ihm gerne
Ihres eigenen, ewigen Himmels
Mitgenießendes fröhliches Anschaun
Eine Weile gönnen und lassen.

Die polare Stellung des hier wirkenden Glaubens zu dem des Parzenliedes ist so ersichtlich, daß eine Aufzählung der Einzelheiten sich erübrigt. Wohl aber ist darauf hinzuweisen, daß dies Hilfeflehen einen ganz persönlichen Glauben in Worte faßt, daß aber auch dieser Glaube das ganze Werk durchwaltet, von dem Eingangsmonolog Iphigenies und ihrem Verhalten zu dem werbenden Thoas an bis zu dem erschütternden „Allein euch leg ich's auf die Kniee!" des letzten Akts und bis zu dem schließlich glückenden Bemühen, den Thoas noch einmal zu besänftigen.

Stimmen diese Beobachtungen, die sich noch sehr viel weiter ins einzelne führen ließen, so wird man sagen dürfen: im Hilfsgebet zu Diana und im Parzenlied sprechen sich Stadien auf dem Weg Iphigenies durch das Drama aus, aber in ihnen verkörpern sich auch polare Kräfte, die den ganzen dramatischen Mikrokosmos durchwalten. Dabei ist zu beachten, daß sowohl das vertrauende Hilfsgebet als das Parzenlied durch drohende Not hervorgepreßt wird, was nun, trotz der gebändigten Sprachführung des Ganzen, gewiß nicht für eine mühelose Sicherheit der Humanität in dem Werk spricht. In dieser gefährdeten, von Gewichten und Gegengewichten schwankend bewegten Welt wahrt Iphigenie schließlich die Reinheit der Seele, und damit bannt sie für diesmal den Fluch, sie, die selber über gewöhnliches Menschenmaß erhoben ist. Aber es gehört zur Eigenart des Goetheschen Dichtertums und seines Menschseins, daß auch der lebensgläubige Ausgang dieses Dramas sich nicht kraft einer theoretischen Entscheidung begibt. Er erfolgt kraft der inneren Sammlung einer reinen und wahrhaftigen Natur auf das wahrhaft Reine. Und er erfolgt in einer Welt, die in der Waage von polaren Grundkräften hängt. Was sich im Hilfsgebet und im Parzenlied konzentriert ausspricht, das sind Erschütterungen Iphigenies, und es sind zugleich überpersönliche und überzeitliche menschliche Haltungen. Sie sind in der Art gegeben, daß sie über den faktischen Ausgang des Dramas hinaus bestehen bleiben als seelische Möglichkeiten und als Gewichte und Gegengewichte in der auf- und abschwankenden Waage der Menschenwelt. Die unerhörte Eindringlichkeit des Parzenliedes aber mag uns ahnen lassen, welchen Erschütterungen und Bedrohungen Goethe das Wort seines Glaubens abgerungen hat: „Wie es auch sei das Leben, es ist gut."

GÜNTHER MÜLLER

—

JOHANN WOLFGANG VON GOETHE

Die Metamorphose der Pflanzen

I *Dich verwirret, Geliebte, die tausendfältige Mischung*
Dieses Blumengewühls über den Garten umher;
Viele Namen hörest du an, und immer verdränget
Mit barbarischem Klang einer den andern im Ohr.
Alle Gestalten sind ähnlich, und keine gleichet der andern;
Und so deutet das Chor auf ein geheimes Gesetz,
Auf ein heiliges Rätsel. O, könnt ich dir, liebliche Freundin,
Überliefern sogleich glücklich das lösende Wort!

II *Werdend betrachte sie nun, wie nach und nach sich die Pflanze,*
Stufenweise geführt, bildet zu Blüten und Frucht.
Aus dem Samen entwickelt sie sich, sobald ihn der Erde
Stille befruchtender Schoß hold in das Leben entläßt,
Und dem Reize des Lichts, des heiligen, ewig bewegten,
Gleich den zärtesten Bau keimender Blätter empfiehlt.
Einfach schlief in dem Samen die Kraft; ein beginnendes Vorbild
Lag, verschlossen in sich, unter die Hülle gebeugt,
Blatt und Wurzel und Keim, nur halb geformet und farblos.
Trocken erhält so der Kern ruhiges Leben bewahrt,
Quillet strebend empor, sich milder Feuchte vertrauend,
Und erhebt sich sogleich aus der umgebenden Nacht.
Aber einfach bleibt die Gestalt der ersten Erscheinung,
Und so bezeichnet sich auch unter den Pflanzen das Kind.
Gleich darauf ein folgender Trieb, sich erhebend, erneuet,
Knoten auf Knoten getürmt, immer das erste Gebild.
Zwar nicht immer das gleiche; denn mannigfaltig erzeugt sich
Ausgebildet, du siehst's, immer das folgende Blatt,
Ausgedehnter, gekerbter, getrennter in Spitzen und Teile,
Die verwachsen vorher ruhten im untern Organ.
Und so erreicht es zuerst die höchst bestimmte Vollendung,
Die bei manchem Geschlecht dich zum Erstaunen bewegt.
Viel gerippt und gezackt, auf mastig strotzender Fläche,
Scheinet die Fülle des Triebs frei und unendlich zu sein.
Doch hier hält die Natur, mit mächtigen Händen, die Bildung
An und lenket sie sanft in das Vollkommnere hin.

Mäßiger leitet sie nun den Saft, verengt die Gefäße,
Und gleich zeigt die Gestalt zärtere Wirkungen an.
Stille zieht sich der Trieb der strebenden Ränder zurücke,
Und die Rippe des Stils bildet sich völliger aus.
Blattlos aber und schnell erhebt sich der zärtere Stengel,
Und ein Wundergebild zieht den Betrachtenden an.
Rings im Kreise stellet sich nun, gezählet und ohne
Zahl, das kleinere Blatt neben dem ähnlichen hin.
Um die Achse gedrängt, entscheidet der bergende Kelch sich,
Der zur höchsten Gestalt farbige Kronen entläßt.
Also prangt die Natur in hoher, voller Erscheinung,
Und sie zeiget, gereiht, Glieder an Glieder gestuft.
Immer staunst du aufs neue, sobald sich am Stengel die Blume
Über dem schlanken Gerüst wechselnder Blätter bewegt.
Aber die Herrlichkeit wird des neuen Schaffens Verkündung,
Ja, das farbige Blatt fühlet die göttliche Hand,
Und zusammen zieht es sich schnell; die zärtesten Formen,
Zwiefach streben sie vor, sich zu vereinen bestimmt.
Traulich stehen sie nun, die holden Paare, beisammen,
Zahlreich ordnen sie sich um den geweihten Altar.
Hymen schwebet herbei und herrliche Düfte, gewaltig,
Strömen süßen Geruch, alles belebend, umher.
Nun vereinzelt schwellen sogleich unzählige Keime,
Hold in den Mutterschoß schwellender Früchte gehüllt.
Und hier schließt die Natur den Ring der ewigen Kräfte;
Doch ein neuer sogleich fasset den vorigen an,
Daß die Kette sich fort durch alle Zeiten verlänge
Und das Ganze belebt, so wie das Einzelne, sei.

III *Wende nun, o Geliebte, den Blick zum bunten Gewimmel,*
Das verwirrend nicht mehr sich vor dem Geiste bewegt.
Jede Pflanze verkündet dir nun die ew'gen Gesetze,
Jede Blume, sie spricht lauter und lauter mit dir.
Aber entzifferst du hier der Göttin heilige Lettern,
Überall siehst du sie dann, auch in verändertem Zug:
Kriechend zaudre die Raupe, der Schmetterling eile geschäftig,
Bildsam ändre der Mensch selbst die bestimmte Gestalt.
O, gedenke denn auch, wie aus dem Keim der Bekanntschaft
Nach und nach in uns holde Gewohnheit entsproß,
Freundschaft sich mit Macht aus unserm Innern enthüllte,
Und wie Amor zuletzt Blüten und Früchte gezeugt.

Denke, wie mannigfach bald die, bald jene Gestalten,
Still entfaltend, Natur unsern Gefühlen geliehn!
Freue dich auch des heutigen Tags! Die heilige Liebe
Strebt zu der höchsten Frucht gleicher Gesinnungen auf,
Gleicher Ansicht der Dinge, damit in harmonischem Anschaun
Sich verbinde das Paar, finde die höhere Welt.

Nicht nur eine sacht geschwungene Stille der gesamten Tongebung wird beim Lesen bemerklich, sondern auch eine leise Verhülltheit großen, ruhig und bedachtsam beherrschten Reichtums. Eine Dreigliederung des ganzen Gebildes zeichnet sich dem Ohr, dem Auge und dem verstehenden Sinn unschwer ab, ohne daß schroffe Übergänge vorhanden wären.

Das erste organische Glied besteht aus vier Distichen. Es gibt die leichte Verwirrung der Geliebten beim Anblick des Blumengewühls und wendet ihren suchenden Blick auf eine verborgene Stelle, wo das lösende Wort für die Verwirrung zu suchen ist. Die Richtung wird noch nicht genau bestimmt, die Art der Lösung aber schon weihevoll angedeutet. Die Worte „ein geheimes Gesetz", „ein heiliges Rätsel" erheben sich bedeutsam und verheißungsvoll im Zug der Verse. Klang und Sinn gewinnen hier eine Fülle, die in den vorhergehenden und folgenden Zeilen nur wie keimhaft vorhanden ist. Von ihnen aus wächst dies erste Organ in das zweite hinüber.

Das zweite Glied besteht aus 27 Distichen. Ausdrücklich wird hier dem suchenden Blick eine Richtung angewiesen: „Werdend betrachte sie nun, wie nach und nach sich die Pflanze, / Stufenweise geführt, bildet zu Blüten und Frucht." Wollten wir einen Fachausdruck Goethes einführen, so müßten wir sagen, dieses Distichon fordert dazu auf, durch die genetische Betrachtungsweise in die Vielheit der Phänomene Ordnung zu bringen. Aber aus dieser fachwissenschaftlichen Welt nehmen die Verse das Anschauen und Denken ja gerade heraus. Die Hilfsvorstellungen eines begrifflich klärenden und ordnenden Verfahrens, in dem sich Abstraktion und Anschauung aufs innigste durchdrungen haben, sie sind hier abgetragen wie die Gerüste eines vollendeten Baues, und die Verse bewegen sich ganz im Anschaulichen. Das „werdend" gewinnt leibhaftige Fülle, wie das Distichon nun zum Nebensatz weiterwächst und die Pflanze in dem stillen Vorgang vors Auge bringt, in dem sie sich zu Blüten und Frucht bildet. Der Entstehungszug dieses prägenden Nebensatzes zieht sich noch einmal wie in einem Wachstumsknoten zusammen, wenn auf das stetig unaufhaltsame „nach und nach" zunächst das überblickende „stufenweise geführt" folgt, um in der zweiten Hälfte des Pentameters nun den Gesamtvorgang der Wachstumsbildung zu vergegenwärtigen und damit die Gesamtanschauung des Werdenden abzurunden. Aber der Gesamtvorgang ist in diesem ersten Distichon nicht als etwas Abgelöstes gegeben, sondern in seiner Verbundenheit mit dem betrachtenden Blick. Die Geliebte, die liebliche Freundin, sie ist zum Betrachten aufgefordert, sie folgt dem erfahrenen Blick des Geliebten und Freundes, und so ist sie in der Wirklichkeit des Gedichts auch jetzt noch bedeutend gegenwärtig, wo die folgenden 26 Distichen das Werden der Pflanze bis zu „Blüte und Frucht" hin betrachten. Dieser innere Teil also, doppelt so lang wie der erste und der letzte zusammen, bildet die dichterische Gestaltung der Pflanzenmetamorphose, wie sie Goethe entdeckt hat. Hier wird seine Abhandlung „Versuch die Metamorphose der Pflanzen zu erklären" von 1790 alles Erforderliche für eine Kommentierung bereithalten.

Gegenwärtig, wo die Hauptgliederung des Ganzen kurz zu überblicken ist, betrachten wir sogleich das Schlußglied. Es besteht aus 9 Distichen und wächst dem Innenteil zu, indem es ausdrücklich den Blick der Geliebten wieder auf das bunte Gewimmel lenkt, dadurch nochmals betonend, daß mit dem Schluß des vorhergehenden Gliedes das geheime Gesetz sichtbar geworden ist und das lösende Wort überliefert wurde. So ist denn die organische Verbundenheit dieses Schlußglieds nicht nur mit dem Innenteil, sondern auch mit dem ersten Glied gewonnen. Aber dieses dritte Glied besteht nun keineswegs allein darin, daß die Enthüllung des „offenbaren Geheimnisses" der Natur, wie sie im Innenteil sich dargestellt hat, noch einmal mit Nachdruck als das lösende Wort bezeichnet würde. Das ist nur Gegenstand der beiden Distichen, die den letzten Teil eröffnen. Dann vollzieht sich eine noch tiefere Auswirkung und Ausweitung des geheimen Gesetzes, das sich in der Betrachtung des Werdens der Pflanze vom Samen bis zur Frucht dargetan hat. Zunächst entfaltet sich der damit gewonnene neue Zustand des Seins, wo wieder der Gegenstand und der betrachtende Blick ganz ineinander verwoben sind. Jede einzelne Pflanze verkündet nun die ewigen Gesetze. Und schon allein das Wort „verkünden", so unaufdringlich es auch im Fluß des Verses hervorgetragen wird, mag an dieser Stelle zeigen, daß die sprachliche Wirklichkeit dichterisch ist, nicht wissenschaftlich abhandelnd. Auf die beiden Distichen, die in solcher Weise den dritten Teil eröffnen, folgt ein weiteres Distichenpaar, in dem Ereignis wird, daß die Enthüllung des Lebensgesetzes der Pflanze in symbolischer Weise zugleich ein Gesetz des ganzen Lebens offenbart. Denn auch die Kreise des Tieres und sogar die des Menschen sind von diesem Gesetz durchwaltet. Die folgenden drei Distichen ziehen die dichterische Bewegung aus der letzten Ausweitung nun wieder ins Enge, ja Engste: auch in dem Wachsen der Liebe zwischen der „lieblichen Freundin" und dem Dichter wird das geheime Gesetz sichtbar, das in Gestaltung, Umgestaltung Wirklichkeit werden läßt und das trotz dieser Sichtbarkeit in allen Reichen doch ein heiliges Rätsel bleibt. Und die letzten beiden Distichen bringen dann in diesem engen Raum die höchste Steigerung. Sie erhebt sich in die seelisch-geistige Wirklichkeit organischen menschlichen Daseins. Die Liebe nämlich wächst in ihren Metamorphosen zu ihrer höchsten Frucht empor, zum Einklang der Gesinnungen.

Die gestaltende Linienführung des Ganzen läßt sich nach diesem Überblick über die Hauptgliederung des dichterischen Organismus schon näher ergreifen. Der erste Teil geht aus von einer einfachen Lebens-Gegebenheit, die in ihrer äußeren Erscheinung anmutig umrissen und in ihrer tieferen Bedeutsamkeit ernst angetönt wird. Schon schwingt etwas wie Ahnung von der Gesetzhaftigkeit des Daseins mit, aber in welchen Tiefen sich diese Gesetzhaftigkeit enthüllen wird, das ist doch noch kaum angedeutet. Wenn wir die Analogie der vertikalen und der spiralen Tendenz deutlich auszusprechen uns nicht scheuen wollen, dann werden wir in diesem ersten Teil vorwiegend die Spiraltendenz am Werke finden.

Im zweiten wiederum möchte man die vertikale Tendenz vorwiegend wirksam glauben; denn ein stiller, aber unwiderstehlich stetiger Zug scheint hier von den ruhigen, stark begrifflichen Eingangsdistichen in pulsenden Schwingungen emporzudrängen bis zu den Versen, in denen die Blume sich bildet, und weiter zu denen, wo sich das farbige Blatt zu Staubwerkzeugen und Griffeln zusammenzieht und die Befruchtung erfolgt. Auch der stärkere gedankliche Einschlag in diesen Versen läßt an die Goethesche Bestimmung der vertikalen Tendenz denken, an die Worte von dem Bestehenden, seinerzeit Solideszierenden, Verharrenden. Aber ohne weiteres bemerken wir auch die Entsprechung zur Spiraltendenz, dem Fortbildenden, Vermehrenden, Ernährenden. Denn die Reinheit der gedanklichen Führung und des lebendigen Aufstrebens ist hier nicht nur umrankt, sondern durchdrungen von Kräften, die zur Bildung vollerer und weicherer Formen berufen sind. Und auch in diesem Teil waltet ein stilles An- und Abschwellen, ein bewegtes Ein- und Ausatmen, in dem das pulsende Leben des Gegenstandes und die Ergriffenheit des Betrachtens miteinander verschmolzen sind. Das Gesetzhafte des Werdens tut sich dar, und daher stammt die gewisse Kühle, die eine ungescheute Annäherung nicht zuläßt. Dennoch aber wird dieses Gesetz so durchaus leibhaftig gegenwärtig und zeigt sich so weit und zwanglos, daß der Betrachtende durch solchen Anblick im eigenen Lebenskeim fördernd angerührt wird. Die beiden letzten Distichen des Mittelteils bringen deutlich einen zusammenfassenden Abschluß, der indessen das Tor zu einem weiteren Weg offenläßt. Es ist ein Abschluß, der sich gerade nicht auf abstrakte Begriffsklarheit richtet. Vielmehr hebt er die Stelle hervor, wo in der Natur selber die Phase des Wachstums, die Phase einer Gesamtmetamorphose endet: nämlich das Schwellen der Keime im Mutterschoß schwellender Früchte. Wenn aber dieses Phasenende als etwas Feststehendes gegeben wäre, dann würde der dichterische Organismus, würde die dichterische Form nicht ganz anschaulich werden lassen, was das Gedicht doch zur Erscheinung bringen will: die endlose Bewegtheit des Lebens. Und dem Dichter ist nun auch gelungen, was der nur begrifflich Bestimmende schwerlich darstellen könnte. Der Hexameter des vorletzten Distichons von Teil II läßt die Augen auf einem Phasenende ruhen, als ruhte damit das Wachsen überhaupt. Der folgende Pentameter aber macht in diesem Ruhen rückwirkend die verborgene Bewegung sichtbar und wie sich aus dieser Bewegung ein neuer Phasenablauf erhebt, und das letzte Distichon läßt in diesem *einen* Übergang von Phase zu Phase die Grundgestalt des endlosen Fortbildens durch alle Zeiten sichtbar werden. Die Unendlichkeit der Generationsfolgen, die Unsterblichkeit des Lebens taucht in einem ungreifbaren Bezirk, im Bezirk des Symbols nach Goethes Wortgebrauch, auf, und der letzte Pentameter läßt noch einmal im einzelnen das Ganze sichtbar werden.

Der dritte Teil zeigt nun die vertikale und die spirale Tendenz in völlig ausgewogenem Wirken. Er ist der dichteste und der am feinsten gegliederte, wie schon unsere vorhergehende Betrachtung darauf aufmerksam zu machen hatte, daß hier neun Distichen sich in vier Organe auseinanderlegen.

Sehen wir von hier aus noch einmal auf die Gesamtbewegung des Gedichts hin, dann ist eine merkwürdige Entsprechung zu dem Wachstum der Blume vom Samen bis zur Bildung der Krone, der Staubwerkzeuge und Griffel gar nicht zu verkennen. Das Ganze findet seinen krönenden und doch in weiteres und tieferes Leben weisenden Abschluß in dem letzten Teil. Er ist, so dürfen wir sagen, die Blume, die sich am Stengel über dem schlanken Gerüst wechselnder Blätter bewegt. In ihm gliedert sich der Grundbestand des Gedichts sichtlich so höchst zart und fein, wie es die Metamorphosenabhandlung von der Blumenkrone darlegt. In ihm verdichten sich auch aufs innigste die zeugenden Kräfte, in denen neue Zukunft und höhere Steigerung beschlossen ist. Der organische Rhythmus, von dem wir so das ganze Gedicht durchwaltet finden, bewegt aber auch als Grundrhythmus die einzelnen Glieder. Schon der erste Teil steigt ja von den einfachen gegenständlichen Gegebenheiten zu einer höheren Ahnung auf. Der zweite Teil vergegenwärtigt ausdrücklich das Werden vom Samen stufenweise zu Blüten und Frucht. Und selbst der letzte Teil ist durchdrungen von dem emporsteigernden Trieb, denn er hebt an mit dem Blick auf das nun nicht mehr verwirrende bunte Gewimmel der Blumen, und er wächst hinauf zu der Entfaltung der Grundkräfte in eine Verbundenheit harmonischen Anschauens der Liebenden; eines Anschauens, das die höhere Welt findet.

Diese Beobachtungen und Überlegungen sollten zeigen, daß die Pflanzenelegie, als Gesamterscheinung einer sprachgetragenen Wirklichkeit betrachtet, nicht von den Gesetzen des begrifflichen Denkens und Folgerns ihre letzte Formung erhält, sondern von den Gesetzen des anschaulichen Bildens, daß sie also kein Lehrgedicht ist im Sinn einer Versifizierung abstrakter Gedankengänge, sondern eine reine Dichtung, die selbstverständlich aus Wörtern und Sätzen sich organisiert, die aber ihr Eigentliches nicht durch Summierung von Einzelaussagen gibt, sondern durch die sinnenhaft wahrnehmbare organische Ganzheit der Form, durch das abgestimmte Verhältnis der Glieder untereinander und durch die Einheit des Bewegungszuges, der vom Beginn zum Ende hinführt. Daß unser Gedicht als eine solche anschauliche Gestalt wirklich wird, läßt sich wohl nicht bezweifeln. Mehr noch, in dieser dichterischen Einzelform hat Goethe, weit über den Umfang der Aussagen hinaus, ein Gebilde geschaffen, das seinen tiefsten Lebensglauben, den Glauben an den Symbolcharakter jeder Einzelerscheinung, zu überbegrifflicher Anschauung bringt. Was er an manchen anderen Stellen breiter oder knapper erörtert, daß wir das Allgemeine im einzelnen Fall haben, daß wir das Wahre, das Göttliche, die Idee allein im Beispiel, im Symbol, in einzelnen Manifestationen erfassen: es kann uns zum tieferen Verständnis der wirklichen Gestalt unserer Elegie und all der anderen vollendeten Goetheschen Dichtungen helfen. Aber es bleibt doch an vergegenwärtigender Kraft, an pulsender und überzeugender Lebendigkeit hinter der Sprache einer dichterischen Form wie der unserer Elegie zurück. Denn solche Sprache einer wirklichen dichterischen Gestalt spricht nicht nur von Manifestation und Symbol als von einem Draußenbefindlichen, auf das hinzuweisen ist, sondern sie verkörpert das, wovon gesprochen wird, in sich selber. Solche dichterische Form gewährt dem Anschaun ein Besonderes, eine Einzelwirklichkeit, die selbst symbolisch ist im Sinn der Offenbarung eines Allgemeinen. Und darauf eben zielt das Wort Goethes hin, Kunst sei „eine andere Natur, auch geheimnisvoll, aber verständlicher, denn sie entspringt aus dem Verstande“.

Wie aus dem verwirrenden Blumengewühl jede einzelne Pflanze emporwächst, wie sie in ihrem Wachsen und Werden die Urpflanze zur Erscheinung bringt und wie in dem geheimen Gesetz, dem heiligen Rätsel des Pflanzenwachstums ein Urphänomen des Lebens symbolisch sich darstellt, von diesem Vorgang gibt die Elegie eine gestalthafte Spiegelung, und sie erhellt in der Spiegelung dieses Vorgangs das zunächst verwirrende bunte Gewimmel der „Millionen Fälle“, die „das Besondere sind“. Sie dringt spiegelnd sogar noch höher mit dem Leben, das sich in Spannungen und Steigerungen verwirklicht. Sie vernimmt im Gesetz der Metamorphose der Pflanze die heilige Sprache der göttlichen Natur und macht vernehmlich, wie diese geheimnisvolle Natursprache auch über das Bereich der Pflanzen und der Tiere hinaufklingt und doch immer, auch in den organischen Bildungen und Umbildungen der menschlichen Bereiche, aus der gleichen Grundkraft sich erhebt und die gleichen Grundformen abwandelt. In jedem der drei Glieder des Gedichts waltet ein durchgeprägtes Bild vor und symbolisiert eine Stufe in ihrem besonderen Gesetz und in ihrer Verbundenheit mit den anderen. Im ersten Teil ist es das verwirrende Blumengewühl, das mit sparsamen Zügen in seinen wesentlichen Formen dargestellt wird. Im zweiten Teil ist es die voll entfaltete, der Befruchtung harrende Blume, und im dritten, mit den zartesten Linien angedeutet, das menschliche Paar, das sich in harmonischem Anschaun verbindet. In allen drei Teilen aber wird nicht ein abgelöster Gegenstand, ein bloßes Draußen gegeben. Vielmehr ereignet sich von Stufe zu Stufe im Gesamtzug der Elegie und in der Folge der drei symbolischen Hauptbilder jene Vermählung, Vermittlung von „Subjekt und Objekt“, in der das Goethesche Welterfahren die Wirklichkeit sich bilden sieht. So gestaltet denn das Gedicht den leisen und ungeheuren Vorgang wie die Urpflanze wächst, wie ein Urphänomen wird.

Das ist nun allerdings ein dichterischer Bestand, den wir in der Lyrik nicht zu suchen gewöhnt sind; ein Bestand, der von den vertrauteren „zärtlichen und leidenschaftlichen Poesien“ nicht sowohl abseits liegt, als daß er sie weit umgreift. Man erinnert sich hier der leicht ironischen Bemerkung aus dem Aufsatz „Bedeutende Fördernis durch ein einziges geistreiches Wort“, wo Goethe davon spricht, daß unter seiner Lyrik besonders diejenige von entschiedenem Charakter weniger Anklang gefunden habe, während Strophen sehnsüchtigen Inhalts eher Gnade fanden. Es ist klar, daß ein dichterischer Bestand wie der der Pflanzen-Elegie sich in anderen Formen organisieren muß als solche Strophen sehnsüchtigen Inhalts. Daß die Elegie trotzdem eine reine und strenge Gesamtgestalt darstellt, eine dichterische Form im anspruchsvollsten Sinn des Wortes, werden die bisherigen Überlegungen gezeigt haben. Und es ist nun nicht nur die Gesamtgestalt mit ihrer Ausgewogenheit der Glieder und ihrem prägestarken Bewegungszug sowie mit der Bildungskraft in den Hauptsymbolen und der Eindringlichkeit der verhaltenen geistig-seelischen Bewegung. Auch die Durchbildung der Hauptglieder in einzelne Organe ist alles andere als begrifflich abstrakt, ist gegenständlich rund und von gestalthafter Sprachkraft. Nur daß die Mittel des Sprechens streng, sparsam und verwesentlichend angewandt sind, daß die schweifend üppige Verausdrücklichung, Verlautbarung des Erlebnisausdrucks, daß, mit andern Worten, die schwellende Spiraltendenz im Zaum gehalten wird von der vertikalen Tendenz des bildenden Blicks, der in der Vielfalt der Phänomene auf das Urphänomen dringt. Das ließe sich bis auf die kleinsten Züge dartun, wenn man Distichon für Distichon daraufhin kommentierend und interpretierend durchginge. Aber ein solches Verfahren würde das Nach-Denken ermüden, es würde den Blick verwirren und zerstreuen. Und es würde vor allem das Gedicht nun doch behandeln, als ob es ein begriffliches Lehrgedicht, also keine Dichtung wäre. Wir müssen uns in dieser Beziehung beim Interpretieren vor einem Zuviel hüten. Denn der Dichtungsinterpretation kommt es ja nicht darauf an, zu jedem Einzelzug eine möglichst geistreiche oder feinsinnige Bemerkung zu machen, sondern darauf, den dichterischen Organismus in seiner Lebendigkeit so zu erfassen, daß das Auge die Einzelheiten zwar wahrnimmt, aber nicht vereinzelt, und daß es sie als Fasern und Adern einer sprachgetragenen Leibhaftigkeit im Gesamtgezüge des Werdens aufnimmt. So soll hier nur auf einige Stellen verwiesen werden, an denen recht greifbar wird, in welcher Weise die Distichen selbst aufgenommen werden wollen.

Wie es auch mit den antiken Distichen bestellt sein mag, die Distichen unsrer Elegie haben schon als bewegliches Schema eine Eigentümlichkeit, die dem Einatmen und Ausatmen des ganzen Gedichts gemäß ist. Die erste, über einfache und doppelte Füllungen der Senkung in ruhig gemessener Anmut hinfließende Zeile, der sogenannte Hexameter, wird gewissermaßen aufgefangen und zu einem neuen Anstieg bereitgehalten in der zweiten Zeile mit ihrer doppelten Festlegung in der Mitte und am Schluß, dem sogenannten Pentameter. Die Satzfügung mit ihren Einschnitten verbindet sich aufs mannigfaltigste den Gelenkbildungen des Versschemas und läßt so ein reiches wechselndes Gewebe entstehen, das doch immer dieselbe Grundform in seinen wechselnden Gestalten zu klanglich rhythmischer Erscheinung bringt. Dabei hat Goethe, jedenfalls in dieser Elegie, die einzelnen Distichen gewissermaßen als Bildungseinheiten verwandt. Was das für die Morphä auf dieser niedrigsten Stufe bedeutet, ergibt sich aus einer Stelle des Aufsatzes „Die Absicht eingeleitet“: „Jedes Lebendige ist kein Einzelnes, sondern eine Mehrheit; selbst insofern es uns als Individuum erscheint, bleibt es doch eine Versammlung von lebendigen selbständigen Wesen, die der Idee, der Anlage nach gleich sind, in der Erscheinung aber gleich oder ähnlich, ungleich oder unähnlich werden können. Diese Wesen sind teils ursprünglich schon verbunden, teils finden und vereinigen sie sich. Sie entzweien sich und suchen sich wieder und bewirken so eine unendliche Produktion auf alle Weise und nach allen Seiten. Je unvollkommener das Geschöpf ist, desto mehr sind diese Teile einander gleich oder ähnlich, und desto mehr gleichen sie dem Ganzen. Je vollkommener das Geschöpf wird, desto unähnlicher werden die Teile einander. In jenem Falle ist das Ganze den Teilen mehr oder weniger gleich, in diesem das Ganze den Teilen unähnlich. Je ähnlicher die Teile einander sind, desto weniger sind sie einander subordiniert. Die Subordination der Teile deutet auf ein vollkommeneres Geschöpf.“ Man wird das unschwer auf die verhältnismäßige Gleichheit des Distichenschemas und auf die Subordination der drei Hauptteile im ganzen der Elegie anwenden können.

Das sprachliche Gebilde nun, das sich in einer Folge von 40 solchen Distichen entfaltet, ist nicht darum bei der ersten Berührung schwer zu erfassen, weil es schwierige Gedankengänge entwickelt. Das zeigt schon die Einfachheit der meisten Sätze. Schwierig ist die Sammlung des aufnehmenden Blickes und Ohres. Sie wird erfordert, weil hier keine Folge eines Jetzt und eines Nun von Gefühlszuständen sich abspielt, sondern ein Urphänomen sich enthüllt. Die Natur spricht ihr offenbares Geheimnis aus, und eine Dichtung, die diese Sprache auffängt, will und muß so vernommen werden, daß im Weiterschreiten des Blicks mit den Worten und Sätzen das schon Ausgesprochene, nicht mehr Erklingende doch noch gegenwärtig bleibt. In der Anrede an die Geliebte verbinden die beiden ersten Distichen das Mädchen mit der Gegenwart der Blumen im Garten. Diese Blumen erscheinen als ein Blumengewühl, als tausendfältige Mischung dieses einen, nun gerade sichtbaren Blumengewühls. Der Erfahrung des Sehens ordnet sich alsbald eine solche des Hörens zu, in der die menschliche Bemühung um Ordnung doch nur wieder verwirrend wirkt. Diese Gegebenheiten des überquellenden Reichtums, der schönen blumigen Fülle und der Wirrnis, sie dürfen dem Blick nicht entschwinden, wenn nun die Verse sacht und stetig das durchordnende Gesetz sichtbar werden lassen. Mit gewandelten Worten werden sie in den beiden ersten Distichen des dritten Teils ja wieder in den Vordergrund des Blickfeldes gebracht. Die sprachliche Formung des Vorgangs, wie ein Urphänomen erwächst, liegt aber nicht in dem bloßen Wiederauftauchen jener ersten Gegebenheiten kraft der Worte vom bunten Gewimmel, von verwirrend, Pflanze und Blume; sondern diese Worte haben ihre volle Bedeutung an dieser Stelle gewonnen aus dem Werdezug, der vom Eingang des ersten zum Eingang des dritten Teils hinwächst und in dem sich ohne ausdrückliche Aussage die Metamorphose und die Durchleuchtung der Eingangs-Gegebenheiten vollziehen. Und wie der Verwandlungsvorgang wahrgenommen sein will, der die besagten Worte über 27 Distichen hin verbindet, so müssen auch die einzelnen Wörter der Elegie an ihrer Stelle in ihrer farbigen Leibhaftigkeit und ihrem reinen Umriß aufgenommen werden, wenn das Gedicht als Dichtung begriffen werden soll. Wir könnten zu dem Wort „Blumengewühl" noch darauf hinweisen, welchen prägnanten Sinn das Wort Gewühl auch in dem Gedicht „Warum gabst du uns die tiefen Blicke" hat. Wir könnten das um so mehr, als es sich auch in diesem zärtlichen, leidenschaftlichen Gedicht des Jahres 1776 darum handelt, in einem verwirrenden Gewimmel die wesentlichen, unzeitlichen Grundzüge zu erhellen; darum, „durch all die seltenen Gewühle / Unser wahr Verhältnis auszuspähn". Dort aber, wo es sich um eine „zärtliche und leidenschaftliche Poesie" handelt, wird diese gesetzhafte Grundform in einem durchaus innerseelischen Bereich gesucht und gefunden. Der andere dichterische Raum, in dem die Pflanzenelegie und mit ihr der Hauptbestand der Elegien des nachitalienischen Jahrzehnts sich bildet, ist schon daran kenntlich, daß hier das geheime Gesetz, das heilige Rätsel nicht in einem individuell innerseelischen Raum, sondern in fast betont außerseelischen Bezirken der Lebensgestaltung erhellt und gestalthaft ausgeformt wird. Da sich dieser Vorgang über etwas mehr als drei Viertel des Gedichts erstreckt, kann es leicht geschehen, daß die ungeheure Formgewalt, die auch noch persönlichstes seelisches Erfahren aus den Metamorphosen der einen Lebenskraft begreift, nicht voll aufgenommen wird. Und doch wird nun verständlich geworden sein, wieso die Ausgestaltung des offenbaren Geheimnisses in einem symbolischen Fall beinahe mit Notwendigkeit so herbe, sparsam und streng vor sich geht wie in unserer Elegie.

Im dritten Distichon, dem wir uns nun zuwenden, treten die bisher beobachteten Erscheinungen auf neue Weise hervor. Auch hier stehen die Wörter nicht wie eingekapselt da, sondern bestimmen einander in lebendigem Bezug. Wenn es heißt: „Alle Gestalten sind ähnlich, und keine gleichet der andern", dann ergibt sich aus dem Sinnzusammenhang des ganzen Verses, daß mit dem Wort „gleichet" die völlige Gleichheit, mit dem Wort „ähnlich" eine morphologische Verwandtschaft besagt ist. Vollzieht man das, dann ist der Übergang zum anschließenden Pentameter nicht mehr ein Gedankensprung, wie es der bloßen sprachlichen Aussage nach den Anschein haben könnte, sondern ein wachstümlicher Übergang. Die morphologische Verwandtschaft nämlich der mannigfaltigen Einzelgestalten, eine einfache Feststellung des Wahrnehmens, spricht, eindringender betrachtet, an sich von einem geheimen Gesetz. So bringt der Pentameter dem vorhergehenden Hexameter nicht nur einen Gegensatz, sondern damit auch eine polare Verbundenheit. Das Wort vom geheimen Gesetz am Schluß des dritten Pentameters aber schwillt in seiner Sinnträchtigkeit gleichsam noch über in den Beginn des vierten Distichons, wo nun die Spiraltendenz dasselbe Phänomen als „heiliges Rätsel" dem Auge darbietet. Und auch dies wieder wirkt durch die ganze Elegie hin; daß nämlich das Gesetz, also ein in sich eindeutig Bestimmtes, doch ein Rätsel bleibt und daß sein Geheimnis heilig ist wie jedes offenbare Geheimnis der Natur. Bei der ahnenden Berührung dieses Urphänomens umgreift dann im Rest des 4. Distichons der inständige Wunsch die liebliche Freundin, ihr das lösende Wort glücklich sogleich zu überliefern. Und abermals schwingt dieser Wunsch unausgesprochen durch das weitere Wachstum der dichterischen Form mit, um sich in verwandelter Gestalt am Schluß der Dichtung als krönende, den nahenden Hymen erwartende Blüte zu erheben.

Mit einem neuen, wieder gefaßten Eingang beginnt das 1. Distichon des II. Teils die Bildung des mittleren Teils der Elegie. Nur die metrisch-rhythmische und syntaktische Schwingung scheint die Sätze zunächst von einer bloßen Lehr-Aussage zu unterscheiden. Und doch gewinnt schon das erste Distichon, das als Aussage nichts als die Formulierung des Themas gibt, gestalthafte Rundung und Bewegung. Davon war schon oben die Rede. Vom zweiten Distichon des Innenteils ab bewegt sich die vertikale Tendenz, der Gedankengang, in streckenweise naher Fühlung mit den Darlegungen der Metamorphose-Abhandlung. Gerade hier zeigt nun ein näherer Vergleich des im Gedicht Übernommenen, des in ihm Fehlenden und des in ihm Hinzugekommenen den Unterschied der dichterischen Gestaltung von der erkennenden Abhandlung bis ins Einzelne. Bemerken wir nur in den Hauptzügen dies Verhältnis bei den Distichen 2—7 des mittleren Teils, die dem Kapitel I „Von den Samenblättern" in der Abhandlung einigermaßen entsprechen. Alle Fachausdrücke wie Kotyledonen, Samenklappen, Kernstücke, Samenblätter und damit die Versuche einer begrifflichen Bestimmung finden in der Elegie keine Stelle. Auch die ausführliche Beschreibung der verschiedenen Kotyledonenformen fehlt hier, und wenn aus der Abhandlung das Wort von der Hülle in den Versen wiederkehrt und der Gedanke von „den ersten Organen des oberen Wachstums, welche schon unter der Samendecke verborgen gegenwärtig gewesen" und nun „an das Licht hervorgebracht" werden, so gewinnt das alles in der dichterischen Formung neue Gestalt.

Vor allem aber entwickelt die Elegie in stillem Hin- und Widerwägen der Gewichte schon jetzt das vielfältige Ineinanderwirken und Zusammenspielen bildender Kräfte. Wo die Abhandlung nur davon spricht, daß die Pflanze ihre Hüllen mehr oder weniger in der Erde zurückläßt und die ersten Organe ihres oberen Wachstums, welche schon unter der Samendecke verborgen gegenwärtig gewesen, an das Licht hervorbringt, da gibt uns das Gedicht den geheimnisvoll gesetzhaften Vorgang, wie der still befruchtende Schoß der Erde den Samen hold in das Leben entläßt und wie er dem Reiz des Lichts sogleich den zärtesten Bau keimender Blätter mütterlich empfiehlt. Ja, wir haben ein bezwingendes Beispiel der bildenden Gewalt dieses Gedichts, wo es ihm nicht genügt, vom Reize des Lichts zu sagen, wo es darüber hinaus ausschwingend und belebend von dem Licht, dem heiligen, ewig bewegten künden muß. Das heilige Rätsel des vierten Distichons also auch hier in der Manifestation des Lichts. Und das „ewig bewegte" erscheint nicht als ein begriffliches Prädikat des Lichts, nein als wirkende, fördernde Kraft, die dem Vertrauen der mütterlichen Erde entgegenkommt. Wenn nun das folgende Distichon beginnt: „Einfach schlief in dem Samen die Kraft", dann entsteht in der dichterischen Formung beim Anschluß dieser Zeile an die vorhergehenden Verse vom heiligen Licht ein leises Erwachen, das der belebenden Bewegtheit antwortet, und der Pentameter des 6. Distichons gibt dieser noch nicht umrissenen Bewegung des Erwachens die bestimmte Form: „Und erhebt sich sogleich aus der umgebenden Nacht". All die sorgsam unterscheidenden Ausführungen der Abhandlung über die Kotyledonen schließen sich dann zusammen in den mit unwiderstehlich ruhiger Gewalt bildenden Vers „Aber einfach bleibt die Gestalt der ersten Erscheinung". Der zugehörige Pentameter durchleuchtet wie mit aussagemäßiger Ruhe etwas von der Gesetzhaftigkeit dieser Wachstumsstufe in ihrer über das Pflanzenreich hinauswirkenden Verbindlichkeit.

In den folgenden Distichen des mittleren Teils ähnelt das Verhältnis zur Abhandlung dem an den ersten 14 Versen Beobachteten so weitgehend, daß eine weitere Durchführung des Vergleichs kaum Neues ergeben würde. Es kommt ja auch bei diesem Vergleich vornehmlich darauf an, die dichterische Gestaltungskraft der Elegie durch Abhebung augenscheinlich zu machen. Wir begnügen uns, die Untertitel der Abhandlung anzuführen. Das II. Kapitel handelt von der „Ausbildung der Stengelblätter von Knoten zu Knoten". Ihm entsprechen inhaltlich die Distichen 8—12, dem III. Kapitel, „Übergang zum Blütenstande", die Distichen 13—15, dem IV. Kapitel „Bildung des Kelches" die Distichen 16—18a, dem V. Kapitel „Bildung der Krone" Distichon 18b. Wohl sind diese Verse als Aussagen betrachtet stellenweise ein knapper Auszug aus den Kapiteln der Abhandlung. Aber auch dann lassen sie das Erörternde, Begründende, denkend Ableitende fallen und prägen die Bildung und Umbildung der organischen Gestalt in rätselhafter Stetigkeit heraus. Allzu voraussetzungsvoll ist vielleicht im 18. Distichon der Ausdruck, daß der bergende Kelch „sich entscheidet". Aus der Abhandlung, in der das Wort selbst nicht vorkommt, läßt sich entnehmen, was damit gemeint ist, nämlich daß sich das Wachsen entscheidet, nicht mehr von Knoten zu Knoten weiterzudringen, sondern die Organe zu verfeinern, so daß der Stengel an seinem Ende mehrere Blätter zarterer Gestalt zusammen hervorbringt, die sich durch ihre Gestalt als Kelch von der Wachsform des Stengels gewissermaßen abscheiden. Zu den Versen, in denen sich die Blume am Stengel bewegt und das Prangen der Natur in hoher, voller Erscheinung gepriesen wird — es sind die Distichen 19 und 20, in denen der ganze Mittelteil sich zur symbolischen Bild-Erscheinung „entscheidet", — zu diesen gibt es in der Abhandlung keine Entsprechung. Und auch die folgenden Glieder des Gedichts, die nun zur Bildung der Staubwerkzeuge und des Griffels weiterwachsen, haben zur Abhandlung nur mehr ganz lose Beziehung. In dem Kapitel VI „Bildung der Staubwerkzeuge" heißt es z. B. nur: „So entsteht ein Staubwerkzeug, wenn die Organe, die wir bisher als Kronenblätter sich ausbreiten gesehen, wieder in einem höchst zusammengezogenen und zugleich in einem höchst verfeinten Zustande erscheinen." In dem Gedicht kommt dagegen an Stelle der sehr vielfältigen Einzelbeobachtungen der geheimnisvolle Vorgang der Befruchtung als ebenso rätselhaftes und heiliges wie beseligendes Urphänomen zur Wirkung. Es mag eigens hervorgehoben werden, daß in der Elegie nicht nur Kapitel XVII „Linnés Theorie von der Antizipation", sondern auch die Grundthese von Goethes wissenschaftlicher Entdeckung, nämlich die Entwicklung der verschiedensten Pflanzenorgane aus einem Grundorgan, das behelfsmäßig „Blatt" genannt wird, mit keinem ausdrücklichen Wort berührt wird. Dort in der Abhandlung geht es eben um ein Vordringen zu Grundgesetzen der Natur mit allen Mitteln der Goetheschen anschauenden Urteilskraft. Hier in der Elegie dagegen vollzieht sich ein Nachbilden des erkennend Angeschauten mit einer gestalterischen Kraft, die jahrelang bewußt an dem Vorbild der schaffenden Natur geübt worden ist. Über die Bedeutung der letzten Distichen des Mittelteils für die Gesamtform des Gedichts ist bei deren Erörterung schon gesprochen worden.

Daß auch dieser mittlere, bei der ersten Berührung besonders spröde Teil ganz von dichterischer Bildungskraft ausgeformt ist, nicht nur überformt von einem gewissermaßen architektonischen Grundzug, wird nunmehr ersichtlich geworden sein. Bemerken wir nur noch, daß in den Schlußversen des mittleren Teils eine Vorstellung verwandelt wiederkehrt, wie sie in der Hymne „Grenzen der Menschheit" schon während der ersten Weimarer Jahre Bedeutung gewonnen hatte. Aber dort ist es ein tantalisches Schicksalsgefühl, verwandt dem Klang des Parzenliedes, das in der

Schlußstrophe der Hymne unterdrückt leidenschaftlichen Ausdruck erhält: „Ein kleiner Ring / Begrenzt unser Leben, / Und viele Geschlechter / Reihen sich dauernd / An ihres Daseins / Unendliche Kette.“ Die Erfahrung von den „Grenzen der Menschheit“ faßt sich hier in das Bild des Ringes, das unvermittelt hervorspringt und sich dem Bild der Wellen anfügt, einprägsam durch die Leidenschaftlichkeit des Gefühls. In der Elegie ist es nicht ein bedeutungsvolles Bild, wenn von dem Ring der ewigen Kräfte die Rede ist. Vielmehr hat ja der ganze Innenteil mit seinem Wachstum diesen Ring ausgebildet, er schließt sich nun, wird in seiner Ringgestalt ganz sichtbar, wie die Pflanze sich vom Samen zu Blüte, Frucht und neuem Samen gebildet hat. Gegenüber diesem Walten der ewigen Kräfte tritt die Leidenschaft des persönlichen Erfahrens zurück. Und auch, wie nun ein neuer Ring mit dem Wachsen des neuen Samens zu neuer Blüte und Frucht den vorigen anfaßt, wie sich in diesem Vorgang offenbart, daß aus solchen Ringen eine Kette sich durch alle Zeiten verlängt, ja daß in solchen Ketten die Ewigkeit des Lebens besteht, auch da ist der individuellen Ergriffenheit nicht mehr das bestimmende Wort verstattet. Sie ist vielmehr hineingehoben in diesen ungeheuren Vorgang. Sehr bedeutsam, daß sich denn auch in der Elegie von tantalischer Empörung nichts mehr vernehmen läßt. Es ist ein großes, stilles, unwiderstehliches Ja, das in diesen Versen mitschwingt. Die Kette hat nichts Fesselndes, sondern sie bewirkt, daß das Ganze so wie das Einzelne belebt ist. Und wiederum ist damit ersichtlich geworden, warum Ton und Gang der Elegie sowie Sprachgestaltung im einzelnen nicht das Andringende und Mitreißende von Goethes „leidenschaftlichen Poesien“ haben. Auch das Hinüberwachsen des mittleren Teils in den Schlußteil ist nun erst in seiner völligen Durchorganisierung begriffen, denn der ganze letzte Teil wächst ja aus jenem Ja zum Ganzen hervor; und wenn die Geliebte nun den Blick zum bunten Gewimmel zurückwenden soll, so wohnt dieser Aufforderung die Gewißheit inne, daß die tausendfältige Mischung des Blumengewühls sich nicht mehr verwirrend vor dem Geist bewegt.

Das lösende Wort ist überliefert. Aber es besteht nicht in einer begrifflichen Fassung des geheimen Gesetzes, das ja immer unaussprechlich bleibt, immer ein „heiliges Rätsel“ ist. Es ist nicht ein figürlicher Ausdruck, wenn das 2. Distichon des letzten Teils sagt, daß nun jede Pflanze die ewigen Gesetze verkündet, jede Blume lauter und lauter mit der lieblichen Freundin spricht. Der folgende Hexameter verdeutlicht nochmals von einer anderen Seite her, was unter diesen Worten zu verstehen ist. Das geheime Gesetz, es sind die heiligen Lettern der Göttin, die im Anschaun der Metamorphose der Pflanzen entziffert wurden. Das Gesetz ist hier also nicht als etwas von außen her Vorgeschriebenes verstanden, als eine imperativische Formel. Es ist ganz im Sinn von Goethes biomorphologischer Vorstellungsart der Bauplan, der Zusammenhang der Wachstumsbahnen, der allem lebendigen Wachstum einen Spielraum läßt, die Grenzen dieses Spielraums aber unverrückbar festlegt. Es ist, anders ausgedrückt, die polare Verbundenheit der Veränderlichkeit der Teile und der unveränderlichen Verbindung der Teile untereinander. In der Veränderlichkeit der Teile ruht, wie es in dem „Versuch über die Gestalt der Tiere“ Kap. III heißt, die ganze Gewalt der bildenden Natur, während die unveränderliche Verbindung der Teile untereinander Ursache ist der einem jeden Beobachter in die Augen fallenden Ähnlichkeit der verschiedensten Gestalten. Dies geheime Gesetz, dies heilige Rätsel ist aber nicht irgendwo draußen abzulesen, und die Göttin wohnt nicht im „Gehirn, da hinter des Menschen alberner Stirn“. Sie wohnt in den ewigen Kräften, und das Gesetz ist abzulesen in den Erscheinungen der Natur. Denn all ihre Erscheinungen sind heilige Lettern, und wer sie entziffert, der nimmt überall, in jeder Blume, aber auch in jedem Tier das Gesetz als offenbares Geheimnis der Natur wahr. Daher erklärt sich das auf den ersten Blick vielleicht Überraschende, daß am Ende des zweiten Teils der Geliebten kein Satz überliefert wird, der in irgendeiner Weise der Formulierung des kategorischen Imperativs durch Kant entspräche, und daß trotzdem die Gewißheit bestehen kann, die Betrachtung der werdenden Pflanze habe die Verwirrung in Ordnung verwandelt. So hat sich in dem Gedicht erfüllt, was eine spätere Maxime Goethes als das Höchste bezeichnet: „Zu begreifen, daß alles Faktische schon Theorie ist.“ So ist er in der Pflanzen-Elegie seiner Mahnung selbst gerecht geworden: „Man suche ja nichts hinter den Phänomenen; sie selbst sind die Lehre.“ Gerade in der nicht aussagenden, sondern bildenden Form des Gedichts konnte dieser Mahnung völlig Genüge geschehen.

Wenn nun in den letzten Distichen der Elegie eine zärtlich leidenschaftliche Zuwendung zur Geliebten erfolgt, wenn hier das „O!“ des vierten Distichons dringlicher und gerichteter wiedererklingt, so ist damit nicht nur das Wachstum des Gebildes zur höchsten Blütenkrönung eingeleitet. Dieses Wachstum ereignet sich nun ganz aus den Kräften und heilig-rätselhaften Gesetzen des Ganzen, das belebt ist wie das Einzelne und dessen stille befruchtender Schoß auch dieses Blühen hold in das Leben entläßt. Von daher sind denn auch die durchaus ungesteigerten Worte und Sätze des zur höchsten Steigerung sich erhebenden Schlusses gefüllt. Wenn da vom „Keim der Bekanntschaft“ die Rede ist, vom „Entsprießen holder Gewohnheit“, vom „machtvollen Enthüllen der Freundschaft im Innern“, von „Blüten und Früchten, die Amor zuletzt gezeugt“, von den „mannigfachen Gestalten, die die Natur den Gefühlen der Liebenden geliehen“ hat; wenn zur Freude am „heutigen Tag“ aufgerufen wird — dem Tag wohl, wo der Geliebten das lösende Wort überliefert ist — und wenn nun die vorschwebenden Gestalten anschauender Verbundenheit mit der Zartheit von Wolkengebilden oder Blütenflocken entworfen werden, dann sind das alles nicht mehr Wörter, wie sie im Wörterbuch stehen, sondern dichterische Verkörperung einer liebenden Begegnung und Verbindung, die sich aus dem tiefsten Lebensgeheimnis erwachsen weiß und bereit ist, die „heilige Liebe“ in der persönlichen Verwirklichung als eine Manifestation der ewigen Kräfte zu leben, deren geheimes Gesetz in der Betrachtung der Pflanzenmetamorphose sichtbar geworden ist. Auf solche Weise ein Glied der Kette zu sein, die sich durch alle Zeiten fort verlängt, und als solches Glied die höhere Welt zu finden, die in dem Ring der ewigen Kräfte beschlossen ist, das ist die Unsterblichkeit, an die der Goethe des nachitalienischen Jahrzehnts glaubt und die, ohne daß ein Wort darüber fällt, in der dichterischen Gestaltung anschaulich und gegenwärtig wird.

Es liegt in der Natur der Interpretation von Dichtung, daß sie einmal gewisse letzte Zusammenhänge ihrer Gebilde nicht durch Zerlegen, sondern nur durch Hindeuten sichtbar machen kann, weil sie sonst, statt das geheime Gesetz der dichterischen Formwirklichkeit zu verdeutlichen, den dichterischen Organismus zerstört. Zum andern läßt sich die Zulänglichkeit einer Interpretation nicht eigentlich beweisen. Ihre Aufweise können nur eine Bestätigung finden, und zwar vor allem dadurch, daß die interpretierte Dichtung in ihren entscheidenden Bezügen aufgeschlossen wurde und daß auch die nicht ausdrücklich interpretierten Bestände sich dem erhellten Grundgefüge zwanglos eingliedern. Dazu kommt noch eine Bestätigung anderer Art. Sie erfolgt, wo sonstige Äußerungen des Dichters das von der Interpretation Gewonnene bejahen, ergänzen oder weiterführen. Es gibt nun eine Reihe von Äußerungen Goethes, von denen unsere Auslegung der Pflanzen-Elegie bestätigt und unsere Gesichtspunkte mit verstärkter Anschaulichkeit herausgearbeitet werden. Die bedeutsamsten von ihnen sollen noch kurz herangezogen werden.

Der eigentümlichen Verbindung von Erkennen und Gestalten in seinen Dichtungen ist Goethe sich durchaus bewußt gewesen. Diese Verbindung ist in dem Metamorphosegedicht ja besonders augenfällig und bildet wohl den Hauptgrund seiner schwierigen Zugänglichkeit beim ersten Anlauf. Da ist es denn wichtig, daß der Dichter selbst darin keinen Einwand gegen den dichterischen Grundcharakter, sondern vielmehr gerade ein Zeichen der dichterischen Vollendung gesehen hat. Er weist einen derart begründeten Einwand in diesem Sinn uneingeschränkt ab, wenn er in dem Aufsatz „Schicksal der Druckschrift" sagt: „Nirgends wollte man zugeben, daß Wissenschaft und Poesie vereinbar seien. Man vergaß, daß Wissenschaft sich aus Poesie entwickelt habe, man bedachte nicht, daß nach einem Umschwung von Zeiten beide sich wieder freundlich, zu beiderseitigem Vorteil auf höherer Stelle, gar wohl wieder begegnen könnten." Es ist, als wären diese Worte eigens für das Metamorphose-Gedicht geschrieben. Denn allerdings mußte ein Umschwung von Zeiten vor sich gegangen sein, damit dieses Gedicht entstehen konnte. Die Art der neueren, subjektiven, sentimentalischen Poesie mußte umgebildet sein, nicht minder aber die Art der neueren, atomistischen, mechanistischen Wissenschaft. Es ist Goethe selbst und allein, der diesen Umschwung wirklich herbeigeführt hat, und in jenem Satz läßt sich etwas von dem Kraftbewußtsein seiner gewaltigen Natur vernehmen. Indem sein Dichten sich immer mehr zu anschaulicher Gegenständlichkeit bildete und sein Erkennen an Stelle des naturwissenschaftlich-kausalen und des philosophisch-logischen Denkens ein morphologisches Denken heraufführte und durchformte, eroberte er auf höherer Stufe Möglichkeiten zurück, wie die frühgriechische Zeit sie besessen hatte; Möglichkeiten der Lebensverbundenheit von Wissenschaft und Poesie. Wir gehen wohl nicht zu weit, wenn wir in der Verbindung von morphologischem Erkennen und morphologischem Dichten bei Goethe das Verhältnis von Diastole und Systole finden, das sich ihm gerade in den neunziger Jahren bei den Arbeiten an seiner Farbenlehre als die ewige Formel des Lebens immer deutlicher darstellte.

Aber auch derartige Überlegungen dürfen nicht abstrakt, sie müssen ganz schlicht gegenständlich genommen werden. In der Geschichte seiner botanischen Studien spricht Goethe von sich selbst als einem „geborenen Dichter, der seine Worte, seine Ausdrücke unmittelbar an den jedesmaligen Gegenständen zu bilden trachtet, um ihnen einigermaßen genug zu tun". Mit dieser elementaren Bestimmung, die den morphologischen Zug in Goethes dichterischer Sprachgebung von der Seite des bildnerischen Bewußtseins her scharf beleuchtet, ist doch auch die sprachliche Gestaltung der Metamorphosen-Elegie ganz in der Richtung bezeichnet, in der unsere Auslegung des Gedichts sie zu begreifen und zu bestimmen suchte. Und daß wir auf dem rechten Weg sind, wenn wir diese Eigentümlichkeit der Sprachgebung als morphologischen Grundzug bezeichnen, daß es sich nicht um ein flach naturalistisches Wiedergeben der jedesmaligen Gegenstände handelt, das erhellt aus einer Äußerung des Aufsatzes „Schicksal der Handschrift". Dort ist die Rede davon, welche Stellung Goethe gegen jene drei großen Weltgegenden, Kunst, Natur und menschliche Gesellschaft, in Italien genommen hatte. Dabei heißt es: „Ferner glaubte ich der Natur abgemerkt zu haben, wie sie gesetzlich zu Werke gehe, um lebendiges Gebild als Muster alles Künstlichen hervorzubringen." In diesem Satz liegt, so scheint uns, eine Anweisung dafür, wie das „Bilden der Worte, der Ausdrücke unmittelbar an den jedesmaligen Gegenständen" zu verstehen sei. Ist nun mit diesen Goetheschen Äußerungen bestätigt und bestärkt worden, was unsere Gedichtauslegung als den gegenständlich anschaulichen Grundzug der dichterischen Gestalt aufgefaßt und dargetan hat, so wird schließlich ein Wort aus der Abhandlung „Einfache Nachahmung der Natur, Manier, Stil" gewissermaßen das lösende Wort überliefern, das die verschiedenen Erscheinungen von ihrem geheimen Gesetz her durchschauen läßt. Die Abhandlung ist, worauf ebenfalls der Aufsatz „Schicksal der Handschrift" hinweist, gleichzeitig mit der über die Metamorphose der Pflanzen und mit dem „Römischen Karneval" konzipiert. Sie bringt das lebendige Gebild der Natur als Muster alles künstlerischen Schaffens zur Darstellung, und sie gipfelt in der Bestimmung: „So ruht der Stil auf den tiefsten Grundfesten der Erkenntnis, auf dem Wesen der Dinge, insofern uns erlaubt ist, es in sichtbaren und greiflichen Gestalten zu erkennen." Diese Bestimmung, beim ersten Hinblicken ähnlich befremdend, ja vielleicht noch überraschender, wie die Metamorphosen-Elegie, ist im Zusammenhang der eben angeführten Stellen nicht mehr erstaunlich oder doch nur in dem Sinn, in dem jeder Aufweis der Bedingungszusammenhänge der ewigen Naturkräfte immer wieder Staunen, Beglückung und Ehrfurcht erregt. Wenn sie aber begriffen ist, dann ist auch das letzte Bildungsgesetz unserer Elegie sichtbar geworden und damit Rang und Art ihrer dichterischen Vollendung.

Auch die Erwartung, daß eine Erhellung des Metamorphosengedichts in seiner dichterischen Art zur Erhellung der Goetheschen Elegiendichtung überhaupt, ja zur Erhellung seiner dichterischen Hervorbringungen im nachitalienischen Jahrzehnt beitragen könnte, hat damit eine gewisse Bestätigung erfahren. Denn es ist ja nicht so, daß die Interpretation eines Gedichts nun unmittelbar auf andere übertragen werden könnte. Jene Erwartung wollte keineswegs die bedeutenden Unterschiede verwischen, die zwischen den vollendenden Teilen des „Faust I", „Hermann und Dorothea", den „Lehrjahren" und den Balladen bestehen, und es war ja schon Gelegenheit, auf Artunterschiede innerhalb der Elegien selbst hinzuweisen. Auch das der Pflanzen-Elegie in manchem Betracht sehr naheliegende Gedicht „Metamorphose der Tiere" ist in seiner Art noch nicht wirklich durchdrungen mit dem, was jetzt für die Artbestimmung der „Metamorphose der Pflanzen" gewonnen wurde. Die Gattungsfrage gar, die sich bei dem Blick über die Elegiendichtung erhebt und die doch auch durch die dramatischen und epischen Werke des Jahrzehnts gestellt wird, ist noch gar nicht berührt. Aber diese Frage, ein Hauptgegenstand morphologischer Literaturforschung, ist überhaupt nicht auf dem Zick-Zack-Weg der Induktion von wenigen Einzelfällen und abstrahierender Verallgemeinerung zu lösen. Hier muß uns das Wort aus dem Aufsatz „Bedeutende Fördernis" Richtschnur bleiben: „Welche Reihe von Anschauung und Nachdenken verfolgt' ich nicht, bis die Idee der Pflanzenmetamorphose in mir aufging." So darf denn hier nur eben darauf hingedeutet werden, daß in unsrer Interpretation einer wesentlichen und besonders schwierigen Goetheschen Elegie auch gewisse Verbindungsfäden zur Morphä, zum Typus der elegischen Gattung gewoben sind. Was wir als wirkliches „Ergebnis" gewonnen haben möchten, ist der rechte Blick für das Bildungsgesetz der dichterischen Art, die sich in unserer Elegie als einem Besonderen verkörpert. Dieser Blick wird dann bewähren müssen, wie weit man in den Werken desselben Jahrzehnts die gleiche Art manifestiert finden kann und wie weit er zu einem immer tieferen Erfassen ihres symbolschweren Lebensgeheimnisses zu helfen vermag, das in dem Ruhen der Dichtung auf den tiefsten Grundfesten der Erkenntnis, auf dem Wesen der Dinge liegt.

GERHARD STORZ

JOHANN WOLFGANG VON GOETHE

Nachtgesang

O gib vom weichen Pfühle,
Träumend, ein halb Gehör!
Bei meinem Saitenspiele
Schlafe! was willst du mehr?

Bei meinem Saitenspiele
Segnet der Sterne Heer
Die ewigen Gefühle;
Schlafe! was willst du mehr?

Die ewigen Gefühle
Heben mich, hoch und hehr,
Aus irdischem Gewühle;
Schlafe! was willst du mehr?

Vom irdischen Gewühle
Trennst du mich nur zu sehr,
Bannst mich in diese Kühle;
Schlafe! was willst du mehr?

Bannst mich in diese Kühle,
Gibst nur im Traum Gehör,
Ach, auf dem weichen Pfühle
Schlafe! was willst du mehr?

Inmitten der Gedichte, die im ersten Band der Ausgabe letzter Hand unter der Rubrik „Lieder" vereinigt sind, steht unser Gedicht etwas vereinzelt: die Beziehung auf das eigene Erleben des Dichters, in den meisten anderen Stücken jener ersten Abteilung so deutlich, fehlt; auch ist es später entstanden als die Mehrzahl der dort vereinigten Gedichte[1]. Trotz seinem Standort im ersten, bekanntesten Teil der Goetheschen Lyrik wird es offenbar wenig beachtet; jedenfalls fehlt es in den neueren Anthologien, und das ist zu bedauern. Denn einmal vernommen, erregt unser Gedicht wieder und wieder Verlangen, es zu sprechen und zu hören: nur bei Brentano und bei Mörike gibt es Gedichte, in denen unsere Sprache gleich mühelos schön klingt, fast fremdartig schön. Aus dem Wort entsteht wirklich, wie die Überschrift es verheißt, Gesang, und das will sagen, daß sich dem Wohllaut Leichtigkeit und freies Strömen gesellen. Denn so kunstreich unser Gedicht gefügt ist, so wirkt es doch keineswegs künstlich: der Eindruck bemühter Könnerschaft bleibt aus, der so manchem Versuch in schwierigen, aus fremder Dichtung übernommenen Formen, etwa bei Rückert oder bei Platen oder später bei Weinheber, anhaftet. Geht doch das Wort- und Sinngefüge ganz und gar ohne Zwang in Taktschema, Reimspiel, Strophenfolge ein, ja fast zu häufig fallen Vers und Satz zusammen.

Nach seinem Wort- und Sinngehalt ist das Gedicht nichts weiter als eben eine Serenade, ein Lied also, in dem sich nicht persönliches Gestimmtsein geradezu ausspricht, sondern in welchem sozusagen mit Worten und Wortgebärden Musik gemacht werden soll: Der Serenade geht es weniger um Liebesbekenntnis als sozusagen um Stilisierung und Inszenierung der *ars amandi*, um eine schöne Figur im Liebesspiel. Das Eigentümliche und Wesentliche an unserem Gedicht liegt ganz und gar in der Situation, die es meint, in der Gebärde der nächtlichen Huldigung, in der Hindeutung auf deren eigentlichen Gehalt, nämlich den Gesang und seine instrumentale Begleitung. Die Poesie stellt sich also, als ob sie sich zugunsten eines Anlasses und einer geselligen Funktion wenn nicht verleugne, so doch zur Bescheidung des Dienens herbeilasse. Vielleicht trägt auch dies zu dem Eindruck bei, von dem schon die Rede war, nämlich zu der bescheidenen Leichtigkeit des kunstreichen Gebildes. Würde unser Gedicht zu Recht in diesem Sinne verstanden, so gehörte es in die Reihe der mancherlei Maskengedichte zu geselligen und höfischen Anlässen. Allerdings reimt sich ein solches Verständnis nicht mit seinem Standort unter den Liedern.

Diese Poesie weiß in der Tat ihr scheinbares Dienen mit Innigkeit, Geist und hoher Artigkeit zu vollziehen. Gleich die Anrede entzückt: welch zärtliche und zugleich sich bescheidende Zuwendung liegt in der Bitte um ein halbes, schon träumendes Zuhören. Sie wirkt weiter in dem beständigen Widerruf, den der Refrain so beständig an zartes Andringen und an eine nur angedeutete, aber doch ansteigende Liebesklage knüpft: Zwischen Singen und doch nicht Gehörtseinwollen entsteht ein charmanter Widerspruch. Das „Schlafe!" verwandelt die Liebeshuldigung in ein Schlummerlied, aber das „was willst du mehr?" läßt wiederum alles offen, ja, diese halb schmerzliche, halb sanfte Frage des Refrains erweitert und verwickelt die Situation: der einsame Sänger, der Antwort nicht erhält und auch gar nicht erhalten will, ist vielleicht gar nicht der unglücklich Liebende, für den ihn zu halten man zunächst geneigt ist, sondern der unschlüssig-schuldbewußte Geliebte, der die Verwirrung seines Gefühls im Gesang birgt? „Ewige Gefühle“ und „irdisches Gewühle“ sind undurchsichtig und wohl auch unauflösbar ineinander verstrickt. Denn keine andere Lösung, kein anderer Schluß will sich einstellen als Singen, Schweigen und Schlaf.

Mit einem Mal, auf zauberhafte Weise gewinnt also alles ein anderes, bedeutsameres Ansehen: Namenlos, ursprungslos hebt die einsame Stimme an, und wirklich im Dunkel, nicht nur der Nacht, scheint sie zu verhallen. Sie dringt so sacht wie unwiderstehlich an, aber die Worte sagen dem Leser und fremden Lauscher nicht mehr als das Allgemeinste von Erhöhung, Beseligung und Verstrickung durch die Liebe. Ob sie vernommen werden oder nicht, bleibt, nicht anders als alles Einzelne und Besondere, außerhalb des Gedichtes. So wirkt es trotz seiner klaren, vornehmen Einfachheit, trotz der unfehlbaren, traumhaften Sicherheit seines Ganges rätselhaft, geheimnisvoll, wie dies zuweilen auch von der strengen Klassik der „Natürlichen Tochter“ und der „Pandora“ ausgeht. Zärtliche Huldigung und schmerzliches Geheimnis — beides birgt sich in der vordergründig erscheinenden Einfachheit und Glätte des Wortlautes. Dazu tritt gewissermaßen als Pointe, daß das Gedicht die Musik, der das Gedicht als Text — welch sublimer Text freilich — zu dienen vorgibt, selber erzeugt und enthält.—

Von solcher Musik wird mit der Beschreibung des Feststellbaren wenig genug gesagt, aber vielleicht führt einige Aufmerksamkeit auf Vers und Strophe doch etwas näher an das nicht Faßbare heran. Die Eigentümlichkeit der Klangwirkung geht wohl vom zweimaligen Wechsel des Taktes innerhalb der Strophe aus: die ersten und die dritten Verszeilen, weiblich reimend, füllen die drei Takte jambisch aus, die zweiten und vierten, männlich reimend, setzen mit einem Daktylus ein, dem ein vollständiger und dann ein unvollständiger Trochäus folgen. Der Unterschied im rhythmischen Duktus innerhalb des so kurzzeiligen Verspaares ist also beträchtlich: der erste, jambische Vers gibt den feierlichen, hohen Ton für das Ganze an, er geht stetig und gehalten — der zweite bewegter und beschwingter. Über Versmaß und Reim hinweg vernimmt das Ohr infolge der Kürze der Zeilen nur eine einzige, schöne, fast elegant geschwungene Bewegung. Sie vereinigt sich mit vokalischen, auch mit dynamischen Wirkungen und bestimmt den Eindruck von Melodie, die man zu vernehmen glaubt. Die Reimstellung ist an und für sich einfach: die in der vierzeiligen

Strophe übliche der Überkreuzung von weiblichem und männlichem Reim. Allein durch die Beschränkung aller Strophen auf die gleichen zwei Reimpaare und durch die Wiederkehr der jeweiligen dritten Zeile als Anfangszeile der nächsten Strophe werden Reim und Strophenbau kunstvoll. Ferner ist in dieses Wechselspiel die vierte Zeile als Refrain einbezogen, so daß die Vierzeiligkeit eigentlich wieder aufgehoben und zur Dreizeiligkeit wird. Dadurch bekommt die Form ihre Eigentümlichkeit: der Taktwechsel erinnert an das Madrigal, die Beschränkung auf zwei Reime und die fortschreitende Verwandlung der jeweiligen dritten Verszeile in die Anfangszeile der nächsten Strophen läßt an das Triolett denken. Jedoch weder der einen noch der anderen Form, auch nicht dem Rondeau, entspricht unser Gedicht genau und durchgehend. Alle jene Formen — und in dieser Übereinstimmigkeit liegt wohl das Wesentliche — kommen von der Vereinigung des Gedichtes mit dem Gesang her, und zugleich aus italienisch-französischem Bereich.

Was beim ersten Hören und hernach immer deutlicher vernommen wird, das ist die schöne Bewegungsfigur aus Ansteigen und Absinken — hier die ansteigende Auflichtung zum ü oder i des weiblichen, dort die voller tönende, sich verdunkelnde Kadenz zum männlichen Reimschluß hin. Am deutlichsten hörbar wird solches Auf und Ab gleich im ersten Verspaar „O gib vom weichen Pfühle, / Träumend, ein halb Gehör". Die stete Wiederholung von Ansteigen und Absinken, von sanftem, aber unwiderstehlichem Anziehen und leichtem, sich lösendem Fallen ergibt eine wiegende Bewegung, ein Wellenspiel: Die Entsprechung zu Wasserfahrt, Kahn und Ruder stellt sich ein und ist nicht mehr zu vertreiben. Denn das Auf und Ab endet niemals brüsk, es setzt auch nicht heftig ein: Der Sprachzusammenhang fließt fast immer über das Versende hinaus, und so gut wie immer hält das Enjambement die Dünung der Verspaare in sanftem, bezauberndem Fluß. Auch der Sprachzusammenhang fließt wahrhaftig, im wörtlichen Sinne genommen, wir sagten es schon, in den Vers und in die Strophe ein: trotz der Wiederkehr der dritten Zeile als Anfangszeile der nächsten Strophe bedarf es nicht gewaltsam-künstlicher Umstellung der Satzglieder. Nur gelegentliche, leichte Inversionen stauen diesen Fluß da und dort und verhindern, daß der Satz allzu willig, allzu glatt in den Vers eingeht. So geschieht es in der ersten Zeile durch die Voranstellung von „vom weichen Pfühle" vor „ein halb Gehör", schwächer schon im Anfang der zweiten Strophe „Bei meinem Saitenspiele / Segnet . . .", stärker wiederum in „Vom irdischen

Gewühle / Trennst du . . ." Solche bescheidenen Inversionen entsprechen eher dem Gefälligen, dem Duktus einer schön geschwungenen Melodie. Das Heftige und Stürmische der Odendichtung fordert, wie bekannt, weit mehr eingreifende, von der Prosa viel weiter wegführende Änderung. Einzig die letzte Strophe setzt etwas härter ein: Die Wiederholung des „bannst" legt es dem Sprecher nahe, nunmehr die Undeutlichkeit der Gewichtsverteilung in dem Takt „bannst mich" (— nach dem Schema müßte sie jambisch bestimmt sein = „bănnst mích") eindeutig, aber umgekehrt zu setzen und die Hebung jetzt kräftig auf „bannst" zu legen. Dadurch gleicht sich der Rhythmus der ersten Verszeile dem der zweiten an: 1. Vers –́ ˇ ˇ –́ ˇ –́ ˇ (statt ˇ –́ ˇ –́ ˇ –́ ˇ)
2. Vers –́ ˇ ˇ –́ ˇ –́

Dieselbe Wirkung wird durch das betonte „Ach" in der dritten Verszeile der Schlußstrophe ausgelöst. Der Wechsel, das Auf und Ab, wird also in der Schlußstrophe schwächer, der Wellenschlag läuft aus, die Barcarole geht zum Ende, das den Anfang wieder aufnimmt und ihn dadurch auch aufhebt. Zugleich scheint die Schlußstrophe voller, kräftiger, erregter mit einem *crescendo* einzusetzen: die schärfere, gespanntere Lautqualität des „bannst" und des „gibst" hebt sich deutlich ab vom weichen, auflösenden Klang, der so oft im Reim vernommen wird: Pfühle, spiele, Gefühle, Gewühle, Kühle. Auch hat die dunklere Sonorität der zwei Zeilen „Bannst mich in diese Kühle, / Gibst nur im Traum Gehör" ihresgleichen nur im ersten, anhebenden Verspaar „O gib vom weichen Pfühle, / Träumend, ein halb Gehör", und dieses wird ja in der letzten Strophe wiederholt. Zwischen jenem Anfang und diesem Ende steigt die Vokalität des Gedichtes zwischen hellen, leichten i- und e-Lauten in demselben, sanften Intervall auf und nieder, das der Versbewegung entspricht. Durch diese Entsprechung, sodann durch das Versetzen der einen Zeile von Strophe zu Strophe, endlich durch das verbindende Enjambement entsteht der Zauberbogen einer Melodie, zugleich auch der strömende Zug, in dem das Sprechen sich ins Singen zu heben, Wort- und Versgefüge sich im harmonisch-bedeutsamen Klanggefüge zu erfüllen scheinen.

Das Gedicht geht über in das Lied, und zwar in dessen eigentliche, im Singen und durch Saitenspiel entstehende Gestalt. Es steht also auf einer Grenze. Dennoch ist es offensichtlich nicht als Versuch gemeint, weder in einer Richtung, die durch den modernen Terminus *poésie pure* bezeichnet werden könnte (obwohl es dem, was einstens Brémond mit diesem, seinem Begriff meinte, sehr nahe kommt), noch mit dem Ziel, fremde Form zu erproben. Es ist bekannt, wie zögernd sich Goethe zu vorgeprägter Vers- und Strophenform anspruchsvollerer Art entschloß. Man erinnert sich an sein langes Widerstreben gegen das Sonett. Selbst im „Divan", der ja zu Übernahme und Nachbildung herausforderte, bleibt er zurückhaltend, und seine Rechtfertigung in dieser Hinsicht macht den Gegenstand eines Stückes im Buch Hafis aus, das er geradewegs „Nachbildung" überschreibt. Es enthält indessen keineswegs eine Ablehnung schlechthin, was den Versuch in fremd-künstlichen Formen angeht, sondern setzt nur die einleuchtende Grenze:

Zugemeßne Rhythmen reizen freilich,
Das Talent erfreut sich wohl darin;
Doch wie schnelle widern sie abscheulich,
Hohle Masken ohne Blut und Sinn;
Selbst der Geist erscheint sich nicht erfreulich,
Wenn er nicht, auf neue Form bedacht,
Jener toten Form ein Ende macht.

Die kunstreichen Formen sind nicht an und für sich „Hohle Masken ohne Blut und Sinn". Platens Ghasele hat er, wie ein Gespräch mit Eckermann vom 21. November 1823 unterrichtet, durchaus gebilligt. Freilich läuft die Übernahme solcher Formen Gefahr, leere Gebilde zu zeitigen. Bei der Aneignung des Fremden muß es, wie der Schluß jenes Gedichtes sagt, um „Form" gehen, die „Jener toten Form ein Ende macht": Übernahme muß zugleich Überwindung sein, etwas Drittes und Neues muß dadurch entstehen, das Persönliche. Zu ihm gehört für Goethe wesentlich das, was er unter „bequem" versteht, das Fehlen von Zwang und Krampf. Dieses persönliche Signet ist an unserem Gedicht unverkennbar. Der formale Reichtum, der allein schon in den lyrischen Partien von Faust II steckt, ergibt sich aus der Ausbildung des eigenen Tons und aus seinen vielfältigen Verwandlungen. Auch wäre es abwegig, veranlaßt etwa durch die Willigkeit, mit der sich Goethe durch Voß in der Prosodie des Hexameters beraten ließ, wollte man Goethes Bewußtheit und Kennerschaft in metrischen Dingen unterschätzen. In dieser Hinsicht ist seine an Eckermann erteilte Auskunft über die metrisch-rhythmische Struktur eines Verses aus „Claudine von Villabella" aufschlußreich (6. April 1829). An anderer Stelle wird der engen Beziehung jener dramatischen Dichtung zur Musik gedacht. Diese Nachbarschaft ist nicht nur in den Singspielen und bei der frühen, anakreontisch gestimmten Lyrik anzutreffen — hier wäre sie aus der geselligen

Funktion jener Dichtungen erklärbar —, sondern mehrmals, und als ob es sich um etwas Selbstverständliches handle, wird in den späten Jahren von der Vertonung gewisser, eben lyrischer Partien des Faust II gesprochen. Weit mehr darum, um die Beziehung zu Gesang und Musik, als etwa um eine neue Technik der Strophe handelt es sich in unserem Gedicht.

Es experimentiert nicht, sondern gibt Gestalt und Situation, nicht anders als es die Gedichte im Umkreis tun: „Trost in Tränen", „Schäfers Klagelied", „An Mignon". Wie diese Gedichte, und eigentlich schon die in die Lehrjahre eingefügten Mignon- und Harfnerlieder, könnte „Nachtgesang" als Rollengedicht verstanden werden. Die Situation der Serenade ist das dichterische Thema, und die Annäherung an Gesang und Musik liegt also schon im Gegenstand. Inwieweit Erinnerung an eigene, italienische Eindrücke des Dichters im Spiele ist — an das Singen der Gondolieri, an die Ritornelli und an andere in Rom gehörte Volksmusik — wird sich nicht erweisen lassen. Immerhin waren ja jene musikalischen Eindrücke stark, wie die Beigaben zur „Italienischen Reise" zeigen. Wenn es zutrifft, daß ein italienisches Lied und sein Refrain „che vuoi di più?" den Dichter angeregt hat, so verdankt sich unser Gedicht dem Wunsch, die Erinnerung an eine italienische Melodie poetisch zu fixieren. Es läge denn also die genaue Umkehr zur Gedichtvertonung vor: die Antwort des Dichters auf Musik. Und so werden wir in der Tat, wie immer der entstehungsgeschichtliche Sachverhalt sein mag, unser Gedicht verstehen dürfen: Wenn nicht als Erinnerung an eine bestimmte Melodie, so doch sicherlich als Imagination von Musik. In *diesem* Sinne steht es auf der Grenze, und darin liegt, über seinen unmittelbaren, großen Reiz hinaus, ein zweiter, geheimerer, der durch Vertonung nur zerstört werden könnte. Denn ungehörte, eingebildete Musik ist etwas anderes als wirkliche, dem nachbildenden Komponisten unerreichbar, weil sie, wie das im Traum entstehende Bild der Wirklichkeit, sui generis ist: die Mächtigkeit von Musik und Melodie in unserem Gedicht steckt im „als ob" oder im „beinahe", das Faszinierende seines Wortlautes im Rätselhaften. Zwischen Klassik und Romantik. Ehe wir uns jedoch in die Ästhetik jenes Grenzbereiches tiefer hineinwagen, soll des Dichters herzhafter Anruf vernommen und beherzigt werden: „. . . Ei! so habt doch endlich einmal die Courage, euch den Eindrücken hinzugeben, euch ergötzen zu lassen, euch rühren zu lassen . . ., aber denkt nicht immer, es wäre alles eitel, wenn es nicht irgend abstrakter Gedanke und Idee wäre!" So sein Wort an Eckermann (6. Mai 1827).

GÜNTHER MÜLLER

JOHANN WOLFGANG VON GOETHE

Schillers Reliquien

Im ernsten Beinhaus war's, wo ich beschaute,
Wie Schädel Schädeln angeordnet paßten;
Die alte Zeit gedacht ich, die ergraute.

Sie stehn in Reih geklemmt, die sonst sich haßten,
Und derbe Knochen, die sich tödlich schlugen,
Sie liegen kreuzweis zahm allhier zu rasten.

Entrenkte Schulterblätter! was sie trugen,
Fragt niemand mehr, und zierlich-tät'ge Glieder,
Die Hand, der Fuß, zerstreut aus Lebensfugen.

Ihr Müden also lagt vergebens nieder,
Nicht Ruh im Grabe ließ man euch, vertrieben
Seid ihr herauf zum lichten Tage wieder,

Und niemand kann die dürre Schale lieben,
Welch herrlich edlen Kern sie auch bewahrte.
Doch mir Adepten war die Schrift geschrieben,

Die heil'gen Sinn nicht jedem offenbarte,
Als ich inmitten solcher starren Menge
Unschätzbar herrlich ein Gebild gewahrte,

Daß in des Raumes Moderkält und Enge
Ich frei und wärmefühlend mich erquickte,
Als ob ein Lebensquell dem Tod entspränge.

Wie mich geheimnisvoll die Form entzückte!
Die gottgedachte Spur, die sich erhalten!
Ein Blick, der mich an jenes Meer entrückte,

Das flutend strömt gesteigerte Gestalten.
Geheim Gefäß! Orakelsprüche spendend,
Wie bin ich wert, dich in der Hand zu halten,

Dich höchsten Schatz aus Moder fromm entwendend
Und in die freie Luft zu freiem Sinnen,
Zum Sonnenlicht andächtig hin mich wendend.

Was kann der Mensch im Leben mehr gewinnen,
Als daß sich Gott-Natur ihm offenbare?
Wie sie das Feste läßt zu Geist verrinnen,
Wie sie das Geisterzeugte fest bewahre.

Nur zwei Terzinengedichte hat Goethes gestaltende Hand gebildet: den Faustmonolog, der symbolschwer den zweiten Teil der Tragödie eröffnet, und das Gedicht, das er im Betrachten von Schillers Schädel erfuhr und formte. Beide Gedichte lassen eine besondere Naturwirklichkeit anschaulich und durchsichtig werden, beide vergegenwärtigen, darüber hinaus und innigst verbunden mit dem einzelnen Fall, den geheimnisvollen Vorgang, der im Besonderen des Allgemeinen ansichtig wird.

Es ist gut, sich hier zweier Äußerungen Goethes zu erinnern. Unter den zahlreichen Bestimmungen, die er dem Verhältnis des Allgemeinen und Besonderen gibt, findet sich diese: „Das Allgemeine und Besondere fallen zusammen: das Besondere ist das Allgemeine unter verschiedenen Bedingungen erscheinend.“ Und „Erfinden, Entdecken im höheren Sinne“, sagt er, ist „die bedeutende Ausübung, Betätigung eines originalen Wahrheitsgefühles, das, im Stillen längst ausgebildet, unversehens, mit Blitzesschnelle zu einer fruchtbaren Erkenntnis führt. Es ist eine aus dem Innern am Äußern sich entwickelnde Offenbarung, die den Menschen seine Gottähnlichkeit vorahnen läßt. Es ist eine Synthese von Welt und Geist, welche von der ewigen Harmonie des Daseins die seligste Versicherung gibt“. Solch ein Entdecken im höheren Sinne liegt Goethes großen dichterischen Schöpfungen ebenso zugrunde wie seinen gestaltkundlichen Leistungen. Aber selten verkörpern seine Gedichte den Vorgang des Entdeckens so ausdrücklich wie die beiden Terzinengedichte.

Die Verwendung dieses „Sylbenmaßes“ hatte er bereits 1798, angeregt von A. W. Schlegels „Prometheus“, erwogen. Aber damals wollte es ihm „bei näherer Ansicht nicht gefallen, weil es gar keine Ruhe hat und man wegen der fortschreitenden Reime nirgends schließen kann“. Schiller hatte auf diese Nachricht vom 21. Februar geantwortet, im allgemeinen gefalle ihm dieses Metrum auch nicht, es leiere gar zu einförmig fort und die feierliche Stimmung scheine ihm unzertrennlich davon zu sein. Weit anerkennender klingt das Wort des alten Goethe im Gespräch mit dem Kanzler v. Müller vom 29. September 1823: „Terzinen müssen immer einen großen, reichen Stoff zur Unterlage haben.“ Und als 1826 die Dante-Übersetzung von Adolf Streckfuß Goethe beschäftigte, mochten die in der hochklassischen Zeit gerügten Eigenschaften des Terzinenmaßes dem Dichter, der nun in der Werdewelt der „Witterungslehre“, der „Helena“, des Elfenchors lebte, gerade wert sein. Denn eben das ruhelose Weiterströmen im steigernden Zug der Pole war nun in die sprachliche Gestalt zu bannen, und die Offenbarung, die sich dichterisch ereignen sollte, verlangte jene feierliche Stimmung. Goethe steigert sogar noch, gegen die Forderung der Terzinen-Theorie, das ruhelose Fortschreiten. Das Gedicht in Terzinen, dreizeilige Strophen mit Reimung der beiden Außenzeilen, bindet durch Reim die 2., innerhalb dieser Strophe reimlose, Zeile mit der 1. und 3. Zeile der folgenden Strophe (aba bcb cdc) und schließt, indem die letzte Strophe durch eine 4. Zeile ergänzt wird, die auf die 2., an sich reimlose, reimt (yzyz). Genau so bildet Goethe seine Terzinen. Den Sinnabschluß aber, den die Theorie am Schluß jeder Terzine verlangt, wahrt die flutende Bewegung der Goetheschen Terzinen durchaus nicht immer. Wir erkennen hier, wie der Vollender des deutschen Liedes unter der Gewalt der reifen, überwältigenden Erfahrung eine vorgegebene Form zum feierlich enthüllenden Gesang umbildet. Entsprechendes vollzieht sich in seiner späten Lyrik auch sonst nicht selten. Aber während etwa die Gesänge aus der „Novelle“ und aus den „Wanderjahren“, während ebenso „Um Mitternacht“, „Dem aufgehenden Vollmonde“ und „Der Bräutigam“ einfachen Liedstrophen gesanghafte Tiefe und Breite verleihen, wandelt sich in den beiden Terzinengedichten ein ursprünglich dem Epischen und Gedanklichen zugeordnetes Strophenmaß zum lebendigen Umriß einer lyrischen Gestalt. Wir haben darin ein besonders zwingendes Beispiel für die vom Keim her organisierende Gewalt Goetheschen Formens, die auch ein scheinbar vorgegebenes äußeres Formenschema dem inneren Werdegesetz anverwandelt.

Wenn wir nun aber die Besonderheit des Durchformens und Ausformens in den Schiller-Terzinen bestimmen wollen, dann finden wir als bedeutsamsten Zug eine Einheit von Anschauen und Angeschautem; eine Einheit, die wieder nicht als starre Gegebenheit dasteht, sondern sich ununterbrochen neu verwirklicht. Wenn Goethe von „anschauender Urteilskraft“ handelt, 1820, so ist diese Einheit mitberührt. Ausdrücklich spricht er von ihr in der Abhandlung „Bedeutende Fördernis durch ein einziges geistreiches Wort“, 1823. Hier wird Heinroths Bezeichnung des Goetheschen Denkvermögens als „gegenständlich tätig“ dahin umschrieben, „daß mein Denken sich von den Gegenständen nicht sondere, daß die Elemente der Gegenstände, die Anschauungen in dasselbe eingehen und von ihm auf das innigste durchdrungen werden". In seinem schon erwähnten Antwortbrief vom 23. Februar 1798 geht Schiller auch auf Goethes Farbenstudien ein und schreibt die in unserm Zusammenhang wichtigen Worte: „Bei der Art, wie Sie jetzt Ihre Arbeiten treiben, haben Sie immer den schönen doppelten Gewinn, erstlich die Einsicht in den Gegenstand und dann zweitens die Einsicht in die Operation des Geistes." Die Wichtigkeit dieser Verbundenheit von Anschauen und Angeschautem für das dichterische Hervorbringen erhärtet endlich Goethes briefliche Äußerung gegen C. L. F. Schultz, daß „ohne die unmittelbare Vereinigung von Objekt und Subjekt kein lebendiges Kunstwerk zustande kommen kann" (18. Sept. 1831).

Mit diesen Beobachtungen ist ein erster Durchblick gewonnen auf die Ordnung der Kräfte, aus denen auch unser Terzinengedicht hervorgeht. Die Einsichten, die es vermittelt, treten nicht als abstrakte begriffliche Ergebnisse auf, sondern entsteigen jener Bewegung vom Betrachten zur Entrückung; ja, der eigentliche Gegenstand des Gedichts ist die Werde-Einheit, in der das Betrachtete und das Betrachten überhaupt erst wirklich sind. Schon beim ersten Aufnehmen der Verse bekundet sich eine so schwere Fülle, daß ein tieferer Vollzug des hier Gestalt gewordenen Weltaufschlusses nicht, wie bei Goethes Liedern, im reinen Mitschwingen des Gefühls gewonnen werden kann. Der zur Anschauung erhobene Bestand des Gedichts bliebe vielmehr „nicht mehr kommunikabel", wenn der Leser oder Hörer sich nicht die inneren Voraussetzungen des Weltbegegnens vergegenwärtigte, dessen Vollzug und Ertrag hier eine zeitüberdauernde sprachliche Verkörperung gefunden hat. Wir können in ihr den Umriß der Verse und Strophen, den Gegenstand und den Vorgang des Ereignisses, den erfahrenen Bestand nicht voneinander scheiden, wenn wir das Ganze behalten wollen. Schon deshalb ist es nicht rätlich, hier von einem „philosophischen Gedicht" zu sprechen. Ein solcher Ausdruck könnte zu der Auffassung verleiten, als handle es sich um einen Gedankengehalt, der in kunstvoll gereimte Verse und in schmükkende Bilder „eingekleidet" wäre. Es kommt aber für ein echtes Aufnehmen gerade darauf an, daß der Betrachter sich einem Wirklichen von dichterischer Art gegenüber weiß; einer dichterischen Wirklichkeit, in der die Schau durchwaltender Daseinsgesetze zu anschaulicher Erscheinung — nicht zu begrifflicher Bestimmung — kommt. So dürfen wir uns nicht damit begnügen, die tatsächlichen Voraussetzungen des Erlebnisses, die vorgetragenen Gedanken, die verskünstlerische Eigenart festzustellen. Wohl aber dürfen wir zum tieferen Auffassen der Ganzheit erwägen, welche Bestände hier „anamalgiert" und in den Sprachleib gebannt worden sind.

Die lebensgeschichtlichen Voraussetzungen sind kurz diese: Nach der notwendig gewordenen Räumung der Gruft im Weimarer Jakobikirchhof, in der Schiller mit anderen beigesetzt worden war, hatte man in einem feierlichen Akt am 17. September 1826 den Schädel des Dichters im Piedestal von Danneckers Schillerbüste auf der großherzoglichen Bibliothek geborgen. Goethe betrachtete ihn dort am 18. und ließ ihn sich am 24. ins Haus holen. Für den 25. vermerkt dann das Tagebuch: „Nachts Terzinen", für den 26.: „Früh die Terzinen weitergeführt... Die Terzinen abgeschrieben... Weitere Bearbeitung der Terzinen." Das ist der einfache äußere Vorgang, in dem das Gedicht entstand (eine Überschrift hat Goethe selbst nicht gegeben, die heute gebräuchliche hat von der Hellen in der Jubiläumsausgabe eingeführt); durchaus bezeichnend für Goethes Weise, nicht zum Allgemeinen das Besondere zu suchen, sondern im Besonderen das Allgemeine zu schauen. In diesem Sinn müssen wir es überhaupt verstehen, wenn er seine Dichtung als „Gelegenheitsdichtung" bezeichnet. Die Entstehung unseres Gedichts gibt ein besonders anschauliches Beispiel dafür, wie Goethe vom leibhaftigen einzelnen „Fall" ausgeht und wie er, ihn durchdringend, das Übergreifende in ihm „ent-deckt" (um seinen schon angeführten Ausdruck zu gebrauchen) und das Besondere als „lebendig-augenblickliche Offenbarung des Unerforschlichen" erfährt. Nur bleibt für uns dabei zu beachten, daß zwar der einzelne Fall das Allgemeine ist, das Besondere aber „Millionen Fälle". Viele Beobachtungen und Erschließungen also kommen zusammen, wenn die Anschauung bis zu den Gesetzen vordringt, die „die lebendigen Schätze bewahren" („Vermächtnis", 1829). Im Ausbilden solcher „anschauenden Urteilskraft" wird Goethes symbolisches Sehen von der Jugend bis zur reifsten Späte immer wesentlicher, immer gesetzhafter. Und auch das vergegenwärtigen uns die Schiller-Terzinen.

Sie gestalten in vollendeter Form den Ertrag jener physiognomischen Bemühungen, die ihren ersten Niederschlag in der Mitarbeit an Lavaters „Physiognomischen Fragmenten", 1775, gefunden haben und seither von ihm immer weiter ausgebildet worden sind. Den Ausgangspunkt bildete dort der wissenschaftliche Versuch, „vom Äußern aufs Innere zu schließen". Etwas von diesem Ansatz ist auch in der Betrachtungsweise der Terzinen zu erkennen. Aber in den rund fünfzig Jahren dazwischen hat Goethe seine Vorstellungsart als Morphologie, als „Lehre von der Gestalt, der Bildung und Umbildung der organischen Körper" unablässig reiner ausgebildet (Betrachtungen über Morphologie überhaupt, 1795). Er hat sich gewöhnt, „Verhältnisse und Beziehungen nicht als Bestimmungen und Zwecke anzusehen", sondern als „Elemente", die auf eine allgemeine Gestalt wirken und von dieser determinierten und determinierenden Gestalt wieder Rückwirkungen empfangen. Damit ist die kurzatmige teleologische Vorstellungsart zurückgedrängt, „daß ein lebendiges Wesen zu gewissen Zwecken nach außen hervorgebracht und seine Gestalt durch eine absichtliche Urkraft dazu determiniert werde". Damit ist aber auch die „Urkraft der Natur, die Weisheit und Macht eines Schöpfers" so vorgestellt, daß sie als Walten durch das ganze organische Leben gedacht werden kann. Es ist faßbar geworden, „daß sie ebensogut von außen als nach außen, von innen als nach innen bildet" (Versuch einer allgemeinen Vergleichungslehre, um 1792). Damit lichtet sich denn schon der Blick für das Waltende, das ewig Wirkende, von dem nach zwanzig Jahren ein Spruch im „Prooemion", 1815, sagt „Ihm ziemts, die Welt im Innern zu bewegen, / Natur in sich, sich in Natur zu hegen" und das in den Terzinen mit dem Wort Gott-Natur vergegenwärtigt wird.

Die Auseinandersetzungen mit F. H. Jacobi machen die Entstehung dieses Wortes noch deutlicher. Schon 1785 schreibt ihm Goethe: „Vergib mir, daß ich so gerne schweige, wenn von einem göttlichen Wesen die Rede ist, das ich nur in und aus den rebus singularibus erkenne... Hier bin ich auf und unter den Bergen, suche das Göttliche in herbis et lapidibus", und ein Jahr später: „Ich überlasse euch alles, was ihr Religion heißt und heißen müßt. Wenn Du sagst, man könne an Gott nur glauben, so sage ich Dir, ich halte viel aufs Schauen." Als „einer der ephesischen Goldschmiede" wehrt sich Goethe gegen Jacobis 1811 erschienene Schrift „Von den göttlichen Dingen und ihrer Offenbarung". Am Gegensatz zu ihr verdeutlicht er sich in den Annalen endgültig. Es heißt da zum Jahr 1811: „Wie konnte mir das Buch eines so herzlich geliebten Freundes willkommen sein, worin ich die These durchgeführt sehen sollte: die Natur verberge Gott! Mußte bei meiner reinen, tiefen, angeborenen und geübten Anschauungsweise, die mich Gott in der Natur, die Natur in Gott zu sehen unverbrüchlich gelehrt hatte, so daß diese Vorstellungsart den Grund meiner ganzen Existenz machte, mußte nicht ein so seltsamer, einseitig-beschränkter Ausspruch mich dem Geiste nach von dem edelsten Manne, dessen Herz ich verehrend liebte, für ewig entfernen?" Der Aufsatz „Bedenken und Ergebung", 1820, betrachtet bedeutsam diese „angeborene und geübte Anschauungsweise" vom Gesichtspunkt eines methodologischen Grundproblems Goethes, nämlich der „Kluft zwischen Idee und Erfahrung". Er beginnt mit wörtlichen Anklängen an die Annalen-Stelle: „Wir können bei Betrachtung des Weltgebäudes in seiner weitesten Ausdehnung, in seiner letzten Teilbarkeit uns der Vorstellung nicht erwehren, daß dem Ganzen eine Idee zum Grunde liege, wonach Gott in der Natur, die Natur in Gott, von Ewigkeit zu Ewigkeit, schaffen und wirken möge. Anschauung, Betrachtung, Nachdenken führen uns näher an jene Geheimnisse. Wir erdreisten uns und wagen auch Ideen; wir bescheiden uns und bilden Begriffe, die analog jenen Uranfängen sein möchten." Und wie sich nun im weiteren ergibt, daß „der Widerstreit zwischen Aufgefaßtem und Ideiertem immerfort unaufgelöst bleibt", wendet sich der Aufsatz zum Schluß „in die Sphäre der Dichtkunst"; offenbar in dem Sinn, daß in ihr zur Einheit kommen kann, was in der Form von Vernunftidee einerseits und sinnlicher Erfahrung und Verstand anderseits durch eine unüberschreitbare Kluft getrennt ist. Wichtig für die Auslegung unserer Terzinen ist dabei noch der Satz: „Eine Naturwirkung, die wir der Idee gemäß als simultan und successiv zugleich denken sollen, scheint uns in eine Art Wahnsinn zu versetzen"; wichtig darum, weil das nicht denkbare „Zugleich" zeit- und raumloser Gegenwart und ihrer Wirkung in zeitlichem und räumlichem Nacheinander in den Terzinen ja gerade als dichterische Gestalt anschaubar wird — nicht nur die Bezirke der Schlußzeilen um das Verrinnen und das feste Bewahren gehören hierher, sondern unter anderem auch die gottgedachte Spur, die sich erhalten. Es ist in diesem Zusammenhang bemerkenswert, daß schon Herders Shakespeare-Aufsatz von 1773 die entrückende Einheit, die der Dichter bildet, gefunden hatte „in ordine successivorum und simultaneorum seiner Welt". Nehmen wir noch das Wort zu Eckermann vom 8. März 1831 hinzu: „Liebes Kind, was wissen wir denn von der Idee des Göttlichen, und was wollen denn unsere engen Begriffe vom höchsten Wesen sagen! Wollte ich es, gleich einem Türken, mit hundert Namen nennen, so würde ich doch noch zu kurz kommen und im Vergleich so grenzenloser Eigenschaften noch nichts gesagt haben." Mit diesem Umblick sind gewisse unerläßliche Voraussetzungen gewonnen für ein richtiges Auffassen des Namens Gott-Natur, der auf dem Schlußgipfel des Gedichts ertönt und von da aus das Ganze durchleuchtet.

Dies Durchleuchten aber ist nicht mehr allein aus dem Ideengehalt begreiflich, sondern verwirklicht sich erst mit dem lebendigen Ganzwerden der dichterischen Gestalt. In ihr kommt es einem anderen Zug entgegen, der wiederum durch die Bewegung des Ganzen zu jenem durchleuchtenden Schlußgipfel hinstrebt. Bis zu einem gewissen Grade können wir es uns greifbarer machen, wenn wir noch im Sonderbereich des Ideenhaften etwas Weiteres beobachten. Zunächst einmal wird schon mit dem an jenes Meer entrükkenden Blick eine Erscheinung desselben Unerforschlichen erreicht, das dann auf dem letzten Gipfel in noch stärkerer Erscheinung hervortritt. Jenes Meer aber, „das flutend strömt gesteigerte Gestalten", es ist als Erscheinung tief verwandt dem Reich der Mütter, den losgebundnen Reichen der Gebilde, wo sich nach Mephistos abgewandtem Wort wie Wolkenzüge das Getreibe schlingt und Gestaltung, Umgestaltung des ewigen Sinnes ewige Unterhaltung bildet. Und wiederum nächst verwandt damit ist die Erscheinung des „ewig Weiblichen" als Urkraft des Lebendigen, der Verwandlungen und Steigerungen. Endlich gehört zu diesen Offenbarungen des letzten Wirklichen und Wahren die Sonne, wie sie im Terzinenmonolog Fausts erfahren wird. In welchem Sinn diese immer überwältigenden Erscheinungen so zusammengesehen werden dürfen, das lehrt der Eingang der „Witterungslehre": „Das Wahre, mit dem Göttlichen identisch, läßt sich niemals von uns direkt erkennen, wir schauen es nur im Abglanz, im Beispiel, Symbol, in einzelnen und verwandten Erscheinungen."

Wenn Goethe die Worte vom Meer, von den Müttern, von der Sonne, vom ewig Weiblichen in Dichtung hineinbildet, so sind das allerdings „Bilder". Aber es sind durchaus keine mehr oder weniger treffenden „Vergleiche", die sich einer subjektiv verknüpfenden Phantasie zur schmückenden oder versinnlichenden Veranschaulichung ergäben. Es sind vielmehr bannende Namen für anschaubare und insofern allerdings bildhafte „Beispiele", symbolische Erscheinungen, in denen allein das Wahre, Göttliche von uns geschaut werden kann. Ihre Wirklichkeit wird also nicht vom Dichter gebildet, sondern von der sich geheimnisvoll offenbarenden Urkraft. Der Dichter seinerseits nimmt ihr Sein und Wirken in den lebendigen Organismus seiner sprachgetragenen Schöpfung hinein. Als „verschiedene und verwandte Erscheinungen" des einen Unerkennbaren aber, als „Manifestationen der Idee" stehen sie untereinander nicht im Verhältnis begrifflicher Beziehungen, und es ist ein aussichtsloses Unternehmen, sie in eine logische Zuordnung bringen zu wollen. Dagegen läßt sich wohl sagen, daß sie, gerade als Abglanz, das im Letzten unerkennbare Wahre jeweils mehr oder weniger zur Anschauung kommen lassen.

Diese Überlegungen verdeutlichen nicht nur das Gefüge der späten Goetheschen Dichtungen in seinen vom Symbolischen bestimmten Zügen. Es ist auch unmittelbar für unsere Terzinen etwas nicht Unwesentliches gewonnen. Denn eben ihre Schlußstrophe ist damit in ihrem Ideengehalt durchsichtiger geworden. Aus dem Ideengehalt aber hat sie sich als sprachgestaltliche Vergegenwärtigung jenes „Abglanzes" dartun lassen, und zwar unter dem Gesichtspunkt der innerlich notwendigen symbolischen Gestaltwerdung. Von da aus erhellt sich das ganze Gedicht. Man vernimmt ja schon im einfachen Mitvollzug der sprachlichen Entfaltung diese Schlußstrophe nicht nur als Sinnhöhe, sondern auch als Sinnmitte und Kraftmitte.

Es läßt sich nun verstehen, daß die bei aller Schwere doch rätselvoll beschwingte Bewegung des Ganzen nicht etwa aus abgelöst ästhetischen Gründen von ernster denkender Betrachtung über die Fiktion einer Entrückung — solche Fiktion ist ein gelehrtes Mittel barocker rhetorischer Dichtung — zu wirksamer Aufgipfelung in einer gefühlsmäßig befriedigenden Lösung führt. Hier verkörpert vielmehr die innere Bewegung eines Werks der Kunst ein waltendes Gesetz menschlichen Grunderfahrens. Sie verkörpert es so, daß diesem Grunderfahren zugleich die Auswirkung der schöpferischen Urkraft mit der gleichen Notwendigkeit des waltenden Gesetzes „hinanziehend" entgegenkommt. Es ist dabei die eigentümlich Goethesche „Geisteswendung", die ihn nicht (wie George, Rilke, Weinheber bei verwandten Themen) der ethischen oder rühmenden Auslegung des Gegebenen zugewandt bleiben läßt, sondern durch das geheimnisvolle „Entzücken" an der Schädelform hinführt zu der „gottgedachten Spur". Wenn es dabei heißt: „. . . mir Adepten war die Schrift geschrieben, / Die heil'gen Sinn nicht jedem offenbarte", so ist wohl daran zu erinnern, daß Paracelsus in der „Philosophia sagax" gesagt hat: „Der nun weiß, was firmamentisch ist im elementischen Corpus, der ist Philosophus Adeptus. Und zugleicherweis wie der Philosophus communis describiert die natürlichen Kräfte der Kräuter, also soll auch der Philosophus adeptus describieren die firmamentischen Kräfte in denselbigen." Etwas Entsprechendes hat Goethe hier wirklich getan; allerdings nicht auf wissenschaftliche Weise für das Denken, sondern als Gestalter und fürs Anschaun.

Denn es läßt sich nicht verkennen, daß es trotz allem nicht die Denkzusammenhänge und Begriffe sind, die hier das im Ineinander von Anschauen und Angeschautem Erfahrene zur „Erscheinung“ bringen. Das geschieht vielmehr durch die dichterische Wirklichkeit, in der die Begriffe und Ideen zum darstellenden, klanglich und bildlich leibhaftigen Rhythmus verwandelt sind. Dazu gehört auch, daß in den ersten Strophen eine fast bröckelnde Bitternis des undurchdrungen Dinglichen sich aus wanderndem Blick, Gedanken, Phantasiebild, Ton und Bewegung verwirklicht und in eintönigen, kurzen Wellen steigt und fällt. Hier ist zunächst nichts von der verwandelnden Kraft des Lebensstroms gegeben, wie er die entsprechenden Strophen des rund zwanzig Jahre älteren Gedichts „Dauer im Wechsel“ bewegt. Vielmehr droht das „Beschauen“ trotz mühseliger Gegenstöße ins Erstarren zu führen. Dann aber, wie die Zeile „Welch herrlich edlen Kern sie auch bewahrte“ noch verbitternd steigt und zugleich senkt, ist in den Worten vom „herrlich edlen Kern“ schon etwas anderes absichtslos und doch notwendig erschlossen. Und von da hebt sich, erst noch leise stockend, dann immer reiner eine Bewegung, die, auf und niederwogend, der Dimension des bloß sinnlos Vorhandenen in immer weiteren Schwingungen entrückt. Diese Bewegung verdichtet sich in dem Vorgang der vorletzten Strophe wiederum zum Symbol und weitet sich endlich auf der Höhe der Schlußstrophe in die letztmögliche Offenbarung. Aber auch hier noch gestaltet sich nicht ein gradliniges, denkgerechtes Fortschreiten. Gerade hier ist vielmehr besonders greifbar, wie ohne logische Verknüpfung in der Weise des Atemholens höchste und tiefste Ausweitung erfolgt, um auf der Höhe der beiden letzten Zeilen sich wieder in die Polarität der Diastole und Systole auseinanderzulegen. Und wir sehen staunend die dichterische Macht, die es vermag, ohne begriffliche Hilfe in dieser Auseinanderlegung zugleich die innere Lebensverbundenheit anschaulich werden zu lassen. Denn was sich da ereignet: „Wie sie das Feste läßt zu Geist verrinnen, / Wie sie das Geisterzeugte fest bewahre“, spürbar gehört es als wechselseitig sich Bedingendes unlöslich zusammen. „So setzt das Einatmen schon das Ausatmen voraus und umgekehrt“, wie es in der „Farbenlehre“ § 38 heißt. Und wenn es dort weitergeht: „Es ist die ewige Formel des Lebens“, so dürfen wir das auch auf diese beiden Verse anwenden, die wieder in einem besonderen, sehr greifbaren Fall, dem „Schillerschen Schädel“, am Rande des Unerforschlichen ein letztes Allgemeines sichtbar machen; eben die ewige Formel des Lebens, in der wiederum sich Gott-Natur offenbart. Sie sagen dies Allgemeine nicht nur aus; das kann gerade für diese beiden Verse die Gegenüberstellung einer echten

Goetheschen „Aussage" spürbar machen. In einer „Reflexion" nämlich, die doch wohl ebenfalls von der Betrachtung der Reliquien Schillers angeregt wurde, sagt Goethe: „Höchst merkwürdig ist es, daß von dem menschlichen Wesen das Entgegengesetzte übrigbleibt: Gehäus und Gerüst, worin und womit sich der Geist hinieden genügte, sodann aber die idealen Wirkungen, die in Wort und Tat von ihm ausgingen." Das ist, bei aller Unstarrheit des Goetheschen Denkens, doch ein begriffliches Bestimmen und Entgegensetzen. Nur das „höchst merkwürdig" umgreift lose und bedeutungsvoll die Gegensätze. Die beiden Verse dagegen geben, ohne eine logische Ordnung auszusagen, die wechselseitige Bedingtheit der Gegensätze als Erscheinung des Lebensgesetzes, als Gott-Natur in der Manifestation ihres Wirkens. Und sie lassen das offenbarende Wirken im Miteinander und Gegeneinander der Vorstellungen und der in ihnen waltenden Gewichte und Bewegungszüge, der Rhythmen und Klänge eine wahrnehmbare Gestalt gewinnen. Das waltet von den gleichsam atmenden Bezügen zwischen dem „Festen", „Geist", „Verrinnen", „Bewahren" über die verschiedene Stellung und Dichte der Akzente bis zur Verklanglichung der Vorgänge, die zu dem leichteren und lichteren „verrinnen" und zu dem schwereren, ruhenderen „bewahre" führt. Und so verkörpern diese Verse zugleich nochmals das „Gesetz", aus dem das ganze Gedicht lebt und sich steigernd bewegt. Denn vom kleinsten rhythmischen Glied bis zum Gesamtschwung flutet dies immer erneute Aufwogen als Erscheinung eines Erlebens, das die „ewige Formel des Lebens" zugleich verkörpert und erfährt.

Nur höchst selten hat Goethe in seiner Dichtung die drastischen Erscheinungen des Todes, Schädel, Knochen, entrenkte Schulterblätter, der Gestaltung der großen Lebensvorgänge einbezogen. In den Schiller-Terzinen, wo er sich auch bis hierhin wagt — und es ist ein Wagnis, weil er in einem für uns kaum faßbaren Ausmaß das Angeschaute mit seinem ganzen Dasein vollzieht —, hat sich ihm seine „ewige Formel des Lebens" aufs stärkste bewährt. Denn der strengsten Systole, der engsten Fesselung ergibt sich die stärkste Diastole, die weiteste Lösung und „durch die Verbindung der gesteigerten Seiten ein Drittes, Neues, Höheres, Unerwartetes", daß nämlich „sich Gott-Natur ... offenbare". Damit aber gehört dies Gedicht zu den erhabensten Gestaltungen eines Glaubens an das unerforschliche göttliche Leben, an das lebendige Göttliche und ist in der Gestaltung zugleich jenes ruhige Verehren, das Goethe als das rechte Verhalten zu dem Unerforschlichen fordert.

HANS-EGON HASS

—

JOHANN WOLFGANG VON GOETHE

WEST-ÖSTLICHER DIVAN

Im Gegenwärtigen Vergangnes

Ros und Lilie morgentaulich
Blüht im Garten meiner Nähe;
Hinten an, bebuscht und traulich,
Steigt der Felsen in die Höhe.
Und mit hohem Wald umzogen,
Und mit Ritterschloß gekrönet,
Lenkt sich hin des Gipfels Bogen,
Bis er sich dem Tal versöhnet.

Und da duftet's wie vor Alters,
Da wir noch von Liebe litten,
Und die Saiten meines Psalters
Mit dem Morgenstrahl sich stritten.
Wo das Jagdlied aus den Büschen
Fülle runden Tons enthauchte,
Anzufeuern, zu erfrischen
Wie's der Busen wollt und brauchte.

Nun die Wälder ewig sprossen,
So ermutigt euch mit diesen
Was ihr sonst für euch genossen
Läßt in andern sich genießen.
Niemand wird uns dann beschreien
Daß wir's uns alleine gönnen,
Nun in allen Lebensreihen
Müsset ihr genießen können.

Und mit diesem Lied und Wendung
Sind wir wieder bei Hafisen,
Denn es ziemt des Tags Vollendung
Mit Genießern zu genießen.

Dieses Gedicht steht in Goethes „West-östlichem Divan“, und zwar im ersten seiner zwölf Bücher, im „Buch des Sängers“. Auch entstehungsgeschichtlich gehört es zu den ersten Gedichten der reichen lyrischen Produktion, die sich jener Epoche der Verjüngung und östlichen Verwandlung Goethes in den Jahren 1814 und

1815 verdankt und die im Verbande des „West-östlichen Divan“ zyklisch vereinigt und geordnet 1819 zuerst veröffentlicht wurde.

Die Bestimmung des historisch-biographischen Orts des Gedichtes, die, wie wir sehen werden, auch für das Verständnis Hilfe bringt, hat sich nach Seite des „Östlichen“ und des „Westlichen“ zu orientieren. Beide Seiten aber bedingen und durchdringen sich wechselweise. Goethe selbst hat seine geistige Begegnung mit dem Orient, die Versenkung und schöpferische Einverwandlung in die östliche Dichterwelt unter dem Bilde der „Hegire“ gesehen, der Flucht aus dem Westen in den Osten. Der „Westen“, dem Goethe so entfloh: das war die vom Höhepunkt der napoleonischen Kriege zerrüttete Gegenwart. Ein Jahr schon bevor der große Aufbruch in den „Osten“ dann fruchtbar wurde, hatte Goethe gesagt: „Wer es jetzt möglich machen kann, soll sich ja aus der Gegenwart retten, weil es unmöglich ist, in der Nähe von so manchen Ereignissen nur leidend zu leben, ohne zuletzt aus Sorge, Verwirrung und Verbitterung wahnsinnig zu werden.“ (An J. H. Meyer am 21. 7. 1813) Aus dem Willen also, in solchen Zeiten staatlich-kriegerischer Wirren, die den in der Wirklichkeit Handelnden gehören, nicht „nur leidend zu leben“, nicht nur als preisgegebenes Objekt das allgemeine Schicksal zu ertragen, sondern auf *seine* Weise tätig zu sein, stammt die Hinwendung zum Osten. Man darf diese „Hegire“ Goethes nicht einfach als Welt- und Wirklichkeitsflucht auffassen. In einer Wirklichkeit, der seine tätigen Kräfte nicht zugeordnet waren, schafft sich Goethe vielmehr eine eigene neue Wirklichkeit geistiger Art. Und wie immer entwirft Goethe auch in diesem Falle nicht eine subjektive Welt ins Leere hinein, sondern sein demiurgischer Zugriff verwandelt eine *gegebene* Wirklichkeit in *seine* Wirklichkeit.

Der Osten bot sich zweifellos als das der Gegenwart ganz Entfernte an: „Wie sich in der politischen Welt irgend ein ungeheures Bedrohliches hervortat, so warf ich mich eigensinnig auf das Entfernteste“, heißt es in den Annalen 1813. Fremd andererseits war der Osten Goethe nicht. Sein Interesse für die orientalische Geisteswelt reicht bis in die früheste Jugend zurück. Im Jahre 1813 ist es zunächst China, dem er sich vorsätzlich zuwendet: „Ich habe die Zeit, mehr um mich zu zerstreuen, als um etwas zu tun, gar mancherlei vorgenommen, besonders habe ich China und was dazu gehört fleißig durchstudiert. Ich hatte mir dieses wichtige Land gleichsam aufgehoben und abgesondert, um mich im Fall der Not, wie es auch jetzt geschehen, dahin zu flüchten.“ Diese „Flucht“ war also noch nicht von dem Impuls schöpferisch tätigen

Antwortens auf die fremde Wirklichkeit bestimmt. Was sich aber an der Begegnung mit Hafis dann erfüllen sollte, die große Heilung, Genesung, Verjüngung, das klingt schon hier ahnungsweise voraus, wenn Goethe fortfährt: „Sich in einem ganz neuen Zustande auch nur in Gedanken zu befinden, ist sehr heilsam." (An Knebel am 10. 11. 1813)

Zunächst hielt sich solche Beschäftigung Goethes noch in den Grenzen des in der Zeit allgemein gewachsenen Interesses für orientalische Studien. Erst später hat er diese Studien „absichtlich", wie er selber in den Annalen 1815 schreibt, zur Bereicherung von Stoff und Gehalt, zur Erweiterung des seiner dichterischen Produktion verfügbaren orientalischen Materials, betrieben, „insofern es unerläßlich war, jene Luft zu atmen". Bedeutungsvoll ist dann sicher gewesen, daß im Zuge des Krieges der Orient sozusagen in leibhafter Gegenwart seinerseits auf Goethe zukam. Kosaken waren 1813 in Weimar und brachten, wie Goethe mit merklichem Eindruck an Christiane am 25. 4. 1813 schreibt, ein Kamel mit „zum echten asiatischen Wahrzeichen". Und 1814 sind die „lieben Gäste" aus dem Orient Baschkiren, von deren Anwesenheit in Weimar er erstaunt und erfreut an F. W. H. von Trebra am 5. 1. 1814 berichtet: „Wer durfte wohl vor einigen Jahren verkünden, daß in dem Hörsaale unseres protestantischen Gymnasiums mahometanischer Gottesdienst werde gehalten und die Suren des Korans würden hergemurmelt werden, und doch ist es geschehen, wir haben der baschkirischen Andacht beigewohnt, ihren Mulla geschaut und ihren Prinzen im Theater bewillkommt."

Die eigentlich zündende Begegnung ist dann die mit dem „Divan" des Hafis, den Goethe im Juni 1814 während eines Badeaufenthalts in Berka durch die Übersetzung des Orientalisten v. Hammer kennenlernte. Jetzt erst tritt zu der Vorstellung der Flucht ins Entfernteste der Trieb zu schöpferischer Antwort hinzu: „Ich mußte mich dagegen produktiv verhalten, weil ich sonst vor der mächtigen Erscheinung nicht hätte bestehen können. Die Einwirkung war zu lebhaft, die deutsche Übersetzung lag vor, und ich mußte also hier Veranlassung finden zu eigener Teilnahme. Alles was dem Stoff und dem Sinne nach bei mir Ähnliches verwahrt und gehegt worden, tat sich hervor, und dies mit um so mehr Heftigkeit, als ich höchst nötig fühlte, mich aus der wirklichen Welt, die sich selbst offenbar und im stillen bedrohte, in eine ideelle zu flüchten, an welcher vergnüglichen Teil zu nehmen meiner Lust, Fähigkeit und Willen überlassen war." (Annalen 1815) Die Tür war Goethe aufgetan in ein neues Reich des Lebens und des Geistes, und geheimnisvoll wandelte sich Goethe darin zu neuer schöpferischer Jugend.

Der eigenen Zeit trägt er in „Des Epimenides Erwachen" noch einmal Rechnung, dient ihr mit diesem Festspiel auf die Niederringung Napoleons. Aber Epimenides, der den Kampf überschlief und, nach dem Sieg erst erwachend, dann seine „Wundertaten", das „Gegenwärt'ge" preist, läßt Goethe am Ende sagen:

Nun aber soll mein Blick entbrennen,
In fremde Zeiten auszuschaun.

Diese Verse sollten lehren, daß es dann doch nicht eigentlich Flucht vor einer unerträglichen Gegenwart war, was Goethe zum Aufbruch in den Osten rief. Nicht von ungefähr ist das erste, noch in Bad Berka entstandene Gedicht, das dem Verbande des Divan angehört und an Verse des Hafis motivisch anknüpft, „Erschaffen und Beleben", ein Lied von der Erschaffung und Beseelung des Menschen — und nicht von ungefähr wohl ist es ein Gedicht, das Töne der Jugenddichtung heraufklingen läßt, den bänkelsängerisch-parodistischen, burschikos-munteren Ton der Fetzen des „Ewigen Juden", ausklingend in heiter-frommen Trinkliedversen zum Lobpreis des östlichen Sängers. Die Begeistung durch den Wein ist hier zugleich Sinnbild der Belebung, der Verwandlung zu neuer Jugend.

Die Wirklichkeit des Lebens selbst wird dann zum Sinnbild der geistigen Fahrt in den Osten, in die Zonen menschheitlichen Ursprungs, durch Goethes Reise ins Land seiner Jugend, seiner eigenen Ursprünge. Und hier sollte sich ihm ja auch durch Boisserée ein anderer Bildungsbereich wieder auftun, dem er in der Jugend nahe gewesen. Wie seine Jugend Bedingung der Romantik war, so nimmt er in dieser Epoche der Verjüngung dann seinerseits romantische Bildungswirkungen auf.

Diese „Reise nach den Rhein-, Main- und Neckargegenden" steigerte Goethes Dichtermacht durch eine Lebensgunst, wie sie ihm vergleichbar vielleicht nur auf der italienischen Reise einmal gewährt war. So fällt denn auch die Darstellung dieser Epoche, bzw. die abschließende Redaktion ihrer Zeugnisse, in die Zeit der Divan-Entstehung. Die Gunst der westlichen Reise, was seinen Kräften hier zuwuchs nach Jahren erstarrter Eingezogenheit, innerer und äußerer Bedrängnis, hat Goethe in den Annalen 1815 mit behutsamer Schlichtheit, verhalten und doch mit spürbarer Dankbarkeit ausgesprochen: „Indessen schien der politische Himmel sich nach und nach aufzuklären, der Wunsch in die freie Welt, besonders aber ins freie Geburtsland, zu dem ich wieder Lust und Anteil fassen konnte, drängte mich zu einer Reise. Heitere Luft und rasche Bewegung gaben sogleich mehreren Produktionen im neuen östlichen Sinne Raum. Ein heilsamer Badeaufenthalt, ländliche Wohnung in bekannter von Jugend auf betretener Gegend, Teilnahme geistreicher liebender Freunde gedieh zur Belebung und Steigerung eines glücklichen Zustandes, der sich einem jeden Reinfühlenden aus dem Divan darbieten muß."

Die Liebe trat hinzu und machte die Daseinsfülle vollkommen. So ist die Danksagung an die Gunst dieses Lebensaugenblicks denn in der „erhöhten Gesinnung" der Dichtung enthusiastisch aufgeregt:

O wie selig ward mir!
Im Lande wandl ich
Wo Hudhud über den Weg läuft.

Dabei wird es immer ein Geheimnis bleiben, ja es wird im Tiefsten keine Unterscheidung möglich sein, ob der Liebesbund mit Marianne erzeugt wurde, indem Goethe einen Lebensstoff nach den Maßen einer geistig voraus-gebildeten, in östlicher Gestalt antizipierten Geliebten ergriff und formte, als ersehntes Inbild und menschlich antwortende Erscheinung der voraus erwachten neuen Jugendlust, als Medium jenes Prinzips des „Stirb und werde", dessen Verheißung sich ihm — wie jene andere: „Sind gleich die Haare weiß, / Doch wirst du lieben." — schon vor der Begegnung mit Marianne ausgebildet hatte — oder ob umgekehrt diese Begegnung in ihrer leibhaftigen Wirklichkeit Goethes „drängendes Verjüngungs- und Erneuerungsgefühl, dessen Tendenzen noch ungewiß waren" (Pyritz), erst in Richtung auf seine eigentliche schöpferische Bestimmtheit gesteigert hat als ihrerseits auslösende Bedingung. Eins wird ins andre gewirkt, das Leben von vornherein geistig gesteigert ergriffen, der Geist von lebendiger Gegenwart bereichert und konkret gebunden worden sein. Im „Divan", mehr als in irgendeinem andren Werk Goethes, sind Dichtung und Leben innig eins geworden: dichtend lebt und liebt hier Goethe, er dichtet, insofern er lebt und liebt.

In der Dichtung verschmelzen in eins die Wirklichkeit der westlichen Reise und die Imagination der „Hegire" in den Orient. Das Reale verhüllt sich in der östlichen Maske, um sich doch in dieser geistigen Verwandlung zugleich als die Wahrheit eines konkreten Lebensglücks heiter zu enthüllen. Dieses Maskenspiel ist fern von aller bloßen exotischen Kostümspielerei, im Fremden wird gerade das Eigenste dargestellt, verwandelt und durch solche Verwandlung gesteigert, Ausdruck lustvoll imaginierter Vertauschbarkeit alles Lebendigen, das sich in wiederholten Spiegelungen unendlich vermannigfaltigt und unendlich sich gleicht, womit sich in aller Erscheinung das Ewige, die Idee demaskiert. Vertauschbar wird der Westen mit dem Osten, das Nahe mit dem Fernen, das Sinnliche mit dem Geistigen, das Gegenwärtige mit dem Vergangenen, der Ernst und der Scherz, deutsche Landschaft mit der Rosenpracht von Schiras, der Main mit dem Euphrat, die bunten Mohnfelder von Erfurt mit Zelten und Teppichen eines orientalischen Wesirs, Trunkenheit des Weins und Trunkenheit der Liebe, altpersischer Glaube und moderne Weltfrömmigkeit, Goethe mit Hatem, Marianne mit Suleika.

In diesem Umkreis erfahrenen Lebens und gelebten Geistes, in diesem Prozeß bildnerisch-schöpferischer Verwandlungen Goethes hat unser Gedicht seinen Ort. Es wird in doppelter Weise nur zu verstehen sein aus dem Zusammenhang eines Ganzen, dem das Gedicht als ein Einzelnes unter- und eingeordnet ist: aus dem Ganzen der Goetheschen Lebensepoche und ihrer besonderen geistigen Erfahrungswelt, und aus dem Ganzen des dichterischen Beziehungsgefüges des „West-östlichen Divan".

Sehen wir also zunächst nach seinem historisch-biographischen Ort. Am 25. 7. 1814, morgens um fünf Uhr, war Goethe von Weimar aufgebrochen, zur Reise nach Frankfurt, ins „freie Geburtsland". Das Tagebuch verzeichnet: „Hafis. Herrlicher Tag." Über Erfurt und Gotha ging die Fahrt nach Eisenach. Ein Brief an Christiane vom 28. 7. 1814 meldet: „Den 26ten fünf Uhr von Eisenach. Herrlicher Duftmorgen um die Wartburg. Köstlicher Tag überhaupt... Es ist eine Hitze, von der ich keinen Begriff mehr hatte." Die Reise ist vom Sommerwetter strahlend begünstigt. Solcherweise mag dem Meteorologen Goethe wohl auch sinnenhaft der Osten herübergekommen sein: als hätte das Klima selbst sich östlich verwandelt. Eine dichterische Schöpfungsphase ohnegleichen leitet sich auf dieser Reise ein, sie wird zum Lebensaufbruch in eine neu und reicher erfahrene und wie zur Jugend verwandelte Welt. Schon in den ersten Tagen, vom Verkehr mit Hafis aufs heiterste belebt, strömen die Verse. Von Eisenach führt die Tagesreise nach Fulda. Von hier ist unser Gedicht datiert. Am Morgen des 26. Juli mag es im Angesicht der Wartburg konzipiert, am Abend in Fulda niedergeschrieben sein. Der abschließende Vierzeiler, der es thematisch in den Verein des „Divan" hineinnimmt, wurde hier hinzugefügt.

Am konkreten Lebensaugenblick, an der Gelegenheit unmittelbar erfahrener Landschaft entzündet sich das Gedicht. Seine Entstehungsbedingung ist durchaus historisch. Der Blick auf die Landschaft der Wartburg — das „Ritterschloß“ — rief Vergangenes in Goethe herauf: die Zeit, da er von hier Briefe der Liebe an Charlotte v. Stein schrieb — „Da wir noch von Liebe litten“ —, die Zeit jugendlicher Jagden mit dem Herzog — „Wo das Jagdlied aus den Büschen...“ —. Zugleich aber, indem er im gegenwärtigen Anblick die vergangene Jugend spiegelt, ist der Dichter sich seines Alters bewußt, eines Alters jedoch, dem die Jugend gegenwärtig ist als ein Immerwiederkehrendes — „in andern“ —, ein menschlich Lebensgesetzliches — „Nun die Wälder ewig sprossen“ —, eines Alters, das aus den wachstümlichen Gesetzen ewigen Sprießens der Natur die Ermutigung zum Genuß des Lebens in seiner Unvergänglichkeit nimmt. Und Goethe führt Sinn und Lehre dieses „westlichen“ Gedichts am Ende zurück auf die Gemeinschaft mit jenem Dichter, dem er die Erschließung des östlichen Dichtungslandes verdankt, auf Hafis. Der Reisetag vom Morgen zum Abend ist in Anfang und Ende des Gedichts bezeichnet: mit einem morgendlichen Bild beginnt es — der Abfahrtsblick in die Landschaft von Eisenach — und „des Tags Vollendung“ wird abends in Fulda im Gedenken an Hafis genossen.

Soweit ist das Gedicht „historisch“. Es scheint ganz ein Gedicht des Alters, ja „ein erhabenes Lob des Alters“ zu sein, wie Max Rychner sagt. Doch die geistige Erfahrungsweise, der es entstammt, reicht über die Altersepoche Goethes zurück bis in seine Jugend. In „Dichtung und Wahrheit“ hat Goethe schon für die vorweimarer Zeit ein „Gefühl“ bekannt, „das bei mir gewaltig überhand nahm“: „die Empfindung der Vergangenheit und Gegenwart in Eins“, und er nennt das „eine Anschauung, die etwas Gespenstermäßiges in die Gegenwart brachte“. Dann heißt es weiter: „Sie ist in vielen meiner größern und kleinern Arbeiten ausgedrückt, und wirkt im Gedicht immer wohltätig, ob sie gleich im Augenblick, wo sie sich unmittelbar am Leben und im Leben selbst ausdrückte, jedermann seltsam, unerklärlich, vielleicht unerfreulich scheinen mußte.“ Den Unterschied, den Goethe hier zwischen Dichtung und Leben macht, haben wir wohl zu beachten. „Unmittelbar am Leben und im Leben“ „Vergangenheit und Gegenwart in Eins“ zu sehen, das hebt die Gegenwart als solche auf, hindert das lebendige Erfülltsein des Augenblicks. „Am Leben und im Leben“ aber die eigene Gegenwart im Blick auf die Vergangenheit zum Ewigen hin zu transzendieren, wird erst auf einer Lebensstufe möglich sein, da sich der Mensch selber historisch geworden ist. Nach einer Seite seines Sinnes spricht unser Gedicht solchen Vorgang aus, insofern es „die Empfindung der Vergangenheit und Gegenwart in Eins" als eine konkrete Erfahrung „am Leben und im Leben" darstellt. Nach der anderen Seite seines Sinnes aber — worauf seine Zuweisung zum „Buch des Sängers", in dem der Dichter sich selbst und das Wesen der Dichtung besingt, einen Fingerzeig gibt — ist die im Gedicht dargestellte Erfahrungsweise ein Gleichnis für den dichterischen Prozeß überhaupt, der das Konkrete zu Geist verwandelt, den Augenblick „wohltätig" aufhebt, indem er ihn zum Ewigen, d. h. zum Immerwiederkehrenden, zur Idee hin durchscheinend macht. Das aber, wenn auch Goethes Altersdichtung erst die reife Erfüllung solcher Anschauung bringt, läßt unser Gedicht im Zusammenhang schon jener jugendlichen „Empfindung der Vergangenheit und Gegenwart in Eins" sehen, von der Goethe sagte, daß sie „im Gedicht immer wohltätig" wirkt, — und das meint vor allem, im Zusammenhang mit der subjektiven Funktion Goethescher Dichtung, mit seiner Auffassung vom Wesen der Dichtung überhaupt, die von der Selbstbefreiung durch die „poetische Beichte" im „Werther" (worin ja auch Vergangenes und Gegenwärtiges, Fremdes und Eigenes in Eins dargestellt und so zur allgemeinen Lebensgesetzlichkeit erhoben ist) bis ins Alter reicht, und im „Divan" etwa in den Versen formuliert ist: „Fühlt der Dichter sich das Herz bang, / Wird sich selbst versöhnen."

Versuchen wir nun unserem Gedicht in verschiedenen Kreisen des Verständnisses vom Einzelnen ins Ganze nachzudenken.

Die Überschrift „Im Gegenwärtigen Vergangnes" setzt dem Gedicht einen deutenden Hinweis voraus, der zwar die darin vorgeführte Erfahrung, keineswegs aber den höheren Sinn bezeichnet, zu dem diese Erfahrung dann erhoben wird. Unmittelbar deckt diese Überschrift nur die ersten beiden Strophen, das Erfahrungsphänomen, sich in gegenwärtiger Landschaft des Vergangnen zu erinnern, als solches. Und das entspricht ganz der Goetheschen Weise, die Abstraktion, die Erhebung zur Idee nicht absolut, nicht als das eigentlich Gemeinte von der sinnlichen Erfahrung zu lösen, diese vielmehr im Gewicht ihrer lebendigen Anschaulichkeit für sich stehen zu lassen. Deutet diese Überschrift einerseits über das in der ersten Strophe konkret umrissene Bild der gegenwärtigen Landschaft hinaus und bereitet also gleichsam vor auf seine tieferen Sinnkräfte, so nimmt sie doch andererseits die der unmittelbaren Erfahrung abgezogene, daraus isolierte Idee und die allgemeine Lebensmaxime der letzten beiden Strophen wieder auf das konkrete Erlebnis zurück. So wird sich von der Überschrift her nicht der ganze Sinn des Gedichts bestimmen, aber es wird sich daraus ein Hinweis entnehmen lassen, daß der Versuch des Verstehens dem Gleichgewicht von Leben und Geist, von Erfahrung und Idee, von gegenständlicher Bildlichkeit und geistiger Sinngebung Rechnung zu tragen hat.

Die erste Strophe gibt das gegenwärtige Bild, ganz dem Auge gehörig: der Blick wandert von dem Garten, der dem Auge am nächsten liegt — „im Garten meiner Nähe“ —, in dem im Morgentau Rose und Lilie blühen, hin zum Bergeshang, der mit bebuschten Felsen in die Höhe steigt. Dort hinauf gerichtet umfaßt der Blick eine weitere Runde: er sieht über die hohen Wälder zum Gipfel des Berges hin, der von dem Ritterschloß gekrönt wird, sieht, wie in versöhnendem, ausgleichenden Bogen die bewaldeten Höhen sich dem Tale entgegenziehn.

Eine reale Landschaft scheint hier vorgeführt, ganz objektiv in ihrem Für-sich-Sein. Doch schon die zeichenhafte Abbreviatur der Wendung „Ros und Lilie“ führt von der konkreten Erscheinungsfülle, in dem der Dichter Stellvertretendes auswählt, leise hinüber in eine geistigere Anschauung. Durch die verkürzende Zusammendrängung der tageszeitlichen und naturatmosphärischen Bestimmungen in das adverbial auf die Blumen bezogene Wort „morgentaulich“ wird das noch verstärkt. Daß es heißt, „Ros und Lilie blüht“ — und nicht blühn, was prosodisch ohne Schaden gewesen wäre —, das besagt, daß hier mehr gemeint ist, als die gegenständlichen Blumen, und sicherlich auch nicht nur die Gattung, es weist auf ihren Sinnbildcharakter, darauf, daß Rose und Lilie stellvertretend für das Blühen der Natur stehen. Dennoch haben „Ros und Lilie“ die ganze sinnliche Qualität des Konkreten, diese wird ihnen gleichsam vom Dichter zurückgegeben, da er sie mit dem Hauch des Persönlichen umgibt. Das kommt gleicherweise aus dem Singular des Verbums, der sie als einzelne, als individuelle Gebilde in die Vorstellung bringt. Auch als Sinnbilder wären sie ja als einzelne Rose, als einzelne Lilie zu verstehen. Andererseits treffen sie durch ihre sinnliche Erscheinung gerade in die Gemütssphäre des Dichters. Eine gewisse Zärtlichkeit fällt auf sie von der Wendung „morgentaulich“ her. Das liegt nicht nur an der Zartheit des ihnen gegebenen Attributs, sondern auch an der rhythmischen Führung der ganzen

Zeile. Rhythmisch gliedert sich die Zeile „Ros und Lilie morgentaulich“ in zwei Halbzeilen, in zwei rhythmische Einheiten. Diese Einheit wird in der ersten Halbzeile „Ros und Lilie“ durch die Kopula „und“ bewirkt, in der zweiten „morgentaulich“ durch das Zusammenfallen der beiden Takte in einem Wort. Die adjektivierende Endung „lich“ trägt den rhythmischen Atem hinaus über das mitzuhörende Substantiv „Morgentau“ und macht so die rhythmische Einheit der Halbzeile vergleichsweise getragener, gefühlshafter, aber auch einheitlicher und umgreifender, rundet die rhythmische Einheit stärker in sich selbst. Da sie jedoch eine ergänzende Bestimmung der ersten Halbzeile und so unmittelbar auf diese bezogen ist, führt sie das rhythmisch noch leise Getrennte der ersten Halbzeile in ihre rhythmisch zusammenfassende Qualität hinüber: Ros und Lilie stehen jetzt nicht mehr nebeneinander, sondern gehen im zusammenschauenden Gefühl des Betrachters, das aus der rhythmischen Führung der zweiten Halbzeile spricht, gleichsam ein Bündnis ein, sind einander auf eine gefühlshafte Weise zugeordnet. Der Begriff Garten impliziert darüber hinaus das menschlich Gehegte, ihr Geborgensein. Am meisten aber wirkt in diesem Sinne die Wendung „Garten *meiner Nähe*“. Darin drückt sich eine innere Aneignung der gegenständlichen Umgebung aus; der Standort des Betrachters wird nicht nur zum perspektivischen Ort der angeschauten Landschaft, sondern zugleich wird das Naheliegende in die Vertraulichkeit der Persönlichkeitssphäre gehoben. Das Eingangsbild bekommt so etwas von affektivem Wert. Der Blick ruht gleichsam auf Eigenem, wenn er in seine Nähe schaut. In dem Attribut „traulich“, das dem Felsen zuteil wird, erhöht sich noch die Gemütsbezogenheit der in die Anschauung genommenen konkreten Erscheinungen.

Die Geschlossenheit, das in sich Gerundete des Landschaftsbildes der ganzen Strophe ist vom Blick des Betrachters bestimmt. Genauerem Nachvollzug der dichterischen Aussage erweist sich, daß die Objektivität des gegebenen Bildes nur scheinbar ist, daß in Wahrheit die betrachtete Landschaft doch hinübergeführt ist auf die Seite des Subjekts. Sie ist im bildschaffenden Anschaun aus der bloßen Bezogenheit zu sich selber herausgetreten. Der Blick des Betrachters, der scheinbar so rein dem Gegenstand hingegeben ist und ruhig hingeht über die sich ihm darbietende Natur, ist doch von subjektivem Gefühl getragen. Indem solcher Blick die Landschaft umfaßt, wird diese gleichsam hineingenommen in seine Bewegung, wird mit Qualitäten versehen, die ihr selbst nicht gehören: ihr Ruhendes wird in der Anschauung zu

Tätigem verwandelt — „Steigt der Felsen in die Höhe", „Lenkt sich hin des Gipfels Bogen" — und am Ende wird diese „Bewegung" der Landschaft gar in eine Bestimmung aus der menschlich-sittlichen Sphäre gefaßt — „Bis er sich dem Tal versöhnet" —, womit auch die geistige Gestimmtheit des Dichters, die versöhnliche, lebensüberlegene Anschauung, aus der das Ganze des Gedichtes lebt, der bildgewordenen Landschaft mitgeteilt ist.

Auch der Rhythmus drückt diese „Bewegung", in die der Blick die Landschaft hineinnimmt, aus. Die Zeile „Steigt der Felsen in die Höhe" gibt mit ihren kurzen und markierten rhythmischen Schritten die Bewegung felsig-stufigen Ansteigens. Und die verlangsamte rhythmische Führung der Zeile „Lenkt sich hin des Gipfels Bogen" hat ganz das ruhige Pathos des weithinschauenden Blickes, dem die bogige Gipfelführung wie eine sanft und zugleich großartig bewegte, weit ausholende Geste der Landschaft selbst erscheint. Das setzt sich fort in der letzten Strophenzeile „Bis er sich dem Tal versöhnet". Aus dem rundenden, volltönenden Schwung dieser Zeile, in der das Bild wieder auf die Standortebene des Betrachters zurückgeführt und so sein Kreis gleichsam geschlossen wird, spricht noch stärker der gelassene Enthusiasmus des Dichters, etwas wie Genugtuung und Glück des Anschauns, ja etwas sieghaft Vollendendes: Bewegung des Blickes und Bewegung der Landschaft sind hier ganz eins geworden, feiern gleichsam die Vollendung ihres Tuns. In dem rundtönenden Weiterschwingen des letzten Wortes „versöhnet" schließt die Strophe nicht mit scharfem Einschnitt, sondern klingt in eine Pause aus, der Atem wird noch ins Stille hinein durchgehalten. Gerade dadurch aber erscheint die Anschauungsweise der ersten Strophe als in sich vollendet. In dieser Pause wird der Verwandlung Raum gegeben, vollzieht sich der Übergang in eine andere Dimension der Erfahrung, der Leser wird mit dem Dichter in eine Stille hinein entlassen, in der sich das Ereignis des Innern der folgenden Strophe vorbereitet.

Die zweite Strophe gibt das Vergangene, das in dem Anschaun der Gegenwart durch „Erinnern" — wie das Gedicht auch zuerst überschrieben war — heraufgerufen wird. Aber auch dieses Erinnern kommt nicht aus einem abstrakten Gedächtnisvorgang, sondern steigt als Sensation der Sinne aus der konkreten Landschaft. Nun ist es jedoch nicht mehr der Sinn des Auges, an dem sich die Vorstellung entzündet. Duft und Ton sind als Medien der Erinnerung eindringlicher, da das Auge nur immer Verwandeltes aufnimmt. Der Duft der Landschaft aber ist der gleiche, wie in der

Zeit der Jugend: „Und da duftet's wie vor Alters." In diesem Medium wird das Vergangene, Liebe, Poesie und Jagd der Jugend, auf konkretere Weise wieder vor die innere Anschauung gehoben, als es die landschaftliche Szenerie vergangenen Jugendlebens durch bloße ortsbestimmte Gedächtnisauslösung vermocht hätte. Es ist ein Vorgang nicht der Gedächtnistätigkeit, sondern zunächst sinnlicher Erfahrung: im Duft der Landschaft kommt etwas Lebendig-Unvergangenes des früheren Lebens selbst herauf.

Andererseits aber ist die Aussage dieser Strophe gerade schon leise hinausgerückt aus der nur persönlichen Sphäre erinnerbaren subjektiven Jugendlebens. In dem „wie vor Alters" liegt eine Allgemeinheit und tiefe Abgesunkenheit des Vergangenen, die nicht mehr nur persönliche Vergangenheit als solche meint. So spricht sich auch in dem Plural der 1. Person in der Zeile „Da *wir* noch von Liebe litten" eine Hindeutung auf das Menschenallgemeine jugendlichen Liebesleides aus. Dies erscheint nicht als eine von unbedingtem Schmerz beschwerte Erinnerung. Die umgebenden Aussagen heben das Gewicht des Leidens gleichsam auf, machen das Liebesleid zur wertenthobenen Bestimmung einer Lebensepoche, deren menschentypische und nicht nur individuelle Qualität für den Dichter ein ruhig Vergangenes, aber zugleich ein lebendig Unverlorenes ist. Das liegt an dem Eingang „Und da duftet's wie vor Alters": das jugendliche Liebesleid als Bestimmung der erinnerten Lebensepoche duftet gleichsam wie Lebensfülle mit herauf im alterslosen Duft der Jugendlandschaft. Und das liegt dann an den ergänzenden Erinnerungen: Es ist die Zeit morgendlich-heller Jugenddichtung, d. h. erinnernd sieht der Dichter seine dichterische Jugend in die Stimmungsphäre sieghaften Wetteifers mit dem „Morgenstrahl" getaucht; was dunkle Klage daran war, das rührt solche überlegene Erinnerung nicht an. In dieser Helle und Bejahung ist das Leid der Liebe seinerseits aufgehoben.

Die Hinüberführung des erinnerten persönlichen Liebesleides in die Sphäre des Lebensphänomenalen wird weiter dadurch bewirkt, daß die erinnernde Wesensbestimmung des jugendlichen Dichtens nicht das Abstraktum „Dichtung" oder „dichterisches Vermögen" gebraucht, sondern die Metonymie „die Saiten meines Psalters". Damit wird auch die Jugenddichtung in erhöhtem, überpersönlichen Sinn erinnert: denn „Psalter" meint Dichtung als Ausdruck gesteigerten Lebens, als einen Gesang, der in die Nähe des Religiösen gerückt ist, der sich mit den ewigen Mächten verbunden weiß (So etwa in der „Harzreise im Winter": „Ist auf deinem Psalter, / Vater der Liebe, ein Ton"). Zugleich wird hier durch den aus der Bibel geläufig gewordenen Namen „Psalter" eine leise Verschiebung zum Morgenländischen hin vorgenommen. Der Tropus ist hier nicht nur in seiner Eigenbedeutung, sondern auch in seiner Spiegelungsqualität zu verstehen, es wird „Westliches" durch „Östliches" ausgedrückt, durch ein „Östliches" zwar, das lange zum Bestande religiöser Bildung gehört und insofern auch als ein „Östliches" längst vertraut ist. Daß hier aber der Singular des Possessivpronomens gebraucht ist — „*meines* Psalters" — nimmt in mitzuhörendem Gegensatz zu dem „da *wir* noch von Liebe litten" diese Aussage doch auf die nur dem Dichter, nicht wie die Liebe den Menschen allgemein gehörende Sphäre zurück.

Die Epochenbestimmungen der erinnerten Jugend kommen im zweiten Teil der Strophe vollends aus dem Bereich frischen Lebens: die Zeit jugendlicher Jagden steigt mit dem Duft der Landschaft herauf. Der Duft, der Geruchssinn ist auch hier der Mittler zwischen Gegenwärtigem und Vergangenem: aber die Erinnerung dieses Vergangenen seinerseits zieht sich auf eine Erinnerung des Gehörsinnes zusammen — „Wo das Jagdlied aus den Büschen / Fülle runden Tons enthauchte". Mit den „Büschen" wird noch einmal Bezug genommen auf die konkrete Landschaft der ersten Strophe. Zudem werden hier die Fülle runden Tons des Jagdliedes und die Fülle wachstümlicher Natur geheimnisvoll in Eins gebracht. Nicht nur im Sinne örtlicher Bestimmung tönt das Jagdlied aus den Büschen, sondern es rundet gleichsam den Hauch der Natur zum Ton, es tönt aus den Büschen als deren eigener Hauch.

Die lebendige Erinnerung aber an die jugendlichen Jagdzeiten wird zugleich verklärt, emporgehoben aus den Niederungen konkreter Jagdfreuden, die Goethe keineswegs so innig geschätzt hatte. Das spricht etwa aus einem Brief an Charlotte v. Stein vom 13. 9. 1778: „Mit dem Jagen wirds morgen schweinisch werden, und vier bis fünf Herzoge von Sachsen in einem Zimmer machen auch nicht die beste Conversation." Auch diese Erinnerung ist, wie das Liebesleid der Jugend, in eine Sphäre geläuterter Anschauung versetzt, das Konkret-Individuelle ist verwandelt zur Typik eines Lebensphänomens, jugendlich-menschlicher Daseinslust überhaupt. Das Jagdlied wird in solcher Erinnerung stellvertretend für alle realen Lebensumstände, für die ganze Erlebnisbreite der jugendlichen Jagdzüge und herzoglichen Jagdgelage. Dadurch wird aller unmittelbare Stoff der Erinnerung, der nicht *wesentlich* der Sphäre des Dichters angehört, als solcher aber doch von der Erinnerung mitheraufgebracht wird und hier assoziativ mitzuverstehen ist, dergestalt im Aussagegefüge des Gedichts vergegenwärtigt, daß er gleichsam geläutert und rein in die eigene Sphäre des Dichters hineinverwandelt erscheint.

Diese Sphäre des Dichters aber ist dem Menschlichen in seiner Ganzheit zugeordnet und nicht der bloß funktionalen Besonderung eines partiellen Lebensgebietes: so ist das Jagdlied nicht bloß Akzidenz jagdlicher Tätigkeit, sondern zielt auf das Ganze der menschlichen Lebenskräfte, diese „anzufeuern, zu erfrischen". Die letzte Zeile dieser Strophe, indem sie die Funktion des Jagdliedes dem Herzenstrachten und -Bedürfen der jugendlichen Epoche gleichsetzt — „Wie's der Busen wollt und brauchte" — verstärkt noch einmal die innere Anschauung, daß hier im Duft der Gegenwart, gegenwärtiger Landschaft, Stoff und Wesen einer *vergangenen* Lebenszeit heraufgekommen sind. Diese Akzentuierung durch das wiederholte Präteritum, das das Ende der Strophe und damit deren ganze Aussage in Richtung auf die Vergangenheitsqualität hin beschwert, verschiebt das Gewicht leise hinüber gerade zur Gegenwart dann des Dichters in der folgenden Strophe. Auch die zweite Strophe endet, wie die erste, in eine Pause hinein. Stärker aber als dort ist der Abbruch betont, als ob dem erinnernden Vergegenwärtigen der Jugend Einhalt geboten wäre. Unausgesprochen bleibt, was die Erinnerung an die vergangene Jugend an Wehmut in die Seele des altgewordenen Dichters gesenkt haben mag. Auch hier bezeichnet die Stille die Verwandlung. Wenn der Dichter wieder anhebt, ist er entschlossen in seiner Gegenwart.

Diese Gegenwart jedoch hat nicht mehr die konkrete Gegenwärtigkeit der ersten Strophe. Schon die Rhythmusänderung, der langsam aushaltende Gang der ersten Zeile, drückt das Hinübertreten in eine veränderte Anschauungsweise aus. Noch einmal wird die Landschaft in ihrer Realität — „Nun die Wälder . . ." — im konkreten Zeichen als Beziehungsort aufgerufen: doch ihre Seinsweise hat sich in der inneren Anschauung verwandelt. „Nun die Wälder ewig sprossen": so drückt sich eine Anschauung aus, die nicht mehr am Gegenwärtigen *als* einem Gegenwärtigen und somit wiederum Vergänglichen haftet, sondern die „das Ewige" (hier: die sich immer erneuernde Natur), die Dauer des Ganzen bei allem Wandel des Individuellen erfahren hat, der letztlich alle Erscheinung sich zur Idee erhebt. Und die nächste Zeile — „So ermutigt euch mit diesen" — führt sogleich diese innere Anschauung, die sich an der angeschauten Ewigkeit wachstümlichen Lebens hergestellt hatte, hinüber in die Lebenssphäre des Menschen. Hier gereicht sie zu Trost und Ermutigung: wie die Wälder ewig sprossen, so erneuert sich menschliches Leben immer wieder in neuer Jugend. Und so kann es denn heißen: „Was ihr sonst für euch genossen / Läßt in andern sich genießen." Indem der Dichter hier die in der eigenen Anschauung, an dem Ineinander von Vergangenem und Gegenwärtigem in eigenen Lebenserfahrnissen gewonnene Erkenntnis als geistige Lebensmaxime ausbildet, verläßt seine Aussage den Erlebniskreis der ersten Person — den er ja in dem Pluralis „wir" schon verallgemeinerte — und wendet sich mit der zweiten Person Pluralis „euch" ausdrücklich an das Gegenüber der Menschen überhaupt, wobei das Gesetzhaft-Allgemeingültige der Aussage durch die personal indefinite Wendung „Läßt in andern sich genießen" noch verstärkt wird.

Gewonnen ist eine menschenallgemeine Maxime der Lebensermutigung. Was will sie besagen? Ihre Heranbildung durch den doppelten Vorgang, daß Vergangenes im Gegenwärtigen lebendig und daß solche Erinnerungserfahrnis ins Gesetzhafte vergeistigt wird: das ist der metamorphosenhafte Gang der Entfaltung des Gedichts. Dabei ist das Ineinander von Vergangenem und Gegenwärtigem, von Erscheinung und Idee, jeweils übergänglich, jedes erscheint schon zart hinübergerückt ins andere, wechselseitig. Alles Einzelne, Individuelle der Erfahrung sagt sich schon mit der Qualität des Menschlichen schlechthin aus, und zwar in Richtung auf das Ganze des menschlichen Lebens. Insofern ist die Lebensmaxime das Fazit der im Gedicht geistig anschaubar gemachten Erfahrung, die dann zum Imperativ gewendet wird: „Nun in allen Lebensreihen / Müsset ihr genießen können."

Das vorgeführte Verhältnis von Vergangenheit und Gegenwart entspricht dem Verhältnis von Jugend und Alter: denn es kommt aus der konkret gewordenen Beziehung dieser Lebensstufen zueinander. Das Lebendigwerden des Vergangenen im Gegenwärtigen, der Jugend im Alter, das ist ein Vorgang rein geistiger Art, der sich aber im Medium wirklicher Landschaft als ein Vorgang der Verwandlung ereignet. Die Erfahrung des ewigen Sprießens der Wälder, der sich immer jugendlich erneuernden Natur, spiegelt diesen Vorgang als einen wachstümlich-wirklichen. Das einzelne menschliche Leben nun kann dieses Gesetz der immer wiederholten Erneuerung nicht wachstümlich als reale Lebensnatur verwirklichen. Nur „in andern", in der immer wieder nachwachsenden menschlichen Jugend, vollzieht sich das Gesetz der wachstümlichen Natur auch am Menschen. Indem der Dichter aber dieses Gesetz zur Maxime des Lebensinneseins auf der Stufe menschlichen Alters, also des einzelnen menschlichen Selbstbewußtseins macht, wiederholt sich der Vorgang geistiger Verwandlung. Was im Medium wirklicher Landschaft als Ewigkeit des Naturlebens erfahren ist, das kann in der geistigen Anschauung, wie die Vergangenheit in der Gegenwart, lebendig werden: jetzt als die immer gegenwärtige Ewigkeit des Menschenlebens. Der den Menschen ansprechende Aufruf zur Ermutigung, der auf eine innerlich geschaute, d. h. erkannte Gesetzmäßigkeit hindeutet, zielt auf eine der Natur fremde, dem Menschen allein gehörende Sphäre: die des Geistes. In dieser Sphäre kann der einzelne Mensch im Gegenwärtigen am Vergangenen, im Alter an der Jugend, im Vergänglichen am Ewigen teilhaben. In solcher Hinüberführung in die Sphäre des Geistes haben die Aussageinhalte des Gedichtes ihren gemeinsamen Ort, wie sie andererseits, in verschiedenen Stufen der Verwandlung, in der Erfahrung konkreter Gegenwart wurzeln.

So schließt die gewonnene Lebensmaxime doch auch die Richtung auf das sinnlich-wirkliche Anschauen je und je wieder nachwachsender menschlicher Jugend ein. Daher setzt der Dichter eben nicht „Erkennen", sondern „Genießen", — ein Wort, dessen qualitativer Stand in der Sprache Goethes (und der Zeit überhaupt) um vieles höher und reiner war als heute und etwa das Innewerden, das Sich-Durchdringen mit dem tiefsten Wesen meint, hier das Sich-Erfüllen mit dem tiefsten Lebenssinn und speziell mit der Gewißheit der immer erneuerten Jugendkraft des Lebens, wobei es aber das Bedeutungsfeld von „Genuß" im Sinne lusthafter Sensation mitumspannt. Was so verstanden an Jugend „ihr sonst für euch genossen", in der eigenen Jugendepoche, das läßt nun auf der Stufe des Alters „in andern sich genießen", in der Anschauung anderer Jugend, die immer wieder neu nach dem Lebensgesetz ewigen Wachsens aufblüht. Der geistigen Anschauung ist dann in einem Gegenwärtigen, aber „in andern", das eigene Vergangene lebendig. Und der Mensch vermag die Forderung zu erfüllen, in allen Lebensreihen, auf jeder Stufe des für sich alternden Lebens doch das insgesamt ewige Leben zu genießen, d. h. im geistigen Innesein dieses, des tiefsten Gesetzes des Lebens, das eigene Leben in der „ewigen" Jugend des Lebens aufgehoben zu wissen. Damit wird das einzelne Leben aus der Besonderung herausgehoben: „Niemand wird uns dann beschreien / Daß wir's uns alleine gönnen". Diese Stufe aber, da das Leben in seiner immer erneuerten Kraft „in andern" genossen wird, da es nicht in jugendlicher Ausschließung aller anderen „Lebensreihen" nur für sich und an sich genossen wird, das ist die Stufe des Alters, die ihre besondere

Würde durch die umfassende Anschauung und Übersicht des Lebens hat, indem sie das Ganze der „Lebensreihen“ genießen, im Gegenwärtigen das Vergangene mitgenießen, sich vom Ewigen im Vergänglichen durchdringen kann.

Wenn Goethe dann die drei gewichtigen, volltönenden Strophen, deren dritte allerdings gerade das Geistige schon mit einer gewissen lebensvollen Munterkeit, in Wendungen von leichterem spezifischen Gewicht ausspricht, mit einem rhythmisch und gehaltlich divanüblicheren Vierzeiler abschließt, verweist er ausdrücklich auf den Zusammenhang des „Divan“. Doch diese Verse „Und mit diesem Lied und Wendung / Sind wir wieder bei Hafisen, / Denn es ziemt des Tags Vollendung / Mit Genießern zu genießen“ schwenken nicht nur im Ton, mit dieser zwischen Ernst und Scherz, zwischen Zartheit und lustvoll apodiktischem Konstatieren schwebenden Redeweise, in die Divan-Haltung ein. Goethe weist damit vielmehr — mögen diese Zeilen im übrigen so „angeflickt“ sein, wie man es wahr haben will — auf den innersten Beziehungsort, den die im Gedicht entfaltete Lebensanschauung und seine geistige Begegnung mit Hafis und der östlichen Dichtungswelt gemeinsam haben: die geläuterte, gleichsam in der Mitte zwischen Irdischem und Ewigem angesiedelte Lebenshaltung des Geistes, die Übersicht der Reife und des Alters. Goethes eigene Bestimmungen der islamischen Dichtung bezeugen, daß er sich gerade in solchem Sinne dem Osten geöffnet und seiner geistigen Maske bedient hat. In den „Noten und Abhandlungen“ heißt es: „Der höchste Charakter orientalischer Dichtkunst ist, was wir Deutsche *Geist* nennen, das Vorwaltende des oberen Leitenden; hier sind alle übrigen Eigenschaften vereinigt, ohne daß irgend eine, das eigentümliche Recht behauptend, hervorträte. Der Geist gehört vorzüglich dem Alter, oder einer alternden Weltepoche.“ Und als sich im Jahre 1820 noch einmal neue Gedichte zum „Divan“ sammeln, schreibt Goethe an Zelter: „Diese mohammedanische Religion, Mythologie, Sitte geben Raum einer Poesie, wie sie meinen Jahren ziemt. Unbedingtes Ergeben in den unergründlichen Willen Gottes, heiterer Überblick des beweglichen, immer kreis- und spiralartig wiederkehrenden Erdetreibens, Liebe, Neigung, zwischen zwei Welten schwebend, alles Reale geläutert, sich symbolisch auflösend. Was will der Großpapa weiter?“

Eine westliche Spiegelung solchen Geistesstandpunkts, als Erfahrung metamorphosisch im Wandel vom Konkreten zum Geistigen, vom Vergangenen zum Ewigen in der Gegenwart dargestellt, ist auch unser Gedicht. Und Goethe sagt es ausdrücklich,

„mit diesem Lied und Wendung" sei er „wieder bei Hafisen", d. h. im geistigen Kreise des gleichgestimmten östlichen Dichters, und das nicht nur mit der „Wendung", man müsse in allen Lebensreihen genießen können, sondern „mit diesem Lied", also dem Ganzen der Gedichtaussage. Und wenn er zum Schluß „des Tags Vollendung" anruft, so rundet sich damit der Kreis des Gedichtes auf doppelte Weise: die Abfolge des Gedichts, das mit einem Morgenbilde anhebt, im übrigen aber keine Bestimmungen der Zeit enthält, wird dadurch zart in den Ablauf des Tages gerückt; zugleich aber wird dieser Tagesablauf vom Morgen zum Abend in der Anschauung des Geistes verwandelt zum Sinnbild des Lebensablaufs von der Jugend zum Alter. In diesem Sinne heben die Zeitbestimmungen gerade die Zeit auf, was bleibt, ist nicht die zufällige Zeitfolge eines Tages und seiner Erfahrung, sondern das Sinnganze des Lebensablaufs. So brachte der Duft der Morgenlandschaft das Erinnern der Jugend — hoher Tag und Abend aber, so müssen wir die Anrufung der Vollendung des Tages am Schlusse verstehen, in dem wir den Aussageablauf des Gedichts von diesem Ende her gleichsam mit einem Zeitsinn versehen finden, hoher Tag und Abend dann gönnen die Einsicht der Reife, das „genießende" Innesein der Idee; „des Tags Vollendung" gewährt das geistige Glück des Alters, „mit Genießern zu genießen", d. h. in Gemeinschaft, in der zeitlosen Verbundenheit edler Geisterschaft, mit den Wissenden der gleicherweise vollendeten Lebensstufe teil zu haben an der geistigen Anschauung der „Ewigkeit" des Lebens, an einer Lebensübersicht, die im Gegenwärtigen das Vergangene, im Alter die Jugend, im Vergänglichen das Ewige auf eine geistige Weise mitzuverstehen, innerlich zugleich anzuschauen vermag.

Auf das Ganze des Gedichts aber wird von dieser letzten Strophe her ein Licht heiterster Lebenszuversicht geworfen. Der Ernst des Erfahrenen und der Ernst der daraus gezogenen Maxime werden hineingenommen in eine Sphäre der Daseinslust, die doch auch wieder dem Genießen sinnlicher Freuden geöffnet ist. In dieser Strophe kehrt das Gedicht in die konkrete sinnlich-geistige Lebenswirklichkeit zurück. In dem heiter-apodiktischen Schwung der letzten Zeilen gibt der Dichter gleichsam mit einer abrundenden rhythmischen Gebärde kund, daß er die Lebensmaxime, in allen Lebensreihen genießen zu können, im Genuß der Gegenwart seines Alters unmittelbar befolgt. So wird das Geistige hier mit einem befreiten und freudegewissen Lächeln ins Menschlich-Wirkliche gerückt. Des Tags Vollendung mit Genießern zu genießen: das heißt eben auch und zugleich, sich der lustvollen Wirklichkeit des Lebens auch auf der Stufe des Alters zu bemächtigen, sich eins fühlend in der Lebensbejahung mit andren Lebenskräftigen, die gleicherweise ihren Lebenstag „ermutigt" durch den Blick auf die ewige Jugend des Lebens vollenden. Wenn Goethe sagt, daß „wir" wieder bei Hafisen sind, so meint das, nicht er allein, als ein Einzelner und mit einer nur ihm gehörenden Erkenntnis, sondern „wir", alle, die teilnehmend die Erfahrung des Gedichts mitvollzogen haben, seien wieder bei Hafisen. Das „wieder" gibt der ganzen Zeile den rhythmischen Schwung freudiger Konstatierung, daß mit allem Rechten des Erfahrens und Erkennens man immer bei Hafis sei, wie es auch in Verbindung mit dem „wir" als selbstverständlich voraussetzt, daß er nicht allein, sondern wir alle mit ihm uns wieder und wieder der Begegnung mit Hafis erfreun. Diese ersten beiden Zeilen nehmen die Maxime der beiden letzten gleichsam als Akt voraus: hier wird schon getan, was sich ziemt.

Was dieser abschließende Vierzeiler dem Gedicht an sinnlicher Qualität zurückgibt, an Irdisch-Wirklichem, das verweist, wie die Nennung von Hafis als solche und der ganze Verston der Strophe, das zwar nicht dem Geiste nach, aber scheinbar stofflich divanfremde Gedicht in das dichterische Beziehungsgefüge des „West-östlichen Divan". In der grammatikalischen Eigenwilligkeit bzw. Ungeniertheit der elliptischen Bildung der Zeile „Und mit diesem Lied und Wendung" spricht uns etwas von dem geheimnisvoll-besonderen Charme der Divansprache an, die zwar von der Höhe zur Tiefe über alle Tonarten verfügt, doch immer wieder die lässig riskierte Geste annimmt scheinbarer Flüchtigkeit und beiläufigen Hinsagens; gerade aus dieser Diskrepanz aber von Absichtslosigkeit, scheinbarem bloßen Maskenspiel, genießerischer Banalität des unmittelbaren Lebensalltags und andererseits sinntiefer Bezüglichkeit, inhaltlichem Gewicht und geistigem Ernst des Lebensblickes nährt sie ihren eigentlichen, unverwechselbar persönlichen Zauber, jenen Lebenshauch Goethescher Alterssprache, in der Leben und Geist sich lieblich-ernst und zart-tief verbinden. Dennoch scheinen diese letzten Zeilen unser Gedicht etwas unvermittelt, wie man zunächst empfindet, oder doch durch die bloß zufällige Vermittlung spielerischer Wort- und Begriffsassoziation („genießen") auf Hafis und in den „Divan" zu verweisen. Da erhebt sich aber die Frage, ob es mit dieser Verweisung nicht ernster gemeint sei. Sicherlich insofern, als die Entstehung des Gedichts mit in den großen Aufbruch gehört, der Goethe mit einer neuen Jugend eine dichterische Produktivität gewährte, deren Ursprung letztlich geheimnisvoll ist, aber sich greiflich doch bestimmen läßt durch die Begegnung mit Hafis und Goethes produktives Verhalten gegen diese Erscheinung. In solchem Sinne genommen klängen diese vier letzten Zeilen des Gedichts wie eine freudig-dankbare Feststellung Goethes, sich auch in diesem Falle im schöpferisch anregenden Kreise der west-östlichen Begegnung befunden zu haben und beschenkt worden zu sein von ihren auslösenden, verwandelnden Geisteskräften.

In der Tat stammt ja das Eingangsbild unmittelbar aus der Anregung eines Hafis-Gedichtes: „Zwei Gesellen bleiben noch / In dem Garten Ros und Lilie"; und ein anderes Verspaar dieses Gedichts: „Wer kann für das nächste Jahr / Frühlingsfreuden dir versprechen?" mag der Keim zu Goethes „unvergleichlichem Lebensgedicht" (Hofmannsthal) gewesen sein, wenn er darin gewissermaßen auf diese Frage die Antwort gibt: „Nun die Wälder ewig sprossen, / So ermutigt euch mit diesen".

Gerade solche Beispiele „geschichtlicher" Anregung und ihrer verwandelnden und steigernden Spiegelung verdeutlichen jene „geheimnisvolle Verschränkung von Geschichtlichkeit und Ursprünglichkeit" (Emrich), die für alle Dichtung, insbesondere aber für die Divan-Lyrik konstitutiv ist, und der mit einer nur immanenten Interpretation nicht Rechnung getragen werden kann. Die Gedichte des „Divan" sind in diesem Sinne nicht nur selbstgenugsame Gestaltgebilde, sondern stehen im geistigen Raum einer geschichtlichen Begegnung, bzw. der Begegnung mit einer besonderen Geschichtlichkeit, sie sind also Integrationsphänomene, in gleicher Weise, wie sie als große Dichtung auch Ursprünglichkeitsphänomene sind. Die Verweisung der letzten Gedichtstrophe vermag unsren verstehenden Blick in diese Richtung zu lenken.

Ihr Recht aber hat diese Verweisung vor allem darin, die Zugehörigkeit „dieses Liedes" zum dichterischen Verbande des „Divan" als des umfassenden Bezugsystems seines Aussagegefüges zu betonen. Denn ob sich auch unser Gedicht durch die drei Stufen seiner Verwandlung vom Wirklichen zum Ideellen metamorphosisch als geschlossenes Gestaltgebilde ausformt, es steht doch im zyklischen Zusammenhang eines Ganzen, weist über sich hinaus auf andere Gedichte, wie andere Gedichte zurückverweisen auf dieses. Solche Wechselbezüglichkeit bereichert die Sinnfülle jedes einzelnen. Nicht grundsätzlich absichtsvoll zwar ist jedes Gedicht in der Hinordnung aufs Ganze entstanden, sondern zunächst das meiste sicherlich im unbewußten Drang und Zwang der an der östlichen

Begegnung entzündeten und durch die Liebe zu Marianne dann ins höchste Lebendige gesteigerten poetisch-schöpferischen Lust und Kraft. Doch bald schon spinnt Goethe bewußt von einem zum andren Gedicht einen „zyklischen Faden“ (Burdach), d. h. er ordnet nicht nur das Vorhandene zum Zyklus (nach einer ersten chronologischen Ordnung im Jahre 1814 dann zum ersten Mal im Wiesbader Register vom 30. Mai 1815), sondern er dichtet sogleich mit zyklischem Sinn, mit Bezug auf das Bild- und Motivgeflecht des ganzen „Divan“. Das gilt gewiß nicht im Sinne letzter Rigorosität; Freiheit waltet durchaus, und immer wieder bricht mit schöpferischer Eigenmacht das eine oder andere Gebilde aus dem engeren Verbande aus. Auch die Einteilung in Bücher hat nicht dazu geführt, sie alle für sich und untereinander zyklisch auszuwiegen.

Ist so nach Goethes eigenem Bekenntnis manches „unvollkommen“ (Künftiger Divan) geblieben, im einzelnen also unvollendet: das Ganze ist doch eine Einheit, in der alles auf alles Bezug hat. Der innerste Beziehungsort dieser Einheit ist auch in diesem Falle wohl, wie beim Ganzen der Faust-Dichtung, die Persönlichkeit Goethes; dazu kommt hier das poetische Kraftfeld geistig-menschlicher Kommunikation der besonderen Epoche seines Lebens. In der gegebenen Vorstellung einer Reise durch den Orient hat Goethe diese persönlichkeitsbezogene Einheit des „Divan“ in ein dichterisches Bild gebracht. Das Bild der Reise sagt letztlich, daß die Einheit des „Divan“ in Goethe und seinem Erleben selbst zu sehen ist. Reisend hat Goethe ja vornehmlich die „Wirklichkeiten“ des „Divan“ erfahren. Die Verwandlungen des Westlichen in Östliches, die sich immer in der Schwebe „zwischen dem Wirklichen und Ideellen“ halten, vollzogen sich in der Hinordnung des poetischen Bildungstriebes auf das Ganze des „Divan“, in der Abhängigkeit sozusagen von dem von ihm selbst vorausgeschaffenen Bezugsbild. Zyklusstrebende Kraft ging vor allem davon aus, daß Goethe Lebensausdruck und seelische Gebärde der Marianne-Liebe der östlichen Welt integrierte, sie vornehmlich in dieser verwandelten Gestalt zur poetischen Erscheinung brachte. So ist denn auch das „Buch Suleika“ zyklisch einheitlicher und dichter verflochten, als die anderen.

Goethe selbst hat die Seite des Unbewußten hervorgehoben an der zyklischen Bezüglichkeit der Glieder des so entstandenen Ganzen. An Zelter schrieb er am 17. 5. 1815 zur Begründung, warum nicht einzelne Gedichte zur Vertonung herausgelöst werden könnten: „Jedes einzelne Glied nämlich ist so durchdrungen von dem Sinn des Ganzen ... und muß von einem vorhergehenden Gedicht erst exponiert sein, wenn es auf Einbildungskraft oder Gefühl wirken soll. Ich habe selbst noch nicht gewußt, welches wunderliche Ganze ich daraus vorbereitet." Über diesem Wort sollte man jedoch jenes andere (an Sulpiz Boisserée vom 7. 8. 1819) nicht vergessen: „Sie werden dem Werklein ansehen, welche Ausdauer und Anstrengung gefordert war, um es zu ründen und abzuschließen." Auf solches Runden und Abschließen, auf das schon nach den ersten 30 Gedichten beginnende Ins-Ganze-Dichten hat Wolfgang Kayser sehr glücklich den Begriff der „geregelten Einbildungskraft" angewandt.

Doch der zyklische Faden spann sich auch vom Einzelnen ins Einzelne. Nicht nur motivisch, sondern auch schaffenspsychologisch ward manches Gedicht von einem vorhergehenden „exponiert". Unser Gedicht ist ein Beispiel für solchen Vorgang. Das im „Nachlaß" stehende Gedicht „Sollt einmal durch Erfurt fahren", einen Tag vor dem unsren entstanden und gleichfalls von lebendig aufgeregten Jugenderinnerungen sprechend, endet mit den Versen:

Und so wollen wir beständig,
Wettzueifern mit Hafisen,
Uns der Gegenwart erfreuen,
Das Vergangne mitgenießen.

Erlebnis- und Motivkeim des Eisenacher Gedichts sind hier vorgebildet, im Bezug auf Hafis verbinden sich beide zu Gliedern eines zyklischen Ganzen. Insofern haben wir hier einen Hinweis auf die Art und Weise der zyklischen Bezüglichkeit bei der Entstehung unseres Gedichts, unbeschadet der Tatsache, daß Goethe das Erfurter Gedicht dann nicht in den „Divan" aufgenommen hat, und das nicht zum Vorteil jedenfalls der Dichte der zyklischen Verflechtung an dieser Stelle. Der besondere Divan-Ton der Schlußzeilen von „Im Gegenwärtigen Vergangnes" hörte sich gewissermaßen vorbereiteter, wenn die „Exposition" des gleichtonigen Erfurter Gedichtes vorausgestanden hätte. Zudem hätte die Erfurter Schlußstrophe die am Ende unseres Gedichts vollzogene Verknüpfung des Aussagegehaltes mit Hafis im voraus und deutlicher einsichtig gemacht.

Doch der Zusammenhang des „Divan" besteht nicht eigentlich in der Kontinuität der zyklischen Folge als solcher, sondern in einer jeweils das Ganze mitmeinenden, das Ganze intendierenden Bezogenheit der einzelnen Glieder auf die alles umfassende, alles durchdringende Einheit west-östlicher Geist- und Lebenswelt, die sich mit innerlich gleichgestimmter Gebärde in die vielfältigen Erfahrniszonen und ihren poetisch-bildnerischen Abglanz ausfächert. Das Ganze des „Divan" hat in solchem Verstande zweifellos einheitlichen, wenn auch nicht strengen Gefügecharakter. Im einzelnen herrschen jedoch oft Reihung, Anhäufung, Nebeneinander. Die zyklische Einheit des „Divan" könnte man wohl mit der eines orientalischen Teppichs vergleichen, der mit dem Geschlinge seiner Ornamente und der Gesamtharmonie seiner Farben eine Einheit darstellt, in dem es aber im einzelnen doch scheinbar selbständige Provinzen gibt: ornamentale oder farbliche Eskapaden, Sonderlizenzen einer vom Ganzen emanzipierten Phantasie: doch für die Ökonomie des Ganzen erweist sich das dann doch als ein notwendiges Gewicht, um Gleichgewicht und umfassende Fülle des kleinen Kunstkosmos herzustellen.

Bei allem Eigenrecht ist auch unser Gedicht nicht nur dem Gesamt der darin gestalteten geistigen Erfahrung nach dem Prinzip der motivischen Wechselverweisung des „Divan" zugeordnet, jenem Prinzip der wiederholten Spiegelungen des Gleichen, das dem „Divan" den Charakter verleiht, den Goethe der Dichtung des Hafis mit den Versen zusprach: „Dein Lied ist drehend wie das Sterngewölbe, / Anfang und Ende immerfort dasselbe". Es gilt auch im einzelnen, daß der „geheimere Sinn", die Bezogenheit mancher Teile ins Ganze, sich erst offenbaren, wenn das Einzelne in der Konstellation gesehen wird, die Goethe ihm durch wiederholte Spiegelung gegeben hat: „Da sich gar manches unserer Erfahrungen nicht rund aussprechen und direkt mitteilen läßt, so habe ich seit langem das Mittel gewählt, durch einander gegenüber gestellte und sich gleichsam ineinander abspiegelnde Gebilde den geheimeren Sinn dem Aufmerkenden zu offenbaren", schreibt er an K. J. L. Iken am 27. 9. 1827. Das gilt nun nicht nur im Sinne der Erhellung einer für sich allein genommen dunklen Stelle, die das Gemeinte noch nicht erschöpfend ausspricht, sondern im zyklischen Bezugsystem des „Divan" vor allem auch im Sinne einer Erweiterung und Bereicherung der Sinnfülle eines poetischen Gliedes durch ein anderes.

So wird etwa die konkrete Bildsetzung der Rose am Eingang unsres Gedichts poetisch gleichsam „beschwert", wird durchscheinend zu geistigeren Schichten poetischer Symbolik hin, wenn man der zwar äußerlich in Kontinuität verwandelten, d. h. notwendig als Kontinuität gegebenen, aber innerlich wesenhaften Simultaneität der zyklischen Glieder Rechnung trägt, indem man im Aufnehmen des Bildes „Rose" den Vers aus dem „Buch Suleika" hier mit versteht: „Unmöglich scheint immer die Rose, — Unbegreiflich die Nachtigall." Das gilt natürlich *nicht* als unmittelbare Interpretationshilfe, *nicht* als interpretierende Erhellung des für sich selbstgenugsamen Bildes.

Weiter ausgetieft wird der Zeichensinn des ja nicht nur sich allein meinenden, sondern für die blühende Gartennatur überhaupt stehenden Bildes „Ros und Lilie" durch ein simultanes Hineinverstehen jener anderen Verse:

Seh ich Rosen, seh ich Lilien,
Aller Gärten Zier und Ehre,
So Cypressen, Myrten, Veilchen,
Aufgeregt zum Schmuck der Erde;
Und geschmückt ist sie ein Wunder,
Mit Erstaunen uns umfangend,
Uns erquickend, heilend, segnend,
Daß wir uns gesundet fühlen...

Diese Verse berühren ja auch ihrem Aussagegehalt nach den Sinnkreis unseres Gedichts, führen in die Nähe jenes „Nun die Wälder ewig sprossen, / So ermutigt euch mit diesen", womit wiederum die Gedichte des „Divan" sich als Ausfächerung der gleichen Mitte erweisen: „Anfang und Ende immerfort dasselbe". Von solcher Sinnerweiterung und -bereicherung durch simultanes Verstehen zyklisch und durch das Band des Zyklus aufeinander bezogener Glieder des „Divan" sind durchaus jene Interpretationshilfen zu unterscheiden, die außerhalb des Divan-Verbandes zu finden sind. So etwa in den „Chinesisch-Deutschen Jahres- und Tageszeiten" für den Symbolgehalt, den Goethe der Rose zuspricht:

Als Allerschönste bist du anerkannt,
Bist Königin des Blumenreichs genannt:
Unwidersprechlich allgemeines Zeugnis,
Streitsucht verbannend, wundersam Ereignis!

Oder für die Lilie: „Weiß wie Lilien, reine Kerzen...", womit die Lilie dem Sinnfeld des Reinen zugeordnet wird, eine Interpretation, die wiederum ergänzt wird von der Symbolik des „Lilienstengels" aus den „Wanderjahren". Und so ließe sich weiter und weiter ergänzen. Nicht immer würde man jedoch mit solchen Parallelen so ins Zentrum des Divan-Geistes und hier speziell unseres Gedichts verwiesen sein, wie bei den Versen:

Getrost! Das Unvergängliche,
Es ist das Ewige Gesetz,
Wonach die Ros und Lilie blüht.

Der Versuch, ein Goethesches Symbol dergestalt mit Parallelen zu umstellen, daß sich so etwas wie ein mittlerer Wert, ein Generalnenner seiner Sinnverwendung ergäbe, wird jene bedeutsame Mahnung Goethes außer acht lassen, „daß man sich bei Auslegung von Dichtern immer zwischen dem Wirklichen und Ideellen zu halten habe". Auch „Ros und Lilie" unseres Gedichts blühen gleichsam in einem Sinnfeld zwischen dem Wirklichen und dem Ideellen, sind weder nur die realen Blumen eines morgendlichen Eisenacher Gartens am 26. Juli 1814, noch nur symbolische Zeichen für ein ihre reale Existenz weit übersteigendes Wesen. Innerhalb des Gedichtes machen sie zweifellos die Metamorphose vom Wirklichen zum Ideellen mit durch, im Verbande des Zyklus gesehen weitet sich das Sinnfeld ihres Zeichencharakters über die Grenzen ihrer unmittelbaren Bildlichkeit aus: dennoch stehen sie zunächst als poetische Zeichen einer wirklichen Anschauung, eines konkreten Lebens-Augenblicks, stehen aller weiteren Bezogenheit ungeachtet zunächst an ihrem besonderen, einmaligen Ort am Eingang dieses ganz besonderen Gedichtablaufs. Wie es im „Schenkenbuch" von den Sternen heißt, möchte auch jedes dieser Bilder zunächst sagen: „Jetzo glänz ich meiner Stelle". Wie in einem Sternensystem allerdings ist es außerdem in die Wechselbezogenheit mit andren Sternen gestellt.

Solche Erweiterung des zyklisch bezogenen Sinnfeldes, bei aller Selbstgenugsamkeit an ihrer Stelle, erfahren in unserem Gedicht auch die Verse: „Wo das Jagdlied aus den Büschen / Fülle runden Tons enthauchte". Das Gedicht „Dreistigkeit" gibt die Variante: „Jeder höret gern den Schall an, / Der zum Ton sich rundet", und hier wie dort steht das Bild im Sinnfeld des Erfrischens, Genesens. Dort klang das Jagdlied mit „Fülle runden Tons", um „anzufeuern, zu erfrischen"; hier ist der Schall, „der zum Ton sich rundet", Bedingung dafür, „daß der Mensch gesundet". Und die letzte Strophe des Gedichts „Dreistigkeit" hebt gleichsam das Sinnfeld auch des in die Gegenwart hinein er-innerten Jagdliedes aus „Im Gegenwärtigen Vergangnes" auf eine höhere Stufe:

Und so mag des Lebens Erzklang
Durch die Seele dröhnen!
Fühlt der Dichter sich das Herz bang
Wird sich selbst versöhnen.

Hört man vollends von den Versen: „Jeder höret gern den Schall an / Der zum Ton sich rundet" hinüber zu den letzten Zeilen des Gedichts „Lied und Gebilde": „Schöpft des Dichters reine

Hand, / Wasser wird sich ballen", dann erweitert sich abermals auch das Sinnfeld der Wendung: „Wo das Jagdlied aus den Büschen / Fülle runden Tons enthauchte". Daß alle drei Gedichte im „Buch des Sängers" stehen, gibt solcher Wechselbezüglichkeit in Richtung auf die Selbstaussage des Dichters den unmittelbaren zyklischen Bezugsort.

Wie allseitig verflochten diese Wechselbezüglichkeit im „Divan" ist, erweist sich beispielhaft, wenn wir die erweiterten Sinnfelder der beiden bisher betrachteten poetischen Bilder, deren sinnaustiefende Verschränkung mit andren Divanversen wir uns durch den Vollzug einer Quasi-Simultaneität deutlich machten, zusammensehen mit den eigentlich zentralen Versen: „Nun die Wälder ewig sprossen, / So ermutigt euch mit diesen". „Ros und Lilie" erschienen in solcher Sicht schon dem großen Generalthema der Verwandlung und Verjüngung, das den ganzen „Divan" durchzieht, zugeordnet, wie gleicherweise die „Fülle runden Tons" des Jagdliedes. Dabei muß man sich bewußt sein, daß die Begriffe des Trostes, der Versöhnung, der Gesundung, der Erfrischung, der Ermutigung im „Divan" alle im Felde der Begriffe Verjüngung, Verwandlung, Neugeburt angesiedelt sind. In solchem Verbande stehen auch die Verse „Nun die Wälder ewig sprossen". Von ihnen geht ein zyklischer Weg zu denen des Gedichts „Phänomen": „Sind gleich die Haare weiß, / Doch wirst du lieben", andererseits aber auch zu den Worten Suleikas: „Vor Gott muß alles ewig stehn". Diese wiederum zusammengenommen mit der aus dem Irdischen ins Geistige sich wandelnden Erfahrung von „Im Gegenwärtigen Vergangnes" eröffnen dem Sinn die Verse:

Ob ich Ird'sches denk und sinne,
Das gereicht zu höherem Gewinne.
Mit dem Staube nicht der Geist zerstoben
Dringet, in sich selbst gedrängt, nach oben.

Von hier läßt sich über die Schlußzeilen von „Hegire":

Wisset nur, daß Dichterworte
Um des Paradieses Pforte
Immer leise klopfend schweben,
Sich erbittend ew'ges Leben.

zu den Versen aus dem „Buch des Paradieses":

Was auch, in irdischer Luft und Art,
Für Töne lauten,
Die wollen alle herauf...

eine weitere sinnaustiefende Beziehung herstellen. Das Gedicht „Im Gegenwärtigen Vergangnes" leistet solche Verewigung, stellt den Prozeß solcher Verwandlung und somit das Wesen des Dichterischen im Sinne Goethes dar. Hineingesehen in den Verband des ganzen „Divan" meint die Zeile „Nun die Wälder ewig sprossen" mehr noch als das wachstümliche Gesetz: im Geist, und das heißt hier im Gedicht erst sprießen sie wahrhaft ewig, so wie es von den Liedern im „Buch der Liebe" heißt:

Allem ist die Zeit verderblich,
Sie erhalten sich allein!
Jede Zeile soll unsterblich,
Ewig wie die Liebe sein.

Damit aber wäre dann wieder der ganze Kreis der Liebesmotive betreten. Und weiter und weiter wäre solchem Aufeinanderverweisen der zyklischen Glieder nachzugehn. Nicht nur auf das Ewige hin zielt solche Verweisung, sondern immer wieder auch zu der irdischen Erscheinungen Gegenwart und Fülle. So verläuft der innere Weg unseres Gedichts umgekehrt von der Urzeit zur Gegenwart in den Versen:

Des alten Meeres Muscheln
Im Stein sucht ich die versteinten;
Hudhud lief einher
Die Krone entfaltend;
Stolzierte, neckischer Art,
Über das Tote scherzend
Der Lebend'ge.

Mannigfach verzweigte sich auch das Sinnfeld unserer Hafisschlußzeilen und ihrer Genießermaxime: in die „Höhe" zu jener Einführung des Hafis in „Beiname" als Bewahrer des Glaubens, den „gemeinen Tages Schlechtnis" nicht berührt — wie auch nach „unten", zu den „Kleinigkeiten außerhalb der Grenze des Gesetzes" und jener Sphäre des Schenkenbuchs, von der es heißt:

Es war ein wüstes Wesen —
Doch bin ich, Lust und Liebe voll,
Auch selbst dabei gewesen.

Und in eins hören muß man wohl auch mit den Hafiszeilen unseres Gedichts, als einen Ton, der heimlich mitklingt, ohne die Erfahrung vom Ewigen im Gegenwärtigen aufzuheben, die Schenkenbuchverse:

Herrliches Gefühl der Gegenwart —
Was will da die Hoffnung!

Aber wieder führt von dort der Weg in die „Höhe", und der Schenke sagt zu Hatem:

So hab ich endlich von dir erharrt:
In allen Elementen Gottes Gegenwart.

Und im Schluß-Gedicht des „Divan", im „Buch des Paradieses", klingt die Lebensmaxime des Genießens erhöht noch einmal wieder, jetzt auch den Sinn des ganzen Gedichtes „Im Gegenwärtigen Vergangnes" mitverstehend und erhöhend, und sagend, worauf alle Ermutigung, Verwandlung, Verewigung zielte:

Um des Paradieses Weiten,
Mit Heroen aller Zeiten,
Im Genusse zu durchschreiten.

So bewegt sich der Dichter zwischen Irdischem und Ewigem gänzlich frei, da eins für das andere steht. Verewigung und Verjüngung, die äußerste Nähe zur Idee und die äußerste Nähe zum Leben: in dieser Doppelheit, die nicht als Spannung gefühlt, sondern mit der größten Heiterkeit als Einheit erlebt und gedichtet wird, entfaltet sich der Geist des „West-östlichen Divan" in einem reich verschlungenen Geflecht, worin „jegliches auf jegliches deutet", wie Hofmannsthal sagte, „so daß des inneren Lebens kein Ende ist". Diese Wechselbezogenheit aller Glieder aufeinander aber ist es gerade, aus der das innerste Geheimnis des „Divan" lebt: das Gleichgewicht zwischen Irdischem und Ewigem. Dahin weist mit seinem tiefsten Sinn auch das Gedicht „Im Gegenwärtigen Vergangnes".

BENNO VON WIESE

—

FRIEDRICH VON SCHILLER

Die Götter Griechenlandes

Erste Fassung von 1788

Da ihr noch die schöne Welt regiertet,
An der Freude leichtem Gängelband
Glücklichere Menschenalter führtet,
Schöne Wesen aus dem Fabelland!
Ach! da euer Wonnedienst noch glänzte,
Wie ganz anders, anders war es da!
Da man deine Tempel noch bekränzte,
Venus Amathusia!

Da der Dichtkunst malerische Hülle
Sich noch lieblich um die Wahrheit wand! —
Durch die Schöpfung floß da Lebensfülle,
Und, was nie empfinden wird, empfand.
An der Liebe Busen sie zu drücken,
Gab man höhern Adel der Natur.
Alles wies den eingeweihten Blicken
Alles eines Gottes Spur.

Wo jetzt nur, wie unsre Weisen sagen,
Seelenlos ein Feuerball sich dreht,
Lenkte damals seinen goldnen Wagen
Helios in stiller Majestät.
Diese Höhen füllten Oreaden,
Eine Dryas starb mit jenem Baum,
Aus den Urnen lieblicher Najaden
Sprang der Ströme Silberschaum.

Jener Lorbeer wand sich einst um Hilfe
Tantals Tochter schweigt in diesem Stein,
Syrinx Klage tönt' aus jenem Schilfe,
Philomelens Schmerz in diesem Hain.
Jener Bach empfing Demeters Zähre,
Die sie um Persephonen geweint,
Und von diesem Hügel rief Cythere
Ach vergebens! ihrem schönen Freund.

Zu Deukalions Geschlechte stiegen
Damals noch die Himmlischen herab,
Pyrrhas schöne Töchter zu besiegen,
Nahm Hyperion den Hirtenstab.
Zwischen Menschen, Göttern und Heroen
Knüpfte Amor einen schönen Bund.
Sterbliche mit Göttern und Heroen
Huldigten in Amathunt.

Betend an der Grazien Altären
Kniete da die holde Priesterin,
Sandte stille Wünsche an Cytheren
Und Gelübde an die Charitin.
Hoher Stolz, auch droben zu gebieten,
Lehrte sie den göttergleichen Rang,
Und des Reizes heilgen Gürtel hüten,
Der den Donnrer selbst bezwang.

Himmlisch und unsterblich war das Feuer,
Das in Pindars stolzen Hymnen floß,
Niederströmte in Arions Leier,
In den Stein des Phidias sich goß.
Beßre Wesen, edlere Gestalten
Kündigten die hohe Abkunft an.
Götter, die vom Himmel niederwallten,
Sahen hier ihn wieder aufgetan.

Werter war von eines Gottes Güte
Teurer jede Gabe der Natur.
Unter Iris schönem Bogen blühte
Reizender die perlenvolle Flur.
Prangender erschien die Morgenröte
In Himerens rosigtem Gewand,
Schmelzender erklang die Flöte
In des Hirtengottes Hand.

Liebenswerter malte sich die Jugend,
Blühender in Ganymedas Bild,
Heldenkühner göttlicher die Tugend
Mit Tritoniens Medusenschild.
Sanfter war, da Hymen es noch knüpfte,
Heiliger der Herzen ew'ges Band.
Selbst des Lebens zarter Faden schlüpfte
Weicher durch der Parzen Hand.

Das Evoe muntrer Thyrsusschwinger,
Und der Panther prächtiges Gespann
Meldeten den großen Freudebringer.
Faun und Satyr taumeln ihm voran,
Um ihn springen rasende Mänaden,
Ihre Tänze loben seinen Wein,
Und die Wangen des Bewirters laden
Lustig zu dem Becher ein.

Höher war der Gabe Wert gestiegen,
Die der Geber freundlich mit genoß,
Näher war der Schöpfer dem Vergnügen,
Das im Busen des Geschöpfes floß.
Nennt der Meinige sich dem Verstande?
Birgt ihn etwa der Gewölke Zelt?
Mühsam späh ich im Ideenlande,
Fruchtlos in der Sinnenwelt.

Eure Tempel lachten gleich Palästen,
Euch verherrlichte das Heldenspiel
An des Isthmus kronenreichen Festen,
Und die Wagen donnerten zum Ziel.
Schön geschlungne seelenvolle Tänze
Kreisten um den prangenden Altar,
Eure Schläfe schmückten Siegeskränze,
Kronen euer duftend Haar.

Seiner Güter schenkte man das Beste,
Seiner Lämmer liebstes gab der Hirt,
Und der Freudetaumel seiner Gäste
Lohnte dem erhabnen Wirt.
Wohin tret ich? Diese traur'ge Stille
Kündigt sie mir meinen Schöpfer an?
Finster, wie er selbst, ist seine Hülle,
Mein Entsagen — was ihn feiern kann.

Damals trat kein gräßliches Gerippe
Vor das Bett des Sterbenden. Ein Kuß
Nahm das letzte Leben von der Lippe,
Still und traurig senkt' ein Genius
Seine Fackel. Schöne lichte Bilder
Scherzten auch um die Notwendigkeit,
Und das ernste Schicksal blickte milder
Durch den Schleier sanfter Menschlichkeit.

Nach der Geister schrecklichen Gesetzen
Richtete kein heiliger Barbar,
Dessen Augen Tränen nie benetzen,
Zarte Wesen, die ein Weib gebar.
Selbst des Orkus strenge Richterwaage
Hielt der Enkel einer Sterblichen,
Und des Thrakers seelenvolle Klage
Rührte die Erinnyen.

Seine Freuden traf der frohe Schatten
In Elysiens Hainen wieder an;
Treue Liebe fand den treuen Gatten
Und der Wagenlenker seine Bahn;
Orpheus Spiel tönt die gewohnten Lieder,
In Alcestens Arme sinkt Admet,
Seinen Freund erkennt Orestes wieder,
Seine Waffen Philoktet.

Aber ohne Wiederkehr verloren
Bleibt, was ich auf dieser Welt verließ,
Jede Wonne hab ich abgeschworen,
Alle Bande, die ich selig pries.
Fremde, nie verstandene Entzücken
Schaudern mich aus jenen Welten an,
Und für Freuden, die mich jetzt beglücken,
Tausch ich neue, die ich missen kann.

Höhre Preise stärkten da den Ringer
Auf der Tugend arbeitvoller Bahn:
Großer Taten herrliche Vollbringer
Klimmten zu den Seligen hinan;
Vor dem Wiederforderer der Toten
Neigte sich der Götter stille Schar.
Durch die Fluten leuchtet dem Piloten
Vom Olymp das Zwillingspaar.

Schöne Welt, wo bist du? — Kehre wieder,
Holdes Blütenalter der Natur!
Ach, nur in dem Feenland der Lieder
Lebt noch deine goldne Spur.
Ausgestorben trauert das Gefilde,
Keine Gottheit zeigt sich meinem Blick,
Ach, von jenem lebenwarmen Bilde
Blieb nur das Gerippe mir zurück.

Alle jene Blüten sind gefallen
Von des Nordes winterlichem Wehn.
Einen zu bereichern, unter allen,
Mußte diese Götterwelt vergehn.
Traurig such ich an dem Sternenbogen,
Dich, Selene, find ich dort nicht mehr;
Durch die Wälder ruf ich, durch die Wogen,
Ach! sie widerhallen leer!

Unbewußt der Freuden, die sie schenket,
Nie entzückt von ihrer Trefflichkeit,
Nie gewahr des Armes, der sie lenket,
Reicher nie durch meine Dankbarkeit,
Fühllos selbst für ihres Künstlers Ehre,
Gleich dem toten Schlag der Pendeluhr,
Dient sie knechtisch dem Gesetz der Schwere
Die entgötterte Natur!

Morgen wieder neu sich zu entbinden,
Wühlt sie heute sich ihr eignes Grab,
Und an ewig gleicher Spindel winden
Sich von selbst die Monde auf und ab.
Müßig kehrten zu dem Dichterlande
Heim die Götter, unnütz einer Welt
Die, entwachsen ihrem Gängelbande,
Sich durch eignes Schweben hält.

Freundlos, ohne Bruder, ohne Gleichen,
Keiner Göttin, keiner Ird'schen Sohn,
Herrscht ein andrer in des Aethers Reichen
Auf Saturnus umgestürztem Thron.
Selig, eh sich Wesen um ihn freuten,
Selig im entvölkerten Gefild,
Sieht er in dem langen Strom der Zeiten
Ewig nur — sein eignes Bild.

Bürger des Olymps konnt ich erreichen,
Jenem Gotte, den sein Marmor preist,
Konnte einst der hohe Bildner gleichen;
Was ist neben Dir der höchste Geist
Derer, welche Sterbliche gebaren?
Nur der Würmer Erster, Edelster.
Da die Götter menschlicher noch waren,
Waren Menschen göttlicher.

Dessen Strahlen mich darnieder schlagen,
Werk und Schöpfer des Verstandes! dir
Nach zu ringen, gib mir Flügel, Waagen
Dich zu wägen — oder nimm von mir
Nimm die ernste strenge Göttin wieder,
Die den Spiegel blendend vor mir hält;
Ihre sanftre Schwester sende nieder,
Spare jene für die andre Welt.

Schillers Gedicht „Die Götter Griechenlandes" — das neben Goethes „Iphigenie" wichtigste Zeugnis für die Entstehung des klassischen deutschen Griechenland-Mythos — wurde im März 1788 geschrieben und erschien in seiner ersten Fassung in Wielands „Merkur". Nur beiläufig, ohne besonderen Nachdruck, wird es in Schillers Brief an Körner vom 17. März erwähnt: „Wieland rechnete auf mich bei dem neuen Merkurstücke, und da machte ich in der Angst — ein Gedicht. Du wirst es im März des Merkur finden und Vergnügen daran haben, denn es ist doch ziemlich das Beste, das ich neuerdings hervorgebracht habe, und die Horazische Korrektheit, welche Wieland ganz betroffen hat, wird Dir neu daran sein." Körner spürt darüber hinaus das Gefährliche und Verwegene dieses Gedichtes und sucht sich in seinem Schreiben vom 25. April davon zu distanzieren: „Dein Gedicht habe ich endlich gelesen. Ich wünschte mir Dein Talent, um ein Gegenstück (d. h. eine Apologie des christlichen Monotheismus) zu machen. An Stoff sollte mir's nicht fehlen. Einige Ausfälle wünschte ich weg, die nur die plumpe Dogmatik, nicht das verfeinerte Christentum treffen. Sie tragen zum Wert des Gedichtes nichts bei, und geben ihm ein Ansehen von Bravour, dessen Du nicht bedarfst, um Deine Arbeiten zu würzen." Erst am 12. Juni äußert sich Schiller von neuem gegen Körner, ohne auf diese Einwände einzugehen. Was er zur Verteidigung seines Gedichtes sagt, läßt nicht entfernt die Bedeutung seiner neuen Schöpfung ahnen. „Mir gefällt dies Gedicht sehr, weil eine gemäßigte Begeisterung darin atmet, und eine edle Anmut mit einer Farbe von Wehmut untermischt — und just diese scheint flacher auf Dich gewirkt zu haben." Die Strophen 1, 2, 3, 6, 11, 14, 16, 17, 19, 20 bezeichnete er als seine „liebsten Stellen". Dennoch hat er auch von ihnen die 6., 11. und 17. in der zweiten Fassung ganz preisgegeben, die 14. erheblich abgeändert.

Bald nach seinem Erscheinen findet das Gedicht den heftigsten Widerspruch und wird von manchen Lesern als Herausforderung des Christentums, ja als Blasphemie empfunden.[1] Besonders der „heilige Barbar“ (Strophe 15), den Friedrich Leopold von Stolberg auf Christus bezog, wurde Schiller übelgenommen. Stolberg erklärte im „Deutschen Museum“, August 1788, er möchte „lieber der Gegenstand des allgemeinen Hohns sein, als nur ein solches Lied gemacht haben, wenn auch ein solches Lied ihm den Ruhm des großen und lieben Homers zu geben vermöchte“. Auch Knebel behauptete im „Teutschen Merkur“, April 1788, Schiller verteidige den Polytheismus gegen das Christentum. Auf solche Angriffe hat Schiller nicht geantwortet. Erst nach dem Abklingen dieser literarischen Fehde schreibt er am 5. Mai 1793 an Körner, daß er kaum mit 15 Strophen zufrieden sei, und bereitete eine neue Fassung vor. Diese zweite Gestaltung wurde erst 1800 im ersten Band der Gedichte veröffentlicht. Sie enthält von den ursprünglichen 25 Strophen nur noch 14, zu denen noch zwei völlig neu gedichtete hinzukamen, die Strophen 6 und 16 der zweiten Fassung.

Am 25. Dezember 1788 äußerte sich Schiller in einem Brief an Körner über die Angriffe auf sein Gedicht. Er berief sich darauf, daß sein Gegenstand ein idealischer und nicht ein wirklicher gewesen wäre. „Der Gott, den ich in den Göttern Griechenlands in Schatten stelle, ist nicht der Gott der Philosophen oder auch nur das wohltätige Traumbild des großen Haufens, sondern er ist eine aus vielen gebrechlichen schiefen Vorstellungsarten zusammengeflossene Mißgeburt. — Die Götter der Griechen, die ich ins Licht stelle, sind nur die lieblichen Eigenschaften der griechischen Mythologie in *eine* Vorstellungsart zusammengefaßt.“ Ein Kunstwerk habe nur seiner eignen Schönheitsregel Rechenschaft zu geben, wenn es auch „mittelbar“ auf diesem Wege am Ende sich, wie jede Schönheit, „in allgemeine Wahrheit auflösen läßt“. Die Verteidigung Schillers hält im Grunde alle Fragen in der Schwebe. Darf er einen Gegenstand „idealisch“ nennen, der sich gerade mit dem Strömen der Zeit, mit dem *geschichtlichen* Schicksal der Religionen beschäftigt? Was ist mit der *einen* Vorstellungsart gemeint, in der die „lieblichen Eigenschaften der Mythologie“ zusammengefaßt sind? Falls Schiller damit andeuten will, daß seine griechischen Götter keine Wirklichkeit besitzen, sondern nur Träume der Phantasie, nur „romantische“ Bilder der dichterischen Sehnsucht sind, so nimmt er damit seinem Gedicht das Schwergewicht, und die eindringliche Klage über das Verlorene wäre dann nur Klage über ein Entschwundenes, das auch früher nicht eigentlich anwesend, sondern immer schon ein idealischer Traum war. Läßt sich aber eine Elegie auf einen bereits elegisch verstandenen Weltzustand dichten? Gewinnt nicht das ganze Gedicht gerade aus dem Abstand von Einst und Jetzt seine lyrische Sprachkraft? Schiller sucht in der von uns zitierten Briefstelle die Wucht seines Angriffes auf das Jetzt abzuschwächen, indem er behauptet, er habe damit weder den „Gott der Philosophen" noch „das wohltätige Traumbild des großen Haufens" gemeint. Um so dringlicher wird die Frage, warum und in welcher Weise die „aus vielen gebrechlichen schiefen Vorstellungsarten zusammengeflossene Mißgeburt" entstanden ist, es sei denn, man hält sie nur für eine bösartige Erfindung des Dichters selbst. Wo aber läge dann die „mittelbar" auf diesem Wege gefundene „allgemeine Wahrheit"?

Diese Fragen müssen zunächst noch unbeantwortet bleiben. Denn auch der Vergleich der ersten und der zweiten Fassung führt uns hier nicht weiter. Das Gedicht von 1793 zeigt eine größere metrische Reinheit, ein Zurückdrängen des Abstrakten, einen der elegischen Form mehr entsprechenden und nunmehr bewußt erstrebten sprachlichen Wohlklang, vor allem eine erhebliche Verknappung, die der Wirkung des Ganzen zugute kommt. Jede der achtzeiligen, kreuzweise gereimten Strophen im trochäischen Versmaß hat jetzt einen verkürzten Versschluß, während in der ersten Fassung unter den 25 Strophen bei 7 die Abkürzung unterblieben ist (4, 7, 13, 14, 17, 19, 25). Vor allem wurde in der zweiten Fassung die Kampfansage gegen den Monotheismus des Christentums erheblich gemildert; gerade die antithetisch herausgearbeiteten Strophen und Verse sind fast alle entweder abgeändert oder ganz gestrichen worden. Die letzte Strophe des Gedichtes hat eine völlig neue Fassung erhalten; sie gipfelt nicht mehr in der radikalen Gegenüberstellung von Wahrheit und Schönheit, sondern sucht mit dem Hinweis auf die Unsterblichkeit des Gesanges den im Gedicht angedeuteten Konflikt zwar nicht aufzulösen, aber mildernd über ihn hinwegzutrösten.

Es wird sich wohl nur schwer eine Einigung darüber erzielen lassen, welche von den beiden Fassungen künstlerisch den Vorzug verdient. Wohl zeigt die erste Fassung noch manches von der Gewaltsamkeit der Schillerschen Jugendlyrik, aber die zweite nähert sich dafür mit ihrer genauen Aufteilung — die ersten 11 Strophen gehören der Antike, die Strophen 12 bis 15 der modernen Welt, die 16. bringt die Aussöhnung — bereits einem bedenklichen Schematismus. Beim ersten Lesen der frühen Fassung kann es zunächst so scheinen, als ob die Strophen mit einer gewissen Beliebigkeit aneinandergereiht sind und sich in ihrer mythologischen Ausmalung endlos fortsetzen ließen. Bei genauem Hinsehen erkennt man jedoch, wie sehr die dialektische Bewegung des Gedankens hier vom Gefühle vorwärts getrieben wird und gerade dadurch das Gedicht eine nicht konstruktive, sondern organische Form gewinnt. Die beiden ersten Strophen setzen mit der elegischen, aber schon verhalten fordernden Klage über die verlorene schöne Welt ein: „Wie ganz anders, anders war es da!" Mit der dritten Strophe beginnt dann der Strom der mythologischen Bilder, der das Vergangene immer andringender, immer überwältigender, immer gegenwärtiger macht (Strophe 3 bis 11). Erst die zweite Hälfte der 11. Strophe bringt zum ersten Male die negativ antwortende Stimme aus der eignen Zeit, die sogleich wieder in der 12. und 13. Strophe von der sich mächtig und mächtiger auftürmenden Welt der Antike zum Schweigen gebracht wird, um dann mit der zweiten Hälfte der 13. Strophe, fast noch gegen den feiernden Willen des Dichters, von neuem hörbar zu werden. Jetzt kann in den Strophen 14 bis 16 die Antike nur auf indirekte Weise charakterisiert werden; der von der Gegenwart überschattete Dichter schildert eindringlich, welche Verluste damals noch *nicht* erlitten wurden. Damit verstärkt sich die Schwermut über das unwiederbringlich Verlorene, so daß die 17. Strophe bereits als Ganzes der freudlosen Gegenwart gehören mußte, die sich nunmehr nicht länger zurückdrängen ließ. Nur der 18. Strophe gelingt es noch einmal, die vergangene schöne und zugleich heroische Welt wieder heraufzurufen; dann gewinnt von der 19. bis zur 24. Strophe das entgegengesetzte Weltalter der Moderne ein solches Übergewicht, daß am Ende in der Schlußstrophe der verzweifelte Wunsch nach Erlösung sich im sprachlichen, über die Versgrenzen hinübergreifenden Strömen, gepreßt und wuchtig zugleich, entladen mußte. Darin kontrastiert diese letzte Strophe durchaus gegen den klar sich absetzenden Aufbau aller anderen, die das Dialektische des Gedankens auch formal durch die genaue Abgrenzung der vier ersten von den vier letzten Verszeilen in jeder Strophe unterstreichen. Nur zweimal wird in 24 Strophen von der einen Versgruppe auf die andere hinübergegriffen und damit eine wirkungsvolle Hervorhebung erreicht. Am deutlichsten ist das in der 14. Strophe: „Still und traurig senkt' ein Genius / Seine Fackel."[2]

Solches, vom Gefühl getragene Hereinholen des Vergangenen in das Gegenwärtige, das sich dann doch durch die Gegenwart der eignen Zeit und ihre Seelenlosigkeit um diesen Gewinn in wachsendem Maße betrogen sieht — es geht in der zweiten Fassung in seiner inneren Dramatik weitgehend verloren, weil es

Schiller jetzt sehr viel mehr auf den Einklang und Wohlklang des elegischen Tons ankam und nicht so sehr auf die vom Dichter bis zum Zerreißen erlittene Spannung der beiden Zeitalter. Ob man nun der ersten oder der zweiten Fassung den größeren dichterischen Rang zubilligt, die erste besitzt auf jeden Fall die größere geistesgeschichtliche Bedeutung. Für ihre Entstehung dürfte Schillers damaliger Umgang mit Wieland eine große Rolle gespielt haben. Es war die gleiche Zeit, in der Wieland mit der Übersetzung des Lukian beschäftigt war; und die beiden ersten, im Frühjahr 1788 vollendeten, Bände enthielten unter anderem die „Göttergespräche". Wohl hat die dortige Profanierung des griechischen Mythos nichts mit der Schillerschen Verherrlichung zu tun, aber dennoch rückten der liebenswürdige Spott Lukians und die skeptische Rokokoantike Wielands Schiller den antiken Götterbereich näher. Hinzu mochte die Einwirkung Lessings und Herders kommen, vor allem die von Schiller bewunderte Goethesche Iphigenie, 1787. Die Auseinandersetzung mit dem Griechischen war ein Problem der Zeit. Bei Schiller finden wir die Anfänge dieser Begegnung bereits in dem Aufsatz über den Antikensaal zu Mannheim aus dem Jahr 1785. Wohl stand hier noch jener abschätzige Satz über die Antike: „Die Griechen philosophierten trostlos, glaubten noch trostloser und handelten — gewiß nicht minder edel als wir." Dennoch ist die Einwirkung Lessings und Winckelmanns unverkennbar. Bereits damals wurde es für Schiller zum entscheidenden Leitmotiv in seinem neuen Zugang zur Antike, daß der Mensch sich durch die Kunst über sich selbst zu erheben vermag, indem er als Künstler der Schöpfer der Götter wird. „Die Griechen malten ihre Götter nur als edlere Menschen und näherten ihre Menschen den Göttern. Es waren Kinder einer Familie." Griechenland wird für Schiller ein unmittelbar lebendiger und auch im Göttlichen menschennaher Bereich, nicht eine Angelegenheit der gelehrten Bildung. In den „Göttern Griechenlands" der ersten Fassung heißt es ganz im gleichen Sinne: „Da die Götter menschlicher noch waren, / Waren Menschen göttlicher" (24. Strophe).

„Menschlicher" waren die Götter, und wir haben zu fragen: Bedeutet das, sie waren nur Gestalten der menschlichen Phantasie, in denen der Mensch ein erhöhtes Wunschbild seiner selbst erfand? Die durch Wielands Einfluß sicher noch verstärkten Rokoko-Züge des Gedichtes lassen uns die „schönen Wesen aus dem Fabelland" zunächst durchaus im Lichte einer spielerischen Grazie erscheinen. Sie zu verehren, bedeutet „Wonnedienst", und ihr Regiment erfolgt „an der Freude leichtem Gängelband"; so heißt es bereits in den ersten Strophen. Diese Götter waren für Schiller offensichtlich der Inbegriff einer durch Lebensfülle, Empfindung, Liebe und höheren Adel beseelten Schöpfung, sie waren die mythologische Umschreibung für eine schöne Teilhabe an der schönen Welt, sie bedeuteten die Theophanie, die Gegenwart des Vollkommenen im Irdischen. Das alles wird jedoch im Abstand der Erinnerung geschildert; das Gedicht gewinnt seinen poetischen Ton als Elegie, und das preisende und schmückende Wort wechselt mit der Klage über einen inzwischen erlittenen, nicht wieder rückgängig zu machenden Verlust. „Setzt der Dichter die Natur der Kunst und das Ideal der Wirklichkeit so entgegen, daß die Darstellung des ersten überwiegt, so nenne ich ihn elegisch" — das war die Definition, die Schiller später in seiner Schrift „Über naive und sentimentalische Dichtung" vom Elegischen gegeben hat. Die Natur und das Ideal sind hier ein Gegenstand der Trauer, weil „jene als verloren, dieses als unerreicht dargestellt wird". Dennoch ist das elegisch besungene, unerreichbare Ideal in den „Göttern Griechenlands" zugleich „ein Gegenstand der Freude", es wird „als wirklich vorgestellt"; und damit verwandelt sich die Elegie in jene Dichtungsgattung, die Schiller „Idylle" nennt. In der heimlichen Spannung zwischen diesen beiden Polen liegt ein eigentümlicher Reiz dieses Gedichtes und zugleich auch sein verborgenes Problem. Die elegische Klage um das verlorene goldene Zeitalter der Liebe und Freude wandelt sich zum enthusiastischen Preislied auf die unmittelbare Gegenwart des Ideellen im Wirklichen und sieht solche Unmittelbarkeit in der dialektischen Bewegung des vom Gefühl fortgerissenen Gedankens dann doch wieder durch die schattenhaft, abstrakt und entseelt gewordene Gegenwart der eignen Zeit bedroht.

Die Götter Griechenlands sind poetische Götter, die der Welt in einem vergangenen Zeitalter den Schimmer der Poesie geschenkt haben, so daß alles Wirkliche verklärter, blühender, liebenswerter, sanfter und heiliger den Menschen begegnete. Die Strophen bringen in unermüdlicher Abwandlung immer wieder neue mythologische Beispiele für eine solche in sich selige und heitere Welt, die weder durch die Erbsünde noch durch die Kälte des Begriffes verdüstert war. Es ist so, als ob die Inbrunst des Dichters die versunkene Vollkommenheit nicht nur in ihrem Sanften und Süßen noch einmal erinnernd beschwören, sondern auch fast gewaltsam fordernd von neuem ins Leben reißen möchte. Dadurch erhält das Gedicht über das Fließende und Anmutige hinaus den gebieterisch heroischen Ton.

Immer wieder war im 18. Jahrhundert der „Göttin Freude“ gehuldigt worden; Schiller projiziert das als einen Wunschtraum in eine bereits versunkene Antike, die er mit den liebenswürdig verspielten Zügen des Rokoko, den schwärmerischen der Empfindsamkeit und den heroisch festlichen der Winckelmann-Renaissance ausmalt. Das von Amor geknüpfte schöne Band zwischen Menschen, Göttern und Heroen (5. Strophe), die Altäre der Grazien und des „Reizes heilger Gürtel“ (6. Strophe), Dionysos als der große Freudenbringer (10. Strophe), das „Vergnügen“ des Geschöpfes, das dem Schöpfer sich noch nahe weiß (11. Strophe), die „schön geschlungnen seelenvollen Tänze“ (12. Strophe), die in Reiz, Prangen und Schmelz verklärte Natur (8. Strophe), solche und verwandte Züge gehören in den Umkreis einer mit den Ausdrucksmitteln des Rokoko und der Empfindsamkeit geschilderten griechischen „Idylle“; „heldenkühne“, „göttliche Tugend“, „große Taten“, mit denen die Helden zu den Seligen hinaufklimmen, die Nennung der sakralen Festspiele, alles dies verleiht ihr darüber hinaus ein gesteigertes, erhabenes Pathos. „Prangender“, „liebenswerter“, „blühender“, „heldenkühner“, „sanfter“, „heiliger“, „weicher“ — es sind Adjektive, in denen die Sprache des 18. Jahrhunderts auf die gestalthafte Welt der griechischen Mythologie übertragen und ihr so eine aus dem Herzen fließende Wärme des Gefühls gegeben wird. Aber es sind auch Schillersche Komparative, die die Sprache der Empfindsamkeit sprengen und noch das unnennbar Göttliche zu versinnlichen und in der Versinnlichung zu „steigern“ suchen. Das Preislied auf die Vergangenheit wird zum Gedicht einer Erlösungssehnsucht, die die Erlösung von der beschmutzenden Wirklichkeit des Jetzt in der beseligenden Wirklichkeit des Einst zu finden hofft.

Es gehört zur Problematik des empfindsamen Zeitalters, daß die „Innerlichkeit“ am Ende sich selbst überlassen war und keine Welt mehr besaß. Das Schillersche Gedicht entgeht dieser wachsenden Gefahr, indem es in der sinnlich-ästhetischen Anschauung der Antike einen neuen, verklärten Raum für das innere Leben der Menschen gewinnt. „Lebenswarm“ ist der Ausdruck, mit dem Schiller selbst in der 19. Strophe sein Bild des Griechentums noch einmal zusammenfassend charakterisiert. Wohl ist auch hier, ebenso wie in Schillers späterer Theorie über „Elegie“ und „Idylle“, die Natur eine Idee des Geistes. Griechenland ist Arkadien und Elysium zugleich, eine ideale Landschaft des Glückes und ein Fortdauern dieses auf „Menschlichkeit“ gegründeten Glückes noch über den Tod hinaus, in „Elysiens Hainen“. „Schöne lichte

Bilder / Scherzten auch um die Notwendigkeit.“ Selbst die Sphäre des Todes und des Schicksals wird in der ästhetisch gereinigten Welt von Arkadien und Elysium, wenn nicht aufgehoben, so doch gemildert. Aber mit solchem „Ideal“ ist zugleich der Zugang zur Natur neu gefunden, zur sinnlich schönen Welt als einer fühl- und anschaubaren, einer in reiner Gegenwart von Menschen und Göttern gemeinsam durchdrungenen Welt.

Zweifellos ist es nicht eine religiöse, sondern eine ästhetische Sphäre, die diese ebenso feiernde wie klagende Elegie vor uns ausbreitet. Aber das Ästhetische tritt an die Stelle des Religiösen und erhält dadurch die Züge des Heils und der Erlösung. So leidenschaftlich fordernd diese Begnadung von Schiller auch besungen wird, sie ist dennoch für immer verloren, und die Geschichte selbst wird für diese Entwicklung verantwortlich gemacht. Unter diesem Blickpunkt ist die griechische Welt jedoch nicht nur das vom Dichter beschworene *Ideal*, sondern auch eine *Wirklichkeit*, in der sich dieses Ideal einmal anschaulich verkörpern durfte. Nur von dieser Voraussetzung aus wird die Kampfansage gegen die spätere christliche und aufgeklärte Welt in ihrer Unausweichlichkeit verständlich. Durch die verlorene Gegenwart des Schönen ist auch die Gegenwart der Götter verloren. Bezeichnenderweise mußte es bei Schiller im Zwielicht bleiben, ob die „schönen Wesen aus dem Fabelland“ ihre Entstehung nur dem fabulierenden Geist des antiken Menschen verdanken, oder, ob sie eine eigne objektive Wirklichkeit besitzen, die nur für uns Heutige, im elegischen Abstand der Erinnerung, zum „Fabelland“ geworden ist. Die mit den griechischen Göttern vorgestellte Welt des Schönen bedeutete für den Dichter nicht etwas Phantastisches, sondern „mittelbar“ einen Weg zur „Wahrheit“ selbst. Darum mußte er die Gegenwelt von Christentum und Aufklärung so heftig bekämpfen, weil hier ein anderer, ein unmittelbarer und absoluter Anspruch auf „Wahrheit“ erhoben wurde, dem die mythologisch vielfältige Welt der Antike zum Opfer fiel. In dieser, vor allem in der ersten Fassung durchgeführten, Gegenüberstellung, liegt das für die damalige Zeit beispiellos Kühne des Gedichtes. Anakreontisch verspielte oder empfindsam schwärmerisch gesehene Antike gab es auch schon vorher. Ebenso ist die Steigerung ins Heroische nichts grundsätzlich Neues. Dem Ästhetischen jedoch den Rang einer Religion zu geben und von hier aus die moderne Welt anzuklagen, das war neu und gefährlich. Man hat Schillers Angriff gegen den Monotheismus des Christentums dadurch abzuschwächen versucht, daß man seine eigentliche Kritik nicht dort, sondern in der

Anklage gegen die moderne mechanische Auffassung der Natur und gegen das Abstrakte der modernen Philosophie zu finden glaubte. Nicht das Christentum, sondern die Aufklärung sei der eigentliche Gegenpol zur glückerfüllten antiken Welt. Aber das Problem des Gedichtes liegt in jener merkwürdigen Verschmelzung von Christentum und Aufklärung zu einem gemeinsamen Gegner. Der monotheistische Gott des Christentums verwandelt sich in den abstrakten Gott des aufgeklärten Denkens, „Werk und Schöpfer des Verstandes". Schillers Kritik am Christentum gewinnt eben dadurch ihre Schärfe, daß sie den christlichen Gott nicht mehr als einen Gott der Liebe, sondern von seiner — nach Schillers Meinung in ihm angelegten — Konsequenz, nur noch vernünftiger Gott zu werden, interpretiert. Erst so wird er unvermeidlich zu „einer aus vielen gebrechlichen schiefen Vorstellungsarten zusammengeflossenen Mißgeburt". Indem Schiller sich auf diese Weise entschuldigt, verstärkt er auch wieder seine Anklage. Wird ja doch dem Christentum dadurch vorgeworfen, daß es im Zeitalter Schillers in eine solche schiefe, gebrechliche, abstrakte Religion, Philosophie, Gesetzgebung und Naturwissenschaft eingemündet ist! Die Anklage gegen den christlichen Gott und eine ihm abstrakt zugeordnete Welt ist die Anklage gegen einen Gott, von dem aus kein Weg mehr in eine von Göttern erfüllte Welt zurückführt.

Das setzt bereits mit der dritten Strophe ein, wo vom „seelenlosen Feuerball" die Rede ist, wie ihn die Philosophen proklamiert haben; es wird nach dem blühenden und schwelgerischen Preisen der Antike neu aufgenommen in der berüchtigten 15. Strophe, wo das unmenschlich Abstrakte moderner Gerichtsprechung in der Wendung „Nach der Geister schrecklichen Gesetzen" zusammengefaßt wird. Die bloß richtende Gesetzesgottheit ist ebenso wie der bloß abstrakte Verstand von einer tötenden Kälte und schrecklichen Erhabenheit. Alle Seligkeit des Geschöpfes muß dabei zugrunde gehen. Die Anklage verstärkt sich in der 17. Strophe in der Absage an die Diesseits-Jenseits-Spaltung; denn „jene Welten", das heißt die jenseitige Welt wird vom Dichter nur mit Befremdung und Schaudern erlebt. Am Ende des Gedichtes, von der 19. bis 25. Strophe, wird die des Zaubers beraubte, moderne Welt in ihrer ganzen Erbarmungslosigkeit enthüllt. Die antike Mannigfaltigkeit der Götter ist um des *einen* Gottes willen geopfert worden. An die Stelle der Freude tritt die Schwermut, an die Stelle des „Elysium" das „Gerippe" („Schatten" nennt es abschwächend die zweite Fassung); an die Stelle einer fühlend wahrgenommenen freien Welt die fühllose, entgötterte Natur, die nur noch „knechtisch“ „dem Gesetz der Schwere“ gehorcht. Die Götter haben sich der Welt entzogen, weil die Welt sie nicht mehr braucht. Erst jetzt sind sie endgültig zum „Dichterlande“ eingekehrt, aber damit auch in die Verbannung gegangen. Einstmals, so dürfen wir ergänzen, war die wirkliche Welt selbst durch die Anwesenheit der Götter „Dichterland“ gewesen. Nunmehr gibt es nur noch den einen Gott ohne Gemeinschaft, der „in dem langen Strom der Zeiten / Ewig nur — sein eignes Bild“ sieht. Er bleibt unnahbar, unerreichbar und erniedrigt durch seine ferne Majestät den Sterblichen zum bloßen „Wurm“. Der christliche Gott ist damit zum abstrakten Gott geworden, nach dem sich nur mühsam im Ideenlande ausspähen läßt, der aber in der Sinnenwelt überhaupt nicht mehr zu finden ist (vgl. Strophe 11). Nur in der „traurigen Stille“, in der „finstren Hülle“ ist er anwesend und nur negativ, durch „Entsagen“, kann er gefeiert werden (13. Strophe).

„Werk und Schöpfer des Verstandes“, so wird er in der letzten Strophe genannt, damit wird die Identifizierung zwischen christlichem und aufgeklärtem Gott endgültig vollzogen; er ist unerreichbar für das menschliche Geschöpf, das ihm nicht nachfliegen und seine Erhabenheit nicht zu „wägen“ vermag. Sein Wesen ist „Wahrheit“ — Schiller nennt diese eine „ernste strenge Göttin“ —, aber Wahrheit übersteigt alle dem Menschen gesetzten Grenzen, Wahrheit kann nicht erlösen, nicht frei machen, und so verlangt der Dichter mit einer fast verzweifelten Inbrunst nach der „sanftren Schwester“, der Schönheit, wohingegen die Wahrheit für eine andere, jenseitige Welt aufgespart bleiben soll. Dem abstrakt gewordenen Gott, der sich im konkreten menschlichen Gefühl nicht mehr ergreifen läßt, korrespondiert eine abstrakt gewordene Welt, die nur an „ewig gleicher Spindel“ sich fortwindet, nur durch ihr eignes Schweben gehalten wird.

In den Jahren von 1788—1793 wird der Gegensatz und die verborgene Identität von Schönheit und Wahrheit zur entscheidenden Achse der Schillerschen Philosophie. Mehr und mehr gewinnt die „sanftre Schwester“ den Vorrang. Ein Jahr nach der ersten Fassung der „Götter Griechenlands“ heißt es in dem Gedicht „Die Künstler“:

Was wir als Schönheit hier empfunden,
Wird einst als Wahrheit uns entgegengehn.

Oder noch deutlicher:

Dein Wissen teilest du mit vorgezognen Geistern,
Die Kunst, o Mensch, hast du allein.

In seinem Brief an Körner vom 9. Februar 1789 bezeichnet Schiller als die „Hauptidee" der „Künstler": „die Verhüllung der Wahrheit und Sittlichkeit in die Schönheit". Wie sehr diese Hülle allmählich das eigentlich Wesentliche bedeutet, verrät die entscheidende These in den Kallias-Briefen an Körner von 1793: Schönheit ist Freiheit in der Erscheinung. Nur vom Sinnenlande aus kann der Mensch zum Geistigsten gelangen und das Ewige anschauen. Das weiß Schiller seit den „Göttern Griechenlands". Aber dennoch bleibt eine solche Forderung paradox und unlösbar. Wohl ist das Amt der Künstler das der Priester und Seher, der Bewahrer des Göttlichen, der Künder und Erneuerer von Vergangenheit, Gegenwart und Zukunft. Der Adel der Menschheit ist der Auftrag, der in die Hand der Künstler gelegt ist. Die Künstler allein verbürgen eine Wiederkehr der Götter. Schillers ganze Sehnsucht geht darauf, daß der Weg der Schönheit am Ende in die Arme der Wahrheit führen soll. Aber diese Sehnsucht behält etwas Unerfüllbares. Die „furchtbar herrliche Urania", die „mit abgelegter Feuerkrone" als Schönheit vor uns steht, hat zugleich etwas Trügerisches und Scheinhaftes.

Hier schwebt sie, mit gesenktem Fluge,
Um ihren Liebling, nah am Sinnenland,
Und malt mit lieblichem Betruge
Elysium auf seine Kerkerwand.

Schönheit ist also nur Wahrheit, soweit diese für den Menschen erträglich ist, und eben doch nicht ganz mit der furchtbar herrlichen Urania mit der Feuerkrone identisch. Kann es eine Befreiung und Erlösung für den Menschen schon im Umkreis des sinnlichen Daseins geben? Die Frage ist darum für Schiller so dringlich, weil die Wahrheit unerreichbar bleibt. Keine sterbliche Hand vermag ihren Schleier zu heben, oder es ergeht ihr wie dem Jüngling zu Sais, der es dennoch frevelnd versuchte und mit tiefem Gram und frühem Grab dafür zahlen mußte. Auch in Schillers Gedicht „Die Worte des Wahns" wiederholt sich dieser Gedanke, daß „Wahrheit" dem irdischen Verstand niemals erscheinen kann, und wo es doch in prophetischer Weise geschieht wie in der „Kassandra", da heißt es:

Nur der Irrtum ist das Leben,
Und das Wissen ist der Tod.

Auf der anderen Seite bleibt jedoch auch unser sinnliches Dasein immer Gefangenschaft, und so sehr die Schönheit stellvertretend für die Wahrheit hier auf Erden stehen sollte, der Tragiker Schiller wußte, daß der Mensch in der Welt immer ein Fremdling bleiben wird. Nur einen kurzen Augenblick durfte der Dichter der „Götter Griechenlands" daran glauben, daß es das Vollkommene im Irdischen einmal wirklich gegeben hat. Aber mehr und mehr verwandelt es sich ihm in das Idealische und rückt in einen Bereich jenseits aller Wirklichkeit. Am 4. November 1795 schreibt Schiller an Herder: „Daher scheint es mir gerade ein Gewinn" für den poetischen Genius zu sein, „daß er seine eigne Welt formieret und durch die griechischen Mythen der Verwandte eines fernen, fremden und idealischen Zeitalters bleibt, da ihn die Wirklichkeit nur beschmutzen würde." Kann die sanftere Schwester, selbst wenn sie wiederkehren dürfte, noch halten, was sie verspricht? Die Schlußstrophe der zweiten Fassung der „Götter Griechenlands" gibt bereits eine verzichtende und nicht, wie man behauptet hat, heroische Antwort. Hier heißt es über die scheidenden Götter:

Ja, sie kehrten heim und alles Schöne,
Alles Hohe nahmen sie mit fort,
Alle Farben, alle Lebenstöne,
Und uns blieb nur das entseelte Wort.
Aus der Zeitflut weggerissen, schweben
Sie gerettet auf des Pindus Höhn:
Was unsterblich im Gesang soll leben,
Muß im Leben untergehn.

Wohl hören wir hier nichts mehr von einer rebellischen Auflehnung gegen die „ernste, strenge Göttin" der Wahrheit, aber der elegische Ausklang, mit dem sich der Dichter aus dem Widerspruch von beseelter antiker Sinnlichkeit und dem entseelten Wort der modernen Zeit in das Zeitlose der Kunst hinüberzuretten sucht, ist keine Lösung des einige Jahre vorher noch so radikal gestellten Problems. Die Götter sind nunmehr jenseits der „Zeitflut", sie „schweben... gerettet auf des Pindus Höhn". Damit ist zwar noch einmal der ästhetische Bereich als der eigentlich religiöse proklamiert, aber nunmehr in einem solchen Abstand zur Geschichtlichkeit des Menschen, daß seine Verwirklichung auf Erden ebenso unmöglich geworden ist wie die der ins Unerreichbare entrückten Wahrheit, in deren blendendem Spiegel der Mensch sich nicht mehr zu erkennen vermochte. Nur in der Isoliertheit der Kunst ist ein Raum für die Schönheit und damit auch für die griechischen Götter aufgespart. Ebenso schließt das Gedicht „Der Antritt des neuen Jahrhunderts" aus dem Jahre 1801 angesichts einer erbarmungslosen und entzauberten Wirklichkeit mit dem Verzicht auf eine ästhetische und zugleich religiöse Durchdringung der Welt. Nicht die gotterfüllte Welt, nur noch das eigne Herz vermag wahre Freiheit zu geben.

In des Herzens heilig stille Räume
Mußt du fliehen aus des Lebens Drang:
Freiheit ist nur in dem Reich der Träume,
Und das Schöne ist nur im Gesang.

Jede geschichtliche Epoche hat nunmehr für Schiller die von ihm so schmerzlich erfahrene Ferne zum Ideal; jede darf darum auch ihre relative Berechtigung behalten. In dem Gedicht „Die vier Weltalter“ aus dem Jahre 1802 erscheint die Ablösung der antiken durch die moderne Zeit geradezu positiv:

Verbannt ward der Sinne flüchtige Lust,
Und der Mensch griff denkend in seine Brust.

Noch im Jahre 1803 ertönt in Schillers Gedicht „Der Pilgrim“ die Klage über diese Unversöhnbarkeit von Ideal und Leben:

Ach kein Steg will dahin führen,
Ach der Himmel über mir
Will die Erde nie berühren,
Und das Dort ist niemals hier!

Das nur einmal von Schiller, in den „Göttern Griechenlandes“, als wirklich geschaute Ideal einer Gegenwart der Götter auf Erden, konnte, trotz aller spekulativen und dichterischen Anstrengung, nicht mehr in die geschichtliche Welt der Gegenwart zurückgeholt werden. Die Nachwirkung dieses klassischen Mythos reicht bis in die Romantik hinein, bis zu Novalis und Hölderlin.

WOLFGANG KAYSER

FRIEDRICH VON SCHILLER

Dithyrambe

Nimmer, das glaubt mir, erscheinen die Götter,
Nimmer allein.
Kaum daß ich Bacchus den lustigen habe,
Kommt auch schon Amor, der lächelnde Knabe,
Phöbus der Herrliche findet sich ein.
Sie nahen, sie kommen die Himmlischen alle,
Mit Göttern erfüllt sich die irdische Halle.

Sagt, wie bewirt ich, der Erdegeborne,
Himmlischen Chor?
Schenket mir euer unsterbliches Leben,
Götter! Was kann euch der Sterbliche geben?
Hebet zu eurem Olymp mich empor!
Die Freude, sie wohnt nur in Jupiters Saale,
O füllet mit Nektar, o reicht mir die Schale!

Reich ihm die Schale! Schenke dem Dichter,
Hebe, nur ein!
Netz ihm die Augen mit himmlischem Taue,
Daß er den Styx, den verhaßten, nicht schaue,
Einer der Unsern sich dünke zu sein.
Sie rauschet, sie perlet, die himmlische Quelle,
Der Busen wird ruhig, das Auge wird helle.

Das Gedicht ist in dem Schillerschen Musenalmanach auf 1797 erschienen. Es wurde in die beiden Sammlungen der Gedichte und in die geplante Prachtausgabe aufgenommen; geändert wurde dabei im Wortlaut nur an einer Stelle: ein ursprüngliches „Leihet mir euer unsterbliches Leben“ wurde zu dem kräftigeren „Schenket . . .“ (Strophe 2,3).

Die Dithyrambe gehört zu den zahlreichen Gedichten jener Jahre, in denen Schiller das Wesen der Kunst und des Künstlers behandelte. Es stellt sich auch innerlich neben „Die Macht des Gesanges“ von 1795; war dort von der Wirkung der Kunst gesprochen, so wird hier von dem Künstler gesprochen, von dem solche Macht ausgehen kann, genauer: von dem Zustand, in den er gerät, wenn er ganz seiner Kunst hingegeben ist. Schiller rügte an manchen Gedichten dieser Jahre, daß sie nicht hinreichend „poetisch ausgeführt" seien und dem von ihm als undichterisch empfundenen Lehrgedicht nahe ständen. Von unserem Gedicht kann das nicht gelten. Hier ist alles Anschauung, Situation, Bild geworden; nur mittels einer kräftigen Abstraktion erfaßt man das eigentliche Thema und den gedanklichen Gehalt. Es macht schon den Reiz der ersten Strophe aus, wie hier die allgemeine Aussage des ersten Satzes — an sich auch schon keine gedankliche Aussage, sondern die Feststellung einer Erfahrung — in den nächsten Zeilen zur Aussage über ein einmaliges, sich jetzt vollziehendes Geschehen wird. Das zunächst zeitlose, weil jede mögliche Gegenwart meinende Präsens wird im Vollzug der drei Verbformen in den Zeilen 3—5 zu einem echten, die augenblickliche Gegenwärtigkeit meinenden Präsens. Jetzt und hierher kommen die Himmlischen, zu diesem Sprechenden.

Aber die Gegenwärtigkeit einer bestimmten Situation war auch schon im Anfang spürbar, und zwar an dem Tone des Sprechenden. Eine auffällige Beschwingtheit, Bewegtheit erfüllt ihn. Sie drückt sich in den ersten Worten aus und bleibt sich, trotz aller Spannungen im Ablauf des Geschehens, bis zum Schluß hin völlig gleich. In einem für Schiller fast auffälligen Maße wird hier der Rhythmus zum Ausdrucksträger, Ausdruck für die Gestimmtheit des Sprechenden. Er ist bewegt, aber die Bewegung ist geordnet.

Die Ordnung ist schon durch das Metrum gewährleistet. Dreimal wiederholt sich dieselbe Strophe. Sie ist in sich gegliedert: Druckbild und Paarreim setzen die beiden Schlußzeilen gegen die vorangehenden fünf Zeilen ab. Aber sind es eigentlich fünf Zeilen? Der erste Vers ist jeweils reimlos, er greift auch mit seiner grammatischen Konstruktion stets über das Zeilenende hinüber, so daß Zeile 1 und 2 eine Einheit bilden, an deren Ende erst eine kräftige Pause liegt. Es entsteht somit eine sechshebige Zeile, eine Art Hexameter fast, freilich mit vier Besonderheiten: 1. es fehlt am Ende die unbetonte Silbe; 2. die Zeile reimt; 3. die Füllung ist genau gleich, d. h. immer zweisilbig bis auf die Stelle im jetzigen Zeilenübergang (die einzige Abweichung findet sich in 3,1 nach der zweiten Betonung: „Schale!" Sie ist mit ihrer wirksamen Pause vollauf gerechtfertigt); 4. die Freiheit des Hexameters ist noch weiter beschränkt durch die festen Zäsuren: jeweils zwei Hebungen und eine Senkung bilden eine rhythmische Einheit, so daß sich drei nahezu gleiche Kola folgen. (In allen Drucken zu Schillers Lebzeiten waren die drei Kola als selbständige Zeilen gesetzt.)

Auch in den nächsten beiden Zeilen kehrt die gleiche rhythmische Einheit wieder, je zweimal. Freilich sind die Einschnitte in der Zeilenmitte weniger deutlich markiert. Die jetzige 5. Zeile ist kaum noch gegliedert; sie fungiert rhythmisch als Einheit und stellt somit den größten Bogen dar. Die Bedeutungen unterstützen, was die Reimordnung und die Gliederung der vorangehenden Zeilen bereits andeuten: diese Zeile schließt kräftig ab.

Völlig gleichen Bau haben die Schlußzeilen. Die Drucke zu Schillers Lebzeiten hatten auch hier das sich wiederholende Maß (˘ — ˘ ˘ — ˘) als selbständige Zeilen gesetzt. Das erste Kolon ist dabei noch einmal in sich gegliedert (˘ — ˘ / ˘ — ˘). Während also der erste Teil der Strophe eine gewisse Spannung zur fünften Zeile hin besaß, ist die Bewegung im zweiten Teil völlig gleichmäßig geregelt.

Es mag fast überraschen, daß der sprechende Dichter in einem so beschwingten und dabei so geregelten Tone sprechen kann. Schließlich kommen doch die Götter des Olymp zu ihm. Auch die Worte selbst scheinen uns besonders in der ersten Strophe seltsam gewählt. Amor erscheint als lächelnder Knabe, Bacchus wird „lustig" genannt. Nun bezeichnet dieses Wort in der Sprache unserer Klassiker nicht die Gabe, spaßhaft zu sein, sondern bezieht sich auf die Annehmlichkeit der äußeren Erscheinung (auf die Erscheinung beziehen sich auch die Adjektiva für Amor und Apoll). Aber auch so empfinden wir das Wort als eigenartig, ebenso wie die Wendung, daß der Sprecher Bacchus „habe". Kann man Bacchus, den mächtigen Gott des Weines, haben? Und da wir nun einmal dabei sind, einige Befremdungen offen auszusprechen, so sei auch auf die offensichtliche Unstimmigkeit im Anfang der zweiten Strophe gewiesen. Einmal stört uns wieder etwas die Verharmlosung der Götter, die der sprechende Dichter als einfallenden Besuch guter Bekannter behandelt; seine erste Reaktion ist die recht irdische des Hausherrn, der seine Gäste bewirten muß. Aber diese noch im Hinblick auf eine Zuhörerschaft geäußerte Frage (vgl. auch 1,1: „das glaubt mir") findet keine Antwort. Die Richtung kehrt sich plötzlich um: der Sprecher wendet sich seinerseits bittend an die Götter. Von jetzt an schaut er nicht mehr auf eine Hörerschaft zurück, und unüberhörbar wird der Ton in den Worten ernster und eindringlicher, fast feierlich, wenn sich auch die Beschwingtheit im Rhythmus weiterhin mildert.

Zwei Erklärungen lassen sich für die Leichtfertigkeit in der ersten Hälfte des Gedichts und den Wechsel in Richtung und Ton geben, die als Erklärungen freilich an dem betreffenden Tatbestand selbst nichts ändern. Die eine Erklärung läßt sich aus dem Gedicht gewinnen. Es kommt nämlich gar nicht auf die Begegnung mit den Göttern an sich an. Das dient nur als eine Art Vorbereitung, bei der sich der Sprecher eine Verharmlosung erlauben zu können meint, um das Eigentliche desto nachdrücklicher herauszuheben. Eigentlich geht es um den Trank, den er erbittet und erhält. Offensichtlich ist es Jupiter, der die göttliche Schenkin und Göttin der Jugend anredet. Mit eindringlicher Wiederholung (gesteigert durch die metrische Unregelmäßigkeit) nimmt er die Worte aus der Bitte des Sprechenden auf, sie damit gewährend: „Reich ihm die Schale!“ Um diese mit himmlischem Nektar gefüllte Schale geht es und um ihre Wirkung. Während die Antithesen in der ersten Hälfte noch einen etwas spielerischen Ton hatten („die Himmlischen alle“ — „die irdische Halle“; „der Erdegeborne“ — „himmlischen Chor“), hat der Kontrast: „euer unsterbliches Leben“ — „der Sterbliche“ — volleren Klang. Er verwandelt sich an der entsprechenden Stelle der dritten Strophe zu dem von himmlischem Tau und verhaßtem Styx (dem Fluß der Unterwelt). Die Ankunft der Götter war nur Vorbereitung; die Antithesen waren reine Begriffsantithesen. Jetzt, im Zentrum des Gedichts, sind zwei Symbole gegenübergestellt, die alle bisherigen Antithesen in sich aufgenommen haben, aber damit nicht erschöpft sind: der himmlische Tau als Sinnbild und Spender der Freude und des unsterblichen Lebens, und der verhaßte Styx als Sinnbild der Zeitgebundenheit und Todverfallenheit alles Irdischen.

Jupiter gewährt dem Sprechenden — für Augenblicke jedenfalls — die Erfüllung der Bitte, der Dichter darf trinken. Und die Wirkung des Trankes? Was der Dichter vorher abstrakt als Freude bezeichnet hatte, wird jetzt mit zwei Ausdrucksgebärden dargestellt: Der Busen wird ruhig, das Auge wird helle. Eine Mäßigung geht von dem Trank aus und zugleich eine Erhöhung der Fähigkeiten: das helle Auge wird weiterdringen, über die irdischen Dinge hinaus, wird die Schönheit und Harmonie des himmlischen Bereiches schauen. Ein gesteigertes Empfinden und dabei zugleich in der Ordnung und Mäßigung der Harmonie schwingend: der Rhythmus hat solche Wirkung schon durch das ganze Gedicht hin spüren lassen, in ihm ist die Wirkung schon vor dem Trank lebendig. Mit keinem Wort ist jetzt mehr von den Göttern die Rede, die konkrete Situation ist fast vergessen. Es gibt nur den Trank, und man kann zweifeln, wer denn überhaupt die letzten beiden Zeilen spricht: Jupiter, der das Bisherige sprach, oder der Dichter, der da erfährt. Man soll zweifeln oder vielmehr: man soll gar nicht fragen und Antwort erwarten. Die Wirkung spricht sich selber aus. Die Situation ist so weit geschwunden, daß die letzte Zeile, in der sich Bedeutung der Worte und Rhythmus am innigsten verschlingen, schon wieder in einem zeitlosen, nun gleichsam magischen Präsens spricht. Mythisches Geschehen ist Gegenwart geworden; der Leser wird in seinen Bannkreis gezogen, er macht den Vollzug mit.

Wenn auch der Götterbesuch nur Vorbereitung war, so will sich unser Befremden doch nicht beschwichtigen lassen, daß der Sprechende ihn in so verharmlosender, geradezu spielerischer Form darstellte. Es gibt nun noch eine zweite Erklärung, die sich nicht aus dem Gedicht selber, sondern aus seiner Entstehungsgeschichte gewinnen läßt.

Als der Musenalmanach auf 1796 erschienen war, hatte der fürstbischöfliche Koadjutor Karl Theodor v. Dalberg dem Dichter als Dank zwölf Flaschen Rheinwein übersandt. Schiller erwiderte die Gabe seinerseits mit zwei Distichen, die unter dem Titel „Das Geschenk" im Musenalmanach auf 1797 abgedruckt wurden:

Ring und Stab, o seid mir auf Rheinweinflaschen willkommen!
Ja, wer die Schafe so tränket, der heißt mir ein Hirt!
Dreimal gesegneter Trank! Dich gewann mir die Muse, die Muse
Schickt dich, die Kirche selbst drückte das Siegel dir auf.

Schiller hatte, wie das Manuskript zeigt, noch drei weitere Distichen geschrieben, von denen das zweite den Titel „Die Dichterstunde" trug:

Nie erscheinen die Götter allein, das glaubt mir, kaum hab ich
Bacchus im Hause, so klopft Phöbus der herrliche an.
Amor der lächelnde kommt, es kommen die Himmlischen alle,
Und der irdische Raum füllet mit Göttern sich an.
Wie bewirt ich die Götter? Hier füllet kein Nektar die Schale,
Und was den Menschen vergnügt — wird es den Gott auch erfreun?

Diese drei Disticha wurden nicht mehr im Almanach auf 1797 abgedruckt; sie waren ja zu unserem Gedicht weitergedichtet worden. Man versteht nun, wie es zu dem leichten Ton des Anfangs kam. Schiller übernahm die Wendungen aus den Disticha weithin wörtlich. Der uns dort befremdende Ausdruck „Kaum daß ich Bacchus . . . habe" erklärt sich jetzt als Verkürzung des Ausdrucks „im Hause habe". Das Hexameterhafte der Zeilen eins und zwei bestätigt sich als Weiterbildung eines echten Hexameters. Die metrische Umformung aber und damit der von ihr getragene Rhythmus stammen nun schon aus der neuen Konzeption, die zum Weiterdichten gedrängt hatte: in der Beschwingtheit und so spürbaren Ordnung bekundete sich die Wirkung des göttlichen Nektars.

Mit einer gewissen Sorglosigkeit hat Schiller den neuen, zweiten Teil angefügt. Man meint ein erstes Aufzucken des Neuen schon am Ende jener Distichen zu hören, wenn da der himmlische Nektar beschworen und dem irdischen Wein entgegengesetzt wurde. Der Schluß ist durchaus offen, er drängt zu einer Fortsetzung. Man könnte sie sich so vorstellen, daß der Wein gefeiert würde, als irdisch-himmlisches Getränk, das beide Bereiche zu einen vermöchte. Aber Schillers Konzeption ging in anderer Richtung. Sie entzündete sich an der Frage nach dem Wesen des himmlischen Nektars als des ganz anderen Getränkes. Indem sie ihn als Quelltrank der Kunst deutete, hob sie einmal den Dichter, der von ihm kosten darf und somit beseligt und vergöttlicht wird, über alle Sterblichen hinaus. Sie erniedrigte den Wein, das allen Sterblichen zugängliche Getränk. Und sie feierte die Kunst, die nun im göttlichen Bereich beheimatet war und, wo sie durch den Dichter vermittelt wurde, die Ahnung, Verheißung, Bestätigung des Überirdischen allen mitteilte, die sich davon ergreifen ließen.

Es hielte nicht schwer, Zeugnisse für die gleichen Auffassungen von der Kunst und dem Künstler aus den Schriften und den Gedichten dieser Jahre beizubringen. „Wo warst du denn, als man die Welt geteilet?" fragt Zeus in der „Teilung der Erde" den Dichter. Und der antwortet, mit einer der innigsten Zeilen Schillers: „Ich war, sprach der Poet, bei dir." Zeus aber tröstet ihn über den Mangel an irdischen Gütern:

Willst du in meinem Himmel mit mir leben?
So oft du kommst, er soll dir offen sein.

Es geht dabei nicht um die Vergöttlichung des Künstlers; er hat eine Aufgabe zu erfüllen, der Menschheit Würde ist in seine Hand gegeben, sein Werk soll die Menschen aus den Fesseln der Notwendigkeit, selbst aus der „kalten Regel" des Sittengesetzes befreien, soll sie ihres himmlischen Ursprungs eingedenk werden lassen („Die Künstler", „Ideal und Leben", „Macht des Gesanges", „Poesie des Lebens").

Das Besondere unseres Gedichtes liegt nicht so sehr darin, daß es die Herkunft der künstlerischen Schaffenskraft zum Thema wählt und im Symbol des himmlischen Nektars verdichtet. Eher schon darin, daß es und wie es Begeisterung und zugleich Maß, Ordnung und Harmonie als die wesentliche Wirkung des Trankes offenbart. Vor allem aber schließlich in seinem scharfen Gegensatz zu anderen Auffassungen von der Wirkung des göttlichen Trankes. Man findet ihn kaum in den Worten des Gedichtes selber; der Gegensatz von Wein und Nektar, am Ende des dritten Distichons offen ausgesprochen, ist latent geworden. Er liegt vielmehr im Titel und in der Stellung, die dem Gedicht zugeteilt wurde. Das aber sind die beiden Änderungen, die Schiller später vornahm und die gleichsam eine dritte Konzeptionsstufe darstellen.

Im Musenalmanach auf 1797 trug unser Gedicht noch den Titel „Der Besuch", der der ersten Konzeption zugehörte und schon für die neue Fassung nicht mehr paßte. Schiller gab ihm später den Titel „Dithyrambe", und er stellte es für die geplante Prachtausgabe in das „Erste Buch" seiner Gedichte. Es stand da nun an dritter Stelle unmittelbar hinter dem anderen Dithyrambus: „An die Freude".

Was aber besagt der neue Titel unseres Gedichts? Er ordnet es, wie es scheint, einem bestimmten lyrischen Formtyp zu. Er ist nicht sehr bekannt, obwohl er in der Geschichte der europäischen Dichtung einer der ältesten ist. Denn aus Dithyramben hatte sich in Athen das Drama der Griechen entwickelt. Wir besitzen keine vollständigen Texte von diesen altgriechischen Dithyramben. Wir wissen nur, daß es Preisgesänge auf Dionysos waren, die von einem Vorsänger und einem Chor vorgetragen wurden, wissen noch, daß die Metrik recht frei war und die begleitende Musik sich durch besondere Erregtheit auszeichnete. Die Humanisten haben die Form zu rekonstruieren gesucht. So findet sich z. B. unter dem Namen Ronsards eine Dithyrambe, die in unregelmäßig gebauten Versen und in einer leidenschaftlichen Sprache die Begegnung des Sprechenden mit dem Zuge des Bacchus darstellt. In Deutschland findet sich die Bezeichnung Dithyrambe etwa bei Klopstock. Aber wenn er seine Freunde „in mächtigen Dithyramben" feiern will, so ist hier der Bezug auf Bacchus gelöst; Klopstock meint offensichtlich ein Preislied in gesteigertem, verzücktem Tone. Eine ganze Sammlung von Dithyramben veröffentlichte dann Willamov im Jahre 1768; wenigstens für eine Gruppe von ihnen stand der Bacchuszug, von dem der Sprechende ergriffen wurde, im Zentrum des Gedichts. Herder rezensierte die erste und die zweite Auflage, und wenn er auch nicht wünschte, daß unsere ganze Lyrik dithyrambisch würde, so versuchte er sich doch selber in dieser Form. Er hat freilich seine an sich ausgezeichnete „Dithyrambe" nicht selber veröffentlicht. Die schönste Erfüllung fand die Form in dem Gedicht eines Stürmers und Drängers, in Maler Müllers Dithyrambe. Da wurde nicht nur die ganze Leidenschaft, sondern auch die ganze Paradoxie lebendig, die in den alten Mythen vom Bacchuszug lag: Steigerung des Lebensgefühls und Todesnähe, Wollust und Entsetzen, Selbstempfinden und Selbstauflösung, Zartheit und Grausamkeit (symbolisiert in den gezähmten Panthern, die den Wagen des Bacchus ziehen, deren Wildheit aber in jedem Augenblick wieder ausbrechen kann). Maler Müller erwies sich in seinem Gedicht als ein großer Künstler der Sprache. Zwar verzichtete er auf Freiheit im Versmaß; wie er aber in der Auflockerung des Satzbaues, im Wortschatz, in den Neubildungen, in den kühnen Synästhesien dem Taumel des Gefühls und im Aufbau der ansteigenden und dann jäh abfallenden Ergriffenheit Ausdruck verschaffte, das ging weit über alles hinaus, was Klopstock, Willamov und andere im dithyrambischen Ton geboten hatten; nur Herder offenbarte eine gleiche sprachliche Kraft. Wir geben Maler Müllers Dithyrambe als eines der schönsten deutschen Beispiele dieser Form (der Text nach den „Werken“):

Ha, schon schwindeln meine Sinne,
Ha, es fliehen meine Sinne!
Reicht den mächtigen Pokal,
Freunde, reicht ihn noch einmal!
Wie von meinen blöden Sinnen
Alle Nacht und Nebel fällt!
Ha, nun steh ich aufgehellt!
Götter, was soll ich beginnen,
Tret ich ein in fremde Welt?
Welche Tön in meinen Ohren?
Trommel, Pfeif und Cymbelnschall!
Neu geboren, neu geboren!
Mir entsinkt der Erdenball!

Bacche, Bacche, Bacche, Bacche!
Vater Evan, Vater Jache,
Freudenmehrer, fass' ich dich?
Freudenmehrer, zwingst du mich?
Schlag den Jubelthyrsus nieder,
Daß der rauhe Fels ertönt,
Jauchze volle Taumellieder,
Daß der Kithäreon dröhnt.

Jacche, Jacche, Jacche, Jacche!
Vater Evan, Vater Bacche!
Helfer, reich den starken Arm!
Über mir Centauernschwarm!
Pferdbeschwänzte Mädchen springen,
Drängen fester mich in Schluß!
Sieh die Satyrn mich umringen
Mit behaartem Ziegenfuß!

Donnernd hallt der Zug herunter,
Stürmt herunter, braust hinunter!
Welch ein Strudel reißt mich hin,
Mitten fort zum Wagen hin?
Näher seh ich dich Lyäen,
Seh dich stolzen Liber kühn
Auf dem goldnen Wagen stehen:
Wie die Flammenlocken wehen,
Wie vor ihm die Pardel knien!

Frei und flüchtig, rasch und munter,
Welch ein göttlich hohes Wunder!
Ha, die Schlange windet sich,
Schöner Evan, hell um dich!
Gold und Silber schuppig blinkend,
Hängt sie dir am Busen mild,
Mit gespaltner Zunge trinkend
Tau, der deiner Lock entquillt.

Wie so flüchtig, wie so munter!
Welch ein göttlich hohes Wunder!
Milchhaar schwebt um Wang und Kinn!
Nymphen, laßt mich zu ihm hin!
Näher, schöner Thyrsusschwinger,
Näher, näher zu dir hin!
Thyrusschwinger, Wagenspringer,
Den gefleckte Tiger ziehn!

Neuer Zug stürmt schon herunter,
Dort herunter, da hinunter!
Welcher Strudel reißt mich hin,
Fort zu Libers Wagen hin?

Ha, er winkt mir, winkt mir, winket!
Wie sein Purpurantlitz blinket,
Wie ihm Aug und Wangen glühn!
Darf ich, schöner Gott der Reben,
Froher Bacchus, darf ich kühn
Heut den grünen Thyrsus heben,
Mit an deinem Wagen ziehn?

Heilig brünstige Gesänge,
Die ihm jede Nymphe zollt,
Rauschen her durch Epheugänge,
Götter, wie sein Wagen rollt,
Wie ihm Löw und Pardel brüllen!
Wie sein stolzer Wagen rollt!
Aus des Rades Naben quillen
Taumelströme, Wein und Gold.

O ihr Brüder, o ihr Brüder!
Selig, selig, selig, Brüder!
Evan steigt zu mir hernieder,
Lehnet sich an mich vertraut!
Selig, selig, selig, Brüder!
Seht, es rauscht um meine Glieder
Tief herab die Pantherhaut.

Kröne meine Schläfe! Kröne
Meine Stirne, neugeschmückt!
Tanzet vor mir Silbertöne!
Götter, Götter, wie entzückt!
Flieh ich auf des Meeres Wogen?
Tret ich den gehörnten Rhein?
Meine Seele ist entflogen,
Wut durchschauert mein Gebein!

Jacche, Jacche, Jacche, Jacche!
Vater Evan, Vater Bacche!
Jacche, Jacche! Gnade, Gnade!
Reiß mich von dem Flammenrade,
Reiß! Schon taumelt aufeinander
Erd und Himmel und Gestirn!
Auf mir steht ergrimmt der Panther
Und zernaget mein Gehirn.

Ach du kommst, du kommst und rettest
Vater Evan, rettest, rettest,
Kühlst in süßer Wonneflut
Meiner heißen Locken Glut.
Wehe, Vater Evan, wehe!
Ich versinke! Ich vergehe!
Ha, schon zieht mich Morpheus hin.
Welche Wollust! Kühle Lüfte
Hauchen süße Blumendüfte,
Silbern säuseln sie im Fliehn.

So war ein bestimmter Gedichttyp Dithyrambe entstanden; zu seiner Prägung verhalfen wohl die zahlreichen bildlichen Darstellungen des Bacchuszuges seit der Renaissance (Tizian, Rubens usf.), deren Anschaulichkeit den Mangel an antiken Vorbildern für die Texte ersetzte. In diese Tradition ordnete nun Schiller sein Gedicht ein, indem er ihm den Titel „Dithyrambe“ gab. Aber man erkennt sofort: Es war als Anti-Dithyrambe gemeint. Wohl erschien Bacchus als erster der Götter, aber nicht mit seinem Panthergespann und dem rasenden Zug der Mänaden. Sondern neben ihn, den „lustigen“, trat Phöbus Apollo, der herrliche. Und nicht Wein wurde geschenkt, sondern himmlischer Nektar, und nicht dionysische Entgrenzung war die Wirkung, sondern Maß und Ordnung. Wer von dem Tranke kostete, der ging nicht in das Elementarische ein (Goethe schloß seinen Helena-Akt, wenn sich der anonyme Chor der Mädchen in die Natur auflöst, mit dem dionysischen Aufbruch des Elementarischen), sondern der schaute die Harmonie des Olymp, der hatte Teil an jener Freude, die in Jupiters Saale wohnt.

Aber nicht nur gegen die traditionelle Dithyrambe mit ihrer Feier des Dionysischen stellte Schiller sein Gedicht, als er den neuen Titel darüber schrieb; es gab einen Gegner, der näher stand: jenes Jubellied auf die dionysische Freude, das Schiller 1785 geschrieben hatte und das sein bekanntestes Gedicht geworden war.

Schiller hat es aus der ersten Sammlung seiner Gedichte einfach ausgeschlossen. „Die Freude", so schrieb er am 21. Oktober 1800 an Körner, dessen Freundschaft ihn damals begeistert hatte, „... ob sie sich gleich durch ein gewisses Feuer der Empfindung empfiehlt, so ist sie doch ein schlechtes Gedicht und bezeichnet eine Stufe der Bildung, die ich durchaus hinter mir lassen mußte um etwas Ordentliches hervorzubringen. Weil sie aber einem fehlerhaften Geschmack der Zeit entgegenkam, so hat sie die Ehre erhalten, gewissermaßen ein Volksgedicht zu werden. Deine Neigung zu diesem Gedicht mag sich auf die Epoche der Entstehung gründen; aber diese gibt ihm auch den einzigen Wert, den es hat, und auch nur für uns und nicht für die Welt noch für die Dichtkunst." Nicht den Stil findet Schiller schlecht, ihm erkennt er sogar noch Wert zu, sondern der Gehalt ist falsch und verwerflich. „An die Freude" ist ein Dithyrambus. K. Berger geht wohl zu weit, wenn er in dem „guten Geist", der da gefeiert wird, Dionysos sehen will; Dionysisches verschmilzt hier mit Christlichem, wie es später Novalis und Hölderlin weiter dichteten. Aber wir können das Gedicht trotzdem und in Übereinstimmung mit dem Sprachgebrauch jener Zeit als Dithyrambe bezeichnen. Das Wort meinte damals nicht nur jene Gedichte vom Bacchuszug, sondern wurde ganz im Klopstockschen Sinne auf alle Preisgedichte der Verzückung angewendet. Es beschränkte sich nicht einmal auf Gedichte; noch in Schlegels Roman „Lucinde" gibt es eine (Prosa-)Dithyrambe.

Schiller nahm sein Lied „An die Freude" widerstrebend in die zweite Sammlung seiner Gedichte auf. Er ordnete es auch in die Prachtausgabe ein. Jetzt aber mit leichterem Herzen. Denn indem er unsere Dithyrambe darauf folgen ließ, überwand er das Gedicht von der falschen Freude durch das Gedicht von der wahren Freude. Da konnte er hoffen, daß der aufmerksame Leser mit dem Übergang von dem einen zum andern den Weg zurücklegte, den er selber in den dazwischen liegenden elf Jahren gegangen war.

Die Hoffnung war falsch. Die Wirkungsgeschichte des Gedichts „An die Freude" war noch längst nicht abgeschlossen. Beethoven vertonte es zum Schlußchor seiner Neunten Symphonie, und der junge Nietzsche entwickelte an ihm (freilich in der Beethovenschen Vertonung) seinen Begriff des Dionysischen: „Mit Blumen und

Kränzen ist der Wagen des Dionysus überschüttet: unter seinem Joche schreiten Panther und Tiger. Man verwandele das Beethovensche Jubellied der ‚Freude' in ein Gemälde und bleibe in seiner Einbildungskraft nicht zurück, wenn die Millionen schauervoll in den Staub sinken: so kann man sich dem Dionysischen nähern... Der edelste Ton, der kostbarste Marmor wird hier geknetet und behauen, der Mensch, und zu den Meißelschlägen des dionysischen Weltenkünstlers tönt der eleusinische Mysterienruf: ‚Ihr stürzt nieder, Millionen? Ahnest du den Schöpfer, Welt?'"

Nietzsche hatte mehr Anschauung vor sich als Schillers Gedicht. Die Gestaltung des Dionysischen ist eines der großen Themen der Romantiker. Wenn sie dabei dem Todesmotiv besondere Beschwerung gaben, so war ihnen Goethe am Ende des dramatischen Prometheusfragmentes vorangegangen. Von den Romantikern fließt der nun dunklere Strom zu dem Büchnerschen Leonce, der sich darein stürzen will, nachdem er einen Tropfen Seligkeit aus dem heiligen Becher getrunken hat; er nimmt die beiden Liebenden aus „Romeo und Julia auf dem Dorfe" in sich auf und umfließt die beiden sich ihm vermählenden Liebenden im zweiten Akt von „Tristan und Isolde".

Nietzsche stellte dem Begriff des Dionysischen den des Apollinischen entgegen. Er hätte auch dafür auf Schiller weisen können. Denn nun läßt sich das Wesen unseres Gedichts, wie es sich Schiller in seiner dritten Konzeption darstellte, in einem Wort zusammenfassen. Bacchus verdrängt durch Apollo, der Wein ersetzt durch den Nektar, die Auflösung gebändigt durch die Ordnung, und die Freude der Verzückung, in der Wollust und Todesschauer sich mischen, überwunden durch die Freude der Harmonie: die „Dithyrambe" ist die Gestaltung des Apollinischen, die Schiller seiner jugendlichen Gestaltung des Dionysischen entgegenstellte. Wir müssen beide Gedichte zusammenlesen.

BENNO VON WIESE

FRIEDRICH VON SCHILLER

Die Kraniche des Ibykus

Zum Kampf der Wagen und Gesänge,
Der auf Korinthus' Landesenge
Der Griechen Stämme froh vereint,
Zog Ibykus, der Götterfreund.
Ihm schenkte des Gesanges Gabe,
Der Lieder süßen Mund Apoll;
So wandert' er, an leichtem Stabe,
Aus Rhegium, des Gottes voll.

Schon winkt auf hohem Bergesrücken
Akrokorinth des Wandrers Blicken,
Und in Poseidons Fichtenhain
Tritt er mit frommem Schauder ein.
Nichts regt sich um ihn her, nur Schwärme
Von Kranichen begleiten ihn,
Die fernhin nach des Südens Wärme
In graulichtem Geschwader ziehn.

„Seid mir gegrüßt, befreund'te Scharen,
Die mir zur See Begleiter waren!
Zum guten Zeichen nehm ich euch,
Mein Los, es ist dem euren gleich:
Von fern her kommen wir gezogen
Und flehen um ein wirtlich Dach.
Sei uns der Gastliche gewogen,
Der von dem Fremdling wehrt die Schmach!"

Und munter fördert er die Schritte
Und sieht sich in des Waldes Mitte —
Da sperren, auf gedrangem Steg,
Zwei Mörder plötzlich seinen Weg.
Zum Kampfe muß er sich bereiten,
Doch bald ermattet sinkt die Hand,
Sie hat der Leier zarte Saiten,
Doch nie des Bogens Kraft gespannt.

Er ruft die Menschen an, die Götter,
Sein Flehen dringt zu keinem Retter,
Wie weit er auch die Stimme schickt,
Nichts Lebendes wird hier erblickt.
„So muß ich hier verlassen sterben,
Auf fremdem Boden, unbeweint,
Durch böser Buben Hand verderben,
Wo auch kein Rächer mir erscheint!“

Und schwer getroffen sinkt er nieder,
Da rauscht der Kraniche Gefieder.
Er hört, schon kann er nicht mehr sehn,
Die nahen Stimmen furchtbar krähn.
„Von euch, ihr Kraniche dort oben,
Wenn keine andre Stimme spricht,
Sei meines Mordes Klag erhoben!“
Er ruft es, und sein Auge bricht.

Der nackte Leichnam wird gefunden,
Und bald, obgleich entstellt von Wunden,
Erkennt der Gastfreund in Korinth
Die Züge, die ihm teuer sind.
„Und muß ich so dich wiederfinden,
Und hoffte mit der Fichte Kranz
Des Sängers Schläfe zu umwinden,
Bestrahlt von seines Ruhmes Glanz!“

Und jammernd hören's alle Gäste,
Versammelt bei Poseidons Feste,
Ganz Griechenland ergreift der Schmerz,
Verloren hat ihn jedes Herz;
Und stürmend drängt sich zum Prytanen
Das Volk, es fordert seine Wut,
Zu rächen des Erschlagnen Manen,
Zu sühnen mit des Mörders Blut.

Doch wo die Spur, die aus der Menge,
Der Völker flutendem Gedränge,
Gelocket von der Spiele Pracht,
Den schwarzen Täter kenntlich macht?
Sind's Räuber, die ihn feig erschlagen?
Tat's neidisch ein verborgner Feind?
Nur Helios vermag's zu sagen,
Der alles Irdische bescheint.

Er geht vielleicht mit frechem Schritte
Jetzt eben durch der Griechen Mitte,
Und während ihn die Rache sucht,
Genießt er seines Frevels Frucht;
Auf ihres eignen Tempels Schwelle
Trotzt er vielleicht den Göttern, mengt
Sich dreist in jene Menschenwelle,
Die dort sich zum Theater drängt.

Denn Bank an Bank gedränget sitzen,
Es brechen fast der Bühne Stützen,
Herbeigeströmt von fern und nah,
Der Griechen Völker wartend da;
Dumpfbrausend wie des Meeres Wogen,
Von Menschen wimmelnd, wächst der Bau
In weiter stets geschweiftem Bogen
Hinauf bis in des Himmels Blau.

Wer zählt die Völker, nennt die Namen,
Die gastlich hier zusammenkamen?
Von Cekrops' Stadt, von Aulis' Strand,
Von Phocis, vom Spartanerland,
Von Asiens entlegner Küste,
Von allen Inseln kamen sie
Und horchen von dem Schaugerüste
Des Chores grauser Melodie,

Der streng und ernst, nach alter Sitte,
Mit langsam abgemeßnem Schritte
Hervortritt aus dem Hintergrund,
Umwandelnd des Theaters Rund.
So schreiten keine ird'schen Weiber,
Die zeugete kein sterblich Haus!
Es steigt das Riesenmaß der Leiber
Hoch über menschliches hinaus.

Ein schwarzer Mantel schlägt die Lenden,
Sie schwingen in entfleischten Händen
Der Fackel düsterrote Glut,
In ihren Wangen fließt kein Blut;
Und wo die Haare lieblich flattern,
Um Menschenstirnen freundlich wehn,
Da sieht man Schlangen hier und Nattern
Die giftgeschwollnen Bäuche blähn.

Und schauerlich gedreht im Kreise
Beginnen sie des Hymnus Weise,
Der durch das Herz zerreißend dringt,
Die Bande um den Frevler schlingt.
Besinnungraubend, herzbetörend
Schallt der Erinnyen Gesang,
Er schallt, des Hörers Mark verzehrend,
Und duldet nicht der Leier Klang:

„Wohl dem, der frei von Schuld und Fehle
Bewahrt die kindlich reine Seele!
Ihm dürfen wir nicht rächend nahn.
Er wandelt frei des Lebens Bahn.
Doch wehe, wehe, wer verstohlen
Des Mordes schwere Tat vollbracht!
Wir heften uns an seine Sohlen,
Das furchtbare Geschlecht der Nacht.

Und glaubt er fliehend zu entspringen,
Geflügelt sind wir da, die Schlingen
Ihm werfend um den flüchtgen Fuß,
Daß er zu Boden fallen muß.
So jagen wir ihn, ohn Ermatten,
Versöhnen kann uns keine Reu,
Ihn fort und fort bis zu den Schatten,
Und geben ihn auch dort nicht frei.“

So singend tanzen sie den Reigen,
Und Stille wie des Todes Schweigen
Liegt überm ganzen Hause schwer,
Als ob die Gottheit nahe wär.
Und feierlich, nach alter Sitte,
Umwandelnd des Theaters Rund,
Mit langsam abgemeßnem Schritte
Verschwinden sie im Hintergrund.

Und zwischen Trug und Wahrheit schwebet
Noch zweifelnd jede Brust und bebet,
Und huldiget der furchtbarn Macht,
Die richtend im Verborgnen wacht,
Die unerforschlich, unergründet
Des Schicksals dunkeln Knäuel flicht,
Dem tiefen Herzen sich verkündet,
Doch fliehet vor dem Sonnenlicht.

Da hört man auf den höchsten Stufen
Auf einmal eine Stimme rufen:
„Sieh da! Sieh da, Timotheus,
Die Kraniche des Ibykus!“ —
Und finster plötzlich wird der Himmel,
Und über dem Theater hin
Sieht man, in schwärzlichtem Gewimmel,
Ein Kranichheer vorüberziehn.

„Des Ibykus!“ — Der teure Name
Rührt jede Brust mit neuem Grame,
Und wie im Meere Well auf Well,
So läuft's von Mund zu Munde schnell:
„Des Ibykus, den wir beweinen,
Den eine Mörderhand erschlug!
Was ist mit dem? Was kann er meinen?
Was ist's mit diesem Kranichzug?“

Und lauter immer wird die Frage,
Und ahnend fliegt's mit Blitzesschlage
Durch alle Herzen: „Gebet acht,
Das ist der Eumeniden Macht!
Der fromme Dichter wird gerochen,
Der Mörder bietet selbst sich dar!
Ergreift ihn, der das Wort gesprochen,
Und ihn, an den's gerichtet war!“

Doch dem war kaum das Wort entfahren,
Möcht er's im Busen gern bewahren;
Umsonst! der schreckenbleiche Mund
Macht schnell die Schuldbewußten kund.
Man reißt und schleppt sie vor den Richter,
Die Szene wird zum Tribunal,
Und es gestehn die Bösewichter,
Getroffen von der Rache Strahl.

Schillers Ballade „Die Kraniche des Ibykus“ entstand in der Zeit vom 11. bis 16. August 1797. Ursprünglich hatte Goethe den Stoff behandeln wollen, und Schiller nennt sein Gedicht „Der Ring des Polykrates“ ein Gegenstück zu den von Goethe geplanten Kranichen. Nachrichten über den Sänger Ibykus erbat sich Goethe für sich und Schiller in seinem Brief vom 16. Juli an den Gymnasialdirektor Karl August Böttiger. Dieser erwähnte dann in seinem Antwortschreiben, daß sich nur wenige dunkle Sagen über Ibykus erhalten haben; er sei wahrscheinlich auf einer Reise zu den Isthmischen Spielen bei Korinth von Räubern ermordet worden, „wo sich dann das Anrufen der Kraniche zugetragen haben soll, so wie die Entdeckung im Theater von Corinth (im Sisyphischen Lande, wie ein altes Epigramm sagt) geschehen sein muß, wo die Mörder die Kraniche oben in der Luft fliegen sahen". Böttiger wies weiter auf Erasmi Roterodami „Adagiorum chiliades", Venetiis 1508, hin, der die Geschichte aus dem Plutarch erzählt hat, und schickte das Exemplar gleich mit, ferner auf Ulyssis Aldrovandi „Ornithologia", Bononiae 1637. Für den Eumenidenchor benutzte Schiller, jedoch in durchaus freier Gestaltung, Wilhelm von Humboldts Übersetzung „Die eumeniden, ein chor aus dem griechischen des Aeschylos", Berlin 1793. Das Epigramm, auf das Böttiger aufmerksam macht, ist das des Antipater Sidonios; in ihm findet sich der in den verschiedensten Sagen und Legenden vorkommende Glaube, daß auch noch der verborgenste Mord durch die Götter seine Sühne findet. Abgesehen von diesem Motiv war die auch von Plutarch in seiner Schrift „Über die Geschwätzigkeit" erzählte Sage in der Antike ein moralisches Beispiel dafür, wie man durch seine eigne Schwatzhaftigkeit, und in diesem Falle keineswegs in erster Linie durch die Kraniche, sich verraten und bloßstellen kann.

Noch auf andere Quellen hat man hingewiesen, die Schiller vielleicht benutzt hat, auf den Lexikographen Suidas, ferner auf Thomas Fazellis „De Rebus Siculis", 1749, und auf Benjamin Hederichs „Reales Schullexikon", Leipzig 1717. In keinem dieser überlieferten Berichte ist aber ein innerer Zusammenhang zwischen den Kranichen und der Theateraufführung hergestellt, ja in den meisten Fällen ist der Platz des Mordes und der der Entdeckung gar nicht näher bezeichnet. Schiller konnte nur den Tod des Ibykus und die nach Böttigers Hinweis sich im Theater ereignende Entdeckung der Mörder, als sie die Kraniche in der Luft fliegen sahen, aus den Quellen entnehmen. Alles andere ist sein Werk, und so durfte er denn mit Recht in seinem Brief an Goethe vom 17. August 1797 hervorheben: „Ich gestehe, daß ich bei näherer Besichtigung des Stoffes mehr Schwierigkeiten fand, als ich anfangs erwartete, indessen deucht mir, daß ich sie größtenteils überwunden habe. Die zwei Hauptpunkte, worauf es ankam, schienen mir erstlich eine Kontinuität in die Erzählung zu bringen, welche die rohe Fabel nicht hatte, und zweitens die Stimmung für den Effekt zu erzeugen." Goethe, der offensichtlich den Chor der Eumeniden von sich aus nicht geplant hatte, bestätigte ihm am 22. August: „‚Die Kraniche des Ibykus' finde ich sehr gut geraten, der Übergang zum Theater ist sehr schön und das Chor der Eumeniden am rechten Platze. Da diese Wendung einmal erfunden ist, so kann nun die ganze Fabel nicht ohne dieselbe bestehen, und ich würde, wenn ich an meine Bearbeitung noch denken möchte, dieses Chor gleichfalls aufnehmen müssen."

Unter der Einwirkung Goethes, der sich in erster Linie für die Kraniche, aber nunmehr auch für den Eumenidenchor interessiert, erfährt die Ballade eine Erweiterung. Nach der Meinung von Heinrich Düntzer sind die Strophen 2, 3, 14, 19, 22 später hinzugefügt worden, während Helmut Rehder die Strophen 3, 5, 9, 14, 19, 22 als neu bezeichnet.

In seiner endgültigen Fassung, wie wir es heute lesen, hat das Gedicht 23 Strophen, die einen deutlich erkennbaren Aufbau des ganzen Vorganges zeigen. Die ersten drei Strophen entwickeln die Exposition; in ihrem Mittelpunkt steht der wandernde Sänger Ibykus, begleitet von Schwärmen von Kranichen, die bereits über das Meer mit ihm gezogen sind. Das Motiv verdankt Goethe seine malerische Ausgestaltung. Am 22. August schrieb dieser an Schiller: „Der Kraniche sollten, als Zugvögel, ein ganzer Schwarm sein, die sowohl über den Ibykus als über das Theater wegfliegen, sie kommen als Naturphänomen und stellen sich so neben die Sonne und andere regelmäßige Erscheinungen. Auch wird das Wunderbare dadurch weggenommen, indem es nicht ebendieselben zu sein brauchen, es ist vielleicht nur eine Abteilung des großen wandernden Heeres, und das Zufällige macht eigentlich, wie mich dünkt, das Ahndungsvolle und Sonderbare in der Geschichte." Am nächsten Tag führt Goethe diesen Gedanken noch eingehender aus. „Meo voto würden die Kraniche schon von dem wandernden Ibykus erblickt, sich, als Reisenden, verglich' er mit den reisenden Vögeln, sich, als Gast, mit den Gästen, zöge daraus eine gute Vorbedeutung, und rief' alsdann unter den Händen der Mörder die schon bekannten Kraniche, seine Reisegefährten, als Zeugen an. Ja, wenn man es vorteilhaft fände, so könnte er diese Züge schon bei der Schiffahrt gesehen haben." Schiller ist diesem Rat — das zeigt ganz eindeutig die neu gedichtete Strophe 3 — bis in alle Einzelheiten gefolgt, und er hebt bereits in seinem Brief vom 30. August dankbar hervor, daß sich „eine lebendige Erkenntnis und Erfahrung auch beim Erfinden" nicht entbehren läßt. „Mir sind die Kraniche nur aus wenigen Gleichnissen, zu denen sie Gelegenheit gaben, bekannt, und dieser Mangel einer lebendigen

Anschauung machte mich hier den schönen Gebrauch übersehen, der sich von diesem Naturphänomen machen läßt. Ich werde suchen, diesen Kranichen, die doch einmal die Schicksalshelden sind, eine größere Breite und Wichtigkeit zu geben." Merkwürdig ist nur, wie sehr darüber die Gestalt des Sängers zurücktritt. Gerade dieses Motiv hätte Schiller an sich nahe gelegen; es gewinnt später in der Ballade „Der Graf von Habsburg" eine weitaus größere Bedeutung. Hier bleibt es bei der allgemeinen Charakterisierung. Ibykus ist der „Götterfreund", dem Apollo die süße Gabe des Gesanges schenkte. „Mit frommem Schauder" tritt er in den Poseidon geweihten Fichtenhain, wo ihn sein Schicksal ereilen soll. Ganz im Sinne Goethes ist es, wenn der Sänger hier der *Wanderer*, der Fremdling ist, der aus der Ferne kommt und „um ein wirtlich Dach" fleht. Darin ist sein Los mit dem der Kraniche identisch.

„Ahndungsvoll" und „sonderbar" nannte Goethe die Atmosphäre, die von den Kranichen ausging. „Schicksalshelden" war das Wort, das Schiller für sie fand. Sicher wären die Kraniche mit ihrem stellvertretenden Geheimnis für Goethe der Mittelpunkt der Ballade geworden. Denn bis ins hohe Alter hinein liebte er es, gerade mit diesem „Naturphänomen" eine höhere, geistige Bedeutung zu verbinden. In dem Osterspaziergang des Faust, der in den Jahren 1797—1801 entstanden sein muß, taucht das Bild des Kranichs, der „über Flächen, über Seen" nach der Heimat strebt (vgl. Vers 1092—1099), ebenso auf wie in jenen Versen des Helena-Aktes um 1800, in denen Mephisto-Phorkyas den Chor der Helena schilt:

Euch find ich nun, ihr Frechen, aus der Fremde her
Mit Übermut ergossen, gleich der Kraniche
Laut-heiser klingendem Zug, der über unser Haupt
In langer Wolke, krächzend sein Getön herab
Schickt, das den stillen Wandrer über sich hinauf
Zu blicken lockt; doch ziehn sie ihren Weg dahin,
Er geht den seinen; also wird's mit uns geschehn. *Vers 8764 ff.*

Später wurden in der „Klassischen Walpurgisnacht" (Vers 7660 ff.) „Die Kraniche des Ibykus", die „Reihenwanderer des Meeres", zu den Rächern des Verbrechens, das die begehrlichen und habsüchtigen Pygmäen an den edlen und schönen Reihern begangen haben. Aber so sehr auch Schiller das Natur-Symbol der Kraniche unter dem Einfluß des Freundes in seiner Fruchtbarkeit entdeckt, — das Schwergewicht seiner Ballade liegt nicht auf diesen Vergeltern, die ganz zufällig beim Mord und nachher als ein anderer Schwarm beim Theater anwesend sind, sondern auf den sinnlichen Vorgängen des Theaters und den inneren, die sich in der Seele der Mörder dabei ereignen. Das wird freilich im Aufbau der Ballade erst später sichtbar. Zunächst folgt der Exposition in den Strophen 3—6 die geballte Darstellung des Mordes in der verlassenen Einsamkeit der dem Gotte geweihten Kultstätte. Aber nicht Poseidon, der Herr des Fichtenhains und der olympischen Spiele, wird als Rächer angerufen, sondern eben jene Kraniche, die mit furchtbarem Krähen über den Sterbenden hinwegrauschen. Sie sollen die Klage des Mordes erheben, wo jede andere, jede menschliche Stimme verstummt. Ein solches Ansinnen scheint völlig vergeblich, ja töricht; denn nur in einer Märchenwelt könnten Kraniche das Gericht der Vergeltung übernehmen.

Aber die Ballade macht das Unmögliche auf einem Umweg dennoch möglich. Dieser Umweg führt über die Festaufführung des griechischen Theaters. Hier liegt für Schiller der eigentliche Nerv seiner Ballade. Höchst kunstvoll stellt er die „Kontinuität“ her. Der Auffindung des nackten Leichnams und der Empörung ganz Griechenlands über den Mord an dem geliebten Sänger (Strophe 7—8) folgt die Überleitung zum Chor der Eumeniden (Strophe 9—12). Die Tat des Mordes gehört dem Bereich der Verborgenen an. Ja sie wird durch das Zusammentreffen so vieler Nationalitäten und Sprachen, wie es sich bei den Festspielen ereignet, noch besonders begünstigt. Die wohlhabende, üppige Stadt Korinth ist der Mittelpunkt der griechisch-asiatischen Welt geworden. In diesem „flutenden Gedränge“ der Völker, die noch von weit her kamen, „von Asiens entlegner Küste“ und von „allen Inseln“, muß sich jede Spur des Mordes verwischen. Aller weltlichen Gerechtigkeit ist damit eine unüberschreitbare Schranke gesetzt. Der Mörder ist überall und nirgends. Er kann mitten unter der Menschenwelle sein, die den Riesenbau des Theaters bis zum Übermaß anfüllt und die nun auf dem „Schaugerüst“ der grausigen Melodie des Chores der Eumeniden lauscht. Das Theater als Zentrum des griechischen Lebens und der griechischen Kultur kontrastiert bei Schiller durchaus mit dem bereits modern gesehenen, einsamen Sänger, der, wie die Kraniche, aus der Ferne kommt und um „ein wirtlich Dach“ fleht.

Schiller hat den griechischen Chor mit dem größten Nachdruck gestaltet. Goethe, der sich diesem Eindruck nicht entziehen konnte, verlangte in seinem Brief vom 22. August noch einen weiteren Vers, „um die Gemütsstimmung des Volkes, in welche der

Inhalt des Chors sie versetzt, darzustellen, und von den ernsten Betrachtungen der Guten zu der gleichgültigen Zerstreuung der Ruchlosen" überzugehen. Diesem Hinweis verdanken wir die neugedichtete 19. Strophe, die für die ganze Ballade eine wichtige Schlüsselstellung einnimmt. In seinem Brief vom 22. September erwähnt Schiller darüber hinaus eine weitere Strophe, die er den Furien noch gewidmet habe, um sie genauer zu charakterisieren. Zweifellos handelte es sich dabei um die 14. Strophe, in der der grauenvolle visuelle Eindruck der Erinnyen bis ins einzelne beschrieben wird.

Die Strophen 13—15 schildern den griechischen Chor, so wie er nach Schillers späterer Theorie in der Vorrede zur „Braut von Messina", 1803, eine lebendige, feierliche Mauer um das Bühnen-Geschehen zieht: ein Chor von erhabener Scheußlichkeit, der im schauerlich gedrehten Kreise seinen besinnungsraubenden und herzbetörenden Gesang beginnt. Das Furchtbare und Gespenstische der sinnlichen Erscheinung gehört ebenso zum Gesamteindruck wie der Inhalt des Gesanges, der in den Strophen 16 und 17 mitgeteilt wird: die Lehre von der durch die Erinnyen vollzogenen Nemesis, die den schuldigen Täter durch das Geschlecht der Nacht am Ende ereilt. Selbst Reue vermag sie nicht zu versöhnen. Die Strophen 18 und 19 bringen dann den Ausklang des Bühnengeschehens: die das Rund des Theaters feierlich umwandelnden Rachegeister; sie verschwinden mit langsam abgemessenen Schritten im Hintergrund und hinterlassen eine geheimnisvolle, zwielichthafte Wirkung beim Publikum, eine Wirkung „zwischen Trug und Wahrheit".

Was sich auf der Bühne ereignet, ist nur Schein, nur Illusion, mit einem Wort: nur Theater. Aber dieser Schein besitzt zugleich die bannende Kraft einer höheren Wirklichkeit.

So schreiten keine ird'schen Weiber,
Die zeugete kein sterblich Haus!
Es steigt das Riesenmaß der Leiber
Hoch über menschliches hinaus. *Strophe 13*

Welche Aufgabe übernimmt hier die Kunst in der sinnlichen Erscheinung des Theaters und im Gesang des Chores? Wilhelm von Humboldt hat *eine* charakteristische Seite deutlich gesehen, wenn er bei dieser Gelegenheit in seiner Schrift „Über Schiller und den Gang seiner Geistesentwicklung" hervorhebt: „Was den Stoff dem Dichter innerlich wert machte, war die daraus hervorspringende Idee der Gewalt künstlerischer Darstellung über die menschliche Brust. Diese Macht der Poesie, einer unsichtbaren, bloß durch den Geist geschaffenen, in der Wirklichkeit verfliegenden Kraft, gehörte wesentlich in den Ideenkreis, der Schiller lebendig beschäftigte." Ist ja auch in dem Gedicht aus dem Jahre 1795 „Die Macht des Gesanges" der Dichter der „Fremdling aus der andern Welt", dessen Tönen keiner widerstehen kann, und der mit seiner ihm vom Schicksal auferlegten Größe jede Larve zu Fall bringt.

Und vor der Wahrheit mächt'gem Siege
Verschwindet jedes Werk der Lüge.

Zwar sind die singenden Rachegeister der Bühne keine wirklichen Dämonen, die den schuldigen Menschen verfolgen. Aber sie sind ihre künstlerische Idee, und als Idee nehmen sie im Bereich des ästhetischen Scheins vorweg, was ihnen in der Wirklichkeit auferlegt wäre. Gerade darin liegt die Zweideutigkeit dieses Geschehens „zwischen Trug und Wahrheit" (Strophe 19).

Und Stille wie des Todes Schweigen
Liegt überm ganzen Hause schwer,
Als ob die Gottheit nahe wär! *Strophe 18*

Man achte auf das „Als ob" des letzten Versbeginns! Es bringt den Vorgang zwischen Schein und Wirklichkeit, zwischen Zweifel und Beben, in ein seltsames Zwielicht. Wird die Nähe der Gottheit in der sinnlichen Gegenwart des Theaters nur vorgetäuscht oder ereignet sie sich tatsächlich und gerade dort, wo die Tragödie in ihrer reinen, Form gewordenen Idealität zum Menschen redet? Alles Nachdenken des klassischen Schiller über das Schöne kreist um das Geheimnis eines solchen Augenblicks. Eine poetische Darstellung, so schreibt Schiller am 4. April 1797 an Goethe, kann gerade darum, weil sie „absolut wahr" ist, niemals eine bloße Nachahmung der alltäglichen Wirklichkeit sein. „Der vollkommene Dichter", heißt es in dem Brief vom 27. März 1801, „spricht das Ganze der Menschheit aus". Der Anspruch, den der klassische Schiller an die Kunst stellt, ist ein absoluter. Er teilte nicht die vorsichtigere und skeptischere Meinung des alten Goethe, daß die Muse zu „geleiten", doch zu „leiten" nicht versteht. Schiller betonte stärker die erlösende und heilende Kraft der Kunst. Am radikalsten steht das in seiner Vorrede zur Braut von Messina „Über den Gebrauch des Chors in der Tragödie". Dort heißt es: „Die wahre Kunst aber hat es nicht bloß auf ein vorübergehendes Spiel abgesehen; es ist ihr ernst damit, den Menschen nicht bloß in einen augenblicklichen Traum von Freiheit zu versetzen, sondern ihn wirklich und in der Tat frei zu machen, und dieses dadurch, daß sie eine Kraft in ihm erweckt, übt und ausbildet, die sinnliche Welt, die sonst nur als ein roher Stoff auf uns lastet, als eine blinde Macht auf uns drückt, in eine objektive Ferne zu rücken, in ein freies Werk unsers Geistes zu verwandeln und das Materielle durch Ideen zu beherrschen." Diese so verstandene, ganz ideelle und in ihrem eigentlichen Kerne doch auch ganz reelle Kunst begnügt sich nicht mit dem „Schein der Wahrheit", sondern ist für Schiller „die Wahrheit selbst" und damit die sinnliche Gegenwart des Göttlichen im Irdischen. Nur darum kann der Zuschauer „die moralische Weltregierung" — so nennt es Schiller in der Sprache des 18. Jahrhunderts —, die er im wirklichen Leben so oft vermissen muß, durch die Schaubühne und auf der Schaubühne von neuem wiederfinden.

Genau das ereignet sich in den „Kranichen des Ibykus". Das Theater übernimmt hier die kultische Aufgabe der Religion, wenn es den Zuschauer dazu bringt, „der furchtbarn Macht" zu huldigen, „Die richtend im Verborgnen wacht" (Strophe 19). Nach alledem könnte es naheliegen, von einer reinigenden Wirkung der Bühne zu sprechen, die den Mörder für das Bekenntnis gleichsam reif gemacht hat. Die Kraniche als „Schicksalshelden" sind nur der geheimnisvolle Zufall, der in diesem Augenblick dem Täter das tief Verborgene entlockt. Aber Schiller und Goethe haben in ihren Briefen keinen Zweifel darüber gelassen, daß die Mörder weit davon entfernt sind, eine echte Katharsis durchzumachen. Am 7. September schreibt Schiller an Goethe: „... der Mörder ist unter den Zuschauern, das Stück hat ihn zwar nicht eigentlich gerührt und zerknirscht, das ist meine Meinung nicht, aber es hat ihn an seine Tat und also auch an das, was dabei vorgekommen, erinnert, sein Gemüt ist davon frappiert, die Erscheinung der Kraniche muß also in diesem Augenblick ihn überraschen, er ist ein roher dummer Kerl, über den der momentane Eindruck alle Gewalt hat. Der laute Ausruf ist unter diesen Umständen natürlich." Auch Goethe hatte bereits die „gleichgültige Zerstreuung der Ruchlosen" hervorgehoben und den Mörder als „dumm, roh und laut" bezeichnet (Brief vom 22. August). Von einer veredelnden geistigen, reinigenden Wirkung der Kunst auf die Mörder kann also keine Rede sein. Heinrich Viehoff hat das nachdrücklich bedauert. Er schreibt:

Macht es nicht einen unangenehmen Eindruck, gerade in dem Mörder, auf dessen Zerknirschung das Chorlied berechnet scheint, eine *Ausnahme* von der ergreifenden Wirkung des Gesanges wahrzunehmen, welche der Dichter vorher als so allgemein dargestellt hat?... Ja, es scheint, daß sich der Dichter den Mörder nicht sowohl durch die Macht der Poesie in dem erhabenen Chorgesange als durch die dramatische Handlung... getroffen, oder vielmehr an die Mordtat „erinnert" dachte, als habe er eines Raubmörders Herz notwendig zu verhärtet geglaubt, um für den Zauber der Poesie empfänglich zu sein. Aber wird dadurch nicht unser Begriff von der *Macht des Gesanges*, vor der „jede Larve fällt, jedes Werk der Lüge schwindet", herabgestimmt? Steigert es nicht dagegen unsere Idee von den Wirkungen der dramatischen Kunst zu einer erhabenen Höhe, wenn wir selbst den rohen Raubmörder durch die Lebendigkeit und Kraft verwirrt und zermalmt sehen, womit sie die in seinem Busen gefesselten Furien ihm vor die äußeren Sinne führt?

Diese Ansicht einer psychologisch idealisierenden Interpretation, die sich mit Schillers eigner Aussage nicht abfinden kann, verkennt den unerbittlichen Realismus, mit dem Schiller und Goethe die Mörder beurteilen. Diese sind weit davon entfernt, durch die Macht des Gesanges gerührt oder gebessert zu werden. Der alte Goethe hat sich in der „Nachlese zu Aristoteles' Poetik", 1827, sehr skeptisch über die Wirkung der Bühne auf den Zuschauer geäußert. Um nichts gebessert wird er nach Hause gehen; „er würde vielmehr, wenn er aszetisch aufmerksam genug wäre, sich über sich selbst verwundern, daß er ebenso leichtsinnig als hartnäckig, ebenso heftig als schwach, ebenso liebevoll als lieblos sich wieder in seiner Wohnung findet, wie er hinausgegangen". Von den Mördern gilt das hier gewiß. Aber die paradoxe Macht der Poesie besteht gerade darin, daß sie den Mörder dennoch überwältigt. Sie macht seine latente mögliche Furcht zu einer wirklichen. Sie bringt ihn gleichsam außer sich, so daß er die Selbstkontrolle verliert. Die Schrecken verbreitende sinnliche Nähe des Eumenidenchors — Schiller wußte, warum er sie so eindringlich durchgestaltet hat — läßt ihn wie die übrigen Zuschauer alles andere vergessen. In diesem, vielleicht noch gegen seinen eignen Willen erfolgenden „Frappiert"-sein durch die Poesie, als eine nicht nur ideale, sondern auch reale Macht, wird das vergangene Geschehen des Mordes „erinnert" und damit unbewußt die Bereitschaft geweckt, in den heraufziehenden Kranichen die des Ibykus wiederzuerkennen.

Die Poesie gewinnt hier geradezu eine gespenstische Kraft, die sich mit moralischen Kategorien allein nicht greifen läßt. Schiller hat diese Seite der Poesie in seinem Brief an Goethe vom 17. August 1797 unmißverständlich beschrieben: „So viel ist auch mir bei meinen wenigen Erfahrungen klar geworden, daß man den Leuten, im ganzen genommen, durch die Poesie nicht wohl, hingegen recht übel machen kann, und mir deucht, wo das eine nicht zu erreichen ist, da muß man das andere einschlagen. Man muß sie inkommodieren, ihnen ihre Behaglichkeit verderben, sie in Unruhe und in Erstaunen setzen. Eins von beiden, entweder als ein Genius oder als ein Gespenst muß die Poesie ihnen gegenüber stehen. Dadurch allein lernen sie an die Existenz einer Poesie glauben und bekommen Respekt vor den Poeten."

Von hier aus wird es verständlicher, warum die Ballade sich von dem Mord an dem Sänger geradezu fortbewegen mußte, so daß auch wir als Leser die verbrecherische Tat angesichts der suggestiven Kraft des Theaters fast vergessen haben und erst mit den heraufziehenden Kranichen neu an sie „erinnert" werden. Körner hat das mit Unrecht getadelt, wenn er in seinem Brief an Schiller am 27. September 1797 hervorhebt, die Ballade sei streckenweise zu trocken, und man habe den armen Ibykus über der ausführlich geschilderten Volksversammlung und dem tragischen Chor ganz aus den Augen verloren, so daß seine Kraniche allzu überraschend für uns da sind. Diese Kritik verkennt das Entscheidende. Kam es doch Schiller auf „die Stimmung für den Effekt" an, auf das ungewollte und gerade darum so großartige Offenbarwerden der Wahrheit, ohne jede Mitwirkung übernatürlicher Mächte, allein durch die reale Macht der Poesie erzwungen, die den Mörder „inkommodiert", ihm die Behaglichkeit verdirbt, ihm „übel" macht und ihn dazu zwingt, einen zufällig vorüberziehenden Kranichschwarm als Zeugen des Mordes laut anzurufen.

Bis in die konkreten Einzelheiten hinein hat Schiller diesen überraschenden Augenblick der unfreiwilligen Mitteilung durchdacht. Er schreibt über den Mörder am 7. September an Goethe: „Da ich ihn oben sitzend annehme, wo das gemeine Volk seinen Platz hat, so kann er erstlich die Kraniche früher sehen, ehe sie über der Mitte des Theaters schweben, dadurch gewinn ich, daß der Ausruf der wirklichen Erscheinung der Kraniche vorhergehen kann, worauf hier viel ankommt, und daß also die wirkliche Erscheinung derselben bedeutender wird. Ich gewinne zweitens, daß er, wenn er oben ruft, besser gehört werden kann. Denn nun ist es gar nicht unwahrscheinlich, daß ihn das ganze Haus schreien hört, wenn gleich nicht alle seine Worte verstehen." Es ist bezeichnend, wie sehr sich Schiller hier von der antiken Überlieferung befreit, die in ihrer „rohen Fabel" lediglich davon berichtet, daß die Mörder im Theater nebeneinander geflüstert haben und die Nahesitzenden auf das Wort Ibykus aufmerksam wurden. Schiller wußte, warum er in diesem Falle auch Goethes Rat nicht gefolgt ist, der sich den Übergang zum Schluß des Gedichtes genauer motiviert wünschte. Nach Goethes Meinung sollte der Mörder seine „gaffende Bemerkung" im Kreise der Nachbarn vernehmlich ausrufen, „daraus entständen zwischen ihm und den nächsten Zuschauern Händel, dadurch würde das Volk aufmerksam usw.", so schreibt er am 22. August. Schiller beschränkte sich jedoch darauf, nur die jetzige Strophe 22 neu zu dichten, um den Eindruck, den die „Exklamation" macht, genauer zu beschreiben; „aber die wirkliche Entdeckung der Tat, als Folge jenes Schreies, wollte ich mit Fleiß nicht umständlicher darstellen, denn sobald nur der Weg zur Auffindung des Mörders geöffnet ist (und das leistet der Ausruf, nebst dem darauf folgenden verlegenen Schrecken), so ist die Ballade aus, das andere ist nichts mehr für den Poeten", heißt es im Brief vom 7. September. Goethe hat sich dieser Meinung gefügt. In seinem Antwortschreiben vom 25. September meint er: „Ich freue mich, daß durch meinen Rat der Anfang Ihres Ibykus eine größere Breite und Ausführung gewinnt, wegen des Schlusses werden Sie denn wohl auch recht behalten."

In nur vier Strophen hat Schiller diesen Schluß gedichtet: der unfreiwillige Ausruf und die dann erst folgenden Kraniche (Strophe 20), die Wirkung der „Exklamation" auf das Theaterpublikum (Strophe 21 und 22) und schließlich das Gericht über die Mörder (Strophe 23). Der Balladenvorgang endet knapp und gedrängt in der dramatischen Pointe.

Die Szene wird zum Tribunal,
Und es gestehn die Bösewichter,
Getroffen von der Rache Strahl.

Das Theater wird zum Gerichtshof. Aber hatte es das Gericht nicht bereits in den Strophen des Eumenidenchors vorweggenommen? Zum letzten Male müssen wir nach dem Verhältnis von Schein und Wirklichkeit fragen. Denn auch das Geschehen in den höchsten Rängen des Zuschauerraumes, das Geständnis der Mörder, ist ja ein bloß von Schiller gedichtetes und als solches noch Szene, noch bloßer Schein, gleichsam ein Theater über das griechische Chortheater der Ballade hinaus, Szene als Tribunal, als Gericht, als Offenbarung einer moralischen Weltregierung: auch dies bloßer Trug der Dichtung, aber dennoch mit der Wahrheit selbst identisch und so die metaphysische Macht des künstlerischen Scheins im Bilde versinnbildlichend. Erleben die Mörder des Ibykus das Tribunal der Erinnyen als Szene, als Theater, so wird ihnen die gleiche Szene zum Tribunal — zur schrecklichen Wirklichkeit. Wir aber, die wir Hörer und Leser der Ballade sind, erfahren den gesamten Vorgang als Szene und Tribunal zugleich. In diesem Gedicht geht es um Gerechtigkeit in einem doppelten Sinn, kultisch im Vorgang der Bühne und darüber hinaus vollzogen in einem Tribunal, das durch eben diese Bühne ausgelöst wurde und noch letzter Sinn der Bühne selbst ist.

Jede der 23 Strophen hat einen achtzeiligen Versaufbau, die ersten vier paarweise, die letzten vier kreuzweise gereimt. Es sind einfache jambische Viertakter, der im Deutschen beliebteste Vers, dessen rhythmische Bewegung gleichmäßig dahinflutet und nur in der Beschreibung des Eumenidenchors und in der Wiedergabe seines Liedes eine charakteristische Verlangsamung erfährt. Der Exposition (Strophe 1 bis 3) folgt der Mord mit seinen Folgen (Strophe 4 bis 8), dann der Übergang zum Theater (Strophe 9 bis 12), die Beschreibung des Chores (Strophe 13 bis 15), das Chorlied (Strophe 16 bis 17), die Wirkung auf das Publikum (Strophe 18 bis 19) und schließlich die Verwandlung der Szene in das Tribunal (Strophe 20 bis 23).

Bestimmte Grundzüge, die in Schillers Balladen vorkommen, sind auch in diesem Gedicht deutlich erkennbar. Trotz der Einwirkung Goethes tritt das „Naturphänomen“ der Kraniche zurück. Denn die Schillersche Ballade ist nicht wie die Goethes in erster Linie Naturballade. Bei Goethe erwächst diese Gattung noch aus dem Unbewußten und behält auch im Umkreis einer gesellschaftlichen und ästhetischen Kultur den Instinkt für die ursprüngliche Volksballade, für die unter- und übermenschlichen Mächte, für die Nähe der Ballade zu Mythos und Märchen, die ihr etwas Elementares und Zwielichthaftes verleihen. Lyrisches, Episches und Dramatisches sind nach Goethes eigner späterer Theorie in der Ballade wie in einem poetischen „Urei“ enthalten. Schillers Balladen sind davon grundsätzlich unterschieden. Hier geht es nicht so sehr um die magischen Mächte in Natur und Schicksal, nicht um die „numinose“, unheimliche Wirklichkeit der Seele und des Kosmos. Die Form der Ballade wird gesprengt und in ein dramatisches Experiment verwandelt. In ihrem Streben nach volkstümlicher Breitenwirkung, nach barocker Deklamation, nach Verstärkung der Spannungen, nach Versinnlichung innerer Konflikte und Gefühlsbewegungen zeigt die Schillersche Ballade jenen oratorischen Schwung, der auch noch den abstraktesten Widerstreit von Ideal und Wirklichkeit, in unserem Falle von ewiger und irdischer Gerechtigkeit, in eine konkrete Anschauung umgießt. Eine virtuose, mit allen Mitteln der Wortkunst gebaute Form dient dazu, die Gegensätze von tragischer Notwendigkeit und menschlicher Freiheit, von irdischem Schicksal und ewiger Nemesis im sinnlichen Vorgang beispielhaft zu machen. Die Szene wird zum Tribunal, das Tribunal zum Schau-Spiel, das Schau-Spiel zur Welt Gottes, zum Weltgericht. Schillers Ballade verbindet eine unerhörte, Publikum schaffende Ausweitung mit einer gleichzeitigen Verdichtung zur dramatischen Pointe, zur Kurzgeschichte. Die Nähe der Ballade zum Lied mußte freilich dabei verlorengehen.

Es ist erstaunlich, wie der „sentimentalische" Dichter, der seinen Stoff auf Ideen bezieht, gerade in seinen Balladen auch eine ganz unreflektierte Naivität besitzt, die nicht davor zurückschreckt, das einfache, ja an der Grenze des Trivialen stehende Wort und den keineswegs kunstvollen, sondern naheliegenden Reim wie ein bereitliegendes Rohmaterial aufzunehmen. Aber die Fähigkeit zur dramatischen Komposition, zur Ballade als dramatischer Kurzgeschichte, die Schiller mit einer raffenden Prägnanz ohnegleichen zu verbinden vermochte — man sehe sich dafür nur den Anfang des Gedichtes „Das Siegesfest" als Beispiel an oder auch den Beginn der 6. Strophe der „Kraniche des Ibykus" — gibt seiner Balladendichtung jenen verführerischen Zauber, dem sich gerade junge Menschen nicht entziehen können und der über alle lehrhafte und moralische Nutzanwendung weit hinausgeht.

CLEMENS HESELHAUS

FRIEDRICH HÖLDERLIN

Menschenbeifall

Ist nicht heilig mein Herz, schöneren Lebens voll,
Seit ich liebe? warum achtetet ihr mich mehr,
Da ich stolzer und wilder,
Wortereicher und leerer war?

Ach! der Menge gefällt, was auf den Marktplatz taugt,
Und es ehret der Knecht nur den Gewaltsamen;
An das Göttliche glauben
Die allein, die es selber sind.

Dieses Gedicht gehört zu den Kurz-Oden, von denen Hölderlin im Juni und August 1798 achtzehn an den Jugendfreund Neuffer zur Veröffentlichung in dessen Taschenbuch geschickt hat. Der Dichter sprach von ihnen als „Gedichtchen"; heute sind sie unter der Bezeichnung „epigrammatische Oden" bekannt. Sie unterscheiden sich durchaus von den früheren Oden aus den Jahren 1786—1793, die durchweg erheblich länger sind (4—30 Strophen), in Motiv und Sprache deutlich von Klopstock abhängen („Mein Vorsatz", „Die Unsterblichkeit der Seele", „Die heilige Bahn" usw.) und das alkäische Silbenmaß bevorzugen. Bei den insgesamt zwanzig Kurz-Oden, von denen die längste vier Strophen zählt, überwiegt bereits das asklepiadeische Versmaß. So stellen diese „Gedichtchen" einen wichtigen Schritt auf dem Wege Hölderlins zur Vollendung der deutschen Ode nach Klopstock dar, zu den späten Oden „Heidelberg", „Chiron", „Dichtermut", „Ganymed" usw. In den Kurz-Oden gewinnt Hölderlin Sicherheit in der Handhabung der alkäischen oder asklepiadeischen Struktur des Verses und der Strophe; zugleich eine neue Gegenständlichkeit, die er nun in der Weise der Ode ins Geistig-Sinnhafte entfalten lernt. Er tritt in ein neues Verhältnis zu den Gegenständen und zur Natur. So läßt sich kaum sagen, ob die bewußte Einübung in Geist und Gesetz der Ode oder das tiefgreifende Diotima-Erlebnis, das in vielen dieser Kurz-Oden anklingt, wichtiger für die Ausbildung dieser besonderen Form gewesen ist.

Unser Gedicht heißt „Menschenbeifall", aber es spricht nicht anders als abschätzig vom Beifall der Menge, die nur auf dem

Marktplatz ihr Recht geltend macht und die wie jeder Knecht vor der Gewalt zittert. Insofern ist unser Gedicht eine Hölderlinsche Abwandlung des Horazischen „Odi profanum volgus". Aber es ist auch ein wichtiges Gegenstück zu der anderen Kurz-Ode „Stimme des Volks", in welcher der Dichter bemüht ist, den Glauben seiner Jugend, die Stimme des Volkes sei Gottes Stimme, durch einen Vergleich mit Wasser und Strom zu retten:

Um meine Weisheit unbekümmert
Rauschen die Wasser doch auch . . .

Und meine Bahn nicht, aber richtig
Wandeln ins Meer sie die Bahn hinunter.

Es unterscheidet sich also bei Hölderlin die wankelmütige und urteilslose Menge vom Wunschbild des Volkes.

Bei diesem Vergleich zeigt sich auch sofort, warum Hölderlin sich nun so scharf von der Menge absetzt, während er in „Stimme des Volks" sich noch um die Idee des Volkes bemüht: In „Menschenbeifall" tritt ihm die neue Situation seines Lebens und Herzens, der neue Abschnitt seiner Bahn, bewegend und beunruhigend vor die Seele. Darum wird das Gedicht auch nicht mit dem abschätzigen Blick auf die Menge eröffnet, sondern mit dem liebeverzückten Blick auf sein heilig-stilles Herz und auf sein erfüllteres Leben. Das Gedicht schließt denn auch nicht mit der Absage an die Menge, sondern ähnlich mit der gläubigen Hinwendung zum Göttlichen, das er in sich selber spürt. Dadurch ist die Gedankenführung chiastisch verzahnt und mit einem großen Bogen umklammert. Am Anfang steht die rhetorische Frage, die nach Bestätigung und Rechtfertigung der neuen Liebe verlangt. Ihr antwortet die anklagende Frage an die Menschen, warum sie ihn früher, da er gewaltsamer, „Wortereicher und leerer" war, mehr geachtet haben als jetzt. Mit dem „Ach" der zweiten Strophe erfolgt eine Abwendung vom Menschenbeifall. Die absprechenden Urteile über die Menge, die sentenzartig bekannte Wendungen des enttäuschten Ich wiederholen, bestätigen auch noch, daß die Menge unwürdig ist, nach ihrer Zustimmung gefragt zu werden. Dann erst ist eine Rückkehr zum eigenen Selbst möglich: das „Göttliche" ist dem nur zugänglich und erkennbar, der selbst das Göttliche ist. Diese letzte Einsicht nimmt das Schlußwort aus der Kurz-Ode „Die Liebenden": „Denn es waltet ein Gott in uns" wieder auf; aber sie überhöht auch dies alte Wort („Est Deus in nobis") zu der kühneren Behauptung, daß der Liebende („Ist nicht heilig mein Herz, schöneren Lebens voll, / Seit ich liebe?")

am Göttlichen teilhabe, ja das durch Liebe erhöhte Ich das Göttliche selber sei. Das ist eine selbstbewußte Antwort auf die erste Frage, ob das Herz durch Liebe heilig und sich selbst genug sei.

Obwohl das Gedicht also dem Titel nach den „Menschenbeifall" zum Gegenstand hat, handelt es von der Selbstrechtfertigung der Liebe. Der Liebende muß sich hier rechtfertigen, weil er durch die Liebe aus der Menge ausgesondert ist. Die Rechtfertigung wird dadurch gewonnen, daß die Aussonderung in der abschätzigen Wendung gegen die Menge als eine Auserwählung verstanden wird. Der Liebende ist der Verkannte, aber auch der Auserwählte. Das wird in dialektischer Gedankenführung dargelegt: Hinschauend auf die Menge erscheint das Schicksal der Aussonderung durch Liebe als eine Störung des Selbstvertrauens; aber durch die Zerstörung der geläufigen Meinung, daß Menschenbeifall von irgendwelcher Bedeutung für die „eigene Seele, unser bestes Leben" (an Neuffer, August 1798) sei, wird das in Frage gestellte Selbstvertrauen wiedergewonnen. Das Gedicht vom Menschenbeifall wird so zu einem Gedicht der Selbstvergewisserung.

Es ist nun sehr Hölderlinisch, daß diese Wiedergewinnung des gestörten Selbstvertrauens in solcher dialektischen Weise erfolgt. Darum auch die verschränkende und umklammernde Gedankenführung. Die logische Ordnung der Gedanken ist spiegelbildlich: „Ist nicht heilig mein Herz? . . ." — „warum achtet ihr mich mehr? . . ." „der Menge gefällt . . ." — „An das Göttliche glauben . . .". Oder um es syntaktisch auszudrücken: Auf die rhetorische Frage des Eingangs, die eine Bestätigung erwartet, folgt die anklagende Frage an die Menschen; auf die Urteile über die Menge folgt das Bekenntnis von der Teilhabe am Göttlichen. Solche Spiegelbildlichkeit kehrt nun auch als rhythmisches Element in den ersten beiden Versen der asklepiadeischen Strophe wieder. Die rhythmische Figur — ᵕ — ᵕ ᵕ — der ersten Vershälfte wird spiegelbildlich wiederholt — ᵕ ᵕ — ᵕ —. Auch die Verschiedenheit der Stollen, die längeren Verse 1 und 2 und die kürzeren Verse 3 und 4, wird für die Gedankenführung in Entgegensetzungen antithetisch benutzt. Mit anderen Worten: Hölderlin lernt in den Kurz-Oden, das Baugesetz der Strophe ins Geistige zu verwandeln. Das ist der wichtigste Fortschritt gegenüber den klopstockisierenden Jugend-Oden, und das zeigt sich besonders in der asklepiadeischen Strophe. Von besonderem Reiz sind bei dieser Tendenz zur Identität von Form und Geist, Metrum und Gedanke jene gegenrhythmischen Variationen, die das Formale nicht so kalkulabel machen, daß darüber das Lebendige der Sprache ertötet würde.

So hebt im zweiten Vers der ersten Strophe die syntaktische Pause (nach „Seit ich liebe ?") fast die metrische Pause (nach „warum") auf; so erscheint am Ende des zweiten Verses der zweiten Strophe eine Nebenhebung in der Senkung („Gewáltsàmen"). Bei solchen rhythmischen Variationen dem Dichter vorwerfen zu wollen, er habe das Metrum nicht erfüllt, heißt doch nur, das griechische Metrum wichtiger als die deutsche Sprache nehmen.

Vielmehr scheinen mir solche rhythmischen Eigenheiten für den Charakter der Hölderlinschen Kurz-Ode bezeichnend zu sein. Man hat ihn epigrammatisch nennen wollen. Auch Friedrich Beißner benutzt noch in seinen Erläuterungen zur Großen Stuttgarter Hölderlin-Ausgabe diesen Begriff. Sicher scheint die Kürze an das Epigramm zu erinnern. Aber diese Kurz-Oden laufen nicht auf eine epigrammatische Zuspitzung hinaus; sondern sie gehen von einem Axiom, von einem Proverb, von einer Vorstellung, von einer Situation aus, und sie enden in einer neuen und vertieften Einsicht, in einem Bekenntnis, in einem Zuspruch. Der Ode „Menschenbeifall" liegt, wie gesagt, das Horazische „Odi profanum volgus" zugrunde, und sie endet mit einer Selbstvergewisserung; „Stimme des Volks" liegt das Wort „Vox populi, vox Dei" zugrunde, und sie endet mit der klärenden Einsicht in das Verhältnis von Dichter und Volk. Schon Max Kommerell hat gezögert, diese Oden als epigrammatisch zu bezeichnen. Sie sind in der Tat echte Oden, verkürzt auf eine knappe und spruchhafte Form. Sie ist Hölderlins Mittel, den Lesern wie sich selbst sein neues Verhältnis zur Welt zu verdeutlichen.

Gleichzeitig sind diese Kurz-Oden in ihrer dialektischen Gedankenführung Beispiele für Hölderlins Verarbeitung der Identitätsphilosophie. Am Schluß von „Menschenbeifall" heißt es: „An das Göttliche glauben / Die allein, die es selber sind." Diese Stelle wird erst aus dem Brief, mit dem Hölderlin im August 1798 die Übersendung einer Reihe von Kurz-Oden begleitete, verständlich: „Uns selber zu verstehn! das ist's, was uns emporbringt. Lassen wir uns irre machen an uns selbst, an unserm θειον, oder wie Du's nennen willst, dann ist auch alle Kunst und alle Müh umsonst. Drum ist's so viel wert, wenn wir fest zusammenhalten und einander sagen, was in uns ist; drum ist es unser eigner größter Schade, wenn wir uns aus ärmlicher Rivalität p. p. trennen und vereinzeln, weil des Freundes Zuruf unentbehrlich ist, um mit uns wieder eins zu werden, wenn unsre eigne Seele, unser bestes Leben uns entleidet worden ist, durch die Albernheiten der gemeinen Menschen, und den eigensinnigen Stolz der andern, die schon etwas sind." Diese Briefstelle gibt den Schlüssel zur Interpretation des Gedichtes „Menschenbeifall", das von der Wiedergewinnung des Selbstvertrauens in der Abwendung von der Menge handelt. Nicht nur ist von den „Albernheiten der gemeinen Menschen" die Rede, sondern auch vom Göttlichen (θεῖον) in uns und davon, daß Liebe und Freundschaft das „mit uns wieder eins werden" gewähren. Außerdem wird ausdrücklich das Selbst und das θεῖον identisch gesetzt. Das erinnert zwar an das Heraklit-Wort aus dem „Hyperion", aber ebensosehr an die Identitätsphilosophie: die ursprüngliche Einheit muß zerfallen, um sich in einer höheren Einheit wieder zu finden. Solche Denkweisen bildet der Gedichtaufbau in Entgegensetzungen nach, und am Ende steht die Identität des Selbst mit dem Göttlichen. Die kühne Verkündigung des Gedichts erweist sich philosophisch als die Kühnheit der Identitätsphilosophie. Das heißt aber, auf das Ästhetische hin gesehen: Dichtung ist nur aus dem Beisichsein, wie es Liebe, Freundschaft und der enthusiastische „heilige" Zustand gewähren, möglich, nicht mehr aus der Verlockung des Ruhms oder aus dem Geizen um Menschenbeifall. Das Gedicht des Zuspruchs wird damit auch zu einem Gedicht eines neuen dichterischen Programms, das Hölderlins reife Dichtung ankündigt.

CLEMENS HESELHAUS

—

FRIEDRICH HÖLDERLIN

Dem Sonnengott

Wo bist du? trunken dämmert die Seele mir
Von aller deiner Wonne; denn eben ist's,
Daß ich gesehn, wie, müde seiner
Fahrt, der entzückende Götterjüngling

Die jungen Locken badet' im Goldgewölk;
Und jetzt noch blickt mein Auge von selbst nach ihm;
Doch fern ist er zu frommen Völkern,
Die ihn noch ehren, hinweggegangen.

Dich lieb ich, Erde! trauerst du doch mit mir!
Und unsre Trauer wandelt, wie Kinderschmerz,
In Schlummer sich, und wie die Winde
Flattern und flüstern im Saitenspiele,

Bis ihm des Meisters Finger den schönern Ton
Entlockt, so spielen Nebel und Träum um uns,
Bis der Geliebte wiederkömmt und
Leben und Geist sich in uns entzündet.

Diese alkäische Ode gehört zu den Gedichten, die Hölderlin am 30. Juni 1798 an Schiller geschickt hat. Sie ist also gleichzeitig mit den für Neuffer bestimmten Kurz-Oden entstanden.

Das Gedicht gliedert sich durch die zweimalige Du-Anrede, zuerst an den Sonnengott, dann an die trauernde Erde, in zwei Teile. Es handelt also vom Sonnenuntergang und von der verlassenen dunklen Erde. Der erste Teil hat als Huldigung an den Sonnengott durchaus mythologisch-heroischen Charakter; der zweite Teil hat durch den Vergleich des Dichters mit der trauernden Erde durchaus reflektierenden sentimentalischen Charakter.

Die mythologische Huldigung beginnt mit einem sehnsüchtigen Nachruf an den verschwundenen Sonnengott, von dessen Wonne die Seele noch trunken dämmert. Dieser trunkene Zustand hat sich an dem empfindsam mythologischen Bilde vom Bade der Locken des entzückenden Götterjünglings im Goldgewölke entzündet. Der Dichter ist außer sich selbst: obwohl der Sonnengott verschwunden ist, steht sein Bild noch immer vor dem sehnsüchtigen Blick. Doch, sich besinnend, muß der Dichter erkennen, daß der Sonnengott „zu frommen Völkern, / Die ihn noch ehren, hinweggegangen" ist. Damit wird der Weggang des Sonnengotts zugleich als ein religiöses Schicksal gedeutet: er entzieht sich den unfrommen Völkern, um zu den frommeren hinwegzugehen. In der Kurz-Ode „Die scheinheiligen Dichter" verbietet Hölderlin den kalten verstandesmäßigen Poeten von den Göttern zu sprechen:

.... ihr glaubt nicht an Helios,
Noch an den Donnerer und Meergott;
Tot ist die Erde ...

In unserer Ode meint der Dichter selbst noch an Helios zu glauben, und er macht den Versuch, diesen Helios-Glauben im Gedicht zu erneuern. Nicht nur mit der trunkenen Ekstase, nicht nur mit dem empfindsam-mythologischen Bilde von der „Lockenwäsche" des Götterjünglings will er die dichterische Mythologie glaubhaft machen, sondern mehr noch mit der mythischen Umdeutung des Sonnenuntergangs in eine Auswanderung des vernachlässigten Gottes. Das ist ein früher Hölderlinscher Versuch, „die Feier des Lebens mythisch feiern" zu wollen (Über die Religion), vergleichbar ähnlichen Versuchen in den Vorarbeiten zum „Hyperion".

Aber diese „mythische Feier" des Sonnenuntergangs wird in eben dem Moment unterbrochen, als das empfindsam-mythologische Bild eine mythische Vertiefung erhalten hat. Der Dichter wendet sich zur Erde, deren Verdunkeltwerden als Ausdruck ihrer Trauer gedeutet wird. Aber dann schweift er anscheinend ab, um das Wesen dieser Trauer, die ihn und die Erde ergriffen hat, zu ergründen: sie sei nur eine vorübergehende Traurigkeit, die wie der Kinderschmerz im Schlummer ende. Der Zustand des Schlummers wird dann durch einen Vergleich noch weiter erläutert: wie die Winde im Saitenspiel flüstern, bis der Meister kommt und ein wirkliches Lied den Saiten entlockt, so umspielen uns (Erde und Ich) Nebel und Träume, bis der verlorene Geliebte (der Sonnengott) wiederkommt und bis sich Leben und Geist von neuem in uns entzünden. So wird der Schlummer, in welchem die Trauer ende, das Vorspiel eines neuen schöneren Liedes und die Erwartung einer neuen Erhöhung und Begeisterung.

Aus dem Aufbau des Gedichtes wird also deutlich, daß die vordergründige Zweiteilung (Anrede an den Sonnengott und Anrede an die Erde) überspielt wird durch den aus der Identitätsphilosophie bekannten Dreischritt: Thesis — Antithesis — Synthesis.

Zugrunde liegen die dreistufig gesehenen Naturerscheinungen: goldene Verklärung — Dunkelheit als Zeit des Schlummers — neues Leben und neues Licht. Diese Naturerscheinungen spiegeln sich zwar in der Ode nicht anders als in den wechselnden Emotionen des zuschauenden und teilnehmenden Ich; aber diese wechselnden Emotionen folgen wieder dem Gesetz der Dreistufigkeit: Trunkenheit — Trauer — Erwartung neuer Begeisterung. Dem entsprechen nun wieder drei wechselnde Darstellungsweisen: Dem Zustand der Verklärung und Trunkenheit entspricht die mythologisierende Darstellungsweise (Sonnengott); dem Zustand der Dunkelheit und Trauer entspricht die Mythisierung („zu frommen Völkern, / Die ihn noch ehren, hinweggegangen") und die Personifizierung („Dich lieb ich, Erde! trauerst du doch mit mir"); der Erwartung des neuen Lebens und der neuen Begeisterung entspricht die metaphorische Darstellungsweise (ein Vergleich aus dem Leben: „Trauer . . . wie Kinderschmerz", ein Vergleich aus dem ästhetischen Bereich: „Saitenspiel" und eine Metamorphose: aus Nebeln und Träumen kommt der Geliebte wieder und entzünden sich wieder Leben und Geist).

Nun wird man vielleicht einwenden, daß diese dreistufige Abwandlung durch die Anschaulichkeit des ersten Teiles und durch die Vergleiche des zweiten Teiles gar nicht recht zur Geltung kommt. Das ist durchaus richtig; denn das Gesetz dieser Ode ist die Übergänglichkeit. Hier werden in der Bewegung des Gedichtes Übergänge geschaffen, die es gar nicht erst zu einer ausdrücklichen Entgegensetzung von Sonnengott und Ich, von Sonnengott und Erde kommen lassen. Gerade auch die gegen das Ende hin immer vielfältiger werdenden Darstellungsweisen sind ein Zeichen und ein Ergebnis solcher Übergänglichkeit. Nun ist aber das Charakteristische der alkäischen Strophe bei Hölderlin die Übergänglichkeit. Wo die asklepiadeische Strophe (vgl. „Menschenbeifall") von ihrer Struktur her zur Entgegensetzung drängt, verleitet die alkäische Strophe zu gleitenden Übergängen. Wolfgang Binder verwendete den Goetheschen Begriff des „Undulierens" („Der Sammler und die Seinen"), um die alkäische Strophe zu kennzeichnen. Tatsächlich folgt in den ersten beiden Versen der alkäischen Strophe auf den jambischen Eingang die daktylisch bewegtere zweite Hälfte. ⏑ — ⏑ — ⏑, — ⏑ ⏑ — ⏑ ⏓. In einer Umkehrung wiederholt sich diese Figur im vierten Vers (nach einem jambischen dritten Vers): — ⏑ ⏑ — ⏑ ⏑ — ⏑ — ⏑. Dadurch erhält die Strophe, die durch die Übergänglichkeit ins Offene zu zerfließen droht, doch noch eine feste Rundung.

Die Übergänglichkeit der alkäischen Strophe tritt in unserer Ode nicht nur durch den Wechsel der Anrede oder durch den Wechsel in der Darstellungsweise hervor, sondern sie wird in der ersten und zweiten Strophe durch den Tempuswechsel von Präsens und Perfekt, bzw. Imperfekt auch noch syntaktisch verdeutlicht. Dieser Tempuswechsel ist inhaltlich dadurch bedingt, daß der Dichter den Zustand des trunkenen Dämmerns noch über den Untergang der Sonne hinaus anhalten läßt. In der dritten und vierten Strophe ist ein ähnlicher Zeitenwechsel angedeutet, wenn aus der gegenwärtigen Situation die zweimalige „bis"-Erwartung hervorgeht. Am Ende der dritten Strophe und am Anfang der vierten Strophe tritt dann die Übergänglichkeit noch in der zweiten Vergleichspartikel („wie die Winde . . .") sehr schön hervor: sie bezieht sich einmal zurück auf das „wie Kinderschmerz" und weist dann auch voraus auf das „so spielen Nebel und Träum' um uns".

Hölderlin vermeidet übrigens den Daktylus Klopstocks am Ende der ersten beiden Verse der alkäischen Strophe. In unserer Ode haben wir eigentlich jedesmal eine mehr oder weniger betonte Silbe am Ende. Hingegen ist die Möglichkeit einer betonten Silbe am Ende des vierten Verses beim Enjambement zwischen der ersten und zweiten Strophe sehr ausdrucksvoll benutzt worden. Ebenso ist die Rundung des Gedichtes auch inhaltlich gelungen: die Aussicht auf die Wiederkunft des Geliebten am Ende ist gleichsam die Antwort auf die Frage „Wo bist du?" am Anfang, ähnlich wie die Erwartung eines neuen Lebens und Geistes eine Überhöhung des trunkenen Dämmerns am Anfang darstellt.

Trotzdem hat die Übergänglichkeit, die zur Struktur der alkäischen Ode bei Hölderlin gehört, auf die Geschlossenheit des Gedichtes nachteilig eingewirkt. Ist die Ode, wie der Titel sagt, eine Huldigung an den Sonnengott? Oder ist sie nur ein Gleichnis für den philosophischen Dreischritt und also ein dichterisches Zeugnis für die Identität von Natur und Geist, „Leben und Geist"?

In der Kurz-Ode „Die scheinheiligen Dichter" schlägt Hölderlin vor, daß „Mutter Natur" an die Stelle der alten Götternamen treten soll, wenn aus ihnen die Seele gewichen ist. In unserer Ode aber tritt die Natur noch nicht schlechthin an die Stelle der antikisierenden Göttervorstellung, sondern Mythologisierung und Naturisierung stehen in einem und demselben Gedicht nebeneinander. Die Naturerscheinung kann Hölderlin noch mythologisieren, die gleichnishafte Erwartung eines neuen Morgens kann er aber schon nicht mehr mythologisieren. Damit wird das Problem der mythologischen Dichtung am Ende des 18. Jahrhunderts sichtbar. Einen Fingerzeig für Hölderlins Lösung gibt uns die Umarbeitung der Ode „Dem Sonnengott“ zu der Kurz-Ode „Sonnenuntergang“.

Sonnenuntergang

Wo bist du? trunken dämmert die Seele mir
Von aller deiner Wonne; denn eben ist's,
Daß ich gelauscht, wie, goldner Töne
Voll, der entzückende Sonnenjüngling

Sein Abendlied auf himmlischer Leier spielt';
Es tönten rings die Wälder und Hügel nach.
Doch fern ist er zu frommen Völkern,
Die ihn noch ehren, hinweggegangen.

Wann diese Umarbeitung erfolgt ist, kann man noch nicht genau ermitteln; erschienen ist sie mit einigen andern Kurz-Oden und mit längeren Gedichten in Neuffers Taschenbuch für 1800. Die Umarbeitung besteht nun wesentlich in einer Kürzung. „Die Kürze“ heißt denn auch eine Kurz-Ode, die ein Jahr vorher in Neuffers Taschenbuch erschienen war. Die zweite Strophe dieses Gedichts erläutert die Wendung zur Kürze mit einem Erlebnis, das deutlich auf den „Sonnengott“ verweist:

Wie mein Glück, ist mein Lied. — Willst du im Abendrot
Froh dich baden? hinweg ist's! und die Erd ist kalt,
Und der Vogel der Nacht schwirrt
Unbequem vor das Auge dir.

So hat Hölderlin denn auch in genauer Erkenntnis der unentschiedenen Struktur des „Sonnengott“ die dritte und vierte Strophe mit ihren Gleichnissen gestrichen. Darüber hinaus hat er die beiden letzten Verse der ersten Strophe und die beiden ersten Verse der zweiten Strophe entscheidend verändert.

Diese Veränderung besteht darin, daß das rein visuelle Bild aus dem „Sonnengott“ in eine akustische Vorstellung verwandelt wird: „gesehn“ — „gelauscht“, „müde seiner / Fahrt“ — „goldner Töne / Voll“, „Die jungen Locken badet' im Goldgewölk“ — „Sein Abendlied auf himmlischer Leier spielt'“, „Und jetzt noch blickt mein Auge von selbst nach ihm“ — „Es tönten rings die Wälder und Hügel nach“. Es werden also alle visuellen Aussagen durch akustische ersetzt. Wir haben es allerdings nicht im eigentlichen Sinne mit Synästhesien zu tun, so synästhetisch auch dieser Vorgang der Verwandlung ist; denn die Übersetzung der visuellen Phänomene in akustische ist vollständig durchgeführt, bis in die voller tönende Sprache hinein. Zugleich werden durch die Einführung der Metaphern vom Abendlied des Sonnenjünglings die dritte und vierte Strophe mit dem Bild vom Saitenspiel überflüssig. Oder das Bild vom Saitenspiel in den weggelassenen Strophen ist bildzeugend für die himmlische Leier geworden.

Noch eine kleine Abänderung ist zu erwähnen: der „Götterjüngling" wird zum „Sonnenjüngling". So unscheinbar diese Veränderung zu sein scheint, so wichtig ist sie für den neuen Charakter des Gedichts. Sie entspricht nämlich der Abänderung des Titels, in welchem nicht mehr mythologische Vorstellungen aufgerufen werden, sondern das Naturphänomen selbst genannt wird. Das ist ein Zeichen dafür, daß Hölderlin nun auf die Mythologisierung verzichtet. Er begnügt sich mit der Personifizierung. Ebenso bedeutet die Übernahme des ästhetischen Motivs vom Saitenspiel aus dem „Sonnengott" und seine Verwandlung zu einem akustischen Naturphänomen den Sieg der Natur über die Macht der mythologischen Tradition. Mit dem Wegfall der Mythologie wird das Gedicht metaphorisch und damit werden die Gleichnisse überflüssig. Nun kann der Dichter an Stelle der seelenlos gewordenen Götternamen „Sonnenuntergang" sagen (vgl. „Mutter Natur" in den „Scheinheiligen Dichtern"). Dadurch wird aber auch in den Schlußversen die Götterverehrung zur Naturverehrung. Hölderlin hat sich für die Verehrung der Naturmächte entschieden, und er kann darum auf die mythologische Eselsbrücke verzichten. Trotz dieser Verkürzung und Vereinheitlichung bleibt jedoch die Übergänglichkeit der alkäischen Strophe in der Vermischung der Zeiten und Tempora und in der Verbindung des trunkenen Dämmerns der Seele mit dem Lauschen und Nachtönen erhalten. So ist die Kürzung des „Sonnengott" ein gutes Beispiel für Hölderlins form- und gattungsbewußtes Dichten in der Zeit seiner Kurz-Oden.

CLEMENS HESELHAUS

FRIEDRICH HÖLDERLIN

Lebenslauf
1798

Hoch auf strebte mein Geist, aber die Liebe zog
Schön ihn nieder; das Leid beugt ihn gewaltiger;
So durchlauf ich des Lebens
Bogen und kehre, woher ich kam.

Die Ode „Lebenslauf" ist in einer einstrophigen Fassung aus dem Jahre 1798 vorhanden und in einer Erweiterung auf vier Strophen aus dem Sommer 1800. Sie gehört damit zu jenen sieben Oden („Die Heimat", „Die Liebe", „Lebenslauf", „Ihre Genesung", „Der Abschied", „Diotima", „Stimme des Volks"), die aus früheren Kurz-Oden entwickelt worden sind und neben den neuen Oden der Reifezeit stehen. Die Gegenüberstellung der Kurzfassung und der Erweiterung gibt uns die Möglichkeit, Hölderlins Weg zur Reife an einem Beispiel näher kennenzulernen.

Die frühe Ode von 1798 ist eine asklepiadeische Strophe über das Gleichnis: der Lebenslauf ist wie ein Bogen. Das war zwar nicht eine zur Zeit Hölderlins geläufige Ansicht, aber doch eine ihm aus der Sehweise der Zeit nahe gelegte Anschauung. 1778 ließ Th. G. von Hippel seine „Lebensläufe nach aufsteigender Linie" erscheinen. Dieser Titel nimmt den ersten Teil jener berühmten These aus Vicos „Principi di una Scienza Nuova", 1725, auf, die die geschichtlichen Abläufe als „corsi" und „ricorsi", als Aufstieg und Verfall, ansah. Indem nun Hölderlin seinen eigenen Lebenslauf nicht nur in aufsteigender, sondern auch in abfallender Linie sieht, überträgt er ein geschichts-philosophisches Schema auf sein eigenes Leben. Schicksal und Ereignis des eigenen Lebens werden ihm zum Gleichnis und zum Beispiel geschichtlicher Verläufe. Darum ist auch der zweigliedrige Aufbau dieser Strophe durchaus gleichnishaft: in den ersten beiden Versen werden die hervorstechenden Momente seines jungen Lebens genannt, in den beiden Schlußversen werden in einer Art „conclusio" diese Momente zu dem Gleichnis von „des Lebens Bogen" zusammengefaßt. Dies Gleichnis gibt dem Dichter eine neue Einsicht in sein Leben und in den Lebenslauf überhaupt.

Das Gleichnis dieser Kurz-Ode gibt also eine Deutung des Lebens und des geistigen Schicksals. Die Aussage „das Leid beugt ihn gewaltiger" steht im Präsens, und sie ist durch den Hebungsprall („Leid beùgt") rhythmisch hervorgehoben. Das Leid, das er erfährt (wohl in der Trennung von Diotima), ist also der Anlaß des Gedichtes. Aus dieser Leidsituation heraus kann er sagen, daß sein Geist früher hoch auf strebte und daß die Liebe ihn dann zum Schönen niederzog. Beide Ansichten finden wir auch sonst bei Hölderlin. In den frühen Oden „Die heilige Bahn" und „Zornige Sehnsucht" hat er seinen leidenschaftlichen Dichter-Ehrgeiz, das Hochaufstrebende seines Geistes vorbehaltlos kundgetan. In der Kurz-Ode „Sokrates und Alcibiades" deutet er dann auch noch einmal das Verhältnis von Geist und Liebe:

Und es neigen die Weisen
Oft am Ende zu Schönem sich.

Von dem gewaltigeren Niederbeugen durch Leid ist allein in diesem Gedicht die Rede. Diese drei Zustände des Geistes, das hohe Streben, das schöne Niederziehen durch Liebe, das gewaltigere Beugen durch Leid, sind schon nach dem Schema vom „Bogen des Lebens" miteinander in Beziehung gesetzt. Ob wirklich hinter diesem Gleichnis das Wort Heraklits „Des Bogens Name ist also Leben" steht, wie Beißner in den Erläuterungen zu diesem Gedicht vermutet, oder ob Hölderlin von den „corsi" und „ricorsi" des Vico auf die Anschauung „des Lebens Bogen" gekommen ist, braucht hier nicht entschieden zu werden. Für die Erkenntnis der Strophe scheint es mir wichtiger zu sein, daß die Überdenkung der Stadien seines geistigen Lebenslaufes im Gleichnis vom Lebensbogen zu einer frommen Hinnahme seines Schicksals führt: „und kehre, woher ich kam." Das Leid führt nicht zur Verzweiflung, nicht zur Resignation. Das Gleichnis vom Lebenslauf als Bogen führt zur Erkenntnis vom Sinn des Lebens.

Der letzte Vers enthält ein metrisches Versehen: er beginnt mit den zwei Daktylen des vierten Verses der alkäischen Strophe und endet wieder asklepiadeisch. Das ist um so verwunderlicher, als der Asklepiadeus eigens gewählt zu sein scheint, um durch die aufsteigende und fallende Linie in den ersten beiden Versen auch rhythmisch das Bild vom Bogen nachzubilden. Ich wage nicht zu sagen, daß die beiden Enjambements vom ersten zum zweiten und vom dritten zum vierten Vers mit ihrem Charakter der alkäischen Übergänglichkeit auch das alkäische Einsprengsel eingeführt hätten. Ich nehme eher an, daß der Dichter hier des asklepiadeischen Maßes noch nicht ganz sicher war.

Sicherer geworden in der Form der Ode, hielt es denn auch der Dichter für nötig, diese Strophe zwei Jahre später zu überarbeiten und zu erweitern. Damit schaffte er nicht nur das metrische Versehen beiseite, sondern veränderte auch den Charakter und die Deutung des „Lebenslaufes" von Grund auf. Das fromme Hinnehmen des Schicksals blieb in der Kurz-Ode völlig in der Immanenz; die Erweiterung zu der vierstrophigen Ode stellt die immanente Deutung dem transzendenten Auftrag gegenüber.

Lebenslauf
1800

Größers wolltest auch du, aber die Liebe zwingt
All uns nieder, das Leid beuget gewaltiger,
Doch es kehret umsonst nicht
Unser Bogen, woher er kommt.

Aufwärts oder hinab! herrschet in heil'ger Nacht,
Wo die stumme Natur werdende Tage sinnt,
Herrscht im schiefesten Orkus
Nicht ein Grades, ein Recht noch auch?

Dies erfuhr ich. Denn nie, sterblichen Meistern gleich,
Habt ihr Himmlischen, ihr Alleserhaltenden,
Daß ich wüßte, mit Vorsicht
Mich des ebenen Pfads geführt.

Alles prüfe der Mensch, sagen die Himmlischen,
Daß er, kräftig genährt, danken für alles lern,
Und verstehe die Freiheit,
Aufzubrechen, wohin er will.

Die erste Strophe des neuen Gedichts, die sich im ganzen an die Kurz-Ode hält, bringt eine Reihe von wichtigen Veränderungen. Die auffälligste ist der Verzicht auf das „ich" und die Distanzierung zum „du": so als sehe der Dichter nun sich selbst von einer höheren Warte zu. Diesen erhöhten Standort nimmt er denn auch damit ein, daß er nun allgemeiner von „uns" spricht: uns alle zwingt die Liebe nieder, und „des Lebens Bogen" wird zu „unser Bogen". Die Distanzierung wird dadurch noch mehr sichtbar, daß das Gedicht nun nicht mehr beginnt: „Hoch auf strebte mein Geist", sondern „Größers wolltest auch du"; d. h. Großes wollte er wie die anderen Großen; dann aber mußte er erkennen, daß die Liebe uns alle niederzwingt. Auch das ist schon aus Abstand und Distanz, vielleicht aus Kritik, gesagt. Wenn im dritten Vers das „so" durch das „doch" ersetzt wird, das Konsekutive durch das Adversative, dann wird damit der Sinn („umsonst nicht") deutlicher als in der Kurz-Ode herausgestellt. Schließlich wird im vierten Vers das alkäische Einsprengsel korrigiert. So verdrängt überhaupt die härtere (asklepiadeische) Fügung die weichere (alkäische). Das sind alles Zeichen für den späten Odenstil Hölderlins.

Noch interessanter aber ist die Erweiterung, die die Kurz-Ode erhalten hat. Sie läßt sich am besten mit dem musikalischen Begriff der Durchführung eines Themas beschreiben, und sie erscheint ganz im Sinne des Asklepiadeus als eine gedankliche Durchführung. Die zweite Strophe bringt eine Erläuterung der Aussage „Doch es kehret *umsonst nicht* / Unser Bogen". Das „umsonst nicht" und die Methaper „Bogen" wird mit dem Ausruf „Aufwärts oder hinab!" begründet. Es gilt gleichviel, ob der Lebenslauf aufwärts oder hinab geht. Das „aufwärts" („Größers wolltest auch du") bedarf keiner Erklärung; aber das „hinab" muß interpretiert werden. Wenn der Weg hinabführt in die Nacht, ist solche Nacht des Schicksals doch auch wieder „heilige Nacht": „heilig", weil die Nacht der Schöpfergrund für das Werdende und Kommende sein kann („Wo die stumme Natur werdende Tage sinnt"). Wenn der Weg sogar in den Orkus hinabführt, ist doch auch solcher Ort des „Schiefen" und Unerträglichen immer noch ein Ort, wo ein Recht (ein „Grades", Aufrechtes) herrscht. Das will die rhetorische Frage mit ihrem Werben um Zustimmung und Bestätigung zum Ausdruck bringen. Die Behauptung, das ein „hinab" soviel wie ein „aufwärts" sein könne, wird also einmal damit gestützt, daß die Nacht in der von Herder her bekannten Weise, der sich dann auch Novalis in den „Hymnen an die Nacht" angeschlossen hat, in eine heilige Nacht umgedeutet wird, und dann mit der noch kühneren Behauptung, daß im Chaos und sogar im „schiefesten Orkus" noch ein unerschütterliches Recht herrsche. Die Uminterpretation der dunklen und gefährlichen Nacht in ein heiliges Chaos des Schöpfergrundes hat nun zweifellos einen christlichen Sinn, indem die Wendung von den „werdenden Tagen" unmißverständlich an die Genesis erinnert. Ebenso scheint mir das Insistieren auf die Orkus-Gerechtigkeit einen christlichen Akzent zu tragen (die christliche Hölle schuf und unterhält Gottes Gerechtigkeit).

In der dritten Strophe folgt eine zweite gedankliche Durchführung des Themas vom Bogen. Mit dem „Dies erfuhr ich" ist zwar deutlich die zweite Hälfte, in der das „ich" der Kurz-Ode wieder erscheint, von der ersten abgesetzt; zugleich aber wird die gleichnishafte Parallelstruktur der beiden Gedichthälften dadurch kunstvoll überspielt, daß die dritte Strophe mit dem „denn“-Satz eine weiter durchführende Erläuterung gibt, inwiefern das Ich diese mystische Einsicht von der heiligen Nacht und von der Gerechtigkeit des Orkus gewinnen konnte. So bedeutet also das „Dies erfuhr ich“ 1. einen Rückgriff auf das „So durchlauf ich des Lebens / Bogen“ der Kurz-Ode, 2. einen Rückgriff auf „Unser Bogen“ der ersten Strophe und 3. einen Rückgriff auf das „Aufwärts oder hinab“ der zweiten Strophe. Dies konnte der Dichter erfahren, weil die Himmlischen ihn nie mit Absicht den ebenen Pfad geführt haben, sondern, um im Bilde zu bleiben, immer den „gebogenen“ Pfad. Allerdings wird das nur mit einem einschränkenden „Daß ich wüßte“ gesagt. Trotzdem spricht daraus noch immer recht deutlich die Ablehnung des „ebenen“ Pfads. So hatte Hölderlin schon in der Jugendode „Die heilige Bahn“ die gerade künstliche Bahn abgelehnt und die heilige und kühne Bahn, die sich in Täler hinabstürzt und über „Wolkenfelsen“ erhebt, bevorzugt. Und so wie dort Aristoteles „mit hellem scharfen Aug'“ auf „des Lieds feurigen Lauf“ schaut, so wird hier ausdrücklich gesagt, daß die alles erhaltenden Himmlischen nicht sterblichen Lehrern gleich sind, die ihren Schüler eher auf die ebene Bahn geleiten. Hinter dieser Ablehnung des ebenen Pfads steht dort wie hier die herakleische Entscheidung am Gabelpunkt des leichten und schweren Weges.

Die letzte Strophe bringt den zweiten Teil dieser zweiten Durchführung, und er wird im musikalischen Sinne zugleich zur Koda und Schlußfigur. Denn diese vierte Strophe beginnt mit einer Erläuterung des „Dies erfuhr ich“ der vorhergehenden Strophe. Die Prüfung der Ereignisse und Erfahrungen ist ausdrücklich der Auftrag der Himmlischen an den Menschen. Prüfend soll der Mensch erkennen, daß auch das Leid kräftige Nahrung sein kann, und prüfend soll er danken lernen für alles, selbst für das Leid. Durch die Prüfung der Erscheinungen und Erfahrungen kann der Mensch auch im Sinne der Himmlischen die Freiheit verstehen, die ihm gegeben ist, „Aufzubrechen, wohin er will“. Der Auftrag der Himmlischen betrifft also auch die verständige Anwendung der Freiheit. Das ist aber auch eine Korrektur des Anfangs „Größers wolltest auch du“: der maßlose Ehrgeiz wird eingeschränkt durch Liebe und Leid, und er soll durch die verständige und überlegene Freiheit ersetzt werden. Entelechie und Vollendung tauchen also am Ende andeutungsweise auf.

Wenn wir das alles zusammennehmen, dann ergibt sich ein dreistufiger Aufbau des schicksalsfrommen Lebenslaufes: ein Beginn im Ehrgeiz („Größers wolltest auch du"), ein Niederbeugen im Leid („das Leid beuget gewaltiger") und die Selbstvollendung im Verstehen des Leides und im Gewinn der neuen Freiheit („Daß er, kräftig genährt, danken für alles lern'").

Wer sich diese Hölderlinsche Lehre von dem schicksalsfrommen Lebenslauf ansieht, wird genötigt sein, den eminent christlichen Sinn dieser Erweiterungen und Veränderungen anzuerkennen. Wenn ihm die Hinweise auf die christlich inspirierte Uminterpretation der Nacht und des Orkus noch nicht genügen, dann ist jedenfalls der Auftrag der Himmlischen in der vierten Strophe unmißverständlich und eindeutig; denn die Himmlischen benutzen ein Wort aus dem ersten Paulusbrief an die Thessalonicher („Prüfet aber alles ..." 1 Thess. 5, 21); und die Aufforderung zur Umwandlung des Leides in kräftige Nahrung erinnert an den Römerbrief: „Wir rühmen uns auch der Trübsale. Wissen wir doch, daß die Trübsal zur Standhaftigkeit führt, die Standhaftigkeit zur Bewährung, die Bewährung zur Hoffnung." (Röm. 5, 3—4). Die Erweiterung der Kurz-Ode kreist also wirklich um die christliche Interpretation des Leides.

Dann können wir aber auch feststellen, daß die beiden formalen Durchführungen, die ich aufgezeigt habe, begleitet sind von einer thematischen Durchführung im Kontrapunkt: Die ganze Erweiterung der Kurz-Ode ist thematisch eine Uminterpretation jenes Wortes, das aus der frühen Fassung nur wenig abgewandelt ist: „das Leid beuget gewaltiger". Diese erweiterte Ode „Lebenslauf" bleibt nicht mehr bei dem immanenten Lebenssinn, sondern sie versucht, den Sinn des Leides zu verstehen und verstehend als Einsicht und Lehre mitzuteilen. In dieser Ode setzt sich Hölderlin mit dem Problem des Leides in seinem Leben und in der Welt auseinander. Das erfolgt dadurch, daß er schließlich dem Leiden einen christlich-entelechischen Sinn gibt. Damit wird das immanentistische Lebensverständnis aus der Kurz-Ode beibehalten und zugleich, durch die Einführung der Himmlischen, an Maß und Gesetz, das jene aus der Transzendenz uns setzen, gemessen. So sagt uns Hölderlin, selbst schon gewaltig vom Leid gebeugt, in dieser späteren Ode eins der tiefsinnigsten und erhellendsten Dichterworte über den Sinn des Leidens in der Welt. Sein tiefster Sinn ist Dank für das Leben und ein neues Verständnis der Freiheit.

WOLFGANG KAYSER

FRIEDRICH HÖLDERLIN

Stimme des Volks

Du seiest Gottes Stimme, so glaubt ich sonst
In heil'ger Jugend; ja, und ich sag es noch!
Um unsre Weisheit unbekümmert
Rauschen die Ströme doch auch, und dennoch,

Wer liebt sie nicht? und immer bewegen sie
Das Herz mir, hör ich ferne die Schwindenden,
Die Ahnungsvollen meine Bahn nicht,
Aber gewisser ins Meer hin eilen.

Denn selbstvergessen, allzubereit den Wunsch
Der Götter zu erfüllen, ergreift zu gern
Was sterblich ist, wenn offnen Augs auf
Eigenen Pfaden es einmal wandelt,

Ins All zurück die kürzeste Bahn; so stürzt
Der Strom hinab, er suchet die Ruh, es reißt,
Es ziehet wider Willen ihn, von
Klippe zu Klippe den Steuerlosen

Das wunderbare Sehnen dem Abgrund zu;
Das Ungebundne reizet und Völker auch
Ergreift die Todeslust und kühne
Städte, nachdem sie versucht das Beste,

Von Jahr zu Jahr forttreibend das Werk, sie hat
Ein heilig Ende troffen; die Erde grünt
Und stille vor den Sternen liegt, den
Betenden gleich, in den Sand geworfen

Freiwillig überwunden die lange Kunst
Vor jenen Unnachahmbaren da; er selbst,
Der Mensch, mit eigner Hand zerbrach, die
Hohen zu ehren, sein Werk der Künstler.

Doch minder nicht sind jene den Menschen hold,
Sie lieben wieder, so wie geliebt sie sind,
Und hemmen öfters, daß er lang im
Lichte sich freue, die Bahn des Menschen.

Und, nicht des Adlers Jungen allein, sie wirft
Der Vater aus dem Neste, damit sie nicht
Zu lang ihm bleiben, uns auch treibt mit
Richtigem Stachel hinaus der Herrscher.

Wohl jenen, die zur Ruhe gegangen sind,
Und vor der Zeit gefallen, auch die, auch die
Geopfert, gleich den Erstlingen der
Ernte, sie haben ihr Teil gefunden.

Am Xanthos lag, in griechischer Zeit, die Stadt,
Jetzt aber, gleich den größeren, die dort ruhn
Ist durch ein Schicksal sie dem heilgen
Lichte des Tages hinweggekommen.

Sie kamen aber nicht in der offnen Schlacht
Durch eigne Hand um. Fürchterlich ist davon,
Was dort geschehn, die wunderbare
Sage von Osten zu uns gelanget.

Es reizte sie die Güte von Brutus. Denn
Als Feuer ausgegangen, so bot er sich
Zu helfen ihnen, ob er gleich, als Feldherr,
Stand in Belagerung vor den Toren.

Doch von den Mauern warfen die Diener sie
Die er gesandt. Lebendiger ward darauf
Das Feuer und sie freuten sich und ihnen
Strecket' entgegen die Hände Brutus

Und alle waren außer sich selbst. Geschrei
Entstand und Jauchzen. Drauf in die Flamme warf
Sich Mann und Weib, von Knaben stürzt' auch
Der von dem Dach, in der Väter Schwert der.

Nicht rätlich ist es, Helden zu trotzen. Längst
Wars aber vorbereitet. Die Väter auch
Da sie ergriffen waren, einst, und
Heftig die persischen Feinde drängten,

Entzündeten, ergreifend des Stromes Rohr,
Daß sie das Freie fänden, die Stadt. Und Haus
Und Tempel nahm, zum heilgen Äther
Fliegend, und Menschen hinweg die Flamme.

So hatten es die Kinder gehört, und wohl
Sind gut die Sagen, denn ein Gedächtnis sind
Dem Höchsten sie, doch auch bedarf es
Eines, die Heiligen auszulegen.

„Stimme des Volkes", so ist eine der epigrammatischen Kurzoden Hölderlins aus dem Jahre 1798 überschrieben. Sie enthält die beiden ersten Strophen der abgedruckten Fassung. Die Abweichungen sind geringfügig; die merklichste findet sich in der Schlußzeile:

... aber richtig
Wandeln ins Meer sie die Bahn hinunter.

Wie so viele andere Kurzoden, entfaltete Hölderlin auch die „Stimme des Volkes" zu einem größeren Gedicht. 1800 entstand die erste der längeren Fassungen, 1801 die zweite, uns hier beschäftigende, die um die Erzählung vom Untergang der Stadt Xanthus und ihre Vorgeschichte erweitert war.

Nach der ersten Lektüre wird ein Leser, zumal wenn er in Hölderlins Dichtung noch nicht heimisch ist, den Eindruck eines dunkeln und schwerverständlichen Gedichts haben. Es scheint vor allem an Einheit und Geschlossenheit zu mangeln. Wir wollen uns hier gerade um den Aufweis der Geschlossenheit bemühen und lassen deshalb andere Fragen beiseite. Wir halten zunächst einfach fest, was sich fortschreitend als Inhalt ergibt.

Des Volkes Stimme wird angeredet und damit eine Erscheinung, die von besonderem Rang ist. Sie steht dem Sprechenden als etwas Mächtiges, Fremdes gegenüber; sie wird von ihm nicht erfaßt, obwohl sie sein Herz bewegt. Ihm ergeht es ebenso mit den Strömen. An ihnen, deren Bild sich im Vergleich eingestellt hat, wird dem Sprechenden ein Unterschied bewußt: die Verschiedenheit dessen, was er als Bahn bezeichnet. Seine Bahn ist eine andere als die der Ströme.

Die folgenden Strophen sprechen genauer von der Bahn der Ströme: sie ist dem Willen der Götter gemäß, sie ist die kürzeste Bahn ins All zurück, als Triebkraft wirkt ein Sehnen in den Abgrund, eine Todeslust. Solche Bahn ist nicht nur die der Ströme, sie kann auch die von Völkern und Städten sein. Die Ergriffenen opfern dann alle Werte, die sie geschaffen haben, sind sie doch nur endliches Werk, das zurückbleibt, wo der vorzeitige Heimgang gegangen wird.

Strophe 8 sagt uns, daß die Heimkehr nicht immer auf dem kürzesten Wege erfolgen solle. Gerade die Bahn des Menschen soll offensichtlich länger sein, er soll sich im Lichte freuen. Die weitere Bahn ist sogar ein Zeichen der besonderen Liebe, die die Götter für die sie Liebenden hegen. Väterliche Liebe treibt uns wie die jungen Adler aus dem schützenden Nest hinaus auf die Bahn des Lebens. Die erste der längeren Fassungen sprach an dieser Stelle noch einmal von den beiden Bahnen, die bisher behandelt wurden. Nach einem Requiem auf die vor der Zeit Heimgekehrten wird die längere, „geschwungnere" Bahn ausdrücklich als das Größere und Richtigere für den Menschen bezeichnet.

Unsere Fassung bricht nach der 1. Requiemstrophe (10) ab. Und nun folgt ein in der Versdichtung Hölderlins einzigartiger Teil. Nämlich eine fast balladeske Erzählung von der Stadt Xanthus, am Flusse Xanthus, derer Bewohner, als in ihrer belagerten Stadt Feuer ausgebrochen war, die Hilfe des großmütigen Feindes verschmähten und jubelnd in den Tod gingen. Diese fürchterliche, wunderbare Tat stand freilich in einem Zusammenhang, sie war vorbereitet. Denn auch die Väter waren einst ergriffen worden (von der Todeslust, der wunderbaren Sehnsucht zum Abgrund) und hatten ihre Stadt angezündet und sich in die Flammen gestürzt. Davon hatten die Kinder gehört.

Hölderlins Quelle für diese Erzählungen ist Plutarch. Bei ihm fanden sich Einzelheiten (wie die Geste des handausstreckenden Brutus), fand sich aber auch eine zusammenfassende Deutung: „Da riß es die Lyker plötzlich auf eine furchtbare und nicht zu beschreibende Weise, die man am ehesten mit einer Liebe zum Tode vergleichen könnte, zum Wahnsinn fort." Plutarch hatte dann von dem früheren Untergang der Stadt zur Zeit der Perserkriege erzählt, als die Väter ihre Stadt und sich selber verbrannt hatten.

Unsere Ode endet danach ziemlich unvermittelt, wie es scheint, mit der Feststellung, daß Sagen göttlicher Art sind, daß es aber eines besonderen Deuters bedarf.

Aber mit all dem ist von dem Gedicht noch wenig erhellt. Wir verstehen es noch nicht. Wir verstehen wohl einzelne Sätze, aber nicht den Zusammenhang, erkennen nicht die Notwendigkeit, daß es sich so fügen muß, erkennen auch nicht, wohin es eigentlich führt. Uns ist dieses ganze Sprechen noch nicht vertraut. Wir können gewiß gleich sagen, was es nicht ist: hier wird nicht gesprochen, um eine seelische Gestimmtheit zu schaffen. Auch nicht, um eine geschlossene Gegenständlichkeit aufzubauen, in der ein besonderer Sinngehalt ahnbar wird — das Bild einer Landschaft etwa oder einer Tageszeit oder einer Lebenssituation. Wohl taucht

Gegenständlichkeit auf: junge Adler, die aus dem Nest geworfen werden, oder zerbrochene Werke, die im Sand liegen, oder rauschende Ströme. Aber solche Bilder, aus den verschiedensten Bereichen stammend, fügen sich nicht zusammen zu einer geschlossenen Räumlichkeit als dem Umkreis des Gedichts. Fragen wir nach diesem Umkreis, so scheint er grenzenlos zu sein. Naturreich, Tierreich, Menschenreich können einbezogen werden, Nahes und Fernes sich mischen. Ebenso ist der Umkreis der Zeit grenzenlos, wie es scheint. Der hier in der Gegenwart spricht, sieht sich als einen der Jugend Entwachsenen, er schaut auf vergangene Völker und Städte, erzählt unvermittelt von einer griechischen Stadt, die aber auch schon eine Vorgeschichte gehabt hat, und spricht zum Schluß unvermittelt wieder in die Gegenwart.

Und doch spüren wir, daß hier kein blindes Vermengen stattfindet, bei dem alles mit allem verbunden werden könnte. Ebensowenig sind es unkontrollierte Assoziationen, die sich aneinander reihen. Eine Ordnung scheint in der Verbindung zu walten, so unerkennbar sie uns auch noch ist. Wir wollen zunächst auf die Gelenkstellen zwischen den Bildern achten, auf die Art ihrer Verbindung, und dabei zugleich die Art der Bilder selber beobachten.

Wir beginnen gleich mit dem ersten Bild, dem der rauschenden Ströme. Wie kommt es herein? Die maßgebende Konjunktion ist *auch*. Die Ströme werden genannt, weil sie in einer Entsprechung zu Vorangegangenem stehen: der Stimme des Volkes. Aber wir müssen genauer sein: die Analogie besteht nicht zwischen den Strömen und der Stimme des Volkes an sich, sondern in der Gleichheit der Spannung, die der Sprechende zu ihnen empfindet. Diese Gleichheit liegt nicht in dem sinnlichen Eindruck, den beide Phänomene auf ihn machen, sondern im geistigen. In beiden waltet etwas Hohes, das unserer Weisheit unzugänglich bleibt, das aber das Herz bewegt. Wir stoßen gleich auf eine zweite Konjunktion, auf ein *dennoch*. Vor beiden Phänomenen empfindet der Sprechende diesen Gegensatz, diese Paradoxie, als eine Beunruhigung, die ihn zum Sprechen drängt: sie übersteigen unsere Weisheit und kümmern sich nicht darum, und sie bewegen uns dennoch. Und wie der Blick den schwindenden Strömen folgt, erfaßt der Sprecher einen neuen Gegensatz, die Konjunktion ist an dieser Stelle *aber:* die Ströme folgen einer Bahn, die sich von seiner eigenen grundsätzlich unterscheidet. Wir erkennen nun schon, daß der Sprechende das Bildliche zwar auch mit den Sinnen erlebt — sonst könnten wir kaum von Bildern sprechen —, zugleich und vor allem aber geistig. Der Lauf der Ströme, die er dahineilen sieht, wird ihm zur Bahn, die er sofort im Gegensatz zur eigenen empfindet. Er hat die Durchgeistigung des Gegenständlichen schon vollzogen, bevor er es nennt; die Ströme sind sogleich personifiziert, sind eigene Wesenheiten mit eigenem Verhalten; indem sie rauschen, rauschen sie „unbekümmert". Wir können nun auch schon genauere Angaben über die „Geistigkeit" des Sprechenden machen. Zwei Denkweisen haben sich enthüllt: ein Denken in Entsprechungen (Konjunktion: auch), und ein Denken in Gegensätzen (Konjunktionen: dennoch, aber).

Immer wieder betätigen sich in unserem Gedicht diese beiden Denkweisen, immer wieder finden sich die genannten Konjunktionen als Verbindungen. Wir verfolgen das zunächst für die Konjunktion *auch:* in Strophe 5 findet sich noch einmal das Bild der Ströme. Es ist jetzt durchgeistigt auf ihre Sehnsucht, dem Abgrund zuzueilen. Der Vorgang in der Natur zieht Entsprechungen aus dem menschlich-historischen Bereich heran. *Auch* Völker und Städte ergreift eine solche Todeslust. In Strophe 9 ruft das Bild der jungen Adler, die vom Vater aus dem Nest geworfen werden, eine Entsprechung hervor: *auch* uns Menschen treibt der Herrscher (in Fassung I waren es „die Götter") ins Leben hinaus. In der nächsten Strophe (10) erscheinen die vor der Zeit in den Untergang Getriebenen als eine Analogie zu allem, was bei einer Ernte als Erstling geopfert wird. Die Erzählung vom Untergang der Stadt Xanthus ist in Strophe 15 beendet. Er hat eine historische Entsprechung: *auch* die Väter waren von Todeslust ergriffen worden und hatten ihre Stadt und sich den Flammen geopfert.

Wir verfolgen die Konjunktionen des Gegensatzes. Die Strophen 4—7 reihen Bilder für die kürzeste Bahn. Ein kräftiges *Doch* leitet zu der Feststellung über, daß die Götter oft die Bahn des Menschen hemmen. Nach den Bildern, die Strophe 9 dafür gibt, setzt Strophe 10 wieder gegensätzlich fort; sprachlich ist das freilich nur mit „jene", nicht mit einer besonderen Konjunktion ausgedrückt. (In der I. Fassung folgte auf dieses Requiem von neuem eine antithetische Wendung: „*Doch* sichrer ists und größer und ... mehr der Mutter wert ... die geschwungnere Bahn zu wandeln." In unserer Fassung ist das durch die Erzählung von der Stadt Xanthus verdrängt.) In der letzten Strophe ist eine Aussage über die Sagen gemacht. Der Schlußsatz fügt sich als Gegensatz an: „*doch* auch bedarf es ..."

Aber so häufig diese beiden Arten der Verbindung sind und den Fortgang bestimmen, es gibt noch zwei andere. Sie verlaufen indes in anderer Richtung. Die beiden behandelten Arten stiften Verbindung, indem sie Gleichartiges oder Gegensätzliches angliedern. Die Entfaltung vollzieht sich gleichsam auf derselben Ebene. Die beiden anderen Arten vermitteln zu einer neuen Ebene, die eine aufsteigend, die andere absteigend.

Mit der Konjunktion *denn* setzt in Strophe 3 eine vertikale Bewegung ein, der Umschlag erfolgt in dem Wort „Bahn". Es ist, als ob sich die Frage stellte: was ist das, wenn die Ströme mit Gewißheit ihre Bahn ins Meer eilen? Die Antwort gibt die Deutung: es ist das selbstvergessene Zurückeilen in das All, auf kürzester Bahn erfüllt der also Ergriffene den Wunsch der Götter. Hier wird keine Erfahrung ausgesprochen, sondern wird verkündet, was vor und über aller Erfahrung schlechthin gilt. Ein weiteres Beispiel findet sich in Strophe 18. Wieder hat sich eine Frage gestellt: was denn in Sagen eigentlich gehört wird, was ihr Gutes ist? — Und wieder wird mit einem Satz unbedingter Geltung geantwortet: „. . .denn ein Gedächtnis sind / Dem Höchsten sie." Es gibt noch zwei andere Stellen, an denen man ein latentes *denn* spürt und solche verkündenden Sätze gesprochen werden. Man erkennt sie meist schon am Ton: an dem allgemeinen Urteilscharakter der Aussage, am Vorwalten der Abstrakta, an dem zeitlosen Präsens der Verben. Die eine Verkündigung steht in Strophe 8: die weitere Bahn des Menschen als Wille der liebenden Götter — die andere in Strophe 10: die vor der Zeit Heimgekehrten haben „ein Teil gefunden" oder, wie es die erste Fassung deutlicher aussprach, ihren „Festtag" gehabt.

Kehrt die Bewegung aus dem Raum der unbedingten Geltung zu den entsprechenden Erfahrungen zurück, dann erfolgt die Anknüpfung gewöhnlich mit *so*. Nach der Verkündigung der Strophe 3 gibt der Sprechende ein Beispiel: „. . . *so* stürzt / Der Strom hinab". Ein latentes *So* wird im Übergang von Strophe 8 zu 9 spürbar: der Wille der Götter zu der weiteren Bahn wird an den Adlern exemplifiziert. Und ebenso fügt sich die Erzählung von Xanthus als Beispiel für das „Teilhaben", für den „Festtag" der vorzeitig Heimgegangenen mit einem latenten *So* an. (Innerhalb der Erzählung finden sich die beiden Konjunktionen gleichfalls, hier aber innerhalb der einen geschichtlichen Ebene vermittelnd.)

Vier Arten für die Verknüpfung der Sätze haben sich ergeben: eine der Entsprechung, die Ähnliches aufdeckt (auch); eine, die Gegensätzliches aufweist (doch, dennoch, aber); eine, die die Phänomene durchgeistigt und auf Sätze unbedingter Geltung führt (denn); schließlich eine, die vom Unbedingten wieder auf Beispiele innerhalb des Erfahrungsraumes zurücklenkt (so).

Bevor wir nach den Arten der Verknüpfung die Folge und damit die Bewegung des Ganzen zu erfassen suchen, verweilen wir noch einen Augenblick bei den Bildern. Beim ersten Lesen schien uns keine Ordnung zu walten. Alles schien mit allem verknüpfbar. Wir sind jetzt in der Lage, die einheitliche Stiltendenz zu bestimmen, unter der die Bilder unserer Ode stehen. Wir führen sie der Reihe nach auf:

1. die Ströme, die unbekümmert rauschen und uns bewegen;
2. die Ströme, die einer Bahn zum Meer folgen;
3. der in den Abgrund eilende Strom;
4. die von Todeslust ergriffenen Völker und Städte;
5. die in den Staub geworfene „lange Kunst";
6. das vom Künstler zerbrochene Werk;
7. der sich auf seiner Bahn des Lichts freuende Mensch;
8. die aus dem Nest geworfenen Adler;
9. die vom Stachel der Herrschers hinausgetriebenen Menschen;
10. das Opfer der Erstlinge;
11. zur Erzählung ausgeweitet: der Untergang von Xanthus;
12. zur Erzählung ausgeweitet: der Untergang der Väter.

Eines, so erkennen wir sofort, ist allen gemeinsam: es sind keine bloßen Bilder von ruhenden Gegenständen, sondern Vorgänge. Am aufschlußreichsten ist das fünfte Bild. Es scheint zunächst statisch: die Werke der von Todeslust ergriffenen Menschen liegen verlassen da. Aber in Hölderlins Sicht wird Bewegung wahrgenommen. Sie sind nicht verlassen, sondern in den Staub geworfen worden. Und als ob das noch zu schwach sei, variiert der Sprechende das Bild, und nun steigert sich die Bewegung zum Zerbrechen der Werke. Damit ist das Bild der zunächst daliegenden Werke zugleich stärker gedeutet. Wir erkennen eine zweite Gemeinsamkeit im Stil aller Bilder: das sinnlich Wahrnehmbare wird gleichsam nur im Umriß angedeutet. Stets aber erfolgt eine Durchgeistigung des Vorgangs, und zwar so, daß eine Intention erkennbar wird. (Die Durchgeistigung bereitet auf die verkündenden Sätze vor, deren Ton nun nicht mehr stark absticht. Gelegentlich nehmen sie selber Anschauliches in sich auf: Strophe 3, 8.) Schließlich aber und am bedeutsamsten: die Intentionalität aller Vorgänge ist auf den göttlichen Willen bezogen, sei es daß die Vorgänge in den verkündenden Sätzen daraufhin erhellt werden oder als deren Exemplifizierung folgen. Und das ist andererseits das Gemeinsame jener nicht bildhaften, sondern verkündenden Sätze: in ihnen wird vom Göttlichen gesprochen. (Ein entsprechendes Wort wird jeweils genannt: „die Götter", in Strophe 3; „die Hohen" in Strophe 8; „das Höchste" in Strophe 18. Die „Teil"-habe in Strophe 10 ist Teilhabe am „Göttlichen"; das Gleiche liegt in dem Wort „Festtag" der ersten Fassung. In Hölderlins Sprache bedeutet „Festtag" immer das Walten eines gegenwärtigen Gottes.)

So sind es denn nur ganz bestimmte Bilder, die in unsere Ode eingehen konnten und dabei auf die gleiche Art gestaltet worden sind. In allen mußte göttliche Kraft als in einem Vorgang wirksam erfaßbar werden. Wir nennen solche Bilder mit einem Hölderlinschen Wort: Zeichen. In dem Gedicht „Der Ister" fragt der Sprechende:

Und warum hängt er
An den Bergen gerad? der andre
Der Rhein ist seitwärts
Hinweggegangen...

und antwortet in einer der Fassungen als Wissender:

... Umsonst nicht gehn
Im Trocknen die Ströme. Aber wie? Sie sollen nämlich
Zur Sprache sein. Ein Zeichen braucht es,
Nichts anderes, schlecht und recht, ...

Wir weisen nur kurz darauf hin, daß der Begriff des Zeichens in Hölderlins Sprache eine immer größere Rolle spielt. Sie selber werden dabei komplizierter. So gibt es in einem Gedicht besondere „Tageszeichen", die „gut sind", wenn „ein Himmlisches gegenredend die Seele verwundet hat". Zugleich aber wird eine Besorgtheit immer spürbarer, eine Angst vor der Vermessenheit, etwas als Zeichen beanspruchen zu wollen und das Göttliche darin verantworten zu sollen. Der Begriff des Zeichens aber bleibt, nachdem Hölderlins Geist gebrochen ist. Die Gedichte aus der Spätzeit sind ganz schlichte Nennungen von Zeichen, denen nun alle für Hölderlins Dichtung sonst so charakteristische Ausformung fehlt. Die Gedichte kreisen immer wieder um Frühling, Sommer, Herbst und Winter. Sie sprechen nur aus der schlichten Gewißheit, daß da Zeichen sind, ohne jeden Versuch einer Ausdeutung:

Der Frühling

Die Sonne glänzt, es blühen die Gefilde,
Die Tage kommen blütenreich und milde,
Der Abend blüht hinzu, und helle Tage gehen
Vom Himmel abwärts, wo die Tag' entstehen.

Das Jahr erscheint mit seinen Zeiten
Wie eine Pracht, wo Feste sich verbreiten,
Der Menschen Tätigkeit beginnt mit neuem Ziele,
So sind die Zeichen in der Welt, der Wunder viele.

In Hölderlins Dichtung stellt das Zeichen nicht nur eine Kategorie dar, unter der Gegenständlichkeit erfaßt wird; es kann zur inneren Form ganzer Gedichte werden.

Mit der Einsicht in den Zeichencharakter haben wir eine Stufe erreicht, von der aus es leicht würde, in die Hölderlinsche Dichtung einzudringen. Mehrere der Zeichen unseres Gedichts kehren immer wieder. Für das Bild des Stroms wiesen wir schon auf „Ister", wir könnten auch den „Rhein" und andere Stromgedichte nennen oder „Heidelberg". Der Sprechende erinnert sich eines Zaubers, eines von Göttern gesandten Zaubers, der ihn einst auf der Heidelberger Brücke gefesselt habe: als er sah, wie der Jüngling, der Strom, fort in die Ebene zog —

Traurigfroh, wie das Herz, wenn es, sich selbst zu schön,
Liebend unterzugehen,
In die Fluten der Zeit sich wirft.

Immer wieder ergreift die Durchgeistigung schon das Gegenständliche und macht das Bild zur mythischen Chiffre. Der Strom ist ein Jüngling, der dem Untergang entgegeneilt, auf der Höhe seines Daseins; der von Göttern gesandte Zauber aber ist die Erkenntnis, vor einem Zeichen zu stehen.

Das Bild von der geschwungenen Bahn begegnet in der Tübinger Vorrede zum „Hyperion" und in der Einleitung zum Thalia-Fragment des „Hyperion" von 1794: „Die exzentrische Bahn, die der Mensch, im Allgemeinen und Einzelnen, von einem Punkte... zum andern... durchläuft, scheint sich, nach ihren wesentlichen Richtungen, immer gleich zu sein." Die Stelle ist um so wichtiger, da sie die innere Form des Romans andeutet: „Einige von diesen (exzentrischen Bahnen) sollten... in den Briefen, wovon die folgenden ein Bruchstück sind, dargestellt werden". Wir verweilen noch einen Augenblick bei dem Bild der kürzesten Bahn, das in unserer Ode den Gegensatz bildet. Es taucht als Gegenbild in einer bedeutsamen Konkretisierung schon am Ende des „Hyperion" auf: Angesichts des Ätna, so bekennt Hyperion, „fiel der große Sizilianer mir ein, der einst, des Stundenzählens satt, vertraut mit der Seele der Welt, in seiner kühnen Lebenslust sich da hinabwarf in die herrlichen Flammen". Die Bilder der beiden gegensätzlichen Bahnen, in unserer Ode nebeneinander gestellt, bestimmen die Struktur des Hölderlinschen Romans und seines Dramas, die sich somit antithetisch gegenüberstehen.

Wir wenden uns zu unserem Gedicht zurück und stellen nun die eingangs aufgeworfene Frage von neuem: wohin denn die Bewegung mittels der aufgewiesenen Denkbahnen und mittels des zeichenhaften Bildmaterials eigentlich führt.

In einer Spannung setzt das Gedicht ein: der Sprechende steht dem Phänomen der Stimme des Volkes gegenüber. Er bekräftigt auch jetzt noch den Glauben, daß sie Gottes Stimme sei, aber was damit gesagt ist, bleibt ebenso offen wie die Frage, wo denn die Stimme überhaupt hörbar wird.

Mit der dritten Zeile beginnt die Entfaltung des Themas, indem eine Analogie herangezogen wird. Die Bewegung entfaltet sich fortan nicht mehr aus dem Thema, sondern aus der Analogie, die zunächst auf den Gegensatz zweier „Bahnen" führt, der des Sprechers und der der Ströme, — das Wort „Bahn" ist ein Leitwort der ganzen Bewegung im Gedicht.

Zunächst entfaltet sich der Begriff der „kürzesten Bahn". Von 3,1 bis 7,4 spannt sich ein Satz. In Strophe 3 wird ihr Wesen gesagt, Strophe 4 bis 7 nennen als Beispiele Strom und Völker und Städte.

Strophe 8 wendet sich auf die Gegenseite. Das Leitwort „Bahn" erklingt von neuem, und zugleich erkennen wir ein neues Leitwort: die „Hohen". Es wird als „jene" in 8,1 aufgenommen und weist auf die „Götter" (3,2) zurück. Strophe 9 gibt nach der Wesensdeutung der weiten Bahn zwei Beispiele: die jungen Adler, die Menschen.

Aber schon in Strophe 10 wendet sich die Bewegung zurück zu den vor der Zeit Heimgegangenen, über die eine neue Wesensaussage gemacht wird: sie haben ihr Teil gefunden. Es folgt, wie wir es erwarten durften, nach der Wesensaussage das Beispiel aus dem irdischen Bereich. Wenn aber statt des Zeichens jetzt eine ganze Erzählung gegeben wird, so ist unverkennbar, daß hier der Zusammenhang gesprengt wird. Eine Erzählung muß anders aufgenommen werden als ein Zeichen, sie ist eigenwillig. Unüberhörbar wird hier eine andere Sprache gesprochen. Schon im Wortschatz fallen unter den vielen Nomina die Konkreta auf, die jetzt nur Individuelles meinen, das keiner mythischen Chiffrierung fähig ist („von den Mauern warfen die Diener sie..."). Umspannte im Anfang ein Satz fünf Strophen, so finden sich hier in den fünf Strophen der eigentlichen Erzählung neun Sätze, und unter den Syndesen, d. h. den Sprachmitteln, die Zusammenhang schaffen, herrschen die temporalen vor (als, darauf, drauf). Über der Darstellung des einmaligen Geschehens vergessen wir fast seine

Beispielhaftigkeit, und auch der Erzähler hat es getan. Denn die Durchgeistigung, die er in Strophe 16 bringt: „Nicht rätlich ist es, Helden zu trotzen", paßt nicht schlüssig in die Zusammenhänge. Es geht weder um Helden noch um Trotzen, sondern um die Teilhabe, um den Festtag. (Hier verrät sich Manierismus als eine Gefahr des Hölderlinschen Sprechens.) Diese Verkündigung paßt auch nicht zum Folgenden, wenn da eine Analogie aus der Vorzeit gegeben wird, durch die alles vorbereitet war. Aber es handelt sich um mehr als eine Analogie. Denn es war die Erinnerung an die ergriffenen Väter und ihr Ende, die in den Kindern wirksam wurde und ihre Tat vorbereitete. Die Erinnerung, wie sie in der Form der Sage objektiviert und lebendig erhalten war. Schon in 12,4 war das Wort „Sage" gebraucht, das wie „Bahn", die „Hohen" (bzw. Götter), der „Teil" zu den Leitwörtern der Ode gehört. In auffälliger Paradoxie wurde die Sage in Strophe 12 „wunderbar" und zugleich „fürchterlich" genannt. Es ist eine ähnliche Paradoxie wie die in den Strömen, die unbekümmert um uns rauschen und doch unser Herz bewegen. Ja, es ist tatsächlich eine genaue Entsprechung. Denn jetzt erkennen wir, daß die Bewegung, die sich scheinbar von dem Anfang (der Stimme des Volkes) entfernte, als sie sich von den Strömen forttragen ließ, zu dem Anfang zurückgeführt hat. Das Leitwort „Sage", das die Erzählungen beherrscht, wird in der letzten Strophe in seinem Wesen verkündet. Und damit haben die offenen Fragen des Anfangs ihre Antwort gefunden: Die Stimme des Volkes wird hörbar in den Sagen. Sagen bewahren das Göttliche. In solchem Sinne ist des Volkes Stimme Gottes Stimme. Aber noch ist die Entfaltung nicht an ihr letztes Ende und das Gedicht nicht an seinen ersten Anfang gekommen. Denn nicht bei dem Phänomen „Volkes Stimme" an sich setzte das Sprechen ein (so undeutlich es war und Klärung verlangte), sondern bei der offenen Spannung, in der sich der Sprechende zu diesem Phänomen befand.

Vom „Ich" ist seit der zweiten Strophe nicht mehr gesprochen worden. Ein Ich-Bezug pocht in den Strophen 8 und 9, obwohl der Sprechende nicht von sich, sondern von den Menschen und von uns spricht, die auf die geschwungenere Bahn gedrängt werden. Er spricht auch jetzt am Schluß nicht von sich. Aber der Eine, dessen es bedarf, um die heiligen Sagen auszulegen, ist er selber. Das Wort „der Eine", in dem das „Ich" des Anfangs aufgenommen ist, stellt ebenfalls eines der Wörter dar, von denen aus oder zu denen hin sich die Bewegung in unserem Gedicht leitet. Die Stellung des Ich, die zu Beginn so offen war, hat sich durch die Entfaltung des Gedichtes bestimmt: es erkennt sich als beauftragt, die Kunde vom Göttlichen in den Sagen zu erfassen und den anderen auszulegen.

Schauen wir von solchem Ergebnis auf das Werk Hölderlins, so ergibt sich, daß diese Auffassung vom Amt des Dichters in unserer Ode zum ersten Male aufklingt. Bisher wurde der göttliche Gehalt in den Zeichen aus der Natur gedeutet. Jetzt hat der Sprechende, und wir dürfen seine Stimme mit der des Dichters identifizieren, einen neuen Aufgabenbereich erfahren. Die Erfahrung spricht sich auch am Ende des Gedichtes „Patmos" aus:

Der Vater aber liebt,
Der über allen waltet,
Am meisten, daß gepfleget werde
Der feste Buchstab, und Bestehendes gut
Gedeutet.

Wir abstrahieren zum Schluß von allem Inhaltlichen und zeichnen nur noch einmal die formale Struktur unserer Ode nach. Das Sprechen wurde ausgelöst durch die offene Spannung, in der sich der Sprechende vor einem Phänomen befindet, das bedeutsam ist. Das Phänomen wird entfaltet: mittels Anreihung von entsprechenden Phänomenen und Entgegensetzung andersartiger, mittels Durchgeistigung des Gegenständlichen und Exemplifizierung von Sinngehalten. In wenigen klaren Formen des Denkens vollzieht sich also die Bewegung. Inhaltlich gliedert sie sich durch Knotenpunkte, an denen Leitwörter auftauchten, die die weitere Bewegung bestimmten. Die ganze Entfaltung führte zu einer Klärung des thematischen Phänomens an sich und zuletzt, als ihrem eigentlichen Ziel, zur Bestimmung der Position des Sprechenden vor diesem Phänomen, mit deren Spannung sie begann.

Das alles ist nun nicht nur die Struktur dieses Gedichts, sondern die Struktur der Ode überhaupt. Hölderlin hat sie in den Jahren 1799 bis 1803 gepflegt. Und er hat sie nicht nur gepflegt, sondern studiert. Vor allem an Horaz, über dessen Oden er für seine geplante Zeitschrift eine Untersuchung schreiben wollte. Aus dieser Zeit stammt der Satz in einem Brief an Neuffer vom 4. 12. 1799, der einem Bekenntnis gleicht: „Ich finde immer mehr, wie vorteilhaft und wie erleichternd die wahre Erkenntnis der poetischen Formen für die Äußerung des poetischen Geistes und Lebens ist, und ich muß erstaunen, wie wir so umherirren mögen, wenn ich den sichern und durch und durch bestimmten und überdachten Gang der alten Kunstwerke ansehe."

PAUL BÖCKMANN

FRIEDRICH HÖLDERLIN

Brod und Wein
An Heinze

I.

Rings um ruhet die Stadt; still wird die erleuchtete Gasse,
Und, mit Fackeln geschmückt, rauschen die Wagen hinweg.
Satt gehn heim von Freuden des Tags zu ruhen die Menschen,
Und Gewinn und Verlust wäget ein sinniges Haupt
Wohlzufrieden zu Haus; leer steht von Trauben und Blumen,
Und von Werken der Hand ruht der geschäftige Markt.
Aber das Saitenspiel tönt fern aus Gärten; vielleicht, daß
Dort ein Liebendes spielt oder ein einsamer Mann
Ferner Freunde gedenkt und der Jugendzeit; und die Brunnen
Immerquillend und frisch rauschen an duftendem Beet.
Still in dämmriger Luft ertönen geläutete Glocken,
Und der Stunden gedenk rufet ein Wächter die Zahl.
Jetzt auch kommet ein Wehn und regt die Gipfel des Hains auf,
Sieh! und das Schattenbild unserer Erde, der Mond,
Kommet geheim nun auch; die Schwärmerische, die Nacht, kommt,
Voll mit Sternen und wohl wenig bekümmert um uns,
Glänzt die Erstaunende dort, die Fremdlingin unter den Menschen,
Über Gebirgeshöhn traurig und prächtig herauf.

2.

Wunderbar ist die Gunst der Hocherhabnen und niemand
Weiß, von wannen und was einem geschiehet von ihr.
So bewegt sie die Welt und die hoffende Seele der Menschen,
Selbst kein Weiser versteht, was sie bereitet, denn so
Will es der oberste Gott, der sehr dich liebet, und darum
Ist noch lieber, wie sie, dir der besonnene Tag.
Aber zuweilen liebt auch klares Auge den Schatten
Und versuchet zu Lust, eh es die Not ist, den Schlaf,
Oder es blickt auch gern ein treuer Mann in die Nacht hin,
Ja, es ziemet sich ihr Kränze zu weihn und Gesang,
Weil den Irrenden sie geheiliget ist und den Toten,
Selber aber besteht, ewig, in freiestem Geist.
Aber sie muß uns auch, daß in der zaudernden Weile,
Daß im Finstern für uns einiges Haltbare sei,

Uns die Vergessenheit und das Heiligtrunkene gönnen,
Gönnen das strömende Wort, das, wie die Liebenden, sei,
Schlummerlos und vollern Pokal und kühneres Leben,
Heilig Gedächtnis auch, wachend zu bleiben bei Nacht.

3.

Auch verbergen umsonst das Herz im Busen, umsonst nur
Halten den Mut noch wir, Meister und Knaben, denn wer
Möcht es hindern und wer möcht uns die Freude verbieten?
Göttliches Feuer auch treibet, bei Tag und bei Nacht,
Aufzubrechen. So komm! daß wir das Offene schauen,
Daß ein Eigenes wir suchen, so weit es auch ist.
Fest bleibt Eins; es sei um Mittag oder es gehe
Bis in die Mitternacht, immer bestehet ein Maß,
Allen gemein, doch jeglichem auch ist eignes beschieden,
Dahin gehet und kommt jeder, wohin er es kann.
Drum! und spotten des Spotts mag gern frohlockender Wahnsinn,
Wenn er in heiliger Nacht plötzlich die Sänger ergreift.
Drum an den Isthmos komm! dorthin, wo das offene Meer rauscht
Am Parnaß und der Schnee delphische Felsen umglänzt,
Dort ins Land des Olymps, dort auf die Höhe Cithärons,
Unter die Fichten dort, unter die Trauben, von wo
Thebe drunten und Ismenos rauscht im Lande des Kadmos,
Dorther kommt und zurück deutet der kommende Gott.

4.

Seliges Griechenland! du Haus der Himmlischen alle,
Also ist wahr, was einst wir in der Jugend gehört?
Festlicher Saal! der Boden ist Meer! und Tische die Berge,
Wahrlich zu einzigem Brauche vor alters gebaut!
Aber die Thronen, wo? die Tempel, und wo die Gefäße,
Wo mit Nektar gefüllt, Göttern zu Lust der Gesang?
Wo, wo leuchten sie denn, die fernhintreffenden Sprüche?
Delphi schlummert und wo tönet das große Geschick?
Wo ist das schnelle? wo bricht's, allgegenwärtigen Glücks voll,
Donnernd aus heiterer Luft über die Augen herein?
Vater Äther! so rief's und flog von Zunge zu Zunge,
Tausendfach, es ertrug keiner das Leben allein;
Ausgeteilet erfreut solch Gut und getauschet, mit Fremden,
Wird's ein Jubel, es wächst schlafend des Wortes Gewalt
Vater! heiter! und hallt, so weit es gehet, das uralt
Zeichen, von Eltern geerbt, treffend und schaffend hinab.

Denn so kehren die Himmlischen ein, tiefschütternd gelangt so
Aus den Schatten herab unter die Menschen ihr Tag.

5.

Unempfunden kommen sie erst, es streben entgegen
Ihnen die Kinder, zu hell kommet, zu blendend das Glück,
Und es scheut sie der Mensch, kaum weiß zu sagen ein Halbgott,
Wer mit Namen sie sind, die mit den Gaben ihm nahn.
Aber der Mut von ihnen ist groß, es füllen das Herz ihm
Ihre Freuden und kaum weiß er zu brauchen das Gut,
Schafft, verschwendet und fast ward ihm Unheiliges heilig,
Das er mit segnender Hand törig und gütig berührt.
Möglichst dulden die Himmlischen dies; dann aber in Wahrheit
Kommen sie selbst, und gewohnt werden die Menschen des Glücks
Und des Tags und zu schaun die Offenbaren, das Antlitz
Derer, welche schon längst, Eines und Alles genannt,
Tief die verschwiegene Brust mit freier Genüge gefüllet,
Und zuerst und allein alles Verlangen beglückt.
So ist der Mensch; wenn da ist das Gut, und es sorget mit Gaben
Selber ein Gott für ihn, kennet und sieht er es nicht.
Tragen muß er, zuvor; nun aber nennt er sein Liebstes,
Nun, nun müssen dafür Worte, wie Blumen entstehn.

6.

Und nun denkt er zu ehren in Ernst die seligen Götter,
Wirklich und wahrhaft muß alles verkünden ihr Lob.
Nichts darf schauen das Licht, was nicht den Hohen gefället,
Vor den Äther gebührt Müßigversuchendes nicht.
Drum in der Gegenwart der Himmlischen würdig zu stehen,
Richten in herrlichen Ordnungen Völker sich auf
Untereinander und baun die schönen Tempel und Städte
Fest und edel, sie gehn über Gestaden empor —
Aber wo sind sie? wo blühn die Bekannten, die Kronen des Festes?
Thebe welkt und Athen; rauschen die Waffen nicht mehr
In Olympia, nicht die goldnen Wagen des Kampfspiels,
Und bekränzen sich denn nimmer die Schiffe Korinths?
Warum schweigen auch sie, die alten heilgen Theater?
Warum freuet sich denn nicht der geweihete Tanz?
Warum zeichnet, wie sonst, die Stirne des Mannes ein Gott nicht,
Drückt den Stempel, wie sonst, nicht dem Getroffenen auf?
Oder er kam auch selbst und nahm des Menschen Gestalt an
Und vollendet' und schloß tröstend das himmlische Fest.

7.

Aber Freund! wir kommen zu spät. Zwar leben die Götter,
Aber über dem Haupt droben in anderer Welt.
Endlos wirken sie da und scheinens wenig zu achten,
Ob wir leben, so sehr schonen die Himmlischen uns.
Denn nicht immer vermag ein schwaches Gefäß sie zu fassen,
Nur zu Zeiten erträgt göttliche Fülle der Mensch.
Traum von ihnen ist drauf das Leben. Aber das Irrsal
Hilft, wie Schlummer und stark machet die Not und die Nacht,
Bis daß Helden genug in der ehernen Wiege gewachsen,
Herzen an Kraft, wie sonst, ähnlich den Himmlischen sind.
Donnernd kommen sie drauf. Indessen dünket mir öfters
Besser zu schlafen, wie so ohne Genossen zu sein,
So zu harren, und was zu tun indes und zu sagen,
Weiß ich nicht, und wozu Dichter in dürftiger Zeit?
Aber sie sind, sagst du, wie des Weingotts heilige Priester,
Welche von Lande zu Land zogen in heiliger Nacht.

8.

Nämlich, als vor einiger Zeit, uns dünket sie lange,
Aufwärts stiegen sie all, welche das Leben beglückt,
Als der Vater gewandt sein Angesicht von den Menschen,
Und das Trauern mit Recht über der Erde begann,
Als erschienen zuletzt ein stiller Genius, himmlisch
Tröstend, welcher des Tags Ende verkündet' und schwand,
Ließ zum Zeichen, daß einst er da gewesen und wieder
Käme, der himmlische Chor einige Gaben zurück,
Derer menschlich, wie sonst, wir uns zu freuen vermöchten,
Denn zur Freude, mit Geist, wurde das Größre zu groß
Unter den Menschen und noch, noch fehlen die Starken zu höchsten
Freuden, aber es lebt stille noch einiger Dank.
Brod ist der Erde Frucht, doch ists vom Lichte gesegnet,
Und vom donnernden Gott kommet die Freude des Weins.
Darum denken wir auch dabei der Himmlischen, die sonst
Da gewesen und die kehren in richtiger Zeit,
Darum singen sie auch mit Ernst, die Sänger, den Weingott,
Und nicht eitel erdacht tönet dem Alten das Lob.

9.

Ja! sie sagen mit Recht, er söhne den Tag mit der Nacht aus,
Führe des Himmels Gestirn ewig hinunter, hinauf,
Allzeit froh, wie das Laub der immergrünenden Fichte,
Das er liebt, und der Kranz, den er von Efeu gewählt,

Weil er bleibet und selbst die Spur der entflohenen Götter
Götterlosen hinab unter das Finstere bringt.
Was der Alten Gesang von Kindern Gottes geweissagt,
Siehe! wir sind es, wir; Frucht von Hesperien ists!
Wunderbar und genau ists als an Menschen erfüllet,
Glaube, wer es geprüft! aber so vieles geschieht,
Keines wirket, denn wir sind herzlos, Schatten, bis unser
Vater Äther erkannt jeden und allen gehört.
Aber indessen kommt als Fackelschwinger des Höchsten
Sohn, der Syrier, unter die Schatten herab.
Selige Weise sehns; ein Lächeln aus der gefangnen
Seele leuchtet, dem Licht tauet ihr Auge noch auf.
Sanfter träumet und schläft in Armen der Erde der Titan,
Selbst der neidische, selbst Cerberus trinket und schläft.

In dem Musenalmanach für das Jahr 1807 hatte Leo von Seckendorf, mit dem Hölderlin während seiner Studienjahre bekannt geworden war, die erste Strophe der Elegie „Brod und Wein" mit der Überschrift „Die Nacht" veröffentlicht. Wir können annehmen, daß er die bildhafte Eindringlichkeit dieser Verse besonders empfand, daß er aber vor den Schwierigkeiten zurückschreckte, die das Gedicht als Ganzes dem Verstehen bereitet. Wohl hatte er es gewagt, die „Herbstfeier" und im Musenalmanach für 1808 auch die Hymnen in freien Rhythmen „Der Rhein" und „Patmos" zu veröffentlichen und damit auf das eigentliche Vermächtnis Hölderlins hinzuweisen. Aber der kühne Gang der Sprache, die eigentümliche Verknüpfung der Vorstellungen, der schwer faßbare Gehalt mochten dazu verführen, sich an einzelne einprägsame Worte und Bilder zu halten, statt an die dem Zugriff sich so leicht entziehende Einheit des dichterischen Gebildes. Da konnte diese Strophe von der hereinbrechenden Nacht wie ein in sich vollkommenes, meisterhaft ausgeformtes Kunstwerk erscheinen, dessen Worte das Gefühl ganz unmittelbar berührten. Hier begegnete ein vertrautes Thema, das seit Klopstock, Hölty oder Claudius immer breiteren Raum gewann, je mehr sich das Gefühl im Zusammenhang des Naturlebens begreifen lernte, je mehr die Dichtung das irdische Dasein wachrufen wollte, auf das wir als Menschen fühlend bezogen sind. Goethes Mondlyrik ist ganz dem Geheimnis der Nacht geöffnet; der Wechselbezug von Mensch und Natur verweist auf eine vorbewußte Teilhabe am Naturgeschehen, durch die das Gefühl seiner eigenen Unendlichkeit gewiß wird. Die Erlebnis- und Stimmungslyrik hat bis weit in das 19. Jahrhundert hinein diesen Einklang von Innen und Außen auszusprechen gewußt und sich deshalb den Abend- und Nachtstimmungen gern überlassen. Es mochte naheliegen, auch Hölderlins Verse in solchem Sinne aufzufassen. Noch in modernen Anthologien hat man deshalb diese Nachtstrophe für sich gedruckt, als bestünde sie unabhängig von dem Gedicht „Brod und Wein". In Wahrheit bildet sie nur den Einsatz zu einer weitausgreifenden Sprachbewegung, die ihren eigenen Gesetzen folgt.

Der eigentliche Zusammenhang des Gedichts erschließt sich erst, wenn man beachtet, daß hier die Nacht als eine selbständige, dem Menschen fremde und unbegreifliche Erscheinung zur Geltung kommt, die der Zeit zugehört und darum sowohl das natürliche wie das geschichtliche Leben bestimmt. Sie will als eine über das Dasein gebietende Macht anerkannt sein, die vom Walten der Himmlischen, der Götter zeugt; ihr entspricht nicht die gefühlsmäßige Einstimmung, sondern das nachfragende, ausdeutende, dankende oder rühmende Wort. Sie wird nicht nur im wörtlichen, sondern auch im gleichnishaft-übertragenen Sinn bedeutsam, als ein Zeichen, durch das sich die Einheit von Natur und Geist zu erkennen gibt. Sie wird zur „heiligen Nacht", die von dem wechselnden Verhältnis der Menschen zu den Göttern zeugt. Erst damit wird es sinnvoll, daß sich am Bild der Nacht das Verhältnis zur Natur nicht nur, sondern auch zu Griechenland und seinen Göttern wie zu Christus zu erkennen gibt.

Es ist eindrucksvoll zu beobachten, wie Clemens Brentano, der doch nur die von Seckendorf veröffentlichte Strophe kannte, ihr eine besondere Gewalt über sich einräumte, weil er in ihrer scheinbar so naturhaft-begrenzten Bildlichkeit eine religiöse Macht des Geistes wirksam fand. Schon in einem Brief an Philipp Otto Runge vom Januar 1810 wies er auf die in dem Musenalmanach erschienenen Gedichte Hölderlins hin: „Besonders ist ‚Die Nacht' klar und sternhell und einsam und eine rück- und vorwärtstönende Glocke aller Erinnerung; ich halte sie für eines der gelungensten Gedichte." Und im Dezember 1816, als sich seine Rückkehr zur alten Kirche vorbereitete, schrieb er an Luise Hensel: „Es ist Nacht in mir und ich harre des Engels, der die Geburt des Heilands in mir verkündige. Hier fällt mir das liebste Gedicht ein, das ich kenne; es gibt mir Frieden und spannt einen Himmel über mich aus, unter dem ich liege wie ein Kind im Schoße der Mutter unter ihrem Herzen, mit keinem Schmerz, als dem des Lebens überhaupt." Ihn führt das Bild der Nacht zur Betrachtung der „heiligen Nacht", der Christnacht, weiter und so sagt er nun: „Es ist dieses eine von den wenigen Dichtungen, an welchen mir das Wesen eines Kunstwerkes durchaus klar geworden. Es ist so einfach, daß es alles sagt: das ganze Leben, der Mensch, seine Sehnsucht nach einer verlorenen Vollkommenheit und die bewußtlose Herrlichkeit der Natur ist darin. Ist das alles? Wo ist denn die Erbarmung und die Erlösung? fragt sie vielleicht, und ich sage: sie lese es als ein Ebenbild aller Geschichte, und sie wird auch Erbarmung und Erlösung darin finden." Mit diesen Worten ist treffend umschrieben, daß es in Hölderlins Versen nicht um den naturhaften Stimmungsklang geht, sondern um die Einheit von Natur und Geschichte, die von der Mächtigkeit eines Lebens zeugt, das zwischen Erinnerung und Erwartung steht. Indem Brentano auf die Vielsinnigkeit des Wortes „Nacht" achtet, das ebenso auf die sinnlich wahrgenommene, wie auf die innere und die heilige Nacht verweist, gerät er in den eigentlichen, von der ersten Strophe aus noch kaum wahrnehmbaren Gesamthorizont des Gedichts. Diese beziehungsreiche Vielsinnigkeit der Worte gehörte zur christlichen Botschaft wesensmäßig hinzu und gibt auch Hölderlins Dichten jene religiöse Entschiedenheit, die ihm eine eigene Beziehungnahme zur christlichen Überlieferung ermöglicht.

Für den Gesamtzusammenhang ist es bedeutsam, daß das Gedicht nicht der ersten Strophe entsprechend „Die Nacht" heißt, sondern zunächst in der ersten Reinschrift die Überschrift „Der Weingott" trug, die dann in „Brod und Wein" geändert wurde. Es wird also von der griechischen Göttergestalt des Dionysos zu den Gaben der christlichen Abendmahlsfeier hinübergelenkt, als ließe sich eins durch das andere erläutern. In der achten Strophe, dem eigentlichen Gipfel und Zielpunkt des Gedichts, erhalten beide Überschriften ihre Begründung und verweisen dabei aufeinander. Brot und Wein werden als die Gaben bezeichnet, die der „himmlische Chor" bei der Wende der Zeiten zurückließ und die seitdem allein noch an ihn erinnern, die es aber auch erst rechtfertigen, daß die Sänger den Weingott singen:

. . . aber es lebt stille noch einiger Dank.
Brod ist der Erde Frucht, doch ists vom Lichte gesegnet,
Und vom donnernden Gott kommet die Freude des Weins.
Darum denken wir auch dabei der Himmlischen, die sonst
Da gewesen und die kehren in richtiger Zeit,
Darum singen sie auch mit Ernst die Sänger den Weingott
Und nicht eitel erdacht tönet dem Alten das Lob. 8, 12 *ff.*

Die Verflechtung der Motive wird in diesen Versen ebenso deutlich wie die eigentümliche Verwandlung ihrer traditionellen

Bedeutung. Brot und Wein zeugen nicht im kirchlichen Sinne von der Gegenwart Christi im Abendmahl und von der Erlösungsbotschaft der Vergebung der Sünden, sondern von den „Himmlischen", die entsprechend dem Hinweis auf das Licht und den „donnernden Gott" als Naturmächte erläutert und zum „Weingott" in Beziehung gesetzt werden. Durch die sakramentale Verehrung von Brot und Wein bleiben die in ihnen wirksamen Naturmächte als die Himmlischen sichtbar und anerkannt, so daß nun auch Dionysos nicht als eine fremde mythologische Figur in das Gedicht eindringt, sondern als „Weingott" auf die Gegenwart der Himmlischen in der Natur zurückweist. In Strophe 7,15 bezeugt eine Lesart, daß für ihn auch der Beiname des Dionysos, der „Evios", erwogen wurde, wie er auch in der ersten Fassung des „Einzigen" der „Evier" heißt. Die Gaben des christlichen Sakraments können mit der griechischen Göttergestalt nur deshalb in eine nächste Nachbarschaft kommen und wechselweise füreinander eintreten, weil beide auf ein Walten des Göttlichen in der Natur bezogen sind. Die antike Mythologie wie die christliche Lehre verlieren ihr Eigenrecht und können doch zugleich von der Nacht als einer über den Menschen gebietenden Naturerscheinung her in einen religiösen Zusammenhang zurückgenommen werden. Die Thematik des Gedichts wird deshalb in ihrem Aufbau und ihrer Verflechtung erst übersehbar, wenn man die in den verschiedenen Überschriften bezeichneten Motive von Brot und Wein, dem Weingott und der Nacht in ihrer Zusammengehörigkeit erkennt.

Dabei wird man sich dessen bewußt bleiben müssen, daß Dionysos und die ihm zugehörigen Mythen in einer meist sehr verdeckten Weise in das Gedicht hineinwirken und seine Bildlichkeit mitbestimmen. Wenn gesagt wird, daß die Freude des Weins vom donnernden Gott kommt, dann ist damit auf die Abstammung des Weingotts vom Göttervater verwiesen. Hölderlin hatte — wohl im Herbst 1799 — die Eingangsverse der „Bacchen" des Euripides übersetzt, in denen Dionysos sich als Jovis Sohn bezeichnet, den Semele gebar, „geschwängert vom Gewitterfeuer". In der ersten freirhythmischen Hymne „Wie wenn am Feiertage" hatte Hölderlin dann das Bild von der vom Blitz getroffenen Semele und der Geburt des „heiligen Bacchus", der „Frucht des Gewitters", auf das Verhältnis des Dichters zu den Göttern und die Entstehung des Gedichtes übertragen. In „Brod und Wein" wird nun von der Gestalt des Weingotts aus ein Göttergeschehen gedeutet, das der Natur zugehört und das Verhältnis des Abendlands zu den Göttern bestimmt. Der Blitz als eine gefahrdrohende Lichterscheinung verweist auf die Ohnmacht des Menschen vor den Göttern: „zu hell kommet, zu blendend das Glück" (Strophe 5, 2); die „Himmlischen" schonen uns, um uns nicht das Schicksal der Semele zu bereiten: „Denn nicht immer vermag ein schwaches Gefäß sie zu fassen." (Strophe 7,5). Aber wenn die Not es erfordert, kommen sie „donnernd" (Strophe 7,11). Der Weingott als Frucht des Gewitters zeugt von dem Verhältnis der Menschen zu den Göttern; seine Gabe des Weins bewahrt die Erinnerung an die himmlischen Mächte.

So gewinnt er eine stellvertretende Bedeutung für die Welt der griechischen Götter überhaupt; die Einkehr in Griechenland ist vor allem eine Einkehr in seinen Wirkungsbereich. Das Land, das sich vom Isthmos von Korinth aus überschauen läßt, ist sein Land; denn auf der „Höhe Cithärons" (Strophe 3,15), dem Gebirge an der Grenze Böotiens, fanden die bacchischen Feiern der Mänaden statt; dort wurde Pentheus von den Schwestern der Semele in dionysischer Raserei zerrissen, wie es auch Ovid (Met. III, 511 ff.) erzählt. Dort finden sich die „Fichten" und die „Trauben", die — ebenso wie der Kranz von Epheu (Strophe 9,4) — sinnbildlich auf den Gott deuten, da zu dem Thyrsusstab der Fichtenapfel gehört und die Bacchantinnen sich mit Epheu bekränzen. Das Land des Kadmos mit den Flüssen Thebe und Ismenos ist das durch Bacchus, den Enkel des Kadmos, berühmte Land, wie Horaz (Carm. I,7) sagt, und so soll sich von ihm aus das Kommen und Gehen der Götter erhellen: „Dorther kommt und zurück deutet der kommende Gott." (Strophe 3,18). Dieses Land grenzt an den Parnaß und die delphischen Felsen, also an den Machtbereich Apolls und der Musen und gehört selber wieder zu dem „Land des Olymp" (Strophe 3,15) als dem Land der in der Natur gegenwärtigen Götter. Hölderlin hatte im „Hyperion" davon gesprochen, daß die Menschen der Olymp trösten wird, „der lebendige, gegenwärtige, der ewig jugendlich um alle Sinne dir blüht" (Hell. II, 274); und auch Empedokles wußte von dieser Gegenwart der Götter als einem „gegenwärtigen Olymp":

. . . lebt ich nicht
Mit dieser heil'gen Erd und diesem Licht
Und dir, von dem die Seele nimmer läßt,
O Vater Äther! und mit allen Lebenden
Im ewig gegenwärtigen Olymp? *Hell. III, 93*

Es handelt sich für Hölderlin bei seiner Hinwendung zu Dionysos und der griechischen Götterwelt nicht um die mythologischen Gestalten und Geschichten als solche, sondern um den „gegenwärtigen Olymp", wie ihn der Mensch immer noch in Natur und Geschichte erfährt.

Karl Philipp Moritz hatte 1791 eine „Götterlehre" veröffentlicht, um die „mythologischen Dichtungen der Alten" im Sinne Goethes als eine „Sprache der Phantasie" zu erläutern, die das „Spiel der höheren Mächte", die über den Menschen walten, darstellt. Er hatte in den Göttergestalten „die ganze Natur mit allen ihren üppigen Auswüchsen und ihrem ganzen schwellenden Überfluß" wiedergefunden und dem entsprechend auch Bacchus als „hohes Urbild" dieser schwellenden Lebensfülle der Natur verstanden, die dem Geweihten begeisternden Genuß und süßen Taumel schenkt. Auch ihm war die Geburt des Gottes aus dem Blitz und der Wunsch der Semele, in Jupiters Umarmung seine Gottheit zu umfassen, zu einem Sinnbild der menschlichen Begrenztheit geworden: „Das Sterbliche wird zerstört, ehe das Unsterbliche hervorgeht. Die Menschheit kann den Glanz der Gottheit nicht ertragen und wird von der furchtbaren Majestät vernichtet." So konnte auch für Hölderlin die Gestalt des Weingotts sowohl von der Gegenwart der Himmlischen in der Natur wie zugleich von ihrer den Menschen sich entziehenden Übergewalt zeugen. Aber indem er über Moritz hinaus seine Aufgabe dahin versteht, im dichtenden Wort das Andenken an die himmlischen Mächte zu bewahren, tritt er als Sänger des Weingotts noch selber in die Schar seiner „heiligen Priester", als sei der Zug des Dionysos, der ihn bis an den Ganges führte, noch nicht zu Ende und ginge weiter „von Lande zu Land" (Strophe 7,16 f.). Auch ihn ergreift „frohlockender Wahnsinn in heiliger Nacht" (Strophe 3,12), um die dionysischen Gaben zur Geltung zu bringen, „die Vergessenheit und das Heiligtrunkene", das „strömende Wort" und „vollern Pokal" und „heilig Gedächtnis". Der Weingott als Frucht des Gewitters steht von sich aus in einer inneren Beziehung zur Nacht, zu jenem geheimnisreichen Dunkel, „worin sich etwas über Götter und Menschen Obwaltendes verhüllt", wie Moritz sagt, und das die Menschen mit Schlaf, Traum und Tod umfängt. Je mehr es Hölderlin darum geht, in den griechischen mythologischen Gestalten die naturhaft begegnenden göttlichen Gewalten zu erkennen, die über den Menschen gebieten, um so mehr können sich die Macht des Weingotts und der Nacht wechselseitig erläutern. An den Erscheinungsformen der Nacht enthüllt sich das Verhältnis zu den Göttern und dadurch zur Natur.

Die erste Strophe scheint sich damit zu begnügen, ein sinnlich faßliches und das Gefühl bewegendes Bild des hereinbrechenden

Abends zu geben, um den Unterschied zu den „Freuden des Tags" zu betonen. Alles Menschentreiben wird still; es ruhet die Stadt, es ruhen die Menschen, es ruht der geschäftige Markt. Dies dreimal wiederkehrende „Ruhen" klingt ins Ohr, als erstürbe alles Leben; aber im Schwinden des Tages meldet sich ein Anderes, Geheimes und Fremdes: es „kommet ein Wehn", „der Mond / Kommet geheim nun auch", „die Nacht kommt." Zur Ruhe des Abends gehört dieses wieder dreimal hervorgehobene Kommen. Es kündigt sich an durch das, was in der Stille hörbar wird: das Saitenspiel „tönt", die Brunnen „rauschen", die geläuteten Glocken „ertönen", ein Wächter „rufet" die Zahl der Stunden. Liebe, Erinnerung, Glaube werden laut und wissen um die Dauer und den Wechsel des Lebens. Was da so „wenig bekümmert um uns" heraufkommt, ist das „Erstaunende" — angestaunet von uns, wie eine Lesart sagt —, weil es als eine über den Menschen hinausgreifende Macht das Staunen weckt. Die Nacht will also nicht als die Verneinung des Tages, sondern als die Ankunft eines Anderen genommen sein, das sich der Vertrautheit entzieht.

So spricht die zweite Strophe nun von der „Gunst der Hocherhabnen", von dem, was sie uns „gönnen" muß. Was von ihr geschieht, was sie bereitet, weiß niemand, da sie als das „Finstere" (Strophe 2,14) in ihrem Wesen verborgen bleibt; die Besonnenheit des Tages hilft nicht mehr, so daß nur noch die dionysischen Formen des Bewußtseins, Gesang und geistiges Wort, ihr gewachsen bleiben und der Macht des Schlafes und des Todes entgegenwirken. Durch die Nacht erschließt sich dem Menschen erst die wahre Beziehung, in der er zur Natur steht; so sehr er am Tage auch selbständig über sie verfügt und sie zu nutzen weiß, so bleibt sie doch zugleich das nächtlich Verborgene, das ihn in ein unbekanntes Geschehen hineinzieht. Dieses der Natur zugehörige Unbekannte will bedacht sein und rechtfertigt das Andenken an ein Heiliges, ein „heilig Gedächtnis", das es ermöglicht, „wachend zu bleiben bei Nacht" (Strophe 2,18). Die Nacht ist damit nicht nur in ihrer sinnlichen Erscheinung bedeutsam, sondern als die dem hellen Bewußtsein des Tages abgewandte Seite des Lebens, die den Menschen nötigt, vom Göttlichen zu sprechen. So geht es in der dritten Strophe um die „heilige Nacht" (Strophe 3,12; Strophe 7,16), in der die Sänger, vom „frohlockenden Wahnsinn" ergriffen, von der Ankunft des Gottes singen. Sie werden vom „Göttlichen Feuer" des dionysischen Geistes getrieben, um jenseits der Unterschiede von Tag und Nacht, von Mittag und Mitternacht das „Offene", das Beständige des „Maßes" zu finden, wo das allen Gemeinsame das jeglichem Eigene nicht ausschließt.

Sofern die Nacht ein Verborgenes bereitet, ermöglicht sie die Hinwendung zu den Göttern, wie sie in Griechenland erfahren wurden. Zugleich aber macht sie es verständlich, daß jene griechische Welt vergangen und selbst in eine Nacht versunken ist. Denn nun gehorcht das Verhältnis der Götter zu den Menschen selber dem Wechsel von Tag und Nacht und bleibt als ein in der Nacht sich bereitendes Geschehen auch dem Weisen verborgen: „Delphi schlummert" (Strophe 4,8); aber „es wächst schlafend des Wortes Gewalt" (Strophe 4,14); es gelangt „Aus den Schatten herab unter die Menschen ihr Tag" (Strophe 4,18). Das Kommen und das Gehen der Götter geschieht so folgerecht wie der Wechsel von Tag und Nacht; denn „Nur zu Zeiten erträgt göttliche Fülle der Mensch." (Strophe 7,6). Damit ist die Nacht zugleich auch die Zeit der Götterferne, die „dürftige Zeit" (Strophe 7,14), in der es besser scheint, zu schlafen als einsam zu harren. Aber diese dürftige Zeit des versunkenen Göttertags bleibt doch zugleich die heilige Nacht, in der das Irrsal hilft wie Schlummer (Strophe 7,7), die „stark macht" und in der als einer ehernen Wiege die Helden heranwachsen, die ähnlich den Himmlischen sind. Denn die Himmlischen „kehren in richtiger Zeit" (Strophe 8,16).

So kann der Weingott um das Walten der Nacht wissen und als derjenige gelten, der „den Tag mit der Nacht" aussöhnt und das Himmelsgestirn ewig hinunter, hinauf führt (Strophe 9,1 f.). Als Frucht des Gewitters, als der im verbrennenden Blitz Geborene bezeugt er, daß dem Menschen das Göttliche niemals gehört, sondern daß es ihn als ein unbegriffenes Geschehen nur im Wechsel von Göttertag und Götternacht erreicht. Er ist derjenige, der das Maß kennt und deshalb „bleibet und selbst die Spur der entflohenen Götter / Götterlosen hinab unter das Finstere bringt" (Strophe 9,5 f.). Denn die „Freude des Weins" (Strophe 8,14) macht noch das Fremde und Unbekannte der Nachtzeit den Menschen vertraut. In der ersten Reinschrift weist der Schluß des Gedichts noch nicht auf Christus hin, sondern nur auf jenen dionysischen Geist, der in der Nacht vom Göttlichen zeugt:

Aber indessen kommt, als Freudenbote, des Weins
Göttlich gesandter Geist unter die Schatten herab.
9,13 f.

Die mythologischen Vorstellungen nicht nur von Dionysos vereinigen sich mit der vielsinnigen Bedeutung der Nacht als der Erscheinung des Heiligen in der dürftigen Zeit und geben den Versen den schwer ausdeutbaren Beziehungsreichtum. Cerberus, der dreiköpfige Hund, der das Tor des Totenreichs, der Unterwelt bewacht, die doch zugleich die Wohnung der Nacht ist, versinkt durch den Geist des Weines in Schlaf (Strophe 9,18). Und die Sage von den Hesperiden, den Töchtern der Nacht, die die goldenen Äpfel an den entferntesten Ufern des Ozeans bewachen und jenen Wunderbaum hüten, den die Erde bei der Hochzeit des Zeus sprießen ließ, weist nun auf Hesperien als das abendliche Land, in dem wir selber leben (Strophe 9,8). Die durch den Weingott gewonnene Verbindung mit den Himmlischen hebt die Grenzen zwischen Tag und Nacht auf und macht den Sinn der alten Verheißung verständlich.

Wenn in solcher Weise von der Metaphorik der Nacht aus das Verhältnis der Menschen zu den Göttern als ein dem rhythmischen Wechsel von Nähe und Ferne unterworfenes Geschehen begriffen wird, so ist damit zugleich deutlich, daß es Hölderlin nicht auf den stimmungshaften Einklang von Mensch und Natur ankommt. Die Natur in ihrer alles Einzeldasein bestimmenden Gewalt bleibt das Fremde, dem sich nur das erinnernde, dankende, rühmende Wort in angemessener Weise zuwenden kann. So wie die Nacht die „Welt bewegt" und „. . . niemand / Weiß . . . was einem geschiehet von ihr, . . . was sie bereitet" (Strophe 2,2 ff.), so läßt auch die Natur im Sinne Hölderlins ein Dasein aus sich hervorgehen, das niemals als Ganzes überschaut, empfunden oder angeeignet werden kann, sondern jeweils nur in bestimmten Daseinsbezügen und Lebenszusammenhängen erfahren wird. Ihnen gilt dann das dankende Nennen und Tun der Menschen, sofern sie sich in diesen Bezügen des Göttlich-Verschwiegenen vergewissern. Da aber diesem Gedenken zugleich die Vergessenheit zugeordnet bleibt, wird auch die Not und Gefährdung des Menschen erkennbar. Er steht in der Nacht des Nichtwissens und vergißt des Zusammenhangs, aus dem er lebt, um gerade dadurch sich wieder des Vergessenen zu erinnern. In solchem Sinn können Brot und Wein für das Gedicht eine zentrale Bedeutung gewinnen. Als tägliche Speise dienen sie der Notdurft; aber wenn sie als erinnernder Dank genossen werden, zeugen sie zugleich von der Zugehörigkeit zu einem unüberschaubaren Lebenszusammenhang, zu Erde und Licht und dem donnernden Gott, zu dem, was Hölderlin „Natur" oder auch „Eines und Alles" (Strophe 5,12) nennt.

So ist der letzte Horizont des Gedichts die Natur als die im Einzeldasein sich zeigende und als Ganzes sich geheimnisvoll entziehende. Für die Vorstellung eines Schöpfergottes ist bei Hölderlin kein Raum mehr, da — wie er schon im „Hyperion" sagte —

die Welt nicht dürftig genug ist, um außer ihr noch Einen zu suchen. Der Mensch kann sich nur von der Natur her verstehen; aber da er aus ihr hervortritt, ohne zu wissen, woher er kommt und wohin er geht, verschließt sie sich ihm im Geheimnis der Nacht. Der Mensch erfährt sich nur, indem er in Liebe und Leid mit dem Leben der Natur zusammenhängt, ohne über diesen Zusammenhang anders zu verfügen als im erinnernden Danken. Das Ergreifen des sich immer neu herstellenden und wieder entziehenden Bezugs zum Dasein gehorcht damit selbst noch dem Gesetz der Zeit, dem Wandel von Tag und Nacht. Erst damit wird verständlich, in welcher Weise in dem Gedicht von Griechenland, der Erscheinung Christi und dem Verhältnis der eigenen Zeit zu beiden gesprochen wird. Die griechischen Götter und Christus gehören nicht zu widerstreitenden Glaubenswelten oder mythologischen Systemen, sondern zu einem umfassenden Geschehen und zeugen von der Art, wie sich das nächtlich-Verborgene dem Menschen zeigt. Das Bild des Abends erhellt das Schicksal des Abendlandes in seinem Verhältnis zu den Göttern.

Mit der Aufforderung am Ende der 3. Strophe: „Drum an den Isthmos komm!“ (Strophe 3,13) und dem feiernden Anruf: „Seliges Griechenland! du Haus der Himmlischen alle“ (Strophe 4,1) scheint das Gedicht vorbehaltlos der Griechensehnsucht Ausdruck zu geben, als dränge der Dichter aus seiner eigenen Welt heraus, zurück in das perikleische Zeitalter, das das Archipelagus-Gedicht so eindringlich feiert. Aber Hölderlins Liebe zu Griechenland verliert sich nicht an eine ferne Vergangenheit, sondern fragt nach den Mächten, die die frühere Größe ermöglichten und noch das eigene Dasein bestimmen. Am Gegensatz von Einst und Jetzt entzündet sich das Verlangen nach dem Zeitlosen und Dauernden, das immer nur in der Zeit faßlich wird. Im Gedenken an Griechenland lernt sich die eigene Erwartung, aber auch die Not und Verlassenheit der Gegenwart verstehen. Schon im Archipelagus-Gedicht konnte die Klage mit der Verheißung sich vereinen, weil nur das wechselnde Verhältnis zum „Geist der Natur“ das Vergessen und Erscheinen des Gottes erläutert. Die eigene Zeit als Nacht der Götterferne wird dem Festtag der Göttergegenwart gegenübergestellt und damit das Verhältnis zu Griechenland auf den rhythmischen Wechsel der Tages- und Jahreszeiten bezogen:

Aber weh! es wandelt in Nacht, es wohnt, wie im Orkus
Ohne Göttliches unser Geschlecht ...
Bis, erwacht vom ängstigen Traum, die Seele den Menschen
Aufgeht, jugendlich froh, und der Liebe segnender Otem

Wieder, wie vormals oft, bei Hellas blühenden Kindern
Wehet in neuer Zeit und über freierer Stirne
Uns der Geist der Natur, der fernherwandelnde, wieder
Stilleweilend der Gott in goldnen Wolken erscheinet. *Archipelagus, 241 ff.*

Die Größe Griechenlands und dessen Verhältnis zur eigenen Zeit will von jener Natur her verstanden sein, die als „fernherwandelnde" alle Zeiten aus sich hervorgehen läßt und sich in ihrem Geist- und Gott-sein nächtlich entzieht. Der Natur gehört die „reißende Zeit", „das Wechseln und das Werden" als die „Göttersprache" zu, die das Gedicht zu deuten unternimmt, auch wenn es das perikleische Zeitalter rühmt. So gibt das Archipelagus-Gedicht schon das Thema an, das in „Brod und Wein" in den Mittelpunkt rückt, wenn am Verhältnis Griechenlands zu den Göttern deren Kommen und Gehen erläutert wird.

Denn Griechenland bezeugt nun, wie das nächtlich Verborgene der Natur in den irdischen Tag der Menschen hineinzuwirken vermag. Das eigentliche Mittelstück des Gedichts, die Strophen 4 bis 6, sprechen nicht einfach aus der Sehnsucht nach einer idealischen Vergangenheit oder der Klage über die unvollkommene Gegenwart, sondern verstehen das Verhältnis von Einst und Jetzt als „Göttersprache" des Wechselns und Werdens. Die festlich rühmenden Worte verbinden sich mit der schmerzlich bewegten Frage nach dem Verlorenen, um die Einkehr der Himmlischen in Griechenland zu deuten. Es wird mit einem achtmaligen Wo? nach all dem gefragt, was in Griechenland als dem Haus derHimmlischen von ihrer Gegenwart zeugte, nach den Thronen, Tempeln, Gefäßen, nach Gesang und Sprüchen, nach dem „großen Geschick" (Strophe 4,5 bis 9), das den Anruf an „Vater Äther" ermöglichte und die Menschen unter sich vereinte. Aus dem Rückblick auf die Zeit der Erfüllung gibt sich deren Sinn zu erkennen: „Denn so kehren die Himmlischen ein" (Strophe 4,17). Die 5. Strophe begreift diese Ankunft unter dem Bild der aufsteigenden Sonne, die zunächst blendet, bis die Menschen des „Tags gewohnt" und im Licht tätig werden. Der „heiligen Nacht" entspricht das Wirksamwerden des Heiligen am Tag, das Hervortreten der „Himmlischen" und „Offenbaren", des Gottes, den die Menschen als ihr „Liebstes" nennen und durch die Ordnungen der Völker, die Tempel und Städte ehren. Die griechische Welt, die mit den Namen Athen, Olympia oder Korinth beschworen wird, besitzt beispielhafte Größe, weil hier alles menschliche Wirken und Handeln nur darauf gerichtet war, „in der Gegenwart der Himmlischen würdig zu stehen" (Strophe 6,5) und ihr Lob zu verkünden, ihnen den Dank zu bereiten. So ist die Tagzeit des Göttergeschehens — wie sie sich in Griechenland zeigt — dadurch ausgezeichnet, daß sie den Menschen das Andenken an die in der Nacht wirkenden Mächte des Lebens ermöglicht. Sofern aber dieses tätige Erinnern sich auf den jeweils eigentümlichen Zusammenhang der Menschen mit ihrer besonderen Welt richtet, steht es im Zeitenwechsel, kann das „himmlische Fest" der Göttergegenwart nicht dauern (Strophe 6,18). Wenn am Ende der 6. Strophe das dreimalige Warum ? nach den Gründen der Entfremdung vom griechischen Leben fragt, so liegt in den vorangehenden Versen die Antwort schon beschlossen: denn der Einkehr der Himmlischen muß ihre Abwendung entsprechen, dem Beginn des Tages sein Ende.

So sprechen die drei letzten Strophen zwar von der eigenen Gegenwart und ihrer Götterferne, aber nicht um der elegischen Trauer willen, sondern um das Verhältnis der eigenen Zeit zu den Göttern als das der Nachtzeit zu begreifen und den ihr zugehörigen Dank zu erkennen. Erst dadurch wird die Beziehungnahme zu Christus möglich. So wenig wie die griechische Götterwelt absolut gesetzt wird, so wenig auch der christliche Glaube; es geht immer nur um das Werden und Wechseln von Tag und Nacht im Zusammenhang der einen sich zugleich offenbarenden und verbergenden Natur. Die Götter leben nun „droben in anderer Welt" (Strophe 7,2); die Menschen vermögen sie nicht mehr zu fassen; das Leben ist nur noch ein „Traum von ihnen" und nicht mehr ein „himmlisches Fest". Im Verhältnis von Göttern und Menschen wirkt also eine verborgene Macht; sie entspricht dem Walten der Nacht, von der niemand weiß, was sie bereitet, und die doch „stark macht" (Strophe 7,8), weil sie den Schlummer bringt; die aber auch ein „heilig Gedächtnis" kennt (Strophe 2,18). Zu solchem Gedächtnis ließ „der himmlische Chor einige Gaben zurück" (Strophe 8,8); denn „es lebt stille noch einiger Dank" (Strophe 8,12). Wenn in Griechenland die Gegenwart der Götter sich in einem festlich erfüllten Leben bezeugte, das ihnen den Dank der Menschen vielfältig entgegentrug und das irdische Dasein verklärte, so entspricht der nun verbliebene Dank der Abwendung des „Vaters" von den Menschen. Der Dank ist stille, weil „Freude mit Geist", das Irdische mit dem Himmlischen nur noch in einem unfaßlichen Großen begegnet. Als dieser stille Dank an die nächtlich-verborgenen Himmlischen wollen Brot und Wein, die Gaben des christlichen Abendmahls, verstanden sein. Als naturhafte Frucht zeugen sie von der Macht der Erde und des Lichts; aber zugleich wirkt in ihnen etwas von der „Freude mit Geist", da die

„Freude des Weins" „vom donnernden Gott" kommt und die Kraft des Versöhnens als die eigentlich christliche Erfahrung des Göttlichen zur Geltung bringt. Der Dank an die Himmlischen, wie ihn Griechenland kannte, verwandelt sich in das Andenken an sie und damit zugleich in die Erwartung ihrer Wiederkehr:

Darum denken wir auch dabei der Himmlischen, die sonst
Da gewesen und die kehren in richtiger Zeit. *Strophe 8,15*

Nur dieses Andenken bringt „die Spur der entflohenen Götter/ Götterlosen hinab unter das Finstere" (Strophe 9,5). So werden Brot und Wein zum Zeichen des nächtlich sich entziehenden Unbekannten in der Natur und deuten auf die in ihr waltende Kraft des Versöhnens. Der Weingott gewinnt als derjenige Bedeutung, der „den Tag mit der Nacht aussöhnt".

Wie weit nun freilich mit dem Weingott Dionysos oder Christus gemeint ist, bleibt eigentümlich in der Schwebe. Jedenfalls kann von einer Rückkehr zu Christus im Sinne der kirchlichen Erziehung Hölderlins nicht die Rede sein, sondern nur von seiner Einbeziehung in das der Natur zugehörige Göttergeschehen. Wie Griechenland von der Einkehr der Himmlischen und dem sie verkündenden „Lob" zeugt, so die Erscheinung Christi von ihrer Abwendung und dem in Brot und Wein stille lebenden Dank. Es ist damit aber auch nicht Christus den antiken Göttern zugeordnet, als stünde er nun gleichartig neben Zeus oder Dionysos. Denn die Gestalten der antiken Mythologie spielen in Hölderlins Gedicht auch nur so weit eine Rolle, als sie auf Mächte verweisen, die die Natur aus sich entläßt. Nicht auf den von Zeus gezeugten Dionysos kommt es an, sondern auf den dem Donnerer zugehörigen Weingott und damit auf das in der Nacht bereitete Geschehen. Antike und christliche Überlieferungen stehen im gleichen Raum der Natur und wollen so gedeutet sein, daß sie zu erkennen geben, wie der „Geist der Natur", der „Gott" im Wechseln und Werden der Zeiten mächtig wird. Erst deshalb können die Verse so vielsinnig sprechen, daß es schwer zu entscheiden ist, ob mit dem Weingott mehr an Dionysos oder an Christus zu denken ist.

Christus wird ja im Gedicht nicht namentlich genannt; die erste Reinschrift vermied sogar noch jede direktere Beziehungnahme. Am Ende der Strophe 6 erfolgt der erste, sehr schwebende Hinweis: der Gott, der des Menschen Gestalt annahm und das himmlische Fest tröstend schloß, muß Christus sein, sofern das Ende des Göttertags gemeint ist und sich durch Christus im Übergang vom Tag zur Nacht ein versöhnender Trost zeigt; sofern aber die griechischen Götter in Dichtung und bildender Kunst in menschlicher Gestalt begegnen und das griechische Leben als ein Fest der Himmlischen verstanden wird, könnte auch an den Dionysos-Mythos oder die Gestalten der griechischen Tragödie gedacht werden. Erst in der achten Strophe wird eindeutiger auf Christus verwiesen, wenn nun vom „stillen Genius" gesprochen wird, der zuletzt erschien und „... himmlisch/Tröstend des Tags Ende verkündet' und schwand" (Strophe 8,6), der aber als Verheißung der Wiederkehr des „himmlischen Chors" einige Gaben, also Brot und Wein, zurückließ. Hier wird deutlich, in welchem Sinn Christus die Gaben der Nacht bringt und dafür besorgt ist, „Daß im Finstern für uns einiges Haltbare sei" (Strophe 2,14) und ein „heilig Gedächtnis" bewahrt bleibt. So kann dann in Strophe 9 die ausdrücklichste Beziehung auf Christus als den „Syrier" auftauchen und er „des Höchsten Sohn" heißen, der als Fackelschwinger unter die Schatten herabkommt und „die Spur der entflohenen Götter/... unter das Finstere bringt" (Strophe 9,6).

Man mag daran denken, daß Lessing erläutert hatte, wie die Alten den Tod durch einen Jüngling mit gesenkter Fackel darstellten, also als Gegenbild zu Eros als dem Fackelschwinger, den schon die barocke Jesusminne zu Christus in Beziehung setzte. Der Syrier als Fackelschwinger verheißt also die Überwindung des Totenreichs der Nacht durch die Kraft der versöhnenden Liebe. Damit scheint aber im Verlauf des Gedichts Christus in eine wachsende Nähe zum Weingott zu geraten, als könnte dessen nächtliche Gewalt auf die des liebenden Versöhners verweisen. „Des Weingotts heilige Priester" werden dem „Dichter in dürftiger Zeit" (Strophe 7,14) zum Vorbild, weil sie ein heilig Gedächtnis bei Nacht bewahren, wie es durch Brot und Wein auch der „stille Genius" ermöglichte. Sofern der Weingott als der im Blitz Geborene bezeugt, daß der Mensch den Glanz der Gottheit nicht ertragen kann und das Dunkel suchen muß, gerät er in die Nachbarschaft zu Christus, der am Ende des Göttertags das Andenken an die Himmlischen durch seine Gaben auch in der Nachtzeit bewahrt. Es entspricht der Thematik des Gedichts, daß seine beiden Überschriften „Der Weingott" und „Brod und Wein" sich nicht ausschließen, sondern erkennen lassen, wie die Überlieferungen von Dionysos und Christus aufeinander bezogen werden, um das Andenken an die göttlichen Mächte der Natur als die dem Sänger zufallende Aufgabe zu deuten und zu verwirklichen.

Damit ist freilich gesagt, daß die Hinwendung zu den Himmlischen in einer eigentümlichen Schwebelage bleibt. Das Gedicht verzichtet fast ganz auf den feiernden Anruf, so daß er nur noch in der rühmenden Hervorhebung Griechenlands: „Seliges Griechenland! du Haus der Himmlischen alle“ (Strophe 4,1) laut wird, aber nicht mehr in der direkten Anrede an die Götter. Im „Archipelagus“ bestimmte noch der Anruf an den Meergott den Ton der Verse. Jetzt gilt es, der Spur der entflohenen Götter nachzufragen; nur im Rückblick auf ihre frühere Gegenwart kann, gleichsam aus der Lage der Griechen heraus, die Anredeform in das Gedicht eindringen: „Vater Äther! so rief's und flog von Zunge zu Zunge, / Tausendfach“ (Strophe 4,11). Solch Rufen scheint der eigenen Zeit verwehrt; sie steht zwischen Andenken und Erwartung und so mag auch für sie gelten, daß die Himmlischen noch „unempfunden“ kommen, daß kaum ein Halbgott zu sagen weiß, „wer mit Namen sie sind“ (Strophe 5,4). Nur im Rückblick auf Griechenland kann vom „kommenden Gott“ (Strophe 3,18) gesprochen werden, und im übrigen muß das Bild der Nacht zu erkennen geben, wie der Mensch im Finstern sein Maß findet. Er sieht sich auf das Walten des „obersten Gottes“ verwiesen (Strophe 2,5), der über die entflohenen und kommenden Götter gebietet und also bei Tag und bei Nacht als „göttliches Feuer“ zum Aufbruch treibt. Das Göttergeschehen weist auf den „Geist der Natur“ zurück, die als das eine in sich unterschiedene Dasein, als Eines und Alles, gegenwärtig bleibt und immer nur im dankenden Wort und Tun dem Menschen zugehört. Wenn also auch die Namen fehlen, um die Himmlischen zu feiern, so gilt ihnen doch alles dichtende Bemühen.

Im dichterischen Sprechen erhält das irdische Dasein seine festliche Würde zurück, und sei es auch nur durch das Nennen der einfachen Worte des Alltags wie in der ersten Strophe oder durch das Nennen der griechischen Lebensformen in der sechsten. Gasse, Haus und Markt, Garten und Brunnen werden im rhythmischen Wort so gut zum gerühmten Bild des Daseins, wie die Wagen des Kampfspiels, die geheiligten Theater und der geweihete Tanz. Und dies rühmende Sprechen findet durch das Nachfragen nach dem Verlorenen eine weitere Möglichkeit der Steigerung: „wo sind sie?... die Kronen des Festes?“ (Strophe 6, 9). Durch solche Klage gewinnt die Verehrung der Himmlischen nur eine neue Möglichkeit der Aussprache. Zugleich dringt in die Verse ein gnomisches Element ein; sie führen häufiger zur spruchartigen Betrachtung und gipfeln im Weisheitswort: „Fest bleibt Eins ... immer bestehet ein Maß“ (Strophe 3,7f.); „Denn so kehren die Himmlischen ein“ (Strophe 4,17); „So ist der Mensch...“ (Strophe 5,15); „Vor den Äther gebührt Müßigversuchendes nicht“ (Strophe 6,4).

Diese gesetzhaften Sprüche wirken mit dem Nachfragen und Nennen, dem Rühmen und Danken auf vielfältigste Weise zusammen. Die Distichen zeichnen sich durch eine modulationsreiche und rhythmisch spannungsgeladene Gliederung aus; sie besitzen eine große Klangfülle und wechseln in ihrem Bewegungsablauf ständig. Die Verse wollen laut gesprochen sein, um in dem Mit- und Gegeneinander von Versmaß und Satzbewegung empfunden zu werden. Man nehme etwa den Schluß der zweiten Strophe und lasse sich von dem letzten Satz durch sechs Verszeilen tragen (Strophe 2,13—18) und stelle dann daneben jene kurz gegliederten Verse der dritten Strophe, die den knappen Sätzen eine eigene Spannung geben: „Fest bleibt Eins; es sei um Mittag oder es gehe / Bis in die Mitternacht, immer bestehet ein Maß“ (Strophe 3,7). Diese lyrische Sprache bewahrt sich ihre eigene Freiheit gegenüber dem Mitteilungswort, weil sie nur darum bemüht ist, ein Heiliges sagbar zu machen. Sie bezeugt, wie der Nachtzeit das „strömende Wort“ zugehört, auch wenn die Götterferne den Dank erschwert und „heilige Namen“ fehlen, wie es in „Heimkunft“ heißt.

So bescheidet sich das Gedicht, indem es die Anrede nicht an die Götter, sondern an den befreundeten Mann richtet, mit dem sich der Dichter im Einverständnis weiß und dem er die Elegie widmet: Wilhelm Heinse. Ihn ruft er: „So komm! daß wir das Offene schauen“; mit ihm klagt er: „Aber Freund! wir kommen zu spät“; von ihm läßt er sich als Dichter an die Priester des Weingotts weisen: „. . . sie sind, sagst du, wie des Weingotts heilige Priester“. Diese Widmung rechtfertigt sich nicht nur durch die persönliche Begegnung Hölderlins mit dem Dichter des „Ardinghello“, sondern vor allem durch die geistige Nähe dieses Romans zu dem Thema des Gedichts. Der Roman enthält ein großes Gespräch über die griechischen Gottheiten, das in Rom auf der Kuppel des Pantheon geführt wird und das vom Eins und Alles der Natur aus die wechselnden Erscheinungsformen der Götter erläutert. So mochte Hölderlin durch seine Widmung zu erkennen geben, wie sehr er Heinses Überzeugungen teilt, gerade indem er sie in einen nur ihm gehörigen Zusammenhang stellt. Denn erst in „Brod und Wein“ begegnen sich griechische und christliche Erfahrungen vom Göttlichen derart, daß das Heilige in der Natur faßlich und sagbar wird. Weil Hölderlin dem Wechseln und Werden als der „Göttersprache“ nachsinnt, gewinnt er die Möglichkeit, seine so christlich geprägte Seele mit der Liebe zu Griechenland in einen tieferen Einklang zu bringen.

HANS JOACHIM SCHRIMPF

—

NOVALIS

Das Lied der Toten

Lobt doch unsre stillen Feste,
Unsre Gärten, unsre Zimmer,
Das bequeme Hausgeräte,
Unser Hab und Gut.
Täglich kommen neue Gäste,
Diese früh, die andern späte,
Auf den weiten Herden immer
Lodert neue Lebensglut.

Tausend zierliche Gefäße
Einst betaut mit tausend Tränen,
Goldne Ringe, Sporen, Schwerter,
Sind in unserm Schatz:
Viel Kleinodien und Juwelen
Wissen wir in dunkeln Höhlen,
Keiner kann den Reichtum zählen,
Zählt' er auch ohn Unterlaß.

Kinder der Vergangenheiten,
Helden aus den grauen Zeiten,
Der Gestirne Riesengeister,
Wunderlich gesellt,
Holde Frauen, ernste Meister,
Kinder und verlebte Greise
Sitzen hier in e i n e m *Kreise,*
Wohnen in der alten Welt.

Keiner wird sich je beschweren,
Keiner wünschen fortzugehen,
Wer an unsern vollen Tischen
Einmal fröhlich saß.
Klagen sind nicht mehr zu hören,
Keine Wunden mehr zu sehen,
Keine Tränen abzuwischen;
Ewig läuft das Stundenglas.

Tiefgerührt von heilger Güte
Und versenkt in selges Schauen
Steht der Himmel im Gemüte,
Wolkenloses Blau;
Lange fliegende Gewande
Tragen uns durch Frühlingsauen,
Und es weht in diesem Lande
Nie ein Lüftchen kalt und rauh.

Süßer Reiz der Mitternächte,
Stiller Kreis geheimer Mächte,
Wollust rätselhafter Spiele,
Wir nur kennen euch.
Wir nur sind am hohen Ziele,
Bald in Strom uns zu ergießen
Dann in Tropfen zu zerfließen
Und zu nippen auch zugleich.

Uns ward erst die Liebe Leben;
Innig wie die Elemente
Mischen wir des Daseins Fluten,
Brausend Herz mit Herz.
Lüstern scheiden sich die Fluten,
Denn der Kampf der Elemente
Ist der Liebe höchstes Leben
Und des Herzens eignes Herz.

Leiser Wünsche süßes Plaudern
Hören wir allein, und schauen
Immerdar in selge Augen,
Schmecken nichts als Mund und Kuß.
Alles was wir nur berühren
Wird zu heißen Balsamfrüchten,
Wird zu weichen zarten Brüsten,
Opfer kühner Lust.

Immer wächst und blüht Verlangen
Am Geliebten festzuhangen,
Ihn im Innern zu empfangen,
Eins mit ihm zu sein,
Seinem Durste nicht zu wehren,
Sich im Wechsel zu verzehren,
Voneinander sich zu nähren,
Voneinander nur allein.

So in Lieb und hoher Wollust
Sind wir immerdar versunken,
Seit der wilde trübe Funken
Jener Welt erlosch;
Seit der Hügel sich geschlossen,
Und der Scheiterhaufen sprühte,
Und dem schauernden Gemüte
Nun das Erdgesicht zerfloß.

Zauber der Erinnerungen,
Heilger Wehmut süße Schauer
Haben innig uns durchklungen,
Kühlen unsre Glut.
Wunden gibts, die ewig schmerzen,
Eine göttlich tiefe Trauer
Wohnt in unser aller Herzen,
Löst uns auf in e i n e Flut.

Und in dieser Flut ergießen
Wir uns auf geheime Weise
In den Ozean des Lebens
Tief in Gott hinein;
Und aus seinem Herzen fließen
Wir zurück zu unserm Kreise,
Und der Geist des höchsten Strebens
Taucht in unsre Wirbel ein.

Schüttelt eure goldnen Ketten
Mit Smaragden und Rubinen,
Und die blanken saubern Spangen,
Blitz und Klang zugleich.
Aus des feuchten Abgrunds Betten,
Aus den Gräbern und Ruinen,
Himmelsrosen auf den Wangen
Schwebt ins bunte Fabelreich.

Könnten doch die Menschen wissen,
Unsre künftigen Genossen,
Daß bei allen ihren Freuden
Wir geschäftig sind:
Jauchzend würden sie verscheiden,
Gern das bleiche Dasein missen —
Oh! die Zeit ist bald verflossen,
Kommt, Geliebte, doch geschwind!

Helft uns nur den Erdgeist binden,
Lernt den Sinn des Todes fassen
Und das Wort des Lebens finden;
Einmal kehrt euch um.
Deine Macht muß bald verschwinden,
Dein erborgtes Licht verblassen,
Werden dich in kurzem binden,
Erdgeist, deine Zeit ist um.

Novalis hatte das „Lied der Toten", vielleicht das vollendetste und in sich geschlossenste Gedicht der deutschen Frühromantik, als Einlage für den zweiten, unvollendet gebliebenen Teil des „Heinrich von Ofterdingen" bestimmt. Es ist vermutlich Ende 1799 oder im Jahre 1800 entstanden, also unmittelbar nach den „Hymnen an die Nacht" und den „Geistlichen Liedern", denen es auch thematisch eng verbunden ist. Mit dem Fragment des „Die Erfüllung" überschriebenen zweiten Teils des Romans, der ebenso wie der erste „Die Erwartung" erst 1802, nach dem Tode des Dichters, an die Öffentlichkeit getreten ist, hat Ludwig Tieck, der Freund aus dem berühmten Jenenser Frühromantiker-Sommer 1799, das Gedicht in seinem „Bericht über die Fortsetzung" herausgegeben. Tiecks Bericht zufolge, der durch die Paralipomena der Berliner Papiere in diesem Punkte bestätigt wird, scheint es an den Schluß des ersten Kapitels des zweiten Teils zu gehören, das nach einer älteren Fassung „Das Gesicht", in der endgültigen „Das Kloster oder der Vorhof" heißen sollte, möglicherweise auch als Prolog an den Beginn des zweiten Kapitels. In Novalis' Notizen heißt es u. a.: „Die Mönche im Kloster scheinen eine Art von Geisterkolonie... das Hirtenmädchen... schickt ihn zu den Toten — die Klosterherrn sind Tote." In diesem Zusammenhang muß das „Lied der Toten" gesehen werden: es erklingt im „Vorhof" der „Erfüllung". Von den Toten wird Heinrich von Ofterdingen, der nach dem Tode Mathildens zum Dichter reif geworden ist, eingeweiht in die künftige Vollendung und Verklärung. Dahin aber ist der Roman unterwegs, der nach des Novalis eignem Wort „eine Apotheose der Poesie" werden sollte, zu einem Fernziel also, das im „Märchen des Klingsohr" von Eros und Fabel am Schluß des ersten Teils bereits wunderbar vorweggenommen scheint: „Der Schluß ist Übergang aus der wirklichen Welt in die geheime — Tod — letzter Traum und Erwachen. Überall muß hier schon das Überirdische durchschimmern — Das Märchenhafte."

Das „Lied der Toten“ steht in engster Bindung an zwei Grunderfahrungen des Novalis, ohne deren Einbeziehung es in seiner Bedeutung und Tragweite unverständlich bleiben muß. Beide sind selbst wiederum untrennbar ineinander verwoben: das eschatologische Geschichtserlebnis des Dichters und seine Begegnung mit Liebe und Tod der kindlichen Braut Sophie von Kühn. Novalis' dichterische Welt ist in ihrem Wesen eine geschichtliche. Sein ganzes Denken und Dichten ist epochal bestimmt. Er erlebt den Ablauf der Zeiten als Heilsgeschehen und Erlösungsvorgang. Am Beginn, in der „Urwelt“, steht das Paradies der Unschuld. Es ist die Epoche der anfänglichen Liebesgemeinschaft einer noch heilen Welt, einer sympathetischen Durchdringung und Verschmelzung aller Wesen. Biblische Paradiesesvorstellungen verbinden sich hier mit antik-heidnischen Überlieferungen vom goldnen Zeitalter. In der Zukunft liegt die Wiederkehr dieser glückseligen Urheimat des Menschengeschlechtes, die Wiederherstellung des Paradieses, die Versöhnung des Menschlichen und Irdischen mit dem Ewigen. Novalis steht in der Erwartung und Verkündigung dieser endzeitlich geschauten Zukunft. Dazwischen aber erstreckt sich die Periode des selbstverschuldeten Abfalls der Menschheit von ihrem göttlichen Ursprung. Novalis erlebt sie als die Gegenwart seiner eignen Zeit. Es ist die Epoche der Entfremdung, eine Zeit der Trennung und Zerstreuung, der mechanisch-materialistischen Erstarrung, allein vom zweckgerichteten Verstande beherrscht. Der Dichter nennt sie die „Weltperiode des Nutzens“. Er erfährt sie ebenso in der Zerstörung der antiken Götterwelt — das Thema der fünften „Hymne an die Nacht“ — wie in der Auflösung der religiösen Einheit des märchenhaft-mythisch gedeuteten christlichen Mittelalters („Die Christenheit oder Europa“). So sieht sich der Dichter, als Anwalt des Ewigen und der göttlichen Urheimat, aus der Gegenwart hinausgedrängt. Erinnerung und Sehnsucht verbinden ihn mit der in die Ferne entrückten „Urzeit“ der Menschheit. Die Fülle der Komposita mit „Ur-“ in Novalis' Werk (im Register der Kluckhohn-Ausgabe, III, 462 f., übersichtlich zusammengestellt) veranschaulicht eindringlich das Kreisen des Dichters um dieses Hauptthema seines Denkens. Er lebt „in der ganzen Vergangenheit und Zukunft und nirgends weniger als in der Gegenwart“. Im dritten Kapitel des „Ofterdingen“ erzählen die Kaufleute Heinrich die wunderbare Geschichte von dem Sänger, der die Königstochter gewinnt. Mit seinen Liedern rührt er das Herz des Königs: „Er handelte von dem Ursprunge der Welt, von der Entstehung der Gestirne, der Pflanzen, Tiere und Menschen, von der allmächtigen Sympathie der Natur, von der uralten goldenen Zeit und ihren Beherrscherinnen, der Liebe und Poesie, von der Erscheinung des Hasses und der Barbarei und ihren Kämpfen mit jenen wohltätigen Göttinnen, und endlich von dem zukünftigen Triumph der letztern, dem Ende der Trübsale, der Verjüngung der Natur und der Wiederkehr eines ewigen goldenen Zeitalters." In der entfremdeten Gegenwart wird der Dichter zum Künder, Priester und Seher der verlorenen urtümlichen Heimat. Nur die Sänger, Kinder und Liebenden haben noch eine Ahnung von jenem göttlichen Ursprung. Im Dichter kommen alle drei zusammen, er singt das „Lied der Zurückkehr", das ihm „die Tore der Urwelt öffnet".

Aber der Dichter ist nicht nur der Seher und Künder, er ist zugleich der messianische Wiederhersteller des Paradieses. Mit dem ungeheuerlichen Anspruch, den Novalis an die Poesie stellt, wird er zum Erlöser der Menschheit, zum „transzendentalen Arzt", der die Krankheit der Welt heilt, zum „Messias der Natur" — denn auch die Natur wird in diesem Universalsystem geschichtlich gesehen und ist der Erlösung bedürftig. Als ein neuer Orpheus steigt der Dichter in die Tiefen des „Urgrundes", in dem auch die Toten wohnen, und empfängt dort die göttliche „Ur-Kunde", die ihn befähigt, Menschen und Dinge verzaubernd zu bewegen und den großen Verwandlungsprozeß der Welt zu beginnen. Denn Verwandlung, Umschaffen der ganzen Welt ist seines Amtes, nicht interpretierende Auslegung. Diesen Verwandlungsprozeß versteht Novalis als „Romantisieren" oder „Poetisieren". Es ist ein magischer Vorgang: „Die Welt muß romantisiert werden. So findet man den ursprünglichen Sinn wieder." Und in den Paralipomena des „Ofterdingen": „Poetisierung der Welt — Herstellung der Märchenwelt. Aussöhnung der christlichen Religion mit der heidnischen. Die Geschichte des Orpheus... Das ganze Menschengeschlecht wird am Ende poetisch. Neue goldne Zeit." „Poetisieren" ist aber nicht ein Sichtbarmachen des verborgenen geistigen Zusammenhangs der Dinge, wie ihn Goethe an den mannigfaltigen Erscheinungen, den „Phänomenen", wahrzunehmen suchte; es ist ein Weg der Verinnerlichung, Überwindung alles Bestimmten und Besonderen, also gerade Befreiung von der „Außenwelt": ein Vorgang der Verflüssigung, ein grenzenloses Vermischen und Zerfließen. Die sinnlichen Erscheinungen der Natur verlieren ihren Eigenwert und werden zu bloßen Zeichen, zum schattenhaften Medium übersinnlicher Magie. „Magie ist = Kunst, die Sinnenwelt willkürlich zu gebrauchen." Das „Gemüt" aber ist die allein verbindliche Instanz der Weltzuwendung. Die ganze Wirklichkeit umzuschaffen in Innenraum und „Weltgemüt", das ist die magisch-eschatologische Sendung des Dichters, nirgends deutlicher ausgesprochen als in dem berühmten „Blütenstaub"-Fragment: „Wir träumen von Reisen durch das Weltall: ist denn das Weltall nicht in uns? Die Tiefen unsers Geistes kennen wir nicht. — Nach Innen geht der geheimnisvolle Weg. In uns, oder nirgends ist die Ewigkeit mit ihren Welten, die Vergangenheit und Zukunft. Die Außenwelt ist die Schattenwelt...". Nach innen und in die Tiefe ist alles Sinnen des Novalis gerichtet: in die Tiefe des Gemüts und in den Abgrund des Weltenursprungs, zu den Toten.

Wie Phantasie, Traum und Märchen die eigentlichen dichterischen Organe sind, ins Gemüt der Welt vorzudringen, die Welt umzuschaffen in Traum und Poesie, so bedeutet der Tod — und ihn spiegelnd die Nacht als der unendliche Raum, der alles Getrennte in eins zusammenfließen läßt — für den Dichter die reinste Erlösung von der verödeten Endlichkeit, das Totenreich die unmittelbarste Begegnung mit der ersehnten, alles schmelzenden und in liebender Umfassung versöhnenden Urheimat. Es ist nur folgerichtig, wenn der Tod von Novalis als die letzte Möglichkeit eines sinnerfüllten Innestehens in einer ganzheitlichen Welt erfahren wird. Denn seine einseitige Verabsolutierung der herrschenden Weltepoche der Entfremdung macht ein ursprungnahes Wohnen in der Gegenwart und dem sonnenbestrahlten Diesseits unmöglich. Allein die Toten haben uneingeschränkt teil an der Fülle der „Vorzeit", nur sie wohnen ungetrübt im Paradies der Liebe. Mit dem Tode ragt das Mysterium der „Urwelt" in das Leben der prosaischen Epoche hinein. Durch den Tod geht der Weg „nach Hause". Nur von ihm her kann das Leben seine Bedeutung gewinnen. Denn der Tod ist das eigentliche Leben, die unendliche Seite des Lebens; in ihm lösen sich alle Bande und Grenzen auf: „Der Tod ist das romantisierende Prinzip unsers Lebens." „Der Tod macht das gemeine Leben so poetisch."

Über das Erlebnis des Todes ist Novalis zu dem großen romantischen Dichter geworden. Ende 1794 lernte er auf einer Dienstreise als Tennstedter Gerichtsaktuarius in Grüningen die zwölfjährige Sophie von Kühn kennen. Unvermittelt wurde er von heftiger Liebe zu dem rätselhaften Mädchen mit den großen dunklen Augen, das noch ein Kind war, ergriffen. Wenige Monate danach verlobte er sich mit ihr. Aber schon zwei Jahre später, im März 1797, starb Sophie nach qualvollem Leiden. Dieses Erlebnis der Liebe, das ganz im Zeichen des Todes steht, hat in Novalis' Dasein Epoche gemacht. Es ist zum Zentralereignis seines Lebens geworden. Durch den frühen, geheimnisvollen Tod wandelte sich ihm die Geliebte zur unsichtbaren Mittlerin des übersinnlichen Reichs der „Urwelt". Ihr Tod wird ihm zur himmlischen Brautnacht, einem „Geheimnis süßer Mysterien". Der tiefe religiöse Ernst des Novalis, wie er nach langen Jahren idealistisch-Fichtescher Spekulation erlösend durchbricht, hat hier seine eigentliche Quelle. Denn das persönliche Erlebnis von Liebe und Tod weitet sich ihm zur universellen Erfahrung und weltumgreifenden Geschichtsschau. Novalis begreift den Tod der Geliebten als ein ihm zugemessenes Geschick der Ablösung vom Diesseitigen. „Soviel versichre ich Dir heilig —", schreibt er am 13. April 1797 an Friedrich Schlegel, „daß es mir ganz klar schon ist, welcher himmlischer Zufall ihr Tod gewesen ist — ein Schlüssel zu allem — Ein wunderbarschicklicher Schritt. Nur so konnte so manches rein gelöst, nur so manches Unreife gezeitigt werden. Eine einfache, mächtige Kraft ist in mir zur Besinnung gekommen. Meine Liebe ist zur Flamme geworden, die alles Irdische nachgerade verzehrt." In den „Hymnen an die Nacht" und den „Geistlichen Liedern" ist die universale Bedeutung dieser Todeserfahrung dichterische Gestalt geworden. Die Liebe zur toten Braut wird Religion. Die verklärte Geliebte verbindet sich mit der Gestalt des Erlösers Christus, heidnische Totenbeschwörung mit christlicher Jenseitshoffnung kühn verschmelzend. „Christus und Sophie" werden dem Dichter die übersinnlichen Mittler zur Ursprungswelt.

Novalis ergreift als den „Zielgedanken" seines Lebens, der Geliebten im Tode zu folgen. Vier Jahre später stirbt der 28jährige an der Lungenschwindsucht. Wie sehr er sich in dieser Zwischenzeit auch noch auf das Leben eingelassen hat, in Beruf, Naturforschung und Geselligkeit — ja, eine neue Verlobung mit Julie von Charpentier sollte 1798 noch folgen —, er führt seitdem ein Doppelleben, ein Leben von der Innenseite des Todes her, diesseits und jenseits zugleich. Sein ganzes Dichten und Denken kreist um die abgeschiedene Braut. Alle großen Dichtungen des Novalis von den „Lehrlingen zu Sais" bis zu den letzten Bruchstücken des „Ofterdingen" sind in diesen vier Jahren zwischen dem Tod der Geliebten und dem eignen Tod entstanden. Was an literarischen Einflüssen auf den empfänglichen und vielseitig beweglichen Geist des Jünglings eingewirkt hat, Fichte und Schelling, Hemsterhuis und Plotin, Spinoza und Jakob Böhme, es ist im Feuer dieser Todeserfahrung umgeschmolzen worden zum unverlierbar Eignen seiner Dichtung. Das hebt ihn als die hervorragendste romantische Dichtergestalt heraus aus dem Kreis der übrigen Frühromantiker. Auch ihn kennzeichnet das freie Schweben des Geistes und der Phantasie, der Glaube an die Allmacht des Gemüts und der Innerlichkeit. Aber er ist kein Zerrissener und Gebrochener. Der religiöse Ernst, seine unerschöpfliche dichterische Kraft, dabei eine unermüdliche Pflichttreue in Beruf und Alltag, und vor allem das unbeirrbar Zuversichtliche und Hochgestimmte gläubiger Hingabe geben ihm eine Sonderstellung in der deutschen Dichtungsgeschichte.

Jetzt wird es unmittelbar einleuchtend, warum das „Lied der Toten" mit einer festlichen laudatio beginnt. Die Toten sind schon dort, wohin die andern sich sehnen. Die Abgeschiedenheit des Klosterkirchhofs, hinter dessen Mauern die toten Brüder das ewige Fest der Toten feiern, macht ihre Zugehörigkeit zur andern Welt, zur himmlischen Urheimat nur noch deutlicher. Ausdrücklich notiert Novalis, das Kloster sei „höchst wunderbar, wie ein Eingang ins Paradies". Der chorische Gesang der geisterhaften Klosterherren ist ein hymnischer Anruf an die Lebenden. Die hymnische Grundsituation jedoch ist vertauscht. Denn nicht der Mensch richtet sich mit feiernder Zuwendung an ein übermenschliches Gegenüber. Die Jenseitigen selbst sind es, die umgekehrt die noch im Diesseits behausten Menschen mit einer überirdischen Botschaft ansprechen, ihnen den Ausblick ins Übersinnliche eröffnen. Es ist ein rauschhafter, durch fünfzehn lange Strophen hinströmender Gesang, in dem gleichsam das Auf- und Abschwellen der „Urgewässer" der „Vorzeit" vernehmbar wird. Aber das Anbranden des Stroms wird aufgefangen in einer überaus kunstvoll komponierten dichterischen Form. Alle Strophen sind durchweg gleichmäßig gebaut, von einer bedeutsamen Ausnahme (der Mittelstrophe) abgesehen. Jede Strophe umfaßt acht auftaktlose vierhebige Verse, die die volkstümliche Metrik trochäisch nennt. In Verbindung mit der durchgehend regelmäßigen Alternation, die mit dem Wortakzent durchaus übereinstimmt, gibt das dem Lied ein fast tanzhaft schwingendes rhythmisches Gefälle: „Lobt doch unsre stillen Feste...". Ein scharfer rhythmischer Einschnitt nach dem jeweils vierten Vers bewahrt die Strophen vor der Gefahr der Monotonie. Im Gegensatz zu den zweisilbig vollen (weiblichen) Versschlüssen der übrigen Verse hat der vierte eine stumpfe Kadenz (die letzte Hebung fällt in eine Pause). Hier fängt sich die strömend-stürzende Bewegung und setzt mit dem fünften Vers neu ein. Der jeweils achte Vers ist auf den vierten bezogen. Er hat zwar vier Hebungen, aber ist nur einsilbig voll und reimt (in der Mehrzahl der Fälle) oder assoniert mit dem letzteren. Bewirkt der Schluß der vierten Zeile eine Stauung, so die letzte den strophischen Abschluß.

Die Technik der Gleichklänge in den Versausgängen ist ebenso unauffällig wie wirksam. Das Gedicht wechselt fortlaufend unregelmäßig von der Assonanz (Gleichklang nur der Vokale) über den Reim bis hin zum rührenden Reim. Der rührende Reim (Wiederholung des ganzen Reimworts bzw. -wortteils) ist sehr kunstvoll, sparsam und nur an zwei Stellen von bedeutendem Expressionscharakter eingesetzt: in der ganzen siebenten Strophe und bei vier Versen der letzten. Der geradezu artistisch zu nennende, ständig variierende Wechsel der Gleichklänge von Reim und Assonanz in den Versen 1—3 und 5—7 jeder Strophe erweckt den Eindruck eines immerwährenden Vorgangs der Vertauschung und Vermischung, des Zusammenfließens und Sich-wieder-Scheidens, des Flutens und Wogens. Es braucht kaum hervorgehoben zu werden, wie sich dabei die jenseitige Botschaft des Gesangs gestalthaft verdichtet. Die Strophe der rührenden Reime liegt genau vor der Mittelstrophe, es ist die siebente von fünfzehn; sie bildet gewissermaßen den Gipfelkamm. Ihre aufschäumende Bewegung hält bis in die neunte Strophe an. Die achte, also die Mittelstrophe des Liedes, ist die einzige, in der die Kadenzen des vierten und achten Verses vertauscht sind. Nur hier ist der vierte einsilbig voll, der achte stumpf. Die Stauung liegt infolgedessen erst am Schluß der Strophe. Sonst findet sie sich umgekehrt in der Mitte. Der Rhythmus des ganzen Gesangs ist von suggestiver Eindringlichkeit. Der Lauschende wird hineingerissen in ein unaufhörlich andrängendes, auf- und abschwellendes Wogen. Ein starker Sog zieht ihn mit unwiderstehlicher Lockung hinein in das feiernd-liebende „Urspiel" der Vorzeit. Er meint wie Heinrich von Ofterdingen — der durch diesen Gesang in die Totenwelt „eingeweiht" werden sollte — die Botschaft des Geisterreiches zu hören.

Gleich die beiden ersten Strophen bezeugen uns: diese Totenwelt ist kein Hades, kein Schattenreich, aber auch kein christliches Fegefeuer, keine Hölle. Es ist ein unterirdisches, köstliche Schätze bergendes Reich, eine festliche „Urversammlung", zu der täglich neue Gäste stoßen. Wie die romantische Poesie im progressiven Vordringen die ganze Welt in Phantasie und Märchen verwandeln will, so ist dieses Totenreich in ständiger, progressiver Vermehrung und Ausdehnung begriffen. Darum das Lockende, Verführende, mit dem die Toten ihr glückseliges Dasein besingen. In ihrem paradiesischen Haushalt mit seinen Gärten und Zimmern, dem „bequemen Hausgeräte", seinem „Hab' und Gut" sind alle Güter des Lebens versammelt. Sie entbehren nichts. Die Totenwelt ist ein Bereich der Fülle, kein unendliches Nichts. In der Jenseitswelt des Novalis, so sehr sie eine Absage an das Diesseits bedeutet, verschmilzt das Übersinnliche mit dem Sinnlichen, indem dieses von seinem Außenweltscharakter befreit wird und nun ganz von seiner dionysisch verströmenden Innenseite her erfahren werden kann. Des Novalis Verhältnis zu Tod und Leben ist ein dialektisches. Der Tod ist ihm die Innenseite des Lebens. In der Überwindung des Todes durch die Liebe und Verklärung — in der fünften „Hymne an die Nacht" erscheint Christus als der große Überwinder des Todes — liegt die christliche Komponente. Aber darüber hinaus erfährt Novalis den Tod selbst als rauschhafte Erfüllung. Nicht um Überwindung geht es dann mehr, sondern um das ewige Fest des Todes als solchen, der ihm das eigentliche Leben bedeutet.

Darum ist das „Lied der Toten" zugleich ein Gesang des Lebens. Schon in der ersten Strophe singen die Abgeschiedenen von der „neuen Lebensglut", die auf ihren weiten Herden lodert. In dunklen Höhlen bergen sie unermeßliche Reichtümer: Gold und Kleinodien, aber befreit von den Tränen, die ihnen einst im Diesseits anhafteten. Dieser verborgene Schatz erinnert an vorchristlich-heidnische Hort-Vorstellungen. Daß er in „dunkeln Höhlen" gehütet wird, verweist auf den Zug ins Innere und in die Tiefe. Novalis hat ihn im Zeichen der Höhle, des Bergwerks und des Bergmanns immer wieder versinnbildlicht. Höhle und Berg umschließen den Innenraum der Welt, das „Weltgemüt". Der Gang in die Höhle bedeutet den geheimnisvollen Weg nach Innen. Heinrich von Ofterdingen findet im Traum die blaue Blume in einer Höhle. Die Gestalt des Bergmanns und die Fahrt ins Berginnere sind gleichbedeutende Sinnbilder des Romans. Novalis hat selbst das Bergfach studiert und bei der Salinenverwaltung in Weißenfels einen bergmännischen Beruf ausgeübt. Während seines Studiums in Freiberg war er oft mehr unter als über der Erde. Der Abstieg ins Innere, in die Tiefen der Höhle ist aber für den Dichter zugleich immer auch eine Rückkehr in die „Vorzeit". Darum folgt im „Lied der Toten" in der anschließenden dritten Strophe sogleich der Blick auf die Urzeit: „Kinder der Vergangenheiten, / Helden aus den grauen Zeiten . . . / Sitzen hier in *einem* Kreise, / Wohnen in der alten Welt." Die goldene Zeit, die Vergangenheit und Zukunft umschließt, ist für die Toten dionysisch-schwelgerische Gegenwart.

Die folgenden Strophen rühmen in immer neuen ekstatischen Akkorden den ungetrübten Genuß paradiesischer Versöhnung. Alle Klagen, Wunden und Tränen des irdischen Lebens sind ausgetilgt, an vollen Tischen dürfen die einst Hungrigen sich sättigen. Im gemeinsamen Essen und Trinken erblickt Novalis den Vollzug der Vereinigung und Verschmelzung. Diese metaphysische Deutung des Mahls hat eine geheime Beziehung zur christlichen Feier des Abendmahls. In der siebenten „Hymne" der „Geistlichen Lieder" steht die Eucharistie im Mittelpunkt. Die Anklänge an unsere Strophe sind unverkennbar:

Durstiger und hungriger
Wird das Herz:
Und so währet der Liebe Genuß
Von Ewigkeit zu Ewigkeit.
Hätten die Nüchternen
Einmal gekostet,
Alles verließen sie,
Und setzten sich zu uns
An den Tisch der Sehnsucht,
Der nie leer wird.
Sie erkennten der Liebe
Unendliche Fülle,
Und priesen die Nahrung
Von Leib und Blut.

Unbedenklich vermischt der Romantiker christliche Geistlichkeit mit überirdischer „Wollust" und bacchischem Sinnenrausch.

„Ewig läuft das Stundenglas" in der Heimat der Toten. Die Vergänglichkeit ist aufgehoben, aber das Stundenglas steht nicht still, es läuft ewig. Die Ewigkeit dieses Urwelt-Paradieses ist ein immerwährender Genuß seligen Verschmelzens und liebenden Umfangens. Dort ist wahrhaft alles „Gemüt". Des Himmels Blau ist nicht mehr getrübt — „wolkenlos" steht er „im Gemüte". Kein „Lüftchen kalt und rauh" stört die Inbrunst des Festes.

Mit der sechsten Strophe nähert sich das Gedicht dem Höhepunkt rauschhafter Hingabe. Die „Mitternächte" sind der wesensgemäße Raum, in dem die Toten leben — wir denken an die „Hymnen an die Nacht" —; unter ihrem „süßen Reiz" geben sie sich der „Wollust rätselhafter Spiele" hin. Das Feuchte und Flüssige ist ihr Element. Denn es ist das Element des dauernden Sich-Auflösens und Verströmens, genährt vom „Ur-Flüssigen" des göttlichen Ursprungs. Immer wieder hat Novalis die Fülle des

Weltgemüts im Sinnbild des Wassers veranschaulicht. Es gesellt sich zum Feuer („Lebensglut") als dem andern Element des Verschmelzens und Umschmelzens. In den „Lehrlingen zu Sais" spricht der Dichter von dem „Urflüssigen" und den „Urquellen" des Lebendigen. Feuer und Wasser sind ihm die lockenden Elemente des Lebens: „Was ist die überall erscheinende Flamme? Eine innige Umarmung, deren süße Frucht in wollüstigen Tropfen heruntertaut. Das Wasser, dieses erstgeborne Kind luftiger Verschmelzungen, kann seinen wollüstigen Ursprung nicht verleugnen und zeigt sich als Element der Liebe und der Mischung mit himmlischer Allgewalt auf Erden . . . Im Durste offenbaret sich diese Weltseele, diese gewaltige Sehnsucht nach dem Zerfließen. Die Berauschten fühlen nur zu gut diese überirdische Wonne des Flüssigen, und am Ende sind alle angenehme Empfindungen in uns mannigfache Zerfließungen, Regungen jener Urgewässer in uns." Ergießen — Fließen — Fluten sind die immer wiederkehrenden Zentralverben des Toten-Liedes.

In der siebenten Strophe, mit der der Höhepunkt des Verschmelzungsvorgangs eingeleitet wird, kommt das ewige „Urspiel" der Toten, das Ereignis des Sich-Scheidens und Vermischens in seliger Hingabe und Liebe zum zusammenfassenden, vollendeten Ausdruck. Es wurde schon darauf hingewiesen, wie gerade in dieser Strophe der kunstvoll gehandhabte rührende Reim den Vorgang gestalthaft verdichtet. Leben — Elemente — Fluten — Herz sind die identischen Reimwörter. Das dialektische Verhältnis von Liebe — Leben — Tod bekundet sich im fortgesetzten Austauschen und Verschränken der Begriffe: Liebe-Leben, Innig-Elemente, Mischen-Fluten, Herz-Herz, Lüstern scheiden-Fluten, Kampf-Elemente, Liebe-Leben, Herzens-Herz. (Zwar setzt die Textüberlieferung im ersten Vers zwischen Liebe und Leben ein Komma. Aber die siebente Zeile erweist eindeutig, daß hier nicht gemeint ist, daß den Toten Liebe *und* Leben zuteil werden, sondern vielmehr, daß erst ihnen die Liebe zum (wahren) Leben wird. Das Komma würde den ganzen dialektisch verschränkenden Zusammenhang der Strophe stören.) „Brausend", „lüstern", in rauschhafter Durchdringung scheiden und vermählen sich die Elemente, mischen sich die Fluten, vergattet sich Herz mit Herz. Alle bereits geschilderten Grunderfahrungen des Novalis sind in diese Verse eingeschmolzen. Das ewige Liebesfest der Toten verwandelt in wollüstiger Verzückung alles Dasein in den Weltinnenraum des Gemüts.

Die folgenden beiden Strophen, die mit der siebenten zusammen die Mittelachse des Gedichtes darstellen, führen das metaphysische Erlebnis des sympathetischen Verschmelzungsvorgangs der Toten als der wahrhaft Lebenden durch die Liebe weiter. Erotische Bilder, Zeichen der ins Übersinnliche aufgeschmolzenen Sinnenwelt, beherrschen die Verse. Die Toten erst sind die eigentlich Liebenden. Sie schauen „Immerdar in selge Augen", „Schmecken nichts als Mund und Kuß". Durch einen solchen überirdisch vereinigenden Kuß wurde Astralis, das Kind Heinrichs von Ofterdingen und Mathildens, gezeugt. Die bloße Berührung derer, die schon abgeschieden und verklärt sind, verwandelt alles in erotische Zeichen, in „Opfer kühner Lust": zu „heißen Balsamfrüchten" und „weichen zarten Brüsten". Die Liebenden werden zu *einer* Person, *einem* Fleisch. Im ewigen Durste nähren sie sich voneinander, „Voneinander nur allein", verzehren sich im Wechsel der Hingabe als Leib und Blut. Das dionysisch-orphische Moment solchen Totenkultes und zugleich seine heidnische Komponente, die damit in die christliche Liebes- und Jenseitsvorstellung eindringt, kommt wohl nirgends deutlicher zum Ausdruck als hier.

An dieser Stelle nimmt der Gesang der Abgeschiedenen eine neue Wendung. Die Toten, versunken „in Lieb' und hoher Wollust", richten den Blick zurück auf das irdische Leben, das auch sie einst geteilt haben, singen von ihren Erfahrungen. Sie erinnern sich ihres Sterbens, als der Grabhügel sich geschlossen oder auf dem Scheiterhaufen ihre sterblichen Reste verbrannten. Wieder ist es das Element des Feuers, das stellvertretend steht für die reinbrennende Ablösung von der irdischen Außenwelt. Damals zerfloß ihnen das „Erdgesicht", das sie an „jene Welt", den „trüben Funken" des Diesseits band. Der letzte Vers der Strophe deutet auf die Absage an den „Erdgeist" am Ausgang des Gedichts voraus. Dieser Rückblick auf das Leben erklärt den Widerspruch, der sich in dem dunkleren Ton der folgenden Verse von den Wunden, „die ewig schmerzen", zur vierten Strophe einzustellen scheint. Denn dort sangen die Toten ganz versunken nur von ihrem Kreis; hier aber denken sie noch von ihrem Erdenleben her. In dem „Zauber der Erinnerungen" vermischt sich eigentümlich die Urerinnerung, die auch die Lebenden noch von der versunkenen goldnen Zeit haben — Novalis erahnt geheimnisvolle Metempsychosen — mit schmerzhaften Rückerinnerungen an die Erfahrungen in der Schattenwelt des Irdischen. Aber es zeigt sich, daß auch diese „ewigen Wunden" noch zu heilen sind: in der völligen Auflösung alles Individuellen und Scheidenden. Auch die einander liebend umfangenden Toten in ihrem paradiesischen Kreise sind ja noch eine Mehrzahl verschiedener Wesen. Eine noch tiefere Schicht der

„Urwelt“ tut sich auf: der göttliche Ursprung, das Herz Gottes selbst. Die „göttlich tiefe Trauer“ des Getrenntseins löst die Toten, die noch schmerzhafte Erinnerungen tragen, auf „in *eine* Flut“. Im ewigen Kreislauf, einem unendlich flutenden „Wirbel“, gehen die Toten, sich in den „Ozean des Lebens“ ergießend, wie durch einen Sog in Gottes Herz ein, um aus ihm verjüngt wieder in ihren Kreis zurückzukehren. Von dort empfangen sie ihre tiefste Einweihung. Altüberlieferte neuplatonisch-mystische Erfahrungen vom Ureinen, von dem alles ausströmt und in das es wieder zurückflutet, sind in diesen Versen des Novalis Gestalt geworden.

Erst jetzt verkünden die Toten ihre geheimnisvolle letzte Botschaft an die Lebenden. Stufenweise bewegt sich ihr Gesang nun vom Herzen Gottes durch das Reich der schon verklärten Toten (ihren eignen Kreis) über die Gestorbenen, aber noch in ihren Gräbern Liegenden zurück bis zu den Lebenden hin, um auch diese mit in den ewigen Kreislauf einzubeziehen. Strophe 13 ist an die Gestorbenen gerichtet: „Schüttelt eure goldnen Ketten . . ./ Aus des feuchten Abgrunds Betten . . . / Schwebt ins bunte Fabelreich.“ In der vorletzten Strophe dagegen werden die Lebenden aufgefordert: „Kommt, Geliebte, doch geschwind!“ Noch einmal klingt in diesen Versen auf, daß die Totenwelt, das Paradies der Vorzeit und Zukunft, dieses goldene Zeitalter der ewigen Nacht, trotz aller Diesseitsverneinung, die sie beansprucht, kein graues Nirwana, aber auch kein spirituell-asketisches Geisterreich ist. Dieses Totenparadies ist eine poetische Welt, ein „buntes Fabelreich“; es bedeutet die Erfüllung aller Wünsche, die der romantische Mensch in der entfremdeten Wirklichkeit seiner Gegenwart vergeblich suchte. Es ist die übersinnliche Verschmelzung von Himmel und Erde, ein neuer Himmel und eine neue Erde, aber universal: christlich und heidnisch zugleich: „Könnten doch die Menschen wissen . . ., / Daß bei allen ihren Freuden / Wir geschäftig sind: / Jauchzend würden sie verscheiden . . .“. Ähnlich antworten, gleichsam respondierend, in der sechsten „Hymne an die Nacht“, „Sehnsucht nach dem Tode“ überschrieben, die Lebenden den Toten:

Unendlich und geheimnisvoll
Durchströmt uns süßer Schauer —
Mir däucht, aus tiefen Fernen scholl
Ein Echo unsrer Trauer.
Die Lieben sehnen sich wohl auch
Und sandten uns der Sehnsucht Hauch.

Die Schlußstrophe des Toten-Liedes gibt die charakteristisch

Novalissche epochale Ausweitung: die Absage an die Epoche des „Erdgeistes", die „Weltperiode des Nutzens". Mit diesen Versen nimmt Novalis ausdrücklich auf die faustische Beschwörung des Erdgeistes Bezug — in verneinender Abkehr: „Helft uns nur den Erdgeist binden . . . / Erdgeist, deine Zeit ist um." Allerdings: der „in Lebensfluten, im Tatensturm" auf und ab wallende Geist der Erde aus dem „Faust", der als innerstes Wirkungszentrum der Natur „der Gottheit lebendiges Kleid" wirkt, ist hier offenbar nicht gemeint. Novalis zielt vielmehr auf das Festhalten des Menschen am Diesseitigen und Irdischen, an den sinnlichen Dingen und Erscheinungen, das, nicht weniger Goethesch, am Ausgang des Toten-Liedes als Epoche der Herrschaft des Erdgeistes apokalyptisch beschworen wird. Das dialektische Verhältnis von Tod und Leben erscheint noch einmal zusammengefaßt: der Sinn des Todes ist das Wort des Lebens. Die Vorzeichen sind umgekehrt. Das endliche Dasein ist „bleich" und schattenhaft; der Tod die Fülle des wirklichen Lebens. Die durch den rührenden Reim heraushebend verknüpften Verse 1 und 7, 4 und 8 zeigen noch eine Steigerung. Nicht nur gebunden werden muß der Erdgeist, also einbezogen in den ewigen Kreislauf der „Urgewässer". Seine Zeit ist um, seine Macht muß verschwinden, sein erborgtes Licht verblassen. Erst die völlige Absage an ihn eröffnet das neue goldene Zeitalter, bedeutet die endgültige Überwindung der Gegenwart. Die identischen Reimwörter des vierten und achten Verses binden Menschen und Epoche untrennbar aneinander. Das „um" der menschlichen „Umkehr" verschmilzt mit dem „um" des eschatologisch verkündeten „Vorbei" eines prosaisch entfremdeten Zeitalters. An seiner Stelle aber öffnet sich der Ausblick auf das künftige Paradies der Poesie, von dessen Wiederkehr das Astralis-Gedicht vor dem zweiten Teil des „Ofterdingen" zuversichtlich singt:

Es bricht die neue Welt herein
Und verdunkelt den hellsten Sonnenschein . . .
Der Liebe Reich ist aufgetan,
Die Fabel fängt zu spinnen an.
Das Urspiel jeder Natur beginnt . . .
Die Welt wird Traum, der Traum wird Welt . . .
Wehmut und Wollust, Tod und Leben
Sind hier in innigster Sympathie . . .
Zum weiten Grabe wird die Welt,
In das, verzehrt von bangem Sehnen,
Das Herz, als Asche, niederfällt.

ANMERKUNGEN

Die *Texte* (T) wurden vom Barock an der heutigen Schreibweise angeglichen.

Die *Literaturangaben* (L) beschränken sich auf die für das Thema wichtige Einzelliteratur. Eine ausführliche Bibliographie zur Geschichte der deutschen Lyrik und zu den einzelnen Dichtern bringt Echtermeyer / v. Wiese, Deutsche Gedichte, Düsseldorf 1954 u. ö., S. 723—54.

Die *Nachweise* (N) geben die Fundstellen der wesentlichen Zitate an. Es erschien zweckmäßig, sie hier zusammenzufassen.

Die *Anmerkungen* (A) wurden im Hinblick auf die Aufgabe des Werkes stark begrenzt; sie sollen lediglich zur weiteren Vertiefung anregen.

E mit Zahl bedeutet, daß das entsprechende Gedicht auch im Echtermeyer / v. Wiese enthalten ist. Wer beide Werke benutzt, wird für die Hinweise dankbar sein.

Häufig vorkommende Abkürzungen

Dtsche. Nat.-Lit.	= Kürschners Deutsche Nationalliteratur, Stuttgart, 1882 ff.
Dtsche. Vjschr.	= Deutsche Vierteljahresschrift für Literaturwissenschaft und Geistesgeschichte, Stuttgart.
G. u. G.	= Gedicht und Gedanke. Auslegungen deutscher Gedichte, hrsg. v. Heinz Otto Burger, Max Niemeyer, Halle 1942.
Germ.-Rom. Monschr.	= Germanisch-Romanische Monatsschrift, Heidelberg.
MF	= Des Minnesangs Frühling, hrsg. v. Karl Lachmann u. Moritz Haupt, 1856, 30. Aufl. bearbeitet v. C. v. Kraus, Leipzig 1950.
RU.	= Reclams Universalbibliothek, Leipzig bzw. Stuttgart.
ZfdA.	= Zeitschrift für deutsches Altertum und deutsche Literatur, Wiesbaden.

DAS MITTELALTER

DIETMAR VON EIST S. 30

T: „Ûf der linden obene“ MF 34,3.
L: Kurt RATHKE, Dietmar von Eist, Form und Geist, Arbeiten z. germ. Philologie, Bd. 28, Leipzig 1932; zu dem Gedicht: Hennig BRINKMANN, G. u. G., S. 29—34.
E: S. 29.

FRIEDRICH VON HAUSEN S. 35

T: „Mîn herze und mîn lîp“ MF 47,9.
L: Hennig BRINKMANN, Friedrich von Hausen, Studienbogen, Spr.u. Lit. Dtsche. Reihe, Minden 1948; zu dem Gedicht: G. JUNGBLUTH, Euphorion 47, 1953, S. 241—59.
E: S. 30.

HEINRICH VON MORUNGEN S. 43

T: „Ich wêne nieman leben“ MF 138,17. Heinrich von Morungen hrsg. v. C. v. Kraus, München 1925 (Text, Übers., Nachw.), 2. Aufl 1950, Nr. XXXII S. 76.
L: Julius SCHWIETERING, Der Liederzyklus Heinrichs von Morungen, ZfdA. 82, 1948/50, S. 401—37; Franz Rolf SCHRÖDER, Morungens Dichtersprache, Germ.-Rom. Monschr. 32, 1950/51, S. 318 f.

REINMAR VON HAGENAU S. 48

T: „Niemen seneder suoche“ MF 170,36. C. v. Kraus, Die Lieder Reinmars des Alten, 3 Tle., München 1919, Nr. 35. Teil I S. 65, Teil II S. 27, Teil III S. 69.
L: Konrad BURDACH, Reinmar der Alte und Walther von der Vogelweide, Halle 1880, 2. Aufl. 1928; Hermann SCHNEIDER, Drei Lieder Reinmars des Alten, Dtsche. Vjschr. 17, 1939, S. 312—42; Friedrich NEUMANN, Hohe Minne, Zschr. f. Deutschkde. 1925.

WALTHER VON DER VOGELWEIDE S. 52

T: „Die verzagten aller guoten dinge“ 63,8, „Herzeliebez frouwelîn“ 49,25, „Nemt, frouwe, disen kranz!“ 74,20, „Under der linden“ 39,11, „Aller werdekeit ein vuegerinne“ 46,31, nach: Die Gedichte Walthers von der Vogelweide, hrsg. v. K. Lachmann, Berlin 1827, neu hrsg. v. C. v. Kraus, 11. Aufl. 1950. Ferner: Walther von der Vogelweide, hrsg. u. erklärt v. Wilhelm Wilmanns, 2 Bde., Halle 1869, neu hrsg. v. Victor Michels, 4. Aufl. 1916 ff.; Die Gedichte Walthers von der Vogelweide, hrsg. v. Hermann Paul, Halle 1882, neu hrsg. v. Albert Leitzmann, 8. Aufl. 1953, Altdtsche. Textbibl. 1; Liebeslyrik der deutschen Frühe, hrsg. von Hennig Brinkmann, Düsseldorf 1952, S. 279—357.

L: A. E. SCHÖNBACH, Walther von der Vogelweide. Ein Dichterleben, Dresden 1890, neu bearb. v. Hermann Schneider, 4. Aufl. Berlin 1923; C. v. KRAUS, Walther von der Vogelweide. Untersuchungen, Berlin u. Leipzig 1935; Konrad BURDACH, Der mittelalterliche Streit um das Imperium in den Gedichten Walthers von der Vogelweide, Dtsche. Vjschr. 13, 1935, S. 509—62; Hermann SCHNEIDER, Drei Waltherlieder, ZfdA. 73, 1936, S. 165—74; Friedrich GENNRICH, Melodien Walthers von der Vogelweide, ZfdA. 79, 1942, S. 24—48. Neueste Literaturangaben: Helmut de BOOR, Die höfische Literatur. Vorbereitung. Blüte. Ausklang. (Geschichte der deutschen Literatur, Bd. 2) München 1953, S. 322—24.

A: 1) S. 64, 10 v. u.: Das Lied „Nemt, frouwe, disen kranz!" überliefern uns drei Handschriften: aus dem späteren 13. Jh. die kleine Heidelberger (A), aus dem frühen 14. Jh. die große Heidelberger (C), aus der Zeit um 1450 die Würzburger (E). Die Strophen 1 „Nemt, frouwe, disen kranz!", 2 „Ir sît sô wol getân", 3 „Si nam daz ich ir bôt" sind in alle drei Handschriften in dieser Reihenfolge (!) eingetragen. Die Strophen 4 „Mich dûhte daz mir nie" und 5 „Mir ist von ir geschehen" überliefern A und C getrennt von den Strophen 1—3, außerdem in umgekehrter Reihenfolge; E wahrt den Zusammenhang, läßt aber die Strophe 4 (die Heidestrophe) aus. Offenbar hat die Strophe 4, und mit ihr das charakteristische Traummotiv, in einem Vortragsmanuskript gefehlt. Diese Strophe ist dann bei einem Nachtrag in der Vorlage von A und C falsch eingerückt. — Aus nicht recht durchsichtigen Gründen setzte Karl Lachmann zwei Lieder an: Lied 1, 3 und Lied 5, 2, 4. Carl von Kraus übernahm das nicht, wählte aber gegen die Überlieferung die Reihenfolge 1, 3, 2, 4, 5 (vgl. Walther von der Vogelweide, Untersuchungen, S. 399 ff.). Denn er faßte die Strophen 1 „Nemt, frouwe, disen kranz!" und 3 „Si nam daz ich ir bôt" als Darstellung eines wirklichen Erlebnisses (!), das sich später auf anderer Ebene in der Strophe 5 „Mir ist von ir geschehen" fortsetzt. Damit diese Auffassung möglich wird, muß sich der Hörer oder Leser beim Übergang zu Strophe 2 (= C. v. Kraus Strophe 3) „Ir sît sô wol getân" sprunghaft vorstellen, der Sänger sei nun im Träumen, wovon im Text nichts angedeutet ist. Durch das berechtigte Ansehen der Ausgabe Lachmann-v. Kraus ist leider die Textgestaltung des Liedes in eine gewisse Unsicherheit geraten. Wir haben aber kein Recht, die Überlieferung der ersten drei Strophen zu verlassen, da sie alles hergibt, was wir brauchen. Bei der überlieferten Reihenfolge der ersten drei Strophen sind denn auch K. Simrock, Fr. Pfeiffer, K. Bartsch, H. Paul, V. Michels, H. Brinkmann und ich geblieben. — Das Interessante an der Überlieferung ist, daß wir wahrscheinlich in wechselnde Vortragsmöglichkeiten hineinsehn. Möglich ist sogar, daß Walther nicht alle fünf Strophen in einem Zuge geschaffen hat.

Aber mit solchen Erwägungen stehn wir an der Grenze des Erkennbaren. F. N.

E: S. 40 („Herzeliebez frouwelîn"), S. 42 („Nemt, frouwe"), S. 43 („Under der linden").

WOLFRAM VON ESCHENBACH S. 78

T: „Ursprinc bluomen" nach: K. Lachmann, Wolfram von Eschenbach, Berlin 1833, neu bearb. v. Ed. Hartl, 7. Aufl. 1952. Unser Text mit folgenden Abweichungen: Str. 1, 4: „lît" statt „liget" der Handschrift wegen des Binnenreims zur 2. Str.; Wolfram bevorzugt zwar im Reime „ligt", kennt aber auch „lît", und der Reim von „lît" auf „zît" ist im Minnesang traditionell. Str. 3, 4: „den" zugefügt, um den Hiatus zu beseitigen. — Die Minnesangtexte nach MF, Walther nach Lachmann zitiert.

L: *Zu den Tageliedern:* Wolfgang MOHR, Wolframs Tagelieder, Festschr. f. Paul Kluckhohn und Hermann Schneider, Tübingen 1948, S. 148—65; C. v. KRAUS, Wolframs Tagelied, 7, 41. Miscell. Acad. Berolin. Bd. 1, Berlin 1950, S. 89—96; A. T. HATTO, On beauty of numbers in Wolframs dawn songs, Mod. Lang. Review 45, 1950, S. 181—88. *Zur Verskunst:* Kurt PLENIO, Beobachtungen zu Wolframs Liedstrophik, Beitr. z. Gesch. d. dtschen. Spr. u. Lit. 41, 1916, S. 47—127. *Wolfram parodiert Walther:* T. A. ROMPELMANN, Walther und Wolfram, Neophilologus 27, 1942, S. 186—205; Jan Hendrik SCHOLTE, Wolframs Lyrik. Beitr. z. Gesch. d. dtschen. Spr. u. Lit. 69, 1947, S. 409—19. *Zum Natureingang:* Wilhelm GANZENMÜLLER, Das Naturgefühl im Mittelalter. Beitr. z. Kulturgesch. d. Mittelalters u. d. Renaissance Bd. 18, 1914.

A: S. 87, 14 v. u. Zur „Selbstverteidigung" Wolframs: Ich glaube, der Wortlaut läßt sich nicht anders verstehen, als daß Wolfram bei einer bestimmten Gelegenheit als werbender Sänger aus der Rolle gefallen ist. Der geistvolle Versuch von K. K. Klein, Wolframs Selbstverteidigung und die mit ihr zusammenhängenden Stücke als Polemik gegen Gottfried von Straßburg und seine Helden Tristan und Isolde zu deuten, überzeugt mich nicht: K. K. KLEIN, Wolframs Selbstverteidigung, ZfdA. 85, 1955, S. 150—62. — Noch ein weiteres Lied ist unter Wolframs Namen überliefert, das ähnlich selbstbewußte Töne wie „Ursprinc bluomen" anschlägt. Es beginnt mit den herausfordernden Zeilen: „Guot wîp, ich bitte dich um Minne unter anderm deswegen, weil ich dir nicht befehlen kann." Wenn das Lied echt ist, dann bezeugte dieser Anfang noch deutlicher als die Werbungsstrophen von „Ursprinc bluomen", daß sich Wolfram in dieser Art gebieterischen Sanges gefiel. Wenn es nicht echt ist, was mir wahrscheinlicher vorkommt (dazu Scholte, s. L.), so zeigt die Parodie, worin man zu seiner Zeit die Eigentümlichkeit des Sängers Wolfram gesehen hat.

E: S. 33. W. M.

NEIDHART VON REUENTAL S. 90

T: „Ez meiet hiuwer aber als ê“ nach: Die Lieder Neidharts, hrsg. von Edmund Wießner, Tübingen 1955, Altdsche. Textbibl. 44.

L: Edmund WIESSNER, Kommentar zu Neidharts Liedern, Leipzig 1954; Edmund WIESSNER, Vollständiges Wörterbuch zu Neidharts Liedern, Leipzig 1954; Helmut DE BOOR, Die höfische Literatur. Vorbereitung. Blüte. Ausklang. (Geschichte der deutschen Literatur, Bd. 2), München 1953, S. 359—70, dort weitere Lit.; Paul BÖCKMANN, Die Ausbildung des parodistisch-drastischen Sprechens bei Neidhart von Reuental und in den Neidhartschwänken, in: Formgeschichte d. dtschen. Dichtg., Hamburg 1949, S. 167 ff. Über die mimische Spieltradition bes. Fritz MARTINI, Das Bauerntum im dtschen. Schrifttum, Halle 1947. K. O. C.

E: S. 47.

VOLKSLIED S. 99

T: „Ich hört ein sichelin rauschen“ nach: Franz M. Böhme, Altdtsches. Liederbuch, 3. Aufl., Leipzig 1925, Nr. 180 b (Str. 1) und Nr. 179 (Str. 2 und 3). Bei Ludwig Uhland, Alte hoch- und niederdtsche. Volkslieder, Stuttgart 1844—46, stehen die 3 Strophen unter Nr. 34 A.

L: A. DAUR, Das alte dtsche. Volkslied nach seinen festen Ausdrucksformen betrachtet, Leipzig 1909; G. POHL, Der Strophenbau im dtschen. Volkslied, Palaestra 136, Berlin 1921; A. GÖTZE, Das dtsche. Volkslied, Leipzig 1928; F. RANKE, Zum Begriff Volkslied im ausgehenden Mittelalter, Mitteilungen d. schles. Gesellschaft f. Volkskde. 33, 1932; H. KIRSCHNER, Beiträge z. dtschen. Volksliedstil um 1550, Jena 1935; J. MEIER, Das dtsche. Volkslied, Dtsche. Lit. i. Entw.-Reihen X 1, Leipzig 1935. K. O. C.

E: S. 70.

DAS ZEITALTER DES BAROCK

MARTIN OPITZ S. 109

T: „Drei Sonette“ nach: Weltliche Poemata und Geistliche Poemata, beide Breslau 1638. Weltliche und geistliche Dichtungen, hrsg. v. Hermann Oesterley, Dtsche. Nat.-Lit. 27, Stuttgart 1889.

L: Die vorstehende Deutung Opitzscher Kunst wird durch Zergliederungen hochbarocker Formen ergänzt in meinen Arbeiten: Vom Sinn des barocken Gleichnisses, Europäische Revue, 1937; Die deutsche Barockdichtung und der deutsche Charakter, Helicon, 1938; Drei barocke Meister in G. u. G., S. 72 ff.; Was ist Barock? Einführung der Auswahl Deutsche Barocklyrik, RU. 7804/5, Stuttgart 1954.
Immer dringlicher fehlt eine ebenbürtige Monographie über das Dichtertum, die dichterische und geschichtliche Gesamtleistung des Martin Opitz — es ist die wohl klaffendste Lücke der neueren Litera-

turhistorie. Einzelklärungen bieten: G. BAESECKE, Die Sprache der Opitzischen Gedichtsammlungen von 1624 und 1625, Diss. Göttingen 1899; F. GUNDOLF, Martin Opitz, München u. Leipzig 1923; P. HANKAMER, Die Sprache, ihr Begriff und ihre Deutung im 16. und 17. Jh., Bonn 1927; K. VIËTOR, Probleme der deutschen Barockliteratur, Leipzig 1928; G. FRICKE, Die Bildlichkeit in der Dichtung des Andreas Gryphius, Berlin 1933.

A: 1) S. 115, 1 v. u.: Die Axiomatik des Verses — Ergründung seiner ursprünglichsten Formelemente, seiner illusionären Verwandlungskraft und integralen Seinsweise — bleibt das heute gewichtigste und noch immer jungfräulichste Thema jeder fundamentalen Ästhetik und Ontologie der Dichtung. Eine überfällige Preisfrage: Was ist der Vers? Auch für die Kunstlehre der Prosa fiele durch solche Erkenntnis Entscheidendes ab, die durchstoßende Untersuchung könnte sich Vers und Prosa betiteln. Ersichtlich bringt da gerade das Früh- und Elementarbarock Opitzens, der Aufbau einer Dichtersprache und einer Kunst der gebundenen Rede von zuunterst, weitreichende Aufschlüsse. Keinesfalls unterschätzt seien die Ansätze in der Sprachlehre August Ferdinand Bernhardis, 1801/2, und in August Wilhelm Schlegels Berliner Vorlesungen, 1803/4 (auch schon in den Briefen über Poesie, Silbenmaß und Sprache). Ebensowenig die fördernden Beiträge in den metrischen Werken Minors, Heuslers, Sarans und jüngerer. Aber selbst WALZELS kompendiöse Sichtung Gehalt und Gestalt (Neuausgabe 1930) vermag zum primordialen Problem des Verses nichts irgend Belangvolles beizubringen. Seither ist einiges für die Wesensfragen des deutschen, des englischen und des französischen Verses geschehen, auch die Bedeutung des Reims für die metrische Ordnung zunehmend erhellt worden. Begreiflichermaßen aber bleibt der synthetische Blick in die historischen und individuellen Komplexe behender als das analytische Vordringen zu den Urphänomenen — und fast überall eilt der Beobachtung ein hurtiger Schwarm von Begriffen voraus, in allzuvielen Formuntersuchungsvorhaben überwiegt beredte Polemik die kleinlautere positive Leistung. T. S. ELIOTS Büchlein Der Vers, 1952, vereinigt vier Aufsätze voll verschiedenwertiger Einzelheiten, die mehr Fragen ausstreuen als Antworten sammeln; auch Fr. Gg. JÜNGER, Rhythmus und Sprache im deutschen Gedicht, 1952, macht vor allem die ungeheure Schwierigkeit des Anliegens offenbar. Diese Schwierigkeit heißt noch den kleinsten zielrichtigen Schritt begrüßen und um so rüstiger fortsetzen.

2) S. 128, 17 v. u.: Der Name taucht im „Buch von der Deutschen Poeterey“ nur in griechischer Sprache auf, im III. Kapitel, wo das „von Gott und der natur geleitete“ Gemüt des Dichters (wie es dann im Schlußstück heißt) einführend charakterisiert wird: „Er muß euphantasiotós, von sinnreichen einfällen und erfindungen sein, muß ein großes unverzagtes gemüte haben, muß hohe sachen bey sich erdencken können, soll anders seine rede eine art kriegen, und von der

erden empor steigen.“ Im Folgenden widersagt Opitz brüsk der Gelegenheitsdichtung, die der Eingebung weder Raum noch Zeit lasse!

H. C.

PAUL FLEMING S. 131

T: „An sich“. Teutsche Poemata 1642; Neudrucke: Deutsche Gedichte, hrsg. v. J. M. Lappenberg, Bibl. d. Lit. Vereins 82/83, Stuttgart 1865.

L: H. PYRITZ, Paul Flemings deutsche Liebeslyrik, Leipzig 1932.

A: Diese Interpretation ist mit freundlicher Erlaubnis des Verlages Friedrich Wittig dem Buch: Johannes Pfeiffer, Wege zur Dichtung, Hamburg 1951, entnommen. J. Pf.

E: S. 92.

ANDREAS GRYPHIUS S. 133

T: Das Gedicht „Über die Geburt Jesu“ erschien erstmalig in der Leydener Ausgabe von 1643; das Gedicht „Tränen des Vaterlandes“ steht schon in dem Lissaer Sonettbuch von 1637 und wurde für spätere Ausgaben umgeändert. Sämtliche Fassungen findet man bei Victor Manheimer (s. L.) S. 290. „Es ist alles eitel“ steht ebenfalls schon in der Lissaer Ausgabe von 1637 und wurde für die Leydener Ausgabe von 1643 umgearbeitet (Manheimer S. 264). — Von den alten Gryphius-Drucken ist der, welcher 1663, ein Jahr vor dem Tode des Dichters, erschien, textlich der beste. Einen Neudruck von Gryphius' Lyrischen Gedichten brachte H. Palm in der Bibl. d. Lit. Vereins, Stuttgart 1884. Ergänzungen dazu enthält das Buch von Victor Manheimer. — Die Texte sind in moderner Schreibweise gebracht; der Wortlaut ist unverändert. Das Schriftbild in den Originaldrucken wirkt etwas anders; einerseits weil damals die Großschreibung der Substantive (eine spätbarocke Mode, die in Deutschland leider beibehalten wurde) noch nicht durchgeführt war; andererseits weil die barocken Schrägstriche eine schärfere Gliederung geben als die modernen Kommata: „Nacht / mehr denn lichte nacht! nacht / lichter als der tag!“

L: Victor MANHEIMER, Die Lyrik des Andreas Gryphius, Berlin 1904; Friedrich GUNDOLF, Andreas Gryphius, Heidelberg 1927; Gerhard FRICKE, Die Bildlichkeit in der Dichtung des Andreas Gryphius, Berlin 1933; Herbert CYSARZ, Deutsches Barock in der Lyrik, Leipzig 1936; Isabella RÜTTENAUER, Lichte Nacht. Weltangst und Erlösung in den Gedichten von Andreas Gryphius, Würzburg 1940; Herbert CYSARZ, Drei barocke Meister, in: G. u. G., S. 72—88; Johannes PFEIFFER, Andreas Gryphius als Lyriker, in: Pfeiffer, Zwischen Dichtung und Philosophie, Bremen 1947, S. 30—43.

A: Die drei Gedichte sind so gewählt, daß verschiedene Seiten von Gryphius' Lyrik zur Sprache kommen. — Erstmalig gedruckt wurden diese Auslegungsversuche 1949 in: Vom Geist der Dichtung. Gedächtnisschrift für Robert Petsch; sie erscheinen hier in überarbeiteter Gestalt. E. T.

E: S. 112 („Tränen des Vaterlandes"), S. 109 („Es ist alles eitel").

JOHANN CHRISTIAN GÜNTHER S. 152

T: „Als er der Phillis einen Ring mit einem Totenkopf überreichte" nach: Sämtliche Werke, hist.-krit. Ges.-Ausg., hrsg. v. Wilhelm Krämer, 7 Bde., Bibl. d. Lit. Vereins Stuttgart, Leipzig 1930 ff. (nur 6 Bde. erschienen). Ferner: Auswahl, hrsg. v. L. Fulda, in: Dtsche. Nat.-Lit. 38.

L: Wilhelm KRÄMER, Probleme und Ergebnisse der Günther-Forschung, Germ.-Rom. Monschr. 18, 1930; A. J. P. CRICK, Die Persönlichkeit Günthers, Diss. Heidelberg 1938; Wilhelm KRÄMER, Das Leben des schlesischen Dichters Johann Christian Günther, Godesberg 1950.

N: Alle Günther-Zitate nach Krämers Ausgabe:

Seite
154 Mein Gott / Bd. 2, S. 219
154 Und wie lange / Bd. 2, S. 197
155 Ein Nebel / Bd. 1, S. 67
155 Wie manche / Bd. 1, S. 100
155 Ist der Tag / Bd. 1, S. 97
156 Die Erde / Bd. 1, S. 91
156 Ludeque / Das Gedicht Bebels ist abgedruckt auch bei G. Bebermeyer, Tübinger Dichterhumanisten, Tübingen 1927, S. 24
157,1 Ach, Liebste / Martin Opitz, Teutsche Poemata, hrsg. v. G. Witkowski, Halle 1902, S. 143

Seite
157 Brüder / Bd. 1, S. 285
157 Von der Wiege / Bd. 1, S. 111
157 Ihr Menschen / Bd. 1, S. 157
159,13 Gedenk / Bd. 1, S. 199, 232
160 Alles Schadens / Bd. 2, S. 207
160,13 v.u. Auf den Tod / Bd. 1, S. 3
160,1 v. u. Mein Sinnbild / Bd. 1, S. 56
161 Mein Alter / Bd. 2, S. 219
161 Abermal / Bd. 2, S. 24

K. O. C.

VON DER AUFKLÄRUNG ZUR GENIEZEIT

CHRISTIAN FÜRCHTEGOTT GELLERT S. 165

T: „Die Ehre Gottes aus der Natur." Dichtungen, hrsg. von A. Schullerus. Leipzig und Wien o. J.

L: Kurt MAY, Das Weltbild in Gellerts Dichtung, Frankfurt/M. 1928.

E: S. 130. J. Pf.

FRIEDRICH GOTTLIEB KLOPSTOCK S. 168

T: „Die Frühlingsfeier." Werke, 7 Bde., 1798—1809, vollst. 10 Bde., Leipzig 1844—45; krit. Ges.-Ausg. der Oden, hrsg. v. F. Muncker und J. Pawel, 2 Bde., Stuttgart 1889.

L: F. MUNCKER, Friedrich Gottlieb Klopstock, Geschichte seines Lebens und seiner Schriften, Stuttgart 1888; K. KINDT, Klopstock, Berlin

1941; Paul BÖCKMANN, Klopstocks Frühlingsfeier in: G. u. G. S. 89—101; A. LANGEN, Klopstocks sprachgeschichtliche Bedeutung, Wirkendes Wort, 1952/53, S. 330—45; E. BUSCH, Die Form von Klopstocks Ode, Germ.-Rom. Monschr. 28, 1940, Heft 1—3, S. 39—50. R. U.

E: S. 140.

MATTHIAS CLAUDIUS S. 185

T: „Abendlied." Werke, hrsg. von Bruno Adler. Bd. 1. Weimar 1924.

L: Johannes PFEIFFER, Matthias Claudius, der Wandsbecker Bote. Eine Einführung in den Sinn seines Schaffens, Dessau u. Leipzig 1940; auch in: Über das Dichterische und den Dichter. Beiträge zum Verständnis deutscher Dichtung, Hamburg 1956. J. Pf.

E: S. 147.

GOTTFRIED AUGUST BÜRGER S. 190

T: „Lenore." Gedichte, Göttingen 1778; Werke, hrsg. v. August Sauer, Dtsche. Nat.-Lit. 78, 1884.

L: W. WACKERNAGEL, Zur Erklärung und Beurteilung v. Bürgers Lenore, Basel 1835, wiederholt in: Kleinere Schriften II, 1873, S. 399 ff.; H. PRÖHLE, Gottfried August Bürger, 1850; E. SCHMIDT, Bürgers Lenore, Charakteristiken I, 2. Aufl. 1902; H. SCHÖFFLER, Bürgers Lenore, Die Sammlung 2, 1946, S. 6 ff.

N: Seite

198,1 Über die Figur des Erzählers: W. Kayser: Vom Werten der Dichtung, Wirkendes Wort 2, 1951/52, S. 353 f.

199,13 Zur Motivgeschichte des Lenorenstoffes: Wackernagel (s. L.), H. Pröhle (s. L.), S. 77 ff.

Seite

200,5 Zur Rekonstruktion der Bürgerschen Vorlage: E. Schmidt (s. L.), S. 211

203 ff. „Lied vom Zerfall eines Gottesglaubens": H. Schöffler (s. L.)

A: Der Verfasser übernahm für die Interpretation die in seinem Aufsatz, Bürgers Lenore, Dtsche. Vjschr. 28, 1954, S. 324 ff. ausführlicher begründeten Ergebnisse und schloß sich besonders gegen Ende eng an diesen Versuch an, die sprachbildende Kraft der Säkularisation in der Ballade analytisch zu bestimmen. A. Sch.

E: S. 161.

JOHANN GAUDENZ VON SALIS-SEEWIS S. 211

T: „Zu singen bei einer Wasserfahrt." Gedichte, hrsg. von Friedrich Matthisson. Zürich 1793.

A: Diese Interpretation ist mit freundlicher Erlaubnis des Verlages Friedrich Wittig dem Buch: Johannes Pfeiffer, Wege zur Dichtung, Hamburg 1951, entnommen. J. Pf.

E: S. 171.

JOHANN WOLFGANG GOETHE S. 214

T: Werke. Hrsg. im Auftrage der Großherzogin Sophie von Sachsen, Abth. I—IV. 133 Bde. (in 143). Weimar 1887—1919. — Sämtliche Werke, Jubiläums-Ausg., hrsg. v. Ed. von der Hellen, 40 Bde., Stuttgart 1902—12. — Werke, hrsg. v. Erich Trunz, 14 Bde., Hamburg 1948 ff. Bisher erschienen Bd. 1—8, 11—13. Gedichte in Bd. 1, West-östlicher Divan in Bd. 2. — Werke, hrsg. v. d. Deutschen Akademie der Wissenschaften zu Berlin, Berlin 1952 ff.

T: „Prometheus" nach der Hamburger Ausg., dort nach Goethes Handschrift für Frau von Stein, 1777.

L: Kommentar in der Hamburger Goethe-Ausg. von Erich TRUNZ (Bd. 1) und Wolfgang KAYSER (Bd. 4 zum dramat. Fragm.); F. SARAN, Goethes Mahomet und Prometheus, Halle 1914; O. WALZEL, Das Prometheussymbol von Shaftesbury zu Goethe, 2. Aufl. München 1932; J. RICHTER, Zur Deutung der Goetheschen Prometheusdichtung, Jahrb. d. Freien Dtschen. Hochstifts, Frankfurt/M. 1928; Ders., Eine neue Erklärung der Prometheusdichtung Goethes, Germ.-Rom. Monschr. 18, 1930, S. 269—77; Ders., Die Hütte des Prometheus, ebda. 21, 1933, S. 415—19; K. KERÉNYI, Prometheus. Das griech. Mythologem von der menschlichen Existenz, Zürich 1946 (Albae Vigiliae); Cl. HESELHAUS, Prometheus und Pandora. Zu Goethes Metamorphose-Dichtungen, in: Festschrift f. Jost Trier, Meisenheim 1954, S. 219—53. — Für Zusammenhänge größerer Art muß auf die Werke über Goethe und die Goethezeit verwiesen werden, die hier nicht einzeln aufgeführt werden können.

N: Seite

216 Das gemeine Menschenschicksal / Jub.Ausg. 24, S. 231 f.

217,4 Es ist sehr freundlich / an Seebeck, 13. 6. 1819

217,9 v. u. Gleichsam als Quintessenz / Jub.Ausg. 15, S. 336

217,8 v. u. In der Prometheushymne / Karl Viëtor, Goethe, Bern 1949, S. 37

218,6 Ich habe von Göthen / Sämtl. Werke, Bd. 9, Leipz. 1904

Seite

218,13 v. u. Zu dieser seltsamen Komposition / Jub. Ausg. 24, S. 233

220,1 Das alte Titanengewand / Dichtung und Wahrheit, 15. Buch, Jub. Ausg. 24, S. 232

224,12 Haben sie / Dram. Fragment, Vers 24

226,7 v. u. Daß wir / Jub.Ausg. 23, S. 167

A: 1) S. 219, 18. Vgl. den Brief an Jacobi v. 12. 11. 1784.

2) S. 220, 7. Weil Goethe in „Dichtung und Wahrheit" das Wort Titan gebraucht, hat man fälschlicherweise geglaubt und glaubt es noch, diesen Begriff bei der Erklärung des Gedichts verwenden zu können. (Vgl. auch Anmerkung 5.)

3) S. 220, 13 v. u. 1. Aufl. 1724, 1770 in neuer Auflage.

4) S. 220, 7 v. u. Ovid, Metamorphosen I 82 ff., Horaz, carm. I 16, 13 ff.

5) S. 220, 2 v. u. In dem Bericht, den Goethe in „Dichtung und Wahr-

heit" (15. Buch) rückschauend über seine Prometheus-Dichtung gibt, stecken Widersprüche: Goethe scheint sich nicht mehr klar zu erinnern, daß der Prometheus seiner Jugendzeit nicht als Titanensohn, sondern als Sohn des Zeus gefaßt war. So ist sein Ausdruck „der titanisch-gigantische, himmelstürmende Sinn" im Hinblick auf die Dichtung selbst nicht genau. Ebenso führt es irre, wenn er vom „Abkömmling der ältesten Dynastie" spricht.

6) S. 221, 5. Vgl. die Briefe an Frau v. Stein v. 11. 9. 1785 und an F. H. Jacobi v. 26. 9. 1785. K. O. C.

E: S. 188.

T: „Ganymed" nach der Hamburger Ausg., dort nach Goethes Handschrift für Frau von Stein, 1777.

L: E. VINCENT, Ganymed, Festschr. f. Albert Leitzmann, 1937, S. 66—85; Clemens LUGOWSKI, Goethes Ganymed, in: G. u. G., S. 102—18; Emil STAIGER, Goethe, Bd. 1, Zürich 1952, Kapitel Ganymed, S. 52—82; Wolfdietrich RASCH, Ganymed. Über das mythische Symbol in der Goethezeit, Wirkendes Wort, 2. Sonderheft, 1954, S. 34—44.

A: Nach den Interpretationen von Lugowski und Rasch konnte es in der vorliegenden Betrachtung nur darum gehen, von Zeile zu Zeile der Bewegungslinie des Gedichts zu folgen. K. O. C.

E: S. 190.

VON DER KLASSIK ZUR ROMANTIK

T: „Das Parzenlied" nach der Hamburger Ausg., Bd. 5.

L: Wir haben in der letzten Zeit drei wertvolle Beiträge zum Verständnis des Iphigenie-Dramas erhalten. Im 5. Band der Hamburger Goethe-Ausg., 1952, erläutert Josef KUNZ das Werk, und er stellt dabei in seinem Spannungsgefüge drei Lebensmöglichkeiten fest: „die einer autonomen Schicksalslosigkeit, die der tragischen Unbedingtheit und die der Mitte und des Maßes." In den Publications of the English Goethe Society, Leeds 1952, untersucht Sylvia P. JENKINS das feine Gewebe, das durch den wiederkehrenden Gebrauch des Wortes Bild entsteht und zu einer geheimnisvollen Gleichsetzung Iphigeniens mit der Göttin führt. Schließlich hat Emil STAIGER im ersten Band seiner Goethe-Monographie, Zürich 1952, der Iphigenie ein umfängliches Kapitel gewidmet und darin den Ton auf die grundsätzliche Überwindung des Tragischen gelegt. G. M.

T: „Die Metamorphose der Pflanzen" nach der Hamburger Ausg., Bd. 1.

T: „Nachtgesang". Das Gedicht gehörte zu der Nachlese (zu der Gedichtsammlung von 1800) und wurde wie die vorangehenden Stücke „Trost in Tränen", „Schäfers Klagelied" im Taschenbuch auf das Jahr 1804 veröffentlicht, vgl. Jub. Ausg. 1, S. 320.

A: 1) S. 272, 8 v. u. In Eichendorffs „Ahnung und Gegenwart“ (1,5) begegnet man einer Parodie, die sich unverkennbar auf unser Gedicht bezieht. Indessen ist ihr satirischer Sinn nicht auszumachen. Vielleicht könnte in Eichendorffs Parodie ein Anzeichen für die Verbreitung des italienischen Volksliedes gesehen werden, durch welches Goethe offenbar angeregt wurde. G. St.

T: „Schillers Reliquien“ nach Hamburger Ausg., Bd. 1. Dort ohne Titel.

L: Karl VIËTOR, Geist und Form, Bern 1952, S. 194—233.

N: Maximen und Reflexionen, nach den Handschriften des Goethe- und Schiller-Archivs hrsg. v. Max Hecker, Weimar 1907 (= Schriften der Goethe-Gesellschaft, Bd. 21).

Seite

280,15 Das Allgemeine / Nr. 569
280,18 Erfinden / Nr. 562
283,19 Im Besonderen / Nr. 279
283,17 v. u. Lebendig-augenblickliche Offenbarung / Nr. 314

Seite

283,14 v. u. Millionen Fälle / Nr. 558
286,4 v. u. Manifestationen der Idee / Nr. 375
289,3 Höchst merkwürdig / Nr. 999

G. M.

A: Im 1. Druck 1829 am Ende der „Wanderjahre“ steht das Gedicht ohne Überschrift. Eckermann und Riemer versahen es in der Nachlaßausgabe mit dem Titel „Bei Betrachtung von Schillers Schädel“. Erst E. von der Hellen gab ihm in der Jub. Ausg. 1902 die Überschrift „Schillers Reliquien“, nach Goethes Vorbild, der in einem Brief an Zelter 1827 von „Reliquien Schillers“ spricht.

E: S. 247.

T: „Im Gegenwärtigen Vergangenes“ nach: Werke, hrsg. von der Deutschen Akademie der Wissenschaften zu Berlin, Berlin 1952 ff. West-östlicher Divan, Bd. 1—3, hrsg. von Ernst Grumach.

L: Einleitung und Anmerkungen von Konrad BURDACH zu Bd. 5 (West-östlicher Divan) der Jub. Ausg. West-östlicher Divan, unter Mitwirkung von Hans Heinrich Schaeder hrsg. u. erläutert von Ernst BEUTLER, Leipzig 1943, neue Aufl. Wiesbaden 1948; die Anmerkungen von Erich TRUNZ zu Bd. 2 der Hamburger Goethe-Ausgabe 1949, 3. Aufl. 1956; Anhang und Nachwort von Hans-J. WEITZ zur Gesamtausgabe des West-östlichen Divan, Wiesbaden u. Leipzig 1949; Vorwort und Erläuterungen von Max RYCHNER zum West-östlichen Divan, Zürich 1952; Hugo von HOFMANNSTHAL, Goethes West-östlicher Divan, Jahrb. der Goethe-Gesellschaft, hrsg. v. Hans Gerhard Gräf, Bd. 6, Weimar u. Leipzig 1919, wiedergedruckt in: Hugo von Hofmannsthal, Gesammelte Werke, Prosa III, Stockholm 1952; Konrad BURDACH, Vorspiel, Bd. 2, Dtsche. Vjschr., Buchreihe, Bd. 3, Halle/S. 1926; Hans Heinrich SCHAEDER, Goethes Erlebnis des Ostens, Leipzig 1938; Hans PYRITZ, Goethe und Marianne von Willemer. Eine biographische Studie, Stuttgart 1941, 3. Aufl. 1948; Max KOMMERELL, Gedanken über Gedichte, Frankfurt/M. 1943; Carl BECKER, Das Buch Suleika als Zyklus, in: Varia Variorum,

Festgabe für Karl Reinhardt, Münster u. Köln 1952; Wolfgang KAYSER, Beobachtungen zur Verskunst des West-östlichen Divans, in: Publications of the English Goethe Society, New Series, Vol. XXIII, Leeds 1954; Konrad BURDACH, Zur Entstehungsgeschichte des West-östlichen Divans. Deutsche Akademie der Wissenschaften zu Berlin: Veröffentlichungen des Instituts für Dtsche. Spr. u. Lit., Bd. 6, Berlin 1955. H.-E. H.

E: S. 228.

FRIEDRICH SCHILLER S. 318

T: Säkular-Ausg., hrsg. v. E. v. der Hellen, 16 Bde., Stuttgart 1904. Endgültige Ausgabe der Werke: National-Ausg. in 33 Bden., Weimar 1943 ff., hrsg. v. Hermann Schneider (bisher erschienen: Bd. 1 Gedichte in der Reihenfolge ihres Erscheinens 1776—99, hrsg. v. Julius Petersen und Friedrich Beißner, Bd. 3, 8, 9, 13, 14, 16, 23).

T: „Die Götter Griechenlandes." 1. Fassung von 1788 nach National-Ausg. Bd. 1, S. 190—95, 2. Fassung von 1793 in der Säkular-Ausg., 1. Bd., Gedichte I, S. 156—60.

L: J. W. BRAUN, Schiller und Goethe im Urteile ihrer Zeitgenossen, I. Abt. Schiller, Bd. 1, Leipzig 1882; Fritz STRICH, Die Mythologie in der deutschen Literatur von Klopstock bis Wagner, 2 Bde., 1910; H. FRIEDEMANN, Die Götter Griechenlands von Schiller bis zu Heine, Diss. Berlin 1905; Th. A. MEYER, Der Griechentraum Schillers und seine philosophische Begründung, in: Jahrb. d. Freien Dtschen. Hochstifts, Frankfurt/M. 1928, S. 125—53; F. SCHULTZ, Die Göttin Freude, in: Jahrb. d. Freien Dtschen. Hochstifts, Frankfurt/M. 1926, S. 3—38; F. STRICH, Schiller. Sein Leben und sein Werk, in: Tempel-Klassiker, Schillers Sämtliche Werke, 13. Bd., S. 164 bis 167; H. CYSARZ, Schiller, Halle 1934, S. 168—72; W. REHM, Griechentum und Goethezeit. Geschichte eines Glaubens, Leipzig 1936, 3. Aufl. 1949, S. 207—12; M. GERHARD, Schiller, Bern 1950, S. 123—39; K. BERGER, Schiller und die Mythologie, Dtsche. Vjschr., 26, 1952, S. 178—224.

Seite

N: 323,14 Wieland rechnete / Schiller an Körner, Schillers Briefe, hrsg. v. Jonas, 7 Bde., 1892—96, Bd. 2, S. 30

323,22 Dein Gedicht / Körner an Schiller in: Schillers Briefw. mit Körner, hrsg. v. K. Goedeke, Leipzig 1878, S. 183

323,9 v. u. Mir gefällt / Schiller an Körner, Jonas Bd. 2, S. 75

324,20 Der Gott / Schillers Brief v. 25. 12. 1788, Jonas Bd. 2, S. 188

Seite

327,19 Aufsatz über Antikensaal zu Mannheim in: Brief eines reisenden Dänen, Schiller-Säkular-Ausg., Bd. 11, S. 101 ff.

328,13 Über naive und sentimentalische Dichtung, Säkular-Ausg., Bd. 12, S. 201

333,2 Die Verhüllung / Schiller an Körner, Jonas Bd. 2, S. 225

334,7 Daher scheint / Schiller an Herder, Jonas Bd. 4, S. 314

A: 1) S. 324, 1. Vgl. zu dieser kritischen Kontroverse: Friedrich Leopold Graf zu STOLBERG, Gedanken über Herrn Schillers Gedicht Die Götter Griechenlands, Deutsches Museum, Aug. 1788, S. 97—105; neu abgedruckt bei J. W. Braun, (s. L.) S. 208—15; ferner C. v. KNEBEL, Über Polytheismus, veranlaßt durch das Gedicht: Die Götter Griechenlands, Teutscher Merkur, April 1788; J. J. STOLZ, Briefe literarischen, moralischen und religiösen Inhalts, Winterthur 1789 (20. Brief); Ch. H. SCHÜTZE, Kritik der mythologischen Beruhigungsgründe mit Rücksicht auf Herrn Schillers Gedicht: Die Götter Griechenlands, Altona 1799. Nähere Hinweise bei H. Friedemann (s. L.).
2) S. 326, 6 v. u. Vgl. auch die zweite, nicht so ausdrucksstarke Hinüberziehung in der vorletzten Strophe: „Was ist neben Dir der höchste Geist / Derer, welche Sterbliche gebaren?" B. v. W.

E: S. 258 (2. Fassung).

T: „Dithyrambe" nach Säk.-Ausg., Bd. 1, Ged. 1.

N: S. 342, 3 v. u. Veröffentlicht in: Herder, Sämtliche Werke, hrsg. v. Bernhard Suphan, 1877 ff., Bd. 29, S. 265; vgl. auch S. 288.
S. 343, 2. Vgl. W. F. OTTO, Dionysos, 2. Aufl. 1939.
S. 345, 19. Vgl. K. BERGER, Schiller und die Mythologie, Dtsche. Vjschr. 26, 1952. W. K.

E: S. 278.

T: „Die Kraniche des Ibykus" nach Säk.-Ausg., Bd. 1, S. 62—68.

L: Heinrich VIEHOFF, Schillers Gedichte erläutert, 5 Bde., Stuttgart 1839—41, 6. Aufl. 1887, 3 Bde.; Karl ENDE, Beitrag zu den Briefen an Schiller aus dem Kestner Museum, Euphorion, 1905, S. 388; Albert LEITZMANN, Die Quellen von Schillers und Goethes Balladen, Bonn 1911; Karl GROSS, Schillers Verständnis für das Griechentum, gezeigt an den Kranichen des Ibykus, Zschr. f. Deutschkde., Bd. 52, 1938, S. 601—05; Helmut REHDER, Die Kraniche des Ibykus. The Genesis of a Poem, The Journal of German and English Philology, Vol. XLVIII, No. 4, October, 1949, S. 543—67; Johann Wolfgang GOETHE, Briefwechsel mit Friedrich Schiller, Artemis-Ausgabe der Goetheschen Werke, Bd. 20, Zürich 1950; Benno von WIESE, Der Dramatiker Friedrich Schiller und sein Verhältnis zur Bühne, Münster 1955; Ders., Schiller, eine Einführung in Leben und Werk, RU. 7870, Stuttgart 1955.

Seite

N: 351,5 v. u. Vgl. Brief an Goethe v. 26. 6. 1797
351,1 v. u. Brief an Böttiger in: Goethe, Werke, Sophien-Ausg. Briefe 3603, 12, 194
352,11 K. Ende (s. L.)
352,14 Diese Quellen sind abgedruckt bei A. Leitzmann (s. L.)

Seite

352,15 Epigramm in der Anthologia Graeca VII, 745,7
353,11 Düntzer, Neue Goethestudien, 1861, S. 285—96
353,12 H. Rehder (s. L.)
358,4 v. u. Viehoff (s. L.) 3. Bd., S. 52

E: S. 288. B. v. W.

FRIEDRICH HÖLDERLIN S. 364

T: Sämtliche Werke, Große Stuttgarter Hölderlin-Ausg. (hist.-krit.) hrsg. v. Friedrich Beißner, 8 Bde., Stuttgart 1943 ff. Bisher erschienen Bd. 1 Gedichte bis 1800, Stuttgart 1946, Bd. 2 Gedichte nach 1800, Stuttgart 1951, Bd. 5 Übersetzungen, Stuttgart 1956. — Sämtliche Werke, hrsg. v. Norbert v. Hellingrath und L. v. Pigenot, 6 Bde., München u. Berlin 1912 ff.

T: „Menschenbeifall", „Dem Sonnengott", „Lebenslauf" nach der Stuttg. Hölderlin-Ausg. Jedoch wurde die Orthographie modernisiert und die Odenstrophe in der allgemein üblichen Anordnung gegeben.

L: Friedrich BEISSNER, Große Stuttg. Hölderlin-Ausg. Bd. 1, II Gedichte bis 1800. Erläuterungen. Bd. 2, II Gedichte nach 1800. Erläuterungen; Max KOMMERELL, Die kürzesten Oden Hölderlins. Deutschunterricht im Ausland, Vjschr. d. Goethe-Instituts d. Deutschen Akademie 1943/44, H. 1, Okt./Dez. 1943, S. 48—53; Wolfgang BINDER, Hölderlins Odenstrophe, Hölderlin-Jahrb. 1952, Tübingen 1952, S. 85—110; Oskar FÄH, Klopstock und Hölderlin. Grenzen der Odenstrophe, Diss. Zürich 1952; Karl VIËTOR, Geschichte der deutschen Ode, Halle/S. 1923; Irmgard BÖGER, Bewegung als formales Gesetz in Klopstocks Oden, Germ. Studien 207, Berlin 1939.

E: S. 322 („Menschenbeifall"), S. 329 („Lebenslauf", 1800). C. H.

T: „Stimme des Volks" nach der Großen Stuttg. Hölderlin-Ausg.

L: Text 2, I, Lesarten und Erläuterungen 2, II; Paul BÖCKMANN, Hölderlin und seine Götter, München 1935; Fr. MICHEL, Das Leben Hölderlins, Bremen 1940, 2. Aufl. 1949, S. 357 ff.; E. G. WINKLER, Der späte Hölderlin, Dessau 1943; W. SCHADEWALDT, Das Bild der exzentrischen Bahn bei Hölderlin, Hölderlin-Jahrb. 1952, Tübingen 1952; W. BINDER, Hölderlins Odenstrophe, Hölderlin-Jahrb. 1952, Tübingen 1952.

N: S. 389, 18 v. u. Vgl. Winkler (s. L.)
S. 390, 9 v. u. Vgl. Schadewaldt (s. L.). W. K.

T: „Brod und Wein". Zur Überlieferung des Textes vgl. die Große Stuttgarter Hölderlin-Ausg., Bd. 2, II, hrsg. v. Friedrich Beißner, 1951, S. 591 ff. Erhalten sind drei Handschriften. Handschrift 1 enthält den ersten Entwurf für Vers 1—90 und beweist, daß das Gedicht als ein Ganzes konzipiert wurde; Handschrift 2 ist eine Reinschrift mit mancherlei Änderungen, die in die Reinschrift 3 übernommen wurden. Die in diese dritte Handschrift eingetragenen Änderungen gehören einer späteren Überarbeitung Handschrift 3 b an, die nicht mehr zu einer neuen Fassung führte und in ihren Absichten schwer erkennbar bleibt. Es scheint, daß Hölderlin das Dionysos-Motiv noch weiter auszugestalten und mit dem Wechsel der Tages- und Jahreszeiten als den „Zeichen des Himmels" (Str. 3, Vers 4) in näheren Zusammenhang zu bringen suchte. Die Geburt des Dionysos im Blitz als dem himmlischen Feuer wie sein Zug durch die Lande scheint in manchen Les-

arten zu vielsinnigen Bildern erweitert zu werden. So wird geändert Str. 4, Vers 11: „Vater Äther verzehrt und strebt wie Flammen zur Erde.“ Str. 5, Vers 3: „Darum sieht mit Augen / Kaum ein Halbgott und ist Feuer um diesen und Schlaf.“ Str. 7, Vers 1: „Auch Geistiges leidet, / Himmlischer Gegenwart zündet wie Feuer, zuletzt.“
Der Wechsel zwischen Einkehr und Abwendung der Himmlischen klingt in weiteren Änderungen an, die auf den Zug des Dionysos als den Weg des Geistes verweisen: Str. 5, Vers 15: „Lang und schwer ist das Wort von dieser Ankunft, aber / Helle der Augenblick. Diener der Himmlischen sind / Aber kundig der Erd, ihr Schritt ist gegen den Abgrund.“ Str. 7, Vers 12: „... aber des Ursprungs / Denkt man schwer und der Jugend Haus fassen die Seher nicht mehr.“ — Friedrich Beißner legt besonderes Gewicht auf die Änderung der Str. 9, Vers 10 ff.:

Glaube, wer es geprüft! nämlich zu Haus ist der Geist
Nicht im Anfang, nicht an der Quell. Ihn zehret die Heimat.
Kolonie liebt und tapfer Vergessen der Geist.
Unsere Blumen erfreun und die Schatten unserer Wälder
Den Entschlafnen. Und fast wäre der Seher gebrannt.

Er bezieht diese Verse auf das Verhältnis des deutschen Geistes zum griechischen. Es bleibt aber offen, ob nicht auch diese Verse allgemeiner auf die in sich unterschiedene Natur verweisen, die nur durch Entzweiung die Einheit erfahrbar macht und den Geist zur Wirkung bringt. Es geht auch in ihnen noch um die Art, wie das nächtlich Verborgene der Natur sich zeigt und entzieht. Das Wort „Kolonie“ wird durch die Lesart zu Strophe 3, Vers 18 erläutert: „Dorther kommt und da lachet verpflanzet der Gott“; es wird also in der ursprünglichen Bedeutung als „Pflanzstätte“ verstanden. Der Geist liebt die Pflanzstätte, weil er sich dadurch in die Besonderung begibt und aus der ununterscheidbaren Einheit des Ursprungs heraustritt. Daß damit Griechenland „zur unentbehrlichen Kolonie des jugendlichen hesperischen Geistes geworden“ sei, scheint mir aus diesen Versen nicht erweisbar. Es ist zunächst nur auf das Walten der Himmlischen, im besonderen des Weingottes, verwiesen, der in einer Lesart zu Strophe 8, Vers 17 jetzt der „Herbstgeist“ heißt. (Vgl. Friedrich BEISSNER, Hölderlins Übersetzungen aus dem Griechischen, 1933, S. 147 ff., bes. S. 162 und Große Stuttg. Ausg., Bd. 2, II, S. 620 f.)
Entstanden ist das Gedicht wohl im Winter 1800—01, also in Stuttgart und während Hölderlins Hauslehrerzeit in Hauptweil bei St. Gallen. Damals schrieb er an den Bruder: „Die Religion beschäftigt mich vorzüglich.“ Es steht in der Nachbarschaft der anderen Elegien: „Stuttgart“, wohl Ende 1800, und „Heimkunft“, Frühsommer 1801. Das Christus-Thema wird wieder aufgenommen in den freirhythmischen Hymnen „Friedensfeier“, 1801—02 und „Patmos“, 1802. P. B.

E: S. 329.

NOVALIS S. 414

T: „Das Lied der Toten" nach: Schriften. Im Verein mit Richard Samuel hrsg. v. Paul Kluckhohn, 4 Bde., Leipzig 1929, Bd. 1, S. 252-55.

L: Wilhelm DILTHEY, Novalis, in: Das Erlebnis und die Dichtung, Leipzig 1905 u. ö.; Rudolf UNGER, Herder, Novalis und Kleist. Studien über die Entwicklung des Todesproblems in Denken und Dichten vom Sturm und Drang zur Romantik, Frankfurt/M. 1922; Paul KLUCKHOHN, Friedrich v. Hardenbergs Entwicklung und Dichtung, in: Novalis, Schriften (s. T.), Bd. 1, S. 9*—80*; Walther REHM, Der Todesgedanke in der deutschen Dichtung vom Mittelalter bis zur Romantik, Dtsche. Vjschr. Buchreihe, Bd. 14, Halle 1928; H. A. KORFF, Geist der Goethezeit. 3. Bd. Frühromantik, Leipzig 1940, 2. Aufl. 1949; Rudolf IBEL, Novalis, in: Weltschau deutscher Dichter, Hamburg 1948; Walther REHM, Novalis, in: Orpheus. Der Dichter und die Toten, Düsseldorf 1950.

N: Zitiert nach der Kluckhohn-Ausgabe:

Seite

417,20 v.u. Berliner Papiere / Bd. 1, S. 239 ff.

417,7 v. u. eine Apotheose / Bd. 4, S. 330

417,4 v. u. Der Schluß ist / Bd. 1, S. 241

418,6 v. u. In der ganzen / Bd. 3, S. 342

418,2 v. u. Er handelte / Bd. 1, S. 130

419,12 Lied der Zurückkehr / Bd. 1, S. 352

419,16 v. u. Die Welt / Bd. 2, S. 335

419,14 v. u. Poetisierung / Bd. 1, S. 246

Seite

419,2 v. u. Magie ist / Bd. 2, S. 336

420,5 Wir träumen / Bd. 2, S. 17

420,11 v. u. Der Tod ist / Bd. 3, S. 287

420,10 v.u. Der Tod macht / Bd. 1, S. 242

421,13 Soviel versichre ich / Bd. 4, S. 196 f.

422,16 höchst wunderbar / Bd. 1, S. 240

425 Durstiger / Bd. 1, S. 75

426,6 Was ist / Bd. 1, S. 36

428,9 v. u. Sehnsucht / Bd. 1, S. 65 f.

429,14 v. u. Astralis / Bd. 1, S. 221 ff.

H. J. Sch.

E: S. 343.